ISBN 978-0-666-39460-6
PIBN 11040576

URKUNDEN

ZUR

GESCHICHTE DER UNIVERSITÄT TÜBINGEN

AUS DEN JAHREN 1476 BIS 1550.

URKUNDEN ZUR GESCHICHTE

DER

UNIVERSITÄT TÜBINGEN

AUS DEN JAHREN

1476 BIS 1550.

TÜBINGEN 1877.

VERLAG DER H. LAUPP'SCHEN BUCHHANDLUNG.

Druck von H. Laupp in Tübingen.

Bei Gelegenheit der bevorstehenden Säcularfeier unserer Universität erschien es dem Akademischen Senat angemessen den ältesten Theil ihrer Urkunden und Acten, bis an das Ende von Herzog Ulrichs Regierung, in neuer Bearbeitung herauszugeben.

Der Sammlung der württembergischen Gesetze von A. L. Reyscher gebührt das Verdienst in Band XI dritte Abtheilung (Tübingen bei L. Fr. Fues 1843) auch die Universitätsgesetze vom Anfang an bis zum Jahr 1843 zuerst ans Licht gebracht zu haben. Dieser von Th. Eisenlohr besorgte Theil der Sammlung ist aber gerade in der ältesten Partie einer Revision bedürftig, da der Herausgeber theils in der Lesung der alten Schrift Schwierigkeit fand, theils statt der Originalien ein Copialbuch aus dem Ende des 16. Jahrhunderts zu Grunde legte und aus demselben neben den Fehlern der Abschreiber auch die schlechte Orthographie der Zeit herübernahm. Ausserdem konnte die Zusammenstellung durch zahlreiche dort nicht aufgenommene oder inzwischen aufgefundene Documente ergänzt werden.

Die Reihe der Acten ist freilich auch so noch nichts weniger als vollständig. In der Winternacht des 16. Januars 1534 wurde das Universitätshaus ein Raub der Flammen und blieb Ruine bis 1549. Privilegien der Universität und andere Documente, denen man hohe Bedeutung beilegte, Matrikeln, Statutenbücher und ähnliches wurden wie es scheint vollständig gerettet, aber die losen Acten, Protokolle des Senats, Concepte der Berichte an die Regierung und sonstige Correspondenz sind verloren.

Nun hätten sich wenigstens die Reinschriften jener Berichte sowie die Concepte von Regierungserlassen in den Stuttgarter Archiven und Registraturen finden können. Alle Nachsuchungen des Herausgebers sind jedoch vergeblich geblieben. Nirgends hat sich eine zusammenhängende Masse von Acten über die Universität aus jener Zeit vorgefunden, sondern nur vereinzelte Findlinge.

Man hat daher an mögliche Zerstörungen während des dreissigjährigen Kriegs gedacht. Aber diese Vermuthung trifft hier nicht zu. Denn schon der Kanzler Martin Aichmann, welcher in den Jahren 1593 bis 1599 für die von Herzog Friederich beabsichtigte und 1601 wirklich ausgeführte Organisation der Universität seine bekannten Relationen ausarbeitete, hat aus der Zeit vor 1534 nicht wesentlich mehr gehabt, als wir heute haben. Ja es ist ihm einiges unbekannt geblieben, was inzwischen sich gefunden hat. Aber Aichmann klagt, die Acten seien so zerstreut gewesen, dass er sie bei der Registratur zu Hof, im geheimen und Oberrath wie nicht weniger auf der Visitation und bei dem Consistorio erheben und habe zusammentragen müssen. Und weil sie durch diese Zerstreuung nicht, wie es die Nothdurft erfordert hätte, aufeinander registriert worden, seien sie auch dermassen von einander kommen, dass sie noch nicht vollkommen zusammengebracht werden mögen.

Es ist also nicht für unmöglich zu halten, dass aus einem vergessenen Winkel doch noch Dinge zum Vorschein kommen, welche die grossen Lücken unserer Universitätsgeschichte vom Beginne bis zu ihrer Reformation einigermassen ausfüllen könnten.

Insbesondere ist zu bedauern, dass von der bei Gründung der Universität geführten Correspondenz kein Buchstabe in unsere Hände gekommen ist. Bei dieser Armuth der Zeugnisse aus den Anfängen dürfte der Abdruck der Matrikel um so willkommener sein, die allein noch von den Personen der Lehrer und der Lernenden redet, und welche als eine Quelle vieles wissenswerthen der Herausgeber gerne mit einem eigentlichen Commentar begleitet hätte, wären ihm dazu so viele Jahre gegönnt gewesen, als er Monate zu verwenden hatte.

Tübingen im Juli 1877. R.

INHALT.[1]

Seite

1 Die in der Eisenlohrschen Sammlung nicht enthaltenen Stücke sind mit einem * versehen.

Facultas Medica.

Papst Sixtus IV genehmigt die Verlegung eines Theils des Sindelfinger Stifts nach Tübingen. 11. Mai 1476.

Sixtus episcopus servus servorum dei dilecto filio Abbati monasterii in Blaburen Constanciensis diocesis salutem et apostolicam benedictionem. Ex superne prouidentia maiestatis in apostolice dignitatis specula positi circa universarum, quarum nobis desuper commissa cura est, ecclesiarum profectus et commoda, sicuti ex debito nobis pastoralis incumbit officii, studiis intendimus assiduis et earum statum, prout rerum pensatis circumstantiis congruere cernimus, in melius dirigere studemus, uotis illis gratiosum prestantes assensum, per que frequentioris deuotionis ardore potioribusque laudum preconiis venerari possit altissimus et pro animarum propagatione salutis ubilibet diuinorum cultus continuum suscipiat incrementum.

Sane dilecti filii nobilis viri Eberhardi comitis in Wirtemberg et Montepeligardo et dilecte in Christo filie nobilis mulieris Mechthildis archiducisse Austrie ipsius comitis genetricis nobis nuper exhibita petitio continebat, quod ecclesia S. Martini extra muros opidi Sindelfingen Constanciensis diocesis Maguntinensis prouincie, que etiam parochiam habet et in loco humili et paruo consistit, in eius primeua fundatione monasterium Canonicorum regularium ordinis S. Augustini fuisse dicitur, in qua prepositura ac decem canonicatus et totidem prebende ac perpetue Capellanie et Rectoria parochie huiusmodi sunt fundati; et ipse locus, qui muris non clauditur, dilectis filiis preposito et canonicis dicte ecclesie et decem perpetuis capellanis in eadem abinuicem habitantibus securus non est, essetque pro viris religiosis satis accomodus. Cum autem, sicut eadem petitio subiungebat, si dicta ecclesia, que de iure patronatus dicte Mechthildis archiducisse ratione dotis existit, cum prepositura, que in dicta ecclesia dignitas principalis existit, cuique cura imminet animarum, et octo ex Canonicatibus et prebendis ipsius ecclesie cum plenitudine iuris canonici ac omnibus iuribus et pertinentiis suis et duabus terciis partibus quotidianarum distributionum diuinis officiis in dicta ecclesia interessentibus ministrari solitarum aut ipsarum iusto valore ad parochialem ecclesiam S. Georgii insignis opidi Tubinghen dicte diocesis, que monasterio in Bebenhusen Cisterciensis ordinis dicte diocesis canonice est annexa et perpetuum habet vicarium, et in qua duodecim perpetue Capellanie fundate existunt, de dilectorum filiorum Abbatis et Conuentus dicti Monasterii in Bebenhusen consensu, transferretur et ipsa ecclesia S. Georgii in collegiatam ecclesiam cum quibuslibet collegialibus insigniis necnon iuribus iurisdictionibus preeminentiis libertatibus immunitatibus honoribus et priuilegiis adinstar collegiatarum aliarum ecclesiarum illarum partium, et ipsa ecclesia S. Martini in monasterium Canonicorum Regularium ordinis S. Augustini huiusmodi cum dormitorio et aliis necessariis officinis pro priore et conuentu sub dilectis filiis Capitulo Monasterii in Windeshem[1] eiusdem ordinis S. Augustini Traiectensis diocesis erigerentur, ex hoc ipsi prepositus et Canonici securiores essent et diuinus cultus non mediocriter sumeret incrementum.

Quare pro parte dictorum Eberhardi comitis et Mechthildis archiducisse nobis fuit humiliter supplicatum, ut dictam ecclesiam S. Martini ad ipsam ecclesiam S. Georgii cum prepositura octo canonicatibus et prebendis ac duabus partibus distributionum huiusmodi transferre illamque in collegiatam et dictam ecclesiam S. Martini cum illius edificiis et claustro in Monasterium dicti ordinis S. Augustini, ut prefertur, erigere ipsisque priori et Conuentui reliquam partem distributionum huiusmodi pro anniuersariis in dicta ecclesia S. Martini peragendis, necnon pascua nemora et iurisdictiones ipsius ecclesie S. Martini in districtu

1 Windsheim in den Niederlanden, Overyssel bei Zwolle, Sitz der Fratres vitæ communis.

dicti opidi Sindelfingen existentia applicare et ipsi sic erecto Monasterio duos Canonicatus et totidem prebendas ecclesie S. Martini decem Capellanias et Rectoriam huiusmodi cum plenitudine iuris canonici ac omnibus iuribus et pertinenciis suis perpetuo unire annectere et incorporare et alias eis in premissis oportune prouidere de benignitate apostolica dignaremur.

Nos igitur qui dudum inter alia voluimus, quod petentes beneficia ecclesiastica aliis vniri tenerentur exprimere uerum ualorem secundum communem extimacionem tam beneficii uniendi quam illius cui uniri peteretur, alioquin unio non ualeret; quique certam notitiam de premissis non habemus, erigendi Monasterii duorum Canonicatuum et totidem prebendarum decem Capellaniarum ac Rectorie huiusmodi fructuum reddituum et prouentuum ueros ualores annuos presentibus pro expressis habentes, huiusmodi supplicacionibus inclinati discretioni tue per apostolica scripta mandamus, quatinus uocatis Abbate et Conuentu Monasterii in Bebenhusen, Preposito Canonicis et Capellanis predictis ac dilectis filiis Rectore Rectorie prefate et Vicario dicte ecclesie S. Georgii et duodecim perpetuis Capellanis in eadem ac aliis qui fuerint euocandi, de premissis omnibus et singulis ac eorum circumstantiis uniuersis auctoritate nostra te diligenter informes, et si per informationem huiusmodi ita esse repereris, dictam ecclesiam S. Martini cum prepositura octo Canonicatibus et prebendis et duabus partibus distributionum huiusmodi ad ipsam ecclesiam S. Georgii, de Abbatis et Conuentus Monasterii in Bebenhusen huiusmodi consensu, transferre illaque dicta vnione dissoluta, cum insigniis iuribus iurisdictionibus preeminenciis libertatibus inmunitatibus honoribus et priuilegiis predictis in collegiatam, et dictam eclesiam S. Martini cum illius edificiis et Claustro in Monasterium dicti ordinis S. Augustini cum dormitorio et officinis predictis, ut prefertur, erigere ipsiusque erigendi Monasterii Priori et Conuentui reliquam partem distributionum huiusmodi pro anniuersariis in dicta ecclesia S. Martini peragendis, necnon pascua nemora et iurisdictiones ipsius ecclesie S. Martini in districtu dicti opidi Sindelfingen existentia applicare et ipsi sic erecto Monasterio duos Canonicatus et totidem prebendas ecclesie S. Martini et decem Capellanias et Rectoriam huiusmodi cum dicti iuris plenitudine ac omnibus iuribus et pertinentiis suis perpetuo unire annectere et incorporare. Ita quod cedentibus uel decedentibus duos Canonicatus et totidem prebendas ac decem Capellanias et Rectoriam huiusmodi obtinentibus seu illos quomodolibet dimittentibus liceat eisdem priori et Conuentui corporalem ipsorum duorum Canonicatuum et totidem prebendarum ac decem Capellaniarum et Rectorie iuriumque et pertinentiarum predictorum necnon etiam dicti erigendi Monasterii et ipsis preposito et Canonicis erigende ecclesie possessionem auctoritate propria libera apprehendere et ipsorum duorum Canonicatuum et prebendarum ac decem Capellaniarum et Rectorie fructus redditus et prouentus huiusmodi aut eorum iustum ualorem in erigendi Monasterii et illius prioris et Conuentus usus et utilitatem conuertere et perpetuo retinere.

Quodque dicti duodecim Capellani in dicta ecclesia S. Georgii Vicarii nuncupentur, qui remuneratione habita competenti in illa diuinis officiis nocturnis et diurnis interesse teneantur, quodque prepositus et Canonici predicti de uario [1], et ipsi vicarii de asperiolis almuciis [2] in dicta ecclesia S. Georgii, postquam erecta fuerit, ut prefectur, et processionibus uti dictique priori et Conuentus ipsius erigendi Monasterii curam animarum dicte ecclesie S. Martini per vnum ex Canonicis dicti erigendi Monasterii aut alium presbyterum secularem ad eorum nutum amouibilem perpetuis futuris temporibus regi et gubernari facere ac omnibus et singulis priuilegiis immunitatibus libertatibus gratiis et indultis dicto Capitulo in Windeshem apostolica vel alia quauis auctoritate concessis perpetuo gaudere ualeant.

Quodque visitatores per Capitulum huiusmodi pro tempore deputati ipsum erigendum Monasterium in capite et in membris uisitent ac illius prioris et Canonicorum crimina et excessus iuxta dicti Monasterii Windeshem statuta corrigant ac priorem dicti erigendi Monasterii et illius officiales tociens quociens opus fuerit iuxta dicta statuta amoueant et alios ydoneos deputent aliaque faciant, que regulari uite uiderint expedire, diocesani loci et cuiuscumque alterius licentia in premissis minime requisita, alias tamen sine preiudicio ordinarie iurisdictionis, statuere et ordinare

---

1 buntes Messgewand. 2 Chormützen und Kragen von Eichhorn oder Hermelin.

necnon post erectionem huiusmodi ab eisdem duobus canonicis et decem Capellanis ac Rectore uel eorum procuratoribus ad hoc ab eis specialiter constitutis, si suos Canonicatus et prebendas et Capellanias ac Rectoriam huiusmodi, ut unio annexio et incorporacio predicte suum sortiantur effectum, in tuis manibus sponte et libere resignare uoluerint, resignationes huiusmodi hac uice duntaxat recipere et admittere, illisque per te receptis et admissis duobus Canonicis decem Capellanis et Rectori predictis pensiones annuas, de quibus tibi rationabiliter uidebitur, super fructibus redditibus et prouentibus erigendi Monasterii huiusmodi ipsis duobus Canonicis decem Capellanis et Rectori quoad uixerint vel procuratoribus suis ad hoc ab eis specialia mandata habentibus per priorem et Conuentum erigendi Monasterii huiusmodi, annis singulis in terminis et locis ac sub censuris et penis ecclesiasticis ad id per te ipsarum partium consensu statuendis, integre persoluendas respectiue reseruare constituere et assignare eadem auctoritate nostra procures, faciens eisdem duobus Canonicis decem Capellanis et Rectori de dictis pensionibus iuxta reseruationis constitutionis et assignationis earundem, si illas feceris, tenorem integre responderi, contradictores per censuram ecclesiasticam appellatione postposita compescendo.

Non obstantibus uoluntate predicta ac constitutionibus et ordinationibus apostolicis, necnon in Windeshem et Bebenhusen Monasteriorum ac ecclesie S. Martini et ordinum predictorum iuramento, confirmatione apostolica uel quauis firmitate alia roboratis, statutis et consuetudinibus contrariis quibuscunque; aut si aliqui dicta apostolica uel alia quauis auctoritate in eadem ecclesia S. Martini in Canonicos sint recepti uel ut recipiantur insistant, seu si super prouisionibus ibi faciendis de Canonicatibus et prebendis ipsius ecclesie S. Martini ac huiusmodi speciales vel aliis beneficiis ecclesiasticis in illis partibus generales apostolice sedis uel legatorum eius litteras impetrarint, etiam si per eas ad inhibitionem reseruacionem et decretum vel alias quomodolibet sit processum.

Quas quidem litteras et processus habitos per easdem et quecunque inde secuta ad Canonicatus et prebendas ac decem Capellanias et Rectoriam huiusmodi uolumus non extendi, sed nullum per hoc eis quoad assecutionem beneficiorum aliorum preiudicium generali necnon quibuscunque priuilegiis indulgenciis et litteris apostolicis generalibus vel specialibus, quorumcunque tenorum existant, per que presentibus non expressa uel totaliter non inserta, effectus earum impediri ualeat quomodolibet uel differri et de quibus quorumque totis tenoribus habenda sit in nostris litteris mentio specialis. Aut si priori et Conuentui erigendi Monasterii huiusmodi a predicta sit sede indultum, quod ad prestacionem uel solutionem alicuius pensionis minime teneantur et ad id compelli aut quod interdici suspendi uel excommunicari non possint per litteras apostolicas non facientes plenam et expressam ac de uerbo ad uerbum de indulto huiusmodi mencionem.

Volumus autem, quod si unionem annexionem et incorporationem huiusmodi per te uigore presentium fieri contigerit, Canonicatus et prebende ac decem Capellanie huiusmodi debitis propterea non fraudentur obsequiis, sed illorum congrue supportentur onera consueta. Attente quaesumus prouideas, ne in resignationibus huiusmodi, si fiant ex parte prioris et Conuentus erigendi Monasterii et resignantium predictorum aliqua prauitas interueniat seu etiam corruptela, et insuper ex nunc irritum decernimus et inane, si secus super his a quoquam quauis auctoritate scienter uel ignoranter contigerit attemptari.

Datum Rome apud S. Petrum Anno Incarnacionis dominice MCCCCLXXVI° quinto idus Maii pontificatus nostri Anno quinto.

K. Staatsarchiv. Abschrift in der Bebenhäuser Handschrift I. 25 der Königlichen Handbibliothek. — Die Bulle ist an den Abt von Blaubeuren gerichtet, der in den folgenden Aktenstücken als Bevollmächtigter des Papstes auftritt.

2.

Praepositura in Sindelfingen.

Qvidam Adilbertus Comes residens in castro Sindelfingen fundauit ecclesiam nostram Sindelfingen vna cum vxore sua Wilcha. Ab initio enim fecerunt monachos ordinis S. Benedicti cum monialibus eiusdem ordinis, postmodum translato illo ordine Hirsawgie fecerunt Canonicos in Sindelfingen monasterio et ex castro destructo fecerunt monasterium et vsque ad mortem eorum fuerunt residentes in quadam domo, quam struxerant apud ecclesiam b. Martini. Et post obitum eorum elegerunt sepulturam Hirsawgie. Item partem ville istius contulerunt in fundacione ecclesie b. Martino et eam consecrare fecerunt Anno D. Incarn. millesimo octogesimo tercio, quarto nonas Julii et dedicata est venerabilibus Godehardo Juuavensi [sive] Salzburgensi Archiepiscopo et Adelberone Herpipolensi Epo. in honore S. et indiuidue trinitatis b. Marie virginis et S. Martini epi. et confessoris.

Item residuam partem istius ville sorori sue V̊te reliquit. Item V̊ta predicta copulata fuit cuidam duci, a quo genuit duas filias unam nomine V̊ta et alteram nomine Lücgart. V̊ta copulata fuit Welphoni duci de Spoleto, per quam genuit filium Welphonem iuniorem qui Tüwingen exercitum habuit, scilicet A. D. millesimo centesimo sexagesimo quinto, octauo idus Septembris. Lücgardis predicta per violentiam iuncta fuit cuidam militi transalpino nomine Verli, per quem genuit Philippum postea prepositum ecclesie nostre in Sindelfingen, et in hoc Welpho senior degenerauit.

Item Wilcha fundatrix huius ecclesie tradidit V̊te nepti sue in dotem Schombürc cum ministerialibus et omnibus attinentiis, Celle et nemus et omnia attinentia, villam Merchelingen cum suis attinentiis; item Grüningen cum suis attinentiis, Kisilowe cum suis attinentiis, item Hedolfishane cum suis attinentiis, Mumgolfishane cum suis attinentiis, item Owishane cum suis attinentiis, Neckirowe cum suis attinentiis, item Kannistat cum suis attinentiis, item Bliningen Etertingen Moringen cum omnibus eis adiunctis, item partem istius ville Sindelfingen.

Item predicta Wilcha vltimo vendidit Hainrico Imperatori ministeriales in Bernehusen et alios omnes ministeriales eius, vt prouideret ei in necessariis temporibus vite sue cum centum [1] personis, seruis et dominabus.

V̊te ergo predicte et Welphoni iuniori filio eius mortuo cum heredes veri non inuenirentur ad Imperatorem Hainricum filium sororis Welphonis senioris omnia predicta et prescripta sunt devoluta. Hec innouata fuere a quodam Conrado de Wurmlingen [2] canonico ecclesie de Sindelfingen A. D. MCCLXXIII.

Primus prepositus fuit Buogo prespiter.

Wolframnus prespiter secundus prepositus huius loci.

Fridericus tercius prepositus huius cenobii.

Gotthefridus quartus prepositus.

Philippus quintus prepositus, qui fuit filius comitisse Lueghardis, quorum predecessores hanc ecclesiam fundauerunt.

Adalbertus de Walbuch sextus prepositus.

Fridericus de Ihelingen septimus prepositus.

Conradus de Hailfingen octauus prepositus.

Lutthardus de Grüningen prepositus nonus rexit ecclesiam istam A. D. MCCXXXVIII.

.... prepositus decimus dictus de Gosselingen.

Theodericus Ihelingen vndecimus.

V̊lricus de Cuppingen prepositus duodecimus.

Conradus de Bernhusen tredecimus fuit canonicus ecclesie Constanciensis, prefuit A. D. MCCLXXV.

Hainricus de Hailfingen illi successit, qui obiit A. D. MCCLXXXXVII.

Wernherus de Bernhusen illi successit, obiit autem A. D. MCCCXXXII.

Dominus V̊lricus de Wirtemberg eodem anno electus illi successit, qui obiit A. D. MCCCXLVIII septimo idus.....

V̊lricus de Giltlingen postea electus, obiit autem A. D. MCCCLXXXXVI.

---

1 Auch die Mon. Germ. lesen *censu*, was keinen Sinn gibt. Crusius schreibt richtig *centum*. 2 Im Freib. Diöc. Archiv 1, 64 wird irrig angenommen, dass er 1275 Probst gewesen sei, vgl. die Reihe der Pröpste.

V̊LRICUS DE STUTGARDIA [1] postea eligitur, alias DE WIRTEMBERG, rector quondam ecclesie in Metzingen, a qua nominabatur Metzinger.

Mgr. JOHANNES DE BOTTWAR sacre pagine professor post illum ecclesie est prepositus, obiit autem A. D. MCCCCXXXIII.

Mgr. HEINRICUS DEGEN decretorum doctor illi successit. Hic domum prepositure in Sindelfingen edificauit, beneficium altaris S. Andree fundavit atque dotauit, calicem libros et ornamenta contradidit, hic instituit cantari antiphonam Recordare. Hic Dominus Heinricus preposituram permutauit pro ecclesia in Oeltingen cum Mgr. Johanne Degen predecessore meo A. D. MCCCCLV.

Sub eodem Mgr. JOHANNE DEGEN dimembrata fuit ecclesia S. Martini in Sindelfingen auctoritate romani pontificis Sixti IV. A. D. MCCCCLXXVII et prepositura cum octo canonicatibus et totidem prebendis translata fuit ad hanc nostram ecclesiam S. Georgii in Tüwingen, que eadem auctoritate erecta fuit in collegiatam, hac lege vt predicti canonicatus et prebende de cetero cum vacarent assignarentur regentibus certis in vniuersitate Studii generalis huius loci ad hoc qualificatis. Cetera vero beneficia in ecclesia Sindelfingen eadem auctoritate canonicis et regularibus ibidem de nouo institutis fuere assignata. Deinde vero A. D. MCCCCLXXXII° altera post S. Michahelis festum [30. Sept.] obiit predictus venerabilis vir Mgr. Johannes Degen et ego JOHANNES VERGENNHANS decretorum doctor in locum ipsius concorditer fui electus.

Univ. Archiv Mh. I. 82. IV. Bona præposituræ. Pergament. Der Auszug der Chronik ist von Jo. Nauclerus um 1482, also mehr als hundert Jahre vor Crusius und Gabelkover gemacht, aber nicht von seiner Hand geschrieben. Derselbe findet hier als Anhang zu Nr. 1 vollständige Aufnahme, da sich mit Hilfe dieser Version einige Verbesserungen und Ergänzungen nicht blos zu C. F. Haug, Chronicon Sindelfingense Tub. 1836, sondern auch zu dem Abdruck der Notæ Sindelfingenses in den Monumenta Germaniæ Scr. XVII, 399 ergeben.

Dem durch den Abzug seiner meisten Einkünfte übel geschwächten Stift suchte die Erzherzogin Mechthild, Graf Eberhards Mutter, welcher die Einkünfte von Sindelfingen als Widerlage verschrieben waren, in Verbin-

1 Bei Crusius und Gabelkover erscheinen hier Ulrich von Stutgard und Ulrich von Wirtemberg als zwei Personen, offenbar unrichtig, da bei ersterem jede weitere Angabe fehlen würde. Vorliegende Fassung erklärt zugleich die Entstehung des Irrthums.

dung mit dem Sohne dadurch etwas zu Hilfe zu kommen, dass sie das Kloster und seine Güter freiten: fur alle Frondienst mit Wägen Karren oder anderm, Atzung Leger Hund und Jegerkost, Bett [Bede] und Stür und alle ander Uffsatzung und Beswarnus, Urach 1. August 1476. Sattler Gr. 3. Beil. 70.

3.

Quittancia super erectione Studii. Dec. 1476.

Universis præsentes literas inspecturis Petrus de Aranda vtriusque iuris doctor apostolicæ sedis prothonotarius et camere apostolicae clericus ac sanctissimi domini nostri papæ vicethesaurarius generalis Salutem in domino. Vniuersitati vestræ notum facimus per presentes, quod venerabilis dominus Burchardus Regis clericus Constanciensis in decretis Baccalarius et domini Comitis de Vertenberg Capellanus nomine Rectoris Magistrorum Studii generalis in oppido Tubingen Const. dioc. nouiter erigendi pro compositione solutionis integre annatæ seu fructuum primi anni Parochialium ecclesiarum sancti Johannis baptistae in Brakenhen et ss. Philippi et Jacobi in Stetten, ac in Asch, Necnon in Ringingen et in Eningen Wormaciensis et dictae Constanciensis dioc. per cessum vel decessum vacaturarum vniuersitati praefati studii generalis erigendi vniendarum. Necnon Canonicatuum et praebendarum ecclesiæ S. Georgii praedicti oppidi Tubingen in Collegiatam Ecclesiam nouiter erigendae assignandorum, per præsentationem præfati domini Comitis de Vertenberg doctoribus et magistris in dicta vniuersitate Lectoribus futuris, in quibus nomine quo supra idem dominus Burchardus erat in Camera apostolica, rationibus prædictis sub certis sententiis censuris et penis efficaciter obligatus florenos auri de Camera centum et duodecim ac medium Reuerendo in Christo patre domino B. Episcopo Ciuitatiscastelli et domino Melia duce Cicala pecuniarum Cameræ apostolicæ depositariis pro ipsa Camera recipientibus die dati præsentium, tempore debito, per manus proprias soluit realiter et cum effectum [*sic*]. De quibus quidem flor. CXII ÷ sicut præmittitur solutis prefatos dominum Burchardum et futuram vniuersitatem dicti studii eorumque heredes et successores et eorum bona quæcunque præsentia et futura, tenore præsentium quittamus absoluimus et perpetuo liberamus. In quorum fidem præsentes literas sigillo nostri Vicethesauriatus Officii appenso munitas fieri iussimus. Datum Romæ in Camera apostolica anno nativ. dominice MCCCCLXX sexto ind. VIIII die..... Mensis Decembris pontif. S. in Chro patris et dom. nostri dom. Sixti diuina prouidentia papæ quarti. anno sexto.

pro valore centum quinquaginta flor. Renensium.

P. de Aranda S. d. n. papae
vicethes. manu propria.

Univ. Archiv Mb. I, 2. Perg. mit Siegel in Blechkapsel. Auf der Rückseite: H. Brunus. — Quittancia super erectione studii.

4.

Päpstliche Bulle betreffend die Errichtung einer Universität in Tübingen mit dem Publikationsinstrument,

vom 13. November 1476. / 11. März 1477.

In nomine domini amen. Heinricus permissione diuina Abbas Monasterii in Blaburren, Ordinis S. Benedicti Constanciensis diocesis, Executor et Commissarius ad infra scripta a S. Sede Apostolica vna cum certis nostris in hac parte Collegis: Cum clausula: Quatinus vos uel duo aut vnus vestrum: in subinsertis literis apostolicis apposita specialiter deputatus. Vniuersis et singulis has literas visuris lecturis et audituris, presentibus et posteris ac presertim illi uel illis quorum interest intererit aut interesse poterit et quos nosse fuerit oportunum: Subscriptorum noticiam indubitatam: cum salute in Domino sempiterna.

Literas Sanctissimi in Christo patris et domini nostri domini Sixti diuina prouidentia Pape Quarti: Eius vera Bulla plumbea in filis Canapi more Romane Curie impendente bullatas, non abrasas cancellatas uel abolitas nec in aliqua sua parte suspectas sed sanas integras et illesas, omnique prorsus vitio et suspicione carentes, Nobis pro parte Illustris et Generosi domini domini Eberhardi Comitis in Wirtemberg et in Montepeligardo Senioris in ipsis literis principaliter nominati, alias pridem presentatas:

Nos cum ea qua decuit reuerencia accepisse noueritis, hunc qui sequitur Tenorem de verbo in verbum continentes.

Sixtvs episcopvs servvs servorum dei: Dilectis filiis Abbati in Blaburren et S. Martini in Sindelfingen per Prepositum soliti gubernari Monasteriorum ac ecclesie in Herremberg Prepositis Constanciensis diocesis, Salutem et apostolicam benedictionem. Copiosus in misericordia dominus, et in cunctis suis gloriosus operibus, a quo omnia dona defluunt, ad hoc nobis licet insufficientibus meritis sue sponse vniuersalis ecclesie regimen committere et nostre debilitati iugum apostolice seruitutis imponere voluit, ut tamquam de summo vertice montis ad infima reflectentes intuitum, quod pro huiusmodi illustranda ecclesia ad fidei propagacionem conferat orthodoxe, quod statui quorumlibet fidelium conueniat, prospiciamus attentius, et qualiter a fidelibus ipsis profugatis ignorancie tenebris, illi per donum sapientie in uia mandatorum ac domo domini conuersari debeant, solertius attendamus, eos ad querendum literarum studia, per que militantis ecclesie respublica geritur, diuini nominis ac eiusdem fidei cultus protenditur, omnisque prosperitatis humane conditio augetur, nostre solicitudinis ope apostolicisque fauoribus propensius excitemus.

Sane pro parte dilecti filii Nobilis viri Eberhardi Comitis in Werttemberg et Montispeligardi, nobis nuper exhibita petitio continebat, Quod in Ciuitatibus opidis et locis suo, ac dilecti filii Nobilis viri Ůlrici eciam Comitis in Werttemberg et Montispeligardi temporali dominio subiectis, quorum territoria longe lateque ampla existunt et incolarum multitudine, ac fructum ubertate habundant, non est aliqua vniuersitas Studii generalis, ad quam Civitatum Terrarum opidorum et locorum huiusmodi et aliorum circumuicinorum locorum incole uolentes in scientiis proficere ad studendum et addiscendum commode se transferre valeant. Quodque si in opido Tuwingen Constanciensis diocesis, Prouincie Maguntinensis Loco insigni et commodis habitacionibus pleno, in quo victualium omnium maxima copia habetur, eius temporali dominio subiecto, prope quod infra duas dictas uulgares [1] non est

1 In Eberhards Landestheil befanden sich also damals nur zwei öffentliche, wohl städtische Schulen. Die eine wird die zu Urach sein, welche er in demselben Jahr der Aufsicht des dortigen Stifts unterstellte. Wo

aliqua vniuersitas studii generalis, erigeretur vna vniuersitas ipsius studii generalis cuiuscumque facultatis et sciencie, eidemque vniuersitati sic postmodum erecte pro faciliori supportatione onerum et expensarum eiusdem presertim salariorum illorum, qui Cathedras pro tempore inibi regent, S. Johannis Baptiste in Brackenhein et SS. Philippi et Jacobi in Stetten ac in Asch nec non in Ringingen et in Eningen, Wormaciensis et predicte Constanciensis diocesis parochiales ecclesie, que de iure patronatus Comitis de Werttemberg pro tempore existentis fore noscuntur, reseruata congrua portione pro perpetuis vicariis, ad presentacionem dicte vniuersitatis instituendis, perpetuo unirentur annecterentur et incorporentur, ac in ecclesia S. Martini in Sindelfingen dicte Constanciensis diocesis, quam nuper in collegiatam, ac illius prepposituram dignitatem inibi principalem et octo canonicatus et totidem prebendas ad parochialem S. Georgii dicti opidi Tuwingen transferri, et S. Georgii in collegiatam cum dicta prepositura et octo canonicatibus et totidem prebendis, S. Martini vero ecclesiam predictam in Monasterium ordinis S. Augustini erigi mandauimus, duo Canonicatus et totidem prebende postquam erecti fuerint supprimerentur et extinguerentur, illarumque fructus redditus et prouentus pro dote quatuor inibi aliorum Canonicatuum et totidem prebendarum de nouo erigendarum equis porcionibus applicarentur et assignarentur, ac per nos statueretur et ordinaretur, quod ad huiusmodi decem canonicatus et totidem prebendas qui de dicto iure patronatus existunt, cum prima uice eos vacare contigerit et deinde perpetuis futuris temporibus successiue viri ecclesiastici ad regendas decem cathedras in eadem vniuersitate Studii erigendi ydonei et docti, uidelicet quatuor magistri in artibus, quibus dicte quatuor de nouo erigende prebende assignarentur et in eisdem artibus legerent et regerent, per dictum Comitem seu dilectam in Christo filiam Mechtildem illius genitricem, ad quam racione dotis sue inpresenciarum presentacio personarum ydonearum, ad canonicatus et prebendas predictos, cum pro tempore vacant ut asseritur pertinet, et eorum successores in

die andere gewesen sei, lässt sich bei der Dürftigkeit der Nachrichten nicht sicher angeben; vielleicht in Tübingen selbst. Der Notar Gregor Mai, der die obige Urkunde beglaubigt, ist in der Matrikel zugleich als rector scolarum particularium in Tuwingen bezeichnet.

iure patronatus predicto, presentari, et ad presentacionem huiusmodi institui deberent, exinde predictis et aliorum predictorum locorum circumuicinorum incolis et habitatoribus uolentibus in sciencia proficere, magna comoditas studendi pararetur et eorundem studentium postmodum doctrina et sciencia in Ciuitatum Terrarum et locorum predictorum regimen, fideique catholice propagacionem quam plurimi fructus prouenirent.

Quare pro parte dicti Eberhardi Comitis nobis fuit humiliter supplicatum, ut in prefato opido Tuwingen Studium generale quarumcunque facultatum erigere, ac eidem sic erecto parochiales ecclesias prefatas perpetuo unire, annectere et incorporare, Nec non duos Canonicatus et totidem prebendas eiusdem ecclesie si opus fuerit supprimere, ac quatuor alios Canonicatus et totidem prebendas ibidem de nouo erigere, illisque sic erectis pro eorum dote fructus redditus et prouentus dictorum supprimendorum Canonicatuum et prebendarum equis porcionibus applicare et assignare, et quod ad Canonicatus et prebendas predictos videlicet de nouo erigendos Quatuor magistri in artibus, ad alios vero alii viri docti et ydonei, qui omnes in predicta ecclesia modo infra scripto residenciam facere teneantur, ad regendas Cathedras predictas, ut prefertur, et non alii presentari debeant, statuere et ordinare, ac alias in premissis oportune prouidere, de benignitate apostolica dignaremur.

Nos igitur qui dudum inter alia uoluimus et ordinauimus, Quod petentes beneficia ecclesiastica aliis vniri tenerentur exprimere verum valorem tam beneficii uniendi quam illius cui uniri peteretur, alioquin vnio non valeret: Attendentes quod ex litterarum studio animarum saluti consulitur, insurgentes controuersie deciduntur, pax et tranquillitas inter mortales procurantur, licitum ab illicito discernitur, bonis premia et reprobis supplicia dispensantur, et alia tam publica quam priuata spiritualia et temporalia comoda mundo proueniunt: Vniuersitatis predicte fructuum reddituum et proventuum verum valorem annuum presentibus pro expresso habentes: Et eiusdem Comitis laudabile propositum huiusmodi plurimum in domino commendantes: huiusmodi supplicacionibus inclinati, discrecioni vestre per apostolica scripta mandamus, quatinus vos, vel duo, aut vnus vestrum si predicta vera compereritis in prefato opido Tuwingen perpetuis futuris temporibus generale Studium cuiuscunque facultatis et sciencie licite auctoritate nostra erigatis, et in illo Cathedras quarumcunque facultatum, nec non Rectorie et alia pro illius prospero et felici regimine necessaria officia dicta auctoritate instituatis, et que propterea utilia et oportuna fore cognoueritis, constitutiones et statuta eadem auctoritate ordinetis, necnon dictas parochiales ecclesias, quarum omnium fructus redditus et prouentus Quinquaginta duarum Marcarum argenti secundum communem estimacionem valorem annuum, ut asseritur, non excedunt, Reseruata tamen congrua porcione pro perpetuis vicariis in illis ad presentacionem vniuersitatis dicti Studii instituendis, de qua se sustentare, Episcopalia iura soluere et alia eis incumbencia onera perferre commode possint, eidem mense[1] vniuersitatis predicte, ita quod cedentibus uel decedentibus ipsarum parochialium ecclesiarum Rectoribus seu alias parochiales ecclesias predictas quomodolibet dimittentibus, liceat extunc eidem vniuersitati per se uel alium seu alios corporalem parochialium ecclesiarum iuriumque et pertinenciarum predictorum possessionem propria auctoritate libere apprehendere, et de [*sic*] earundem parochialium ecclesiarum fructus redditus et prouentus in dicti Studii usus et vtilitatem ac inibi legentium doctorum salaria conuertere et perpetuo retinere, diocesani loci et cuiusuis alterius licencia super hoc minime requisita, prefata auctoritate uniatis incorporetis et annectatis. Nec non duos Canonicatus et totidem prebendas in dicta ecclesia S. Georgii eadem auctoritate supprimatis et extinguatis, ac ibidem Quatuor alios Canonicatus et quatuor prebendas de nouo erigatis, et pro illorum sic erigendorum dote fructus redditus et prouentus dictorum supprimendorum Canonicatuum et prebendarum equis porcionibus applicetis et assignetis.

Sic quod ad Canonicatus et prebendas predictos, quociens illos perpetuis futuris temporibus vacare contigerit videlicet ad quatuor de nouo erigendos Quatuor Magistri in artibus, qui in eisdem artibus actu legant et regant, ad alios vero Canonicatus et prebendas predictos alii viri ecclesiastici, docti et ydonei ad regendas decem ex huiusmodi Cathedris in eodem Studio perpetuo per dictum Comitem in Werttemberg, et eiusdem Comitis successores in

---

1 sva. Einkommen, Vermögen.

iure patronatus predicto presentari et ad presentaciones huiusmodi in Canonicos dicte ecclesie institui, et instituti Cathedras ipsas regere teneantur et debeant. Quodque si ex modernis Canonicis huiusmodi aliqui reperirentur ad legendum et regendum ibidem sufficientes et ydonei, et onus huiusmodi assumere voluerint, ad illud deputentur, prelibata auctoritate statuatis et ordinetis. Ac obtinentibus pro tempore dictos Canonicatus et prebendas, Cathedrasque actu regentibus in vniuersitate predicta, ut quamdiu Cathedras ipsas rexerint, diuinis in dicta ecclesia S. Georgii, in qua sunt duodecim perpetui vicarii diuina officia ibidem continue celebrantes et illis insistentes, racione Canonicatuum et prebendarum predictorum interesse non teneantur, nisi quatinus interesse tenentur diuinis in ecclesia S. Spiritus haidelbergensi wormaciensis diocesis, ipsius ecclesie S. Spiritus Canonici Cathedras regentes in vniuersitate studii haidelbergensis [1], absque eo quod in dicta ecclesia S. Georgii diuinis intersint, seu insistant eorundem Canonicatuum et prebendarum fructus redditus et prouentus eciam pro tribus primis annis, pro quibus noui Canonici iuxta ipsius ecclesie in Sindelfingen Statuta iurata illos non percipiunt, sed partim defuncto Canonico partim fabrice cedunt, cum ea integritate, quotidianis distribucionibus dumtaxat exceptis, percipere possint et debeant, cum qua illos perciperent si in ipsa ecclesia S. Georgii diuinis interessent, nec ad interessendum diuinis in dicta ecclesia S. Georgii alias teneantur aut ad id inuiti coarctari valeant, nisi quatinus in ecclesia S. Spiritus haidelbergensi, eadem auctoritate concedatis, faciatisque eis huiusmodi eorundem decem Canonicatuum et prebendarum fructus redditus prouentus et emolimenta quecunque, que interesse [2] diuinis in eadem ecclesia perciperent, integre ministrari. Non permittentes eos per Venerabilem Fratrem nostrum Episcopum Constanciensem et dilectos filios dicte ecclesie S. Georgii capitulum seu quoscumque alios ad interessendum in ipsa ecclesia compelli aut alias contra huiusmodi concessionis, si illam feceritis, tenorem quomodolibet molestari.

---

1 Bullen Urbans VI 2. Aug. 1387, Bonifacius IX 12. Dec. 1399, Eugens IV 13. Mai 1434 hier zum Theil wörtlich widerholt. Jus Univ. Heidelb. (von Hertling) 1748. S. 11 ff. 2 sva. interessendo.

Et nichilominus si ad effectum premissorum, obtinentes parrochiales ecclesias predictas illas, resignare voluerint, resignaciones huiusmodi prefata auctoritate recipiatis et admittatis, eisque per uos receptis et admissis eisdem resignantibus, ne ex resignationibus huiusmodi nimium dispendium paciantur, pensiones annuas de quibus cum eis concordari poterit, super fructibus redditibus et prouentibus parrochialium ecclesiarum resignatarum huiusmodi eisdem resignantibus quoad uixerint, uel procuratoribus eorum sub penis et censuris ecclesiasticis, ac in terminis et locis per nos statuendis integre persoluendas, aut parrochialium ecclesiarum quas resignaverint, fructus redditus et prouentus in toto uel in parte cum libera facultate illos eciam propria auctoritate percipiendi et leuandi dicta auctoritate reseruetis constituatis et assignetis, facientes pensiones huiusmodi iuxta reseruacionis constitucionis et assignacionis earundem, si eas fieri contigerit, tenorem efficaciter persolui, et non permittentes eosdem resignantes, quo minus pensiones seu fructus huiusmodi percipiant, per quoscumque impediri. Contradictores auctoritate nostra appellacione postposita compescendo. Non obstantibus priori voluntate nostra predicta ac felicis recordacionis Bonifacii Papæ VIII predecessoris nostri, per quam huiusmodi concessiones de fructibus in absencia percipiendis, sine prefinicione temporis, fieri prohibentur [1], et aliis apostolicis ac in prouincialibus eciam synodalibus Conciliis editis generalibus uel specialibus constitucionibus et ordinacionibus nec non dicte ecclesie S. Georgii iuramento confirmacione apostolica uel quauis alia firmitate roboratis, statutis et consuetudinibus contrariis quibuscumque. Eciam si per ipsos decem Canonicatus et prebendas pro tempore obtinentes, de illis seruandis et non impetrandis literis contra illa et illis impetratis seu alias quouismodo concessis non utendo prestare contingeret iuramentum. Aut si primam non fecerint in eadem ecclesia S. Georgii residenciam consuetam, Seu si episcopo prefato a sede apostolica sit concessum uel imposterum concedi contingat, quod Canonicos ecclesiarum suarum ciuitatis et diocesis per subtractionem prouentuum suorum Canonicatuum et prebendarum compellere valeant ad residendum personaliter in eisdem, Seu si episcopo et capitulo pre-

1 c. 15 de rescriptis in Sexto I, 3.

fatis communiter uel diuisim a dicta sit sede indultum uel imposterum indulgeri contingat, quod Canonicis et personis suarum ecclesiarum non residentibus personaliter in eisdem fructus redditus et prouentus suorum Canonicatuum et prebendarum ministrare in absencia minime teneantur, et ad id compelli, aut quod interdici suspendi vel excommunicari non possint per literas apostolicas non facientes plenam et expressam ac de verbo ad verbum de indulto huiusmodi mencionem. Aut si aliqui super prouisionibus sibi faciendis de huiusmodi uel aliis beneficiis ecclesiasticis in illis partibus speciales uel generales, apostolice sedis vel legatorum eius literas impetrarint, eciam si per eas ad inhibicionem, reseruacionem et decretum uel alias quomodolibet sit processum. Quas quidem literas et processus habitos per easdem ac inde secuta quecumque ad parrochiales ecclesias huiusmodi volumus non extendi, sed nullum per hoc eis, quoad assecucionem beneficiorum aliorum preiudicium generari, Et quibuslibet aliis priuilegiis indulgenciis et literis apostolicis generalibus uel specialibus quorumcunque tenorum existant, per que presentibus non expressa uel totaliter non inserta effectus earum impediri valeat quomodolibet uel differri, et de quibus quorumque totis tenoribus habenda sit in nostris literis mencio specialis. Prouiso quod propter vnionem annexionem et incorporacionem huiusmodi si fiant, et effectum sorciantur, parrochiales ecclesie predicte debitis non fraudentur obsequiis et animarum cura in eis nullatenus negligatur, sed earum debite supportentur onera consueta. Attente quoque prouideatis, ne resignacionibus huiusmodi si fiant ex parte Rectorum dictarum parrochialium ecclesiarum et vniuersitatis predictorum aliqua prauitas interueniat seu eciam corruptela.

Nos eciam, si erectionem vnionem annexionem et incorporacionem ac alia premissa vigore presencium fieri contigerit, ut prefertur, pro tempore existentem Prepositum dicte ecclesie S. Georgii eiusdem Studii Cancellarium perpetuis futuris temporibus apostolica auctoritate facimus creamus constituimus et deputamus ac illos, quos primo [1] diligenti examine et seruatis seruandis ydonei reperti fuerint, ad Bacallariatus licencie Magisterii et doctoratus aliosque gradus quoscumque in Theologia vtroque iure artibus

---

1 fehlerhaft, wohl zu lesen: qui preuio.

quoque et medicina cum solita insigniorum exhibicione, seruata tamen Constitucione Viennensis Concilii super hoc edita [1], in vniuersitate predicta duntaxat promouendi, et eis sic promotis ut kathedras regere legere docere et alios actus pertinentes ad gradus, ad quos promoti fuerint, facere possint et valeant concedendi, et generaliter omnia alia et singula, que Archidyaconus ecclesie Bononiensis [2] in vniuersitate Studii Bononiensis facere et exercere quomodolibet potest ex apostolica concessione statuto uel consuetudine faciendi exercendi presencium tenore auctoritate apostolica concedimus facultatem, Ac volumus et vniuersitati eiusdem sic erigendi Studii, nec non illius pro tempore Rectori ac doctoribus Scolaribus et personis, qui pro tempore erunt, ac illis quos ad gradus quoscumque inibi promoueri contigerit, ut omnibus et singulis priuilegiis immunitatibus graciis fauoribus exempcionibus concessionibus et indultis tam de iure communi quam ex concessionibus apostolicis et imperialibus aut alias quomodolibet in genere uel in specie quibuscumque aliorum quorumcunque studiorum generalium Vniuersitatibus et illarum Rectoribus doctoribus Scolaribus et personis, ac promotis pro tempore in eisdem concessis et concedendis et quibus illi pociuntur et gaudent ac uti et gaudere poterunt quomodolibet in futurum uti

1 Clem. 2 de magistris V, 1.

2 Honorius Seruus seruorum Dei, dilecto filio Archidiacono Bononiensi salutem et apost. benedictionem. Cum sæpe contingat, vt in Ciuitate Bononiensi minus docti ad docendi regimen assumantur, propter quod et doctorum honos minuatur et profectus impediatur scholarium volentium erudiri, nos eorundem vtilitati et honori vtiliter prospicere cupientes auctoritate præsentium duximus statuendum, vt nullus vlterius in Ciuitate prædicta ad docendi regimen assumatur, nisi a te obtenta licentia, examinatione præhabita diligenti. Tu denique contradictores, si qui fuerint, vel rebelles per censuram ecclesiasticam appellatione remota compescas. Datum Reatæ IV Kal. Julii, Pontificatus nostri anno tertio [1219]. Cher. Ghirardacci Hist. di Bologna, 1, 128. C. Sigonius Opp. 3, 214. Sarti De Archig. Bon. Proff. 2, 25. Diese Verfügung ist an Gratia aus Arezzo, einen berühmten Rechtslehrer persönlich gerichtet, und Savigny G. d. R. R. 3, 225 behauptet, dass nicht die Meinung zu Grund liege, als ob die Promotionen zu den päpstlichen Vorrechten gehörten. Gleichwohl wurde diese Meinung von Rom aus allmählich grossgezogen und an jenen ältesten Vorgang angeknüpft, wie Stellen gleich der obigen zeigen. Tübingen hatte in der Folge unter dieser Theorie lange zu leiden und ist seinen apostolischen Kanzler erst im J. 1556 vollständig losgeworden.

potiri et gaudere possint et debeant in omnibus et per omnia perinde ac si illa eisdem Vniuersitati erigendi Studii et illius Rectori doctoribus Scolaribus et personis in illa pro tempore promotis specialiter et nominatim concessa forent auctoritate apostolica tenore presencium indulgemus.

Et insuper ex nunc irritum decernimus et inane, si secus super hijs a quoquam quauis auctoritate scienter uel ignoranter contigerit attemptari. Datum Rome apud S. Petrum Anno Incarnacionis dominice millesimo quadringentesimo septuagesimo sexto. Id. Novembris pontificatus nostri Anno sexto.

Post quarum quidem literarum apostolicarum presentationem acceptionem et diligentem inspectionem pro parte prefati domini Comitis Eberhardi ut prefertur principaliter in eisdem nominati, quatinus ad earum et in eis contentorum nobisque commissorum debitam execucionem iuxta traditam nobis inibi formam procedere dignaremur, debita extitimus precum instancia requisiti.

Nos vero Hainricus Abbas Executor et Commissarius predictus, Superiorum nostrorum et potissime apostolicis mandatis reuerenter, sicut tenemur, obedire, cauteque et rite in commissi nobis negocii execucione procedere uolentes, vt nulli interesse habenti vel pretendenti in suo videremur iure preiudicare, Omnes et singulos cuiuscumque dignitatis gradus status vel preeminencie fuerint, sua communiter uel diuisim hac in parte interesse putantes in genere uel in specie, Ad comparendum coram nobis in loco ad hoc deputato, Et ad uidendum et audiendum nos de expositis narratis et contentis in dictis literis apostolicis eorumque circumstanciis singulis diligenter informari, et huiusmodi informacione accepta et habita, veritateque narratorum huiusmodi quantum sufficere videretur comperta, Deinde ad execucionem apostolice commissionis seruata forma nobis tradita rite per nos procedi, vel ad dicendum et allegandum quicquid in contrarium eorum racionabiliter dicere proponere et allegare vellent ac valerent, in locis quibus videbatur expedire per patentes nostras literas citari et vocari fecimus atque citauimus in certum terminum competentem peremptorium Cum certificacione quod eis uel alio legitimo oppositore et contradictore non comparente aut comparente nil tamen racionabilis in contrarium premissorum dicente uel allegante, Nos nichilominus ad debitam execucionem dicti nobis commissi negocii seruatis seruandis proculdubio procedere non obmitteremus Citatorum absencia seu contumacia in aliquo non obstante. In quo quidem Citacionis termino Citacione ipsa rite et legitime executa vna cum executione debita a tergo seriatim notata, coram nobis pro parte memorati domini Comitis Eberhardi realiter reproducta, atque Citatorum non comparencium contumacia accusata. Nos merito eosdem prout debuimus, reputauimus contumaces, Nullo prorsus alias contradictore apparente legitimo uel oppositore. Ceterum quatinus amplius ad execucionem huiusmodi commissionis nobis facte iuxta illius vim formam et tenorem rite procederemus debita sumus instancia requisiti.

Nos itaque Judex et Commissarius sepe dictus vigore clausule supradicte de veritate Narratorum in preinsertis literis apostolicis deductorum, sollerti nostra super hiis inquisicione preuia, testimoniis fide dignis sufficienter informati atque edocti, Ad huiusmodi nobis Commissorum execucionem et expeditionem debitas duximus procedendum et processimus, Negociumque ipsum nostris pronunciacione decreto et declaracione de Jurisperitorum consilio et assensu, in scriptis terminauimus in hunc qui subscriptus est modum.

Christi Nomine invocato. Qvia visis diligenterque perpensis coram Nobis in presenti negocio deductis Narratorum in supra inserta Commissione apostolica veritatem comperimus indubitatam, icciroo ad huiusmodi nobis hac in parte commissorum debitam execucionem humiliter procedere volentes sicuti tenemur de Jurisperitorum consilio nobis super hoc communicato, auctoritate apostolica decernimus declaramus et in hiis scriptis pronunciamus *in Opido* Tuwingen *in preinsertis literis apostolicis nominato perpetuis futuris temporibus generale studium cuiuscunque facultatis et sciencie licite erigi posse et debere, atque eadem auctoritate erigimus* et in illo cathedras quarumcunque facultatum nec non Rectorie et alia pro illius prospero et felici regimine necessaria officia instituimus, ac constituciones et statuta melius visa expedire edenda esse decernimus.

Ecclesias denique parrochiales S. Johannis Baptiste in Brackenhain, SS. Philippi et Jacobi in Stetten Wormaciensis ac in Asch nec non Ringingen et in Eningen Constanciensis diocesum cum omnibus suis iuribus et pertinenciis prefate sic in Tuwingen erecte vniuersitati pro faciliori onerum et expensarum eiusdem presertim sallariorum illorum qui cathedras pro tempore inibi regunt supportacione, quorum interest accurente consensu, ac presencium tenore in dei nomine vnimus annectimus et incorporamus earumque omnium et singularum fructus redditus et prouentus memorate vniuersitati et in illa regentibus et legentibus perpetuo appropriamus, volentes et presentibus statuentes Quod cedentibus uel decedentibus ipsarum parrochialium ecclesiarum Rectoribus seu alias illas Ecclesias quomodolibet dimittentibus liceat ex tunc eidem vniuersitati per se uel alium seu alios corporalem parrochialium ecclesiarum iuriumque et pertinenciarum earundem possessionem propria auctoritate libere apprehendere, et ipsarum parrochialium ecclesiarum fructus redditus et prouentus in dicte vniuersitatis vsus et vtilitatem conuertere et perpetuo retinere, diocesani loci et cuiusuis alterius licencia super hoc minime requisita.

Vt autem predicte parrochiales ecclesie debitis non fraudentur obsequiis et animarum cura in illis non negligatur, reseruari et assignari volumus ac presentibus auctoritate apostolica reseruamus et assignamus vicariis perpetuis pro tempore dictarum ecclesiarum iuxta cuiusuis ecclesie habitudines et circumstancias porcionem congruam, unde se sustentare, iura episcopalia soluere, et alia sibi ratione illius ecclesie incumbencia onera commode supportare queant et eorum quilibet queat atque possit. Quodque inter octo canonicatus et prebendas quos pridem dicta auctoritate de ecclesia Sancti Martini in Sindelfingen in ecclesiam parrochialem sancti Georii in supratactum opidum Tuwingen transtulimus, duo canonicatus et totidem prebende in eadem ecclesia parrochiali supprimendi sint et extinguendi, quos ut sic, dum illos vacare quomodolibet contigerit, pro nunc prout ex tunc, et ex tunc prout ex nunc extinguimus et supprimimus, et ex hiis Quatuor alios canonicatus, et Quatuor prebendas de nouo erigimus, ac pro illorum ut sic erigendorum Canonicatuum et prebendarum dote, fructus redditus et prouentus dictorum suppressorum Canonicatuum et prebendarum equis porcionibus applicamus et assignamus, Sic quod ad Canonicatus et prebendas predictos quociens illos perpetuis futuris temporibus vacare contigerit, videlicet ad quatuor de nouo erigendos ac quomodolibet erectos, quatuor magistri in artibus, qui in eisdem artibus actu legant et regant, ad alios vero sex Canonicatus et prebendas predictos alii viri ecclesiastici docti et ydonei, ad regendas decem ex huiusmodi Cathedris in eodem Studio per Illustrissimam dominam Mechtildem Archiducissam Austrie etc. ratione dotis sue quoad uixerit et deinde perpetuo per dictum dominum Comitem in Wirtemberg et illius Successores in Jure patronatus predicto presentari et ad presentationem huiusmodi in Canonicos dicte ecclesie institui et instituti Cathedras ipsas regere teneantur et debeant, Ac ohtinentibus pro tempore dictos Canonicatus et prebendas Cathedrasque actu regentibus in vniuersitate predicta, ut quamdiu Cathedras ipsas rexerint, diuinis in dicta ecclesia sancti Georii in qua sunt duodecim perpetui vicarii deputati diuina officia ibidem celebrantes, et illis insistentes racione Canonicatuum et prebendarum predictorum interesse non teneantur, nisi quatinus interesse tenentur diuinis in ecclesia S. Spiritus haidelbergensi Wormaciensis diocesis ipsius ecclesie S. Spiritus Canonici Cathedras regentes in vniuersitate Studii haidelbergensis absque eo quod in dicta ecclesia S. Georii diuinis intersint seu insistant eorundem Canonicatuum et prebendarum fructus redditus et prouentus Eciam pro tribus primis annis, pro quibus noui Canonici iuxta ipsius ecclesie in Sindelfingen statuta iurata, illos non percipiunt, sed partim defuncto Canonico, partim fabrice cedunt, cum ea integritate quotidianis distribucionibus dumtaxat exceptis, percipere possint et debeant atque percipiant, cum qua illos perciperent, si in ipsa ecclesia S. Georii diuinis interessent, nec ad interessendum diuinis in dicta ecclesia S. Georii alias teneantur aut ad id inuiti coarctari valeant nisi quatinus in ecclesia S. Spiritus haidelbergensi, eadem auctoritate concedimus.

Volentes et statuentes eis huiusmodi suorum decem Canonicatuum et prebendarum fructus redditus prouentus ac emolimenta quecunque, que si interessent diuinis in eadem ecclesia perciperent, integre ministrari debere, ordinaria et cuiusuis alterius molestacione in hiis et circa ea cessante et semota. Et nichilominus si ad effectum premissorum resignaciones parrochialium ecclesiarum predictarum in fauorem vnionis annexionis et incorporacionis, de quibus in apostolicis literis mencionatur, iuxta et secundum earundem vim formam et tenorem facte fuerint, ac per nos accepte et admisse, vnionem annexionem et incorporacionem huiusmodi effectum sortitas esse, in robore debito existere simili auctoritate apostolica nobis commissa ex nunc prout ex tunc declaramus, Atque cuilibet resignancium earundem pensionem annuam, de qua concordatum fuerit, super fructibus redditibus et prouentibus parrochialium ecclesiarum resignatarum huiusmodi, quoad uixerit uel illius legitimo procuratori, sub penis et censuris ecclesiasticis ac in terminis et locis statuendis integre persoluendam pari auctoritate reseruamus constituimus et assignamus, Volentes pensionem et pensiones huiusmodi iuxta reseruacionis et assignacionis earundem, si eas fieri contigerit, tenorem efficaciter persolui.

Reseruatis desuper mandatis et processibus in Contradictores dicta auctoritate apostolica fulminandis[1], super quibus disponendi ordinandi faciendi et exequendi si et prout temporis tractu videbitur oportunum et expedire nobis potestatem omnimodam plenamque facultatem ex nunc saluamus et retinemus. Reseruantes etiam nobis et reseruata esse volentes omnia et singula alias in preinsertis literis apostolicis nobis quomodolibet concessa, Et presertim facultatem nobis statuendi et statuta faciendi datam et concessam, de quibus cum et ubi oportunum visum fuerit prestante domino sepe dicta auctoritate execucionem debitam faciemus. Non obstante in premissis omnibus et singulis que supradictus dominus noster Papa hac in parte suis literis voluit non obstare, Adhibitis et seruatis in hiis et circa ea solennitatibus et cautelis de iure in talibus obseruari consuetis et adhibendis, decernentes prout dictus dominus noster papa decreuit irritum et inane si secus super hiis a quoquam quauis auctoritate scienter vel ignoranter contigerit attemptari.

In qvorvm omnivm et singvlorvm fidem et testimonium premissorum presentes literas siue presens publicum Instrumentum huiusmodi nostram sentenciam et decretum aliaque premissa in se continens, exinde fieri et per Notarios publicos Scribasque nostros infra notatos subscribi et publicari ac Sigilli nostri Abbacialis iussimus et fecimus appensione communiri.

---

1 sva. promulgandis.

Lecta lata et in scriptis promulgata fuit hec nostra sentencia siue hoc nostrum decretum in Opido Vrach Anno Domini millesimo quadringentesimo septuagesimo septimo, Pontificatus sanctissimi in Christo patris et domini nostri domini Sixti diuina prouidencia pape quarti predicti, Indicione decima, die vero Martis Mensis Marcii vndecima hora fere meridiei, presentibus tunc ibidem venerabilibus et religiosis honorabilibusque viris ac patribus Domino BERNHARDO Abbate in Bebenhusen Cisterciensis domino ALBERCHTO priore domus Bonilapidis Cartusiensis ordinum, Nec non dominis JOHANNE TEGEN preposito, Magistro CONRADO MENCKLER de Möuchingen, sacre theologie, Magistro JOHANNE HECKBACH, in Sindelfingen Canonicis, JOHANNE et LUDWICO VERGENHANNS fratribus ecclesiarum parrochalium in Brackenheyn et Kircheyn sub Tegk, wormaciensis et constanciensis dioc. Rectoribus, LUCA SPETZHART Arcium et medicine, ac superillustris principis et domine domine Mechtildis Archiducisse Austrie etc. phisico, Doctoribus, Magistro JOHANNE TEFENER professo Monasterii nostri Bläburren Sacre Theologie Bacallario formato, magistro GEORIO SCHRIBER Rectore ecclesie in Asch, JODOCO MEDER de Wyla Ciuitati Imperiali et CONRADO WOLDAN de Teffingen Capellanis in Sindelfingen, Nec non strenuo et valido domino JOHANNE SPAET de Estetten milite, layco Constanciensis dioc. predicte, Testibus ad premissa vocatis rogatis et debita precum instancia requisitis [1].

---

1 Der Stifter ist bei diesem Geschäft nur durch einen weltlichen Zeugen, den letztgenannten Hans Spaet von Ehestetten einen seiner vertrautesten Räthe vertreten. Er gehörte zu einer damals am gräflichen Hof in den höchsten Stellen stehenden Familie, auf der Alb und im Lauterthal begütert, hatte seinen Herrn nach Palæstina begleitet und von ihm manche Gnaden empfangen, steht auch, Anfangs 1488, unter den Executoren seines letzten Willens als Ritter und Vogt zu Zwiefalten, Steinhofer 3, 628. Sattler erzählt nach archivalischen Quellen, dass Eberhard am 16. Juli 1488 den Hans Spæt, nachdem er wegen eines unbekannten wider den Grafen Heinrich begangenen Verbrechens lang in Haft gewesen, begnadigt habe gegen Urfehde und eidliche Verpflichtung: sogleich in die Insul Rhodus sich zu erheben und nimmer daraus zu kommen, ausser wann er wider die Unglaubigen zu streiten befelcht würde. Gr. 3 am Ende. Es ist kaum glaublich, dass es derselbe Mann gewesen sei. In der That gab es damals mindestens zwei Adlige des Namens, wie aus Steinhofer 3, 281 vgl. mit 233 zu entnehmen ist. Die übrigen zwölf

Et Ego Mathias Horn de Eltingen Clericus Spirensis dioc. Sacra Imperiali auctoritate Notarius publicus prothonotarius opidi Vrach ac Commissarius Curie Constanciensis causarum matrimonialium in et circa opidum prefatum, generalis iuratus, Quia dictarum literarum apostolicarum presentationi accepcioni, Citacionis emittende decreto et reproductioni eiusdem, Contumacie absencium accusacioni, Conclusioni, pronunciacioni, omnibusque aliis et singulis, dum sicuti premittitur fierent et agerentur vna cum domino Notario et testibus sub et prescriptis presens fui, illa sic fieri videndo et audiendo, icciroo hoc presens publicum decreti Instrumentum ad ipsius Executoris ei domini Commissarii prescripti mandatum adiutorio domini Gregorij Maij Notarij subscripta de premissis contextum et in hanc publicam formam redactum manu mea propria exaravi Signoque et nomine meis solitis et consuetis signaui et roboraui in fidem et testimonium omnium et singulorum premissorum ad hoc vocatus rogatus pariter et requisitus.

Ego quoque Gregorius Maij de Tüwingen Clericus Constan. dioc. Sacra Imperiali auctoritate Notarius publicus et Curie Constan. causarum Matrimonialium Commissarius generalis. Quia

---

sind sämmtlich Clerici im damaligen Sinne: 1. Der Abt Bernhard Rockenbauch von Magstatt, auch sonst ein Vertrauensmann des Grafen, erscheint zugleich als betheiligt, da die Georgenkirche bis dahin dem Kloster Bebenhausen zugehört hatte. 2. Alberchtus Rot von Neiffen ist der dritte Prior. Das Necrologium Boni Lapidis (MS. K. öff. Bibliothek) sagt von ihm: Laudabiliter rexit domum tam in spiritualibus quam in temporalibus. 3. Johannes Tegen, Propst. 4. M. Conrad Menckler und 5. M. Johann Heckbach, Decretorum Doctor an der neuen Universität vertreten die Collegiat-Kirche. 6. Johannes und 7. Ludwig Vergenhans, die beiden in Eberhards Geschichte vielfach verflochtenen Brüder haben wir als die nächsten Berather und Helfer des Grafen bei der Gründung der Universität zu betrachten. 8. Der Doctor der Medicin und Magister Lucas Spetzhart vertritt, wie auch der Beisatz andeutet, die Erzherzogin Mechthild, deren Arzt er war. Zugleich ist er, wie am 15. September sein Name in die Matrikel eingetragen wird, Domini Comitis physicus juratus. Möglich ist, dass er neben Johannes May an der jungen Universität eine Zeit lang gelehrt hat. 9. Der M. Johann Tefener ein studierter Mönch von Blaubeuren wird als Secretär seines Abts zu betrachten sein. Die übrigen drei, durch welche die Zwölfzahl voll wird, vertreten die incorporierten Pfarren und Caplaneien.

supra insertarum literarum apostolicarum porrectioni accepcioni, Citacionis emmittende decreto, ac reproductioni eiusdem Contumacie absentium accusationi, conclusioni, pronunciacioni aliisque omnibus et singulis, dum sicut prescriptum est fierent, vna cum predictis testibus et Notario ad hec correquisito presens fui, ea sic fieri videndo et audiendo. Quamobrem hoc presens publicum decreti Instrumentum post ipsius Domini Commissarii mandatum, coadiuuante Domino Mathia Horn Notario memorata manu eiusdem scriptum exinde confeci, et in hanc formam publicam redegi, Signoque et nomine meis solitis signaui et communiui in robur et fidem omnium et singulorum premissorum rogatus et debito requisitus.

Univ. Archiv Mh. I, 1. Perg. mit Siegel des Abts. Abgedruckt bei Besold Diss. de juribus majestatis 186. Moser Sammlung Würt. Urk. 1, 48. Zeller Merkw. d. Stadt Tüb. 289. Bök Gesch. d. Univ. Tüb. Beil. 3. Eisenlohr U. G. 1.

5.

Instrumentum translationis praepositurae Sindelfingensis in Tubingam.

Ausgefertigt Montag 10. März 1477 hora vesperarum von Abt Heinrich unter Beisein des Frater Alberchtus Priors von Güterstein Carth. ord., des Johann Schilling und Magister Georius Schriber, Rectoren der Parochialkirchen in Ringingen und Asch. Ohne eigenthümlichen Inhalt.

K. Staatsarchiv. Pergament mit Sigel des Abts.

6.

Graf Eberhards Bekanntmachung über Eröffnung der Universität

3. Juli 1477.

Intimacio fundacionis Vniuersitatis Tuwingensis.

Eberhardus Comes in Wirtemberg et Montepeligardo Senior. Vniuersis et singulis cuiuscunque dignitatis status ac preeminentie Doctoribus Magistris Studiosisque scolaribus vbicunque constitutis salutem et omne bonum.

Cum res etatesque hominum animo reuoluimus qualia quantaque Summus ille rerum parens et conditor atque huius immense molis Rector mortalibus beneficia contulerit dispensaueritque nil magis humane inuenimus conuenire nature quam aliquo se erga tantorum bonorum largitorem opere gratum exhibere Nam etsi illi haud vnquam condignas gracias agere valeamus Habet tamen mens bona atque diuine beneficencie obnoxia affatim quo se exerceat creatorique suo complacere ac vt ita dicamus debitum conetur exoluere Quod nobis considerantibus ac sepenumero memoria repetentibus quanam potissimum via aggrediamur quod creatori nostro gratum reipublice ac subditorum nostrorum saluti atque vtilitati conducibile videretur tandem succurrit nil melius atque ad beatam vitam consequendam aptius immortalique deo acceptius ne concipi quidem posse quam bonarum artium atque disciplinarum studia quibus ipsum Deum nosse solum colere soli obtemperare erudimur sedula diligentia atque concertatione prosequi Atque quo ea in terris nostro temporali dominio subiectis vigeant in hysque boni ac studiosi iuuenes imbuantur instituantur doceanturque pre omnibus enixeque curare Non his accurata templorum edificia atque structuras non denique beneficiorum ecclesiasticorum fundaciones preferimus Nam satis euo nostro decus creuit ecclesie Constatque solum acceptabile deo templum esse pectus humanum Summumque illum omnium rerum opificem plus innocentia atque sanctitate hominum quam templorum magnificentia letari Atque ea parum ad beatitudinem conferre sed ita dumtaxat deo placere si quis puram castamque mentem in ea ipsa intulerit quam profecto nulla via atque arte melius neque compendiosius quam ex literarum erudicione consequi poterimus.

Qua de re permoti publicas scolas atque vniuersale diuinarum humanarumque scientiarum studium in terris nostro temporali dominio subiectis erigere atque cooperatione Illustrissime principis et domine domine Mechtildis Archiducisse Austrie etc. genitricis Nec non Illustris domini Vdalrici Comitis in Wirtemberg et Montepeligardo patrui nostri fundare curauimus In quo doctissimorum virorum conuentus celebrari rudesque adolescentium animi erudiri atque institui possent.

Ad cuius quidem fundationem satis oportune se locus insignis opidi nostri Tuwingen offerebat cuius amenitatem agrique fertilitatem atque aeris salubritatem plus oculis contemplari quam a nobismet ipsis commendari placuit In hoc itaque tam preclaro atque ameno opido Auctoritate Sanctissimi in Christo patris ac domini nostri domini Sixti diuina prouidentia pape quarti atque Sacrosancte Romane ac Vniuersalis ecclesie gubernatoris publicas Scolas atque Generale optimarum artium Studium ereximus atque fundauimus Cuius felix cursus sub decem doctoribus quatuorque liberalium artium magistris cathedras inibi regentibus compleretur quorum tres sacris theologie libris atque scripturis intenderent Tres itidem qui sacrata pontificum Jura que canonica vocant resoluerent Duo qui legum ampla volumina eorumque difficultates enodarent tottidem in medicinis qui salubri cura morbis corporibusque mederentur humanis Quatuor insuper qui liberalibus artibus intenti causas rerum atque naturas subtili inuestigatione perquirerent Vt omnes fixis atque sufficientibus prouisi stipendijs in omni facultate gratis legendo nequis inopia diuiciarum ad notionem veritatis impediretur ascendere solerti studio atque diligentia singulis facultatibus preessent Insuper vt haberent studiosi adolescentes in quo spem reponerent atque bona fiducia premium laborum suorum expectarent Eandem vniuersitatem plusquam triginta Beneficiorum collatione dotatam condignis Emunitatibus atque priuilegijs laudabilibusque institutis plurimum decorauimus.

Vos igitur bonarum artium Studiosos viros Vos omnes prestantis animi Juuenes vereque sapientie amatores qui virtutis atque scientie semitam ingredi Veramque beatitudinem consequi desideratis ad hanc ipsam accedendam frequentandamque hortamur et inuitamus Non deerunt vobis qui et doctrina et auctoritate animos vestros atque mentes informent ac ad erudiendam instituendamque litteris ac bonis moribus vitam quottidie vos meliores reddant Ex quorum eruditione facile emergere atque ad altiores dignitatum gradus ac fastigia ascendere atque conuolare poteritis Et ne vobis tam fructuosum et laudabile bonum diutius differatur huius nouelle plantationis fausta ac felicia initia a doctissimis viris in omni arte disciplinaque principiantibus ad proximas kalendas Octobris exspectate atque suscipite [1] deinceps in omne euum ad laudem summi ac eterni dei tociusque celestis Curie progressura atque perpetuo duratura Datum in Vrach sub sigillo nostro presentibus subimpresso anno domini millesimo quadringentesimo septuagesimo septimo mensis Julij die tercia Inditione vero decima.

In Placatform gedruckt, 45 Zeilen Univ. Bibl. Mh. I. 1a. G. D. Hoffmann, Von d. eig. Stiftungstag 19. Mit Ausnahme des Punktes nach Senior im Eingang fehlt jede Interpunction. Eine gleichzeitige Abschrift enthält die Bebenhäuser Papierhandschrift in der königlichen Handbibliothek I, 35. — Abgedruckt nach dieser bei Schmid u. Pfister, Denkw. d. Ref. Gesch. I, 176. Eisenlohr U. G. 12. — Das Blatt ist wahrscheinlich bei Konrad Mancz in Blaubeuren gedruckt, somit einer der ersten altwürtembergischen Drucke.

7.

Freiheitsbrief des Grafen für seine Universität,

vom 9. Oktober 1477.

Wir Eberhart Graue zu Wirtemberg vnd zu Mümppelgart etc. der elter. Bekennen vnd tuen kunt Offenbär Allermenglichem mit disem brieff für vns vnd alle vnsre erben vnnd Nachkomen. Diewyl vnd wir von sonndern gnaden des Oewigenn almechtigen gots vnsers schöpfers, von gepurt vnd sust mit zyttlicher Mechtigkeit lands vnd luts die zu Regieren vnd zuüersenhen hochge-

1 wohl: suspicite.

bornn begaübt sint, so ist in vns wolerkantnus das wir siner Almechtikeit dest mehr schuldig werden an der Rechnung vnnsers Ampts dartzulegen vnd zubetzaln, vnd doch durch Blödikeit menschlicher Natur geprüchlich vnd Sümig an den gebotten desselben öwigen gots offt erfünden werden, demselben nach vns billich gepürte nach vnderteniger erkantnüs mit demütigem hertzen, So gross wir mögen vnsre schuld abtzulegen, vnd nach Crefften denselben vnsren öwigen got vnd schöpffer gegen vns in Barmhertzickeit zu ermiltern, dem zu fürderüng, vnd ouch damit wir der hochgelopten himelkünügin vnd iünckfrow Maria der müter gottes vnnd allen in got gehailigten wolgeuallen, vnd der gantzen Christenheit trost hilff vnd macht wider die vind vnnsers gloubens, vnuberwintlich geberen, dardurch wir dann nit minder hoffen, allen vnsren vorfarn vnd nachkomen selich Heil ouch zû bûwen vnd vnsrer gantzen herschafft wirtemberg lob ere vnd nütz zûerwerben ouch vßwendig scheden, den die vnsren vnd vnsre zûgewandteu bißher vilfältig gelitten haben zûverhüten.

So haben wir in der guten meynung helffen zûgraben den brunen des lebens darüs von allen enden der weltt vnersihlich geschöpfft mag werden trostlich und hailsam wyßheit zu erlöschung des verderplichen fürs Menschlicher vnuernunfft vnd Blintheit, vns vsserwelt vnd fürgenomen ain hoch gemain schûl vnd Vniuersitet in unser stat Tüwingen zu stifften vnd vfftzurichten, die dann von dem hailigen stûl zû Rom mit Bäpstlicher vnd volkomenlicher fürsenhung begaübt vnd dartzu mit gnug notdürfftigen gepürlichen vnd erbern stattüten zû halten angesenhen ist. Daruff wir dann geraißt werden vnsre sonderlich gnad vnd fryhait dartzu ouch zugeben. Als wir dann das für vns vnsre erben vnd nachkomen tuen In mäßen wie hernach volgt.

Zum ersten, wöllend wir alle maister vnd studenten, die ietzo hie in unsrem studio zu Tuwingen sind oder hienach komen vnd alle die hinweg ziehen, in was stats wird oder wesens die syen, in allen vnsren landen stetten dörffern vnd gebieten schirmen vnd hanthaben in allen den gnaden vnd fryhaiten rechten vnd gewonheiten, wie die in gemein oder insonderheit von den gaistlichen oder kaißerlichen rechten den meistern vnd studenten gnedicklich geben syen vnd verlihen, in allem fûg als ob solich gnad fryheit vnd recht wie uorgemelt ist, herinn all vnd yeglichs insonderheit, von wort zu wort, gantz aigentlichen verschriben vnd begriffen were. Doch die nachuolgenden Artickel sollen verstanden vnd gehalten werden Nach irem innhalt wie die begriffen sint.

Wir niemant [1] ouch in vnsren unsrer Nachkomen vnd erben sünderlichen schirm vnd behüttung all doctor Maister vnd studenten die ietzo hie sind bienach komen mögen oder hinwegziehend, deßhalben gebietten wir Ernstlichest so wir mögen, allen vnsren vnderthon, edeln und unedeln, vögten schulthaisen Bürgermeistern Bürgern gebüren [2] vnd allen die vns zůgehörend oder in vnsren landen wonen oder wandlen, das ir deheiner kein meister Noch studenten die hie sind oder herkomen oder hinweg ziehen in vnsrem land deheinerley vnbillich gewalt schand schmachheit leid letzüng oder vnrecht Mißhandlung oder übels tue oder zufüg durch sich selbs oder ander, oder schaff geschenhen werden, an lyb an gut an glimpff oder an ere in welcher wys oder maß das sin mog, heimlich oder offentlich, sonder das nit gestat, von iemandts gescheen, alsuer er dauor gesin möge, alles one geuerd, vnd wer der oder die werent die solich vnsre gebott brechen oder überfüren die oder der sollend zů stund vnsre huld verloren haben vnd dartzu hundert guldin die vns zu pene geuallen sollend, zu der pene, die er ouch sust verloren het, Nach der statt recht zu Tuwingen, vnd dannocht nit minder sol derselb oder die also vnsre gebott übertretten, dem derselb schad oder schmacheit gescheen were, och bessern Nach dem rechten vnd gantz ablegen.

Vber soliches vnd anders so doctor Meister oder studenten zeschaffen gewynnen mit den vnsren sollen ouch vnsre amptlüt in vnsrer stat Tuwingen oder an andren enden da sich gepürt in vnsren landen zů stund kurz vßtreglich recht sprechen on alles vertziehen vnd vffschieben, als bald sie solliches vernemen, oder in furbraucht würdt von wem das sye by vnsren hulden das zu halten, vnd by verlierung aller irer Empter vnd hundert guldin zu pene onableßlich denselben vnsren amptlüten allen vnd yeden insonderheit wir hie in Crafft dis brieffs vollen gewalt geben als dick des not ist über soliches recht zusprechen vnd Erberglich zuentschaiden alles getrüwlich vnd one alle geuerd.

1 nehmen. 2 Bauern.

Were aber yemandts vnder denen die solich vnsre gebot brechen vnd der doch nit mit gut gnug tun mocht derselb soll solichs mit sinem lyb erarnen bessern vnd gantz ablegen.

Wir wollend ouch vnd gebietent ernstlichen allen unsren vogten Burgermeisternn amptlüten statknechten gebüteln vnd andern vnsren vnterthonen das sie kein meister noch studenten dem studio zugehorig vahend oder vahen laussen noch yemands gestatten hand oder gewalt an sie zulegen in deheinerley wyße vmb deheinerley schuld Mißtaut oder verwürckung, die sich in der stat zu Tüwingen oder in demselben ampt begeb, sonder dis laussen gescheen von dem rector der Vniuersitet oder denen den es von der schulen oder Rector Empfolhen würdt Nach irem willen vnd geuallen. Es were dann das er sich fridlicher Anmutung für den Rector mit in zekomen fräuelich widert, oder in ainer treffenlichen Mißtaut herfunden würd, so gebieten wir doch by obgemelten penen denselbigen meister oder studenten zů stund sinem Rector oder öberosten one alle widerred vnd Mißhandlung Erberglich vnd one geletzt souer es sin mag zůantwurten, demselbigen in sin strauff zugeben vnd zulaussen, vor demselben sol er, ob es nott were, bürgen setzen genug zusin dem rechten, vnd mocht er nit bürgen haben, sol er geloben des zůthun vnd darnach ouch von dem Rector gelaussen werden, were aber ain solicher so lichtuertig oder die sach so gros, das im vff solich gelüpt nit wolt ain rector getruwen, so sol in der Rector sust innhalten vnd versorgen vntz zu vßtrag der sachen. Ouch ob ainer als gröblich were verlömbdet vmb übeltaut, den sol doch ain rector zůzyten oder die vnsren ob sie das von ainem rector würden gehaissen vnd sust nit bescheidenlich on all mißhandlung gefenglich halten, vnd wann er würdt vßgelaussen, sol er nit mer geben, Noch betzalen, dann was er in vencknus vertzert hat one geverlich.

So geben wir ouch ainem yeglichen rector zůzyten, oder dem der sin stathalter ist gantzen vollen gewalt vßrichtung vnd recht zůsprechen vnd zůtun über all vnd yeglich sachen die maister vnd studenten vnder ainander vßzutragen haben, vßgenomen vmb ligende güter erbfall oder ander derglich sachen, die sollen berechtet werden an den enden da sie geuallen vnd gelegen sint,

Ob aber ein lay mit ainem maister oder studenten zuschaffen het, soll im der maister oder student antwurten vor sinem rector, vnd würd ainem studenten für vnsren amptmann gebotten, sol in der amptmann zustund so dis an in geuordert würdt wider wysen für sinen rector, vnd wo er das zustund nit tete, sol er sin ampt vnd dartzu hundert guldin verloren han.

Widerumb wa maister oder studenten mit den vnsren zů schaffen gewynnen, sollend sie die vnsren ouch beliben laussen vor vnsren amptlüten, Also das die studenten den leyen vnd die leyen den studenten recht geben vnd niemen, vnd niemen vnd geben sie all vnd ir ieglicher vor sinem geordnotten richter, Nach innhalt Gemeiner geschriben recht, wölt aber ain maister oder student demselben rector oder sinen stathaltern nit gehorsam sin in zimlichen dingen vnd redlichen gebotten, wann dann der rector begert hilff zů solichem, gebieten wir allen vnsren amptlüten im hilff vnd bystand zutund mit ihren knechten vnd vnderthon, als dick das not würt, by vorgemelter pene hundert guldin.

Ouch wollen wir das all maister vnd studenten die hie zu Tüwingen sint oder herkumen oder hinwegziehen, an iren personen ouch an allen iren güttern wie die syen genant, es sye tuch win korn habern visch fleisch bücher oder anders so sie bruchen wollend, aller schatzung zoll stür vngelts gewerpff [1] Tribut oder ander beschwerung, wie die genant werden, zu öwigen zyten in allem vnsrem land, vff wasser veld oder in stetten oder dörffern hinyn zufüren oder tragen durch sich selbs oder ander Nach oder vor sant Martinstag, wie wenn oder an welichen enden sie die kouffen füren tragen oder bestellen gantz fry vnd ledig sin sollent vnd von allen vnsren zöllern amptlüten vnd andern den dis züeruordern vnd yntzuniemen zůstaut ledig getzalt vnd gelaussen werden on widerred alweg by pene hundert guldin halb vns vnd halb der vniuersitet veruallen, vßgenomen was güter weren die sie yetzo hetten oder fürter überkemen die nit fry an sie komen werent, mit denselben soll es gehalten werden wie mit andern derglich güter, vßgenomen were ob doctor oder maister der vniuersitet korn win oder anders des iren verkouffen wöllent,

1 ausserordentliche Abgabe.

da sollend sie sich mit dem verkouffen halten wie ander die vnsren, vnd nit höher beschwert werden von Nüwem als vngeuerlich. Wir geben ouch doctor Maister vnd studenten die fryhait, ob es ymer dartzu kem das von vns oder vnsren nachkomen, oder den von Tüwingen ainicherley beswerung vff win oder korn bücher oder anders was das were wyter dann yetzo ist gesetzt würd zu Tüwingen oder vffgelegt, das soll gantz vnd gar die genanten doctor meister oder studenten, Noch ouch die so in zukouffen geben, nit binden noch beschwären. Es mögent och alsdann nit destminder die vniuersitet, doctor Maister oder studenten, durch sich selbs oder wen sie dartzu orden, solichs zu irem vnd der iren bruch bestellen, one allen hindernus menglichs.

Ouch wollend wir vnd gebieten ernstlichen allen den vnsren, das alle doctor, meister und studenten, oder die inen zugehören sollich obgeschriben gut win flaisch visch korn brot vnd anders wo vnd wenn sie wollend bestellen mögen oder kouffen, vnd als dick das in verkouffens wys gelegt oder zuverkouffen offentlich herfürgetan würdt, sollent all vnsre vnderthon in verkouffen gütwillig gegen inen bewysenn vnnd zukouffen geben, Noch übergemeines kouffgelt Nach der statt gewonheit nit schetzen.

Daby sol nit minder von der vniuersitet Notdürftiglich vnd ernstlich bestelt geordnet vnd versenhen werden, das in solichem kein geuerd mitt andern den vnsren gebrucht, sonder dis erberglich one vffsatz vnd redlich gehalten, zu irem bruch vnd one fürkouff. Es were dann, das Bropst vnd Cappittel ouch die von der vniuersitet ire gülten, die inen von iren pfrunden vnd stippenium alher fallen, zu Tüwingen verkouffen würden, das sie dann solich verkouffen wol tun mögen wie ander die vnsren von Tüwingen.

Wir wollent ouch vff das Niemands onzimlich geschetzt werd, das der rector zuzyten, vnd vnsrer statt Tuwingen vogt, als dick die eruordert werden, geben zwen man die by guten trüwen, vorhin darumb gegeben, schetzend die huser darin die studenten ziehen wöllent, Nach billikeit vnd guter gewonheit der statt Tüwingen, darby ouch die der dieselben hußer sind, beliben sollent, Als lieb in der huszins desselben iaurs ist, vnd vnsre vngnad zuuermiden, vnd wa ouch meister oder schüler er-

3*

finden ain hus, das der aigen hußwirt des das hus ist, nit will selber nutzen oder die sinen, mögend dieselben meister oder schůler also laussen schetzen vnd daryn ziehen vnd des zins halb zů bezalen, Nach guter gewonheit der stat vnd der vorberürten schatzer geheis vnd willen gnůg tun vnd verzinßen, daran soll niemen sie sümen noch irren by vorgemelter pene verlierung des zinses.

Wir babent ouch alle fryheit geben, wie Maistern vnd schůlern, geben och hiemit in Crafft dis brieffs allen iren Eelichen wyben vnd kinden, dartzu allem irem ingesind, knechtenn, magten dienern dartzu pedellen schribern inbindern, illuminierern, welche zu Tüwingen wonung haben.

Wir wöllent ouch vnd gebieten Ernstlichen denen von Tüwingen das sie kein Juden och sust keinen offen wucherer by in, in der stat oder in iren zwingen vnd bennen laussen wonhafft beliben.

Wir wöllend och das Niemand zu Tüwingen keinem Meister oder studenten vff bůcher lyhe, die kouff oder verpfend on sonder vrlob ains Rectors zuzyten, vnd ob ainer das überfüre, der soll von stund veruallen sin vierzig guldin, vnd nit minder die bůcher onengelten wider geben, würd ouch ain buch oder mer by yemendes fünden das gestoln oder abtragen were, das sol zustunden dem des es gewesen ist, wa er das mit siner trüw behalten mag, widerkert werden on gelt by ietzgemelter pene.

Wir wöllent ouch vnd gebieten das die amptlüt vnsrer stat zu Tüwingen keinen lybartzet frow oder man der von der facultet der Ertzny nit bewert ist laussen ainicherley Ertzny zu Tüwingen triben, oder üben, es sye mit wasser besenhen, oder Reinigung geben oder sunst, deßglichen wöllen wir das kein wundartzat scherer oder ander in was stants der sige, lybartzny trib, er sye denn bewert vnd von der facultet der Ertzny zugelaussen.

Solich obgeschriben fryheit vnd gaub sollen ouch all iaur vnser vogt vnd zwen von dem gericht, von wegen der gemelten gemainen stat vff ain genanten tag, einem rector oder der Vniuersitet zu den heiligen schweren, alles Redlich vnd vffrecht zuhalten, wie vorgeschriben stet on all geuerde vnd sich by verlierung yeglicher hundert guldin wider solichcs schweren nit stellen noch sich des widern in kein weg als bald sie vnd ir yeder das zutun von dem rector oder der Vniuersitet ermant werden vnd eruordert, on alles geuerde.

Darumb gebieten ouch wir ernstlichen vnd wöllen, souil uns das berirt, das all vnsre amptlüt Stathalter vögt hofmeister houptman vnd all vnsre lehenlüte geistlich vnd weltlich in was stants die syen, Schulthaißen richter gebütel in allem vnsrem Land, in vnsrer gegenwürtigkeit vnd abwesen, by den eiden so sie vns geton habent, dartzu by vorgemelten penen, Nach allem irem besten vermögen hanthaben schirmen vnd schützen vestenglich in öwig zyt one widerred vnd fürwort, iñ gemein vnd sonderheit all genad fryheit schirm recht vnd schützung, so wir doctorn Meistern vnd schülern, vnd allen den, die in züversprechen steen, des vorbenanten vnsers Studiums zu Tüwingen mit gutem willen geben vnd verlihen haben mit diesem brieff one geuerd.

Vnd umb das solich genad vnd fryheit, peue gebott vnd satzung allermenglich offembar werd vnd sich der neinen mög entschuldigen in vnwissenheit, wollen wir by vorgemelten penen hundert guldin der vniuersitet veruallen vnd zugeben von der statt Tüwingen, das sie alle iaure, an sant Jörigen des hailigen ritters vnd Marterers tag in desselben sant Jörigen kirchen des stiffts vor allem volck von dem statschriber in bywesen ains vogts vnd zweyer richter vnd der statt gebütel vff der Cantzel von wort zu wort vnderscheidenlich ganntz zu end vß verlesen vnd verkündet werden.

Dieselben all und yeglich also für vns vnd all vnsre nachkomen vnd erben was vns vorgeschriben stet, vnd souil vns das berürt, by vnsren truwen vestenglich vnd vntzerbrüchlich an allen stücken vnd artickeln zuhalten, globen wir vnd versprechen in Crafft dis brieffs nach vnsrem besten vermögen alles getrüwlich vnd one alles geuerd, wir wöllen ouch soliches von ainem yeglichem vnsrem erben vnd Nachkomen, dem vnsre stat Tüwingen würdt zu regieren, in anfang sins regiments versprochen vnd gelöpt werden. des zu warem vrkund haben wir vnser Insigel, für vns vnsre erben vnd Nachkomen offenlich gehenckt an diesen brieff.

Vnd wir vogt gericht vnd Raut der statt Tüwingen bekennen ouch für vns vnd vnsre Nachkomen, das dis alles, wie hieuor geschriben stet, Nichtzit vßgenomen, mit vnsrem guten willen vnd wissen vnd vß sonder beuelh des vorgenanten vnsers gnedigen Hern geschehen ist. Darumb globen wir ouch für vns vnd all vnsre Nachkomen der statt Tüwingen by guten trüwen an aides stat, all vorgeschriben gnad fryheit stück und artickel vest vnd stet zuhalten, wider die nymer zutund, Noch schaffen getan werden, alles erberglich getrüwlich vnd vngeuerlich, vnd des zu waurem vrkünd habent wir der gemeinen stat Tüwingen Insigel, zu des vorgenanten vnsers gnedigen herren Insigel ouch offenlich gehenckt an disen brieff, der geben ist zu Tüwingen vff sant dionisien tag nach cristi geburt als man zalt Tusent vierhundert sibentzig und siben Jare.

Univ, Archiv Mb. I, 3. Pergament mit Siegeln des Grafen und *civium de Tuwingen*. Ganze Sätze dieses Briefs sind dem Freiburger Stiftungsbrief vom 21. Sept. 1457 wörtlich entlehnt. Riegger Analecta 277. Schreiber Urkundenbuch II, 2. 447. — Abgedruckt bei Besold de jure acad. 180. J. J. Moser erläutertes Würt. 1, 28. Zeller Merkw. d. St. Tüb. 313. Bök Gesch. d. U. Tüb. Beil. 23. Eisenlohr U. G. 14.

Zwischen das Heft ist ein Stück Pergament eingeschoben, worauf die Worte stehen:

»Ir werdent sweren ainen ayd zu got vnd den hailigen all vnd yeglich priuilegia vnd fryhait So der hochgeborn vnnser gnediger Herr Graff Eberhart zu Wirtemberg vnd zu Mümpelgart etc. der elter, diser loblicher Vniuersitet zu Tüwingen für sich vnd siner gnaden nachkomen gegeben hat, zuhandthabent nach iuwerm vermögen vnd dieselbige Vniuersitet daby zübeliben lassen alles getrülich vnd vngeuert.

Levando digitos dicat et eorum quilibet dicat

Das ich das also halten wölle also swer ich das mir gott helff und die hailigen.

8.

Erste Statuten der Universität, von dem päpstlichen Bevollmächtigten Abt Heinrich zu Blaubeuren,

vom 9. Oktober 1477.

Heinricus, permissione diuina Abbas monasterii in Blabürren ordinis S. Benedicti Constantiensis diocesis iudex et commissarius ad infrascripta a s. sede apostolica specialiter deputatus. Uniuersis et singulis presentium inspectoribus illis presertim quos subscriptum tangit negotium, tangetque vel tangere poterit quomodolibet in futurum Subscriptorum eorundem notitiam cum salute.

Cum nuper sumpta auctoritate apostolica nobis specialiter commissa vt superiorum nostrorum et precipue apostolicis reuerenter obtemperaremus mandatis, vniuersitatem quandam Studii generalis in opido Tuwingen dicte diocesis erexissemus, modo et via melioribus quibus potuimus, Non immerito animo reuoluimus, vt violentorum motus refrenentur, temerarieque multorum reprimantur insolentie Eadem nostra auctoritate super hiis nobis specialiter commissa, quedam Statuta salutaria dicte erecte vniuersitatis, statuenda esse ordinanda et edenda. Quatenus in illa proficere cupientes ad virtutum apicem et scientie, sublatis anfractibus, facilius peruenire queant. Horum itaque intuitu vt nobis commissorum (instar filiorum obedentie) finem magis debitum imponamus Nos matura super hiis deliberatione prehabita, memorate vniuersitatis habitudinibus et circumstantiis debite pensatis Statuta et ordinationes subnotatas decreuimus et diuino inuocato auxilio duximus ordinandas condendas et faciendas atque presentibus facimus condimus et ordinamus, volentes et eadem nostra auctoritate apostolica statuentes et decernentes, vt perpetuis futuris temporibus ab vniuersis et singulis ipsius vniuersitatis membris et suppositis presentibus et posteris, prout quempiam concernunt in genere vel in specie Statuta eadem fideliter et inconuulse ac sub infrascriptis penis, seruentur integre et custodiantur In quorum omnium et singulorum testimonium et robur premissorum, Rotulum presentem exinde fieri, et Sigilli nostri iussimus et fecimus appensione communiri.

Datum in Tüwingen anno domini millesimo quadringentesimo septuagesimo, septimo, die nona mensis Octobris inditione decima.

Inprimis itaque, in illius nomine inchoantes, qui omnium bonorum auctor est et patrator Statuimus et ordinamus Quod iuxta apostolicum priuilegium toto euo in hac inclita vrbe Tüwingen sit atque vigeat studium generale in facultatibus omnibus legis diuine pariter et humane iurium vtrorumque Necnon artium medicinalium et philosophicarum aliarumque liberalium scientiarum orthodoxe fidei nostre consonarum ab omnibus licite et libere actuandum Quodque illius Studii sit vna duntaxat vniuersitas et vnum corpus ex omnibus facultatibus indiuisibile, et caput vnum scilicet Rector, facultatem habens regendi Membra vniuersitatis, secundum Statutorum infrascriptorum tenorem. Item quod dicta vniuersitas iuxta differentiam quadrinariam in illa doctrinandarum scientiarum in quatuor distinctas esse debeat partita facultates Quarum prima et suprema theologica, Secunda iuridica tertia Medicine et Quarta artistarum appellentur.

Quarum quelibet suum proprium Collegium et vnum singulare caput omnium et singulorum illius facultatis tantum membrorum principale babeat quod nominabitur decanus, potestatem gerens gubernandi et ordinandi sue facultatis supposita. Debeatque et teneatur babere similiter Consiliarios et statutarios ad hoc abiles et ydoneos, pro illius salubri regimine, qui Statuta et ordinationes pro commodo et vtilitate illius facultatis condendi et emendandi atque reformandi habeant potestatem, insuper promotorum et promouendorum mores status actus gesta et scientias rimandi et discutiendi, eosque admittendi vel reprobandi similiter plenariam habeat facultatem. Ita tamen quod nichil in preiudicium Statutorum infrascriptorum attemptetur a quoquam. Et si quis suo sensu vsus, aliud presumpserit eligere caput in eodem corpore, excludatur et amplius pro vniuersitatis membro non reputetur Cuius quidem decani officium durabit secundum ordinem sue facultatis. Prouideatur insuper per huiusmodi decanum vigilanter, et per alios suos conregentes mature pro posse et nosse cuiuslibet, quatenus in sua facultate, nisi ydonei ad gradus scolasticos et graduationes honoris ac suum consortium admittantur Ymo solum literarum scientia eruditi moribus compositi et vita honesti, sub pena suspensionis, quam contrafaciens eoipso incidat vsque ad congruam et realem satisfactionem Cum honorabilius sit habere paucos studiosos ydoneos quam permultos moribus deprauatos et imperitos.

Volumus preterea et ordinamus, quod quelibet facultas suas ordinationes et statuta conficiat, et quod vniuersitas non intromittat se de hiis, que specialiter ad aliquam pertinent facultatem Nisi facultas prius requisita legitime, quouis casu negligens reperiatur monitione premissa, ea etenim vice poterunt alie tres facultates prouidere et expedienda terminare sagaciter. Item statuimus similiter et ordinamus, quod nulla ordinatio cuiuscunque facultatis habeat vim seu efficaciam ligandi, si quod ad eius obseruantiam aliquis obligetur, nisi prius fuerit per vniuersitatem legitime approbata. Quodque nulla facultas statutum approbatum per vniuersitatem sine illius scitu et consensu expresso, reuocare possit et valeat, Et nichilominus quod nec approbatio neque consensus huiusmodi vigorem habeant, antequam copia autentica in pergameno fideliter conscripta tradatur vniuersitati ad eius archam communem reponenda.

Volumus similiter statuimus et ordinamus, quod vniuersitas proprium habeat fiscum, seris et clauibus diuersis munitum, quas claues quatuor facultatum habeant decani, pro reponendis rebus clenodiis sigillo maiori, pecuniis atque priuilegiis vniuersitatis. Singularibus autem facultatibus liceat, quod quelibet de custodia sui proprii fisci ita prudenter prouideat prout damnum et incommodum sua in re voluerit euitare.

Item statuimus et ordinamus, quod quelibet facultas disponat de horis lectionum atque actuum suorum, modo conuenientiori, quo fieri potest, sine preiudicio alterius vel aliarum facultatum.

Item statuimus similiter, quod in disputationibus publicis non agitentur Doctores Magistri et Baccalaurei proteruiis aut conuitiis, nec inuicem immorigeratis verbis aut gestibus se exprobrent aut offendant sub pena iuxta excessum, per vniuersitatem infligenda.

Item statuimus quod nullus possit repetere publice, si sit Doctor vel Magister de gremio alterius vniuersitatis sine licentia facultatis in qua intendit repetere. Si quis autem contrarium presumpserit, nullum suppositum vniuersitatis presumat interesse.

De votis per vniuersitatem prestandis.

Cum infinitas multis in iuris articulis reprobetur, volumus et statuimus, quod omnes regentes in superioribus facultatibus, Quatuor in artibus Magistri regentes, quorum semper duo ex Collegiatis adminus sint a facultate electi, singuli de singulis viis, vna cum Rectore vniuersitatis ac decano facultatis artium in omnibus negotiis vniuersitatem concernentibus, totam vniuersitatem representare habeant et representent. Et quidquid ex omnium vel maioris partis eorundem votis resultauerit, firmum maneat et ratum habeatur. Si vero parilitas votorum euenerit, extunc dominus Rector aut eius vicem gerens, vni partium, que sibi secundum conscientiam suam videbitur meliori ratione inniti, accedere atque concludere potest. Quodsi aliqua facultatum negligens vel presens non fuerit, residue partes eius negligentia siue absentia non obstante, procedendi atque concludendi in causis occurrentibus liberam habeant potestatem, huiusmodi etiam conclusa absentes rata habere teneantur.

Juramentum representantium vniuersitatem.

Jurabitis primo quod eligetis deliberabitis et votabitis fideliter ad honorem dei et vniuersitatis vtilitatem et laudem Ad proposita per Rectorem vel eius locum tenentem, secundum quod ratio vestra dictat, secluso amore odio pretio prece aut quocunque alio iuditium peruertente Secundo quod conuentiones speciales seu partiales cum aliis non faciatis, neque vocem prius promittetis vel vendetis Tertio quod secreta vniuersitatis consilia et maxime que Rector decreuerit non reuelanda, non reuelabitis Quarto quod parebitis Rectoris mandatis iuxta formam statutorum Quinto quod nichil attemptabitis in consilio vel extra, quod sit contra statum dominii et ordinationem illustris domini nostri fundatoris aut honorem vniuersitatis sed eaipsa meliori modo quo poteritis promoueatis.

De qualitate eligendi Rectorem.

Statuimus amplius et ordinamus quod Rector sue Rectorie tempore transacto in die uidelicet Luce euangeliste ac Philippi et Jacobi apostolorum beatorum aut eorum vigiliis, representantes vniuersitatem conuocet, ad noui Rectoris electionem, prestito iuramento per eosdem, quod nullam facultatem spernant, aut aliquam alteri preponant, aut aliquam quacunque affectione excludant, Sed eligant secundum suas conscientias vnum, (cuiuscunque facultatis fuerit) qui ipsis protunc ad Rectoriam magis ydoneus videbitur, ita tamen ordinantes, quod Rectoria non semper maneat in vna facultate, sed quod transeat ad supposita diuersarum facultatum, si reperiantur ydonea, quod videlicet talis quatuor annorum Magister sit, licentiatus vel doctor, aut saltim alias precipue nobilitatis vel dignitatis, prout iudicauerint expedire, eo tamen saluo, quod idem suppositum non grauetur sepius hoc officio, preter suam uoluntatem. Et sic iuxta statutum de votis prestandis Rector nouus eligatur. Ab hac autem Rectoris electione dominum Cancellarium vniuersitatis et plebanum loci protempore excludimus, quos ab onere huiusmodi exemptos esse volumus et supportatos.

Similiter statuimus, quod si quis in Rectorem electus fuerit, et officium huiusmodi acceptare noluerit, nisi assignet causam legitimam vniuersitati acceptam, incurrat penam trium florenorum renensium vniuersitatis fisco applicandorum, alioquin gratiam ammittat et priuilegium vniuersitatis Quod si deliberare affectauerit, talis deliberatio trium dierum spatium non excedat Nisi ex causa rationabili et legitima terminum huiusmodi prorogari petat.

Item statuimus et ordinamus, quod Rector sic electus toti vniuersitati conuocate vel ad proximam diem conuocande publicetur a Rectore antiquo, iuramentumque ab eo recipiat in presentia omnium, videlicet *quod fideliter et diligenter exercebit officium suum iuxta statuta vniuersitatis desuper ordinata et alias prout melius nouerit expedire Quodque huiusmodi statuta eodem die vel infra Mensem actente perlegere non ommittat.* Ipse quoque Rector nouus ab antiquo inuestiatur, per traditionem sigilli Rectoriae, sceptri et aliorum que habuerit ad officium pertinentium, cum digna ipsius antiqui Rectoris officii resignatione et noui Rectoris laudabili quibusdam oratiunculis acceptatione.

De officio et potestate Rectoris.

Iterum statuimus et ordinamus, quod officium Rectoris sit, congregationes facere Articulos in congregationibus per se distincte proponere, Vota singulorum colligere, Contendentibus silentium imponere, ex Deliberationibus maioris partis, quid agendum, concludere, et conclusa iuxta consilium deputatorum vna cum eisdem exequi, prout res exegerit Et ea que ad diutinam rei memoriam pertinent registrare.

Rursum Rectoris officium sit, pro posse et nosse tueri et obseruare priuilegia, Statuta et ordinationes vniuersitatis et iuxta ipsa iuste iudicare, Et singulorum querelis, parui sicut magni, pauperis sicut diuitis, absque personarum acceptione, aut alia quacunque peruertente iudicium affectione, coram se admittere et plene iudicare, celeriterque atque gratis iustitiam facere, Abusores priuilegiorum et transgressores ordinationum et statutorum vniuersitati propalare et iuxta eorum consilium corrigere et penas exigere, Literas quoque priuilegiales et testimoniales iuxta ordinationem sigillare, Nouitios intitulare, iuramenta recipere, Nulli tractatui vel consilio interesse, qui contra honorem et statum dominii nostri, vniuersitatis ac huius ciuitatis vergere posset. Generaliter denique Rectoris officium sit curam et sollicitudinem habere de omnibus quae faciunt ad commodum Doctorum Magistrorum et Scolarium, augmentum studii et profectum doctrine, Vt illa diligenter pro posse et nosse procuret, et contraria repellat atque excludat, Rarius quoque solito per vicos incedat, honestiori habitu et ampliori comitiva quam ante Rectoratum utatur sine dolo.

Habeat praeterea Rector pro tempore iurisdictionem singulorum Doctorum Magistrorum et suppositorum vniuersitatis Et pro causis expediendis quatuor teneat et habeat consiliarios a representantibus vniuersitatem electos, Et vt euitentur vexationes et supposita vniuersitatis a studio non distrahantur, volumus et statuimus, vt omnes cause coram eis simpliciter et de plano sine strepitu et figura iudicii tractentur, partesque per se vel procuratores verbo duntaxat proponant et non scripto Nisi causa huiusmodi communi existimatione quinquaginta florenorum excederet valorem, extunc enim si partes aut earum altera petierit, strepitum iuris admittimus. Et si Rectori visum fuerit, omnes vniuersitatem representantes aut eorundem aliquos aduocet, causamque audiat et diffiniat. Quod si aliqua partium pretendens grauamen a sententia et decreto huiusmodi prouocauerit et appellauerit, mox illa duos florenos renenses apud Rectorem vniuersitatis pro tempore deponat, et nichilominus de prosequenda lite et satisfactione expensarum (si succubuerit) parti appelate impendenda, cautionem prestet sufficientem.

Amplius statuimus, quod Rector omnes delinquentes et penales in certo R o t u l o conscribat, penam iuxta vniuersitatis statuta exigendo. Quod si non fecerit, extunc huiusmodi pene, in computo per eum in fine sui rectoratus fiendo de eius parte defalcentur.

Insuper ordinamus quod infra quatuordecim dies post iuramentum per nouum Rectorem prestitum, fiat c o m p u t u s ab antiquo Rectore de receptis et expositis, presentibus antiquis et modernis consiliariis et si obligatus in aliquo remanserit, de illo satisfaciat infra nouem dies proxime sequentes, Illa quoque die ab eo signata et registrata publice coram eis legat, vt si qua digna memorie censeantur vniuersitatis libro conclusionum maiori per Notarium inscribantur, petatque antiquus Rector vt eius acta et facta tempore sui officii grata et rata habeantur, Et nichilominus eadem die singularum facultatum decani recessus rationum suarum facultatum ostendant atque ratificent.

Volumus etiam et statuimus, quod omnes et singuli o f f i c i a t i tam vniuersitatis quam singularum facultatum prestent corporaliter sua iuramenta debita, antequam de executione suorum officiorum se intromittant.

Item statuimus et ordinamus, quod cum Rectori incumbit e x e c u t i o alicuius deliberati per vniuersitatem, quelibet facultas (si opus fuerit) deputet ad hoc unum vel plura supposita ydonea, secundum exigentiam negotii, et quem maior pars ad hoc elegerit, sit proponens sub pena per vniuersitatem infligenda.

Statuimus, etiam quod nulle littere sigillentur maiori sigillo vniuersitatis sine deliberatione eiusdem preuia et minutarum correctione, que minute (si videbitur expedire) in archam reponantur vniuersitatis.

Rursus Rector audiat quemlibet in consilio diligenter in ordine suo Non permittens quod vnus alium in loquendo impediat, et silentium imponere habeat Non obedientem pene quam vniuersitas iniunxerit et proteruitas meruerit inobedientis subiciendo.

¶ Item in consiliis nullus dicat alteri conuitium turpia inhonesta, seu alia vnde verisimiliter displicentie rixe et odia directe vel indirecte poterint suscitari Contrarium facientes a consilio vniuersitatis actu sint suspensi et de cetero ad consilia non vocandi, donec emendam fecerint vniuersitati sufficientem Ideoque Rector non vocabit talem per pedellum ad consilium vniuersitatis, secundum tenorem statuti sequentis.

Item Rector vniuersitatis interrogationem non faciat nec consilia celebret, per quam aut que actus scolastici Doctorum uel Magistrorum impediantur Nisi necessitas vel euidens vtilitas illud exposcat Etiam duntaxat illos conuocet, quorum interest adesse secundum statuta vniuersitatis Et omnes ad consilium pertinentes per pedellos vocari precipiat Exclusis et a consilio suspensis pretermissis. Nam quidquid illis presentibus ordinaretur vel concluderetur, irritum sit nulliusque roboris vel momenti.

Statuimus insuper, quod cuiuscunque causa in consilio masticetur, is cedat, donec illius cause circumstautie discutiantur In quo casu de consilio senior vel ordine prior absentis vicem gerat.

Item statuimus, quod Rector infra mensis spatium post suam electionem aut quam primum commode poterit, vna cum decano facultatis artium vel duobus senioribus Magistris eiusdem facultatis, omnes et singulas bursas predicte facultatis visitabit, ac coram bursarum rectoribus et scolaribus eorundem statuta nostre vniuersitatis sub rubrica de officio rectorum bursarum descripta publice legi faciat Et ab eisdem per eorum fidem diligenter inquirat, an huiusmodi statuta ibidem obseruentur. Quod si in aliquo defectum aut negligentiam fore comperiat Illud sollicite emendare et corrigere penasque in eisdem statutis contentas exigere velit Promissionem quoque a rectoribus bursarum de clausura earundem iuxta statutorum tenorem illic solenniter recipere ab eisdem.

Volumus similiter et ordinamus, quod Rector nouiter electus post factam electionem mox petat sibi assignari Consiliarios, qui eidem, etiamsi non petierit, adiungantur quatuor, quos tunc vniuersitatem representantes duxerint eligendos, qui omnes dummodo per Rectorem vocati fuerint, fideliter eidem in tractandis negotiis assistere teneantur et astricti existant.

Hii etiam Consiliarii per pedellos vel pedellum requisiti Rectori obedire teneantur, et iudicialiter assidere, sub pena duorum solidorum denariorum, quam quiuis vocatus soluat inobediens, causa saltem absentie legitima cessante Dictamine preuio Rectoris, ceterorumque Consiliariorum pro tali reputata.

Preterea statuimus, vt Rector pro tempore non testificetur de studio alicuius scolaris, nisi testimonio credulo sui Doctoris vel Magistri per sigillatas literas ostenso. Nullus denique Doctor vel Magister testificetur aliquem suum fuisse. aut esse scolarem, nisi palam cognito quod talis scolaris velut ceteri studentes sine fraude vel fictione quacunque auditionem sue lectionis continauerit.

Amplius cum nemo suis stipendiis militare cogatur Statuimus et ordinamus, quod Rector vniuersitatis pro tempore duos solidos hallenses de matricula, et tertiam aliorum omnium ex penis et transgressionibus prouenientium durante officio sui rectoratus habeat partem Pecuniis prouenientibus a promouendis duntaxat exceptis, vnde babere et leuare debebit vt sequitur. Item a doctorando in Theologia iure aut medicina medium florenum renensem, birretum duplex et cyrothecas A licentiando in Theologia siue iure aut medicina, dimidium florenum A baccalaureando in Theologia, iure aut medicina, et a magistrando in artibus quinque solidos hallenses Quatenus emolimentis huiusmodi sibi suffragantibus, honestius decentiusque pro honore vniuersitatis, statum debitum seruare possit. Volumus preterea, quod Rector ipse omnibus actibus solennibus et publicis vniuersitatis interesse debeat, item singulis computatis modo premisso defalcatisque solutis, residuum per nouum Rectorem et illos qui claues gerunt fisci, statim in fiscum reponatur sub prestiti iuramenti debito.

Nullus itaque Rectorum nomine vniuersitatis de pecuniis eiusdem sine scitu et consensu illius, cuiquam quicquam largiatur. De valore tamen vnius floreni et infra personis aduenis, dummodo notabiles fuerint, pro honore vniuersitatis, et aliis necessariis vniuersitatis exigentibus negotiis Rectori pro tempore licebit propinam facere moderatam Dummodo tamen consensum ab omnibus singularum facultatum decanis requisierit et talem ab ipsis aut maiore eorundem parte obtinuerit.

Item statuimus et ordinamus, quod Rector facultatem habeat corrigendi excessus studentium vniuersitatis cum directione suorum consiliariorum ad minus duorum rite deputatorum Magistros tamen et superiorum facultatum licentiatos solus corrigere non attemptet, sed illos representantibus vniuersitatem puniendos remittat Sicuti etiam in aliorum correctionibus faciat, si notabilis emerserit difficultas. Poterit etiam Rector sua mandata sub pecuniaria pena moderata promulgare.

Item Rector nunquam sine vniuersitatis decreto sub obedientie aut prestiti iuramenti debito vniuersitatem eandem conuocet, nisi ardua necessitas euidensque aliud exposcat utilitas, quam per dominos facultatum decanos vel ipsorum vices gerentes tunc conuocatus volumus approbari. Preterea ad euitandum vniuersitatis conuocationem indebitam et actuum scolasticorum impedimenta, Statuimus quod Rector sub pena arbitraria, ad nullius priuate persone requisitionem totam vniuersitatem conuocet, nisi causa a requirente allegata per duos decanos vel vicedecanos singularum facultatum legitime conuocatos sufficiens fuerit approbata. Quam si minus sufficientem repererint, per se cum Rectore decidant aut ad Rectorem et suos Consiliarios remittant,

Titulus deinceps Rectoris talis erit, Rector vniuersitatis studii Tuwingensis. Vnde is sua mandata publica sic scribat: Mandat omnibus et singulis dominis doctoribus licentiatis magistris nobilibus scolaribus ceterisque suppositis et membris vniuersitatis eiusdem.

Item bacculos et sceptra, matriculam et registra vniuersitatis atque rectoratus sigillum Rector custodiat diligenter sine quauis alienatione, suo tantum durante officio. Quo lapso successori suo iurato ea singula sub debito prestiti sui iuramenti presentare teneatur.

Rector preterea per mensem proximum a fine sui rectoratus a loco non recedat, sed ibidem honeste et palam perseueret, nisi secum super talismodi recessu a Consiliariis et Decanis fuerit dispensatum gratiose.

Item statuimus et ordinamus, quod Rector ex causa proponens se ab vniuersitate absentare, cum scitu et consensu dominorum de secreto consilio (si illi commode conuocari possint) id attemptet aut ad minus pedellis aut vni eorum exitum suum insinuet, vt dominis de secreto consilio et vicerectori de sui absentia festina relatio fiat. Tunc enim Rector precedens immediate (si presens fuerit) toto tempore absentie Rectoris rectorie curam et officium gerat Alioquin iterum antecessor et sic vlterius si necessitas exegerit procedendo, donec ad vicerectorem perueniatur. Huiusmodi autem dispositionis substitutionis requisitionis ordinatio dominis Consiliariis et decanis facultatnm sit commissa [1].

De pecunia a promouendis exigenda.

Statuimus et ordinamus, quod graduati in facultatibus mox ante assumptos gradus ad fiscum vniuersitatis contributionem faciant ceu subscribitur: Item baccalaurei artium quartam partem floreni renensis contribuant Licentiati vero in artibus et Baccalaurei aliarum facultatum trium, videlicet theologie iurium et medicine medium florenum Licentiati autem illarum superiorum

1 Nach wenigen Jahren schon trifft die Universität hiezu die folgende Bestimmung:

Anno D. 1483 die 13. M. Maii per dominos Vniuersitatem representantes conclusum est occasione absentie Rectoris protempore vt infra:

Quod Rector vniuersitatis pro tempore vltra biduum se ab vniuersitate absentare volens sic se absentandi licentiam ab vniuersitate obtineat (non tamen vltra octo dies duraturam) Et extunc isipse Rector suis singulis obuentionibus gaudere debeat. In quantum vero huiusmodi licentiam non obtineret eisdem suis obuentionibus ipse dominus Rector careat, que vt sic vicemgerenti cedere debeant cum effectu.

Presentibus M. Mangoldo [Widmann] Rectore et Doctore Cristanno Wolman, Doctore Jo. Stein, D. Gabriele [Chabot], D. Conrado [Vessler], D. Thoma Russ, Domino Licentiato Ebinger, M. Vlrico Clingler decano fac. artium, M. Conrado Plenderer et M. Gregorio Lamparter.

trium facultatum vnum florenum. Et ne quisquam in graduum susceptione quomodolibet grauetur, volumus et statuimus, vt artium baccalaurei, sicuti premittitur, fisco soluant septem solidos hallenses, facultati vnum florenum, similiter vnum florenum promotori, viginti solidos hallenses pro expensis communibus, medium florenum pro expensis examinis, quinque solidos hallenses pedello et ultra illa minus grauari debeant. Item magistri artium et superiorum facultatum baccalaurei duplum soluant premissorum. Earundem autem superiorum facultatum licentiati et doctores hincinde iuxta suarum facultatum ordinationes dent et expendant. Hanc equidem pecuniarum summam Rectori pro tempore existenti presentabunt conseruaturo vniuersitati tantum sine participatione. Nec promotor promouendi facultatem habeat, nisi prefata pecunia a singulis, vt premittitur, fuerit presentata. Quod si defacto attemptare presumpserit, de suis soluat, nisi de et super eo clara paupertas et nota quem excuset, in quem euentum facultatis, in qua quis promoueri desiderat, stabitur dispensationi.

De officio Rectorum Bursarum.

Insuper statuimus, quod quilibet intitulatus receptus ad bursam vel in collegium recipiendus sponte libere et humili spiritu presentibus bursalibus palam et publice talem faciat promissionem:

Ego — promitto bona fide contra Magistrum Rectorem burse non insurgere, eius informationem et directionem patienter audire, nullas conspirationes aut ligas contra ipsum aut in preiudicium vniuersitatis facere aut scienter his faciendis interesse.

Item bursales debent simpliciter subesse et debitam reuerentiam Rectori burse exhibere ac eidem in hiis parere, que burse concernunt vtilitatem.

Item nullus bursalis ausu temerario cum suo contendat Rectore bursalium conuitia dicat vel alia promat, quibus ipsum offendat ,sub pena medii floreni fisco irremissibiliter soluendi, quotiens presenti contrauenerit statuto.

Burse itaque claudi debent mox post campanam *die Wacht-*

glock vvlgo nominatum [1]. Claues quoque burse personaliter ipse burse Rector custodiat vel illius Commissarius iuratus et fidelis.

Preterea inobedientes rebelles et discoli et precipue hii, qui conspirationes discordias aut alia illicita in bursis excitant, dum conuicti super hiis fuerint, de bursa dimittantur et expellantur cum effectu Et nichilominus integrum censum in penam suorum excessum soluere teneantur.

Item nullus Conventorum presumat a quoquam ad bursam suam diuertente, pro vtensilium conseruatione plus quatuor solidos hallenses exigere aut minus recipere.

Item ex bursa (vt prefertur) dimissi et expulsi propter dictas causas aut consimiles ad alias bursas nullatenus recipiantur, nisi Rector vniuersitatis vna cum quatuor facultatum decanis duxerint eos fore recipiendos Alioquin eos recipiens a regimine burse per medium annum sit suspensus ipso facto.

Item nullus scolarium vel baccalaureorum de facultate artium existens, quam diu extra bursam locatus fuerit, priuilegiis vniuersitatis gaudere aut pro studente tueri, seu in hac vniuersitate lectiones sibi ad gradum computari, vel ad aliquem gradum in artibus promoueri debeat Nisi causa rationabili suadente, et per

---

1 Hiezu ein Nachtrag in demselben Exemplar der Statuten:

Anno dñi 1484 die festa S. Conradi episcopi orta dubietate de clausura bursarum presertim tempore yemali Conuocati tunc per insignem virum dom. Conradum Bömlin decanum ecclesie collegiate necnon Rectorem huius vniuersitatis Tuwingensis illam representantes, videlicet dom. Doctor Cristannus [Wolmann], d. Doctor Jo. Crützlinger, d. Doctor Georgius Hartzesser, d. licentiatus Ebinger, M. Jo. Hiller decanus fac. artium, M. Wilhelmus Mütschelin, M. Conradus Plenderer, M. Conradus Summerhart et M. Jo. Franckfort visa temporum et rerum qualitate statutum de clausura bursarum supratactum, cuius initium est Burse itaque claudi debent etc. matura deliberatione interpretati sunt et intelligi voluerunt in hunc modum:

Item statuimus et ita seruari volumus, quod a festo S. Martini epi. vsque ad festum Kathedre Petri [22. Febr.] hora septima, ab eodem festo Kathedre donec ad Vrbani [25. Mai] hora octaua, a quo festo Vrbani vsque ad Bartholomei [24. Aug.] hora nona et ab ipso festo Bartholomei donec ad Martini hora octaua claudi debeant burse, quarum claues personaliter Rector burse vel eius Commissarius iuratus et fidelis habere debeat et custodire.

Rectorem et suos assessores approbata in alio honesto loco standi. Huiusmodi studenti specialis licentia, (quam in scriptis de manu notarii vniuersitatis recipere teneatur, vt imposterum de illa constare valeat, et in qua causa licentie cum loco standi desi- gnentur) per Rectorem et suos assessores concedatur. Volumus tamen, studentes stantes apud parentes consanguineos doctores vel magistros regentiam habentes, eisdem quibus bursales gaudere priuilegiis.

Item nullus bursarum Rector Magister seu quiuis alius, bursam vel domum alterius conducere attemptet, nisi prius ad duos menses ante tempus locationis, inhabitantem seu occupantem sollicite requisierit, an conductam domum vel bursam resignare vel diutius retinere proponat. Et si inhabitans eam diutius retinere desideret, nullus alius ipsam sine possidentis consensu conducere presumat sub pena quinque florenorum fisco vniuersitatis pro vna et possidenti pro alia medietatibus soluendorum.

Item statuimus, quod quiuis Rector burse huiusmodi subscriptam faciat promissionem in manibus cuiuslibet Rectoris vniuersitatis.

Ego — promitto, quod meis bursalibus volo fideliter in moribus disciplina et doctrina preesse, ipsos ad latinisandum inducere, bursam meam horis statutis ab vniuersitate, firmitate non ficta, claudere clausamque congruis temporibus pro posse tenere, discolum vel vagabundum incorrigibilem mecum non sustinere, quin illum domino Rectori vel eius substituto per me vel alium denunciem emendandum, A beano pro illius beanii depositione non plus tertia parte floreni renensis exigere aut exigi permittere, licentia ad amplius exponendum a Rectore vniuersitatis non obtenta, strepitus et incommoditates, quibus vicini vexantur, aut comessationes frequentes, cum effectu prohibere, alterius bursalem absque sui Rectoris vel vniuersitatis seu illius vicem gerentis consensu, non recipere sub pena quatuor florenorum renensium dictis Rectoribus dandorum totiens quotiens contrarium fecero, Insuper promitto curare possetenus, vt mei bursales honeste vestiti in plateis et scolis decenter togis et tunicis iuxta vniuersitatis statutum incedant.

De vita et conuersatione nec non vestibus membrorum vniuersitatis.

Hortandi sunt deinceps studentes primo ad mores, vt se honeste regant in conuersatione et vestitu Et suis superioribus videlicet Doctoribus et Magistris debitam reuerentiam et obedientiam impendant, et cum aliis pacifice viuant, neminem ledendo, in bonis exterioribus aut corpore vel uerbo, signo vel facto, sed omnibus taliter se exhibeant, vt ex hoc bona vniuersitatis crescat fama et honor eorundem laudabilis.

Item nullus studentium aliquem ludum inhonestum nociuum aut inconsuetum vel vicinorum aut ciuium ad iram prouocatiuum in domo vel plateis habeat de nocte vel crepusculo aurora vel die, sub pena a Rectore suisque Consiliariis pro tempore arbitraliter infligenda.

Item studentes de nocte non vagentur in plateis, sed in commodis suis et bursis laboribus vacando studiosis permaneant.

Studentes preterea per Rectores bursarum et alios inducantur, vt non choreisent in choreis ciuium publice, Nisi ad hoc specialiter essent inuitati sub pena quarte partis floreni renensis, aut maiore iuxta facti et excessus qualitatem infligenda.

Nullum insuper vniuersitatis membrum tacite vel manifeste, directe vel indirecte, mercatiam exerceat qualitercunque quamdiu priuilegiis voluerit gaudere et studii libertatibus.

Item famuli Magistrorum Doctorum vel Studentium aliorum, et si non exacte studeant, dummodo tamen alias a scandalis et actibus illicitis abstineant, nichilominus vniuersitatis gaudebunt priuilegiis.

Habeat interea quilibet scolaris simplex actu Doctorem vel Magistrum in hac vniuersitate publice regentem et laborantem, cuius lectiones et exercitia frequenter audiat, impedimento cessante legitimo, Alias pro studente minime reputabitur neque priuilegiis gaudebit studentium.

Statuimus similiter, vt nullus studentium nomine et re ortos domos vel areas cuiuscunque sine permissione aut consensu huius, ad quem spectat, ingrediatur presertim animo nocendi vel offendendi sub pena medii floreni vniuersitatis fisco persoluendi, nisi propter facti qualitatem maiori veniat pena plectendus.

Item statuimus et irrefragabiliter obseruari uolumus, vt membra et supposita vniuersitatis honestos clericales et scolasticos habitus deferant, non nimia breuitate aut alia leuitate notandos, Cum palliis a parte pectoralium ante siue a lateribus appertis vt corpus detegendum videatur. Nec non cum habitibus schuparum [1] in publicum prodeant, calciamenta rostrata, maxime habentia rostra articulum digiti excedentia Arma quoque et pugiones accipitres nisos aut alias volucres non deferant. Cum capuciis clericalibus et liripipiatis [2] et alias modeste honesteque, vt scolasticos decet, incedant. Quod si quispiam in toto vel in parte statuti huius repertus fuerit transgressor, pena quarte partis floreni totiens quotiens transgrediatur mulctetur De quo vnus solidus notario et pedello cedat, residuum vero fisco vniuersitatis applicetur.

Item vt prelatis ecclesiarum, superiorum facultatum Doctoribus et aliis in dignitate constitutis, in hoc celebri gymnasio, prestantioris honoris prerogatiua deferatur, statuimus, vt nullus nisi prelatus, iurium aut medicine Doctor, Canonicus alicuius ecclesie kathedralis aut alias excellenter nobilis existat, hirretum rubeum deferat Nec aliqui nisi Doctores et artium liberalium Magistri, cuiuscunque etiam coloris fuerint, birreta rotunda deferre presumant sub pena supra in articulo proximo expressa.

Nullum denique vniuersitatis suppositum scolares quoscunque scolas particulares huius ciuitatis visitantes, vexationibus grauare, aut aliis iniuriis siue contumeliis verbo vel facto molestare presumat sub pena per Rectorem iuxta excessus atque facti qualitatem infligenda.

Insuper nullum ipsius vniuersitatis suppositum nouitios, quos beanos vocant, vexationibus molestet indebitis aut aliquatenus perturbet sub pena dimidii floreni, quam eoipso incurrat, maiore plectendus, si qualitas excessus postulauerit. Per hoc tamen arguere volentes eisdem, citra tamen iniuriam, non prohibemus.

Alia huc applicentur capitula circa statuta intitulandis legenda conscripta [3].

---

1 wämser. 2 mit Gugelzipfel. 3 s. unten S. 58.

De penis deliquentium suppositorum.

Vt hii, quos timor Dei aut virtutum premia ad statutorum obseruantiam non inducunt, penarum potius formidine temporalium ad recte viuendum arceantur, statuimus et ordinamus, quod nullus graduatorum vel studentium vniuersitatis uti cupiens priuilegiis ciuem aliquem vel incolam ciuitatis Tuwingensis extra illam conueniat alicubi Sed ipsum ex quacunque causa inter ipsos tempore et ratione presentie eorum in studio huiusmodi exorta conueniendi, infra Ciuitatem Tuwingen coram loci iudicio conueniat, Et iuxta illius vel eorundem diffinitionem iustitie recipiat complementum Nisi loci ipsius iudices in ministranda iustitia negligentes fuerint vel remissi Sub pena periurii quam quilibet contraueniens et ter monitus non desistens incurrat ipso facto.

Item nullum membrorum vniuersitatis iurisdictioni ordinarie subiectum propter negotia in studio emergentia, trahat aliud membrum eiusdem ad aliud iudicium, preterquam ad vniuersitatis Rectorem, nisi cum licentia eiusdem singulari Sub pena iudicio Rectoris vniuersitatis eiusque Consiliariorum infligenda. Nolumus tamen per hoc statutum alicui de nostra vniuersitate defensionem legitimam aut remedium iuris communis esse sublatum.

Item nullum membrum vninersitatis in lupanari aut alio loco suspecto zechas teneat aut per noctem maneat in eodem Sub pena medii floreni integre soluendi.

Nullus etiam studentium de nocte exeat bursam per insolita loca, vti sunt fenestre et huiusmodi Nec vi ostia aut seras rumpat, vel claue apperiat adulterina, Sub pena vnius floreni et exclusionis a bursa totaliter, si ter sic fuerit deprehensus.

Item statuimus et ordinamus, quod inobediens et rebellis si super isto conuictus fuerit legitime, ab actibus mox suspendatur scolasticis doctoralibus et magistralibus, si graduatione fuerit decoratus Et amplius, si ab vniuersitate fuerit correptus, et se non emendauerit, a consortio Doctorum et Magistrorum, tanquam membrum putridum et inutile remoueatur Simplex vero a gremio vniuersitatis simpliciter excludatur, et decetero non sit membrum eiusdem, et nichilominus a scolaribus sub pena retardationis tanquam pestis artius euitetur Contra quem denique in rebellione perdurantem seculare brachium prout expedierit, inuocetur, nisi vniuersitati condigne fuerit reconciliatus, penasque iuxta contumacie exigentiam integre persoluerit.

Statuimus quoque et ordinamus, vt in hac vniuersitate regentes, nullum qui non est membrum eiusdem scienter in domibus vltra octo dies foueant, neque coram eisdem legere presumant, prout dimidii floreni renensis penam irremissibiliter soluendi voluerint et eorum quiuis voluerit euitare, Qui autem huiusmodi nostre vniuersitatis ordinationes et statuta, vel eorum aliquod, vbi pena non est annexa specialis, non seruauerint, arbitrarie puniantur secundum Rectoris dictamen et suorum Consiliariorum.

Item nullus manifestus seu publicus leno fur infamis publicus lusor fractor ostiorum aut raptor mulierum priuilegiis gaudeat vniuersitatis, sed ipso facto sit exclusus Idem est et esse volumus de eo, qui in alio grauiori crimine notorie sit deprehensus aut confessus vel conuictus.

Porro statuimus et ordinamus, vt quicunque studentium nostre vniuersitatis aliquem hominem cuiuscunque status vel conditionis offenderit verbis obprobriosis contumeliosis vel iniuriosis, de quo conuictus fuerit vel confessus, soluat duas libras cere fisco vniuersitatis. Arripiens autem lapidem vel arma vel instrumentum aliud animo ledendi quempiam, non tamen ledens, tres libras soluat cere Arma quoque, quibus abutitur, amittat et Rectori presentet Ledens vero citra vulnerationem, si duntaxat pugnis, soluat vnum florenum Si autem armis leserit vel instrumentis, non tamen atrociter vel notabiliter, soluat duos florenos, cum armorum amissione. Si autem grauiter quem leserit iuxta decretum Rectoris et Consiliariorum eius grauiter castigetur et nichilominus leso supradicto satisfaciat. Insuper si Magistrum vel Doctorem nostre vniuersitatis verbo offenderit vel facto molestauerit, maiori pene prout circumstantie qualitatis status facti et personarum postulauerint, ad Rectoris dictamen suorumque Consiliariorum subiciatur.

Item studentes penitus vitent conuersationes mulierum suspectarum vel inhonestarum singulis temporibus. Si quis autem proprie salutis immemor mulieres introduxerit suspectas, soluat prima vice conuictus quartam partem floreni, secunda vice medium florenum et tertia totum florenum vniuersitatis fisco tradat, et si penitus se non emendauerit, de bursa et bursalium consortio eiciatur et nichilominus penam dabit suprascriptam.

Ceterum si quis talismodi mulierem in aliquo fouerit loco notorie, propter scandalum et dedecus studii secundum Rectoris pro tempore et Consiliariorum suorum arbitrium grauius castigetur.

Item quiuis studentium, plena suppositorum facta conuocatione, ex honestatis debito astrictus sit se presentibus ibidem presentare, proponenda percepturus Alioquin pena in Rectoris mandato expressa coerceatur.

Item statuimus et ordinamus, quod si incendium in hac ciuitate oriretur, opera inimicorum vel negligentia cuiuscunque (quod altissimus auertat) aut alias concursus vel tumultus fieret secularium, quod nullum ad hoc membrum vniuersitatis accedat conspiciendum Sed in loco habitationis solite maneat quiete nullum exterius molestando sub pena Rectoris et Consiliariorum suorum arbitraria Nisi per officiales loci quis extiterit vocatus.

Item nullus cedulas affixas sub arbitrali pena ammoveat,

Denique statuimus et ordinamus, quod quilibet citatus ad Rectorem vniuersitatis, si solutione careat, debeat habere quindenam pro primo termino sub pena duorum solidorum, secundo iterum quindenam, ita tamen quod infra eandem quindenam per pecunias aut pignora actori seu creditori satisfaciat, aut se amicabiliter componat cum eodem, alioquin incarceretur, quousque actori seu creditori predicto modo satisfactum fuerit, vel distrahantur et vendantur eius bona secundum loci consuetudinem.

De intitulatura.

Cum nemo priuilegiorum particeps erit vniuersitatis cuiusuis, nisi de numero sit eiusdem et matricule incorporatus ordine deputato Quamobrem statuimus Quod quiuis animo flagranti scientias carpere desiderans et virtutum huius studii mores et ob id priuilegiis tueri eiusdem necessariis Statim post ipsius accessum quietum, infra tamen mensem proximum immatriculetur

Alioquin lectiones actus et exercitia etiam vigilanter visitata et audita pro forma gradus suscipiendi eidem nolumus computari.

Statuta intitulandis prelegenda.

Priusquam Rector Vniuersitatis alicui intitulando iuramentum deferat solitum infrascriptum, volumus statuimus et ordinamus, vt Rector quiuis pro tempore huiusmodi intitulando statuta prelegat infrascripta et presertim primum Et si maluerit aut expedire visum fuerit, alia adiciat et illorum mentem intitulando apperiat Ne, si imposterum eundem illis aut eorundem vni contrauenire contingeret, ignorantiam valeat isipse pretendere quomodolibet vel allegare.

Item nullum membrum vniuersitatis aliquas conspirationes machinationes seu intelligentias sinistras, cum quibuscunque, in genere vel in specie, verbo facto aut signo in preiudicium et damnum domini nostri domini EBERHARDI Comitis Wirtembergensis vel suorum successorum, et communis huius ciuitatis regentie suscitet faciat incipiat aut dirigat per se vel alium, directe vel indirecte, tacite vel expresse, quouis quesito ingenio vel colore, neque illis interesse presumat Aut quatenus illa fiant, quauis occasione consentiat, opem vel auxilium prestet, neque sic facientes quomodolibet foueat vel defendat Quinymo sine detrimento et dispendio prefati dominii et regentie civitatis ac reipublicae eiusdem in nostra vniuersitate morari debeat, sub pena periurii et amissionis priuilegiorum ipso facto Quibuscunque statutis aut aliis in contrarium facientibus non obstantibus, sed in hac parte cessantibus et summotis.

Item statuimus quod desero nullus studentium post signum campane vvlgo die Wachtglock nominate absque necessitate vel causa vadat rationabili per plateas, Et si causam vere habeat legitimam, cum apperto lumine, et per loca licita gradiatur et honesta Sub pena unius floreni totiens fisco vniuersitatis soluendi, quotiens super tali excessu conuictus fuerit vel confessus.

Item nullus studentium armis munitus offensiuis in plateis die aut nocte incedat Sub pena vnius floreni et amissionis armorum delatorum.

Nullum etiam suppositorum vniuersitatis die aut nocte quemcunque hominem inuadere aut ledere, precipue precones vigiles et ceteros confamulos aut confamulas huius ciuitatis, aut ab illis vel eorum aliquo quitquam extorquere presumat Sub pena carceris quindecim dierum aut duorum florenorum vel saltem alia grauiori pena, per vniuersitatem iuxta excessus qualitatem, infligenda Sed vitam ducat honestam et suo statui congruentem, quatenus ad scientiarum et virtutum apicem transuectis ab aliis amplius collaudari valeat.

Item nullus studentium, murum huius ciuitatis ascendere presumat Sub pena exclusionis.

Tenor iuramenti ad delationem Rectoris per intitulandum prestandi.

Vos — iuratis quod ab hac hora inantea fidelis eritis vniuersitati Tuwingensi, illius commoda pro posse et nosse promouendo, incommoda auertendo Rectorique eiusdem vniuersitatis pro tempore existenti aut illius vices gerenti in licitis et honestis eritis obedientes Statuta denique et ordinationes, edita et edenda, prout statum vestrum concernunt, firmiter obseruabitis. Respondeat intitulandus:

Ita iuro, quod me deus adiuvet et sanctorum evangeliorum conditores

Evangelium { *Johannis — In principio erat verbum*
Luce — Exiit edictum a cesare Augusto
Matthei — Liber generationis Jesu Christi etc.

Nullus itaque ad aliquam suscipiatur facultatem, nisi prius immatriculatus reperiatur vniuersitati Receptionem huiusmodi irritantes Si secus attemptetur.

Quilibet etiam recipiendus ad vniuersitatem soluat pro intitulatura sex solidos hallenses citra vel ultra, prout placuerit vniuersitati ordinandum. Si vero nobilis fuerit, statum tenens vt baro comes vel maior, soluat ad honorem sui vnum florenum.

Prelati vero et volentes locari in primis scamnis soluant ad minus vnum florenum De quibus pedellus habebit quatuor solidos Et de hoc salario intitulature Rector nulli parcere debet alioquin de suo soluet, aut de eius parte defalcetur, nisi causa rationabilis subsit, quam Rector tunc apponat intitulato, quatenus taliter intitulatus per Rectorem aliquem succedentem amplius non moneatur, vel promotionis tempore pro residuo requiratur.

Item Rector in intitulando apponat cuiuslibet intitulati cognomen et diem et in fine taxam quantum dedit ad fiscum vniuersitatis, vel causam propter quam sine solutione taxe sit intitulatus Quicunque enim taxam secundum statuta non dederit penuria vel paupertate grauatus, si in vniuersitate perseuerauerit, dare tenetur, quando ad meliorem statum peruenerit temporalibus ditatus, pro bono vniuersitatis conseruando, quod procurare iurauit.

Item quod Rector non scribat aliquem sub rubrica alterius Rectoris Sub debitu prestiti iuramenti.

Item renuncians seriose iuramento Rectori vniuersitatis prestito illius nomen de matricula deleatur, nec amplius sine consensu vniuersitatis recipiatur et tunc de nouo iurando consuetum iuramentum, quantum reliqui dare tenentur, totaliter dabit.

Preterea si quis procurauerit se intitulari, non vt studeat vel actus exerceat scolasticos, sed quatenus lites foueat aut causa consimili, talis de matricula deleatur conuictus simpliciter, nisi saltem Doctoris alicuius Magistri vel talium plurium existat familiaris, pro quo tempore duntaxat vti possit priuilegiis ac libertatibus nostre vniuersitatis concessis suppositis.

Item quia expertum est, quod aliquis Rectori se sub nomine absentis representauerit, et taliter ipsum absentem intitulari dolose procurauerit sibi ipsi nomen ipsius falso imponens sub nomine alterius iuramentum prestando Ideoque statuimus, quod intitulatus et iuratus, de quo Rector verisimiliter est dubius, per iuramentum prestitum requiratur, an ipse sit Johannes vel Petrus, sic nominatus et cognominatus, secundum nomen et cognomen, quod illi Rectori ad intitulandum expressit Et si dolose processit, deleatur nomen eius inscriptum cum cognomine Et in penam talis dolosus careat pecunia, quam dedit pro intitulato fraudulenter Et perpetuo etiam sit exutus a priuilegiis vniuersitatis et receptione in suppositum et membrum eiusdem.

Item statuimus quod tempore promotionis alicuius vel aliquorum in aliqua facultate eiusdem facultatis Decanus teneatur Rectori illa vice existenti nomen aut nomina promouendi aut promouendorum, cum nomine Rectoris eorundem in scriptis presentare, vt Rector sciscitari queat, an promouendus intitulatus sit veraciter, aut quid et quantum intitulationis tempore soluerit. Et si minus reperiatur, quam tenor sit statuti, aut suppleat residuum integre, vel non promoueatur, nisi rationabilis causa in matricula vniuersitatis expressa eundem excuset.

Item volumus et declaramus, vt faciens contra statuta vniuersitatis periurium non incurrat Nisi statutum violatum hoc contineat expresse Non obstante quod quilibet intitulatus statuta et statuenda pro posse et nosse iurauerit obseruare Sed eo casu solum penam in Statuto contentam, aut si non exprimitur, incurrat arbitrariam.

De ordine facultatum et suppositorum locatione.

Quia nulla Vniuersitas poterit alia ratione subsistere, nisi magnus eam differentie ordo conseruet Statuimus, vt nullus detrahat facultati cuiquam in scolis collationibus exercitiis principiis vel alias vbicunque Sed quelibet facultas in suo seruetur honore. Si quis vero de opposito conuictus fuerit Doctor vel Magister, sit actu ab actibus scolasticis suspensus et a consilio vniuersitatis, donec secundum dictamen vniuersitatis emendam fecerit sufficientem vniuersitati et facultati quam offendit.

Statuimus preterea, quod in sessionibus primum locum habeant atque teneant Magistri theologie Secundum Doctores decretorum Tertium Doctores legum Salua ordinatione, quam domini Canoniste et Legiste inter se sine aliorum preiudicio duxerint forsitan faciendam Quartum Doctores medicine Post hos Magistri artium in suo ordine. Prelati vero, vtputa Episcopi Abbates Prepositi Decani, siue Duces Comites Barones Nobiles Militares, dummodo tamen soluenda tam vniuersitati quam pedello soluerint Nec non Magistri aliarum vniuersitatum ad aliquam facultatum non recepti Similiter Baccalaurei superiorum trium facultatum iuxta decentiam status vniuscuiusque in banccis ex opposito eleuatis collocari debeant. Si autem circa locationem alicuius cuiuscunque status aliqua generetur ambiguitas Debet Rector pro tempore ante locationem istius Decanos quatuor facultatum conuocare et de eorum consensu iuxta formam statuti sequentis locum competentem assignare eidem. Volumus etiam, quod pedellus quolibet medio anno Registrum personarum locandarum a domino Rectore et decanis quatuor facultatum petat, secundum quod singulas personas locandas locare sit astrictus Sub pena amissionis emolimenti, quod ex locatione dinoscitur obtinere.

Amplius statuimus et ordinamus, quod de cetero in processionibus nullum Membrum vniuersitatis locum baheat immediatum inter Rectorem et ante decanum facultatis theologice, nisi sit Episcopus Abbas Dux Comes Baro vel prepositus aut decanus ecclesie Metropolitice vel Cancellarius huius vniuersitatis. Prepositi vero aut decani aliarum ecclesiarum kathedralium locum habeant inter Doctores sacre theologie ita tamen quod nullus eorum decano eiusdem facultatis preferatur Sed singuli singulis Doctoribus eiusdem facultatis (si maturi viri extiterint et de quorum meritis multum constet, atque solennem statum in ista vniuersitate ad minus cum vno famulo teneant) socientur. Sed prepositi et decani maiorum et notabilium ecclesiarum collegiatarum et canonici ecclesie metropolitice solennem statum, vt premissum est, tenentes, post decanum facultatis iuridice cum Doctoribus eiusdem facultatis debito seruato ordine procedant Ceteri vero prelati minorum ecclesiarum etiam si in statu se prioribus vellent conformare, Magistris facultatis artium debite iungantur Sic tamen quod decanum eiusdem facultatis non precedant. Nobiles autem simplices vel militares aut canonici alii a premissis locum immediatum post artium Magistros assumant Quibus trium superiorum facultatum baccalaureos volumus associari. Et vt actentius hic ordo seruetur, volumus et statuimus, quod nullus in processionibus aut stationibus vniuersitatis quempiam ad locum sibi non competentem trahat vocet vel quouis modo introducat Sub pena sex solidorum hallensium fisco vniuersitatis irremissibiliter applicandorum, quos quiuis sub debito prestiti iuramenti infra octauam, dum se excedentem discusserit Rectori presentare tenetur Dolo et fraude in hiis semotis et prorsus circumscriptis.

Statuimus preterea et ordinamus, vt in lectionibus ordinariis in primis banccis nullus scolarium se collocet nisi notabilis aut prelatus decentem et scolasticum tenens statum.

Item nullus Doctorum vel Magistrorum presumat contra ordinationes et honestas consuetudines in vniuersitate hactenus obseruatas, preter consensum sue facultatis aliquem promouere sub pena exclusionis perpetue ab vniuersitate tam promouentis quam promoti.

Item statuimus quod nullum membrum nostre vniuersitatis gradum quemcunque ab aliquo Magistro seu Doctore, nisi intitulato iurato et assumpto, suscipiat Neque ab alio Doctore seu Magistro ab actibus suspenso scolasticis gradum eundem sumat Sub debito prestiti iuramenti et exclusionis perpetue Similiter sub eisdem debito et pena nullus Doctorum vel Magistrorum aliquod membrum non intitulatum ab actibus scolasticis suspensum vel exclusum ipso facto (quamuis non denunciatum) ausu proprio attemptet promouere.

Item superuenientes Doctores et Magistri, qui se honeste in aliis vniuersitatibus rexerint, iuxta tempus sue promotionis in ordine sedendi et incedendi recipiantur ad facultatem Et inter Doctores et Magistros ceteros eiusdem sue facultatis collocentur secundum cuiuslibet facultatis ordinationes.

Item nullus Doctor Magister vel Baccalaureus in alia vniuersitate promotus, adueniens post festum Philippi et Jacobi anno domini millesimo quadringentesimo septuagesimo octauo, ad aliquam facultatem recipiatur, nisi prius publice responderit aut legerit, ceteraque ad huiusmodi receptionem requisita fecerit Secundum illius facultatis ordinationem, ad quam recipi desiderat.

Quoniam sepenumero birretati et licentiati ad nostram vniuersitatem declinant, non vt regentie facultatum, in quibus promoti sunt, intendant, sed potius vt scientiis aliarum facultatum imbuantur, lectiones in eisdem frequenter audiendo Volumus et declaramus, quod tales in parte facultatis illius, cuius lectiones audiunt, nisi ad facultatem sue promotionis recepti sint, votare debeant et teneantur.

De notario et pedellis vniuersitatis.

Volumus, vt notarius et pedelli vniuersitatis suis officiis fideliter intendant, illaque exerceant, prout et quemadmodum infra reperitur conscriptum.

Item notarius vniuersitatis prestet iuramentum intitulandorum Et quod diligenter et fideliter ad commodum et honorem vniuersitatis et suppositorum illius suum officium exercebit Secreta quoque non reuelabit, neque pro abusoribus priuilegiorum et transgressoribus statutorum scienter scribat Acta denique actitata mandata actus iudiciarios et vniuersitatis conclusa studiose notet, propter quod vnum florenum renensem in computo cuiuslibet antiqui Rectoris de fisco vniuersitatis leuare habebit Saluo nichilominus sibi competente salario per vniuersitatem taxando, si vel vniuersitati vel illius suppositis quicquam scripserit.

Item statuimus similiter quod pedelli, antequam admittantur, etiam intitulandorum iuramentum in manibus Rectoris iurent Quodque suum officium fideliter exercere, secreta vniuersitatis vel Magistrorum (si que audierint) non reuelare, atque illis honorem decentem vbique impendere velint.

Item officium sit pedellorum omni die mane et vespere Rectorem visitare et ab illo, anne eius egeat ministerio, inquirere Indilate Rectoris mandatis parere, festa et vacationes lectiones et disputationes ac alia huiusmodi per scolas ordinarie legentium proclamare, congregationes fideliter intimare Rectorem cum virgis honeste conducere Actibus Doctorum et Magistrorum interesse Singularum facultatum decanos omni die visitare et eorum mandatis parere, Non iuratos ad congregationem venientes Rectori reuelare, Non intitulatos legentibus (vt coram eis non legant) denunciare, penales omnes in proprium registrum conscribere Et alia consimilia facere, prout in vniuersitatibus fieri consueuit sub pena priuationis salarii.

Item volumus similiter quod pedellus communis, non possit se absentare extra ciuitatem per integrum diem sine Rectoris licentia Neque per triduum preter licentiam quatuor decanorum Quod si secus fecerit, officio suo sit priuatus.

Item in remunerationem laborum eiusdem et vt promptiorem se in commissis exhibeat Volumus vt de taxa cuiuslibet intitulandi, pedelli recipiant vnum solidum hallensem, A volente autem in primis banccis locari, quartam partem floreni in sua intitulatione. Exinde vero singulis annis in nouo anno honestam propinam secundum sui status exigentiam, ad locandum et preconisandum eundem habeat. Leuet denique de citatione duos denarios ac de arresto quatuor denarios A promouendis vero iuxta statutum de pecunia a promouendis exigenda Et ultimo a sinlugis vniuersitatis suppositis qualibet angaria vt sequitur, videlicet a scolare quolibet facultatis artium tres denarios, a baccalaureis eiusdem facultatis quatuor denarios, et a quolibet scolare superiorum facultatum sex denarios.

Denique statuimus et ordinamus, quod vniuersitas deinceps eligere habeat atque eligat Sindicum et procuratorem ydoneum probum et honestum, per quem verisimiliter defraudari non valeat, circa festum S. Johannis Baptiste Cuius officium sit et esse debeat, penas negligentiarum a stipendiatis exigere bursarum peccunias recipere et leuare, de ecclesiis vniuersitati incorporatis iuxta eiusdem consilia disponere, peccuniam de hiis cedentem imbursare, Dilationes vel debitorum remissiones sine vniuersitatis consensu nemini dare, cum eiusdem scitu exponenda secundum ordinationem illustris fundatoris nostri aut illius potestatem habentis exponere, De receptis et expositis rationem et computum facere, hecque et alia prout illi commissa fuerint in genere et in specie fideliter adimplere iurabit, Pro suis tamen laboribus ab vniuersitate iusto et decenti salario illi saluo.

De Missa vniuersitatis.

Vt vita scolastica sub dei timore et datoris scientiarium decenti gratitudine decoretur Statuimus, vt vniuersitas bis adminus in anno Missas celebrari faciat, ob honorem dei omnipotentis exordii omnis boni Gloriosissime eius genitricis virginis Marie, cleri aduocate vberrime, totiusque curie celestis, pro Benefactorum et studii fundatorum salute eiusque augmento salutari, vnam in principio studii estiualis Reliquam quoque post initium studii yemalis. In missa huiusmodi volumus et ordinamus: Quod omnes et singuli Doctores Magistri Licentiati et Baccalaurei singularum facultatum vestibus suis honestioribus ornati ac etiam omnia alia supposita et membra vniuersitatis similiter vestita decentius presentes sint et offerentes Non recessuri ante finem sine rationabili causa sub pena in Rectoris mandato pro tempore publicanda, fiatque tunc illico collatio vberior per Doctorem vel sacre theologie Baccalaureum.

Expense huius Misse.

Celebranti Missam duo dentur solidi hallenses Legenti euangelium sex denarii Legenti epistolam totidem Rectori scolarium duo solidi hallenses Organiste duo solidi hallenses Illius seruitori tres denarii Edituo sex denarii Ast demum inter pauperes quatuor solidi hallenses cum dimidio distribuantur.

Demum in euentum in quem Doctorem vel Licentiatum superiorum facultatum nostre vniuersitatis viam vniuerse carnis migrare contigerit Volumus funus illius ad sepulcrum per vniuersitatem conuocatam, debita subsalua processione conduci Ipsam quoque vniuersitatem vigiliis et Misse defunctorum esse presentem Idem esse volumus et fieri de quolibet Magistro facultatis artium.

Licet autem (vt placuit Aristoteli) non sit premium dandum Inuentoribus nouarum legum Ideoque frequens legum mutatio instabilitatem parturit Nichilominus tamen volumus et statuimus, vt quotiens vrgens necessitas, aut vniuersitatis euidens utilitas, cuiusuis statuti exegerit mutationem interpretationem abrogationem aut noui statuti editionem Extunc hiis; qui ex statuto representant vniuersitatem, cum expresso scitu et voluntate illustris domini nostri domini patroni, vocato etiam ad hoc domino Cancellario Juxta casuum emergentium ac temporum exigentiam et qualitatem, huiusmodi statuta condant innouent emendent atque reforment, que similiter in suo robore persistere volumus ac si per nos essent condita innouata, emendata et reformata Alioquin decernimus irritum per presentes et inane, si secus a quoquam attemptatum fuerit.

Univ. Archiv Mh. I, 4. Pergament mit Siegel des Abts.

9.

Graf Eberhard befreit die Hofstatt von Stift und Burs. 26. Mai 1479.

Wir Eberhard u. s. w. der elter bekennen vnd tuen kunt offembar mit disem brieff: als die ersamen vnd wolgelerten vnser lieb getruwen Probst vnd Capittel vnsers stifts zu Tüwingen die hofstat vnder iren husern gelegen, die dann zu einer burs zu buwen angefengt was, vnd dartzu die lectorien, och daronder gelegen, in Koffs wys zu iren handen bracht haben, nemlich die yetzgemelten hofstat, mit der som gelts, so dann die von Tüwingen darum gehen hand, vnd dartzu mit vßrichtung des so die muren vnd der buw an solcher hofstat bis vff disen tag geschenhen gestanden hat [1], vnd die lectorien mit sechzig gulden, die sie dafür vßgericht hand, das wir vß sondern gnaden, damit wir dem gemelten vnserm stift zu Tüwingen genaigt sigen, solich vorgenant hofstat die mit irem begriff so wit der raicht bis heruff an die lectorien mit muren zu ainem oder mer garten oder sust daruff, zu des stifts notdurft zubuwen mögen, inzufassen vnd zu beschliessen, vnd die lectorien nach irem willen zimlich zu bruchen gnediglich gefreyt haben fur vns vnser erben och vnser stat Tüwingen, inmasen wie dann des stifts huser darob gelegen gefryt sind, vnd fryen das also mit disem brieff. Als wir dann wollen, das es von vnsern erben vnd nachkommen och vnser stat Tüwingen kunftiglich gehalten vnd dawider nit geton werd in keinen weg. Doch so sol der vorgenant stift die muren vnder iren husern vnd die thollen yetzo vnd zu kunftigen zyten vff iren costen machen vnd versenhen, vnd dartzu der pfrund, so herr Jörg Schuchmacher yetzo inhat, ain zimlich Caplonhus machen oder yberkomen, nachdem das hus, so bisher dartzu gehört hat, zu der vorgemelten hofstatt genomen vnd kommen ist.

Urach 26. Mai 1479.

---

1 d. h. welche die Tübinger darum gegeben haben und dazu mit Bezahlung dessen was Mauern und Bau bisher gekostet haben. — Die Stadt hatte also dort selbst ein Bauwesen begonnen, welches nun die Propstei übernahm.

Sattler Gr. 3. Beil. 79. Durch diesen Brief wird die Freiung errichtet, welche die Häuser des Collegiatstifts und der Universität westlich und südlich von der Kirche, ferner das Facultätshaus in der Münzgasse d. h. das Haus der Artistenfacultät, bald auch die übrigen, von dieser Facultät erworbenen Gebäude in der damals sogenannten unteren Neckarhalde, nebst den Bursen in einem ansehnlichen Complex umfasste. Die Bezeichnung als Hof hat sich für einen Theil dieses Viertels bis heute erhalten. Der eine Bebenhäuser Freihof, sagt Zeller Beschr. 639, war in der sog. Münzgasse gelegen und von Eberhardo Barbato zum Universitätsbau gezogen worden, und muss in eben dem Hof gewesen sein, welcher jetzo der Universitätshof, den Purschhof darzu gerechnet, genennet wird, und wo vielleicht jetzo das Universitätshaus stehet, darbei nothwendig die Münze muss gewesen sein. Diese Vermuthung bestätigt ein Vergleich vom 16. August 1502 zwischen Kl. Bebenhausen und Stadt Tübingen, wornach jenem statt des an Universität und Collegium abgetretenen Freihofs in der Münz andere dafür erworbene Gebäude von allen Beschwerden befreit werden. Urkundlich lässt sich ferner belegen, dass der Abt Bernhard an den Canonicus Caspar Rockenbauch, seinen Verwandten, ein dem Kloster gehöriges Haus und Hofraite in der Münz im J. 1488 verkauft, von welchem die Hofstatt, nachdem das Haus abgebrannt, 1491 an die Universität übergeht. Von der Kirche an die Münzgasse aufwärts liegen die Häuser des Decans, des Propsts, welches der Graf 1481 schenkt, das Lectorium der Juristen oder der Juristen Schul, das Collegium, das Blaubeurer Haus, später (1507) Sondersiechenhaus, das schwerlich lang dort geduldet wurde, sondern wohl auch in den Besitz der Universität oder eines der Lehrer, die sich da mit Vorliebe ankaufen, übergieng. Kaufbriefe im Univ. Archiv.

10.

Bulla, in qua Sixtus IV Eberhardo Seniori indulget, quod *Decimas Noualium* in sustentationem Univ. Tubingensis erogare possit. 8. Kal. Jan. 1480.

Sixtus Episcopus Servus Servorum Dei dilecto filio Nobili viro Eberhardo Seniori Comiti de Wirtemberg Const. Dioc. salutem et apostolicam benedictionem.

Sincere deuotionis affectus, quem ad nos et Romanam geris Ecclesiam, non indigne meretur, ut petitionibus tuis, illis presertim per quas anime tue saluti consulitur, annuamus et illa fauoribus exequamur oportunis. Exhibita siquidem nobis nuper pro parte tua petitio continebat, quod cum decima seu jus decimandi et decimas huiusmodi percipiendi in dominio tuo tibi et antecessoribus tuis Comitibus de Wirtemberg a Romana Ecclesia in feudum concesse sint, tu credens hoc tibi liceri decimas Noualium in dicto dominio existentium concessionis huiusmodi vigore percepisti, verum quia dubitas, an decimas Noualium huiusmodi sana conscientia percipere potueris et etiam possis, pro parte tua nobis fuit humiliter supplicatum, ut tibi decimas Noualium in futurum percipiendas in sustentationem Doctorum in Universitate studii Tubingensis dicte dioc. legentium seu scolarium inibi studentium aut alias in alios pios usus conuertendi pro exoneratione tue conscientie, quatinus alias licite percipere nequiueris, licentiam concedere aliasque statui tuo in premissis oportune prouidere de benignitate Apostolica dignaremur:

Nos itaque tuis honestis petitionibus annuentes ac decimas de Noualibus huiusmodi per te hactenus ut prefertur perceptas tibi remittentes, tuis in hac parte supplicationibus inclinati, tibi quod pro conscientie tue predicte exoneratione decimas Noualium huismodi, quas in futurum percipies, in sustentationem Doctorum in dicta Universitate legentium seu scolarium inibi studentium aut alias in alios pios usus, prout conscientia tibi dictaverit, erogare et dispensare libere et licite valeas auctoritate Apostolica, tenore presentium de speciali gratia perpetuo indulgemus. Non obstantibus premissis constitutionibus et ordinationibus Apostolicis ceterisque contrariis quibuscunque.

Nulli ergo omnino hominum liceat hanc paginam nostre remissionis et concessionis infringere vel ei ausu temerario contraire. Si quis autem hoc attemptare presumpserit indignationem omnipotentis Dei et beatorum Petri et Pauli Apostolorum eius se nouerit incursurum.

Datum Rome apud S. Petrum Anno Incarnationis dominice Millesimo quadringentesimo octuagesimo Octavo Kal. Januarii Pontificatus nostri Anno Decimo.

Jo. de Buccabellis.

Rta in Camera Apostolica
Marinus.

Aus Christoph Gottlieb Pistorius, Diss. de decimis. Tubingæ 1755, S. 54. Das Original hat sich nicht vorgefunden.

11.

Erste Ordnung Graf Eberhards
vom 23. April 1481.

Wir EBERHARTT Graue zu Wirtemberg vnd zu Mümppelgart u. s. w. Der Elter Bekennen vnd tun kunt Allermeniglichem mit disem brieff:

Nachdem wir voran dem Almechtigen gott zu lob vnd Sinem hailigen Cristenlichen globen zu furgennder Sterk vnd vffung, ouch den gemainen landen zu nutz vnd gutt mit ankerung mercklichs vlis von vnserm hailigen vatter dem Bapst Sixto dem vierden haben erlangt vnd herworben in vnser Statt Tuwingen ain vniuersitet vnd gemaine hohe Schull vffzurichten, vnd die zu furgang begabet mit den nachgemelten kirchen: Nemlich zu Brackenhein zu Asch zu Ringingen zu Eningen vnd zu Stetten vnderm huchelberg, ouch mit Acht Corherrenpfrunden vff unserm Stift zu Tuwingen. Also das nun furter in öwig zitt von den nutzen vnd gulten der gemelten Kirchen vnd pfrunden Doctores vnd maister in der hailigen geschrifft, zum minsten dry, [dry] [1] in den hailigen gaistlichen rechten, zwen [2] in den weltlichen rechten, zwen in der Artzny vnd vier maister in den fryen künsten sient lesent vnd regierend. Als dann das, wie wir wöllen, das es furter in solichem zu öwigen zitten one abbruch gehalten vnd volzogen werd, in nachvolgenden Artickeln aigentlich begriffen vnd geschriben ist.

Zum Ersten: So wöllen vnd ordnen wir Das es mit den Corherren pfrunden gehalten werd nach anzögen der bull, Also das die Sechs Doctor der hailigen geschrift vnd gaistlichen recht von sechs derselben pfrunden fruchten niessung söllen haben vnd von den uberigen zwayen pfrunden vier maister, die da syen in Collegio und Collegiaten haissen, Die ouch leben vnd sich halten söllen nach inhalt der ordnung, die wir fur das Collegium insonderhait gemacht haben [3].

---

1 vgl. die zweite Ordnung Nr. 15. 2 diese Zahl wird in der zweiten Ordnung auf drei erhöht. 3 Diese Ordnung hat sich nicht erhalten.

Item Das gelt, so von den funff Kirchen in der bull begriffen gefellt, sol also getailt werden: Item ainem legisten hundert vnd zehen guldin. Dem andern legisten Achtzig guldin vnd ainem der in Institutis liset dryssig guldin. Item dem ainen artzatt achtzig guldin, dem andern artzatt sechtzig guldin, und ainem der in Oratorien lyset dryssig guldin Es were dann das die Vniuersitett erkennen würd, das ainer also geschickt, Das im mer zugeben were. Ob aber die Kirchen souil nit ertrügen vnd ouch hietzwüschent vnd die Kirchen nit gar geuallen sint [1], So sol in sölichem nach Willen vnser graff Eberharts so lang wir in leben sint gehandelt, Vnd doch söllichen personnen souer das langen mag vßgetailt werden. Vnd ob mer geuallen wird, Das sol dienen zu fürschlag [2] oder ablösung der gülten von der Vniuersitett uffgenommen. Vnd was vß demselben fürschlag erkoufft würdt, Dasselbig sol zu merung der obgemelten sold oder bestellung mer, personen, Wie das yetzo oder hernach vns vnsern nachkomen vnd der Vniuersitet geuallen wirt, dienen.

Dartzu haben wir vß sondern gnaden den obgemelten Corherren, vnd zu ablegung [3] der Expens, die Kirchen zu Ötlingen [4] vbergeben vnd zu incorporieren vergundet. Wann die vns oder vnsern erben zu hannden wirdet, dieselben gülten sollen dann fallen in gemainen Seckel vnd zu buwen erlesung der Kirchen vnd auder beswärd, gebrucht vnd genutzt vnd doch alweg

---

1 sva. und bisweilen die Einkünfte von den Kirchen nicht vollständig eingegangen sind. 2 Erübrigtes, Ersparniss. 3 Erstattung. 4 Erst am 7. Mai 1487 wird die Incorporation der beiden Kirchen von Eltingen und Holzgerringen in das neue Stift vollzogen: mit dem Jus patronatus und anderen ihren Gerechtigkeiten vssgenommen die zehenden, wie uns die hievor in unsern Casten gedient haben. Sattler Gr. 3, Beil. 107. Eltingen wird aber irrig geschrieben. In der Urkunde stand, wie Gabelkover ausgezogen hat (Steinhofer 3, 446) Oetlingen. Sattler dachte dabei an das gleichnamige Dorf bei Kirchheim u. T., welches unmöglich passte, und verfiel darum auf Eltingen O.A. Leonberg, ein Irrthum, der in der Beschreibung dieses Oberamts S. 116 widerholt ist. Gemeint ist aber das Holzgerlingen benachbarte Dorf, welches heute Aidlingen geschrieben wird, früher z. B. im Liber decimationis cleri const. de a. 1275 Oetelingen heisst. Hienach ist auch oben S. 9. Z. 10 Oetlingen herzustellen. Vergl. Beschreibung des O.A. Böblingen S. 126.

merklichs in dem gemainen Seckel behalten werden zu infallender notdurft.

Item mit dem gelt so vß den bursen geuallen wird sol sich also gehalten werden. Zu dem ersten sol der zins von dem uffgebrachten gelt dauon vßgericht werden, das ander sol dienen zu ablösung der obgemelten gülten. Vnd so dieselben abgelößt werden, sol man damit andre buw der Vniuersitet nottürftig furnemen, als liberien vnd pedagogia vnd anders, das notturfft wird. Aber on das sol es dienen zu furschlag, vnd was von dem erkouft wird, sol dienen armen maistern oder schülern. Doch sol söllichs gelt in gemainen Seckel, ob notdurfft ynfallen würd, der merer taile behalten werden.

Item vnd diewyl in der bull bestimpt ist, Das söllich gelt herdienen sol denen so lesen vnd regieren, so lang sie das tund, so wöllen wir, das in nachgeschribner wyß gelesen disputiert vnd repetiert werd, by nachfolgenden penen onabläßlichen zugeben, so dick das uberfarn wirt.

Item Es söllent ouch alle die so lesent in den obern faculteten all wercktag lesen vßgenommen vacaciones. Dartzu ieglicher des minsten des iars ain disputatz oder repetitz tun sol, darzu sie ouch, so dick das notturft ir Schüler erfordert, berait sin söllen. Vnd sollen die theology, so ir dry werden, die zwen allwercktag ain letz versehen vßgenommen ir vacantz vnd der drit in demselben monatt, der nit lißt, disputieren, vnd darnach aber zwen lesen vnd der dryt disputieren vnd also alwegen furvß, dartzu sol yeglicher des minsten des iaurs ain Collatz tun. Dieselben theology sollen ouch ain sonnder uffsenhen haben, das nutzlich vnd wol in den fryen Kunsten geregiert werd, ir burssen vnd actus visitieren, straffblichs vff das best reformiern, diewyl sie ir supposita von inen ertziechen.

Dartzu wir ouch die artzat wie sie verbunden haben wöllen, vnd söllen die artisten sich och halten wie in der ordnung des Collegiums vnd der burssen begriffen ist.

Item Welicher och der obgemelten ain letz versompt on mercklich vrsach, die gnug erkennt wirtt, oder geschäft vnser herschaft der Schul oder des Stifts, der sol so dick das geschicht ain ort [1] ains guldin gehen, vnd von ainer disputatz ain halben guldin, Deßglichen von ainer Collatz och ain halben guldin. Vnd das sol vff beuelh des Sindicus der Vniuersitet denen so pfrunden hetten an denselben iren pfrunden, oder weliche der nit hetten, an iren sölden inngehalten werden.

Item vnd welicher der yetzgemelten ainen monat oder me die obgemelt ordnung vbertret one vorgerürt vrsach, des frucht der pfrund oder sin sold sol dieselb zitt zu nutz der vniuersitet vfgehept vnd insonder ainer dauon, der in vertret vnd für in leß, bestelt werden. Wer aber ainer wie obstet ain gantz iar vß, des pfrund vnd lectur oder sin sold, ob er mer dann ain iaur bestelt were, sol one sin hinderung von dem Canntzler der vniuersitet ledig sin declariert vnd füro ainem anderen gelichen oder ain andre dauon bestelt werden. Es wer dann, das demselben die vniuersitet ein iaur ainen statt zuuersuchen [2] erlobte, des gült sol doch dasselb iaur die vniuersitet ynnemen vnd die letz daruon versenheu nach notturft.

Item wir wöllend ouch das von obgemelter vniuersitet ainer gewelt werd, dem des zuuertruwend sy, der das gelt von Kirchen vnd bursen ynnem vnd in obgeschribner form vßgeb ouch die penen versumpter letzen ynnem vnd das, wie von den bursen geschriben ist, halt vnd darumb des iaurs ain mal oder zway vnser herschafft oder dem wir das beuelhen vnd der vniuersitet Rechnung tue.

Item Wa mit obgemeltem gelt anders dann vorstett gehanndelt würd, das sol craftloß sin vnd dartzu dasselb gelt, damit also gehandelt wer, verfallen sin an die presentz [3] Sant Jörgen Kirch.

Item Wir wöllen vns ouch nach abganng vnser lieben frowen vnd mutter vnd vnser begehen der fryen presentatz nach innhalt der bull vnd wöllend, das füro also gepresentiert werd: Item das die vniuersitet mitsampt dem probst cantzler vnd dem Kirchherren zu Tuwingen ainen, vff ir aid die sie darumb tun söllend, der sie dartzu an dem nutzsten vnd togenlichsten bedunckt, er-

---

1 Viertel. 2 sva. eine andere Stellung vorübergehend anzunehmen. 3 d. h. an die *in ecclesia residentes et in choro presentes* oder an den *fiscus presentiarum*.

welen. Denselben söllend dann vnser nachkommen presentieren. Vnd ob es anders dann obstet gehandelt würd, das sol gantz craftloß sin.

Item Es sol och kainer promouiert werden, er sy dann gnugsam vnd hab gelesen vnd disputiert nach ordnung siner facultet, die ouch vff das best fürgenommen werden söllen.

Item Es söllen ouch uon der vniuersitet Doctor oder maister dieselben, die promouiert werden, nit mercklich besweren, deßglichen die obgemelten faculteten zu beschwerd den Schülern nützyt furniemen oder ain ander furniemen laussen.

Item sie söllen ouch ainander er tun vnd in kein Weg ainander schmachen, by verlierung vnser huld, vnd in disputatzen collatzen vnd anfengen der bücher ainander visitiern.

Item Es sol ouch ain yeglicher in sinem vffniemen dis vorgemelt ordnungen zuhalten vnd zu hanthaben s weren.

Item Vnd unser nachkomen söllen och sweren die fryhaiten vnd dis ordnung zuhalten, ee die von Tuwingen inen sweren, dasselbig ouch die von Tuwingen fur sich vnd ir nachkomen also zuhalten sweren söllen.

Item Wir setzen vnd wöllent, das der Cantzler diser vniuersitet och der Kirchher zu Tuwingen in irem vfniemen sweren söllent ain sonder ufsenhen zuhaben vnd mit flys darob zesinde, das dise ordnungen gehalten werdent. dagegen wöllen wir sie in geschäften der vniuersitet, die nit ordnung oder nutz derselben antreffend, gantz ledig vnd fry sin. Vnd ob sich irrungen begebent zwüschent vnser herrschafft vnd der vniuersitet oder der vniuersitet vnd den von Tuwingen, so wöllet wir sie darinn fur mitler vnd tedingßlüt haben.

Vnd des zu Vrkund So haben wir obgenanter Eberhartt Graffe zu Wirtenberg vnd zu Mümppelgart u. s. w. vnser Insigel offenlich an disenn brieff, der zwen glich lutend gemacht sint, laussen hencken. Vnd wir Hainrich von gotes verhencknus Abbt des Closters zu Blauburen ain Richter vnd Commissary von dem hailigen Bäpstlichen Stül zu Rom zu vfrichtung der obgemelten vniuersitet vnd hohenschull zu Tuwingen sonderlich geordnet Bekennen och an disem Brieff, Nach dem wir des obgenanten vnsers gnedigen herren ordnung vnd ansenhen, wie das bievor begriffen ist, anders nit dann zu vfgang bliben vnd gutter frucht erkennen mugen, vnd vns dann vß machtgebung der obgemelten Bäpstlichen beuelch zugebüret zu hanthab der vorgenanten vniuersitet ordnung vnd Statuten zumachen, So bestettigen wir hiemit in craft vnsers obgenannten gewalts Alles, so von dem vorgemelten vnserm gnedigen herren in disem brieff furgenommen vnd gesetzt ist. Also das Söllichs in öwig zitt furter onabbruchlich gehalten vnd volstreckt werden sol. Als wir dann des Vrkund vnd Zucknus geben mit vnserm Abbty insigel, das wir ouch an disen brieff gehangen haben.

Vnd wir der Rector vnd die Vniuersitet zu Tuwingen och wir Bropst vnd Cappitel des Stiffts zu Tuwingen Bekennen och mit disem Brieff, Das wir alles das so vorgeschriben stett, Souil vns das berurt, also angenomen vnd zu halten fur vns vnd vnser nachkomen versprochen haben vnd mit disem brieff versprechen. Daran wir zu Vrkund der vniuersitet Bropst vnd Cappitels insigel ouch haben gehenckt. Der gehen ist zu Tuwingen vff Sant Jörgen des hailligen Ritters tag Als man zalt nach Cristi vnsers lieben herren gepurt Tusent vierhundert achtzig vnd ain Jaure.

Univ. Archiv Mb. I, 5 Pergament mit den Siegeln des Grafen, des Abts, des Rectors von Tübingen, des Propsts und Kanzlers Johannes Tegen, des Capitels der Collegiatkirche zu St. Martin und Georg in Tübingen. Auf dem Rücken bezeichnet als Ordinatio de modo legendi in Vniuersitate et aliis statum bonum eiusdem concernentibus. Eisenlohr 41.

12.

Kaiser Friederichs III Bestätigungsbrief
vom 20. Februar 1484.

Fridericvs diuina fauente clemencia Romanorum Imperator Semper Augustus Hungarie Dalmacie Croacie etc. Rex ac Austrie Stirie Karinthie et Carniole Dux Dominus Marchie sclavonice ac Portusnaonis Comes in Habspurg Tyrolis Pherretis et in Kyburg Marchio Burgouie et Lanntgrauius Alsacie Ad perpetuam rei memoriam Notum facimus tenore presencium vniuersis.

Et si inter varias rei publice curas quibus pro debito Imperialis culminis ad quod diuina clemencia euecti sumus diuturna sollicitudine saluti et quieti subditorum inuigilemus minus quoque distrahamur negocys quo eorum qui rem publicam nostram crebris bellorum impulsibus fatigare non quiescunt contundamus audaciam ad ea tamen precipue mentis nostre apicem dirigimus et sedulum destinamus affectum qualiter precessorum nostrorum diue memorie Romanorum Imperatorum leges et constituciones sacre multis vigilys et lucubracionibus edite subditorum nostrorum auribus magis ac magis inbibantur qui solo earum vsu rempublicam nostram ne dum conseruari sed et plurimum augeri videmus Hys enim Imperialis celsitudo fulcita effrenes subditorum suorum animos cohercens solium Imperiale firmare ac sistere potest quo vtrumque tempus et pacis et belli suis finibus subnixum apte gubernet.

Hinc est quod cum Nobilis ac Generosus noster ac sacri Impery fidelis dilectus Eberhardus Senior Comes de Wirttenberg et Monte Beliardo Affinis noster nuper in Opido suo Tübing nobis ac dicto Imperio subiecto pro laude dei omnipotentis ac suorum subditorum incremento Scolas generales in quibus Arcium Medicine Juris pontificy ac sacrarum literarum publice traderentur documenta et quibusuis in ea palestra certantibus Sanctissimo domino nostro domino Sixto papa quarto auctorante digna laborum suorum premia tribuerentur erexisset Nos itaque prefati Comitis institucionem nedum suis sed et omnibus Impery sacri fidelibus vtilem ac fructuosam considerantes prefatas quoque scolas diuersis literarum documentis illustrare cupientes, quo Scolarium multitudo se idem [1] confluens habundius se locupletatam iocundetur de liberalitatis nostre munificencia ac Imperialis auctoritatis et potestatis plenitudine et ex certa sciencia, sano Principum Baronum Procerum Nobilium et fidelium nostrorum accedente consilio, dicto Comiti et suis heredibus et successoribus presencium tenore graciosius de nouo concedimus, vt exnunc et inantea perpetuis futuris temporibus omnes et singulas Imperiales Leges constituciones et quecunque alia Jura ubicunque et a quibuscunque edita aut promulgata, quibus sacre memorie precessores nostri Romani Imperatores Jus auctoritatemque dederunt, in prefatis eorum Scolis per ydoneas personas publice legi ac exerceri et ipsarum Auditores dignis honoribus et gradibus in eisdem sublimari faciant.

Decernentes et hoc Imperiali volentes edicto, vt quicunque cuiuscunque status gradus preeminencie nacionis aut lingue fuerint, dummodo alias ipsis nichil legitime obstiterit ad locum prefatum confluxerint, dictas Imperiales Leges docere audire in eisdem ad gradus solitos et consuetos promoueri ac sublimari, nec non omnibus et singulis titulis dignitatibus preeminencys honoribus prerogatiuis ac alys Juribus et Immunitatibus quibuscunque vti frui et gaudere valeant, quemadmodum reliqui Legum Imperialium Doctores et Scolares per alias Scolas vbiuis in sacro Romano Imperio consistentes de Jure uel consuetudine vtuntur et gaudent In contrarium facientibus non obstantibus quibuscunque, quibus per presentes expresse volumus esse derogatum.

Nulli ergo omnino homini liceat hanc nostre concessionis decreti voluntatis et derogacionis paginam infringere aut ei ausu temerario quo quo modo contraire. Si quis autem hoc attemptare presumpserit Indignacionem nostram grauissimam et penam Centum librarum auri puri, quarum vnam fisco nostro Imperiali Reliquam vero medietatem iniuriam passorum vsibus applicari volumus, se nouerit irremissibibiliter incursurum Presencium sub nostri Imperialis Maiestatis Sigilli appensione testimonio literarum.

Datum in Opido nostro Gretz. Vicesima die mensis february, Anno domini Millesimo Quadringentesimo Octuagesimo quarto.

---

1 für se idem wohl ibidem zu lesen.

Regnorum nostrorum Romani Quadragesimo quarto Impery Tricesimo secundo Hungaric vero Vicesimo quinto.

Ad mandatum domini Imperatoris proprium
Jo. Waldner Prothonotarius.

Univ. Archiv Mh. I, 6 Perg. mit dem grossen Kaiserlichen Siegel. Abdruck bei Zeller 302. Bök Beil. 33. Eisenlohr 45.

13.

Schenkungsbrief Graf Eberhards vom 17. Januar 1486.

Wir Eberhartt graue zu Wirtemberg vnd zu Mumppelgartt u. s. w. Der elter Bekennen vnd tun kunt allen den die dißen brieff sehen oder hören lesenn:

Diewyl wir nit fruchtbarers wissen zu furderung gemains nutz, darzu wir dann sonder naigung hond, dann das die lutt von jugent uff ertzogen vnnd geübt werden zu leren tugend gut syten vnnd Kunst der hailigen schrifft vnnd der recht, So habenn wir by vnnserm heiligsten vatter Babst Sixten dem vierden erworben, das sin haligkeit vnns bewilligt hat ain hohe schule vnnd vniuersitet in vnnser Statt Tuwingen vffzurichten, nach lutt der bullen von siner haligkait darumb vßgangen, vnd der datum ist: an dem dryzehenden tag des monats Nouember do man zalt Tusent vierhundert Sibentzig vnnd Sechs jare, vnd ainstails do man zalt Tusennt vierhundertt achtzig vnnd zway jare im aprellen an dem dryzehenden tag [1]:

als wir auch daruff daselbs zu Tuwingen ain vniuersitet vnnd hohe schule vffgericht vnnd gott dem almechtigen zu lob, vnnd umb das die selb schule dest bestendiger sein vnnd in guttem loblichenn weßen behalten werden mög, daran gegeben vnnd ergeben habenn, vnnd tund das yetzo aber mit guttem fryen willen wolbedaucht vnnd mit raut vnnser rät vnnd getruwen in der allerbesten form, als es mit recht vnnd sust gescheen mag, für

1 diese Bulle ist unbekannt.

vnns vnnser erben vnnd nachkomen in crafft diß brieffs diße nachgeschribenn Kirchen vnnd pfrunden:

Namlich die Kirch in vnnser Statt Brackenhain die Kirch zu Stetten dem dorff vnderm Huchelberg haid in wormsser bistumb vnnd die dry Kirchen zu Asch zu Ringingen vnd zu Owingen[1] in Costentzer bistumb gelegen vnnd dartzu acht Chorhern pfrund vff vnnserm Stifft zu Tuwîngen die vonn Sindelfingen dahin sint gezogen vnnd transueriert.

Wie denn solich Kirche vnnd pfrunden mit allen vnd ieglichen iren rechten nutzen gulten vnnd zugehörung nichtzit daran vßgenommen Sonnder auch mit dem Rechten der lehennschafft, das man zulatin nempt ius patronatus, von vnnsern vordern saliger gedechtnuß vnnd vnns inngehapt vnd gebrucht vnd von dem vorgenanten vnnserm hailigsten vatter dem Babst vff vnnser ubergab vnnd bitt an die hohe schule zu Tuwingen incorporiert vnnd bestetigt sint, das die zu nutz vnnd notdurft der selben hohen schule bewennt vnnd gebrucht werdenn sollen, wie das die obgemelt bull vffwyset, alles oue geuerd.

Vnnd wir verzyhen vnns für vnns vnnser erbenn vnnd nachkomen zu den vorgemelten Kirchen vnnd pfrunden mit iren Zugehörungen als vorstett aller vnnser gerechtikait, die wir daran oder dartzu gehapt haben oder gehon möchten mit recht gaistlicbem oder weltlichem oder sust in ander weg, gar vnd gentzlich in Crafft diß brieffs.

Gere[de]nde vnd versprechende für vnns vnnser erben vnd nachkomen die Rectores doctores vnd ander glider der vorgenanten hohenschul zu Tuwingen vnd alle ir nachkomen by dißer vnser begabung getruwlich zu handthaben zu schutzen vnd zu schirmen, inen och selbs kainen intrag daran zutunt in kainen weg ongeuerd.

Doch nemlich sollen die Regierer der letzgenanten schule die vorgenanten Kirchen mit erbern togenlichen priestern versehen vnd besetzen, mit dem die vndertan der selben Kirchen versenhen werden mit den hailigen Sacramenten messe predigen vnnd andern dingen nach zimlicher billicher notdurft vngeuerlich.

Vnnd des zu warem vrkund haben wir vnnser aigen Insigel

1 verschrieben für Oeningen d. i. Eningen.

offenlich tun henncken an dißen brieff der geben ist zu Stutgartten an Sannt Anttonientag nach Christi gepurt als man zalt vierzehenhundert achtzig vnnd sechß jare.

Univ. Archiv Mh. I, 7. Pergament mit Siegel des Grafen. — Abdruck: Zeller 325. Eisenlohr 47.

14.

Die Universität kauft von den Augustinern ein Lectorium für die Theologen.

9. September 1490.

Vniuersis et singulis presentes literas inspecturis lecturis et legi audituris presentibus et posteris Rector et vniuersitas Studii Tuwingensis subscriptorum noticiam indubitatam cum salute in Domino sempiterna.

Quoniam hactenus lectoria pro singulis facultatibus in locis aptioribus habere nequiuimus propter quod ad varia minus tamen congrua loca pro perficiendis actibus scolasticis presertim theologice facultatis diuertimus non sine incommodo eiusdem, verum his temporibus venerabilis et religiosi in Christo prior et conuentus ordinis fratrum heremitarum S. Augustini monasterii Tuwingen id ipsum propter sui vetustatem de nouo construere ceperunt cum edificiis usui dictorum fratrum necessariis, visus fuit locus inibi ad orientalem plagam ambitui circa portam principalem super nouo cellari versus Neccarum contiguus, infra tamen dormitorium, pro lectorio theologorum satis accomodus. Quem a dictis priore et conuentu de expresso consensu reuerendi patris fratris Andree Proles vicarii generalis in certis Alemanie prouinciis reformatorum etc. ex singulari, quo nos et nostram vniuersitatem prosequitur fauore, pro lectorio perpetuo Theologorum ipsius nostre vniuersitatis obtinuimus.

In cuius rei beneuolam recompensam eisdem priori et conuentui pro necessaria perficienda structura quadraginta florenos Renenses, per eos gratanter leuatos, tradidimus et assignauimus in vim perpetue appropriationis nobis et nostris in dicta nostra vniuersitate successoribus de dicto lectorii theologorum loco facte, sine dolo.

Et quamuis spopondimus nos dicto priori et conuentui in aliis quadraginta florenis pro assignatione loci pro lectorio Juristarum subuenturos, quia tamen locus talis singulis ponderatis pro huiusmodi lectorio disproportionatus et minus aptus visus fuit, res illa tam de nostro quam ipsorum fratrum prioris et conuentus libero consensu et voluntate suo fine et effectu frustrata est, nobis quadraginta florenis et loco eodem ipsis priori et conuentui relictis, omni supra eo vlteriori impetitione cessante. In quorum premissorum fidem et testimonium literas presentes dictis priori et conuentui assignauimus nostre vniuersitatis sigillo subappenso communitas. A. D. 1490, 9. Sept. indictione octaua.

K. Staatsarchiv. Pergament ohne Siegel.

Gegenbrief der Augustiner.

Uniuersis et singulis presentes literas inspecturis lecturis et audituris presentibus et posteris Prior et Conuentus ordinis fratrum heremitarum S. Augustini Monasterii in Tuwingen Constant. dyoc. notitiam subscriptorum cum salute in eo qui omnium est vera salus.

Cum hys diebus monasterium nostrum predictum sua vetustate ruinam minans in suis edificiis funditus deposuerimus, nouum illuc pro necessario nostro vsu (vt Sacratissimam nostram Religionem Augustinianam condecet) cum monasticis officinis non sine grauibus expensis deo duce et rectore edificando, visus fuit et alme vniuersitati Tuwingensi et nobis illic locus ad orientalem plagam ambitui circa portam monasterii principalem super nouo cellari contiguus, infra tamen fratrum dormitorium, pro lectorio Theologorum ipsius vniuersitatis satis aptus.

Itaque ex singulari fauore quo prefatam almam vniuersitatem in domino prosequimur De expresso etiam consensu Reuerendi et Religiosi patris fratris Andree Proles Vicarii Generalis Conuentuum Congregationis Alemanie prefati ordinis Reformatorum etc. eidem vniuersitati instanti et petenti locum presignatum pro perpetuo lectorio Theologorum ipsius vniuersitatis assignamus sponte et appropriauimus Quadraginta florenos Reneuses ab eisdem in parato auro in recompensam huiusmodi beneuolentie nostre atque pro necessaria perfitienda structura, in quibus benegrati et contenti extitimus leuantes.

Et licet inter eandem vniuersitatem et nos mentio facta fuerit de quodam alio loco per nos ipsi vniuersitati pro lectorio Juristarum appropriando, Quadraginta florenis per eandem vniuersitatem nobis huius intuitu verbo oblatis, Quia tamen locus iste minus aptus visus est, Idcirco ab acceptatione et assignatione loci pro lectorio Juristarum huiusmodi communi assensu hincinde et voluntate destitimus Omni huius intuitu impetitione et requisitione prorsus cessantibus et sublatis.

In quorum premissorum fidem et testimonium literas presentes dicte alme vniuersitati nostrorum Vicarii prioris et conuentus Sigillis subappensis dedimus communitas. Anno D. Millesimo Quadringentesimo Nonagesimo Die nona mensis Septembris Indictione Octaua.

Univ. Archiv Mh. I, 8. Pergament mit den Siegeln. — Zeller 1?9.

15.

Zweite Ordnung Eberhards
vom 20. Dez. 1491.

WIR Eberhardt Graue zu Wirtemberg vnd zu Mümppelgart etc. der Elter Bekennen vnd thund kunt Allermenglich mit disem Brieff Nachdem wir voran dem Allmechtigen Gott zulob, vnd sinem heiligen cristenlichen globen zu fürgeender sterkin vnd vffung, ouch den gemeinen landen zu nutz vnd gut, mit ankerung merklichs flyß, von vnsrem heiligen vatter dem Bapst Sixto dem vierden, haben erlangt vnd erworben In vnser Statt Tüwingen ein Vniuersitet vnd gemeine hohe Schul vffzurichten vnd die zufürgang begabet mit den nachbemelten kirchen Nemlich zu Brackenhein zu Asch zu Ringingen zu Eningen vnd zu

Stetten vnderm Hüchelberg Ouch mit nutzungen gülten vnd fällen der vßgelesten vnd extingwirten acht Chorherren pfrunden vff vnserm Stifft zu Tuwingen, nach lut einer bäpstlichen Bull darüber gegeben Das wir vns mit derselbigen Vniuersitet vertragen vnd geeint haben Also das nun fürter in ewig zytt von den nutzen vnd gülten der eegemelten kirchen, vnd der acht vßgelesten pfrunden Doctores vnd Meister in der heiligen geschrifft zum mindsten dry, in den geistlichen rechten dry, in den weltlichen rechten dry, in der artzny zwen, vnd vier meister in den fryen künsten sigen lesen vnd regieren Als denn das wie wir wöllen, das es fürter zu ewigen zyten one abbruch gehalten vnd vollzogen werd, in nochuolgenden Artickeln aigentlich begriffen ist.

Zum ersten Nachdem vnd all titel eegemelter pfrunden vßgetan sind So söllen Doctores und meister obberürt nun fürter von der hand bestelt werden wie hernach volgen wirt.

Verrer So söllen nun füro dry Doctores in der heiligen geschrifft zulesen gehalten, vnd yeglicher mit hundert guldin besöldet werden, vnd daruff verpunden sin alle tag ein ordenlich letz zuuersehen, wie die nach ordnung der Vniuersitet gelesen werden söllen, vßgenomen die vacantz vnd den Sampstag so in artibus gedisputiert wirt. Vnd die dry ordinarien in der heiligen geschrifft yeglicher sin letz vff sinen geordneten tag also versehen, das vmb willen der disputation, so ir yedem gepürt zuthund, sin letz nit belib vßsteen Sonder soll die volstreckt werden, vnd by pen eines ort eins guldins soll ein yeglicher ordinarius in der heiligen geschrifft in yeglichem viernde1 Jars visitieren ein mal die ordenlich disputation der artisten. Dieselben Theologi söllen ouch ein sonder vffsehen haben Das nützlich vnd wol in den fryen künsten geregiert werd, Ir Bursen vnd Actus visitieren, sträfflichs vff das best reformieren, Diewil sie ir supposita von inen erziehen. Dartzu wir ouch die Artzat, wie sie, verbunden haben wöllen. Vnd söllen die artisten sich ouch halten, wie in der ordnung des Collegiums vnd der Bursen begriffen ist.

Deßglichen soll ein yeglicher derselben ordinarien in der

1 E. ansteen.

Theologi zweimal im Jar disputieren So uerr er anders respondentes vnd antwurter gehaben mag. Wer aber sach, das ir einer vß fordrung der schuler ir promotion halb zwo disputation gehalten hett, derselb solt alsdann dasselbig iar wyter nit schuldig sin zudisputieren. Es were denn sach das er noch mer erfordert würdt von einem schuler siner promotion halb, Denn so soll der Dechan derselben facultet verschaffen, das dem schuler ein disputation gehalten werd durch der dryer ordinarien einen.

Vnd yeglicher der dryer vorgerürten ordinarien soll bei pen eins halben guldins Jars tun ein collatz vnd sollen solich collationes von den Doctorn vnd Baccalarien derselben facultet bescheen, vff die nachgeschriben tag: Nemlich an dem heiligen Cristaubend, des morgens zu acht vren, am mittwoch in der carwochen, so die glock sechse schlecht, An dem Pfingstaubend ouch zu sechsen, An dem aubend Assumptionis Marie zu nünen, An aller heiligen aubend zu nünen. Vnd die zwo collation der Baccalarien sollen gescheen in den zweyen messen der Vniuersitet. Vnd ob sich die zal der Baccalarien meren wird, dero dann yeglicher schuldig ist, des Jars ein collation zuthund, an demselben vnd daruber werden dann bequemlich tag vnd stund bestimpt von den Theologien vnd den Decban der andern dryen faculteten, one verbinderung der andern faculteten, die man ouch glich wol schuldig wirt sin zuhören, wie die andern. Vnd by disen vorbemelten collationen sollent sin all ingelipt der vniuersitet yeglicher by pen eins ort eins guldins. Doch ein schuler soll beliben by einem schilling heller. Vnd sollent die collationes gescheen in dem sal der vniuersitet oder an andern gelegen stetten.

Item welber hinfür will promouiert werden in Baccalarium der heiligen geschrifft, der soll sin clericus, welber aber werden will Licentiat der heiligen geschrifft, der soll der grossen vnd mer wyhinen eine haben, Welher aber Doctor oder Magister will werden in der heiligen geschrifft, der soll zuuor Sacerdos sein [1].

Item es soll ouch weder in der noch in dheiner andern facultet keiner promouiert werden, er sy dann gnugsam geachtet

---

1 statt dieses Abschnitts hat E.: Es soll ouch keiner promouiert werden in keinerley grunden in der h. geschrifft, er habe dann eine vß den grossen vnd meren wyhungen.

vnd hab gelesen vnd disputiert nach ordnung siner facultet, die ouch vff das best fürgenomen werden sollen. Item es sollen ouch von der Vniuersitet Doctor vnd Meister, dieselben so promouiert werden, nit mercklich besweren Deßglichen die obgemelten faculteten zu beswerd den schulern nichtzit furnemen oder ein andern furnemen lassen. Item sie söllent ouch einander eer tun, vnd in keinen weg einander schmehen by verlierung vnser huld Sonder in disputatzen collatzen vnd anfengen der bücher einander visitieren.

Wytter so söllen dry Doctores in den geistlichen rechten zu lesen gehalten vnd dem ersten gegeben werden hundert vnd zwaintzig guldin vnd den andern zweyen ir yedem achtzig oder nüntzig guldin nach würde vnd gelegenheit yeder person. Vnd deßglichen zwen Doctores in legibus, vnd dem einen hundert guldin vnd dem andern achtzig guldin geben werden, Vnd einem der Institutiones list drissig oder viertzig guldin. Vnd sollent die egemelten Juristen in geistlichen vnd weltlichen rechten verbunden sin täglich zulesen, vßgenomen die vacantz vnd den Dornstag, Souerr die woch anders an ir selbs gantz ist.

Füro so söllen zweyen Artzaten in ir bestallung gegeben werden Nemlich dem einen hundert vnd dem andern sechtzig guldin, Vnd den vier Collegiaten ir yedem zwaintzig vnd fünff guldin. Vnd derselben Collegiaten sollen allwegen sin zwen von dem alten weg vnd zwen von dem nuwen, vnd einem der vngeuärlich liset in oratoria moralibus oder poetrij zwaintzig guldin. Vnd welcher ein letz versompt, der anders sold hat als obsteet, derselb soll davon zu pen geben von hundert guldin solds einen halben guldin vnd von fünffzig guldin ein ortt eins guldins vnd also füruß nach anzal des solds. Vnd das soll also vermerkt werden in den dryen faculteten. Aber in der facultet der Theologien, so söllen von hundert guldin sold für ein versompte letz allwegen abgetzogen werden ein guldin, vnd also füruß nach mindrung des solds, angesehen das die Theologi nit also täglichs yeder insonderheit verpunden ist zulesen, als die von den andern dryen faculteten. Es were dann, das solicher in der vniuersitet geschefften im innsonderheit vffgelegt, deß erlassen wurde. Ob aber einer in der herrschafft oder sinen aigen geschefften, vß redlicher vrsach sich ain kurtz zyt absentieren wurd, derselb sol erlobung haben von dem Rector vnd sinem Dechan, vnd soll einen andern togenlichen mit wissen vnd willen des Rectors vnd sins Dechans die zytt an sin statt stellen, der ine dieselbig wil versehe. Wa er aber deren eins nit tett, so soll er die obgemelt pen geben, Deßglichen vnd in solicher gestalt soll es gehalten werden mit den Conuentoribus. Ob aber der Rector selbs der were, so sich hindan wölt tun So soll er erlobung haben von sinem nechsten vorfarenden Rector, der gegenwertig ist, vnd von sinem Dechan oder von dem eltern siner facultet. Wer aber der Dechan selbs der, so sich als obsteet absentieren wölt So soll er von dem Rector vnd dem eltern siner facultet erlobung vnd alsdann nichtzit versompt haben.

Ob sich aber begäb, das ein Doctor der obern facultet in nit langwirig kranckheit fiel, also das er sin lectur nit versehen möcht, der soll einen andern togenlichen bestellen, der die zytt für in lese So verr er in haben mag, Ob aber einer der Stipendium hat in langwirig kranckheit fiel, deßhalb er sin lectur wie vor nit personlich versehen möcht, Ist es dann in der heiligen geschrifft So söllen die andern zwen versehen das sie all lesenlich tag lesen Doch also, das alsdenn die zwen Doctores vnd ir yeder allein zu einer collation vnd disputation gepunden sy. Ist es aber in den rechten, das einer in söllich langwirig kranckheit keme So soll die Vniuersitet macht haben ainen vß den andern an desselbigen letzgen zuordnend, vnd was der kranck sins Stipendiumbs vber hundert guldin hat, soll dem substituierten zu sinem Stipendium werden. Wer es aber der andern vieren legenten extraordinarie einer So soll aber die Vniuersitet macht haben, vß den andern zuerwölen, ob es ein notdürfftig lectur ist, Vnd dess soll sich kein Doctor mugen widern [1].

In der artzny wa einer also kranck wurd So soll der ander all tag ein letzgen lesen Würde aber der Collegiaten einer in Artibus krank So soll dieselb facultet fryer kunsten vß inen einen

1 An Stelle dieses und des folgenden Absatzes liest der Entwurf: Ouch so soll yezuzytten ein pedell verpunden sin acht zuhaben vnd vffzezeichnen die so nitt lesen vnd wie lang vnd vil sie das versomen, vnd das zu allen quatembern anbringen den viern, so dann geordnet werden der Vniuersitet zins vnd gülten inzunemen, nach lut eins statuts hernachuolgende.

an des krancken lectur ordnen vnd bestellen, Ouch so soll ein yeglicher besoldeter von der Vniuersitet verpunden sin, acht zu haben vnd vffzuzaichnen sin versompten letzgen vnd das zu allen quattembern, yeder von im selbs, by guter truw an eins eids statt anbringen, den vieren, so dann geordnet werden der Vniuersitet zins vnd gulten inzunemen, nach lut eins Statuts hernach volgende, Vnd söllent dieselbigen vier dem sümigen leser die verfallen pen abziehen an sinem sold vnd im den sold nit wyter geben.

Der pedell soll ouch schuldig vnd pflichtig sin all ander verfallen penen waher oder vß was vrsachen die verfallen weren inzubringen, vnd soll der halbteil solicher pen die do verfallen von versompnus der disputation oder collation der Vniuersitet vnd der ander halbteil des pedellen sin In den andern penen soll es gehalten werden nach inhalt der Statuten daruber begriffen, wenn von denen soll im nit werden die obgemelt portz, ouch soll kein pen nachgelassen werden, sonder strencklich ingebracht, vnd wa der pedell daran sümig wer vnd den penfal nit inbrächt So soll er dieselbig pen von sinem aigen gelt onabläßlich der Vniuersitet gantz ußrichten vnd bezalen Vßgenomen das die absentes Scolares artium angezeichen söllen werden von denen Economen in vnd mit solichem Flyß, als sie ander ir Burs pen inbringen Darvon söllen sie den halben teil, vnd die Vniuersitet den andern teil haben.

Fürter so sollen von der Vniuersitet vier personen erwölt werden Nemlich ein Theologus, ein Canonist, ein Legist vnd ein Artist, dieselben vier sollen zuuor schweren indem so sie erwölt sind getrulichen zuhandlen, vnnd darvff innemen vnd vßgeben der vorgemelten Vniuersitet Zins vnd gülten, Vnd dieselben Zins vnd gülten sollen gelegt werden in ein behaltnuss dartzu vier schlüssel sigen, vnd ir yeglicher den einen han. Vnd solich vorgemelt Zins vnd gülten inzusameln soll ein Sindicus von der Vniuersitet bestelt vnd versoldet werden, die den obgemelten vier personen zuvberantwurten, vnd darinn ouch die Maß vnd der flyß werden gehalten Das derselb Sindicus solicher Zins vnd gülten dheinest einsmals vber zwaintzig [1] guldin zu siner behaltnuss

1 E. funffzig.

habe. Es söllen ouch die genanten vier erwölten personen wie obsteet, zu yeder zyt win vnd korn heissen verkouffen Vnd wie sie das oder anders befelhend oder bestöllend, dem soll der Sindicus leben vnd nachkomen Das gelt inbringen vnd zu iren handen antwurten, vnd inen so dick sie das begerend rechnung tun.

Darumb vnd vmb das alles ir innemen vnd vßgeben sollend dieselben vier personen der Vniuersitet, in bywesen eins von der Herrschafft dartzu verordnet, vnd ouch des Cantzlers derselben Vniuersitet eins yeden jars einmal vngeuärlich vff dornstag in der pfingstwochenn oder darby redlich vffrecht rechnung tun Vnd dennzumal mögen die von der Vniuersitet die gemelten vier oder ander zu disem Amt setzen vnd erwölen, Es söllent ouch die gemelten vier vnder inen einen erwölen vnd den dem Sindico bestymmen, zu dem er in der Vniuersit notdürftigen sachen sin zuflucht habe, Deßhalb derselbig von inen erwölt, die andern dry zu im versameln, die vff des Sindicus fürhalten zunutz der Vniuersitet handlen sollent.

Item der Rector Nachdem er sin Rechnung getan hat, soll in der conuocation nechst darnach in den Zedeln so vmbgeschickt werden bestymmen, das man gericht sy alsdann von der rechnung der andern faculteten, vnd wie yeglich facultet das ir inen zunutz anlegen oder behalten soll, mit rat zu handlen [1],

Verrer wa clag von den schulern oder andern für den Cantzler kem vber ein bestelten der eegemelten Vniuersitet Der soll von einem Cantzler gerechtuertiget werden. Vnd ob sich derselb nit wölt bessern So soll ein Cantzler das vor an die Vniuersitet, vnd darnach an vns oder vnser nachkommen langen lassen,

Verrer so soll keiner in den stuben lesen, sondern soll das in offner schul darzu geordnet onverborgen geschehen.

Vnd mit dem gelt, so vß den Bursen geuallen wirt, soll sich also gehalten werden: Zu dem ersten soll der zins von dem vffgebrachten gelt dauon vßgericht werden, Das ander soll dienen zu ablösung der obgemelten gulten vnd so dieselben abgelöst werden Soll man damit ander buw der Vniuersitet notdurfftig, fürnemen, als liberyen pedagogien vnd anders so notdurfftig

1 fehlt im E.

wurd doch soll solichs gelts in gemeinen seckel, ob notdurfft invallen wurd, der mer teil behalten werden,

Füro von wegen der clasur vnd beschliessung der Burssen Soll man summer vnd winter beschliessen, wann man vff die wacht lüt, als denn in den Statuten begriffen ist [1], Vnd ob die Conuentores bedüchte, vß gelegenheit der sachen noch frür zu beschliessen nott sin, das sollen sie ouch tun,

Vnd söllen die Docter in der heiligen geschrifft bestellt werden als hernach steet Item von einem Rector Item von einem Cantzler Item von zweyen besoldten Doctorn in der heiligen geschrifft Souerr man sie hatt Item von dem ordinario der da lißt in weltlichen rechten Item von dem so da lißt in geistlichen rechten in decretalibus Item von dem rechten ordinario in der artzny Item von zweyen Collegiaten theologen [2] von beiden wegen, Vnd so die dry Doctores obgemelt sich also teilen sollent das einer in einem weg, die andern zwen in dem andern weg sin werdendt, Wa es sich dann begebe das einer von den zweyen, die eins wegs weren, abgieng vnd man ein andern an sin statt vffnemen müst, So soll derselb gewölt werden nit von dem wege darinn der abgangen gewesen, Sonder der von des andern weg ist, damit es in allweg glich gehalten werd,

Fürter So söllen die Juristen bestelt werden ouch wie hernach volgt Item von einem Rector Item von einem Cantzler Item vnd von allen andern Doctoribus die lesend in den obern faculteten,

Vnd glich in der maß sollent die artzat ouch bestellt werden,

Es sollent ouch die Collegiaten bestellt werden von dem Rector Cantzler den Doctoribus in der heiligen geschrifft, vnd den zweyen ordinarien in Jure vnd in der Artzny, mit sampt den andern Collegiaten,

Es sollent ouch die so von der Vniuersitet obbestimpt sind zubestellen, die da lesen sollen in allen faculteten, schwören, dieselbigen zubestellen, die sie dartzu togenlich vnd der Vniuersitet am nutzlichsten beduncken, innen oder ußerthalb der Vniuersitet

---

1 E. hatte: soll man Summer vnd winter ain stund früer beschliessen dann das statut lutet. 2 Im E. fehlt: theologen.

Vnd die personen so vorgemelt vnd angesehen sind, die legentes zubestellen, Sollen macht haben solichen sold vmb ein zimlichs zumeren oder zumindern wie es sich nach gelegenheit der personen, ain zyt, oder ir lebenlang nutzlich vnd gut beduncken würdt,

Vnd die Vier so der Vniuersitet Zins vnd gulten innemen, söllen fürtter acht haben vnd manen vff an vnd vßgeende Zyle, deren so in allen faculteten lesen sollen damit zu allen Zytten mit an vnd absten derselben, zulesen nit mangel sig.

Ob aber sach wer, das die nutzung der kirchen vnd vßgelesten pfrunden nit souil ertrügen, oder ye zu zyten ertragen würden, insonnder ouch so die kirchen vnd vßgelesten pfrunden, als noch nit gar geuallen sind, damit dann die obgemelten sold vnd anders vff die Vniuersitet geend nit stattlich vßgericht werden möchten, So soll von der Vniuersitet darinn mit gutem rat gehandelt, vnd den egerürten personen, souer das langen mag, vßgeteilt werden. Würd aber mer dann zu obgemelter der Vniuersitet vßrichtung not wer genalen, das soll inen zu fürschlag oder ablösung der gülten von der Vniuersitet vffgenomen, vnd was ouch vß demselben fürschlag erkouft wurdt, zu merung der gemelten söld oder bestellung mer personen dienen vnd angelegt werden.

Es soll ouch ein yeglicher in sinem vffnemen ditz vorgemelt ordnung zuhalten vnd zuhanthaben schwören.

Item die Collegiaten söllent in dem Collegio wonen, Oder ob sie das zutund nit vermeinten, das sie dann dess Zins ir wonung mangel vnd die Vniuersitet das zuuerlihen haben [1],

Es soll ouch die oberest wonung in dem Collegio vnder dem dach, nach abgang Doctor Galthers [2] an die Vniuersitet

1 Der Entwurf hat: Der Collegiaten halb ist also abgeredt dass die gegenwurtigen Collegiaten nit gedrengt werden ir wonungen in dem Collegium wider ynzunemen, sondern mogent sie die mit willen vnd vergönden des Rectors vnd siner bysitzenden Rätten mitsampt ouch der Collegiaten so darinn wonten erbarn vnd bescheiden lütten verlyhen vnd den zins darus innemen. Aber die so zu kunftigen Collegiaten vffgenomen werden, sollent in dem Collegio wonen oder ob sie u. s. w.

2 M. Galtherus de Weruia oder Werfia, Utrechter Diöcese, s. theol. lic. studii Parisiensis inscr. 13. Jan. 1480. Er doctoriert in demselben Jahr,

vallen, vnd die Collegiaten kein gerechtsam daran haben, Sonder soll es darmit gehalten werden, wie hernach steet: Item die Collegiaten so der wonung geniessen wöllen, sollen ouch die Inbuw, als fenster, ofen, benck, eren, vnd anders deßglich in wesenlichem buwe halten.

Deßglichen sollent dieselben mit sampt dem, der die fünffte wonung inhat, das cloak subern vnd vßfüren. Aber das in rechten bestendigem buw zuhalten soll die Vniuersitet schuldig sin,

Item die grosser stube in dem Collegio solle der Vniuersitet sin, ir conuocationes vnd hendell darinn zuhaben, Deßglichen mögen all facultates ir examina darin halten, ob sie wöllent Doch so söllent die Collegiaten hierinn nit vßgeschlossen, sonder gehalten werden, wie hernach volget. Item die Collegiaten so in dem Collegio essen wöllen Söllen zuuorvß macht haben einen wirt zuerwölen vnd anzunemen, on sonder zins oder geniess, allein das er in dem Collegium zymlich wirtschafft halten söll für die Collegiaten vnd ander erber lut, von inen wie hieunden steet vffgenomen. Vnd soll derselbig wirt von allen Collegiaten, oder dem merern teil also erwölt werden, wie ytz stat. Ob sie aber deß nit eins wurden So soll die Vniuersitet den zusetzen macht haben, deßglichen soll es ouch mit den gesten vffzunemen gehalten werden.

Item der yetzgenant wirt soll macht haben den kelr zu der obbestimpten Wirtschafft notdurft zugebruchen, Darzu mögent sich deß die Collegiaten, so ir wonung in dem Collegium haben ouch für ir person notdurft geniessen, Vnd damit das die wirtschafft dest stattlicher mög gehalten werden in dem Collegio, So hat die Vniuersitet zu gnaden derselben wirtschafft das oberest gemach so man für die fünfften habitation helt, nach abgang Doctor Galthers, dem wirt, so also erwölt würt, zugeordnet. Doch soll in solicher stuben nit gespilt, noch aincherley vngefür gehalten werden.

Item das Collegium soll ouch vff ein bestimpte stund abends beschlossen vnd morgens vffgetan vnd erberglichen geregiert werden, nach vßwisung der Vniuersitet [1] Vnd soll die gemelt Vni-

wird ordinarius der theol. Facultät und stirbt 1497. Univ. Archiv Mh. I, 105.

1 E. fügt bei: vnd dess nit mer dann ein schlüssel, der in des eltern oder dess so sie von inen darzu erwelen gewalt sig, der durch ein Knecht,

uersitet dasselb Collegium mit dach fundamenten vnd andern mercklichen buwen in eren vnd bestand halten,

Vnd hieruff so gereden globen vnd versprechen wir by vnsern truwen fur Vns vnd all vnser erben vnd nachkomen in krafft ditz Brieffs, Die obgemelt ordnung an allen stucken puncten vnd artickeln vestiglich vnd vnuerbrochenlich nach vnserm allerbesten vermögen, getrulich vnd vngeuerlich zu handthaben, vnd nymmermer darwider zusind noch zuthund ouch das durch niemands andern gestatten noch verbengen zugescheen in kein wiß noch wege Wir wöllen ouch solichs von einem yeglichen vnserm erben vnd nachkomen, dem vnser Statt Tuwingen wirt zu regieren im anfang sins Regiments versprochen vnd gelopt werden, Vnd des alles zu warem vesten vrkundt So haben wir vnsern Insigel offennlich gehenckt an disen Briefe, Vnd zu mer vrkund vnd onbruchenlichem bestand aller vnd yeder obgeschriber dinge Bekennen wir der Rector vnd die gantz Vniuersitet Ouch wir Johanns Vergenhanns Doctor geistlicher Rechten vnd Probst des Stiffts, ouch zu disen zyten Cantzler der berürten Vniuersitet zu Tuwingen, für vns vnd all vnser nachkomen, das sölichs alles, wie obstat, nichtzit vßgenomen, mit vnserm guten willen vnd wissen, vnd vß vnserm besondern bitt an den genanten vnsern gnedigen Herren gescheen geordnet gemacht vnd also zu halten beschlossen worden ist, Darumb versprechen vnd geloben wir ouch by gutten truwen für vns vnd all vnser nachkomen genanter Vniuersitet die obgemelten ordnung an all ir puncten vnd artickeln vest vnd stätt zuhaltendt wider die nit zutund noch zukommen noch schaffen durch yemands getan werden in was wiß weg oder form das immer gesin könd oder möcht alles getrulich vnd vngeuerlich Darumb so haben wir vnser Vniuersitet vnd Cantzlery Insigel offennlich gehenckt an disen Brieff der geben ist zu Vrach vff Sanct Thomas des heiligen Zwölffbotten Aubent Nach Cristi vnsers herren gepurt als man zaltt tusent vierhundert nuntzig vnd ain Jare.

Ordinationis denique suprascripte secundum sua capitula et

---

dem Dechan in artibus darumb geschworn, vff vnd zuschliessen soll. Es were dann dass einer redlichen person darinn wonend zu einer merklichen nott ein schlüssel ein anzal zyts zugelaussen würd.

puncta publicacio et promulgacio ad expressam et sonoram lectionem per me Notarium subscriptum factam die Lune mensis Septembris vicesimaquarta Anni nonagesimi secundi in facie dominorum Doctorum et Magistrorum vniuersitatem prefatam representantium rite facta est presentibus eximiis et honorabilibus viris Mag. Conrado Summerhart vicerectore et Wendalino Steinbach s. theol. professoribus D. Joh. Vergenhans Cancellario vniuersitatis, Ludovico Truchsess et Conrado Vesseler decretorum atque Conrado Ebinger V. J. Doctoribus, Johanne Widman de Möchingen et Bartolomeo de Alen artium et medicine Doctoribus, Mag. Simone Leonis Decano facultatis artium Mag. Bernhardo Mag. Jacobo Lemp et M. Georgio de Waiblingen etc. Quod attestor manu mea propria ego

Gregorius Mail de Tuwingen
Imp. auct. Notarius publicus.

Univ. Archiv Mh. I, 9. Perg. mit drei Siegeln. Copie auf Perg. Mh. I. 12a. Eisenlohr 49. -- Von dieser Ordnung hat sich ein Entwurf auf Papier in der Registratur des K. Consistoriums gefunden. Die Aenderungen, welche die Ausfertigung gegenüber diesem Entwurf zeigt und von welchen einige oben beigefügt sind, erscheinen zweckmässig und sind von der Art, dass man ihren Ursprung erkennen kann. Sie gehen offenbar von Personen der Universität aus. Zu bemerken ist besonders, dass hier immer richtig Canzler gesagt wird, wo der Entwurf den Propst nennt, dass also auf die Auseinanderhaltung beider Functionen gesehen wird. Die Angabe der Personen, welche im September 1492 den Rath der Universitet bilden, ist bei der Lückenhaftigkeit der Nachrichten über den Bestand des Lehrerpersonals sehr erwünscht. Man sieht, dass zwei — statt drei — Theologen, drei Canonisten, ein Legist — statt zwei — und zwei Mediciner vorhanden waren. Von den letzteren ist Joh. Widmann bekannt, Bartholomaeus von Aalen taucht aber erst durch diese Erwähnung als Mediciner auf. Die Matrikel führt ihn bei Eröffnung der Univ. als Barth. de Aulon an; nähere Auskunft gibt das Dekanatsbuch der Artisten nach welchem er Barth. Scherenmüller heisst, von Aulon gebürtig, Cleriker der Augsburger Diöcese ist und 1476 in Erfurt magistriert hat. Der Mag. Bernhard ist Bernhard Rorbach von Böckingen bei Heilbronn, später ebenfalls Mediciner, und Georg von Waiblingen ist der bekannte Ge. Harzesser oder Hartsesser nachmals Dekan der Stuttgarter Stiftskirche, ein Freiburger Magister 1466.

16.

Bulle Alexanders VI über das Recht der Besetzung des Cancellariats bez. der Propstei vom 26. Aug. 1492.

Alexander Episcopus seruus seruorum Dei ad perpetuam rei memoriam.

Rationi congruit et conuenit equitati, ut ea que de Romani pontificis gratia processerunt, licet eius superueniente obitu litere apostolice super illis confecte non fuerint, suum consequantur effectum.

Dudum siquidem felicis recordationis Innocentio pape octavo predecessori nostro pro parte dilecti filii nobilis viri Eberhardi senioris Comitis de Wirttenberg et Montispeligardi exposito, quod olim ipse Eberhardus in opido suo Tübingen Constantiensis diocesis provincie Maguntinensis Studium generale auctoritate apostolica erigi ac prepos i turam, que inibi dignitas principalis existit, Necnon canonicatus ac prebendas ecclesie in Sindelfingen dicte diocesis ad tunc parochialem ecclesiam S. Georii dicti opidi eadem auctoritate transferri, Illamque in Collegiatam ecclesiam erigi ac illius prepositum pro tempore existentem in Cancellarium vniuersitatis dicti Studii deputari, Necnon eidem Cancellario diuersa priuilegia et facultates etiam archidiacono Bononiensi, qui Cancellarius Studii Bononiensis existit, concessa dicta auctoritate concedi procurauerat et obtinuerat. Quodque licet ipse Eberhardus Comes eiusque progenitores ex speciali priuilegio apostolico, etiam a tanto tempore, cuius contrarii memoria hominis non existebat, semper fuisset in pacifica possessione vel quasi Juris presentandi ordinario loci personam idoneam ad dictam preposituram cum vacabat, et presentaciones per eos pro tempore facte per dictum Ordinarium admisse et effectum sortite fuissent, debuissetque idem comes in eodem iure patronatus in prepositura translata huiusmodi succedere, prout etiam successerat, Nihilominus inter ipsum Comitem et dilectos filios Capitulum dicte ecclesie S. Georii diuerse contentiones exorte fuissent, asserentibus eisdem capitulo ius eligendi prepositum ad eos pertinere. Nonnulli viri ecclesiastici super hoc se interponentes certam concordiam inter partes predictas conceperant, Videlicet quod quotiens ex tunc deinceps dictam prepositurам vacare contingeret, prefati capitulum haberent ius et facultatem eligendi in prepositurам ipsius ecclesie doctorem vel licentiatum in aliqua superiori facultate per loci ordinarium instituendum, absque aliquo impedimento ipsius Comitis ac heredum et successorum suorum, Ac ipsum Eberhardum comitem ad acceptandam dictam concordiam induxerant; Illaque postmodum ordinaria auctoritate confirmata fuerat ac in eadem expositione subiuncto, quod eidem comiti ex premissis plurimum preiudicabatur, nec iustum et conueniens erat, quod ipse propterea dicto suo iure patronatus priuari deberet, presertim cum ipse dicte vniuersitatis fundator esset et continue procuraret illius augmentum et prosperos successus, ac sua ac successorum suorum plurimum intererat, vt persona ydonea in prepositum dicte ecclesie S. Georgii deputaretur, precipue propter maxima onera illi ratione dicti officii Cancellariatus incumbentia, ac etiam obstantibus reseruationibus apostolicis de dignitatibus principalibus in collegiatis ecclesiis per dictum Innocentium predecessorem et Sedem apostolicam pro tempore factis, ius aliquod eligendi ex concordia et illius confirmatione premissis eisdem capitulo acquisitum non fuerat nec acquiri poterat.

Ac pro parte prefati Eberhardi Comitis eidem predecessori humiliter supplicato, vt ipsum ad ipsius concordiam et confirmationem predictas in pristinum et eum statum in quo ante illas erat restituere reponere et reintegrare ac pro potiori cautela ius patronatus dicte prepositure et presentandi ad illam Romano pontifici pro tempore existenti personam ydoneam doctorem vel licentiatum in aliqua superiori facultate, qui ad regendum dictum Cancellariatus officium sufficiens esset, quotiens prepositurам ipsam vacare contingeret. Eodem Eberhardo et successoribus suis dicti oppidi dominis existentibus in perpetuum de nouo reseruare et concedere, ac alias in premissis oportune prouidere de benignitate apostolica dignaretur. Idem predecessor, qui personis singulis, precipue sibi et sedi apostolice fidelibus et deuotis, iura sua conseruari desiderabat, prefatum Eberhardum Comitem a quibuscunque excommunicationis suspensionis et interdicti aliisque ecclesiasticis sentenciis censuris et penis a iure uel ab homine quauis occasione vel causa latis, si quibus quomodolibet innodatus existebat, ad effectum infra scriptorum dumtaxat consequendum absoluens et absolutum fore censens, huiusmodi supplicationibus inclinatus sub dato nonarum Julii pontificatus sui Anno octauo [1] prefatum Eberhardum Comitem ad ipsius concordiam et confirmationem predictas in pristinum et eum statum, in quo ante illas quomodolibet existebat, auctoritate apostolica ex certa scientia plenarie restituit reposuit et reintegrauit. Et nihilominus pro potiori cautela ius patronatus huiusmodi et presentandi Romano pontifici pro tempore existenti ad eandem prepositaram, quotiens illam ex tunc deinceps vacare contingeret, personam ydoneam doctorem vel licentiatum in aliqua superiori facultate, qui ad regendum dictum Cancellariatus Officium idoneus et sufficiens foret, Eberhardo suisque heredibus et successoribus dicti opidi dominis pro tempore existentibus predictis in perpetuum de nouo eadem auctoritate reseruauit concessit et assignauit. Non obstantibus premissis ac constitutionibus et Ordinationibus apostolicis necnon quibusvis specialibus vel generalibus reseruationibus de dignitatibus principalibus in collegiatis ecclesiis per Sedem apostolicam predictam pro tempore factis statutis quoque et consuetudinibus dicte ecclesie iuramento confirmatione apostolica vel quauis alia firmitate roboratis ceterisque contrariis quibuscunque.

Ne autem de absolutione repositione reintegratione reseruatione concessione et assignatione premissis pro eo quod super illis ipsius predecessoris (eius superueniente obitu) litere confecte non fuerint, non valeat quomodolibet hesitari; ipseque Eberhardus Comes illarum non frustretur effectu, volumus ex predicta auctoritate decernimus, quod absolutio restitucio reposicio reintegratio reseruatio concessio et assignatio predicte perinde a dicta die nonarum Julii suum sortiantur effectum, ac si super illis eiusdem predecessoris litere sub eiusdem diei dato confecte fuissent, provt superius enarratur, quodque presentes litere ad probandum plene absolutionem restitucionem reposicionem reintegrationem reseruacionem concessionem et assignationem predictas vbique sufficiant; nec ad id probationis alterius adminiculum requiratur.

1 7. Juli 1492, am 15. starb Bonifacius VIII.

Nulli ergo homini liceat hanc paginam nostre voluntatis et decreti infringere vel ei ausu temerario contraire. Si quis autem hoc attemptare presumpserit, indignationem omnipotentis Dei et beatorum Petri et Pauli apostolorum eius se nouerit incursurum.

Datum Rome apud S. Petrum A. inc. dom. 1492 VII. Cal. Septembris pontificatus nostri anno primo.

Ego Simon Caldeatoris artium et medicine Doctor publicus auctoritate Imp. et Pap. notarius copiam predictam vidi, a qua presentem transsumsi copiam, que de verbo ad verbum cum eadem concordat, de quo attestor [1].

Originale bulle retroscripte habetur in cancellaria principis Stutgardie et fuit mihi quoque communicatum ad transsumendum. Ambro. Widman Præp. [2].

Gleichzeitige Abschrift im Buch der Bona Præposituræ. Univ. Archiv Mb. I. 82. IV. Derselbe Band enthält folgende Aufzeichnung von der eigenen Hand des Johannes Vergenhans (Nauclerus), seit 1482 Propst und Kanzler, welche für die Stellung dieses Würdenträgers bezeichnend ist.

De hospitalitate prepositi consueta.

Item In Natiuitate Jhesu Christi, in pascate et festo Penthecostes prepositus inuitare habet ad prandium Decanum et Canonicos, Capellanum in hospitali et chorales sacerdotes atque scolares et plebanum cum duobus adiutoribus, predicatorem, organistam, magistrum scolarium ac etiam edituum cum seruo ipsius.

In die corporis Christi aduocatum, sex scabinos, quorum unus cum aduocato ducit prepositum deferentem sacrum, quatuor portant celum, sextus dirigit processionem, prothonotharius comitatur cum flabello pauonum. Veniunt etiam quatuor precones et alii tres famulantes nec non is qui colligit pro fabrica in ecclesia, Item quatuor Sacerdotes ministrantes in hoc festo, magister scolarium et organista quatuor pueri chorales, edi-

1 Dieses Vidimus ist frühestens aus d. J. 1512. 2 Wann der zweite Propst und Canzler Joh. Vergenhans gestorben sei, lässt sich aus den fragmentarischen Acten der Universität nicht erheben. Nach einer Notiz in Rauschers Collectanea (K. Staatsarchiv) fällt sein Tod auf den 5. oder 6. Januar 1510 und ist er 84 Jahre alt geworden. Vermuthlich in demselben Jahr wird Ambrosius Widman oder Maichinger sein Nachfolger damals Assessor des Kaiserlichen Kammergerichts in Worms. Aichmann in Ms. hist. 90. Schnurrer Erl. 355.

tuus et famulus eius. Ego hoc die consueui etiam invitare speculatorem thurris in ecclesia.

Item in festo pasce consueui mittere agnum pascalem[1] aduocato, cellerario, doctoribus proprias expensas habentibus, nobilibus, mechanicis meis, edituo, rectori scolarium, decano et omnibus ecclesie sacerdotibus et quibusdam aliis mihi placentibus. Idem feci in festo S. Martini. Prestantioribus misi duas mensuras, unam de albo, reliquis de rubro, ut puta Nobilibus, doctoribus et decano necnon aduocato cellerario plebano quoque. Mechanicis vero et canonicis reliquisque sacerdotibus ecclesie unicuique unam mensuram.

1 Man ersieht aus dem folgenden, dass unter Osterlamm überhaupt ein Ostergeschenk verstanden wird.

17.

Bestätigung der Privilegien durch Eberhard II

vom 16. März 1496.

Wir Eberhart von gottes gnaden hertzog zu Wirtemberg vnd zu Teck Graue zu Mümppelgart u. s. w. Bekennen vnd thun kunt offembar mit disem brieff:

als zuuergangner zyt von wyland dem hochgepornnen fürsten vnnd herren hern Eberharten hertzogen zu Wirtemberg vnnd zu Teck Grauen zu Mümppelgart u. s. w. vnserm lieben vettern seliger vnnd löblicher gedächtnuß ain gemain hohe schull vnd vniuersitet in vnser statt Tüwingen gestifft vnnd vffgericht, die dann von dem heilligen stull zu Rome mit Bäpstlicher vnnd volkomenlicher fürsehung begaabt vnd von der keyserlichen mayestatt confirmiert dartzu mit gnug notturfftigen gebürlichen vnd erbern statutten zuhalten angesehen, ouch daruff durch benanten vnsern lieben vetter seligen sonderlich gnad vnnd fryhait dartzu gegeben vnnd nachmals ain Nüwe ordnung wie es mit vnd in sölicher vniuersitet gehalten werden soll fürgenomen ist, alles nach lutt vnd inhalt der verschreibunge darumb uffgericht sölichs mit wyttern begriff vnderschidlichen inhaltende, die wir bieby von wort zu wort für inseriert haben wöllen, vnnd der data steen Nämlich der Ersten vff sant dyonisyen tag nach Cristi gepurt als man zalt Tusent vierhundert sibentzig vnnd syben jare vnd der anndernn vff sant thomas des heilligen zwölffbotten aubent nach cristi vnsers lieben herren gepurt als man zalt Tusent vierhundert nüntzig vnd ain jare:

das wir dem nach als angender regierender fürst nach abgang des benanten vnnsers lieben vetters die berürten stifftung guad fryhaitt statuten vnnd fürgenomen ordnung vorbestümpter vniuersitet mit vrkund vnd inn krafft dis brieffs bekrefftigt haben by vnsern fürstlichen würden vnnd eren, geredend vnd versprechen die bemelten vniuersitet by sölicher stifftung gnad fryhaitt statuta vnd ordnung, ouch by den vorangezögten verschribungen darüber wysende mit allen puncten clausuln vnd artickeln, gnediglich pliben zulasen vnnd nach vnserm besten vermögen zuhandthaben, alles getrüwlich vnd vngeuerlich.

Vnd des zu warem vrkünd haben wir vnnser eigen innsigel offenlich thun hencken an disen brieff, der geben ist zu Tuwingen vff mitwochen nach dem sonntag letare halbvasten des jars do man von der gepurt Cristi vnsers lieben herren zalt Tusent vierhundert vnd im sechs vnd nüntzigsten jaren.

Univ. Archiv Mh. 7, 11. Perg. mit dem Siegel des Herzogs.

18.

Erlass Eberhards II betr. das üppige Leben der Studenten.

vom 6. Februar 1498.

Unsern günstlichen Gruss zuvor, Würdige, hochgelehrte, liebe, Getrewe. Wir werden bericht, wie die Studenten, unser Underthonen Kind, so zu Tüwingen in der Universitet studieren, sollen vil Gellts verzehren und wenig studieren, ihren Vättern und Freunden zu Schaden und Verderben, das euch und der ganzen Universitet verachtlich, und auch allso geschehen zu lassen unser Meinung nit ist. Und bitten euch ernstlich, ihr wöllend mit guthem getrewen Fleiß darob sein, das sich die Studenten, sonderlich unser Zugewandten Kind, emsigs Studierens fleißen: und Muthwillen, kostlich Zehrung und unzüchtig Wesen meiden, damit sie Würd und Ehr, und die Universitet Lob und Uffgang erlangen möge. Dann wa das nit geschehe, würden wir gedenckhen, ihr weren diser Ding Verächter und wir wurden das nit gern haben, und deß unsern Ernst erzaigen. Und du Vogt, wöllest dem Rector und andern Regenten der Schul in solchem behülflich sein. Verkünd auch Krämern, Handwerckhern und Wirten, das sie keinem Studenten mehr borgen, dann sie mit barem Gellt zu bezahlen haben oder zu der Leibs Notturft brauchen sollen. Dann welcher das darüber thet: ob dem nicht darumb würdt, ließen wir geschehen, wir wolten auch nicht, das ihre Vätter und Freundt darumb ersucht oder umbgetrieben würden. Daran thut ihr baiderseits unser ernstliche Meinung. Datum Nürtingen Zinnßtags nach Purificationis Mariae 1478.

Steinhofer Chronik 3, 678.

19.

Bestätigung der Privilegien durch Herzog Ulrich (mit geordnetem Regiment)

vom 15. September 1498.

Der Brief lautet wörtlich gleich der Bestätigung Eberhards des jüngeren, am Schluss:

Der geben ist zu Stutgartten an Sampstag nach des hailigen Crutztag Exaltationis u. s. w. Unterzeichnet: Doctor Gregorius Lamparter Cantzler und Henricus Heller Lantschreiber.

Univ. Archiv Mh. I, 12. Perg. mit Siegel.

20.

Neue Redaction der Statuten der Universität, um 1500.

Eine Copie der Statuten von 1477 (Univ. Archiv Fach VI, 21) die zum Gebrauch bei der vorgeschriebenen Verlesung derselben diente, enthält zugleich eine Anzahl von Zusätzen, von welchen die wichtigeren und für die Zeit bezeichnenden unten folgen. Dasselbe Exemplar, auf Papier geschrieben und kein Gegenstand so hoher Achtung wie das vom Abt Heinrich besiegelte Original, muss sich in der Folge allerlei Durchstriche, kleine Abänderungen im Ausdruck, Ergänzungen der Abbreviaturen und anderes für den Vorleser dienende, wie die Bezeichnung der Länge oder Kürze von Vocalen, an denen er straucheln konnte, gefallen lassen. Man erkennt die Hand verschiedener Rectoren und Notare. Dieses Exemplar mag etwa dreissig Jahre gedient haben. Ein Datum fehlt, aus äusseren Gründen lässt sich aber feststellen, dass das Actenstück nicht später als in den Anfang des J. 1506 fallen kann.

De horis lectionum [1].

Insuper quelibet facultas in carta pergamenea horas lectionum suarum specificet eamque lectorio suo affigat, corruptam renouet, vt eiusdem facultatis scolares se horis huiusmidi determinatis conformare valeant. Scribatur quoque cedula generalis horarum singularum facultatum, que affigi debet et reseruari affixa in pariete stube vniuersitatis, vt tempore distributionis stipendiorum aut bursalis visitationis videri possit, si singuli suas tenuerint horas determinatas. Quod si quis horam sibi debitam commutauerit aut non seruauerit, debet se bona fide denunctiare tempore distributionis stipendiorum aut bursalis visitacionis, et punietur secundum tenorem ordinacionis per omnia, vt ibidem de negligentia lectionum habetur [f. 4].

De cauendo irreuerentiam Rectoris [2].

Et quia Rectoris officium est habere curam de omnibus, que faciunt ad commodum doctorum magistrorum etc., ne vllam sibi et ceteris a quoquam irreuerenciam exhiberi contingat, statuimus et ordinamus:

---

1 zu S. 41, 6 v. u. 2 nach S. 44, 33.

Quod nullum membrum vniuersitatis nostre ex proposito irreuerenciam faciat et exhibeat per se vel alium, directe vel indirecte, quouis modo dominis Rectori Cancellario aut alicui alteri de vniuersitatis consilio existenti, sub pena periurii.

De viis et bursis.

Debet denique deinceps quilibet intitulandus hec inter alia iuramenti intitulandorum capitula iurare: Item quod nullum membrum aut suppositum ad quemcunque statum perueniet hic vel alibi, quoscunque nostre vniuersitati incorporandos per se vel alium directe vel indirecte quouis modo id fieri possit ad viam hanc vel illam seu bursam specialiter alliciat inducat persuadeat aut qualitercunque promoueat cum iniuria aut detractione vie alterius aut personaliter cuiusdam, sub pena periurii, quam secus faciens incurrat ipso facto, et exclusionis perpetue ab vniuersitate, cum de aliquo tale quid compertum fuerit et constiterit.

Consulenti tamen se, ad quam bursam aut viam se recipere debeat, consulere poterit ad viam et bursam quam maluerit, non tamen alteram alteri vel personam persone cum detractione preferendo. Cauendo etiam ne impediat talem ab execucione commissionis sibi facte ad viam aliam personam vel personas vie alterius, quo minus exsequi possit, dummodo commissio illa a parentibus consanguineis aut missum expensantibus facta fuerit. Qua executione facta, si eo non obstante in alia via stare cuperet, non recipiatur ad bursam aliam, nisi aliter Rectori conuentoribus et magistris constiterit de commissione ad aliam viam facta, donec 2a commissio a prefatis absque omni fraude et deceptione procurata fuerit, cui finaliter standum sit per omnia, pena sub eadem.

Volumus quoque huiusmodi capitula a quolibet intitulationis tempore iurari de cetero et cum quadam auisatione in qualibet statutorum lectione scolaribus specialiter ad memoriam reuocari.

Item statuimus et ordinamus, vt postquam aliquis iam vni burse incorporatus est, ad aliam bursam per iuramentum nullatenus assumatur vel recipiatur aut in ea foueatur, nisi per integrum annum absens fuerit. Quod si Magistri bursarum didicerint aliquem ad eos promotum esse cum iniuria aut detractione vie alterius aut personarum eiusdem, debent talem iniustum promotorem admonere, quod decetero desistat, quum de cetero sic ad eos per eum promotum nec habere velint nec valeant, sub pena carentie omnis emolimenti talis vel talium ad eos sic promouendi vel promouendorum. Et si quid sic reciperint in foro conscientie restituere teneantur, nec ullo modo habere possint [f. 9].

De vestibus [1].

Statutum illud quo ad doctores et superiorum facultatum licentiatos sic declaratum est per eos quorum interest. Nullus doctorum vel licentiatus in superiori facultate incedat publice mitratus, nisi infirmitatis causa in viribus deficiat. Item nullus utatur caligis partitis coloris varii, scilicet neque manicarum scissura vel apertione pendente veste et brachio extracto aut pheripheriis alterius coloris a veste pectorali. Nec licet eisdem deferre birretum rubeum aut duplici plica plicatum cuiuscunque coloris fuerit nisi professio aliud habeat.

Item vero ad actus publicos processiones seu ad ecclesiam vel templum aut pro spaciamento in vel extra ciuitatem incedant cum capucio clericali sine birreto exceptis religiosis et sacris initiatis, quorum professio aliud petit et requirit [f. 27].

De non accedendo turmatim Rectorem [2].

Visum est nonunquam, quod supposita vniuersitatis nostre Rectorem vniuersitatis pro effundendis precibus aut alia ex causa turmatim accedere presumpserint, quasi liberius petita obtinere possent.

Quia tamen res illa interdum alia incommoda gignere posset, idcirco alma nostra vniuersitas omnibus et singulis cuiuscunque gradus dignitatis aut condicionis ipsius vniuersitatis suppositis districte et sub prestiti iuramenti debito inhibendum duxit et inhibet, ne decetero quocunque euentu gregatim, vt prefertur, Rectorem aut eius vicem gerentem, Neque etiam quoscunque vniuersitatem representantes accedere presumant, sed euentu quo-

---

1 nach S. 54, 10 incedant. 2 vor S. 57 de intitulatura.

uis se offerente duos aut tres dumtaxat bone discretionis viros, si quid petere aut proponere velint, ad eosdem mittere possint [f. 36.]

De carceris accessu.

Insuper quidam fenestram carceris nostri pro cum inibi detentis habendis colloquiis aut alias adire visi sunt. Inhibet alma nostra vniuersitas quibus supra vniuersis et singulis eius suppositis, ne aliquod tale [1] inantea absque speciali Rectoris pro tempore licencia modo premisso carcerem nostrum quomodolibet accedere presumat, prout eius carceris aut aliam forsan penam grauiorem cupiat euitare. [f. 36 v.]

De missa vniuersitatis [2].

Debet quoque officians si tempus patitur in missa de spiritu sancto adiungere collectas duas, vnam de beata virgine aliam pro benefactoribus, similiter in missa de beata virgine adiungat, si tempus admittit, collectas duas super spiritu sancto et pro benefactoribus.

Zu diesen Zusätzen liefern die nächstfolgenden Jahre noch weitere Bestimmungen, welche bei der Verlesung der Statuten je am geeigneten Orte eingeschaltet wurden.

De plasphemiis.

Preterea conclusum est contra plasphemias inhibitione publica: 1° prorumpens in plasphemiam proprie dictam scolaris, qua Deo aliquod indecens attribuat aut eidem quod inest inesse denegauerit, in vniuersitatis carcere quindecem diebus et noctibus continuis detineatur, nullo cibo quam pane, nullo potu quam aqua aut offa simplici vna cum stramineo lecto iumentorum more gauisurus, 2° prorumpens in eam plasphemiam, qua deo attributa aut sanctissime humanitatis sue membra crudeliter et impie iurando aut maledicendo assumpserit, per que non nisi ribaldi iurare et maledicere perhibentur vel *macht schwerer* dicti, is octo diebus et noctibus dictis similibus cibo et potu et lecto prefati carceris

---

1 sc. suppositum. 2 S. 65, 8 v. u. nach yemalis.

cruciari debeat squalore, 3° qui aliter quam premissum est per diuini nostri saluatoris membra iurauerit maledixerit aut malignatus fuerit, tribus diebus et noctibus modo premisso carceris angustia veniat affligendus.

De pace mandanda.

Conclusit vniuersitas, quod quiuis vniuersitati incorporatus, membris eiusdem altercantibus seu alias se molestantibus, vbi verisimiliter verbera sequi possint, pacem mandare habeat [f. 53 v].

De non accedendo sacrario.

Item nullus baccalaureus siue scolaris die festa tempore m i s s e in choro circa angulos ad sacristiam vel testudinem ducentes sese quomodolibet locet sub pena trium denariorum. Nullus etiam predictorum sese circa ianuas chori aut in sedile circa cancellos post altare parochiale vel primum vel secundum pulpitum in ingressu chori occurrens locet sub pena preexpressa. Verum talis circa tertium pulpitum, vbi chorus canere consueuit, stare et canere ymitando tamen cantum et directionem regentis poterit. [f. 53 v].

De non liberando vinctum incarceratum.

Quia nostre vniuersitatis supposita eos qui pro delicto et excessibus ad carcerem per decretum vniuersitatis iudicati sunt, de manibus pedellorum preconum aut aliorum huiusmodi incarcerandos ducentium eripere et prorsus liberare presumpserunt aut etiam emancipare vi de carcere, in quo recludi solent vel iam inclusi sunt, vtque suum propositum et intentum efficatius nanciscantur, recusarunt bursalia exercicia et actus scolasticos solito more audire non sine quadam conspiratione etc. Sed quia res ipsa aliqua, si non opponatur, maiora incommoda gignere posset, iccirco alma nostra vniuersitas inhibendum per presentes duxit et prohibet sub prestiti iuramenti debito et pena exclusionis perpetue ab vniuersitate aut correctionis publice virgarum duorum seniorum huic machinationi interessentium pro tempore, ne huiusmodi temerariis ausibus, vt premittitur, quisquam se inmisceat consilium vel auxilium prestando [f. 54].

De confugientibus ad templum.

Prohibitum sub pena perpetue exclusionis, nequis nostre vniuersitati incorporatus quouis modo aliquem, qui confugit ad ecclesiam propter delictum, inde per se vel alium ad aliam ecclesiam ducere attemptet sive id fiat turmatim aut sine turma vel armis [f. 54].

De non edendo libellos famosos.

Cum delinquendi iniuriandique occasionem tollere reipublice intersit, statuimus et ordinamus:

Inviolabiliter perpetuis futuris temporibus sub iurisiurandi religione pena periurii ac exclusionis perpetue ab vniuersitate obseruari volumus, quod nullus doctor magister licentiatus scolaris vel quicunque alius nostre iurisdictioni subiectus per se vel per alium, directe vel indirecte, quouis colore vel ingenio et nunc et infuturum, etiam eo tempore, quo subiectus esse desineret, libellos tractatus opuscula vel scripta quecunque, quibus quoquomodo morderi iniuria affici vel alias quomodolibet offendi potest quecunque communitas status aut persona quecunque publica vel priuata, scribat producat, nec aliis hoc facientibus consentiat aut eisdem facientibus intersit. Quin ymo omnes talia moliri attemptantes nunc et infuturum Rectori protempore denunciet.

Similique pena teneri vult vniuersitas omnem illum, qui clam verbo scripto vel facto quomodocunque cuique doctori de vniuersitatis consilio existenti iniuriatur, ad quod etiam vniuersitas ipsa specialiter actendi faciet, si qui talium apprehendi possint. Nam si a quoquam in sue fidei et honoris dispendium secus attemptatatum fuerit, aut noctu in edes alicuius proiecerit aut hostium stercore fedauerit, libellum famosum affixerit, ant clamores fecerit, vniuersitas contra tales tanquam periuros procedere, provt iustum fuerit, non omittat, provt aliquando publicatum existit per valuas ecclesie anno 1506. [f. 55.]

De vestitu.
Ex ordinatione Illustrissimi Principis.

Inprimis Rector optimatesque vniuersitatis studeant summa ope, ut congruis statutis et mediis cohibeant auditores, ne ut hactenus nimium lasciuus et dissolutus uideretur eorum habitus et simul incessus, sed honestioris conditionis hominibus conueniens et non vilissimo cuique satelliti similis.

In quo ordinando vtantur discretione mediaque via, non declinantes ad extrema, faciendo etiam discrimen inter facultates.

Ferant autem in publico non renones siue interulas instar vestis ad equitandum aut iter faciendum parate, sed indumenta scolasticorum honestati congrua, non scapulis pendentia sed induta. Jurium tamen scolaribus presertim nobilibus et medicinarum auditoribus manicis indui vel non liberum sit, dum tamen non fibrata discissaue sit diplois. Magistri autem artium in officiis constituti et qui iurato pauperum stipendio aluntur, omnesque theologie et philosophie auditores non nisi i n d u t i s m a n i c i s incedant, cuiuscunque status aut conditionis fuerint.

Omnes vero in vniuersum a versicoloribus et abscissis vel discissis caligis abstineant, liceat tamen super genibus gratia commodioris incessus vnam tantum scissuram facere. Si quis ensem aut spatam defensionis causa deferre velit, id cuivis quoque permittatur, modo ensis sit mediocris longitudinis et non deferatur more militari aut satellitum retro extensus [f. 55 und widerholt f. 93].

Diese Statuten verrathen, an welchen Gebrechen die Universität beim Anbruch jenes Jahrhunderts am meisten litt. Manche der Klagen ziehen sich bis zur Reformation fort, wie z. B. aus den Nummern 31. 32. 36 unten erhellt. Die Sitten der Studenten, die sich von der clericalen Ordnung der mittelalterlichen Universität mehr und mehr losmachen, werden nicht blos weltlich, sondern verwildern. Der Adel ist unter ihnen immer zahlreicher vertreten und bringt nicht ritterliche, sondern eher Landsknechts Sitten mit und macht dem Gericht der Universität viele Noth. Die Kleiderordnungen, auf welche man einen besonderen Werth legt, fruchten nichts, und die Grundlagen des Unterrichts zerfallen, indem der Gegensatz der zwei Wege der Realisten und Modernen zur äusserlichen Parteisache wird. Die Bursen suchen sich die zuziehenden gegenseitig abzuspannen und zwar mit Mitteln, gegen welche die Universität strenge Strafen androhen muss.

21.

Concessio delatiouis vniuersalis Sacramenti quintis feriis per Raimundum legatum.

1502.

Raimundus miseratione diuina et S. Mariæ nouæ, S. Romanæ Ecclesiæ Presbyter, Cardinalis Gurcensis, ad vniuersam Germaniam Daciam Sueciam Norwegiam Frisiam Prussiam omnesque et singulas illarum Prouincias Ciuitates terras et loca etiam sacro Romano Imperio in ipsa Germania subiecta, ac eis adiacencia, Apostolicæ sedis de latere legatus.

Vniuersis Christi fidelibus præsentes literas inspecturis Salutem in Domino sempiternam.

Cum sanctissimi corporis ac sanguinis Domini nostri Jesu Christi Sacramentum uenerari deceat in terris, ut ipsius sanctissimæ passionis memoriam recolentes eiusdem meriti participes esse mereamur, Idcirco uotis fidelium ad idem Venerabile Sacramentum specialem deuocionem gerentium libenter annuimus Christi fidelesque cunctos spiritualibus muneribus, indulgenciis videlicet et remissionibus inuitamus, vt exinde diuinæ gratiæ reddantur aptiores. Exhibita siquidem nobis ex parte dilectorum in Christo Rectoris, Doctorum et Magistrorum Studij generalis Oppidi Tuwingen Constanciensis diocesis petitio continebat, quod in Ecclesia S. Georgii collegiata eiusdem oppidi quintis ferijs, de corpore Christi, nec non ipsius Vniuersitatis ac quatuor Facultatum eiusdem studij patronorum uidelicet SS. Ambrosij Augustini Iuonis Lucæ et Katherinæ celebritatum siue festiuitatum diebus de eisdem sanctis in altari S. Ambrosii, ac etiam alias bis in anno diebus congruis tempore electionis noui Rectoris per exponentes ipsos eligendis dua alia missarum officia in prædicto vel alio altari eiusdem Ecclesiæ solempniter decantari instituerunt. Et si illis indulgeretur, quod eisdem quintis ferijs Venerabile Eucharistie Sacramentum publice sine velamine in monstrantia per circuitum Ecclesiæ prædictæ aut eius Cimiterij deferri et sub misse prefate officio in altari detineri possit, profecto diuinus cultus non modicum sumeret incrementum populique deuotio cresceret. Quare pro parte eorundem exponentium nobis fuit humiliter supplicatum, quatenus ipsis prefatum Eucharistiæ Sacramentum deferendi et in altari vt prefertur detiuendi licentiam concedere, et tam processioni quam huiusmodi ac aliarum missarum decantationi interessentibus Christi fidelibus indulgentias aliquas elargiri dignaremur.

Nos igitur qui diuini cultus augmentum summis desideramus affectibus, huiusmodi supplicationi inclinati, Rectori Doctoribus et Magistris ac Vniuersitati prædictis, Vt singulis quintis feriis Venerabile Eucharistiæ Sacramentum sine uelamine processionaliter per circuitum Ecclesiæ S. Georgij prædicte vel eius Cimiterium deferri et in altari sub missæ officio publice detineri facere possint. Constitutionibus et ordinationibus in Prouincialibus et Sinodalibus editis Concilijs generalibus vel specialibus non obstantibus, auctoritate Legationis nostræ, qua fungimur in hac parte, tenore præsentium concedimus pariter et indulgemus.

Et nihilominus cupientes, ut Christi fideles eo ardentiores ad dictum venerabile Sacramentum adorandum, dictaque officia uisitanda reddantur, quo ex hoc ibidem dono coelestis gratiæ uberius conspexerint se refectos de omnipotentis Dei misericordia, ac beatorum Petri et Pauli Apostolorum eius auctoritate confisi Omnibus et singulis utriusque sexus Christi fidelibus prædictis uere poenitentibus et confessis, qui dictæ processioni ac Sacramenti delationi seu quintis feriis aut SS. Ambrosii Augustini Iuonis Luce vel Katharine celebritatum siue festiuitatum alijsue duobus per Rectorem Vniuersitatemque prædictam eligendis diebus, missarum decantationi, etiamsi festa ipsa aut eorum aliqua transferri, aut si venerabile Sacramentum modo prædicto scilicet in Monstrantia ad præfatum eiusdem officium nec deferri, nec ibi detinere contigerit, deuote interfuerint et deuotas ad Dominum preces fuderint, aut aliquando pro præfato, de corpore Christi officio conseruando atque augendo manus porrexerint adiutrices, pro singulis diebus prædictis, quibus præmissa fecerint, centum dies de iniunctis eis penitentiis misericorditer in Domino relaxamus præsentibus perpetuis futuris temporibus duraturis. Volumus autem quod si aliquæ indulgentiæ temporales vel perpetuæ per uos diebus prædictis ad Ecclesiam ipsam concessa sint, literæ quæ de talibus disponunt, quo ad huiusmodi relaxationem, nullius sint roboris seu momenti.

In quorum fidem presentes literas fieri nostrique sigilli iussimus appensione communiri. Datum Ulme Constanciensis Dioc. Anno incarnationis dominicæ millesimo quingentesimo secundo. Pont. Sanctissimi in Christo Patris et Domini nostri Alexandri diuina prouidentia Pape Sexti. Anno decimo.

Raimundus.

Univ. Archiv Mh. I. 105b. Perg. das Siegel fehlt.

22.

Conductio Petri Bruni, 24. August 1503.

Uniuersis et singulis presentium inspectoribus ego Petrus Brun de Kirchen sacre theologie licentiatus notum esse volo per easdem ac recognosco et profiteor verum esse, quod ego per eximios spectabiles et venerabiles viros dominos Rectorem Cancellarium Doctores et Magistros ex ordinatione quondam Illustris principis Eberhardi ad hoc deputatos ad legendum et docendum quoad vixero publice in sacra theologia in scolis eorundem facultatis et vniuersitatis singulis temporibus, quibus in facultate theologica iuxta ordinationem tam quondam Illustris principis quam vniuersitatis et facultatis earundem legi consuetum fuerit et debitum, assumptus sum conductus solenniter et ordinatus.

Hac interueniente condictione, quod ipsa vniuersitas, doctores et magistri eam representantes et eorum successores, mihi singulis annis quoad vixero et in vno quoque eorundem salarii nomine quinquaginta florenos Rhenenses bonos et legales dare soluere et effectualiter assignare deberet ac teneretur absque meis damno et sumptibus et expensis. Ita tamen quod si alteri quarto de via alia maius stipendium dari contingeret, quod etiam tantundem mihi assignari teneantur. Etiam si ordinarius habens centum de via mea cederet vel decederet, quod eidem succedere in omnibus habeam facultatem liberam, propter quod ad recipienda insignia doctoralia in theologia [procedam], cum sotium habere possem aut alias commode fieri posset.

Atque me ad continuam personalem residentiam obligaui ordinationemque in premissis tam Illustris domini nostri quam vniuersitatis et facultatis predictorum de modo legendi et alias per omnia, prout nostram theologicam facultatem concernit, ac obedientia qua secundum statum meum generali capitulo clericorum secularium vite communis Almanie alte obligor in omnibus semper saluis.

Pro cuius rei firmiori subsistentia ego Petrus Bron prefatus ordinationem conductionem et assumptionem predictas presentibus sponte et libere duxi acceptandas, cuius intuitu ad omnium et singulorum premissorum ac aliorum in literis conductionis mihi per dictam Vniuersitatem traditis comprehensorum executionem et obseruantiam firmas et inviolabiles me astringo et obligo, ac iurisdictioni et coerctioni omnium et singularum curiarum ecclesiasticarum, quoad ea, me subijcere volendo, monita ac precepta ac processus curiarum huiusmodi et iuditium eorundem de obseruandis premissis recipere tenere et eis fideliter parere, ab illis non prouocare, nec ipsam seu ipsos supplicatione vel in integrum restitutione vel reductione ad arbitrium boni viri aut alia quacumque causa repugnare, sed per tales iudices et mandata eorundem ligari cogi et compelli usque ad plenam premissorum obseruationem, promittens nihilominus bona fide nomine sacramenti conductus et assumptus predicta et alia memorata me rata et grata habiturum perpetuo atque firmas et firma, nec contra ea in toto vel in parte facere vel contrauenire ex quacunque causa per me vel alium seu alios iure vel facto publice vel occulte directe vel indirecte quouis quesito ingenio vel colore neque contrafacere volenti aliquatenus consentire aut consilium auxilium vel opem prestare, nil contrarium vndecumque impetrare, per me vel alium impetratis vel impetrandis quomodolibet vti et specialiter non tolerare per me vel alium vel alios publice vel occulte directe vel indirecte quouis quesito ingenio vel colore, vt a meis superioribus reuocer a lectione prefata, sub prestiti iuramenti debito.

Renuntians etiam sponte in hiis omnibus ac circa ea exceptioni doli mali metus et coactionis cuiusuis in factum actionis et condictionis indebiti et sine causa, beneficio restitutionis in integrum ob quamcunque causam literis graciis priuilegiis statutis constitutionibus consuetudinibus publicis et priuatis actionibus exceptionibus beneficiis et defensionibus iuris vel facti scripti et non scripti canonici vel ciuilis consuetudinalis et municipalis, omnique alii auxilio iuris vel facti, quorum pretextu contra premissa iuvari vel quomodolibet facere possem vel reniti, dolo et fraude semotis.

In quorum fidem et testimonium omnium et singulorum premissorum literas presentes sigilli subappensione tam spectabilium quam honorabilium virorum dominorum prepositi quam capituli ecclesie collegiate in Vrach communiter viuentium et in et ad premissa consensum eorum liberum prestantium et singula ea gratificantium obtinui communitas.

Datum anno Domini MDIII die 22, [24] Augusti, in quam festum Barth. mr. incidit, indictione sexta.

Liber conductionum in Univ. Archiv Fach V, 13. Peter Brun oder Braun von Kirchheim am Neckar, geb. 1463 inscribiert in Tübingen 29. Apr. 1488, wird Magister 1492, principiavit in cursum bibliæ 1489, in sententias 1501, erhält die licentia 1502 und die insignia magistralia in der Theologie 1504. Zur Zeit seiner Berufung ist er Propst ad S. Petrum in sylva Schainbuch — Stift Einsiedel — bekleidet in der Folge neun Mal das Rectorat, zuletzt im Sommer 1534, wird aber auch nach der Reformation, mit welcher er sich nie ganz aussöhnte, vielfach in Geschäften der Universität selbst bei Hof und Regierung gebraucht. Sein Grabstein sagt: cum rarissimo quodam exemplo vitæ annos ad nonaginta firma semper valetudine et pie et innocue produxisset, anno tandem 1553 M. Febr. d. 8. vita defunctus est. Schnurrer Erl. 300. Baumhawer Inscr. mon. C. 2. Der vorstehende Revers und die folgenden Actenstücke über Jacob Lemp zeigen die eigenthümliche Form damaliger Anstellungen.

23.

Anstellung des Jacob Lemp 1509.

A. D. 1509 secunda die M. Septembris fuit conductus Insignis vir Jacobus Lemp sacrorum canonum atque theologie doctor ab illis quorum interest in locum quarti theologi vie realium ad secundam lecturam theologie vie sue modo et forma ut sequitur, scilicet ut ipse ultra suam conductionem antiquam qua conductus est pro centum florenorum stipendio loco D. Conradi Sumenhart bone memorie etiam providere debeat secundam lecturam vie sue pro quinquaginta florenis juxta mentionem et continentiam literarum Ill. Principis nostri, quarum tenor infra tenetur hoc adjecto, ut durante illa conductione ad secundam lecturam ipse loco secundi theologi vie sue superintendentem habeat eximium dominium D. Caspar Forestarii ex Kirchen ad hoc ordinatum et deputatum, qui etiam celebrandris electionibus, quibus secundus theologus vie sue interesse et vocem prestare haberet, loco illius dictus D. Caspar eisdem interesse et vocem prestare debebit, si tamen alias ex sua conductione hoc sibi non competat, alioquin ubi ipse alias haberet interesse, tunc eo casu secundus theologus vie moderne exire habebit, ita quod tunc dumtaxat duo assint theologi, de qualibet via unus, quorum vota computentur, et idem observari in convocationibus et tractationibus universitatis, ubi negotia tractantur, que vias respicerent, ut sicut inequalitas occasio litium et turpationum, ita equalitas pacis sit votrix [1] et amicitie.

Obtulit se denique prefatus dominus D. Jacobus, ut si eum durante illa conductione ad secundam lecturam infirmitate gravare contigerit, propter quam dicte lectioni preesse minime valeret, quod tunc quinquaginta, quos occasione secunde lecture in theologia haberet, nihil penitus levare velit. Sed placuit illi ut in eventum talem isti quinquagiuta uni alteri de sua via assignentur doctori vel licentiato, qui huic lecture presit si haberi potest, quod si talis haberi non posset, attamen Baccalaureus aliquis in theologia vel magister vie sue, quem ipse ad hoc ido-

1 fotrix.

neum judicaverit, tunc illi universitas de illis quinquaginta respondeat, quatenus talis per horam in die constituto ceteris magistris lectionem faciat, donec qualificatus accesserit. Voluit tamen predictus doctor Jacobus, ut cessante infirmitate ipse facultatem redeundi ad dictam lecturam habeat, dummodo conductio huiusmodi fuerit, alias non habuerit.

Noluit etiam per hanc secundam conductionem ei nequaquam prejudicari, quoniam si ante illam secundam conductionem jus habuerit aliquid, propter quod universitas vel illi quorum interest eum invitum retinere non potuissent, hoc ipsum illesum esse nec eidem in aliquo renuntiare voluit. Quam obligationem et reservationem illi quorum interest acceptarunt et approbaverunt, incipiendo in angaria crucis anno 1509.

Sequuntur litere principis nostri, de quibus supra mentio est facta.

Ulrich von gottes gnaden hertzog zu Wirtenberg und zu Teck Grave zu Mumppelgart u. s. w.

Unsern gunstigen gruß zuvor würdigen hoch und wolgelerten ersamen und lieben getruwen, wir werden bericht wie der hochgelert unser sonder lieber Doctor Jacobus Lemp nachsteller hab, die zu ansehung siner kunst und geschicklichait in von euch zu inen zuziehen understanden, diwil wir dan gedachten D. Jacoben mit sondern gnaden wol genaigt und umb siner ler und geschicklichait in unserer universitet mit lust und willen gern sehen und behalten wollen, und aber der Realisten halb er allein, das so zwayen solt zusten, fürsehen mag und mangel an ainer person desselben wegß ist, auch der, so darzu geschigt, umb solich stipendium nit mag wol zuwegen bracht werden wie das augenschinlich sich anzögt, desshalb unser gnedig ansennen und ernstlich begeren, diwil in der hailigen geschrifft gedachter D. Jacob hoch berümpt und fur ander die zu lern geschickt, Jr wollet von gemainer universitet das stipendium, so sein ander gesell desselben wegß solt haben, im gantz zu ordnen, doch das er darum das versehe, das der selb, wa der engegen wêre, schuldig zu thun ist.

Dann es sicht uns an, wa gschickt glert berümpt lüt by euch weren, die dann uns und unserer universitet zu lob eren und guten geschray dienen mogen, die selben zu behalten, die wir auch mit gnaden zu furdern wol geneigt sind. Zudem sicht uns für gut nutz und fruchbar an, das wenig person und für ander glert und geschickt, die andern mogen lern, mit guten Stipendia fursehung haben, dann vil personen, so nit also geschigt, zu underhalten.

Und wie es itzo uff der Realisten syten gehalten, das hinfür uff der modernen, so es zu dem fal kompt, der gestalt werde gehalten, und mocht für gantz gut by uns angesehen werden, das all weg zwen dapffer hochgelert und wolgeschickt Theologie doctores für ander berümpt und solichs gnad haben ander zu lern, gehalten werden und denen hayden sovil gegeben, alß ietzo vier haben sollen und das ir yder alle tag ain letzen oder ain stund resumiren were und sonst mit dem und disputieren fürsehen wie sich geburt.

Das wollen von uns gnediger und guter maynung versten und dar zu helffen und fürdern, und mit D. Lempen wie obstet fürgeen. Das alles wie oblut wir uns gentzlich zu euch und dhains abschlags versehen, dan es unser ernstlich mainung ist. Das wöllen wir zu aller zyt gegen gemayner universitet mit gnaden erkennen. Datum Stuttgart Samstag nach Bartholomei A. D. 1509.

Liber couductionum im Univ. Archiv V, 13. J. Lemp aus Steinheim bei Marbach wird intituliert am 2. Mai 1483, baccalaureus im folgenden December, Magister 1486, Decan der Artisten 1494. In der theologischen Facultät empfängt er insignia magistralia 7. Juli 1500 zugleich mit Johannes Staupitz und ist lange Zeit der angesehenste unter den Tübinger Theologen. Er stirbt am 2. April 1532, ohne eine literarische Leistung zu hinterlassen. Moser Vitæ 45. Schnurrer Erl. 205. Heyd, Ulrich 1, 220. Melanchthon 23.

24.

Anbringen der Universität beim Herzog über
1. Verwendung der Juristen beim Hofgericht usw.
2. Freilassung des Donnerstags für die Juristen.
3. Lebenslängliche Anstellung der Lehrer,

etwa 1510.

Durchleuchtiger hochgeborner fürst gnediger her E. f. gnad haben bieuor offtermaln etlich der vniuersitet ordinarien vnd legenten schriben lassen, das sy mit andern E. f. gnaden hoffrichtern vnd bysytzern derselbigen hofgericht bysytzen vnd handeln helffen sollen, neben dem ernordern E. f. gnaden ye zu zeiten, dan in yrer gnaden eigen gescheften, dan Derselbigen Ehemen nachpuren lehenleuten dienern vnd vnderthonen sachen vnd hendeln gemelter vniuersitet doctor, zu riten zu raten vnd zu reden. Wie wol nun wir all sampt vnd sonder E. f. gnaden in allem dem so Denselbigen zu Eer nutz vnd wolfart raychen mag, in aller vnderthenickait vnd gehorsamy zu dienen willig syend, noch dann begegnet gemelter vniuersitet vß obenerzelten sachen allerlay vnkomenlicheit.

Wan anfangs lassen E. f. gnaden zu dem hoffgericht beschriben, etlich ordinarien vnd legenten der vniuersitet, die lut derselbigen vniuersitet stifftung fundation auch der ordination von wylund dem durchleuchtigen hochgeporenen fürsten vnd heren heren Eberharten hertzogen zu Wirtenberg vnd Theck vnserm gnedigen patron loblicher gedechtnuß vffgericht, täglich zu lesen vnd den schulern mit ernst vor zu sein, schuldig siend. Wa nun die gedachten doctores den gantzen tag vsserhalb der stund darin sie lesen, in E. gnaden hoffgericht sitzen, mögen die gemelten doctor quemlich mit vlyß vnd nutz nach vermög der vniuersitet fundation, wie sich zu thon gepürt, nit leren. Daruß dan sich die schuler beclagen vnd der vniuersitet vß gemeltem vnflyß nachtayl erwachset. Etlich der beschriben doctores mögen kranckhait halb yrer lib die bayde, nemlich E. gnaden hoffgericht vnd lectur nit versehen, besonder lassend die selben yr lection vngelesen, vnd enpfahen nichtz weniger von der vniuersitet yren sold, abermaln zu schaden der schuler vnd vniuersitet.

Am andern so stet in gedachter vniuersitet obgemelter stifftung vnd ordination, die wir all ze halten zu den hayligen geschworn haben, begriffen, wa ain doctor der vniuersitet in der herschafft gescheften ain kurtze zeit vßryt, das Er nichts weniger sein lectur mit ainem andern doctor zu lesen versehen soll, lut des artickels hir byligend [1]. Des beschweren sich aber obengedacht doctores, so in E. f. gnaden vnd derselbigen Ehemen dienern vnd vnderthonen oder lehenleuten sachen zu ryten zu raten eruordert werden, vermaynend die wil sie von E. f. gnaden kain sold haben, vnd zu dem mern vnd offtermaln auch von dienen sie bystand thund, kain vererung enpfahen, vnbillich sein, das sie vff yren costen an yre lecturen andere doctores besolden sollen. Daruß erwachsset dan, das aintweder gedacht lecturen mitler zyt vnuersehen steend oder die vniuersitet muß dieselbigen vff yren costen lessen lassen vnd nicht weniger den vßrytenden doctorn yren sold geben.

Die wil nun gnediger fürst vnd her E. f. gnaden vniuersitet yres flyßigen lesens vnd trewen lerens (on rom zu schriben) vor andern teutscher nation schulen vyl jar berömbt worden ist, das auch in gemelter vniuersitet vsserhalb der lessenden etwo doctor licentiaten auch ander geschigt vnd togenlich personen zu E. f. gnaden hoffgericht zu vberkomen siend, vnd wir dytz vngelegenhait der vniuersitet dhainer andern gestalt dan vndertheniger getreuwer maynung vß schuldiger pflicht auch notturfft anzögen, vns damit dhains wegs E. gnaden dienstparckait zu enziehen, müw vlyß oder arhait zu fliehen, sonder allain E. f. gnaden vnd der vniuersitet nutz vnd frumen zu furdern, lut vnser pflicht. So ist anfangs vnser gantz vnderthenig vlyßig bit E. f. gnaden geruchen vnd wollen gnediglich hinfuro zu Der selbigen hoffgericht doctores licentiaten vnd magistros, die nicht lesen, verordnen.

Vnd nicht destweniger syend wir vrbüttig, wa groß vnd dapfer hendel an gemelten E. f. gnaden hoffgericht fürfallen, in denselbigen vff des hoffrichters eruordern, nach vnserm besten

---

1 S. oben S. 85, 2 v. u. bis 86, 5.

verstand zu ratten. Wa aber E. f. gnaden dytz vnser bit ye nicht gefällig sein wölt, das den E. gnaden die doctores vß der vniuersitet beschriben liesse, so geschicklichait yrer lyb vnd gesonds, bayde, nemlich das hoffgericht vnd yr lectur versehen mögen. Vnd wellicher doctor by siner trewen an aydes stat betheuren wölt oder möcht, das er inen bayden nit vor sein möcht, damit dan die lectiones versehen, von den schulern vnd andern der vniuersitet dhain vnflyß im lesen zugelegt werden möcht, das E. f. gnaden denselbigen doctor gnediglich ruwen vnd sein lectur versehen lassen wollen.

Am andern ist vnser vnderthenig vlyssig bit E. f. gnaden wollen der vniuersitet personen mit dem vßryten in andern dan in E. gnaden aigin geschefften vnd sachen gnediglich verschonen, vnd so uil E. gnaden lidenlich sie yr lectur versehen lassen, dar zu der vniuersitet stifftung fundation ordination artickel neben vns gnediglich nachuolgender gestalt erklären: wöllicher bestölter der vniuersitet in E. f. gnaden aigin gescheffteu vßryttender sich zu söllichen vßrytten zu verordnen, weder in gemayn noch insonder, gefurdert [1], auch dhainen sold von E. gnaden hat, das dan die vniuersitet demselbigen doctor sinen sold geben, vnd mitler zeit vff yren kosten des abwesenden doctors lectur versehen solle. Welicher aber nit in E. f. gnaden lutern aigin geschefften vnd sachen, sonder derselbigen lehenleuten dienern oder vnderthonen von E. f. gnaden geayschen wird, wa dan derselbig doctor zu zyten, als die vniuersitet yr besoldung vßtaylt, by sinem ayd der vniuersitet geschworn, sagen mög, das er von sollichem ryt nit souil besoldung schenckin vererung oder gab empfangen hab, als er mitlerzit an sinem sold versumpt hat, lut der ordination, als dan sol im die vniuersitet auch dasselbig oder vberig erstatten vnd mitler zit die lectur vff yren costen versehen. Möchte aber der doctor söllichen ayd nit thun, das er schuldig sein solt, mitler zyt sines vßplibens vff sinen costen die lectur zu uersehen, lut der ordination. Damit wirde E. f. gnaden in yren geschefften nicht benomen vnd dannoch die vniuersitet auch ihre vßrytende doctor in yren gewysny vnd besöldung, vnange-

1 sich erboten.

sehen obengemelter vniuersitet stifftung vnd ordination artickel, zu ruwen gestölt.

Verrer gnediger fürst vnd her zaigen wir E. f. gnaden in vnderthenickait an: wie wol obengemelte ordination vß wysset, das die Juristen alle tag zu lesen schuldig siend, vßgenomen die vacantz vnd den dornstag, so verr anders die woch an yr selbs gantz ist, noch dan die wyl sollich taglich lesen gemelten Juristen sonderlich beschwerlich ist, sie an yren krefften hoch erschöpffet, viluelticklich neben andern mit der vniuersitet gescheften beladen siend, vnd dieselbigen vßzufuren verbunden werden, vnd dan die doctores der hayligen geschrifft vß vermög der erstgedachten stifftung all samstag feyr vnd festum haben, vnangesehen das ain anderer fiertag in derselben wochen einfelt, in betrachtung der artisten disputation: damit dan glichformickait gehalten werde vnd gedacht Juristen dester statlicher der vniuersitet gescheften obligen vnd sich yrer krefften erholen mögen, darzu die wyl es vber sieben oder acht tag ongefarlich ain gantz jar nit betryfft, haben wir inen vff yr sonder bit so vil an vns ist gegundet, das sy, des glychen die artzet, den dornstag für ain stetten feyrtag haben, die woch sey an yr selbs gantz oder nit.

Nachdem wir aber sollichs on E. f. gnaden gnedigst vergunden nichts krefftentglich zethun haben, bytten wir sampt gemelter Juristen vnd artzet faculteten, E. f. gnaden wollen gnediglichen in ditz klein nachlassen gehöllen [1], damit die Juristen sonderlichen yrer vilueltigen täglicher müw doch etwas ringerung one nachtayl der vniuersitet vnd schuler enpfahen.

Alß dan E. f. gnaden hieuor zu mermaln an vns gnediglich gesonnen haben etlich legenten der vniuersitet vff yre lecturen zu perpetuieren vnd yr leben lang zu bestöllen u. s. w., weren wir vnd siendt wie obenangezögt woll willig vnd in vnderthenickeyt geneigt E. f. gnaden in allen vns treglich vnd leidenlichen sachen zu wilfarn, aber vnsers verstands wyl zu dysen zeiten weder nutz noch gelegenhait der vniuersitet erleyden ymants zu perpetuieren, vnd das vs vyl vnd mangerlay vrsachen, die wir jetzomaln all zu erzelen vnderlassen, vnd doch sonder-

1 gehellen d. i. einstimmen.

lich vs dem, das etlich lecturen erayschen in yren gelegenhait [1], das inen mit gutem ernst vnd vlyß gewarttet werde, sunst haben die legenten derselbigen wenig oder gar kain schuler. Wa dan die legenten yr leben lang daruff bestölt werden, heten sy vil destweniger acht vmb vnd vff die schüler. Wa sie die legenten auch darnach gar kain schuler horte, geng inen dannoch nicht an yrem sold ab.

Neben dem haben wir etlich, fur die E. f. gnaden sie yr leben lang zu bestellen geschriben, vß anzögung vnser vngelegenhait, mit yrem guten willen zu frid vnd zu ruwen gestölt, auch von yrem begern abgewendt. Zu dem siendt noch etwa menig personen im gleichen fal mit denen, für die E. f. gnaden ye zu zyten geschriben haben, stönd, die sollich bestallung auch begern vnd begern möchten, nit allain in der Juristen sonder auch andern faculteten, denen wir es mit fugen nit versagen möchten noch kunten. Solten wir dan in allen faculteten die legenten perpetuieren, haben E. f. gnaden gnediglichen zu bedencken was nachtayl gemayner Ewer gnaden vniuersitet daruß entstiendę.

Verner haben wir vns byß bieher gegen den bestölten der vniuersitet also gehalten, das niemants on sonderlich mörcklich vnd treffentlich verschulden abgesetzt oder von den lecturen gestossen worden ist, deshalben ain yeder bestölter von der vniuersitet perpetuiert sein geacht werden mag, bittende demnach vndertheniglich, E. f. gnaden wöllen yrer gnaden vniuersitet gnediglich bedencken, vns die lecturen der gestalt versehen vnd darzu mit der mas vnd form bestöllen lassen, das wir in den bestallungen vnd perpetuationen am aller nesten bey der geschwornen ordination vnd stifftung beleyben vnd derselbigen gemeß handeln mögen. Wollen wir vns dannocht in dem allem vnderthenicklich vnd vnnerwyssentlichen [2] gegen E. f. gnaden vnd also halten, das E. f. gnaden des ain gnedig wolgefallen enpfahen wirdet.

Zu letst haben wir etlich andere klain satzungen vnd ercklerung derselbigen och der ordination fürgenomen, wie ain yeder bestölter in enpfahung sines soldes, auch der appellant der

---

1 nach ihrer beschaffenheit. 2 tadellos.

von ains Rectors vrtayl appelliert sich halten sol vnd anders betreffende zu handthaben der ordination dienend, die wir vmb kurtzin willen hie in dytz supplication einzuleyben vnderlassen, bittende doch vns des selbigen gnediglich zuuergunstigen.

Vnd die wyl wir in dysem allem E. f. gnaden vnd gemayner vniuersitet eer vnd nutz suchen, so bitten wir abermaln E. f. gnaden wollen sich gnediglich gegen yrer gnaden vniuersitet vnd vns erzögen vnd wie byßher beuolhen haben. Das begern wir vmb Dieselbige E. f. gnaden, die der almechtig got in langwiriger vnd fridlicher regierung vffenthalten wolle, mit vnsern vngesparten hochgevlyssen vnd willigen diensten zuuerdienen. Gnedig antwurt bittende vnd warttendt

Ewer fürstlichen gnaden

vnderthenig gehorsam vnd willig
Rector Cantzler vnd Regenten
Ewer gnaden vniuersitet zu Tubingen.

Concept ohne Datum etwa 1500. Registratur des K. Consistoriums. — Das fürstliche Hofgericht hat erst 1514 seinen bleibenden Sitz in Tübingen bekommen, nachdem dasselbe früher in der Regel am jeweiligen Aufenthaltsort des Landesherrn und seiner Räthe, in Stuttgart, Urach (1480) usw. zusammenberufen wurde.

25.

Satzungen über das Borgen an Studenten 1516.

Herzog Ulrich genehmigt die zugesandten furgenomen ordnungen vnd satzungen mit Schreiben an Universität, Verweser des vogtampts vnd Richter zu Tuwingen d. d. Stutgart Sontag nach conversionis Pauli [27. Jan.] a. 1516.

Vnd sigen diss nachgeschriben die satzungen:

Item zufürkomen nachred, so uss vilueltigem verthon mit der Vniuersitet verwanten hie zu Tuwingen geschicht, wirt diss nachuolgen mass angezögt.

Item das kain Inwoner diser stat Tuwingen verwanter ettwas

kauffmans schatz war essen trincken nichtzit vsgenomen, vber vnd neben dem ordenlichen Tisch, gehe vber ain gulden vff borgs ainem Studenten dyser vniuersitet verwanten, vssgenomen Grauen Fryen Doctor Thumbherren vnd maister, die ämpter haben in der artisten facultet, disen mag man vff borg geben.

By pen vnd straff das sollich vssgeborgt gelt vber ain gulden verlorn sin vnd der student nit zu bezaln schuldig sin soll vnd darzu der sälbig lay gehen III lib. vnserm gnädigen herrn.

Es soll ouch hiewider kain trug gefar oder fundt furgenomen durch lihen oder burgschafft wie es genant möcht werden, darmit hie wider gehandelt möcht werden.

Nämlich dehain inwoner Tuwingen durch sich selbs oder andere wissenlich von sinen wegen machen birgen anniemen oder verdingen [1] soll mit aim Studenten wie ob, das sollich som gelts uff borgs gehen vber ain gulden im bezalt werd, oder darumb mit fremden gerichten fur nemen, by sinem des layen ayd vnserm gnedigen herrn gethon.

Ob aber dis studenten vater mutter pfleger oder so in den studenten verlögten [2], ain doctor collegiat oder Conuentor, so der student von sinen Eltern empholllen ist, nämlichen mit vssdruckten worten erlaupten vnd haissen ain Studenten vff borg vber ain guldin zegeben vnd zeborgen, sol der lay vnd inwoner zu Tuwingen zu tun macht haben, doch nit vber den gehaiss der Elter, wie ob, im beschenhen by pen wie nechst ob gehört ist.

Diesem voran geht folgender Eintrag:

Es sol iemand keinem studienten ain wauffen wör oder harnasch lychen noch sin hussgesind lychen laussen, by verbot vnsers Gn. H. eins clainen freffels.

och sol iemand durch sich selbis oder sin hussgesind kainem studienten sin aigen wauffen wör noch harnassz behalten oder behalten laussen by gebot ains clainen freffels.

ain ieder sol wissen, daß er kainem studienten der ain zuchtmaister oder sust ainen obern hat dem er beuolhen ist, nichtzit borgen sol, es sig an essen trincken oder andern köffen, dann

---

1 bürgen gutsagen oder versprechen. 2 welche seinen des studenten unterhalt bestreiten.

mit wissen desselben sins obern, by beröbung siner schuld. dann man im vor der vniuersität kein recht ergeen laussen wurdet, vß verordnung vnsers Gn. Herrn.

Tübinger Stadtregistratur Band 48.

26.

Ordinatio de viduis orphanis et pupillis, qui sunt a personis universitatis per mortem relicti.

Item wir setzen ordnen vnd wöllen, das hinfüro zu öwigen Zyten, waß erbfäll gefallen oder sich begeben zu Tübingen one testiert vnd sunder gemecht von personen so der Vniuersitet vnderwürfflich, zugehörig vnd allda hushablich wonung zu latin domicilium haben, das dan sollich erbfäll, vsserhalb desihenigen so verdingt ist, sollen vererbt, gethaylt vnd gehalten werden glycherwyß nach vßwysung vermög vnd inhalt der gewonhait vnd Statrecht zu Tübingen, so die Layen zwuschen inen halten vnd insunderhaitt, wiewol das Aigenthum in den verfangen gütter by dem vberblibnen Egemecht Vatter oder Mutter ist, auch sin soll, doch sollich Verfangenschaft nit macht haben zuverendern oder beschwern one beschenung Eehaftiger vrsach, von gemeiner Vniuersitet erkent vnd zugelassen.

Item so ainer der Vniuersitet verwandt wie ob es sy frow oder man, von dem andern mit tod abget, vnd Kinder hinder inen verlassen, soll das vberblyben Eegemecht innerhalb zwayen Monaten den nesten von zyten des abgestorben Eegemechts tod za rechnen erschinen vor ainem Rector vnd synen Bysitzern angeben vnd lassen inschriben alle sine ligende gütter Rent Zynß etc. so dan verfangen sind, deßglychen och schulden, so noch onebezalt daruff vßstienden, by pen zehen gulden der Vniuersitet zegeben vnd nichtzig desterminder schuldig sin zethon hernach wie vor.

Item Wan ains der Vniuersitet verwandt wie ob, mit tod abget vnd Kinder hinder im verlasset, Sollen die Kinder souer sie gut haben, vsserhalb der verfangenschaft oder anvallet, desglychen wan die Kinder, weder yr recht vatter oder mutter hetten, verpflegt werden von zwaien erlichen togentlichen männern, von der vniuersitet darzu erkiest, wöllche im anfang yres amptes geben sollen dem Rector yr trew, den Kindern pflegschaft treulich zuuerwalten, vnd sollen die alten vberblyben Eegemecht, desgleichen och kind sollicher verpflegschaft sich nit widern By pen verlierung aller fryhait der Vniuersitet.

Item, wöllche von der Vniuersitet zu pflegern als ob erwölt, sollen schuldig sin anzenemen, So aber derselbig also erwölt sollichs anzenemen sich widerte soll zu pen geben der Vniuersitet vier gulden vnd alsdan ain ander erkiest werden glycherwyß wie zeuor anzegt, oder aber redlich vrsach anzögen, So von gantzer Vniuersitet für gnugsam erkent würdt, warum er dyß pflegschafft anzenemen nit schuldig sy.

Item es solle och ain yeder kinds pfleger by pen ains guldins, wie ob, ains Jars ainmal widerrechnung zethon[1] in achttagen nach walpurgis ainem Rector vnd Bysitzern, wöliche sollich rechnung vnd Continuation in der pflegschaft macht haben zubestetigen oder hindersich zubringen an die Vniuersitet hierin ze handlen nach yrem gut beduncken.

Item Wa ain Witfraw oder Kind von ainem der Vniuersitet verwandt, als ob, verlassen würde anzogen, oder mer vnd wyter beschwert würde mit steuren, Schatzungen, hylfgelt, Fronen oder andern Beschwerden von der Stat Tübingen dan in leben des abgestorbnen Studenten bschehen, sol die Vniuersitet inen souer sie begeren by der Vniuersitet zubeliben, sollich nuwerung vnd beschwerden zegeben verbietten, vnd daruor sie auch vff der Vniuersitet costen beschirmen schuldig sin, causam Vniuersitatis hierin zemachen, Diewil die Vniuersitet hierin in Craft gemains Rechten grund ouch fryhait vnd in quasi possession ist. Approbatum per totam Vniuersitatem feria sexta post Cathedra Petri Anno 1518.

Univ. Arch. Fach VI, 21 Papier und eine spätere Copie Mb. I. 12a. Pergament. Eisenlohr 83.

---

1 In einer Abschrift ohne datum VI, 18: zu thun, in VI, 20: zuchen. Offenbar fehlen die Worte: schuldig sin.

27.

Bestätigung der Privilegien durch den Statthalter Karls V

vom 9. März 1520.

Wir Maximilian von Bergen Her zu Sibenbergen Römischer vnd Hyspanischer K. Maiestat vnsers allergnedigsten Hern Bottschaft in teutschen Landen Bekennen vnd thuen kunt mit disem brieue:

Alls zuuergangner zyt von dem hochgebornen Fürsten Hern Eberharten Hertzogen zu Wirttemberg vnd Deck Grauen zu Mümpelgart etc. dem Elltern löblicher gedechtnuss ain gemain hohe schule vnd vniuersitet in der statt Tuwingen gestifft vnd vffgericht, die dann von dem hailligen Stul zu Rom mit Bäpstlicher vnd volkomenlicher fürsenhung begabt, vnd von Kayserlicher Maiestat hochloblicher gedechtnus confirmiert, dartzu mit gnug nottürftigen gepürlichen vnd erbern Statuten zuhallten angesenhen Auch daruff durch benannten Hertzog Eberharten sonderlich gnad vnd fryhait dartzu gegeben vnd nachmalls ain newe ordnung, wie es mit vnd in sollicher vniuersitet gehalten werden soll fürgenomen ist Alles nach Laut vnd Innhalt der verschreibungen darumb auffgericht Sollichs mit verrerm begriff vnderschidlich inhaltend, die wir hieby von wort zu wort fürinseriert haben wöllen, deren data steen Nemlich der Ersten auff S. Dionisientag nach Christi gepurt, als man zallt Tausent vierhundert Sibenntzig vnd Siben jare Vnd der andern auf S. Thomas des hailligen zwölffbotten aubent Nach Christi vnsers lieben hern gepurt, alls man zalt Tausent vierhundert neuntzig vnd ain jare die sydher vom Hertzog Eberharten dem Jüngern vnd nachfollgends von Hertzog Vlrichen auch bestettigt vnd confirmiert worden sind:

Vnd dann verschines jars die Stende des löblichen pundts zu Swaben das Fürstenthumb Wirttemberg mit dem Swert erobert vnd zu iren handen gebracht, das ouch jüngsten dem allergnedigisten Großmechtigsten, fürsten vnd herren hern Carolen Römischen vnd hyspanischen Könng etc. vnserm allergnedigsten hern, alls Ertzherzogen zu Österreich auß ettlichen mercklichen beweglichen vrsachen erblich zugestellt vnd vbergeben:

Das wir dem allem nach in Krafft vnsers beuelhs vnd gewallts So wir deßhalben haben der obberuerten vniuersitet vnd hohenschul zu Tuwingen sollich obbestimpt Stiftung gnaden fryhaiten Statuten vnd fürgenomen ordnung, damit sie vom hailligen Stul zu Rome vnd wylund Römischen Kaysern vnd Köngen auch den fürsten vnd Grauen von Wirttemberg begabt sein vnd die sie löblichen herbracht und gebraucht, von seiner K. Maiestat alls Ertzherzogen zu Österreich vnd hern dess Fürstenthumbs Wirtemberg wegen gnediglich confirmiert vnd bestett haben, wissentlich mit dem briefe, Also das dieselb vniuersitet vnd hohenschul zu Tuwingen Sich der gemellten Stifftung gnaden fryhaiten Statuten fürgenomenen ordnung vnd guten gewonhaiten in allen vnd yeglichen iren artickelln inhaltungen maynungen vnd begreiffungen gerüeblichen gebrauchen vnd geniessen mögen, daby sie auch gnediglichen pleiben gehandthapt geschützt vnd beschirmt werden sollen von allermenglich vnuerhindert.

Vnd wann die K. Maiestat zu Land komet, sol ir K. Maiestat als Ertzherzog zu Österreich vnd her dis fürstenthums Wirtenberg inen dieselben ir fryhaiten vnd ordinationes von newem confirmieren vnd bestettigen, wie sich das Innhallt irer fryhaiten zuthan gepürt, alles getrüwlich vnd vngeuarlich.

Mit Vrkund des brieffs der mit vnserm anhangenden Innsigel besigelt vnd geben ist zu Stutgarten am neunden tag des Monats Marcy Nach Christi vnsers lieben hern gepurt, als man zallt Tausent fünffhundert vnd zwaintzig Jare.

Maximilianus von Berghen.

Univ. Archiv Mb. I, 13. Perg. Siegel mit der Umschrift: Maximiliani de Bergis domini de Sevemberghen.

28.

Bestätigung der Privilegien durch Karl V
vom 1. März 1521.

Wir Karl der funfft von gottes gnaden Erwelter Römischer Kayser zu allen zeiten merer des Reichs in Germanien zu Hispanien haider Sicilien Jherusalem Hungern Dalmatien Croatien u. s. w. Kunig, Ertzherzog zu Österreich Hertzog zu Burgund zu Brabant zu Wirtemberg u. s. w. Graf zu Habspurg zu Flandern vnd zu Tirol u. s. w. bekennen

Als weyland Hertzog Eberhart zu Wirtemberg ain gemain hoheschul vnd vniuersitet in unser Statt Tubingen gestifft vnd auffgericht, vnd die mit notdurfftigen gepurlichen vnd erbern statuten zuhalten angesehen Auch mit sondern gnaden vnd freyhaiten begaht, vnd nachmals ain newe ordnung, wie es mit vnd in sölher vniuersitet gehalten werden soll, furgenomen hat, wie dann sölhs alles die verschreibungen daruber auffgericht mit weiterm lawterm begriff vnderschidenlichen innhalten, die wir von wort zu wort fur inseriert haben wellen, der data steen nemblich die erst verschreibung auff S. Dionisientag nach Cristi gepurt als man zalt tausent vierhundert siebentzig vnnd siben jar, vnd die ander auff S. Thomas des hailigen zwölffpotten abent nach Cristi vnsers lieben herrn gepurt tawsent vierhundert newntzig vnd ain jar, welches alles vom Stul zu Rom durch weylend Bäpstlich hailigkait vnd Kayserlich Mayestat als die öbristen hewpter, vnd nachmals durch weylend hertzog Eberharten den Jünger vnd hertzog Vlrichen von Wirtemberg confirmiert vnd besteet vnd aber das Furstenthumb Wirtemberg in vnser vnd vnsers hawß Österreich hand komen ist,

Das wir demnach als Regierender Ertzhertzog zu Österreich und Hertzog zu Wirtemberg die berürten Stifftung gnad freyhait Statuten vnd furgenomen ordnung derselben vniuersitet mit sampt den verschreibungen daruber sagende in allen vnd yeden iren puncten clauseln artickeln innhaltungen maynungen vnd begreiffungen gnedigclich confirmiert vnd besteet haben, confirmieren vnd besteten die auch aus furstlicher macht wissentlich in crafft diss brieffs, vnd mainen setzen vnd wollen, das dieselben Stifftung gnad fryhaiten Statuten vnd furgenomen ordnung mit sampt den verschreibungen daruber weysende, in sölhen iren puncten clauseln artickeln inhaltungen maynungen vnd begreiffungen crefftig sein steet gehalten vnd volzogen vnd von nyemands dawider gethan werden, sonder die gemelt vniuersitet zu Tubingen vnd ir verwandten der gerueblich geprauchen mugen, vnd wir sy dabey gnedigclich bleiben lassen vnd handthaben söllen vnd wellen vngeuerlich.

Mit Vrkhundt diss brieffs besigelt mit unserm anhangenden Insigel Geben in vnser vnd des Reichs Stat Worms, am Ersten tag des Monats Marcij nach Cristi gepurt funffzehenhundert vnd im ainundzwaintzigsten vnserer Reiche des Römischen im andern vnd ander aller im sechsten Jar.

Carolus

Ad mandatum cesaree et catholice
Maiestatis proprium
Hannart.

Univ. Archiv Mh. I, 14. Perg. mit dem kais. Siegel.

29.

Kaiser Karl V stiftet zehen Stipendien für Magister, 14. Januar 1522.

Wir Karl der funft von gottes genaden erwölter Römischer Kayser u. s. w. Hertzog zu Burgundien zu Wirtemberg u. s. w. Bekennen vnd thun kunth allermänglich mit disem brieue:

Als weilland der hochgeborn Eberhart hertzog zu Wirtemberg vnd zu Teckh u. s. w. der Elter die Pfrund zu S. Florienberg mit aller zugehörd vnd daneben der dörfer vnd flecken Tußlingen Eschingen Gunningen Nören vnd Gultlingen Nuwbruch mit verwilligen bäpstlicher Hailligkeit der pfrund vnd caputiatenhus zu Tuwingen zugeaignet vnd geordnet hat, dermassen das die Corhern der Caputiaten von söllichen fruchten obgemelter stuck studieren vnd davon ir vnderhaltung haben mogen, wölliches also etliche iaur geweret:

Nachgends aber hertzog Vlrich von Wirtemberg bey volgender bäpstlicher hailligkeit erworben vnd erlangt, das die obgedachten fruchten vnd gaistliche lehen in sin furgenomen Capell vnd Singerey gebrucht werden solten, so lang die selb sein Capell durch ain Brobste zu Denckendorf mit dreissig personen in guter gezierd vnd wesenlichem stand vnderhalten würde: So nu desselben hertzog Vlrichs Capell vnd Singerey in unserm fürstenthumb Wirtemberg zerflossen vnd erloschen, ouch solch fürstenthumb vsser sein hertzog Vlrichs verwaltung vnd regierung komen, darzu von dem brobst zu Denckendorf gar kein Capell noch Singerey gehalten wirt:

Haben wir als Ertzhertzog zu Osterrich vnd rechter regierender hertzog vnd landsfürst zu Wirtemberg Gott dem almachtigen zu ern vnd lob, gemainer Cristenhait zu furstand, zu vffnemung vnd meerung cristenlicher leere, ouch aller kunsten landen vnd leuten, zu nutzen allen armen studenten vnd der selben eltern zu ergotzung trost vnd enthebung obgenannt gaistlich lehenfrucht vnd einkomen Rectorn Doctern vnd Regenten vnser vniuersitet zu Tuwingen zugestelt zugeordtnet vnd vergundet, das selbiger vnser Vniuersitet verwalter sollich fruchten vnd geuell haben einnemen vnd emphahen gebruchen vnd niessen mogen fürterhin, von menglichem daran vnuerhindert.

Doch mit nachuolgender mass vnd gestalt, das die regenten gemelter Vnīuersitet fürterhin von obgenanten geuellen fruchten vnd andern der Vniuersitet einkomen ordnen verschaffen vnd halten in baiden bursen zeben magistros, so die ordenlich lectiones vnd exercicia, zu erhollung der stende Baccalaureatus vnd Magisterii dienend, den Schulern vergebenlich vmbsunst vnd one vſsgeben ainichs geltz lesen vnd leeren wöllen vnd solln.

Wölliches ouch die gedachten Rector Doctores vnd Regenten oftgenanter vnser Vniuersitet also angenomen zuthund bewilligt vnd zugesagt haben, alles bis vff vnser vnser erben vnd Nachkomen wolgeuallen vnd wider abkönden one geuerde.

Der des zu vrkhund mit vnserm merern anhangenden Insigel, so wir in vnsers Fürstenthumbs Wirtemberg sachen gebruchen, besigelt vnd geben is in vnser statt Stutgarten am 14.

tag des monats ianuarij a. d. 1522 vnserer Reiche des Romischen im dritten vnd der andern aller im sibenden iarn.

W. T. Freiher zu Waltpurg
Stathalder.

Ad mandatum domini
Imperatoris in consilio.
Münsinger.

Univ. Archiv Mh. I, 129. Perg. mit Siegel.

30.

Bekanntmachung der Universität unentgeltlichen Unterricht betreffend 1522.

A.

Newe Ordnungen der Vniuersitet zu Tuwingen wölcher gstalt zu erhollung hochhait vnd würdigkait in allen künsten die Schuler on vssgebung ainichs gelts besonder vmb sunst vnd vergebens ouch wie die hebbraisch vnd griechisch Sprachen gelesen gelert vnd furter gehalten werden sollen.

Allen und yeden liebhabern guter tugenden und leer Ennbieten wir Rector, Cantzler, Doctores und Regenten der Vniuersitet zu Tüwingen, Costentzer B'stumbs Mentzer prouintz, vnsern grus vnd fugen denselbigen sampt vnd sonder zuwyßen: Nachdem die regierenden Bäpst, Kayser, Kung, fürsten, herrn, stett vnd communen vß vilen vorgenden erfarungen exempeln vnd ebenbilden erlernet, was frucht nutzen wolfart vnd vffnemen der cristenlichen Kirchen dem hayligen Romischen Reych ouch allen gemainen nutzen vnd nationen vß der leer gutten tugenden vnd sitten zugewachsen vnd erstanden syend, haben die obgedachten gemain vniuersitates hoch geliebt erhebt vnd mit sondern freyhayten begabt.

Deßhalben vnd ouch in betrachtung, das gemains nutz notturft der gelerten geschicklichait vnd geprauch eruordert, hat Weylund der Durchleuchtig Hochgeporn Fürst vnd Herr Herr Eberhart hertzog zu Würtemberg ain vnderhalter der gelerten usw. auß bäpstlichen vnd kayserlichen gewalt zu Tuwingen ain hoche schul mit hochstem fleyß vnd vorbetrachtlichait verordnet vnd nachvolgend lection vnd leren zuhalten gesetzt:

Namlichen vier doctor so in der hayligen schrifft

Item in gaistlichen vnd weltlichen Rechten sechs doctores

In der artzney zwen doctores

In den sittlichen Kunsten vnd philosophia morali zwen maister collegiaten

In wolreden vnd schreyben als Poetica vnd Oratoria zwen maister

Aber in den naturlichen vnd vernunfftigen kunsten naturali vnd racionali philosophia vnd zway Bursen zechen maister, so von iren schulern für ir flyß vnd arbait gepürlich besoldung empfahen möchten, die alle vnd yeder insonder täglichen zu gepürlichen stunden on eruordrung oder empfachung gelts oder solds von den schulern ewigklich lesen vnd leren söllen.

Vber das haben wir zu vffnemung vnd furderung der leren, damit den fryen Kunsten nicht entgieng vnd die iungen schuler dester statlicher den Kunsten obligen möchten Den gepreißten vnd erfarnen maister Johannen Stöffler Iustingensem in mathematica täglichen zu gepurender zeyt zu lesen

Vnd neben dem allen den Hochberümbten vnd viler nacion bekannten Doctor Johann Reuchlin Pfortzensem, das er ain tag vmb den andern die hailigen hebraischen vnd gute griechische Sprachen leren sölle, verordnet vnd die bayd on der schuler nachtail besonder vmb vnser gelt besöldet vnd bestelt Darzu hebraisch gedruckt Biblien von Venedig in ainem zimlichen werd namlich vmb II fl. den schulern zuuerkouffen zuwegen gepracht vnd beyhendig.

Vnd zu iungst durch hilf vnd zuthun des Allerdurchlauchtigsten großmächtigsten Fürsten vnd herrn herrn Caroli Erwölten Römischen Kaysers usw. vnsers allergnädigsten herrn vnd patron ouch vff ansuchen Der Wolgepornen gestrengen edlen hochgelerten herrn Wilhalmen Truchsässen Freyhern zu Waltpurg seiner Mt. Statthaltern vnd der andern Regenten des fürstenthumbs Wurttenberg verfiegt Das furterhin von Philippi vnd Jacobi ditz XXII. iars all schuler in den fryen Kunsten on vßgebung oder anuordrung ainiches gelts geleret, die fryen wie die andern vnd höcher kunsten vergebenlich vnd vmb sonst gelesen werden.

Dermassen das obgemelt collegiaten vnd maistern von kainem schuler für lesen oder leer ichtzig vordern noch och zu zeytten als oftgenant schuler statt vnd gradus baccalaureatus vnd magisterii an sich nemen wöllen ichtzig anderst dann wie bisher gwonlichen allain Examinalia cathedralia prandium vnd dergleichen in ainer klainfügen ringen anzall vnd sumen gelts empfachen vnd nemen söllen noch mögen.

Darumb ermanen wir obengemelt liebhaber der Tugend leer vnd eer, die bißher ob beschwarnuß Expenß vnd costen der maistern vnd lerern schuchen getragen mögen haben Sye wöllend sich in dis vnser vniuersitet verfügen alhie tugend kunst ler des alters wegfürung narung in widerwertigen sachen trostung vnd in glücksäligen dingen zierd vmb sunst vnd on darstreckung oder vßgebung gelts empfachen lernen vernemen vnd lesen hörn Wann wir werden vnd wöllen künfftigklichen vnd fürbaßhin allen oben genanten doctorn meistern vnd lerern vß gemeiner vniuersitet seckel iärlichen einkumen reichlich vnd nach aines yeden geschicklichait eerlich besoldung geben.

Zu dem das vß disem gegenwurttigen eerlichen vnserm furnemen die iungen Schüler on gelt eruolgen vnd erlangen nachent bey iren vatterlichen landen das ihen, so sy hieuor weit suchen mießen, ouch vß vntogenlichait kostlichait der lerer vnd maistern selten vnd mit vnkumenlichait erlangen haben mögen.

Vnd des zu vrkund haben wir gemainer vniuersitet insigel zu end diser schrift gedruckt. Geben zu Tuwingen etc. 1522.

B.

Vniuersitas Tubingensis omnibus et singulis bonarum literarum amatoribus salutem.

Credibile et a vero minime dissentaneum esse debet, maiores nostros ingenita homini deprehendisse virtutum seminaria ipsam se prodente natura, quibus si cultus accederet, curaque diligentior magni quippiam affici [1] posse, haud est immerito existimatum.

---

1 effici.

Itaque bonis ingeniis velut egregiis plantis certa sunt loca destinata, in quibus semotis impedimentis praesignia sapientiae culmina inolescere possent. In hanc rem Alexandriam Aegyptus, Tharsum Cilicia, matrem artium Athenas tanquam augustum philosophiae sacrarium selegit Graecia. Sed et cultores, hoc est studiorum præceptores adhibiti, qui nuper sata rigarent, colerentque plantaria. Congratulaturque ita M. Tullius Ciceroni filio, Athenas ad Cratippum discendi gratia misso, quod eum exemplis vrbs, doctrina præceptor augere posset. Gratiam diis habuit Philippus terrae Macedoniæ regnator, quod Alexandrum filium Aristotelis temporibus nasci contigisset. Sic Neroni Senecam, Traiano Plutarchum, Carolo illi Magno suum cessisse Alcuinum reperimus. Temporis deinde progressu cum rebus gerendis eruditos deesse non posse censerent principes, honore ac dignitatum prærogatiua literarum commendauerunt gymnasia, Pontifices immunitatem addidere. Igitur Eberhardus Probus Wirtenbergensium Dux primus, vir ad pacem natus, videns suam Rempublicam hominum egere doctorum opera, quos incredibili prosecutus est beneuolentia, studiorum Vniuersitatem auctoritate Apostolica et imperiali, in oppido Tubingensi prudentissima fundauit ordinatione, qua cauetur, vt:

In sacra Theologia ordinarii Doctores quatuor.

In Jure Pontificio et Imperiali sex.

In Medicina Theorica Practicaque duo.

In morali Philosophia collegiati duo.

In Poetica Oratoriaque duo.

In Philosophia naturali ac rationali duobus in contuberniis magistri decem per singulos dies statis horis suas profiteantur lectiones, perpetuisque foueantur stipendiis. Gymnasiarchi insuper dicti studii perpendentes, quam magni sint artium effectus, nequid liberalibus abesset literis, et quo mathematicis alumni liberius vacarent disciplinis, quibus Graecis nil fuit illustrius, magistrum Joannem Stoffler, Astronomum doctissimum vel Archimedi Syracusio non concedentem machinarum peritia, publico conciliarunt honorario. Denique ex orbe illo disciplinarum cyclopedia, ne quicquam desiderari posset linguis ediscendis, insignem eruditione cognitissima virum Jo. Reuchlin Phorcensem præfecerunt, qui Hebraeas Sanctasque ac Graecas literas ex authoribus interim præstantissimis, quorum iusta Tubingae est copia, qua prædictus est humanitate, doceat fideliter.

Vniuersos itaque studiorum amatores vbiuis gentium agant, quos hactenus grauis forsan vel pro petendis vel percipiendis insignibus expensarum deterruit iactura, vberrimos discendi fontes adire volentes, huc confluant hortamur, senectutis viatica, aduersis rebus solatia, fortunatis ornamenta gratis, libere ac sine vlla mercede in hunc diem erogari solita Calendis Maiis anni præsentis XXII percepturi. Magistris enim ac Doctoribus, reliquisque omnium scibilium professoribus, aerarii tribuni e gazophylacio satisfacient, et pro cuiusque munere dignam singulis stipem ac præmia dependent, vt neque propter audiendos cuiuscunque facultatis libros quicquam, nec pro percipiendis insignibus insolitum hactenus percipi non consuetum sit erogandum. Idque ex Imperiali munificentia, hortatu suasuque GUILHELMI TRUCHSESSI Cæsareæ Maiestatis in Ducatu Wirtenbergensium Vicarii, Baronis nobilissimi, atque aliorum regentium, quorum auspicio ductuque studiosus quilibet in perpetuum deinceps (diuina modo faueat clementia) facile consequi poterit obuium atque oblatum, quod olim longa difficilique peregrinatione, et multiplici impendio vix atque aegre, vel malignis vel pretiosis est assecutus magistris.

Von dieser Bekanntmachung, welche in deutscher und lateinischer Sprache durch Flugblätter verbreitet worden sein muss, hat sich kein Druck mehr erhalten. Die deutsche Fassung ist in einem durchcorrigierten Concept vorhanden in dem Sammelband des Univ. Archivs Fach VI, 17. Abgedruckt Eisenlohr 84. Die lateinische Version ist bei J. Middendorp Academiarum libri VIII. Col. Agr. 1602. II, 292 abgedruckt.

Die hier angepriesenen Einrichtungen haben wirklich Anziehung geübt. Der Zugang im Jahre 1521 bis 22 ist der stärkste bis dahin erreichte nämlich 181 Intitulierte. Leider stirbt aber Reuchlin schon am 30. Juni desselben Jahrs.

Das Ausschreiben fällt in den Februar oder März 1522.

31.

Bekanntmachung vom 25. Jan. 1524 gegen nächtliche Ruhestörung.

De noctiuagis.

Zu verbieten mißhandlung vnd argwon beuelhen wir Rector vnd Vniuersitet alhie zu Tubingen:

ob ain student oder vniuersitet verwanter zu nacht nach der wacht glocken [1] auf der gassen mit freuenlichen weren oder waffen, die er mißbruchte erfunden wurde, ist er dann den statknechten oder wachtern bekant, so sol der statknecht oder wachter in namen des Rectors in studenten by sinem aid erfordern, das er sich darin sinem Rector erzögen vnd solich erfindung in XXIV stunden den nesten demselben offnen wölle. Vnd nicht weniger so sollent solich stat knecht oder wachter in zwayen tagen den selben dem Rector, damit er nach inhalt der vniuersitet statut gestraft werde, offnen vnd angeben.

Ob aber ain solich student oder vniuersitet verwanter den statknecht oder wachtern nit bekant were, alsdan sol der statknecht oder wachter in namen des Rectors von ainem solichen vnser verwanten by synem aid sinen namen fordern vnd ime by sollichem aid ufflegen sich wie ob in XXIV stunden dem Rector wölle bezögen vnd sin finden offnen vnd abermaln der statknecht oder wachter solichen, als vor, in zwayen tagen dem Rector anbringen.

Wa aber sich der so erfunden sinen namen zu offnen widerrette vnd sparte [2], so sollent die statknecht oder wachter ain sollichen annemen vnd ainem Rector vber antwurten, doch mit beschaidenhait, wa es gesin mag.

Item witer ist beschlossen, wa ain student zu nacht nach dem glocklin vff dem Rathuß geleut vff der gassen betretten, soll vnd mag von den statknechten oder von denen so dar zu verordnet syen, angenomen vnd dem pedellen der vniuersitet vber antwurtet werden vnd dan der pedell ain sollichen oder souil ir

---

1 In der späteren Fassung von 1532: das Narrenglöcklin. 2 widerte und sperrte.

betreten von stund an in der vniuersitet gefencknus legen byß vff witern beschaid der vniuersitet.

Item es sollent auch der stat knecht oder darzu verordnet ain sollichen der vniuersitet verwanten, der nach dem glocklin vff dem Rathuß geleut vff der gassen befunden, der etwas were oder waffen by im hette vnd die selben mißbruchte, dieselbigen vestnen nemen vnd aim Rector der Vniuersitet antwurten.

Hierin sol ain Rector der Vniuersitet, so im ain stat knecht in ietz angezögter maß waffen vberantwurt, von ain yeder waffen, so der student vmb mißbruch der waffen strafpar erfunden wurt, III ß geben, darzu so vil der studenten durch angebung der statknecht vmb mißbruch der waffen gestraft werden, alweg III ß geben von ainem waffen.

Item wa ain student der vniuersitet oder der stat verwanten in sin huß wurff by nacht oder schmachbrieff auff oder anschlug, singe oder schrye oder derglichen thet, wöllicher ainem Rector ain solichen furbringt oder vberantwurtet vnd ain Rector den selbigen erkent vbertretten haben, dem so ain solichen angipt [sol ain Rector] ain gulden geben.

In dem wie ob sollen die layen glich halten mit den studenten, kain vnderschied der personen haben vnd sonderlich von kainem studenten müt[1] gaben oder schencken oder anders nemen, damit es nit onglich gehalten werde.

Item wa die studenten oder vniuersitet verwanten mit den layen vnd herwider die layen mit den studenten in zanck oder hader erfunden wurden tags oder nachts, so sollen die layen den studenten in namen des Rectors vnd die studenten den layen in namen irer oberkait den friden bieten vnd inglupt nemen. Vnd welicher student solichen friden zu halten widerte, der sol dem Rector als bald angezögt vnd in der vniuersitet gefencknuss behalten vnd gelegt werden.

Solichs alles byß zu widerruffung der vniuersitet. Actum conuersionis Pauli a. d. 1524.

Dieselbe Publication wird am 21. Juli erneuert und mit einigen Zusätzen versehen wie folgt:

Ain ordnung

wie es nachtz vnd tags mit den studenten gehalten werden soll,

---

1 abgabe.

so vil muglich mißhandlungen zuverkumen. Vnd siend min herren von der vniuersitet vnd die von der Stat Tubingen solicher ordnung ainmüdig.

Am ersten so lassen myne herren von der vniuersitet die ordnung in aim brieff begriffen am datum conv. Pauli 1524 in irem werd vnd krefften beliben in allen iren artickeln.

Am andern vnd von newem, damit vbels noch mer verhiet siend vnd werde mit den studenten vnd layen, so wollend Rector vnd vniuersitet, das kainer in verwanter an sunentag vnd viertag tantz haben weder haimlich noch offentlich by des statuts pen.

Es sollend die studenten nit zu der layen täntz gen, sie syend darzu geladen oder nit, auch by pen des statuts daruber begriffen, vnd die pedellen by iren pflichten ain vlyssig vffsehen haben vnd dem Rector die solichs vbertreten angeben vnd ain Rector gantz nichts nachlassen, doch die hochtzit täntz, darzu ain student vff die hochtzit geladen were, vßgenomen.

Es sollent auch der vniuersitet verwanten mit trumen[1] oder andern spylen weder tags noch nachtes in der ordnung[2] vff die gassen nit gen, es were dan an ainer offen hochtzit. Alsdan mögen sie von der stuben zu dem tantz vnd vom tantz wider vff die stuben mit spyl zymlich vnd gepurlich gen. Sollichs alles byß zu wideruffung oder zu endern.

Actum durstag nach Margarethe, [14. Juli] a. 1524.

Acta Senatus Ia. f. 5. Der Beschluss wurde mit kleinen Zusätzen erneuert 1529, ebd. f. 19 v. und 1532, ebd. f. 35 und widerholt bekannt gemacht durch Anschlag an die Kirchenthüren. Eine lateinische Version wird am 1. Januar 1533 angeheftet. welche folgenden Zusatz enthält:

Adhæc diras et execrandas illas blasphemias in Dei O. M. Sanctissimum nomen omnino et vsque adeo ab omnibus caueri uitarique iubemus, vt si uel impios conuitiatores istos maiorum suorum sanctio, quæ quindecim diebus carcerem, stramineum lectum atque panis modo et aquæ cibum concedit, minatur, irrogat, nequaquam deterreat: pro maledicendi detestanda libidine pœnam ex nutu nostro multo grauiorem proculdubio sentiet. f. 42.

Zugleich gab der Rector Gallus Müller im grösseren Sal der Universität eine Erläuterung und Einschärfung des Edicts: elegantissime et

1 trompeten. 2 geschaart.

quanta maxima diligentia authoritate grauitateque orationis potuit in splendidissimo doctorum omnium consessu.

Wie wenig aber das alles gegen die Uebertretungen »etlicher vom Adel und anderer unserer Universität eingeleibt« gefruchtet habe, geht aus einem Erlass der Regentschaft vom 14. Februar 1533 hervor (A. Sen. Ia. f. 53), in welchem der Universität aufgegeben wird schärfer als bisher einzuschreiten. »Dan solt das von euch nit geschehen, haben unser Ober- und Undervögte zu Tübingen in beuelhe selbst darein zusehen und gegen den Überfarern mit fenklicher annemung und in ander weg zu handeln.« Die Universität nahm diese Androhung sehr schwer und sandte D. D. Gall Müller, Peter Brun, Johann Kunig und Georg Simler nach Stuttgart, denen es gelang die Abschaffung dieser Schrift und solcher Anmutung zu erwirken. Die Strafen gegen die ärgsten Tumultuanten Veit Lung von Planeck, Philipp Schenk von Winterstetten, Sebastian von Leonrod u. a. fielen gleichwohl sehr gelinde aus.

Aus einer am 24. August desselben Jahrs bereits wider nöthig gewordenen Bekanntmachung des Rectors sind folgende Abschnitte entnommen:

Wir wöllen vnd gebieten, das alle vnserm gerichtszwang vnderwürflich, welcher achtung die imer seien, sich höchsten vermögens befleissen, auf das ir bekleidung vnd gang nit wie bisher so gantz gail vnd vngezam gesehen werde, wol aber leuten erlicherer zuuersicht vnd achtung gemees vnd nit ainem ieden geringesten trabanten oder landsknecht geleich. Hierauf sollen sie pyretter tragen, welche erlichern vnd liebhabern der tugent gezimmen. Hiebei gäntzlicher verworfen die pyret, so zerschnitten oder mit seidengewand federn oder anderer zierd vnd geschmucken aufgemutzt vnd gezieret. Wir wöllen darzu nit ainichen die huet erlaubet sein, bei pön siben schilling häller, so oft ainer die satzung wurde vberfaren.

Desgleichen sollen sie sich beklaiden nit in Wapenrök Kappen [1] oder kurtze leibröklin, zugleich den klaidern zum reiten oder fusgang berait, besonder in klaidung der studierenden erbarkait bequem vnd die die waden erlangen: auch nit uber die achseln geschlagen, sondern angezogene ermeln. Aber den schülern der rechten, fürnemlich den edelen, vnd schülern der artznei seie erlaubt die ermel anzeziehen oder nit, souer das die wammasser nit mit kerderlen gewulstet oder durchschnitten seie. Aber der Künsten Maister so ämpter tragen vnd die durch ge-

---

1) kurze mäntel.

schworne stipendien der armen werden vnderhalten, auch alle der hailigen schrift vnd liebhabender künsten anhänger oder schüler, welches stands oder würdin die seien, gangen nit auf die gassen dan mit angethonen ermeln.

Alle auch zumal durchaus sollen sich vor gethailten vnd abgeschnittnen oder auch zerschnittnen hosen vnd wammas enthalten, mit erlaubtnus hierin des geschikten gangs halber auf den kniewen die hosen zuöfnen. Dises sampt vnd sonders bei straf siben schilling, mit welicher ieder vbertretter beladen wurdet, doch ausgenemen freihern grauen vnd fürsten, welche sich irer würdin nach der haubtgezier vnd beklaidung alten herkomens gebrauchen.

Verner so ainer gewer oder schwert zu seiner beschützung tragen wölte, das solle ainem ieden zugelassen sein. Dasselbig schwert aber seie zimlicher lengin vnd werde nit nach kriegs gebrauch oder landsknechtischen sitten hindersich gestörzt [1]. So ainer dise mas vbergieng, sol er die schwert vnd gewer, so er wider dis gebot anders mit tragen oder störtzen gebraucht, sampt ainem gulden, vermög der statuten, verlieren.

Dass die Universität nicht blos für junge Leute eine Gelegenheit des Müssiggangs war, zeigt folgender Theil derselben Proclamation:

Sollen der vniuersitet Ordinarii, besonder die Rechtsgeleerten, vnd zierlicherer künsten vorleser achtnemen, so etlich weeren, welche der künsten vnd leer nit anhengig oder die zuruckschliegen, welches geschlechts stands oder würdin sie weeren, one ainich ansehung fürnemlich der Gaistlichen vnd zuuorderist Chorherren vnd Pfriendhaber diser Tubinger Kirchen, so auch anderer ort Pfrienden hetten, mit deren einkomen vnd nutzungen sie vnderm schein des studierens alhie erhalten wurden, solliche durch den pedellen ermanet: so sie sich inner monants frist die lectionen der facultet, deren sie anhengig vnd verpflicht emsig zuhoren nit vnderfiengen, sollen also mit der that von der vniuersitet abgeuallen oder ausgeschlossen vnd selbiger freihait beraubet sein. — — Damit derselbig nit, zugleich ainem suchtigen oder reidigen schaff, ain gesunde herd vergifte, mit verzerung väterlicher hab vnd guter oder der Kirchen pfriend, nit allain

---

1 Siehe oben S. 107.

zu seiner seelen verderblichen schaden, besonder auch zu der vniuersitet ewigen onzier vnd darzu der andern verergernus. — Acta Sen. Ib. f. 67.

32.

Gegen Schiessen und Feuerwerk.

Februar 1524.

Prohibitio ne cum bombardis et globis igneis sagitetur.

Rector et vniuersitas etc.

Peruenit ad aures nostras, ex nostris nonullos esse, quibus cum bombardis globis igneis ceterisque huius generis rebus negotium sit, quarum vsus presertim in habitationibus et alibi sine magno periculo atque timore incendii esse non possit. Iccirco mandamus:

Ne quis eorum qui nobis subiecti sunt, siue barones doctores nobiles etc. cuiuscunque conditionis aut status fuerint, deinceps bombardis in hac ciuitate vti quoque modo presumat, sed omnino illis aliisque rebus, quarum vsus facile incendium parere solet, vt puluere bombardico globis igneis et similibus abstineat. Si quis vero hoc nostrum mandatum transgressus fuerit pena in ipsum fuerit perpetue exclusionis. Solent preterea hoc magis quam reliquis temporibus anni, vt experientia docet, quauis etiam laici et quantumlibet leui occasione ad tumultus atque seditiones contra nos nobisque subiectos excitari, vnde nisi oportune remedio occuratur non modica pericula et incommoda et vniuersitati et eius suppositis ex congressu laycorum et studentium verisimiliter euenire possent. Quocirca omnibus et singulis mandamus, vt ab hoc die vsque ad Reminiscere a choreis aliisque congressibus laycorum siue diurnis siue nocturnis abstineant.

Præterea vnusquisque post cenam in sua habitatione sese recipiat atque in eadem nocte maneat, in plateis quoque nemo etiam cum lumine non ambulet. Quisquis autem hoc nostrum mandatum seruare neglexerit aut in vno pluribusue articulis transgressus fuerit, is neque a nobis neque ab vniuersitate nostra vt studens amplius fouebitur. In premissis tamen penis et aliis interim semper saluis.

Ohne Datum, vermuthlich 1524 in der Fassnacht. Acta senatus Ia. f. 7v.

33.

Ordinatio Regis Ferdinandi 1525.

Ferdinandus Dei gratia princeps et Infans Hispaniarum Archidux Austriæ Dux Burgundiæ Stiriæ Carinthiæ Carniolæ etc. Comes Tirolis etc. Cum mortalium uitæ moderatores summa cura et ope niti decet, ut ea quæ aut incerta et lubrica huius vitæ commoda, aut cœlestia et perpetuæ salutis dona respiciunt, recte a pie gubernentur, idque eo feruentius quemcunque Principem a Deo constitutum super populum, qui vnigeniti Filii sanguine est seruatus, præstare conueniat, quod id muneris etiam ab omni Christiana pietate longe aliena Ethnicorum superstitio minime neglexerit, Itaque cum in huius curæ partem asciti, in hoc uno uel maxime functionem offitij nostri consistere arbitremur, vt studiosa iuuentus et adolescentiæ facilitas honestis instituatur moribus et sana imbuatur Doctrina, id autem neque securius neque maiori cum re fieri posse uideatur, quam quod scholastici Gymnasij Magistri solidiora salubrioraque dogmata condecenti et recta Methodo in auditorum animas transfundant.

Quod quia superiori ætate neglectum et simul pro solida et luculenta ueritatis Doctrina, fragiles nutantesque Argutias, pro cælestis eloquij Mysterijs, perplexa Philosophorum placita tradita esse cognouimus, Vnde tam præceps libertas orta est, qua iam fides nutat et labat Religio, cuius contemptum omni non seculo non sunt grauissima secuta dissidia, Cumque Nos potissimum calamitatibus præsentis nostri infelicis sæculi moniti fomenta tantarum turbationum rescindere cupiamus quæ, ut est extra omnem controuersiam, ob coinquinatum docendi modum introductæ sint, decreuerimus singula in nostris Prouincijs literaria Gymnasia quorundam doctrina prudentia et probitate Virorum Scrutinio et censuræ committere, ut ea quæ ex Abusibus et Consuetudinis corruptela minus ad eruditionem pietatemque auditorum accesserunt, adimant, mutent, emendent, prout illorum solertiæ consultius et magis frugiferum uisum fuerit.

Proinde cum inter cætera literaria nostræ prouidentiæ commissa Gymnasia nulli secundum existimemus celebre Gymnasium Tubingense, in eius instauratione et ordine exordium sumpturi deputauerimus et demandauerimus hanc prouinciam honorabilibus doctis et fidelibus nobis dilectis Ambrosio Wydman, preposito Tubingensi uti Cancellario iamdicti Gymnasii, Paulo Ritio Prothophysico, Jacobo Spiegel, Johanni Faut Iurium, et Martino Plantsch sacrarum Literarum professoribus, Consiliarijs nostris [1], ut exhibita nostra iussione Rectori optimatibusque ipsius Tubingensis Studij, seriem eius imitando, ut instauratores et censores provide, æquo iudicio, hoc est absque personarum delectu uel quouis immoderato affectu, examinent scrutentur et quod emendatione eget in ordinem redigant et instauranda instaurent.

Ipsi uero iamdicti nostri Commissarij maiori et studio et diligentia tam apud Gymnasiarchas, Doctores atque Magistros, quam auditores etiam facto scrutinio iussionem nostram adimpleuerint et non solum de eorundem consensu, sed etiam mutua maturaque sua deliberatione et iudicio habito, ad omnipotentis Dei gloriam, nostrum honorem, ipsius Gymnasij decus et amplificationem atque inclyti huius Principatus famam propagandam certum ordinem et Articulos tam circa Lecturas singularum Facultatum, quam Rempublicam totius Vniuersitatis constituerint et fecerint, quorum tenor sic se habet.

---

1 Bei dieser Commission sind nur zwei Mitglieder der Universität, der Kanzler und der bekannte Theolog Martin Plansch von Dornstetten inscr. 1477.8. Jacob Spiegel aus Schlettstadt, ein Kais. Rath, ist schon 1511 in die Matrikel als Cæs. Mt. secretarius eingetragen; Johann Faut von Cannstatt, vermuthlich ein Sohn des von H. Ulrich 1517 hingerichteten Konrad, ist natürlicher Feind des Herzogs und Diener des östr. Regiments. Paul Ricius ein talmudisch gelehrter Jude, der sich taufen liess, eine Zeit lang in Pavia lehrte, durch zahlreiche Schriften sich einen Namen machte und Leibarzt Kaiser Maximilians wurde, ist mit den Fremden in das Land gekommen. In der Commission war also die Facultas artium gar nicht vertreten.

Ordo in sacrarum Literarum Lectionibus seruandus.

Legentes sint quatuor Theologiæ Magistri, Licentiatus uel ad Licentiæ gradum idoneus. Qui omissis et extinctis iam extraordinarijs Lectionibus, quas uulgato nomine Resumptiones appellarunt, publice legant ordine subscripto. Videlicet duo alternis diebus, alter ante Prandium, alter post Meridiem et integra hora uterque legant, quo singulis diehus duæ perficiantur lectiones, generalibus uacantijs, die item sabbati loco diei Jouis, aliisque festis et uacantijs demptis, quæ in Vniuersitate obseruari consueuerunt, seclusis quoque diebus, quibus disputationes publicæ et ordinariæ in Theologia habentur. Consummabunt autem cursum suum in quinquennio ut sequitur.

Primus Professorum Theologiæ legat Pentateuchum Mosi, Paulum in omnibus Epistolis, excepta ea quæ est ad Hebreos, et unum de libris Petri Longobardi Magistri Sententiarum Secundus legat Matheum et Joannem Euangelistas, Dauidis Psalterium, Iob et unum e libris Sententiarum Tertius legat Esaiam, Hieremiam, Danielem, Marcum, Lucam, Acta Apostolorum, Canonicas Epistolas deque sententiarum librum unum Quartus legat Ezechielem, minores Prophetas, libros Sapientiales, eamque quæ est ad Hebreos Epistolam, cum uno e Libris Sententiarum. Interpretando tamen textum Magistri Sententiarum difficultates duntaxat ex isto textu emergentes quanto breuius et lucidius absoluant, quoniam per fidem efficimur Filij Dei et non per inanes et friuolas questiones, quæ sunt inflantis et in æternum exitium ædificantis Carnis et Doctrinæ, quæ spiritui Dei aduersatur. In casu substitutionis, quæ non nisi vrgente necessitate fieri dehet, Substituens [1] sequatur continuo eandem Lectionem, quam substituens perficere deberet.

Quod si qui lectiones proscripto modo institutas neglexerint, sese denuntient et de unaquaque neglecta lectione debitam pœnam iuxta priores ordinationes persoluant.

Disputationes fiant et ordinariæ et extraordinariæ solennes item et non solennes ad modum ordinationis Vniuersitatis per Fundatorem institutæ, ac iuxta Theologicæ facultatis Statuta,

---

1 substitutus.

excepto illo hactenus obseruato Statuto, quod una disputatio subleuet præsidentem a tot Lectionibus, quot horis præsederit. Sed quod non nisi in ipsa disputationis die duntaxat a lectione uacet. Fiant autem disputationes de rebus ipsam ueram Theologiam diuinasque Scripturas respicientibus.

A e g r o t a n t e aliquo Magistrorum Theologiæ obseruetur ordinatio Fundatoris, et ægrotantis Lectionem reliqui eius Collegæ prosequantur, ne ulla die duæ iuxta præfatum ordinem lectiones in publico Auditorio deficiant. Si uero uel perpetuatio uel quæuis alia pacta Conditio obsistat, tunc Vniuersitas Substituto salarium constituat, ne Auditores lectione fraudentur. Si quis autem ante conductionis suæ terminum decesserit, lectio per superstites habeatur Magistros, cum stipendij rata pro temporis cursu, donec alius in demortui locum assumptus fuerit. Non obstante ordinatione Vniuersitatis quacunque tam generali quam speciali.

H o r a s lectionum statuant ipsi legentes Auditoribus magis conuenientes, alteram ante et alteram post meridiem. Et duobus Senioribus Magistrorum optio sit eligendi quos maluerint duos, et deinde iunioribus alios, Sin autem inter ipsos non conuenerit, tum per sortes distributio fiat.

Finitis autem præfatis quinquennalibus cursibus, si eorundem lecturas mutare uelint, id arbitrio legentium committatur, dum tamen modus legendi non mutetur. Reliqua quorum hic non est mentio facta tam circa ordinem et modum legendi quam disputandi iuxta antiquas ordinationes obseruentur. Omnium uero erit studium et sollicitudo, ut sacra Volumina expedito progressu, pureque et syncere tradantur, Resecatis et penitus omissis argutijs syllogisticis ac alijs minus ad rem pertinentibus.

Ordo in vtriusque Juris Lecturis in posterum tenendus.

Quilibet Doctorum in iure Canonico Legentium compleat q u a d r i e n n i o cursum sibi ut sequitur assignatum. O r d i n a r i u s Iuris Canonici legat duos libros Decretalium priores, E x t r a o r d i n a r i u s autem reliquos Decretalium libros tres. T e r t i u s nouorum Iurium lector Sextum et Clementinas, Titulis qui non faciunt ad practicam obmissis, uel saltem, si uoluerit, eosdem obiter legat. Et singuli integra hora legant, in elucidatione Glossarum Iura et potissimum leges et earundem textus inducant, demonstrando auditoribus, qua ratione Iura illa citata sint.

In Iure Ciuili autem Cursum suum Quinquennio sequenti modo compleant.

Ordinarius Legum in primo anno exordiatur a prima parte Codicis, legendo Titulos difficiliores utiliores et magis consuetos In secundo anno in secunda parte Codicis ad eundem modum. In tertio primam partem ff. vet. Et in quarto in secunda parte eiusdem ff. vet. legendo Titulos similiter difficiliores et vtiliores. Extraordinarius in primo anno exordiatur in prima parte Infortiati et specialiter sequentes Titulos uidelicet Solu. Matrimonio, de liberis et posthu., de vulg. et pupill., de Acquiren. hered. In secundo, in secunda parte eiusdem Infortiati, Et specialiter titulos de Legatis primo secundo et tertio, Excerpendo leges difficiliores et utiliores cum Tit. de reb. dub., ad L. falc. et ad Se. con. Trebell. In tertio anno legat in ff. nouo tit. de op. no. nunc., de acquiren. poss. et huiusmodi materias utiliores. In quarto, in eodem digesto Incipiendo a Tit. de verbo. oblig. cum aliquibus sequentibus difficilioribus et utilioribus Titulis, inter quos interpretetur tit. de verbo sig. et de reg. Iuris. Institutionum lector declaret principaliter Textum resecando omnia inutilia, Ita ut in quadriennio bis finiat quatuor libros Institutionum. Et singularem adhibeat diligentiam præcipuam in tradendo Titulo de Actionibus.

Cæterum Doctores vtriusque Censuræ temperabunt a vernacula nostra lingua, ne frequentius passimque ea utantur, nisi quantum Terminorum intelligentia requirit. Præterea ut fiat expeditior progressus euitent Epilogos repetitionesque prolixiores, tam circa materias prioris lectionis, quam eius quam legunt, quoniam non solum impedit progressu sed parit etiam fastidium Auditoribus, licet lectorem a labore subleuet. In recitandis autem opinionibus non immorentur diutius quam uel textus uel glossarum intelligentia exigat, communemque sequantur opinionem. Adeoque si in opinabilibus Doctor singularem minusque receptam opinionem in consultationibus et Praxi sua amplecti malit, nihilo tamen minus communem opinionem aliorum Doctorum et precipue quorum scripta in Cathedris frequentius citantur, Auditoribus inculcet. Cæterum in disputationibus conclusiones in materia disputabili more scholastico proponantur, quæ cum receptis Doctorum sententijs pugnent, vt inde Auditorum ingenia exerceantur.

Medicorum Ordo in Lectionibus suis obseruandus.

Interpretes Medicinæ Cursum suum quadriennio compleant. Antemeridiana Theorica sit lectio, Doceatque primum et secundum Fen primi Canonis Auicennæ, Microtechni Galeni, Aphorismos Hyppocratis. Post meridiem practice legant quartum Fen primi Canonis quartique Canonis primum Item Nonum ad Almansorem et Canonis Auicennæ Tertium. Singulo saltem quinquennio Anatomiam fieri instituant.

De Aromatorio.

Cum non modo expediens, sed omnino etiam necessarium existat, ut Aromatarius simplicibus pariter et compositis pigmentis secundum Artis requisita et præcepta sit instructus eorundemque Minister et expertus et admodum diligens curam baheat, quo Antidota et Pharmaca cæteraque medicinali usui necessaria debito Artificio modoque conficiantur et administrentur, Iccirco mens atque Jussio nostra est, vt ad minus singulis annis Apotheca uisitetur. Quod si Aromatorius pro tempore Iurisdictioni Vniuersitatis subfuerit, ipsa Vniuersitas per Ordinarios Medicos, vnacum alijs eiusdem facultatis Professoribus tunc presentibus, uel talibus absentibus per alios probos viros Apothecam quotannis examinari faciant. Si sit autem subditus Præfecto Ciuitatis, Is cum ciuium Magistro eiusmodi visitationem fieri curent.

Porro quo securiores simus, ut quam minimum inconuenientiæ et defectus circa prædicta de cætero contingat, nostra pariter est uoluntas expressa, vt alius modo peritus in Arte sua fuerit Aromatarius, quem præfati Medici et visitatores maturo synceroque iudicio idoneum esse iudicauerint, in hoc Oppidum assumatur; Non obstante quocunque Priuilegio Concessione siue gratia in contrarium faciente. Quibus ex certis rationibus animum nostrum mouentibus derogatum esse uolumus, sicut etiam ex potestate nostra derogamus.

In liberalibus studiis.

Professores Philosophiæ Collegiorumque Magistri, quos Bursarum conuentores appellare consueuerunt, ad Philosophiam siue rationalem siue naturalem siue moralem non admittant Auditores nisi sint Grammatici. Solita uero exercitia et actus suos prosequantur iuxta modum qui sequitur.

Docebunt inprimis Paraphrasticam Iacobi Fabri Stapulensis in Dialectica Aristotelis interpretationem et eiusdem Paraphrasim in Physica Aristotelis, ex quo Auditores ob Aristotelem barbare uersum fastidiunt ueterem translationem, interpretaturi et declaraturi eandem Paraphrasim ex veteribus Autoribus, qui minus inculcarunt superuacanea et sophistica. Ex quibus eligere possunt inter Arabes Auerroym, Philosophiam Auicennæ, Algazelis, de Græcis Themistium, Simplicium, Alexandrum, Theophrastum Ex Latinis Linconicum, Albertum Magnum et Thomam, Scotum, Ocham, Egidium Romanum, Caietanum non Monachum et Ioannem de Gandauo. Neque ullatenus ad Sectarum viarumque discrimina, aut certos maxime Neotericos Scriptores asstringantur, ac si plures et non una via sit atque Methodus ueritatis. Hoc enim alitur occasio Dissensionum et perniciosarum Factionum, quibus hactenus nimium curiose et perquam anxie in animarum suarum Auditorumque iacturam et plurium offensionem, solidiore veritatis doctrina neglecta, incubuerunt.

Quapropter explosis vijs et sectis eorundemque nominibus ipsi Philosophiæ Professores siue Conuentores (ut uocant) in posterum sine delectu viarum et respectu Authorum in Contubernijs suis, quorum alterum Aquile, Alterum Pauonis nomine de cætero appelletur [1], legant et doceant

1 Die Namen sollen also erst eingeführt werden und die hergebrachten: Bursa Realium und Bursa Modernorum verdrängen, weil der Unterschied der zwei Wege überhaupt verworfen wird. Es ist irrig, wenn manche annehmen, die Bursen in Tübingen seien von Anfang an so bezeichnet worden. Nirgends bedient sich irgend ein Dokument dieser Ausdrücke. Die östreichischen Räthe haben dieselben von Freiburg entlehnt, aber mit ihrer Anordnung keinen Erfolg gehabt. Schreiber G. d. U. Fr. 1, 37.

prædicamentorum Paraphrasim et Epithomata siue parua Logicalia Fabri uel Petri Hispani Textum, aut si hunc quoque fastidiant Auditores, Rudolphum Agricolam uel Trapezuntium meliori ordine et clariori Interpretatione ad Auditorum profectum ex Scholijs siue Commentarijs præfatorum Authorum.

In Philosophia uero morali Collegiati duo, quando syncerior habetur traductio Aristotelis atque per Jacobum Fabrum Scholijs et Commentarijs non contemnendis est illustrata, ipsis Aristotelis textum fideliter et diligenter, et non obiter ut hactenus tradant. Ex quo hæc Philosophiæ pars maxime pertinet ad rectam vitæ institutionem tum ad superiores doctrinas siue Facultates uehementer conducat potissimum ad Theologiam et ad Jurisprudentiam, Vnde Auditores etiam ad tam utiles Lectiones audiendum asstringant.

Cæterum ipsi Magistri nihil æque curabunt, quam ut Adolescentes optimæ spei et indolis adhortentur, immo asstringant ad memoriam diffinitionum diuisionum et necessariarum demonstrationum, vt magis Textui quam glossematum et quæstiuncularum argutijs inhæreant sibique fructum inde afferant, nomenque et famam Vniuersitati extendant, ne insulsi rudesque doctrina atque eloquio Parentum substantijs incassum decoctis domum reuertantur.

De conductionibus legentium.

Dum conducuntur Doctores et Magistri quarumcunque Facultatum, animaduertant conductores ad Articulum ea de re Ordinationi, inter cætera Vniuersitatis Statuta insitum, quem etiam Conductores ipsi præscriptis inibi uerbis iurare solent. Adeo quod Externis et idoneis et utilibus æque pateat locus atque Patriotis etiam in alia Vniuersitate Magisterij uel Doctoratus insignibus exornatis.

Cumque uel parum uel potius nihil conueniat Iuridicæ Facultati cum sectis Artistarum maxime ad modum superioris Aetatis traditarum, Conductores de cætero nequaquam æmulenter æqualitatem Collegiorum siue Bursarum, sicut hactenus illis consuetum erat, Sed quæ præcipua et maxima ratio esse debet attendant et respiciant ad eligendi doctrinam et peritiam in ea facultate quam profiteri debet. Et quia paupertas fæcunda solet esse ingeniorum Altrix, Iccirco si Competitor quispiam statum condecentem aliunde assecutus est, tum egestate oppressi, modo cum fructu et utilitate uel lecturæ uel offitio præesse possit, ratio habeatur.

De Perpetuationibus.

Porro recta quoque ratione iam cautum et receptum est, ne quempiam Vniuersitas ad dies vitæ conducere uel perpetuare possit ad aliquam lecturam uel offitium, si ille non prius per decem annos in hac uel alia Vniuersitate cum honore et nominis sui fama legerit.

De Facultate se absentandi seu absentijs, quas appellant Egressiones.

Cum hactenus Doctoribus sæpius quam Auditorium sit usui, concessum fuerit, vt se priuatis negotijs implicando absentent, Ideo expedit Absentias constringi. Proinde legentes munus suum per se ipsos obeant, uel si practicæ in alienis locis intendere quam lecturæ incumbere malint, id de cetero citra auditorij iacturam faciant. Ad quod Conductores in Assumptione siue Conductione Doctorum quanto magis fieri possit eos asstringere debent.

Item Vniuersitas moderari debet Statuta in periurij comminatione, sic ut non præstetur periurio ex nimia facilitate occasio et perinde Religio Iurisiurandi in contemptum abeat.

Cæterum statutum per Vniuersitatem superioribus annis in famosorum libellorum Autores editum [1] in robore suo permaneat, dum tamen uerbum *morderi* et clausula *quomodolibet offendi* pro non adiectis habeantur, prout in posterum in statutorum publicatione omitti debent. Durum enim esset quempiam periurij reum esse ob mordacitatem uel offensionem, quæ intra limites famosi libelli concludi nequeant.

Postremo vt legentium singuli integras et æquales horas compleant, Vniuersitas Magistratum Tubingensem conuenire et requirere debet, vt horologium in Prætorio ad rectas et æquales horas dirigi faciant.

---

1 s. S. 106, 17.

De cura Rectoris et Præceptorum erga auditores suos et vicissim auditorum erga præceptores offitiis.

In primis Rector optimatesque Vniuersitatis studeant summa ope, vt congruis Statutis et mediis cohibeant Auditores, ne ut hactenus nimium lasciuus et dissolutus uideatur eorum habitus et simul incessus, sed honestioris conditionis hominibus conueniens et non uilissimo cuique satelli similis. In quo ordinando utantur discretione mediaque uia non declinantes ad extrema, faciendo etiam discrimen inter facultates. Ferant autem in publico non Rhenones siue Interulas instar vestis ad equitandum aut Iter faciendum paratæ, sed Indumenta Scholasticorum honestati congrua, non scapulis pendentia sed induta. Iurium tamen scolaribus præsertim Nobilibus et Medicinarum auditoribus Manicis indui, uel non, liberum sit. Dum tamen non fibrata discissaue sit Diplois. Magistri autem Artium in offitijs constituti et qui iurato Pauperum Stipendio aluntur, omnesque Theologiæ et Philosophiæ Auditores non nisi indutis Manicis incedant, cuiuscunqne status aut conditionis fuerint. Omnes uero in vniuersum a versicoloribus et abscissis uel discissis Caligis abstineant. Liceat tamen super genibus gratia commodioris incessus vnam tantum scissuram facere. Si quis Ensem aut Spatam defensionis causa deferre uelit, id cuiuis quoque permittatur, modo ensis sit mediocris longitudinis et non deferatur more militari aut satellitum retro extensus [1].

Præterea diligenter Rector et Vniuersitas præcipue iure consulti et literas humanitatis profitentes aduertant, vt si qui sint, qui studium literarum negligant uel postponant, cuiuscunque generis ordinis et conditionis existant, absque omni dilectu, maxime Ecclesiastici inprimisque Canonici et Præbendarij Ecclesiæ Tubingensis, qui et alibi Sacerdotia possident eorumque prouentu et emolumentis hic prætextu studij aluntur, tales per Pedellum moniti, si non intra Mensis spacium lectiones Facultatis, cui intendere debent, frequenter audire ceperint, sint ipso facto ab Vni-

1 s. oben S. 106. Diese Kleidervorschrift scheint eine Specialverordnung zu sein, welche einige Jahre vor der Ordinatio ergangen derselben einverleibt wurde. Möglich ist übrigens, dass sie umgekehrt von hier aus auch in jene Statuten Eingang gefunden habe.

uersitate exclusi, priuilegijsque eiusdem priuati. Ita quod Rector immediate talem citatum in Consessu Vniuersitatis declaret et pronunciet exclusum et priuatum [1].

Et quo effectus huiusmodi exclusionis priuationis et declarationis sequatur, requirat Præfectum uel Magistratum Tubingensem in pleno Vniuersitatis Consessu, ut iuxta compactatum talem exclusum non permittant vagari diutius per Oppidum neque patiantur uelut hospitem, aut quouis alio nomine hic degere Ne corrumpat et inficiat, instar morbidæ ouis integrum Gregem, decocturus uel paternam substantiam uel Ecclesiarum præbendas, non solum in animæ suæ detrimentum, sed etiam ad perpetuum Vniuersitatis dedecus aliorumque offendiculum.

Simili modo attendant, ne quempiam infamia natalium notatum et maxime ex damnato et incesto coitu genitum quantumvis sufficientem Cancellario pro publico examine præsentent, Nisi fuerit uel a Romano Pontifice uel Imperatore uel ab eisdem potestatem habentibus legitime natalibus restitutus.

Nos autem huiusmodi ordinationem, vt de uerho ad uerbum hisce paginis inserta est, in omnibus suis punctis articulis et clausulis, matura quoque nostra deliberatione præhabita discussam ratam gratamque habentes laudantes et approbantes inuiolabiliter obseruari et cum effectu exequi uelimus. Iccirco mandamus iniungimus et præcipimus honorabilibus deuotis nobis dilectis Præposito Tubingensi tanquam Cancellario et Superintendenti Rectori ac Decanis quatuor Facultatum pro tempore in dicto nostro Gymnasio existentibus, ut et officiorum suorum et iuramentorum per eos præstitorum memores summa diligentia opera et sedulitate curent agant et efficiant, vt præscriptæ ordinationes in omnibus et per omnes, sicut conuenit et quos in genere siue in specie, siue mixtim concernunt inuiolabiliter obseruentur, exequantur et nullatenus infringi patiantur, appositis remedijs mulctis et pænis, quæ ipsis uidebuntur adhibendæ, quas ab ipsis transgressoribus cuiuscunque conditionis gradus et ordinis extiterint, etiam ultra ordinarias pænas ad Fiscum Vniuersitatis irremissibiliter exigere debent. In quantum nostram et Successorum nostrorum Principum in prouincia Wirtembergensi

1 s. S. 139.

gubernantium grauissimam indignationem ac simul offitiorum et Lecturarum suarum priuationem declinare uoluerint.

Expresse eisdem iniungentes et volentes, vt in præfatis ordinationibus nihil prorsus immutent et statuant per se uel coniunctos etiam sibi alios ad Consilium Vniuersitatis deputatos, quouis prætextu aut colore quæsito, nisi prius nobis consultis et dictis Successoribus nostris, uel nobis aut illis a prouincia longe absentibus, nostris uel eorundem pro tempore Locumtenente et Consiliarijs prouincialis Regiminis existentibus.

Excepta duntaxat artistica facultate, cui integro triennio per viam probationis modum et ordinem suum concessimus, ita quod si melior et breuior posthac Methodus uel puriores Autores haberi possint, ut eundem uel eosdem assumere possint et debeant. Accedente tamen semper et requisito inprimis Cancellarij præfati, Rectoris item et quatuor Decanorum consensu et voluntate modo viarium et nomina et discrimina sint et maneant semper exclusa.

Non obstantibus in contrarium quibuscunque ordinationibus decretis statutis, etiam iuratis, aut quomodolibet hactenus introductis et obseruatis, quibus omnibus et singulis, quatenus præmissorum effectum impedire possent, ex plenitudine potestatis nostræ ac de præcisa nostra voluntate, etiam si talia essent, quæ deberent præsentibus exprimi, prout pro expressis et insertis haberi uolumus, derogamus et derogatum esse uolumus præmissis ordinationibus plenum nostræ principalis auctoritatis robur et efficaciam concedentes. In quorum fidem hasce paginas conscribi atque sigilli nostri impressione roborari iussimus.

Tubingæ die vicesima tertia mensis Octobris Anno 1525.

Ferdinandus.

Ad mandatum Ser. Dom. Principis
Archiducis proprium.
Ja. Spiegel.

Univ. Archiv Mh. I, 15. Papier mit Siegel. Eisenlohr 86

34.

Die Universität beschwert sich zwei Doctoren zu einem Rechtstag wider die Widertäufer nach Rottenburg a. N. zu senden, 1. Apr. 1527.

Wolgeborner, Edeln, Gestreng usw. E. G. und gunst syend unser underthenig gehorsam und willig dienst alzeyt zuvor.

E. G. und gunst schriben, das uß K. Mt. unsers gnedigsten Hern beuelh wir zween Doctores uß uns, den Kaiserlichen Rechten gelert, gen Rotenburg uff den Rechtag, so uff freytag nach Judica nechst [12. Apr.] etlicher widergetouften halber syn würdet, das Recht sampt andern zu besitzen und zu urthailen zu verhelffen usw. haben wir alles iren inhaltz in gehorsame vernomen und fügen E. G. und gunst in aller underthenigkait zu vernemen: das wiewol wir all samptlich und ain yeder under uns insonderheit der gehorsame genaigt und willig weren und pillich K. Mt. unserm gnedigsten Hern, auch E. G. und gunst S. Mt. loblich Stathalter und Regiment unsern gn. und günstigen Hern in aller underthenigkait gehorsame willig gevlissen dienst zu allen zeiten ongespart leibs und guts, bewysen und zethundt:

Aber wir achten und gedenken, das sollich rechtfertigung und recht nit burgerlich wol pinlich syn, Eer Lib und Leben berürend werd oder möcht, und aber sollich gericht zu besitzen und darin zu urthailen oder yemandts darzu verordnen uns gantz beschwerlich, in ansehung das der merer thail uß uns priester, die andern zu priesterlichem stand in künftig zeit komen, daran in sollichs mercklich hinderung gebern würde.

Zum andern ist die Universitet mit hendeln des Fürstenthumbs täglich beladen, darinne wir alles unser vermögen biß hieher mit allen treuwen und willen ouch hohen vlyß gethun und füro zethond willig, so würde das der Universitet ain merklich anhang und nachtaill gebern.

Dan uber die hendel und des Hoffgerichts des fürstenthumbs, damit wir täglich beladen, haben das Regiment zu Inspruck hievor mit andern hendeln uns ouch beladen, das wir uß treffenlich ursachen abgeschlagen und nit annemen wollen.

Wa nun wir der Universitet verwanten aller anderer K. Mt. verwanten hendeln uns sollten müssen beladen, würden die Letzen müssigsten und zuletst abgeen.

So haben ouch die Universitet zu Friburg die pfarr zu Rotenburg, die das sie sich billicher dann wir undernemen [1].

Ist demnach an E. G. und gunst unser gantz underthenig vleißig pit uns deß zu uberhaben und damit onebeladen zu lassen, damit wir der hendel diß fürstenthumbs belangen und unserer Letze darin wir bestelt und verordnet dester baß vorsyn mögen.

Das wöllen wir umb K. M. unsern gnedigsten hern E. G. und gunst, unser gnedig und günstig Hern in aller underthenigkait und gehorsamlich zuverdienen willig und bereit syn, underthenigklich pittend uns in gnaden befolhen zu haben.

Datum Montag nach Letare A. 1527.

Rector und Regenten der U. z. T.

An Stathalter und Regenten in Wirtemberg.

Sattler Herz. 3. Beil. 133. Die Tübinger Doctoren, die sonst mit Statthalter und Regenten auf einem sehr guten Fusse standen, was später Herzog Ulrich sie fühlen lässt, wussten doch zu gut, was von einer österreichischen Regierung in Kezerprocessen zu erwarten war, als dass sie sich zu dem Blutgericht hätten hergeben mögen. Die Juristen, aus welchen die Deputierten zu wählen gewesen wären, sind damals Conrad Plücklin, Joh. Hemminger, Georg Simler ein Lehrer Melanchthons, Joh. König, Peter Neser. Das Regiment wollte die schriftliche Entschuldigung nicht gelten lassen, denn am 6. Mai wurde Hemminger mit dem Theologen Käuffelin nach Stuttgart abgeordnet, um widerholt zu erklären, dass die Universität ex maximis causis keinen der ihrigen stellen könne. Man lag aber dennoch ihnen an, sagt Sattler H. 2, 170, dass endlich Dr Jörg Farner und Balthas Stumpf sich behandeln liessen diesem Rechtstag beizuwohnen. Jener gehörte nicht zu der Facultät der Juristen. sondern zu den Artisten als collegiatus; dieser findet sich nirgends unter den Tübinger Lehrern aufgeführt. Beide sind vermuthlich jüngere Leute, in den Jahren 1513 und 14 inscribiert. Und Farner wird einige Wochen nach jenem Gericht von der Universität entlassen. Stumpf macht als brauchbarer Mann eine gute Laufbahn und wird Kaiserlicher Rath und Canzler in Ensisheim. Die östreichisch hohenbergische Regierung, welche ausserdem zwei ihrer Doctoren aus Freiburg verschrieben hatte, machte am 11. Mai zu Rottenburg raschen Process. Der Haupt-

1 Die Pfarre zu R. gehört der Univ. Freiburg, wesshalb es billig ist, dass diese, nicht wir, sich der Sache unterziehe.

schuldige, ein gewesener Mönch, der im Geiste der Reformatoren für seine Sache spricht, wird nach schändlichen Martern lebendig verbrannt, die Männer geköpft, die Weiber ersäuft, im ganzen zwölf Personen. Zwei widerrufenden werden wenigstens die Zungen ausgeschnitten. Ob Farner wegen seiner Theilnahme am Gericht entlassen wurde, wissen wir nicht immerhin gereicht es der Universität zur Ehre, dass zu diesem Auftrag keiner ihrer Rechtslehrer willig war.

35.

Vertrag zwischen Universität und Stadt Tübingen, die Beihilf vnd Collectas betreffend.

22. November 1527.

Wir des durchleuchtigsten grossmächtigsten Fürsten vnd Herrn Herrn Ferdinanden zu Hungarn usw. Königs, Hertzogen zu Burgundien vnd Wirtemberg unseres gnedigsten Herrn, Jörig des h. Römischen Rychs Erbtruchsäss Fryherr zu Waltpurg Herr zu Wolffeck usw. Statthalter vnd Regenten vnd Rethe des gemelten Fürstenthumbs Wirtemberg bekennen vnd thun kund offenbar mit diesem brieff:

als zwischen den würdigen ersamen hoch vnd wolgelerten vnsern lieben besondern vnd guten freunden Rector vnd Regenten der Vniuersitet zu Tübingen an ainem vnd Burgermeister vnd gericht daselbs am andern thailn, nachgemelter sachen halbn spenn irrung vnd zwitracht herwachsen, derohalbn sie bederseits durch ir botschaft vnd gesantten vff heut dato zu gutlicher verhör vnd handlung vor uns betagt erschinen vnd in solchen irn mengeln vnd geprechen mit sampt etlichen irn dargelegten fryhaiten nach notturft gegen ainander gnugsamlich verhört worden sein: dass wir demnach bed tail mit irn guten wissen vnd willen solcher geprechen halb nachuolgender weiss gütlich geaint vnd vertragen haben:

Das die Vniuersitet zu Tüwingen vnd derselben verwandten das spennig gelt, wie inen sollichs yetzund vfferlegt ist, K. Maiestet zu vntertenigster gehorsam vnd wilfarung geben vnd bezaln sollen, vnd verner, ob sich gefügte, das Ir K. M. dero Erben vnd Nachkomen als Hern dis Fürstenthumbs Wirtemberg künftiglich in Raisen oder Kriegslöfen ainich hilf an gmeine Landschaft hegern wurden, sover dann ain Landschaft dieselbig hilf bewilligt an Leuten, sy erwelen die under inen selbs oder bestellen sy umb ain solde, darynn sollen die von der Vniuersitet vnd ire verwandten von iren Personen und gütern denen von Tübingen zehelfen nit schuldig sein:

Bewilligten aber ain gmaine Landschaft oder der merertail söllich hilf zethon an gelte, so sollen die von Tüwingen macht haben ir gehürend anzal nach der Stür oder Landstür umbzeschlahen vnd alsdann die von der Vniuersitet vnd ihre verwandten yederzeit schuldig sein von irn inhabenden stürbaren und beschwärlichen gütern daran zugeben vnd zutragen als ander burger oder einwoner daselbs von so uiln, vnd derglychen gütern vngeuarlich:

Vnd sollen damit beiderseits diser geprechen halb gentzlich miteinander gericht vnd geschlicht vnd dieser vertrag beden thailn an irn fryheiten priuilegien vnd verträgen in alweg vnuergriffenlich vnd ohnschädlich sein.

Disen vertrag haben bedertail gesandten angenommen hindersich an die irn zupringen vnd in genanter zeit zu oder abzuschryben. Ouch nachuolgend denselben gütlich also angenommen vnd zugeschrieben vnd daruff von vns brieflich vrkundt begert, die wir ihnen zugeben verschafft vnd zu vrkundt des fürstenthumbs Wirtemberg gerichts Insigel offentlich gehengkt haben an disen Brief, dero zwen glychlutend gemacht sind vnd yeglichem tail ainer gegeben ist.

Zu Stutgarten vff den 22. tag Novembris als man zahlt v. Chr. u. l. H. Geburt 1527 iare.

Jörg Truchsess Statthalter.

J. Raminger.

Beide Ausfertigungen sind noch vorhanden: Univ. Archiv Mh. I, 92. Perg. mit Siegel (Sigillum Ducatus Wirtembergensis ad causas. 1520) und Stadtregistratur.

36.

Abschied zwischen Universität und Stadt, 9. Aug. 1533.

Abschied zwischent den würdigen usw.

Alls verganguer tag die obgenannten Herrn Rector vnd vniuersitet gegen vnd wider gedachte Burgermaister gericht vnd Rat von wegen gemainer Stat Tüwingen etlich Mengel vnd beschwerden K. majestet Stathallter vnd Regiment fürpracht Derhalben sie baiderseits, vff heut Dato des abschids, durch ire verordneten vnd gesanten vor gedachtem Stathalter vnd Regiment zu gütlicher verhör vnd Handlung betagt erschinen vnd verhört worden sind, Vnd aber zu Hinlegung sollicher geprechen nach vilfälltiger gepflegner vnderhandlung zwischen baidentailen ainicher vergleichung halb in der güttlichait diser Zeit nichtzit fruchtbarlichs mögen gehanndelt noch erhallten werden. So haben bemelte Stathallter vnd Regiment baidertail gesandten disen abschid geben, Das sie Stathallter vnd Regiment baidertail fürpringen vnd was daruff gefolgt, souil die Notturfft vnd gelengenhait der sachen erfordert, zum fürderlichsten an die K. Majestet langen lassen wöllen Daruff Ir majestet ferners beuelhs vnd bescheids zugewarten Vnd demnach in betrachtung wölchermassen sie baiderseits irer gelegenheit nach ainander zugethun vnd verwandt sein, an Stat vnd innamen derselben Ir majestet Inen zu baidentailn ernstlich befolhen sich mittler Zeit in gutem freuntlichem willen fridlich vnd dermassen gegen vnd mitainander zuhallten zuerzögen vnd zubewysen, wie Inen wol gepürt vnd zusteet, das wöllen sich Stathallter vnd Regiment ernstlich zugeschenhen versenhen.

Alls nun haider vorgenannten parthyen gesanten disen abschid empfangen vnd angenomen Haben Stathallter vnd Regiment innamen H. K. majestet den gesannten der vniuersitet, wyter zuerkhennen geben Diwyl sie die gesannten von wegen gemainer vniuersitet sich in diser Handlung erpotten zu abstellung der langen wör vnd vnzimlichen klaydungen, der sich die Studenten etlich zeither vngepürlicher weiß gepruncht, ouch sonst anderer artickel halp, die zu frid guter Zucht, bescheidenhait vnd erberm wandel dienlich sein mögen, Sonder Ordnung vnd Statuten zumachen fürzunemen zuuerkinden vffzuschlahen vnd zugepieten denselbigen zuleben vnd nachzukomen, ouch derhalb mit ernstlicher straff vnd volnziehung derselbigen notturfftigs vnd ernstlichs ynsenhens zuthund, vnd sonderlich vmb vbertrettung des fridens sich in sollich irem fürnemen vnd bedencken gemainer Landsordnung gemeß am iungsten vßgangen Souil möglich zuuergleichen Das sie dann in dem allem fürderlich vnd vnuerzogenlich fürgangen. Das sey ouch ir Stathallter vnd Regiment an Stat vnd innamen K. majestet ernstlich beuelch vnd maynung Sonders zwyfels sollichs werde zu gutem gelangen vnd vil vbels verhüten.

Dann ferner Nachdem sich bißher vnd noch zwischen den Studenten vnd burgern allerley freuenlicher Hendell begeben, ist abermals innamen K. majestet in krafft ir majestet oberkait Statthallter vnd Regiment ernstlicher beuelch, wann sich fürohin dermassen zwischen den studenten vnd burgern wie gemelt ainich freuenliche Mißhandlung zutregt, welcher gestallt das beschehe, darin Studenten vnd burger mitainander verwickelt wern, vnd sie baiderseits gegenainander berürte Das in sollichen vnd dergleichen sachen K. majestet ober vnd vnderuogt sament oder sonder mitsampt ainem Rector der vniuersitet baiderseits mit ainander von oberkait wegen der sachen aigentlich inquisicion vnd erfarung thun, souil die notturfft erfordert vnd sonderlich so es von Nötten dem Rechten gemeß zugnus vnd kundtschafft ordenlich verhören vnd in sollicher Handlung vnd verhör der zuigen die beschaidenhait hallten, damit die personen der gezuigen, onvndergriffen ainicher ynred, darab sie sich irer sag entsetzen oder daran verhindern lassen möchten, die warhait ergangner Handlung frey on alle sorg vnd forcht vnerschrocken anzögen vff das die sachen souil möglich aigentlich erlernet vnd niemands vernaichtailt werde.

Befindt sich dann vff der burger seiten der vnfug, das dann die amptleut anstat K. majestet amptshalb den freuel vnnachleßlich zubiessen vnd zustraffen haben Desgleichen herwiderumb So sich der Studenten halb der vnfug befende Das dann ain Rector der vniuersitet vermög irer priuilegien Sie der freuel halb auch zubiessen vnd zustraffen haben. Darinn sie ouch baiderseits vnnachleßlich fürfarn vnd khain taill den andern daran verhindern soll.

Ob auch ain Student vnd ain burger mit ainander ain freuenlichen Handel begiengen vnd khain tail den andern darumb fürnemen oder beclagen Sonder die sach allso stilschwygend hangen vnd beruwen lassen wöllten So sollen Rector vnd amptleut baid mitainander nit destweniger allweg so offt sich das begeb von oberkait vnd amptswegen dieselbigen sachen vnnachleßlich Rechtuertigen vnd mit Inquiriren, verhör der zuigen vnd der straff des freuels die bescheidenhait vnd den vnderschid halten inmassen vorgeschriben steet.

Vnd diwyl sich by nechtlicher weil, zu verpottner zeit villerlay vngeschickter freuelicher lychtuertiger mißhandlungen vff der gassen zutragen die diser zeit, nach gelegenhait der löuff nit zuerlyden steen, Sollen K. majestet amptleut den wachtern vnd Statknechten ernstlichen beuelch thun So sie ainen der vniuersitet verwanten by nächtlicher weil zu der verpotten zeit an vnzimlichen orten mit vngeschickten waffen vnd lychtuertigem geschray oder wesen betretten Das sie denselbigen (Souer es sein mag mit bescheidenhait) vnuerletzt innamen ains Rectors annemen In der Stat loch legen vnd mornends am morgen mitsampt den waffen dem Rector vberantwurten. Doch soll er des lochgellts frey sein vnd der Rector den Statknechten von der waffen wegen das widerfaren lassen Das man in hieuor ouch geben hat.

Es sollen ouch wachter vnd Statknecht macht haben die verwandten der vniuersitet, wa sie in zanckh oder hader betretten wurden zu frischer gethät, zu friden vnd glüpt zunemen es sey tag oder nacht innamen ains Rectors, vnd so sie sich des widersetzen, sollen sie den oder dieselbigen Die by tag betretten dem Rector von stundan on verzug vberantwurten vnd die by der nacht betretten in der Stat loch legen vnd morgens on entgaltnus des lochgellts ouch dem Rector on ainich yn oder widerred zustellen inmassen vorgeschriben stet.

Dann ouch ain Student ainem Rector vberantwurt würt, der by nächtlicher weil ainem, er wer der vniuersitet oder der Stat verwannt, Sein behußung vffboldert die thür hinein trett, in sein Huß würff, Schmachbrieff anschlieg oder dergleichen schmach oder schaden vnderstünd zuzufiegen So dann derselbig von dem Rector für ain vbertretter erkennt wurd Soll der Rector dem anbringer ain guldin geben, wie vor auch beschehen.

Die Stattknecht vnd wachter, auch ander so mit in vffpassen gand, Sollen by irn pflichten, so sie den amptleuten thun, von khainem studenten oder burger weder miet gab noch schenckin, wie es namen hatt, vor oder nach dem vahen nemen, ouch khain vertrag pact geding oder gemecht mit inen eingeen noch machen, damit dem wie oblut allenthalb dest baß gelebt vnd in sollichem khain person für die ander angesenhen werd.

Souer ouch ain Rector in sollichen oder dergleichen vbertrettungen vß erforderung der notturfft die amptleut samentlich oder sonderlich vmb hilff oder bystand zu ainicher zeit ansuchen wurd, sollen sie ime dieselbigen zu allertzeit fürderlich vnd vnuerzugenlich mittaillen, Damit den hanndeln vnd sachen nach irer gelegenhait, wie oblut, dest statlicher möge begegnet werden getruwlich vnd vngeuarlich.

Dis abschids sampt den angehenckten artickeln seind zwen gleichs luts gemacht dem Rector der ain vnd K. majestat amptleuten der annder zugestellt, sich darnach haben zurichten.

Geben vnd beschehen zu Stutgarten vnder des fürsthenthumbs würtemberg vffgetrucktem Secret den Neundten tag Augusti A. D. dryssig vnd drew.

Philips pfaltzgraf
Stathallter.

Minsinger Cantzler

Univ. Archiv Mb. I. 93.

37.

Reformation der Universität 1534.35.

Postquam Ill. Princeps literas ad vniuersitatem misit, quibus petiit, ne reformatores vellemus impedire, duo missi sunt ad Ambrosium Blarer et Simonem Gruneum scil. D. Balthasar [Käuffelin] et D. Petrus Neser, qui eis visitatoribus nomine vniuersitatis proposuerunt, quomodo Vniuersitas parata sit, ut omnes defectus deprehensi emendarentur, et supra alias ad idem parata fuerit. Quibus responsum est ab Ambrosio Blarer et Simone Gruneo, quod Vniuersitas debeat concipere suos defectus et ipsi quoque perlustratis omnium lectionibus defectus deprehensos velint principi scribere.

Qui visitatores cum diu negotium tardarent, vniuersitas verita, ne ipsa tarditatis insimularetur, eis insinuauit, quod libenter vellet eis aliqua proponere, horam saltem ipsis conuenientem indicare vellent. Quo facto vniuersitas eis totam mentem proposuit, quod quandoquidem Ill. Princeps scripsisset ut euidentibus defectibus consulturis Ambrosio Blarer et Simoni Gruneo vniuersitas et superattendentes non deberent esse impedimento sed potius adiumento, ut negotium mature consummaretur, ipsa vniuersitas, vereretur, ne ipse Illustris contra vniuersitatem segnitiei posset insimulare ideoque ne procrastinaretur negotium et crederetur vniuersitatem esse in causa, vocasset eis et sicut prius dictum est, quod ipsa esset parata ad emendationem euidentium defectuum, quatenus ipsorum conscientie et iurata ordinatio permitteret. Ipsi visitatores responderunt vniuersitati, quod bono deberet esse animo et ab omni cura libera, quum bene essent vniuersitatem apud Principem excusaturi, nec citius potuisse procedi. Ceterum quo ad reformationem ipsi visitassent omnium lectiones et non reperissent notabiles defectus quin quibus facile mederi posset, modo vniuersitas reciperet pietatem et euangelium. Nec ipsorum esset animum alicuius persone incommodare, sed omnibus fauere.

Examinatis tamen singulis theologie doctoribus et audita

confessione singulorum, si qui non omne quod ipsi docerent vel docuissent crederent, minati sunt depositionem.

Quibus vniuersitas per prepositum respondet ac pro bona et prompta erga personas vniuersitatis voluntate gratias egit. Petiit quoque, quandoquidem in omnibus aliis visitationibus defectus fuissent vniuersitati communicati, et ipsi vellent quos repperissent defectus vniuersitati communicare. Quod licet primo negauerint tamen postea sunt polliciti et prestiterunt.

Nam ante Thome [21. Dec.] in ecclesia Rectori eosdem obtulerunt [1]. Super quibus matura deliberatione habita, ante quam concluderetur aliquid, Vniuersitas misit ad Ambrosium Blarer et de mora se excusauit causans quarundam personarum absentiam petiitque ad ipsarum aduentum dilationem, que et eis concessa est.

Sed statim sequenti die Gruneus missis literis petiit, ut infra triduum eis responderetur. Alias ipsos propter scriptum principis cogerentur defectus conceptos aut si mauis consilium de reformando gymnasio ad ipsum principem mittere. Quo facto vniuersitati visum est, ut ipsi visitatores et legati principis ad faciem vniuersitatis locarentur et rector Vniuersitatis de mora excusaret causans quarundam personarum absentiam, articulorum grauitatem et iuratam ordinationem, cui ordinationi illi articuli valde aduersarentur. Petiit quoque, quandoquidem articuli essent ardui et succincte conscripti, vellent vniuersitati eosdem declarare, quod et Gruneus diligenter fecit.

Post quam interpretationem Vniuersitas eis respondit, quod per eam hactenus non steterit, quominus negotium processerit, sed solummodo personarum absentiam fuisse in causa, que et usque impediret, ne fieret processus, quandoquidem omnes iurata ordinatio concerneret et absentes, quod presentes concluderent, possent irritare. Peteret perinde Vniuersitas, ut darentur ei indutie, donec venirent absentes. Visitatores responderunt, quod de aduentu absentium essent incerti ideoque non possent nisi certum illum terminum concedere, scilicet triduum, in quo dominus doctor

---

1 Diese Artikel waren gleichzeitig dem Herzog übergeben, der unter dem 22. Dec. sein Einverständniss an Blarer erklärt. Sattler Herz. 3, 136 d. Beil.

Johannes [Armbruster] posset de omnibus rebus certior fieri et ipsius consilium experiri. Quod vniuersitas recepit et ad Doctorem Johannem se missuram et deinde responsuram promisit, et ita consilium dissolutum est.

Consulto vero D. JOHANNE duo missi sunt, qui reformatoribus dixerunt, vniuersitatem ad respondendum esse paratam. Ad quod visitatores dixerunt, quod vniuersitas deberet eis suam sententiam cum rationibus mouentibus in scriptis concipere et eis communicare. Quod per vniuersitatem factum est et aliqui deputati sunt, qui cum eis dispensauerunt. Quo facto et reformatores petierunt indutias, que eis concesse sunt.

Post aliquot dies domini reformatores petierunt conuocari ad hoc negotium deputatos et ita responderunt. Quod quandoquidem articuli uel positiones fere ex diametro pugnarent, non possent quidcunque aliud respondere uel tractare, sed negotium referendum ad Ill. Principem. Quare si Vniuersitas uellet suam sententiam ipsis reformatoribus tradere, tunc uellent Stutgardie coram Ill. Principe fideliter tractare.

Ad primum, scilicet quod referendum esset ad Principem, responderunt quidam deputatorum: quod sperasset vniuersitas uel in aliquibus principio esse conuentum et de aliis potuisse ulterius inter reformatores et vniuersitatem tractari, ne Ill. Princeps qui alias satis occupatus esset, illo negotio molestaretur. Sed nihilominus in sua sententia perseuerauerunt.

Ad secundum respondit vniuersitas, quod propriam legationem mittere vellet et si placeret reformatoribus cum eis descendere. Ad quod reformatores, potissimum vero BLARER, quod Princeps esset vagabundus nec in eisdem sedibus moraretur assidue, quare prius explorandum, quando commode descenderetur. Quo explorato insinuauit vniuersitati, et ita ipsi seorsim, et vniuersitas seorsim [1] descenderunt et collatis inferius rationibus ordinatio noua confecta est.

Univ. Archiv VI, 25. Wer diese Aufzeichnungen, die sich auf den äusseren Hergang der Verhandlungen mit den beiden Beauftragten des

---

1 Am 9. Dec. 1534 waren zum Herzog geschickt worden Pe. Brun und Balth. Käuffelin. Pressel, Blaurer 380. Diese letzte Abordnung, vielleicht derselben Personen, wird gegen Ende Januars 1535 fallen.

Herzogs beschränken und den Inhalt derselben ganz beiseite lassen, gemacht habe, lässt sich nicht sicher bestimmen. Angehängt sind dieser Ausführung kurze Notizen über Beschlüsse des Senats, die sich nur theilweise auf die Umgestaltung der Universität beziehen. Offenbar ist das Papier nur durch Zufall zu den Acten gekommen, verdient aber hier aufgenommen zu werden, weil es die einzige Erzählung der Vorgänge ist, die wir aus dem Kreise der Universität haben.

Die Geschichte der Umgestaltung der Universität findet man bei Schnurrer Erl. 289 ff. Heyd Ulrich 3, 125 ff. Keim Blarer 63 ff. und Th. Pressel Blaurer 381 ff. vgl. auch Stälin W. G. 4, 400. Hier soll daher nur eine chronologische Uebersicht mit Einreihung einiger aus den Acten der U. sich ergehender Daten aufgestellt werden.

1534. Wenige Tage nach der Schlacht bei Laufen 14. Mai, durch welche Herzog Ulrich in den Besitz des Landes kommt und dessen Reformation bevorsteht, wenden sich die Strassburger Theologen mit Rathschlägen an ihn. Die streng lutherische Richtung wünschten sie vermieden, ein Zwinglianer war nicht möglich, und so schlugen sie in dem Magister Ambrosius Blarer aus Constanz einen in Schwaben bereits erprobten milden Mann des Mittelwegs vor, neben ihm als gelehrten Beistand den Simon Grynæus aus Vöhringen, Lehrer der griechischen Sprache in Basel. Zunächst wird jener am 24. Juli berufen, trifft am 30. in Stuttgart ein und findet alsbald dogmatische Schwierigkeiten bei den Lutheranern, welche mit Mühe ausgeglichen werden. Mit dem Auftrag das obere Land zu reformieren fällt auch die Universität in seinen Sprengel.

Blarer hatte in Tübingen studiert und kannte den Boden [1]. Aber als er gegen Ende August dort eingetroffen am 2. September das Predigtamt übernommen hatte, erschien ihm die Aufgabe bei der Universität so schwierig, dass er nach wenigen Wochen

1 Zur Berichtigung der Angaben bei seinen Biographen dient, dass Bl. schon am 17. Jan. 1505, noch nicht 13 Jahre alt, hier inscribiert. Die Universität diente zugleich als höhere Lateinschule. Dagegen wird er baccalaureus erst am 23. Dec. 1511 und zwar als Frater aus Alpirsbach. Er ist also kurz nach Beginn seiner Studien ins Kloster gegangen und von dort auf die U. zurückgekommen. Magister wird er gleichzeitig mit B. Käuffelin am 24. Juni 1513.

vom Herzog die Herbeiziehung des S. Grynæus verlangte [1]. Unter den Theologen fand er nur bei Balthasar Käuffelin Entgegenkommen, das aber nicht ganz aufrichtig und von kurzer Dauer war; dem streitbaren Gallus Müller musste er die Kanzel verbieten lassen. Und erst nach des Grynæus Ankunft, im Anfang Novembers beginnen ernstliche Verhandlungen mit der Universität, von deren mühsamem Hergang die vorstehenden Aufzeichnungen erzählen.

Den Rath der Universität bilden zu dieser Zeit folgende Männer.

1. Der Theologen Senior ist Peter Brun, von den Reformatoren der Mönch genannt, welcher oben S. 110 ff. erwähnt ist. Ferner Gallus Müller von Fürstenberg, zugleich Stadtpfarrer. Er war als Freiburger Baccalaureus 1509 nach Tübingen gekommen. Die Reformation vertreibt ihn wieder nach Freiburg, von wo aus er Hofprediger des Königs Ferdinand in Innsbruck wird. 1537 stiftet er mit seinem ganzen Vermögen eine Burse in Freiburg Domus S. Galli genannt und stirbt 1546 in Meran. F. X. Werk Stift. Urk. von Freiburg 128 ff.

Balthasar Käuffelin aus Wildberg inscr. 1510, Doctor 1521, ein in den Geschäften der U. bewanderter, auch in seiner Art gelehrter Mann. Herzog Christoph nennt ihn einen verdienten Lehrer. Er stirbt 1559.

Johannes Armbruster von Walddorf in der Nähe Tübingens, der jüngste der Facultät, inscr. 1520, ist im Winter 1534 auf 35 Rector. Er erhält später ein Canonicat in Würzburg, ist aber im Sommer 1535 noch da.

2. Die Juristen sind: Johann Hemminger von Vaihingen inscr. 1490, angesehener Lehrer und Sachwalter, der sich zur Reformation hält und z. B. gemeinsam mit Blarer ein Bedenken darüber abgibt, wie Universitas mit Professoren zu bestellen (Aichmann), schon 1537 in den Rath nach Stuttgart berufen wird und dort 1549 stirbt.

Georg Simler aus Wimpfen kommt kaum mehr in Betracht. Von ihm schreibt Blarer am 17. Febr. 1535: Simlerus

1 Schreiben an den Herzog vom 29. Sept.: Er ist warlich ein frommer gelerter türer vnd nit bald vergleichlicher mann.

plane doctus legum interpres apoplexia laborat, qui vereor ut possit restitui.

Er ist wohl 1537 gestorben; und ihm ist Johannes König von Oettingen, ebenfalls geschätzter Jurist, am 21. Juli 1534 vorangegangen.

Peter Neser aus Neidingen bei Fürstenberg, verwandt mit Gallus Müller und von ihm im Testament bedacht, inscribiert als Magister 1517. Er versieht eine Lectur des canonischen Rechts seit 1525, ist den neuen Dingen abgeneigt und trennt sich schon im März 1535 von Tübingen. 1537 erscheint er als kaiserlicher Rath in Ensisheim.

Jacob Kalt von Constanz inscr. 1521, Lehrer des canonischen Rechts, verschwindet nach der Reform, ohne dass wir erfahren, wohin er sich gewandt hat. Eine ausserordentliche Lection der Institutionen versieht Joachim Kegel von Neren, Magister seit 1524 und in den Bursen angestellt, jetzt im Uebergang zum Jus begriffen.

3. Von den Medicinern hat Rudolf Unger von Blaubeuren, schon 1480 inscribiert, die Siebenzig überschritten und kann seinem Amt nicht mehr nachkommen. Er wird im April 1535 entlassen. Die ganze Facultät besteht also aus Michael Rucker von Wiesenstaig inscr. 1521, Mag. 1526, Med. D. 1529. Er war kein Freund der neuen Lehre. Noch 1556 sagt eine Instruction H. Christophs von ihm, er sei nit allein ein Papist, sondern habe noch mehr besondere opiniones und Untugenden. Stirbt 1561.

4. Aus der ansehnlichen Zahl der Lehrer der Artistenfacultät, der Magistri regentes sollen der Ordnung nach vier in den Rath gewählt werden. Welche vier damals diese Sitze innehatten lässt sich nicht bestimmen. . Die bedeutenderen unter ihnen sind folgende.

Gebhard Brastberger aus Urach inscr. 1521 liest über Dialektik, geht später zu den Juristen über, wird Assessor des Hofgerichts und nimmt 1559 seinen Abschied.

Kaspar Kurrer aus Schorndorf inscr. 1516 versieht seit 1523 die griechische Lection. Er ist Schüler Melanchthons und veranstaltete auf dessen Antrieb die erste Ausgabe der Chronik des Lambert von Hersfeld, Tübingen bei Morhard 1525. Ebendaselbst zwei Jahre früher: Fontani epistola missa e Rhodo. Dass er gleichwohl der Reformation sich nicht zuneigte, zeigt ein Brief des Grynæus an ihn vom 31. Okt. 1534. Doch hat er sich mit der Aenderung abgefunden. Später, als die klassischen Sprachen in andere Hände übergiengen, finden wir ihn als Notar der Universität.

Michael Schwicker — Swigger, Suicker, Schweicker — von Canstatt inscr. 1522, mag. 1526, liest seit 1530 über Josephus, Cæsar und überhaupt Latein, Rhetorik, Poetik auch Historie, wird aber durch Hinzutritt der neuen Humanisten gleichfalls überflüssig, soll daher physica lesen 1540.

Michael Vaih — Fech, Vaj, Phai — aus Brakenheim inscr. 1521, mag. 1524, liest vornämlich oratoria, aber auch Cicero, Terentius und ist eine Zeit lang Vorstand des Pädagogiums. Er resignierte seine Lection 1553 und wurde herzoglicher Rath. Stirbt 1557.

Jakob Scheck von Schorndorf, nachmals einer der berühmtesten Lehrer, welche Tübingen in jenem Jahrhundert gehabt hat, inscr. 1526, mag. 1530. Seine Lection ist meist Aristoteles, doch auch Virgil u. a. Seine Schriften zu Aristoteles, zu deren Herausgabe die Regierung selbst ihn aufforderte, haben ihn überdauert und wurden in Lyon widerholt aufgelegt. 1533 geht er zur Medicin über, die wesentlich in Exegese bestand, und stirbt lebenssatt 1587. Es ist von ihm anzunehmen, dass er der Reformation aufrichtig entgegenkam, obgleich man in der Zeit der Concordie auch ihn nicht ganz rechtgläubig fand.

Der Astronom und Mathematiker, der übrigens eine der geringeren Stellen hat, sofern er nicht zum Rath der Facultät gehört, der Nachfolger Stöfflers, ist Philipp Imser — Ympser — aus Strassburg, inscr. 1526. Den Geschichtschreibern der U. fast unbekannt ist er doch nicht unbedeutend gewesen. Als er 1557 seiner mathematischen Lection erlassen zu werden begehrt, sucht ihn der Senat mit allen Mitteln zu halten, er bleibt aber bei seinem Vorsatz, um seinen Arbeiten ungestört nachzugehen, namentlich ein für den Kurfürsten von der Pfalz, Ottheinrich, einen Liebhaber und Kenner, bestimmtes mechanisches Werk zu vollenden. Vielleicht dachte er in dessen Dienste zu treten [1].

1 Ratione D. Phil. Imseri lectæ sunt literæ eius ad Senatum, quæ

Der Hebræus ist ein früherer canonicus regularis des Adelberger Klosters Wilhelm Uelin, 1529. nach T. gekommen. Die Reformation verscheucht ihn nach Ingolstadt. Seine Schriften s. bei Schnurrer, Lehrer d. hebr. Lit. 90.

Als gleichzeitig mit diesen sind noch folgende Namen etwa aufzuführen: Johann Renninger (Rominger) aus Stuttgart inscr. 1505, Nicolaus Esslinger aus Gmünd inscr. 1507, zugleich Med. D., Melchior Ruch (Rauch) aus Kempten inscr. 1511, Gabriel Sattler aus Waiblingen inscr. 1526, eine Zeit lang Pädagogarch auch Notar d. U., Konrad Schott aus Tagersheim inscr. 1523, später Jurist und Kanzleiadvocat, Georg Kämmerlin von Urach inscr. 1526, liest physica, ist nachmals Superattendens der herzoglichen Stipendiaten, die sich durch Unbotmässigkeit bemerklich machen, und endlich Mediciner.

Als der einflussreichste Mann an der U. ist aber der Probst des Stifts und Kanzler Ambrosius Widmann auch Maichinger genannt anzusehen, der Sohn eines Tübinger Professors der Medicin. Er hatte 1490 inscribiert und war kaum erst Assessor des Kammergerichts in Worms geworden, als ihn der Herzog — vermuthlich durch Einfluss des Gregor Lamparter und dessen Familie bewogen — auf den durch Nauclers Tod erledigten Posten berief. Zu diesem Zweck musste er erst geistlich werden und die Weihen nehmen; das gieng aber so geschwind, dass man daran sehen kann, wie beliebt er bei dem höheren Klerus war. Und dem Klerus mehr als dem Herzog ist er in der Folge treu geblieben.

Die Universität war bis dahin eine durch die wichtigsten Vorrechte geschützte selbstständige, nicht blos sich selbst regierende und ergänzende, sondern auch von eigenem Vermögen lebende Körperschaft gewesen, welche keine andere Autorität über sich erkannte, als in gewissen Dingen die Kirche. Der Auftrag der beiden vom Herzog gesandten Männer gieng zunächst dahin dieselbe dem neuen Glauben zuzuführen, musste aber nothwendig

---

continebant oblationem pulcherrimi operis nimirum sphæræ cum tabulis theoricis. Der Senat schenkt dafür 30 Thaler. ASen. 10. Febr. 1554. Imser hat ein instrumentum für den Comes Palatinus, zu welchem er a. 1554 mit seinem in Tübingen lebenden Fachgenossen Nic. Pruckner gereist war, fertig und lässt es durch die Mathematiker prüfen. ASen. 16. Aug. 1558.

die Unterordnung der Körperschaft unter den Landesfürsten im Gefolge haben. Diese Forderung wird nirgends ausgesprochen [1], sie zieht sich aber während der ganzen Regierung Ulrichs durch alle Verhandlungen hin als die im Hintergrund stehende noch zu lösende Frage. Der Herzog wünscht oder befiehlt, die Universität gibt nach aus Rücksicht auf den Willen des Herzogs. Die Entscheidung ist ihren Händen entschwunden und wird in der Regel durch eine Deputation, welche mündlich noch alle Gründe geltend zu machen hat, bei Hof und Regierung eingeholt.

Der erste Abschnitt der Handlung, welche Blarer und Grynæus mit der U. zu führen haben, erstreckt sich durch die Monate November December und Januar. Aus den obigen Aufzeichnungen geht hervor, dass eine Einigung der Reformatoren mit der U. nicht erzielt wurde, da die Ansichten sich fere ex diametro widerstreiten, sondern dass jene, ein gütliches Abkommen nicht mehr erwartend, ihre Propositionen zur Genehmigung an den Herzog brachten, bei welchem auch die Universität vergebens sich bemühte [2]. Der Herzog genehmigt, wie zu erwarten war, die vorgelegten Puncte, welche gleichzeitig der Universität mitgetheilt werden und nun mit jener Autorität im Rücken zur Berathung kommen sollen.

1535. Die Universität sucht während der ersten Wochen des Januar in Verhandlungen mit den Commissarien über die Vorlage zu retten, was noch zu retten ist, und übergiebt dem Herzog auch ihrerseits durch Deputierte Artikel und Beschwerden.

---

1 Nur ein darauf gehender Erlass wird (bei Aichmann) erwähnt: Nach H. Ulrichs einkommen, hat er Vniuersitati beuolhen kein lectur ohn sein Vorwissen vnd willen zuuerleihen. Dessen Vniuersitas sich beschwert, alß ob solches iren priuilegiis zuwider, hab sich doch erbotten sich weisen zuelaßen.

2 A. 34 [vielleicht ungenau statt 35] hat uff A. Blareri vnd S. Grynæi der Univ. zugestellte Articul (quidesunt, wie auch der beuelch vnd andere schriften, welcher gestalt die reformation inen beuolhen worden) Vniuersitas Hertzog Ulrich ir bedencken vberschickt, so sich fürnemlich referiert vff Hertzog Eberhards Ordination de a. 1491. Aichmann Ms. hist. 145. Schon damals fehlten also die wesentlichsten Acten; das Bedenken der U., welches A. noch sah, ist inzwischen verloren gegangen. Auf die Artikel der Universität nimmt die Ordination vom 30. Januar 1535 Bezug.

Inzwischen ergehen, ohne dass man sie fragt, bereits Berufungen nach allen Seiten und am 30. Januar erscheint die Reformation und Neuordnung der Universität, unten N. 38.

Kurz darauf entweicht der Kanzler Widmann nach Rottenburg unter östreichischen Schutz. Die letzten Promotionen der Artisten fanden am 10. Januar statt. Am 12. Febr. erkennt die U. die Ausnahmestellung der Reformatoren dadurch an, dass sie ihnen als legati Principis die Stelle nach Rector und Kanzler in in ihrem Rathe anweist. Am 17. schreibt Blarer höchst befriedigt an Bullinger über den Fortschritt: Braun, Müller, Armbruster, Unger seien entlassen, auch zwei Canonisten werden ihnen folgen. Advocamus præstantes medicos, excellentes iurisconsultos, egregios theologos, linguarum professores peritissimos. Jungentur duo ista factiosa Realium et Nominalium, sic enim appellant, contubernia, ut unum sit contubernium, ubi omnibus in commune prælegatur Aristoteles, prælegantur bonæ literæ. Ampliora erunt quam hactenus salaria. Ja Blarer denkt sogar an baldige Heimkehr.

Die Messe wurde am 7. März abgestellt, die erste Communion am 21. gehalten. Inzwischen hatte Peter Neser am 15. seine Entlassung genommen, andere waren schon beim Anzug des Gewitters in der Stille verschwunden, wie der Magister Johannes Gaudens Anhauser von Reutlingen inscr. 1526, der in der Bursa angestellt im October 1534 resignierte und es später in Wien bis zum Bischoff gebracht haben soll. Der Mag. Johannes Zink aus Esslingen inscr. 1525 geht im März 1535 nach Freiburg, wo er aus einem Philosophen Arzt wird, aber frühzeitig stirbt 1545.

Die neuen Ordnungen sind aber nicht so schnell ins Leben geführt, als auf das Papier gebracht. Blarer ist viel auswärts in den Kirchen beschäftigt, Grynæus muss allein in Tübingen Stand halten und ist schon im Juni auf dem Sprung nach Basel sich zurückzuziehen. Der Gegensatz der einheimischen lutherischen Theologen gegen die beiden hat sich verschärft [1].

1 Schon am 10. April schreiben die Räthe an den Herzog, man sage, es werden in seinem Land zwei Secten in der Religion sach gepredigt die ein ob der Staig in des Blarers und die ander hieunten in des Schnepfen bezirk.

Allerdings trifft nun auch die wirksamste Hilfe ein mit den berufenen Lehrern. Am 10. Mai wird Bartholomæus Amantius aus Landsberg (s. Prantl Gesch. d. U. München 1, 211) Jurist, in den Rath der U. eingeführt, am 27. Wilhelm Bigot, ein Franzose aus Laval, angestellt, ut physica d. i. Aristoteles prælegat [1]. Am 30. Juni folgen Johannes Sichard aus Bischofsheim, Jurist, und Joachim Camerarius aus Bamberg, der bekannte Humanist, damals 35 Jahre alt, welchem Grynæus Rolle zufallen sollte, sowie der Baseler Theolog Paul Constantin Phrygio [2] aus Schlettstadt, freilich mehr Prediger als Professor. Der letzte erklärt im Senat, hæc omnia clam ab ipso facta esse, sed tamen academiæ inserviturum pro virili. ASen. Am 14. August tritt der bekannte Arzt und Botaniker Leonhard Fuchs aus Wemding ein, am 4. Dec. endlich der erklärte Freund der Reformation Melchior Volmar Rufus (Rot) aus Rotweil, Philolog und Jurist ein vielgereister Mann, der auf französischen Universitäten gelehrt hatte. Grynæus aber, seiner Arbeit müde, ist Ende Julius abgereist und durch das dringendste Zureden Blarers nicht zur Rückkehr auf den unerfreulichen Posten zu vermögen.

Nachdem die neuen Lehrer sich kaum etwas eingelebt, findet man für nöthig der Universität neue Statuten zu schaffen, da die alten in manchen Stücken sich überlebt hatten. Schon ihre Sprache war den Humanisten nicht mehr erträglich. Ihre Redaction ist ohne Zweifel Aufgabe des Camerarius gewesen. Am 12. Nov. begann die Berathung der einzelnen Artikel, und am 24. Juni 1536 ist man soweit, dass man die Frage aufwirft: quid Rectori cum statutorum publicatione faciendum sit et qualiter res aggrediunda, quo statuta confirmentur. Placuit id negotii ad Principem per dominos Commissarios referri scilicet D. Paulum Phrygionem A. Blarer et Joa. Camerarium. ASen. In solcher Entscheidung der Frage lag schon die Anerkennung der neuen Wendung der Dinge, und desshalb versäumt selbst noch am Ende jenes Jahrhunderts, Kanzler Aichmann in seiner Re-

---

1 Er hat nicht lange ausgehalten, wie er überhaupt ein Abenteurer war, und gieng im folgenden Jahr nach Basel.

2 Die Berufung des Herzogs an ihn ist vom 21. Januar.

lation nicht den Herzog Friederich, der wirklich die alten Privilegien vollends umgeworfen hat, auf dieses nützliche Zugeständniss aufmerksam zu machen.

Aber dem Herzog Ulrich und seiner Regierung war nicht sowohl daran gelegen diese Grundsätze und Grundrechte in neuer Form aufzustellen, als vielmehr die Universität nach seinem Sinn zu besetzen und den Unterricht zu ordnen. Um das auf wirksame Weise vollends zu erreichen, bedarf er nicht blos einer gelehrten sondern auch einer kirchlichen Autorität, welche über dem Zwiespalt der theologischen Parteien in Stuttgart und Tübingen steht, und wendet sich widerholt an den Mann, dessen Hilfe man schon früher vergebens begehrt, der aber von seiner Jugend her eine freundliche Gesinnung gegen die Universität bewahrt hatte, an Ph. Melanchthon [1]. Inzwischen legt man die neuen Statuten ad acta, um sich nicht etwa die Hände zu binden.

Melanchthon kommt in der zweiten Hälfte Septembers nach Tübingen, wo er als Gast des Camerarius etwa drei Wochen verweilt und die Sachen sich ansieht, um sodann beim Herzog in Nürtingen seine Rathschläge zu geben. Der Rector Leonhard Fuchs und Sichard waren ihm von der U. beigegeben, und am 15. Okt. versichert er von dort aus Rector und Doctoren, dass der Herzog die besten Absichten gegen die Universität hege, und dass — womit der Umschwung der theologischen Richtung eintritt — Johannes Brenz aus Hall, auch ein weiterer Jurist werde berufen werden.

Der Herzog geht nun rasch vorwärts und schickt am 26.

---

1 Die Angaben der Tüb. Matrikeln über M. sind folgende: inscribiert ist er unter dem Rectorat des Joh. Scheurer (des nachmaligen Kanzlers Ofterdinger) als Philippus Schwartzerd ex Pretan am 17. Sept. 1512. Nach der Matrikel der Artisten Facultät wird er unter die Baccalaurei aufgenommen unter dem Decanat des Johannes Aschmann: Phil. Schwartz-Erd Bretensis 3. Dec. a, 1512, habet autem locum ante baccalaureos in promotione Cinerum anni eiusdem. M. hatte in Heidelberg schon IV id. Junii 1511 das Baccalaureat erhalten, Camerarius vita Mel. ed. Strobel 13. Es wird ihm aber nach den Statuten der Facultät ein halbes Jahr abgezogen. Er magistriert unter dem Dekan Johannes Kreß in die conv. Pauli 1514 als der erste unter eilfen.

Okt. seine Räthe Bernhard von Göler [1], den Marschall Johann Konrad von Thumm und den Doctor Philipp Lang. Sie hören die Wünsche der Universität und zögern nicht — was der U. besonders am Herzen liegt — die ausserordentliche Befugniss der Reformatoren für erloschen zu erklären. Damit ist Blarers Auftrag in Tübingen, dem er sich nicht gewachsen gezeigt und dessen Verfolgung er selbst schon entsagt hatte, förmlich geschlossen.

Das Ergebniss dieser Reihe von Berathungen ist die vom 3. Nov. 1536 datierte Ordination, welcher der beruhigende Titel gegeben wird: Confirmatio Privilegiorum Universitatis, s. unten N. 39.

Johannes Brenz von Weil der Stadt und damals Prediger in Hall, also ein Reichsstädter, der nicht in Tübingen, sondern in Heidelberg seine Studien gemacht hatte, erscheint am 3. Dec. vor dem Senat und erklärt, dass er auf den Ruf des Herzogs und der Universität vom Rath in Hall für die Dauer eines Jahrs Urlaub erlangt habe, um hier zu lehren (ut professorem theologiæ et pietatis nobiscum hic agat). Ausserdem sei er verpflichtet im Fall ausserordentlichen Bedürfnisses auch schon früher heimzukehren. Zunächst könne er nicht bleiben, sondern werde um die Mitte der Fastenzeit widerkommen.

Anfang Aprils 1537 trifft er ein und lässt sich am 17. in die Matrikel einzeichnen. Er bringt, nachdem kaum vor wenigen Monaten die neue Ordnung ausgegeben war, weitere Artikel mit sich, nach denen fürder gelebt werden soll, und legt dieselben am 11. der Universität vor. S. unten N. 40. Dieselben lauten streng und zeigen, wie langsam das neue Boden gewann.

Die nächste Aufgabe neben den Vorlesungen ist für ihn die Vollendung der früher nicht perfect gewordenen Statuten. Dabei hat die Regierung sich des ihr dargebotenen Vortheils bedient und bringt den Entwurf als ihre Vorlage ein am 3. Mai. Domini Brentius et Camerarius commissarii Principis, ex

1 Dieser B. Göler von Ravensburg hatte in seiner Herrschaft im Kraichgau bereits reformiert. Brenz widmet ihm schon 1534 eines seiner Bücher.

commissione quadam in Universitate a se lecta, ceperunt ordinationem Universitati a Principe aliquam datam articulatim disputare et pro ea atque eius punctis et articulis servandis laborare. ASen.

Daneben gehen Unterhandlungen fort mit fürstlichen Visitatoren z. B. im Juni zu Urach, wegen Zuschüssen (additiones) welche die Regierung leisten solle — die hohen Gehalte hat ja der Herzog angeordnet — über Errichtung eines vollständigen Pädagogiums, einer Bibliothek und über Verwaltungsfragen. Auch wegen der Stipendiarii des Herzogs — des nachmals sogenannten Stifts — mit welchen die Universität sich nicht gern belädt, unterhandelt Blarer im November 1537, ohne dass die Sache sogleich in richtigen Gang gebracht werden konnte. Für die Humaniora, auf deren Hebung man besonders bedacht war, wurde im November auf warme Empfehlung Melanchthons Matthias Garbitius, Illyricus benannt, angenommen. Ihm überlässt Camerarius das Griechische und beschränkt sich auf Latein [1].

Bis zum Ende des Jahrs 1537 gelangen auch jene neuen Statuten zu ihrem Abschluss, welche selbst in den Protokollen des Senats mit der unrichtigen Bezeichnung Ordinatio, und zwar Ordinatio Principis, belegt werden, vermuthlich um anzudeuten, dass das nicht Statuten im herkömmlichen Sinn, sondern eine aufgedrungene Verordnung sei. Sie werden am 26. Januar 1538 von der ganzen Universität beschworen. ASen. s. unten Nr. 41. Gleichzeitig dringen die beiden Commissarien darauf, dass auch die Facultäten ihre Statuten erneuern und dem Senat zur Prüfung und Gutheissung vorlegen. Diese Arbeit scheint aber langsam zu gehen: am 4. Mai wird zwar über die Statuten der Mediciner berichtet, wofür Leonhard Fuchs als einem geschäftsgewandten Mann wohl das Verdienst zufällt, die Juristen dagegen müssen noch im September d. J. an ihre Statuten erinnert werden, deren Bestätigung durch den Senat erst ein Jahr später wirklich erfolgt.

1 Die Wahl war nicht glücklich. Die Instruction der Visitatoren von 1556 sagt: Illyricus sei gleichwohl gelehrt, habe aber nit gratiam docendi, sei auch unserer Confession uffsätzig und beharrlich zuwider, one betrachtet, das er hievor zu Wittenberg gewesen, von Ph. Melanchthon gen Tübingen promoviert und uff die 20 Jahr daselbst gehalten worden.

Im wesentlichen war damit die Neugestaltung der Universität vollendet, und Brenz schied von Tübingen, nachdem er gerade ein Jahr dort zugebracht hatte.

Brentius valedixit — 6. Apr. 1538 — dominis de consilio Universitatis. Gratias egit. Excusauit se ambitionis uitio, si quid peccauisset rogauit ueniam. Admonuit Universitatem de capitibus quibusdam nondum perfectis, de quibus etiam retroactis diebus senatum DD. Commissarii admonuere. Nempe de confirmatione singularum facultatum statutorum. De superintendentia Bursæ. De communi hospite. De superintendentia Stipendii Martiniani. Ne chalcographus quippiam absque Universitatis approbatione emittat. Et demum, ut de funeribus aliquid certi constituatur. Postremo pollicitus fuit operam suam et rogauit, ut omnia facta dictaue boni consulant. ASen.

Ein neuer Propst und Kanzler wird aber erst gegen Schluss des Jahrs zu Stande gebracht. Nachdem alle Versuche einen Verzicht des entwichenen Kanzlers herbeizuführen an seiner Hartnäckigkeit gescheitert waren, und die Universität selbst, welche in die neue Lage sich nicht finden konnte, durch unnöthige Bedenken das Vorgehen der Regierung erschwert hatte, stellte endlich am 1. December der Obervogt von Tübingen Friz Jakob von Anweil im Auftrag des Herzogs den von diesem ernannten Probst und Kanzler dem Senat vor. Der Doctor der Rechte und Dechant des Stifts in Stuttgart Johann Scheurer (auch in Pellio übersetzt) von Ofterdingen, welcher in früheren Jahren unter den Magistri regentes gewesen war, hatte die Stelle — wenn auch ungern — übernommen. Die Universität bezeugt dem Herzog ihre Dankbarkeit und der neue Kanzler leistet den beim Eintritt in den Senat üblichen Schwur.

38.

Herzog Ulrichs Ordnung
vom 30. Januar 1535.

Reformation vnd newe ordnung der Vniuersitet zu Tüwingen 1533.

Von gotes gnaden, Wir Vlrich Hertzog zu Wirtemberg vnd Teckh Grave zu Mümppelgart etc. Embieten den Hochgelerten Ersamen vnd vnsern lieben getrewen Rector vnd Regenten vnser Vniuersitet zu Tüwingen vnsern grus zuuor, Vnd fiegen euch zuuernemen.

Nachdem der hochgeborn fürst herr Eberhart Hertzog zu Wirtemberg vnd zu Teckh, Grave zu Mümmpelgart etc. Vnser lieber Vetter seliger gedächtnus, die Vniuersitet zu Tüwingen vfgericht. dotiert vnd loblich mit fryhaiten begabet, alles nach vermög der brieue heruber vfgericht Wie Ir des gnugsam wissens tragen. Vnd wir aber befinden vnd täglichs in erfarung erkundigen, das dise vnser Vniuersitet in kurtzen Jarn in ainen merklichen abgang komen ist, zum thail darumb, das etwas mangel vnd nit geringer gebrech an den professorn vnd ordinarien, So bis anher alda gelesen, befunden vnd zum thail auch hierumb, das nach gelegenhait diser zyt darinn alle künsten zum ärtlichisten vnd höchsten herfürkommen, vnd die sprachen, als Griechisch vnd Hebreisch geübt werden sollen, In nidern ouch obersten faculteten, die kunsten etwas vertunckelt vnd nit luter dargethan, Sonder den Jungen onuerstendtlich vnd nit pur vnd rain, Vorab die Philosophy fürgetragen worden sind. Deßhalb dann wenig den rechten nutz vnd frucht dauon emphangen, vnd der meerthail der Jungen, In abschyhung des Lernens vnd Studierens komen, auch vrsach genomen haben, sich in andere Vniuersiteten zuthun vnd dise vnser hohe schul zuuerlassen.

Diewyl dann solliche Vniuersitet, darinn dann alle gute Kunst, Sitten vnd leer gepflantzt werden sollen, nit das geringst clainat in disem vnserm fürstenthumb, So haben wir vns fürgenommen, Wie dann vns zuthun gebürt, dieselbigen an iren gebrechen vnd mängel nach gelegenhait diser Zyt reformieren vnd wes wir onordenlich deßhalb befunden in bessere ordnung zubringen. Hierumb die hochgelerte vnsere lieben getrewen Simonem Grineum vnd Ambrosien Blarer zu euch geschickt, Mit befelhe, alle Faculteten zu visitiern, vnd was sie für mängel befinden würden, vfzuschreiben, auch dargegen, Wie solchs nach irem guten ansehen in besserung zubringen wäre, Vns anzubringen, Derhalb wir vns beraten, vnd nachmaln dest statlicher gebürend ynsehens zuthun vnderfahen möchten. Welliches dann sie mit sonderm vleis gethan vnd vollendet haben.

Dargegen aber Ir vch in etlichen artickeln beschwärt zu sein vermainten, vnd Ir hierumb vor vns erschinen, solche beschwärden nach der Lengd fürgehalten vnd disputiert haben. Dis alles wir nach gutem zyttigem Rate erwogen, vnd daruf vns nachvolgender meynung, Reformation vnd ordnung, deren Ir fürter mit allem vleis, on ainichen abbruch geleben, volnziehung vnd erstatten thun sollen, entschlossen haben.

Vnd anfangs so lassen wir vns geuallen, Ewere zween ersten Artickel, in ewern beschwerden angezogen, Vnd dieselbigen in irem begriff beruwen, dann-Vnser will vnd gemiet nit ist, der Vniuersitet Priuilegien, Fryhait vnd löbliche billiche Statuten, Vorab die, So nit wider gotes Ordnung sind, zuschmelern oder denen ainichen abbruch zuzufiegen, Sonder vilmeer reichlich zubegaben, zumeren vnd in ainen rechten vfgang zubringen. Doch wollen wir, das dieienigen, So in der hailigen geschrifft Baccalaurei, Licentiaten oder Doctores werden wölten, Nach gelegenhait diser Zyt der Wyhin halb daran nit verhindert, Auch zu denselbigen Wyhinen von den Doctoribus Theologie nit getrungen noch gezwungen werden sollen.

Am andern diewyl vns allerley treffenlich vnd bewegende vrsachen angezögt vnd fürgebracht sind, durch wölliche clärlich befunden, das vil nutzer, besser vnd fruchtbarer zu diser Zyt sein würdt nit zwo burschen, wie bisanher, darinn in der Philosophy zwen weg gelert vnd gehalten sein sollen, So wolen wir das auß beiden Bursen aine gemacht vnd beid zueinander gebrochen werden, vnd die Philosophy darinn pur vnd luter gelert vnd den Jungen fürgetragen werde, wie dann sollichs vß nachuolgenden artickeln befunden wirt.

Zum dritten, Lassen wir vns geuallen, Nachdem vnd wir in Rat befinden, das yetzund zum anfang Anfangs die Dialectic in latinischer Sprach mit verglichung der griechischen Text den Baccalaureis mit sonderm vleis vorgelesen werde, wie dann Ir sollichs in ewern fürgetragnen Artickeln begriffen haben, dergliehen wir mit lesen des alten vnd newen Testamentz zu anfang gehalten haben wöllen. Ob aber mit der Zyt ain sonderlich heüflin iunger geschickter Knaben sich zusamen schlaben würdt, vnd wolten in sollicher Lection etwas in irer vnd aigner sprach lesen hörn, da soll man inen mit extraordinarien Besoldungen vnd Lectionen nach gelegenhait der zyt vnd personen bestellen vnd verordnen. Deßgleichen ob sich fürtragen würde, das baid alt vnd new Testament in der Theologien Schul möchten in ir aigen sprachen gelesen werden, Das wellen wir hiemit bewilligt, beuolhen vnd zugeschehen, on ainichen Hindergang für gut angesehen haben.

Darneben wöllen wir hiemit für gut angesehen haben, das man der Dialectic halb mit den Baccalaureandis vnd Magistrandis ain sonderlichen vnderschid haben, wie dann hernach volgen würdt Dann ie nit gut, das man die iungen Knaben mit den schweresten biechern bemüw, Sondern vom leichtern vf das schwerest syberlich vnd mit sonderm vleis layte vnd fiere.

Zum Vierdten, So ordnen wir, das fürter ain geschickter vnd in den Sprachen erfarner Aristotelis phisicam allein in der pursch lese vnd lere, mit rechter vnd warhaffter der griechischen Sprach vergleichung, Wie dann hieuor mit der Dialectic angezegt ist. Doch wa die Sprach zunemen, Soll zugelassen sein, disc kunst nach irer art vnd aigenschafft auch in irer sprach zulesen.

Zum Fünfften, Souil den sechsten von vch angezognen Artickel pedagogos Auch anders beriert, Ist vnser gutbeduncken, will, maynung vnd ordnung vß vilerley Vrsachen wie nachuolgt. Vnd anfänglich So wöllen wir das fürterhin zu Tüwingen söllend dry nachuolgend Schulen geordnet vnd gehalten werden, Nemblich die Erst Triuialis, darinn die iungen Knaben sollen vnderwisen vnd gelert werden Latinisch lesen, schryben, decliniern, coniugiern vnd Grammatices principia, Vnd sonderlich der Music halb zu Chorsingén gehalten werde. Dergliehen auch in andern

Stetten dises vnsers Fürstenthumbs kinder schulen angericht werden sollen.

Die ander Schule, Soll sein ain pedagogium darein dann eerliche kinder vom Adel Burgerschafft vnd anderer Leuten, In vnd vsserhalb dis Landts geschickt vnd verordnet werden mögen. Darzu dann wir nebend der Purß ain sondern Platz angesehen haben, als nemblich das Augustiner oder parfußer closter, oder sie baide nach antzal der personen oder gelegenhait der zyt. Darüber wöllen wir, das ain sonderer geschickter vnd fürtreffenlicher Mann zu ainem Pedagogarcha vnd darnach dry gelerter Magistrj, oder souil nach Müngin der personen, gesetzt vnd verordnet werden, Wölliche dann die knaben dises Pedagogij, nach art vnd wissenhait der knaben in ire Classes austhailen, Vnd vnderschidenlichen setzen vnd ordnen söllen. Also das die knaben von einer Classe in die andern geruckt werden mögen, alles zu Raitzung vnd yffer, damit sie durch die Eer vnd Schand zum Studio dester mer gezogen vnd geraitzt werden.

Doch wellen wir hierinn der Lerer Thiranny vnd herttigkait, die yetzuzyten sie vben möchten nit zulassen, Sonder vßgeschaiden haben. Vnd sollen gemelte Magistrj in pedagogio leren Grammaticam, Terencium, Virgilij Biecher, Ciceronis Epistolas oder Plinij, Schemata Rethorices vnd Grammatices, Erasmi Colloquia, Copiam Verborum et Rerum vnd Parabolas etc. Darzu sollen dise Knaben mit sonderm vleis angehalten werden, damit sie wol lernen ain Carmen vnd ain Epistolam zumachen.

Sie sollen auch glicher gestalt zu der Music Simplici vnd figurata angehalten werden, Also das sie zu zyten, nach dem Essen etwan ain Mutetlin oder Psalmen in figuris singen miessen, vnd sonderlich am Sonntag in der Kirchen ain Schulrecht in der Music mit singen thüen vnd ertzögen.

Item dise knaben Söllen ire Magistri mit vleis darzu halten, das sie alle tag nach dem nachtessen ain stuck vß dem Catechismo betten, Wöllicher dann inen sonderlich solle vorgelesen werden. Vnd dise knaben soll man nit allein mit allem vlys zu der Latinischen Sprach anhalten, Sonder auch zu den Rudimentis vnd Bericht [1] Grece Lingue gezogen vnd underwisen

1 Unterricht.

werden, damit wann sie in academiam geordnet vnd geschickt werden, das sie dester mer Frucht vnd nutz schaffen mögen.

Sie söllen auch, was inen für kurtzwyl zugelassen wirdt, dasselbig alles mit latinischer sprach zureden vnd vßzusprechen mit Ernst angehalten werden. Man solle auch dise knaben alle halb Jar in irn Classibus examiniern, vnd nach iren Studijs oder Kunst, von ain Claß in die ander ordnen, Vnd allweg die geschicktesten in die Academiam oder Purß schicken. Vnd vor allen Dingen Söllen die zu der Eer Gotes, zur Zucht vnd der Rut gehalten werden. Sie sollen Ir Wonung, geliger vnd Tisch in bemeltem Pedagogio haben. darzu dann ain fromer eerlicher Burger oder einer der hohen Schule verwandter bestelt werden mag, der in das Pedagogium ziehe vnd den Tisch, wie dann bisher in Pursis auch etwan beschehen, vmb ain zimlichen phenning halte. Ob aber sust vßwendig in der Statt ierndert [1] bey ainem vetter ainen Vorthail gehaben mag, das soll ime hiemit zugelassen sein. Doch das er so bald nach dem Essen vnd fürderlich sich widerumb in das Pedagogium verfiege. Vnd dise all söllen auch immatriculiert vnd wie andere der Uniuersitet Glider yngelybt vnd zugethan sein.

Die dritt schule genannt academia oder hohe schule soll auß bewegenden treffenlichen vrsachen vnd nach gelegenheit diser Zeit Nachuolgender gestalt gehalten vnd geordnet werden. In diser wellend setzen vnd ordnen wir, das vsserhalb der dry obersten Faculteten in der Philosophy oder Artibus dryerley Lectiones söllen teglichs gehalten vnd gehalten werden communes propriæ liberæ et publicæ

Communes Lectiones, So die die Baccalaurei vnd Magistri werden wöllen, zuhören vnd zucomplieren verbunden sein sollen,

Officia Ciceronis hora 1.

Mathematica h. 2.

Propriæ oder sonderliche lectiones für die so Baccalaurei werden wöllen:

Principia dialectices ex Cæsario Philippo oder andern dergleichen h. 6.

Rethorice h. 7.

---

1 irgendwo.

das new Testament latine vnd das alt Testament auch latine mit vergleichung beider Sprachen h. 8 oder 2.

In scola dialogica alternatim, wie dann die Theologi lesen h. 4.

die griechisch sprach grammatica vnd Lucianus oder ein anderer autor h. 4.

Propriæ oder sonderliche lectiones für die so Magistri in artibus werden wöllen:

Dialectica Aristotelis cum collatione grecanica h. 6.

Phisica mit gleicher collation h. 7

das alt Testament lateinisch mit Conferierung der hebreischen Sprach, von ainem Theologo, derglichen das new Testament dieweil es alternatim gelesen wirt h. 8 oder 2.

Liberæ oder publicæ vnd frye lectiones:

hebrea lingua, die gramatic vnd ain buch vß der bibel, zu wölcher lection berüefft werden megen Pelicanus oder Bartholomeus Ziegler[1] zu Onoltzbach h. 12.

Poetice oder Oratoria ain tag vmb den andern, wie dann Ewer gut beduncken gewest ist h. 3.

Wir haben auch gnugsam vrsach, warumb die Hebreisch Lection nit ordinaria gemacht, Sonder fry gelassen ist, dann dise Sprach nit allen Studenten Sonder allein denienigen die sich vf die hailigen schrifft geben wöllen, fürstendtlich vnd dienstlich ist. Derhalben wölliche im Synd haben, Sich nach dem Magisterio vff die Recht oder Artzney zugeben, oder ia in den fryen kunsten oder Mathematic zuuerharren vnd nit weiter trachten, die würden sich hoch beschweren, wa man sie vmb des Magisterij willen zur Hebreischen Sprach dringen wölte. Wie dann anders wa die erfarung gelert hat vnd zwungenlich vrsach geben, das in disem mal milterung vnd dispensierung hat miessen fürnemen. Wölliche sich aber vff die hailigen geschrifft begeben wöllen, werden sich wol erinnern, auch von iren preceptoribus dahin gewisen, das sie dise Sprach zulernen nicht vnderlassen werden, vnd sich selbs darzu tryben.

Zum Sechsten was den Sibenden artickel durch vch angezogen, Vnd sonderlich den Catechismum belangen thut,

---

1 Keiner von beiden ist nach Tübingen gekommen.

haben wir für nutz, gut vnd notwendig angesehen vnd wöllen auch das derselbig alle Sonntag, Festo Jouis vnd ander festen zu gelegner stund im publico Lectorio, Von dem ainen vß den Teologys, vnd sonderlich, So New Testament list, gelesen vnd profitiert werden. Wölche dann alle, So in Artibus complieren, zuhören als ordinariam schuldig oder verpunden sein sollen. Es soll auch vnd mag wer da will diser Lection zuhören, vnd niemandt davon abgesondert sein.

Zum Sibenden, das die Stipendia gemert, zwifach oder drifach gebessert werden sollten, Nach Lut ewers achtenden Artickels, wöllen wir das sich derohalben Vnsere gemelte Reformatores mit vch nach Anzal der Professorum, Auch nach Irer Kunst vnd geschichlichait, mit vch vergleichen vnd verainbarn. Darzu dann sonderlich ernent alle personen der ordinarien vnd Professorum, Zu dem auch der Vniuersitet Rechnung Ires ierlichen ynkommens vnd vßgebens gehört vnd fürgenomen werden soll, damit man dester baß das vßgeben vber die Besoldungen bestimmen vnd ordnen möge.

Hienehen wöllen wir auch vß beweglichen vrsachen, das die disputationes hebdomadales in Artibus, wie die von alter gewest sind, on abgang gehalten werden, aber an Statt der pursalium Disputationum haben wir für besser, nutzlicher vnd tougenlicher angesehen, das zur selbigen Zeit Epistolæ vnd Carmina gezögt, vnd mit der Zyt, nach gelegenhait der Studenten declamationes gehalten werden, nach ordnung wie dann sollichs die Preceptores im Contubernio nach geschicklicheyt der personen anrichten mögen,

Aber mit der Zit zu compliern in Artibus lassen wir die blyben nach alter ordnung, doch das herinn nach geschicklichait einer ieden person yetzuzeiten Dispensation fürgenommen werde.

Juris peritia.

Zum achtenden wöllen wir die personen in baiden rechten zulesen verordnet an der Zal nit gemyndert, Sonder vß vrsachen im Neunten ewerm Artickel angezögt, auch andern mehr dapfern vrsachen, Besonder an der Zal behalten, vnd die dry in weltlichen Rechten vngeendert blyben lassen, aber vß den Canonisten allain den ordinarium von wegen der ordnung der gerichtlichen proceß, der vß dem andern Buch decretalium, vnd niender bas gelert werden mag, wölliches dann der darzu erwölet zulesen allain verpunden sein soll, bleiben lassen werden. Aber die andern zwen wöllen wir hiemit abgeschafft haben, vnd an Ir statt zwen verordnen, deren ainer Vsus feudorum vnd der ander Nouissima Jura vnd Constitutiones græcas wie die yetzund befunden werden, publice lesen vnd profitieren, damit den iungen angeenden Juristen auch der weg vfgethan werde, den vrsprung vnd bruch der Rechten wyter zu suchen, dann bisanher der bruch gewest ist,

Zum Neündten, So lassen wir vns nit mißuallen den zehenden artickel mit anhangenden vrsachen, den Rat oder Vniuersitet belangend, vnd wöllend demnach zu diser Zeit, doch bis zu vernerm Vnserm wolgefallen vnd gelegenhait, Vnd das vnser baid gemelten Reformatores zu sölichem Rate von vch gezogen werden, So lang sie bey vch sein werden, vnuerendert den bleiben lassen,

Medica facultas.

In der Artzney wöllen wir, daß an Doctor Rudolffen [1] Statt ain sonder gelerter Artzat in sprachen, Wie nemlich Doctor Fuchs zu Onoltspach ist, oder ain anderer geuordert, vnd mit ime Doctor Rudolffen siner Verschrybung halb früntlich vberkommen, vnd mit ime ein vertrag vfgericht werde. Darneben wöllen wir vch nach gelegenhait Doctor Micheln [2] dem Artzat sin Stipendium zubessern heimgesetzt haben. Darneben aber lassen wir vns gefallen, das mit Lectionen diser Facultet wie bisher fürgegangen, doch das man in derselbigen der Griechischen sprach souil Dioscoridem Hippocratem vnd ander beriert, nit in vergeß stelle.

Theologia.

Die Personen in der hailigen schrifft lesend, wöllen wir vß vrsachen zu diser Zeit blyben lassen, doch also das zwen Doctores syen der ain das alt Testament mit verglichung der hebreischen

---

1 Rudolf Unger s. S. 166. 2 Michael Rucker s. S. 166.

sprach, Der ander das New, mit verglichung der Griechischen Sprach alternis diebus, wie oben gemelt ist, lese. Wa aber mit der Zyt sich zugetragen würde, nach vile der Personen vnd Auditorum, So soll man die zwen dergestalt ordnen, das der ein alt, der ander New Testament, in iren sprachen lesen, vnd doch die andern zwen, wie gemelt, mit iren Lectionen fürgangen.

Hieneben wöllen wir Doctores Petrum, Gallum vnd Armbroster[1] ires Lesens gnediglich erlassen, deren sie ietzund obersteen söllen, doch söllen Doctor Pettern ierlichs Achtzig guldin sein lebenlang gereicht werden, vnd dargegen er in der Vniuersitet Rat blyben. Wir haben auch hiemit für billich angesehen, das der Rector Armbroster in verwaltung seines Rectoratampts blyben vnd darzu im Rat der Vniuersitet sein vnd die besoldung von seiner Lectur ain Jarlang empfahen soll. So er sich in derselbigen Zeit woll schicken vnd sich mit der rechten Warhait vnd Gots Wort verglichen, Soll alsdann weiter mit ime der gebür nach gehandelt werden.

Zum Zwölfften, Dieweil wir wissend, das in allen handlungen vnd anfangen die eer Gottes vnd rechte Gottseligkeit gesucht, gefürdert vnd gepflantzt werden soll, So gebieten wir vch hiemit vnd wellen ernstlich, das Ir alle dieienigen, So yetzt professores bestelt oder noch angenomen werden möchten, allein die gelerten geschickten vnd Cristenlich Männer darzu bruchen vnd verordnen, in allen Faculteten, vnd wölliche der rechten waren Euangelischen Leer vnd göttlicher Warhait zu wider sind vnd die lestern vnnderstanden, gentzlich abschaffen vnd vrlouben, die wir auch hiemit geurlobt vnd abgeschafft, auch deren kainen oder dergleichen verner zubestellen zugelassen haben wöllen. Darnach wissen vch zurichten.

Wir wöllen auch am letsten, dise vorgeschribne vnd herinn begriffne ordnung, von Vns angesehen vorbehalten haben, die nachmaln nach Vnserm Wolgefallen Erheischung der notturfft, vnd nach gutem Rate zu mindern, zu meren, gar abzuthund oder in ain bessere oder nutzlichere ordnung zubringen vnd zumachen, wie dann vnd söllichs nach gelegenhait der Zeit vns für gut ansehen würdet.

---

1 Peter Brun, Gallus Müller, Johannes Armbruster s. S. 165.

Ordinarie Personen, so von der Vniuersitet ietz anfangs zulesen verordnet vnd besöldet werden söllen,

Theologi — Zwen,
Juris Consulti — Sechs,
Medici — Zwen,
Artisten — Siben,
Publici professores als Hebreus vnd poeta oder orator — Zwen
Pedagogium — Vier personen

Summa Zwaintzig dry personen, die an gelt vngeuerlich haben miessen Neuntzehenthalbhundert guldin,

Wes nu der Vniuersitet Fiscus nit ertragen möcht, wöllen wir aus gnaden vnd zu vfbringung der Vniuersitet vß vnser Camer oder andern orten zu erhaltung diser personen gnediglich raichen vnd bezalen lassen. Actum Stutgarten den dryßigsten Januarij A. im fünff vnd dryssigsten.

Abschrift, Univ. Arch. VI, 17. Eisenlohr 95.

39.

Herzog Ulrichs zweite Ordnung
vom 3. November 1536.

Confirmatio Priuilegiorum Vniuersitatis Ducis Vdalrici Anno 1536.

Von gottes gnaden Wir Vlrich Hertzoge zu Wirttemberg vnd zu Teckh Grave zu Mümppelgart etc. Vrkunden mengklichem mit disem brieue, Das zuuergangnen Zeiten weillund der hochgeborn Fürst vnd Herr Eberhardt Hertzog zu Wirttemberg vnser lieber vetter selig vnd loblicher gedechtnus ain gemain hohenschule vnd Vniuersitet Academiam et Vniuersitatem scolasticam in vnser Statt Tüwingen gestifft vnd vffgericht, Auch sonderlich gnad vnd freiheit dartzu gegeben, Inhalt der verschreibung darumb vffgericht, Anfahend Wir Eberhardt Graue zu Wirttemberg vnd zu Mümppelgart der Elter Vnd am Dato weisend vff sanct Dionisien tage Nach Cristi geburdt als man zalt Thusent Vierhundert Sibentzig vnd Siben Jare, Die Wir auch nach Absterben benants vnsers lieben Vetters alls angeender Regierender Fürst bestetigt, vermög ains Confirmationbriefs Anfahend Wir Vlrich von Gottes gnaden Hertzog zu Wirttemberg vnd zu Teckh etc. vnd am dato weisend Am Sambstag nach des heiligen Creuztag Exaltationis, des Jars da man von der geburt Cristi vnsers lieben Herrn zalt Thawsent vierhundert Neuntzig vnd acht Jar, Vnd wir dann got dem allmechtigen vnserm schöpfer vnd erlöser zu lob rechter Euangelischer leer vnd also vnsern hailsamen Cristenlichen glouben zu vffgang gemeiner Policy, auch vns vnd vnserm Land vnd Leuten zu nutzen vnd wolfart vil nachdenckens gehabt, wie wir bemelte vnser hohe Schul zu Tuwingen in besser ordnung vnd vffgang bringen möchten, Haben wir demnach vorgemelter Vniuersitet freyheit, ordnung Statuta, vnd vnser darüber gegeben Confirmation, wolberatenlich besichtigen vnd erwegen lassen, Die auch selbs besichtigt vnd erwegen.

Vnd nachdem in mergemelter freyheit bey dem vierdten artickel anfahend, Wir wöllend auch vnd gebietend ernstlichen allen vnsern vögten, Burgermeistern etc. [1] nit gnugsam vßgetruckt, wie es in Malefizischen Sachen gegen der Uniuersitet verwandten soll gehalten werden, Haben wir zu erhaltung mehr fridens, auch darmit die mißhandlung nit vngestrafft beliben Vnd auch sölicher Artickel zu besserm verstand gebracht, mit Rat wissen vnd willen Rector, Doctorn vnd Regenten bemelter vnser Vniuersitet sollichen Artickel gelutert Wie nachuolgt Nemblich ob sich zutrieg, das ain vniuersitet verwandter ain Malefizisch Sach vnd handlung begienge, gegen wiem das were, vnd der von dem Rector angenommen, alls er auch nach vermög der freiheit macht hat, Auch zu thun schuldig sein soll, oder ob ainer in vällen in der freiheit zugelassen von vnserm vogt oder gebuttel oder andern angenomen vnd vnserm Rector geantwirt, wie sie vermög der freiheit zuthun schuldig, Soll derselbig so also vom Rector oder sust angenomen vnd vberantwirt, von Rector in guter verwarung vnd dermaßen mit vencknus vnd erbern leuten verwaret vnd versichert werden. darmit man des

1 s. S. 33.

sicher sey, vnd soll auch derselbig sollicher venknus nit erledigt werden, bis die Sachen Oberkait oder Interesse halben Rechtlich geörtert vnd der Vbeltätter oder vbertreter sein gebürend vnd woluerdient straue emphangen hat, Sust in all ander wege lassen wir es bey vilgemelter freyheit vnd vnser Confirmation, souil solliche die freyheit belangt, gentzlich bleiben.

Vnd darmit offtgemelte vnser Vniuersitet zusambt ermelten freyheiten in besser wesen gebracht, Auch mengklich wissen mög wie es mit vnd in söllicher Vniuersitet der leer vnd ander sachen halben soll gehalten werden, So haben Wir ain luttere ordnung vergriffen vnd stellen lassen, Inmassen die von Artickel zu Artickel nachvolgt.

Zum ersten sollen hinfürter zu Tüwingen ordenlich lesen vnd leeren uff der hohen Schull zum wenigsten drey Theologi Sechs Jurisconsulti zwen Medici vffs wenigst, Auch vier Lectiones in artibus gehalten werden, vnd dann aine besundere Aristotelis Auch aine Elementorum Arithmeticæ vnd Geometriæ vnd Sphæræ, ainer der Mathematicam lese, Ainer authores præcipuos vnd fürnemliche buecher in der Lateinischen, einer dessgleichen in der Griechischen Sprache, Ain Hebræus, Item Pædagogarcha vnd ime zugeordnete Magistri, vnd das es mit der Regierung vnd Leer in dem Contubernio oder versamlunge derienigen, so sich vff die Leerung guter kunst vnd Studium Artium begeben, Auch in dem Pædagogio vermög irer Statuten vnd Satzungen gehalten werde,

Zum Andern söllen die Professores vnd Doctores der obern faculteten angenomen werden von dem Rectore vnd Cancellario, So der vorhanden vnd allen andern Doctoribus die do lesen in den obern faculteten. Die aber in artibus derglichen auch von gemelten Doctoribus vnd Lesern, doch on beywesen des Cancellary, vnd mit derselbigen yetziger vnd künfftiger Zeite annemung also gehalten, das dieselben nach gelegenheit der Person vff ain bestimpte zeit, oder auch ir leben lang bestelt mögen werden,

Am Dritten, das die drey zum wenigsten ordenliche Leser in Theologia teglich zwo Lectionen halten, aine vor die ander nach Mittage, zu söllichen der Theologie Lection zunemen vnd zubestellen cristenliche Gotzforchtige Männer, vnd souerr es immer möglich erfarne der sprachen, darmit im alten Testament durch hilff der Hebraischen, vnd im newen der Griechischen Zungen zu warem verstand, vßlegung vnd mainung möge gekommen werden, Vnd soll der Lector Noui Testamenti ain materia fürnemen, darinn er in ainem Jar oder zwaien, ainmal ordenlich ein gantze Summa der Cristenlichen leer vnd alle articulos des gloubens handel vnd verclere, Dise Theologi söllen ire disputation zu bequemmer zeit vleissig halten, Nemblich ein ieder ordenlicher leser der angetzognen dreier zweymal im Jar Souerr er anders respondentes vnd antwirter haben mag, Wer aber sach, das ir einer vß vordrung der Schuler ir Promotion halb zwo Disputation gehalten hete, derselbig solte allsdann dasselbig Jare weiter nit schuldig sein zudisputiern, Es were dan sach, das er noch meer ervordert würde, von ainem Schuler seiner Promotion halb. Denn so solle der Decan derselben Facultet verschaffen, Das dem schuler ain Disputation gehalten, aber mit den declamationibus lut der Statuten zugeleben. Der disputator vnd künfftig President solle sein begriffne Artickel vnd Position, daruon er zu disputieren willens, dem Rectori Vniuersitatis fürtragen vnd offerirn, der mit rate seines Consilij, oder auch der Vniuersitet dieselben zutzelassen oder zuuerwerffen macht haben, Vnd kein materia vsser des Rectors bewilligung gedisputiert werden. Item das die so in Theologia gradum nemen wöllen, zu keiner Weyhe verphlichte, denen auch vnnachteilig sein, ob sie derselben zeit verehelicht oder nachmals werden wölten.

Zum Vierdten In Jure zwen Ordinarios zuhaben, der ainer lese in Canonico die Buecher, darus die gerichtlichen Processen gelernet, der ander In Iure Ciuili mit gewonlichen Apparatu, vnd zu denen einen der Institutiones mit gnugsamer grundlicher Vßlegung der text, vnuersompt auch des gewonlichen apparatus vnd Scribenten einfierung, Vnd dann aber ainen, der auch in Jure Ciuili mit dem Apparatu lesen sölle, Also das stetig in disem zwo Lectiones fürgeen, Eine Pandectarum vnd die ander Codicis. Neben denen aber (dieweil sechs Doctores dieser Profession zuerhalten,) das tzu yedertzeit, nach erfordrung der loüff vnd gelegenheit der Schuler die Vniuersitet mit gemeinem Rat ordnen vnd verschaffen sölle, was für Biecher der vberiger zweier ain yeder alls nemlich auch in Digestis oder Codice oder aber in Jure Canonico, Vnd dann auch Vsus feudorum oder integrum

Processum iudicialem oder Vltimos libros codicis vnd dergleichen lesen vnd vßlegen sölle, Vnd diser Facultet alle Doctores vnd Legenten schuldig seien, sich zu yedertzeit in vnsern Hendeln vnd sachen zurathen gebruchen zu lassen.

Zum fünfften zwen Medicj ordenlich zum wenigsten vnd teglichen lesen vnd leeren, die Biecher zu verstand der kunst, vnd dem gebruch dienstlich, fürnemlich Hippocratis vnd Galeni, mit hebilff der griechischen sprach, die dann dise in iren schrifften gefiert haben, Dise söllen auch verbunden sein, die Apotecken zue Tüwingen vnd die andern im Land, sambt den bestelten Artzaten daselbs, doch die vßerthalb Tüwingen vf des hern Costen järlichen ainsmals zu rechter zeit, alls im Monat Julio samptlich zu visitirn vnd besehen, ob dieselbig mit materialibus auch sunsten mit geschickten dienern wol versorgt sey, darmit vß der Apotecken den krancken nit mer nachteils, dan hilff eruolge. Sie söllen auch darob sein, das alle arzney Simplex vnd Composita vmb ain gleichen phenning gesetzt vnd gegeben vnd die nottürfftigen nit zu hardt beschwerdt werden.

Item daß dise zwo Fakultet ir disputation auch vnd also halten, darmit jerlichen zu viermalen vffs wenigst in ainer yeden ordenlich disputiert vnd dise zal in allweg vntzergentzte[1] beleib, vnd solle die Vniuersitet herinnen zu yederzeit vnd nach der selben gelegenheit dise antzal der disputation auch zugemeren macht haben vnd darob sein, das einem yeden in den ordenlichen Disputationen der dryen obern Faculteten Presidenten von der Vniuersitet zu verehrung zwen florin, einem Argumentanten aber vß den Doctoribus vnder zwayen batzen nit gereicht vnd gegeben, vnd damit etwas fruchtbars mit guter muos gehandelt, Ertzögten sich dan der Argumentanten souil oder die matery so weitlöffig, das mans vor mittag nit füglich enden köunte, Alsdan sollen auch die Stund nach mittag zu voltziehung angefanguer disputation genommen werden. Vnd auch mit offerirung der position zehalten aller gestalt wie von den Theologis vermeldet.

Zum Sechßten In artibus zulesen, für die so Baccalarij zuwerden begern, Dialectica vffs verstendigst vnd geschicktest dergliechen auch Rethorica, vnd söllen die nutzlichsten Buecher

1 vollständig, Schmeller 2, 59.

vnd lutere schrifft herinne, vnd zu diser leer erwölt, auch yetzutzeiten ains buchs vollendung oder in mitte desselben die geleßne Buecher zu vbung getzogen werden, alles lut irer der Artisten reformierten Statuten. Für die so Magistri wöllen werden zulesen Physica vnd Ethica nach anschickung der Vniuersitet vnd Superattendenten gemeine Lection zuhalten, denen so in Artibus promouiern wöllen, Sphäram vnd Elementa Arithmeticä vnd Geometriä, Philosophiam Aristotelis auch der griechischen Sprach freye ledige stund. In Philosophia Aristotelis so gelesen, söllen alle leere in Artibus stillsten, auch ein stund zulesen in der Lateinischen sprach die fürnemlichen Biecher, Sonderlich Poetarum, zu derselben grundtlichen begriff dienstlich, Item ein Lection Mathematum, Item ein Lection in der hebraischen sprach hoch vonnöten allen denen, so in der heiligen schrifft fruchtbarlich zustudiern fürhaben, vnd das in disen allen lection teglich fürgefarn, vßgenommen die zugelaßnen vacation vnd feirtag, vnd dieihenigen, so gradus hegeren, die zuhören vnd complirn, verphlicht, doch das Mathemata vßgenommen, obenuermelter Biecher Sphärä vnd Elementorum Geometriä vnd die hebraischen Lectio frey vnd dartzu keiner verbunden sey.

Und dieweil Gotes Eere fürnemlich bedacht werden soll, Darmit in rechtem verstand der kristenlichen warheit die Jugent vffertzogen, die Studiosos Artium zu ainer Lection in Theologia Nemlich Noui Testamenti zuhalten, vnd das söllicher Lection verweser sich nach gelegenheit, vnd dem verstand der Jugent richte, vnder dieser Lection auch sunst in artibus nit zulesen, Aber die Stipendiaten, so Theologiam zustudieren schuldig, vnd deren alter vnd geschicklicheit zu disem thüchtig ist, Söllen zu der Theologischen leere auch in der selben Facultet zuprocediern vnd fürtzefarn bey verlierung irer Stipendia angehalten werden. Item die disputationes vnd exercitia oder vbung in dieser profession, derglichen auch die contubernalem disputationem zuhalten, lawt der vernewrten irer Statuten.

Es soll auch ain Pedagogium angerichtet werden für erliche kinder vom adel burgerschafft vnd anderer leut, die junge Studenten vff diser Vniuersitet zu Tüwingen haben wöllen, zu desselben versorgung ain geschickter erberer vnd gelerter Mann, als Pædagogarcha vnd verwalter desselben allergestalt wie sunst ain Magister vnd Professor bonarum artium bestelt sölle werden. Vnd ime ordnung gegeben, dardurch yedertzeit nötige vnd nützliche kinder lere daselbs gefieret vnd die knaben fürnemlich in rechtem Reinem cristenlichen verstand vnd zucht ertzogen, Also das die stuck Cristenlichen Catechismi vnd dann Grammatica auch zugehörigen Biechlein Terentij, Virgilij, Ciceronis disen knaben vßgelegt, vnd sie in der Musica geübt, auch in der kirchen am Sonntag zusingen angehalten werden. Item zu gedachtem Pedagogio beide Clöster der parfüsser vnd Augustiner oder deren ains, oder wa das füglich nit sein mag, ain ander bequem füglich ort zuuerordnen, doch das mitlerweile bis söllichs in das werck kompt, vnd zum fürderlichsten das Pedagogium an gelegem füglichem ort angericht werde. Item das gedachtem Pädagogarchæ nach gelegenheit der Loüff, vnd meinig [1] der knaben ainer oder etliche Magistri zugeordnet, darmit dise leer gnugsamer völliger bequemer weyß vnd gestalt vßgericht werde.

Vnd dieweil alle Facultet oder Profession vnderschidlichen erhalten werden söllen, Auch sich begeben mag, das zu merern mal die lectores der lateinischen vnd griechischen sprach facultati Artium nit eingeleibt vnd doch sölliche leer von der selben gar nit zuscheiden, das diser zwo lection verwalter alles dasienig so gedachter facultet, das ist bonis artibus, vnd wie man es nennet literis, zu vfnemung, nutz, furdrung vnd gemerung dienet yedertzeit zuhandlen vnd thun schuldig sein Vnd fürnemlich mit sampt dem lectori Retorices die Declamation vnd Exercitia Retorica in rechtem gang vnd übung erhalten.

Es söllen auch nach anschickung der Vniuersitet etliche Magistri in der Bursa verphlicht sein alle vierzehende tag ain disputationem contubernalem zehalten in der Communitet vnd ainen Respondenten haben, die schuler aber in der bursen zu disputiern getzogen, vnd die somigen von iren Magistris gestrauet werden, Vnd der President gietlich vnd getrewlich die knaben vnderrichten, formliche vnd geschickte Argument vnd Syllogismos zumachen vnd zugebruchen, Vnd zu diser disputation die Vniuersitet mit gemeinem Rate gelegne zeit orduen, Auch dem Presidenten gebürliche verehrung (die dann auch die andern

1 menge.

Presidenten zu ordenlichen Disputation vnd Declamation oder Vbung in der Rethorica nach geuallen der Vniversitet von der facultate artium oder sunst yedesmals emphahen), Das söllicher Presidenten einer vnder dreyen batzen nit emphahe, der Argumentanten aber einer zu ordenlicher disputation aus den Magistris nit vnder ainen schilling, Aber der Lector hebraicæ linguæ, dieweil dise sprach zu der theologischen Profession fürnemlich dienet, solle auch zu der Theologia getzogen werden vnd in Theologia ainen gradum haben, oder ia dartzu complirn, ist anderst wol vnd füglich ain geschickter dergestalt zubekomben,

Zum Sibenden das obertzelte bestalten alle vnd iede zulesen, vnd ire stund vleißig vnd getrewlich zuuerrichten schuldig vnd verbunden sein vßgenummen zugelaßner vnd vergundter vacation vnd feirtag, Wie dann die selben einer yeden Profession oder facultet zehalten gestattet, vnd in der selben vernewrten Statuten sonderlich vßgetruckt Wa auch einer sölliche seine stund vnd lection versumbte, Der soll sein versombnuß, vnd wieuil der syen bey seinen trewen an aidsstatt den verordneten ynnemens vnd vßgebens antzaigen, vnd souerr er alle tag zulesen schuldig, nach seiner besoldung Summa straue gelt geben, Nemlich für ain versumpte lection von hundert florin Solds einen halben vnd fünftzigen ain ort, vnd also furus nach antzal des Solds, Er hete dann sölhe versomnus vß zulaßung deß Rats der Vniuersität vergleichet vnd wider hereingebracht vnd compensiert. Ob ainer aber durch alter, kranckheit oder sunst leibs not legerhafft würde oder verhindert, Also das er sein Lection wie vor nit versorgen noch vßrichten köndte oder möchte, dem solte herumb für versomnus ainiger abzug nit geschehen, vnd in disem valle die Vniuersität nach notturfft der aussteenden lection halben gnugsame versehung thun. Würde ainer in der herschafft oder Vniuersitet geschefften verschickt oder sunst beladen, sölle ime dise zeit der werenden geschefften keine versumbnus zugeschriben, doch das in disem vall mit langwirigem vßsein vnd vertzug den Schulern kein nachteil erwachs, vnd zu versorgen derselben, der Rat der Vniuersitet vff weg trachte, darmit die ledig stund versehen vnd bestellet werde.

In aignen geschefften, soll ain yeder mit erloubung des Rectoris vnd seiner Profession Decani allsdann zu verraisen macht haben, Souerr er ain andern an sein Statt dieweil zulesen verordne. Geschehe aber dis nit, vnd einer etwas zugewynnen vnd aignen nutz zuschaffen vſzug doch mit erloubung wie gemeldet, der soll von den versomten lectionen obgesetzte vnd angezogne Penen zubezalen schuldig sein. Were aber das einem dringende oder nötige gescheffte, daran ime mercklich gelegen, derhalben dann erkantnus bey der Vniuersitet sten soll, fürfielen, der soll nicht dester weniger erloubtnus wie gemelt zunemen, vnd auch der versumbten Lectionen strafgelt zugeben schuldig sein. Doch in disem letsten val von nutz wegen der Schuler zuzulaßen, das dan dazumal die versompten Lection anstatt der peen erlegung an den tagen, da man sunst nit liset ordenlicher weiß erfüllet vnd wider herein gebracht werden, vnd so das gescheen, weiterer Peen keiner schuldig sey. Mit vſraissen des Rectoris soll es lut der Statuten Vniuersitatis Vnd mit der Decanen also gehalten werden, das ein yeder des Rectoris vnd seiner facultet des negsten vor ime abgestandnen Decani gebürliche erlouptnus erlang vnd dan nichtzit versompt hab.

Zum Achtenden das zu der Ler der Vniuersitet vnd in der selben zulesen gelerte geschickte vnd Cristenliche männer gebrucht vnd angenomen werden in allen faculteten, vnd die widerwertigen der rechten waren Euangelischen leer vnd göttlicher warhait zuuermeiden, das auch die Doctores Juris vnd medicinae ire studia vnd ordenliche promotion gnugsamlich fürbringen vnd erweisen, vnd das in aller der obgedachten Leser vnd leerer annemung dieihenigen so die selben zubestellen beuelh haben, sweren dieselbigen zubestellen, die sie tougenlich vnd vns vnd vnsern erben, auch der Vniuersitet am nutzlichsten beduncken innen oder vſerhalb der Vniversitet.

Zum Neundten, daß söllichen bestelten ire versprochne Besoldung namhafftig gemacht, doch zu yedertzeit den annemmern zugelassen die selben zumeren oder zumindern, wie es sich nach gelegenheit der Personen nutz vnd gut bedunckn würdet.

Zum Zehenden vier Superattendentes vnd vffseher zuwölen, das im Contubernio oder Bursa mit dem studio artium, wol recht vnd löblich, auch nützlich den Schulern gehalten, vnd denn ainen, der ein sonder vfsehen hab vff das Paedagogium vnd das dise Superattendenten syen zwen Theologi, ain Jurisconsultus vnd ain Medicus, vnd alle mutation oder halbe Jar vnder denen ordenlich an des ainen statt in einer yeden facultet ain ander antrete, Allso das von ainem vff den andern söllichs ambt valle vnd vmbgehe, vnd von ersten ein Theologus, Volgends ein Jurist, vnd dann auch ein Medicus, wie gemeldt geendert. Dise Superattendentes söllen alle sach der Hawßhaltung, Kuchin vnd Kellers in vleissigem getrewem befelhe haben, das souil möglich herinnen die Schuler on beschwerd vnd Clag syen. Die söllen auch vfs wenigst viermal im Jar die ordenliche Disputation vnd exercitia in guten Künsten vnd studio artium visitirn vnd besuchen, getrewliche vnd vleissige einsehung thun, darmit dieselben gleichmessig den Statuten wol vnd nutzlich gehalten vnd geübt werden, auch sonst, so offt sie not vnd gut duncket, das Contubernium oder Bursen visitiern vnd haimsuchen vnd allsdann fürnemlich aber in Visitierung der leer vnd disputation zu sich ziehen, einen inen fuglich vnd tuglichen Professorem vnd Leerer der guten Künsten vnd sprachen vnd in der leer fürfallenden mengeln mit Rate desselben einsehen thun vnd diser Supperattendenten wale in vollem der Vniuersitet rate gescheen. Gedachte Superattendenten söllen auch darob sein, das die Magistri in dem Contubernio oder bursen vnd Pedagogio zuhörn vnd Complirn, ain yeder sein profession oder facultet, daruff er beschiden vnd sich gegeben angehalten, damit onuersombt dises stücks in allen faculteten zu yederzeit iunge schießling vffgetzogen vnd der Vniuersitet nit allein disesmals, sonder auch hinfurt alweg geholffen, vnd die abgeenden ersetzt werden mögen.

Zum Ailfften, das zu allen ordenlichen oration vnd zutzeiten der anzögung eines gewölten Rectoris, auch Promotion der Doctorum vnd Magistern, durch gebott des Rectoris die schuler gegenwertig zusein eruordert, mit angehengter zimlicher geltstraue, von den sömigen vnd abwesenden strengklich einzubringen. Es söllen auch dann vnd zutzeiten aines allerersten vnd new angenomen Doctoris vnd fürnemen Lesers angang der dann durch offentlich anschlahen, wie der gebruch, angezögt, die andern Doctores vnd leser auch die schuler gegenwertig sein, auch in einer Profession oder facultet in den disputationibus dergleichen anfang newer Biecher vff geschehne derhalben antzögung sie der selben Profession fürnemblich sich vndereinander visitieren vnd hören, vnd ein yeder so dis thut, wie sich gebürt, desselben tags seiner Lection gefreyt sein, vnd sich also, wie ein löblicher gebruch vnder inen eeren vnd honorirn in keinem weg offentlich noch heimlich schmehen, lestern oder infamirn, bey verlierung fürstlicher huld, dann hierus merklicher der Vniuersitet nachteil vnd zertrennung volgend zubesorgen.

Zum Zwölfften das mit den Promotionibus leidliche vnd denienigen so in yeder facultet Gradus zunemen willen, ertregliche weiß fürgenomen, vnd den selbigen lut einer yeden facultet Statuten nachgegangen werden.

Zum dreytzehenden, daß der zeins, vß dem contubernio oder bursa zu gemeiner Vniuersitet nutz vnd notturfft eingenomen, das auch mit abschneidung der zweier weg vnd anderer zertrennung vnd in regierung bestellung versehung des Contubernij oder bursen gelebt, gehalten, vnd bestelt werde, nach den satzungen vnd Statuten yetzund newgemachten, angenomen vnd bestettigten.

Zum viertzehenden mit bestellunge ains gemeinen Wirtz, vnd anderer yedertzeit nottürfftiger nützigеr gelegner einsehung, ordnung vnd fürnemen des Collegij halben, der Vniuersitet Rate frey zelassen vnd haimzestellen zehandlen vnd zethun, nach vnd zu dem besten nutz vnd fromen gemeiner Vniuersitet, dieweil die Collegiaten den sollichs etwan beuolhen gewesen abgegangen sind.

Zum fünftzehenden Wa clag von den Schulern oder andern für den Rector oder Cantzler so der vorhanden, keme, vber einen bestelten der eegemelten Vniuersitet seines vnfleiß der leer halben, der soll von einem Rector oder Cantzler, so der vorhanden, gerechtuertigt werden, vnd ob sich derselbig nit wölte beßern, So solle ein Rector oder Cantzler das vor an die Vniuersitet, vnd darnach an vns oder vnser erben gelangen lassen, Doch in vertzug des Rectors oder Cantzlers einem yeden der Vniuersitet fürdrung zuersuchen, zuuergonden.

Zum Sechtzehenden Wa ainer seinen dienst vnd lectur der Vniuersitet vermög seiner bestallung vffsagen wölte, das der selbig, söllichs durch den Rectorem ain halbes Jar zuuor der Vniuersitet antzögen, Vnd erloubtnus begern sölle, Vnd der Rector ime innerthalb ains monats antwirt zuwissen thun. Dergleichen auch were der Vniuersitet gelegenheit nit einen lenger zubehalten, das alsdann auch die Vniuersitet durch den Rector einem söllichen seinen dienst abkound, ain halbes Jar vor endung seiner bestallung zeit, der dann auch ein Monat frist zu vernerm anbringen ob ime das vonnöten vnd gelegen sein würde, haben solle, das also die Lection alltzeit bestelt vnd vnuersompt bleiben.

Zum Sibenzehenden betreffend den fiscum der Vniuersitet vnd die verordneten oder deputaten ynnemens vnd vßgebens, auch den Sindicum zuhalten beyloüffig nach löblicher ersten [1] vnd auch dis nötigen stücks gants nützlicher ordnung, Nemlich das hinfurter von der Vniuersitet vier personen erwölt werden, ein Theologus, zwen Juristen, ein Medicus oder aber ein Artist, die selbigen vier söllen zuuor sweren, in dem so sie erwölet sein getrewlich zehandlen, vnd daruff eintzunemen vnd vßgeben der vorgemelten Vniuersitet zeins vnd gülten, vnd die selben zins vnd gülten söllen gelegt werden in ein behaltnus, dartzu vier schlüßel syen, vnd ir yeglicher den einen haben, Vnd sölliche vorgemelte zins vnd gülten einzusameln, solle ein Sindicus von der Vniuersitet bestelt vnd versoldet werden, die den obgemelten personen zu vberantwirten vnd darin auch die maß vnd der vleis werden gehalten, das der selb Sindicus oder die vier deputaten, sölher zins gülten vnd einkomens keinest ainsmals über zweintzig güldin zu irer behaltnus inhaben, auch nichts in iren oder andern, dann der Vniuersitet nutzen wenden, alles getrewlich vnd vngeuerde.

Es söllen auch die genanten vier erwölten Personen wie obstet zu yedertzeit wein vnd korn heißen verkouffen, vnd wie sie das oder anders beuelhend oder bestellen, dem solle der Sindicus leben vnd nachkommen, das gelt einbringen vnd zu iren Handen antwirten, vnd inen, so dick sie das hegern, Rechnung thun. Deßglichen sollen die Meier vnd ander Amptleut vff dem land vor den vier deputaten in beisein des Sindici Rechnung thun, darumb vnd vmb alles ir innemen vnd vßgeben söllen die selben vier Personen in beywesen eines von vnser oder vnsrer erben wegen darzu verordnet, vud auch des Cantzlers, so der vorhanden,

---

1 Siehe S. 87.

der selben Vniversitet ains yeden Jars ain mal vngeuerlich vff dornstag in der Pfingstwochen oder darbey, gemeiner Vniuersitet redliche vffrechte Rechnung thun, Vnd in selbiger Rechnung vnderschidlich von Item zu Item aller vnderambtleut vnd ir innemen vnd vßgeben ynbringen, innhalt vnd vermög der getruckten Rechnungsordnung, wie man die bey vnser Rentkammer Vnsers fürstenthumbs zu thun phligt. Daruff die Rechnung hinder die Vniuersitet in ein sonder behaltnus legen dartzu der Rector vnd vier decan schlüssel söllen haben. Item es sol das superest absein, vnd was von zinsen vnd einkommen abgelösst, von stund wider angelegt werden, vnd so also wie oblut, rechnung beschicht. Danntzumal mögen die von der Vniuersitet, die gemelten vier oder ander zu disem ampt setzen vnd erwölen. Es söllen auch die gemelten vier vnder inen einen erwölen vnd den dem Sindico bestimmen, zu dem er in der Vniuersitet nottürfftigen sachen sein zuflucht habe, Deßhalb derselbig von inen erwölte die andern drey zu ime versameln, Die vf des Sindicus fürhalten zu nutz der Vniuersitet handlen söllen.

Zum Achtzehenden so die Vniuersitet mit gnugsamen einkomen zu nottürfftiger besoldung gemelter verordneter lerer vnd leser versehen, Auch iren aigen fiscum vnd etliche zugieng hat, Das alsdann ander zufellige Purden von inen selbs getragen, vnd zu erhaltung diser stifftungen vnd ordnungen auch beßerung der selben kein vnkost gesparet, fürnemblich aber zum ersten die gebew so vorhanden, in wesen gehalten, die abgegangnen aber wider vff vnd zugericht werden. Zum andern das sie die Vniuersitet ain gelegen ort zu einer Librari wele, daselbsthin mit gemeinem Rate aller Professorn guete nutzliche biecher einem yeden vnuerhindert seiner notturfft nach an dem selben ort zugebruchen gelegt, Dann söllichs nit allein von wegen der armen, So allerley Biecher zukouffen nit vermögen, Sondern auch zu ehr der hohen schulen als ein wolgerüstes zugehörig zeughaws anzerichten in keinen weg vnderlassen werden soll, zu diser Librari auch ein gelerten Magistrum zubestellen, der gedachter Librari wart, darmit die selbig nit schaden neme vnd ein yeder freien zugang altzeit haben möge, vnd söllichen Magister mit einer bequemen besoldunge zuuergnuegen.

Dieweil nu wir Hertzog Vlrich rölliche vorgeschriben

ordnung vnd darin verleibt Artickel vns vorlesen lassen, die eigentlich vnd wolberatenlich besehen vnd erwegen, haben wir vns die lassen geuallen, Heben demnach vorußgangen Ordnung vnd daruf geuolgte Confirmation, souil die selbigen diser zuwider, hiemit vff, confirmieren, bestetigen, roborieren vnd becrefftigen in bester form vnd weiß, wie das sein soll, kann oder mag, dise ordnung vnd daruf geuolgte glichmessige Statuten vnd satzung gentzlich in crafft dis Briefs, Vnd wöllend das deren in allweg nach allem irem Innhalt gelebt vnd nachkomen werde, mit dem vorbehalt ob sich auch vber kurtz oder lang gefiegte, das gestalt der sachen, gelegenheit der louff oder der Vniuersitet notturfft erfordern wölten, ain oder mer Artickel in diser newen ordnung begriffen, zuendern, zubessern, zumindern oder zumeren, Solle das yedertzeit vns vnsern erben vnd nachkomen vorbehalten sein. Doch dem was dauor durch die vniuersitet vnd deren verwandten in crafft diser ordnung zugesagt versprochen vnd fürgenomen on nachteilig vnd vnuerletzlich.

Des zu Vrkund haben wir vnser Secret Insigel thun hencken an disen brieue, der geben ist zu Stutgarten vff den drittag des Monatz Nouembris als man zalt nach der geburt cristi vnsers lieben hern Tusent fünfhundert sechs vnd dreissig iar.

Nicolaus Müller
gen. Meyer [1].

Univ. Archiv Mh. I, 16 Perg. mit Siegel. Abschrift Fach VI, 17. Eisenlohr 102.

---

1 herzoglicher Vicecanzler.

40.

Artickel der Vniuersitet fürhalten, dern furter gelebt werden soll. 11. April 1537.

Anfangs das von wegen meines gnedigen Fürsten vnd Herrn zwen Commissarii oder Superattendentes namlich Johann Brencius vnd Joachimus Camerarius erkiesst vnd verordnet seyn, wölche zwen von sein F. Gnaden wegen darob vnd daran sein sollen, damit die aufgericht vnd bestätigt Ordnung in allweg getrewlich gehalten vnd dero gelept werde. Die sollen auch gewalt haben, wa die Vniuersitet in irem rat oder besonder Faculteten an gemelter Ordnung in den lectionibus vnd exercitien sömig vnd farlässig sein wurden, gepürlich und notwendig einsehns zethun. Wann sy aber durch ir vilfeltig manen vnd adhortation gemelte geprechen oder vnordnung nit abstellen oder dern mangel nit erstatten möchten, sollen sy auch schuldig sein dasselbig verner an mein Gn. Fürsten vnd Herrn gelangen zelassen vnd seiner F. Gn. beuelch daruf zeerwarten.

Sy sollen auch ain vffmerken haben vnd sonderlich Joachimus, damit studia artium vnd bonarum literarum sampt dem pedagogio angericht vnd verordnet werden. Solliche Commissarij mechten dann auch vmb den dritten theologum dergleichen vmb ander professores die cristlich vnd euangelischer religion genaigt vermög der ordination an denen yeder zeit mangel sein wurd, sich vmbsehen vnd solliche für ander fürdern, welchs sunst langksam, wies bisanher wol vermerckt, von statt gen will. Dieweil nun sy gemelter sachen halben nach gelegenhait yeder zeit vnd hendel mit dem rath der vniuersitet von meins Gn. F. vnd Hern wegen zehandeln haben müssen, so sollen sy in gedachten sachen im rath gelassen gehörn, auch ir maynung vnd gut ansehen vernommen, sampt inen geratschlagt vnd tugentlich gefurdert werden.

2. Verner so ist seiner F. Gnaden ernstlich beuelch das die Ordnung vermög irs inhalts nunfüro hin in allen puncten vnd Artickeln gehalten werden, vnd dann die hieuor gegebenen be-

uelch Commission vnd bestallung der personen von meim Gn. Hern oder dern Commissarien, auch disem yetzigen gut ansehen vnd bedenken bei kraft pleiben sollen. Dann sunst sich onaufhörlich Irrung teglichs zutragen vnd vil namhaftig personen hieher berieft hinschellen [1] und pillich vrsach sich zubeclagen gewynnen wurden, nit on sonder der schul grossen nachtail.

3. Nachdem dann ain artickel in meins Gn. Fürsten vnd Herrn ordination vermag, das all personen, so dann vff diser hohenschul zelesen vnd zeleren bestallt vnd angenomen werden, dem hailigen Euangelio cristi vnd der Religion, wie die von meinem Gn. Hern angericht, nit zuwider seyen, welchs aber vbel gehalten wird. Dieweil dann nit allain die Jugent so in der leer vnd gotzforcht allhie vfferzogen soll werden, sonder auch ain gantze Statt Tuwingen, ja auch schier ain gantz Landschaft in solchen sachen ir vffsehen auf die gelerten vnd vorsteer diser schul mer dann vf meins Gn. Hern Ordnung hat, so ist meins Gn. Hern ernstlich beuelch will vnd maynung, das sy alle professores sich in der Religion sachen für ander lüt meins Gn. Hern Ordnung gemeß halten vnd meniglichen hierinn ain gut Ebenbild vortragen vnd niemand der professoren vnd auch der schuler den falschen gotzdienst suche, sonder alle studenten vnd der Vniuersitet zugewanten zu der cristlichen leer vnd predig des gotzworts vleissig gezogen vnd sonderlich all stipendiaten den Catechismum, welch bisanher nit gescheen, zubesuchen angehalten werden.

4. Zu verderst aber, das all Magistri in der Burs vnd Pedagogio, die man dann vil bas dann ander professores bekomen mag, dem hailigen wort gottes anhengig vnd genaigt verordnet werden vnd in demselben irn discipeln ain gut Exempel seyen. Dann ye der juget halben treffenlich vnd vil daran gelegen sein will. Welche aber dem Euangelio widerwertig vnd sich meins Gn. Fürsten vnd Hern ordnung in der Religion sachen vßgangen nit vergleichen, söllen von stundan abgeschafft werden.

5. Alsdann auch befunden, das allerlay mengel in dem aufgerichten Stipendio [2] erscheinen vnd desselbigen Jungen, vn-

---

1 wegziehen, vgl. Schmid Schw. WB. s. v. schell: von vnser statt schellen. 2 die theologischen Stipendiaten sind gemeint.

angesehen dass sy bei der fundation die hailig gschrift zulern vnd zestudiern verpflicht sind, wenig oder gar nicht zu dem cristlichen Catechismo gefürdert werden, der cristlichen Religion wenig gemesshalten, das alsdann inen ein gelerter frommer cristlicher vnd eerlicher Magister zugeordnet werd, der ir preceptor sey, sy zu der cristlichen leer anhalte vnd dermassen irnhalb handle, damit sy in zucht gotesvorcht vnd leer wol vnd cristlich vfferzogen werden. Welchem für sein besoldung gegeben werden mag die fünfzig guldin vnd der Tisch, die sunst vff ain priester bei der fundation sollten gewendt werden.

6. So nun auch gemerckt, das das Pedagogium auss mangel ainer behusung nit wie pillich aufgericht, welle mein Gn. Fürst vnd Her mit der zeit ain gnädigs einsehens thun lassen, darmit darzu ain behusung geordnet vnd gegeben werde. Doch das nichtdestoweniger mitler zeit in der ainen burs sollich pedagogium angericht vnd lut der Ordination gehalten werd.

7. Wiewol auch mein gn. Fürst vnd Her verhofft, das auf all studenten diser zeit der erschynung des hailigen Euangeliens ain gut aufsehens sollte gehapt vnd die laster, darinn sy yppiglich leben vnd das ir vnützlich verzern, auch sollte abgestellt worden sein, so verneme aber sein f. Gnaden, das diss gantz varlässig gehalten vnd die sachen also geraten, das etliche vätter verursacht werden, ire sön derwegen von diser Vniuersitet zuervordern, wie dann iüngst gescheen. So sey seiner f. Gnaden ernstlich beuelch, das der Rector vnd die herrn Consiliarii hierüber vleissiger dann bisanher beschehen ob der censur vnd straff der laster halten, vnd sonderlich das die vnnutzen leichtuertigen Studenten so vom Adel oder sunst hochs oder niders Stands, so zu dem das sy nit studiern, auch anderer frummen leut Kinder von der zucht vnd leer abziehen vnd verderben, daher dann der schul ain sonder bös nachgeschray erwechst, nit geduldet, sonder zustudiern vnd Erbarkait gehalten oder ausgeschlossen werden.

8. Nachdem auch der Onmass der vacancien vnd feyertagen vnzimlich vnd nichts guts pringt, das dann nach yeder facultet gelegenhait vff zimlich weg durch die Consiliarios sampt den bestimpten Commissariis gepracht vnd gekurzt wirden. Vnd sonderlich aber, das man an den alten feyrtagen so durch meins gn. Fürsten vnd Hern Kirchenordnung abgeschafft sind, des

lesens nit oberstande, damit vil ander leut, so on das ain gross vffsehen auf die schul haben, ires onnutzen feyrens von den gelerten, wie dann bisher oft geschehen, nit ursach nemen.

9. Alsdann durch Philippum Melanchthonem wie er hie gewesen, für gut angesehen, das die zal der magistrorum in der Burs leerend etwas gemindert würde, sonderlich dieweil etlich vnder denselbigen gantz vnnutz vnd zu leeren zu diser zeit nit tougenlich, darzu dem gotzwort widerwertig wern, so nun in der Ordination auch hieoben ain Artikel begriffen, wie der Religion halb die professores vnd sonderlich die magister gestalt vnd geartet sein sollen, das demnach solche die der Religion nit gemess abgeschafft werden, damit auch etwas cöst erspart vnd vf geschickt cristliche magistros irer lection vnd salaria gewandt wurden, ungeuerlich lut der verzaichnus, so Philippus hinder im verlassen.

10. Verner ist bedacht, als Sinapius [1] teglich ankomen soll, vnd dann die ordination vermag, das zwen oder drey Medici erhalten werden sollen, das darnach Doctor Michael Rucker [2] als ain iunger angeender vnd der sich der pratickh sonderlich vnderstanden, dardurch mit der zeit in ainen grossen Ruf komen vnd der Vniuersitet ein gut lob pringen mag, bey seiner lection werde gelassen vnd aber Sinapius als der dritt Medicus verordnet.

11. Dieweil auch befunden, das durch ain vermainte vnd nit endlich beschlossne addition der besoldungen der Vni-

---

1 Johannes Sinapius, der sich als Arzt in Italien bei einer Herzogin von Ferrara aufhielt, war von Ulrich berufen und auf seinen Befehl vom Senat mit einem Gehalt von 200 fl. angestellt (26. Jun. 1537. A Sen.) ist aber nie gekommen. Grynæus schreibt an Blarer: si Sinapius non venerit, quod sperare non possum, scio neminem rebus modisque omnibus idoneum, linguarum et medicinæ singulariter eruditum, qui mihi spem de se amplissimam pollicetur. Epp. mss. S. Gall. XII. 126. Briefe des S. an Blarer u. aa. ebd. 53. 54. 152. Der Grund seines Ausbleibens war, wie aus einem Brief des S. an den Senat d. d. ex aula Ferrariæ X cal. Apr. 1541 hervorgeht, dass er vergebens auf eine Fürschrift des Herzogs bei seiner Herrin, damit sie ihn ziehen lasse, wartete. Ulrich war also inzwischen anderen Sinnes geworden. Später wurde S. Arzt des Bischofs Melchior Zobel in Würzburg und seines Nachfolgers, starb auch dort 1561.

2 s. S. 166.

uersitet seckel etwas beschwert, auch sunst in ander weg ersogen, also das gar nicht in Erario sein vermerckt, das hieruff sy ain fleissig einsehen thun vnd also die sachen angericht, damit solliche addition aufgehapt oder geringert, auch in ander weg der Vniuersitet nutz vnd wolfart betracht werd. Dann die so von meim gn. Fürst vnd Herrn aus andern landen vmb fürderung vnd aufpawung der Vniuersitet berieft werden, mit merklichen costen ankomen, derhalben sy mit salariis mer vnd höher bedacht werden, dann die andern, so vormals nach irn bestimpten besoldungen zulesen verpflicht gewest sind.

12. Dergleichen sollend sy mit endrung oder ordnung des Sindici ein ernstlichs einsehens haben. Dann in seiner Rechnung der vnzalichen Expens vncosten vnd andershalben grosse mengel befunden. Auch darneben sy ire Rechnungen fürter stellen lassen nach Inhalt fürgenomner Rentcamer Ordnung der Rechnung halber vfgericht vnd inen zugestellt. Dardurch allerlay mengel abgewendt vnd sy allerlay mieg vnd arbeit entladen werden.

13. Als Philippi Melanchthonis bedencken gewesen, das Micellus [1] als ein verrempter poet hieher berieft werden sollt, wellicher dann ain besondern ruff vnd lob der Vniuersitet pringe, vnd aber diser bisher nit erlangt, sollen sy nochmalen vleiss ankern, damit er oder ain ander an sein statt vnd aber Maister Benignus [2] nach angeben Camerarii wider in die Burs verordnet werde vnd neben ime auch ander geschickt vnd tougenlich, damit die bone artes wider in aufgang komen mögen.

14. So sollen sy auch mit ernstlichem vleiss nach einem Mathematico vnd Hebreo trachten, damit dieselbigen als nutz vnd notwendig mit iren lectionen der Vniuersitet ain eer vnd aufbawung pringen vnd geperen mögen.

15. Nachdem sy auch gut wissens haben, das alle zwitracht vnd spaltung zerrittung vnd Onordnung mitbringen, so ist meins Gn. Fürsten vnd Hern ernstlich beuelch, das sy sich wöllen an-

---

1 Johannes Micyllus seit 1527 Rector der Schule zu Frankfurt. Stirbt 1558 zu Strassburg. 2 Johannes Benignus aus Bietigheim war als Wittemberger Magister am 1. Juni 1535 in die Facultät aufgenommen worden, lehrt Rhetorik, Cicero, Quintilian und gelangt in der Folge zu einiger Geltung. Stirbt 1553.

fangs lut der ordination in der Religion vnd globens sachen meins gn. F. vnd Hern ausgangen Kirchenordnung gemess halten, ainhelliglich vergleichen vnd sich also erzaigen, das die discipul darab ein gut Exempel nemn vnd sich gleichförmig zehalten für sich selbs vndersteen mögen, auch inn vnd ausserhalb rats ain ander nit mit schmitzworten etlicher Secten namen antasten. Dardurch nichts anders dann rotten, haimlich neid hass vnd vnainigkeit eruolgt, welchs der Vniuersitet ain mergcklichen nachtail vnd apgang pringen würde. Derhalben sy sich hierinn ainhelliglich halten vnd beweisen wöllen vnd inallweg fürnemen, was zu frid ainigkait vnd cristlich Religion dienstlich vnd erspriesslich sein mag.

16. Vnd dieweil in der ordination vnder andern artickeln begriffen, das ierlich die disputationen in superioribus facultatibus gehalten werden söllen, vnd aber sollichs bisanher vnderlassen, so nun dise der Vniuersitet vnd den schulern vast nutzlich, söllend die furter, wie die Ordination vermag, on ainiche wegerung fürgenomen vnd gehalten werden.

17. Am letzten aber befunden, das die Ordination noch nit von den Consiliariis zehalten geschworn vnd aber mein gn. Herr die confirmiert vnd vorhin von anfang geschworn gewest, das dann alle so in den Rath der Vniuersitet genomen werden oder yetz darinn sein, geloben vnd schwern sollen, dise Ordnung in allen puncten vnd artickeln helfen handthaben vnd deren zugeleben, wie dann pillich vnd die noturft eruordert.

Gemelt artikel sind Vniuersitati vbergeben worden von des durchl. hochgepornen Fürsten vnd Herren Herrn Vlrich Hertzogen zu Wirtemperg usw. Räthen vf den XI. tag monats aprilis Anno 1537, quod testor manu propria ego

Gabriel Satler
Notarius etc.

Univ. Archiv, Abschrift VI, 25.

41.

Statuten der Universität von 1537.

CONSTITVTIO ET ORDINATIO SCHOLASTICAE VNIUERSITATIS STUDIORUM TUBINGAE IN SUEUIA CUM EXPOSITIONE STATUTORUM ET LEGUM QUIBUS ILLA ADMINISTRETUR.

Neque vlla Respublica sine certa præscriptione ac ordinatione legum stare, neque omnibus illæ temporibus atque locis eædem esse semper possunt. Commutatis enim moribus, sententia, consuetudine vitæque ipsius modo ac ratione, quod diuersis seculis fieri solet, illas et ipsas mutare et præsenti usui accommodare necessitas quietis, pacis, ordinis postulat. Itaque omnibus ætatibus latas, auctas, abrogatas, immutatas leges et constitutiones Rerum publicarum scimus, pro eo atque rerum casuumque natura tulit. Proinde recte atque laudabiliter fecisse iudicandum Illustrissimum principem VDALRICUM etc. qui cum Scholæ Tubingensis veteri fama et gloria illustris partim optima instituta perturbata, partim prolatis optimis artibus ac disciplinis detrimenta sibi instauranda et sarcienda sumpsisset, imprimis aptis consentaneisque legibus pietati, virtuti, tempori, quibus illa administrari conseruarique posset, componendis, summum ac publicum illius consilium præfecit. A quo confectas, oblatasque sibi ipse autoritate sua comprobauit, easque in posterum ualere statuit, ac omni ratione ac iure ratas firmasque esse uoluit, ipsiusque Scholæ communi consilio custodiendas, seruandas, promulgandas sequendas dedit atque commisit. Quas insuper etiam augeant, imminuant, mutent, componant, ut tempus quodque et quæque res inciderit, quæ sigilatim capitibus propriis expositæ subiectæque sunt.

De Vniuersitatis partibus hoc est professionibus quatuor cap. 1.

Vniuersitas igitur Scholastica, ubi inesset omnium rerum doctrina, absoluetur partibus quatuor professionum, quibus omnia quæ disci cognoscique recte atque utiliter possunt, tradi solent. Pietatis ac rerum diuinarum Theologia est. Leges et Jura explicant qui inde Jurisconsulti nominantur. Corporis curam Medicina gerit. Ad has conscendi oportet de principiis omnis sapientiæ, hoc est, literis bonis atque artibus, philosophiam vno nomine vocamus: qua ipsa quarta professio constituitur. His conficietur Vniuersitas Scholæ: deque ipsis summum consilium cogetur. Sed et singulæ suam quandam administrationem habebunt, legentque præsidem studii sui, quem Decanum nominant. Cum autem omnia quæ diuturna esse debeant, præscriptione legum ac ordinis maxime conseruentur, neque tamen fieri possit, ut omnium constitutiones, quibuscunque temporibus aptæ congruentesque sint, Ideoque curabit Vniversitatis Senatus, ut legibus singulis temporibus cuncta ad rectitudinem et conuenientiam præsertim temporum, morum, consuetudinum, imprimis autem ad Veritatem ipsam, quæ mutari non solet, sed sæpe opprimitur, constituantur atque præfiniantur. Nec non singularum professionum, legum statutorumque promulgatio, renouatio, abrogatio esto, sed promulgata, renouata, abrogata, ita demum firma sunto, si consilii summi autoritas illa comprobauerit, sique comprobatorum exempla rite et fideliter in membranis perscripta Vniuersitati Scholasticæ in communi arca asseruanda, tradita et oblata fuerint.

Decanis singulorum professionum sui erunt consiliarii, cum quibus tractabunt negotia et res suæ professionis, et honorum rationem proponent atque constituent, quos in primis cauebunt, ne magis gratia aut pecunia moti, quam meritis eruditionis doctrinæque et virtutis contulisse ullis uideantur.

De publico aerario Vniuersitatis cap. 2.

Aerarii Vniuersitatis Scholæ huius custodia demandator quæstoribus seu deputatis quatuor, clauibus quaternis aperitor, quarum singulas singuli deputati tenento. In hoc inferetur sigillum magnum, priuilegiorum atque alia diplomata, pecunie, actorum libri. Cuius curationis negligentia infidelitasque maxima pœna sancietur ad arbitrium publici consilii. Singulæ quoque professiones suos fiscos et arculas custodient ac asseruabunt ea diligentia, qua in suis rebus uterentur.

De Doctrinae temporibus ac ordine cap. 3.

Singulas professiones solennium Conuentuum propria tempora,

quoad fieri poterit ab aliarum professionum iisdem temporibus separata, Et suæ doctrinæ certas statasque horas habere oportet. Quæ quibus datæ fuerint obeundæ, ii illas sedulo obeunto. Ne quis de sua hora in aliam transeat, neu suam horam negligat. Qui fecerit, quæstoribus ipse indicato, multamque irrogatam soluito.

Omnium horarum doctrinæ in membrana descriptæ proponi in eo loco debebunt, ubi senatus Vniuersitatis Scholasticæ, nec non singularum similiter professionum ibi, ubi ordinariæ scholæ a professoribus haberi consueuere.

De vacationum temporibus cap. 4.

Vacare ocio et docentibus ferialis esse vniuersis licitum fasque esto ad natalitias ferias, a die memoriæ Diui Thomæ sacro usque ad festum Epiphaniæ. Item octiduum a Dominica, cuius est notatio Esto mihi, Item a die Jouis Cœnæ Dominicæ ad festiuitatem pascalem Et ipsa festiuitate pascali, quæ duret dies octo. Item octo dies festiuitatis pentecostes. Item oriente canicula tantisper, quantisper professionibus singulis ab antiquo in hac Scholastica Vniuersitate est permissum. Item vindemialibus feriis a Diuo Michaele (29. Sept.) usque ad Diuum Lucam (18. Oct.) Item nundinalibus binis Georgii, et binis Martini. Item feriis omnibus, quæ secundum usum religionis nostræ publice obseruabuntur, et vocantur Ecclesiasticæ, adque illas diem quemque Jouis, qui ita ceciderit, ut aliæ feriæ in ea hebdomade dierum non reperiantur. Sed et in suis quæque professio statutis, hunc de feriis locum explicabit, et quascunque concessas ab Vniuersitate sibi obtinebit.

De Disputationibus cap. 5.

Singulæ professiones suæ doctrinæ disputationes statis temporibus exercento de quibus qui curationem illam acceperint, ipsi constituent. Qui præfectus fuerit, det operam, ut ita omnia instituantur atque gerantur, ut maxime e re discipulorum futurum esse iudicarit. Ostentandæ suæ eruditionis causa ne quid proponito neue dicito, sed commoda discipulorum respiciat. Similiter faciant et ii, qui contra proposita, ut solet, argumentabuntur. Rixas, contumeliose dicta, conuitia nequis vsurpato, disputato placide, præfecto disputationis ne aduersator. Qua quidem in parte consilii publici erit in delinquentes arbitraria animaduersio.

Externis ac peregrinis disputationes habere aliamque publicam functionem gerere apud nos non licet. Quare qui ex illis capessere uoluerit, hanc copiam sibi factam a consilio suæ quisque professionis habeat.

De Consilio Vniuersitatis Scholae huius cap. 6.

Respublicæ Consiliis et Magistratibus carere non possunt, utque in domo patremfamilias et herum, ita in rebus publicis senatores et principes esse necesse est. Publicum igitur Consilium, quo ipsa plane Vniuersitas huius Scholæ repræsentetur, quodque summum sit, ad hunc modum constituetur et celebrabitur.

Consilium publicum et summum explebunt omnes professores maiorum ac superiorum, ut uocantur, disciplinarum, cum Decano Artium professionis et duobus de consilio illius electis ad hoc Magistris. Hi cum res feret solenniter conuocantor, de proposito negotio deliberaturi sententiam rogati fideliter dicunto. In quod autem plurium sententiæ conuenerint, it ratum firmumque habetor. Si in pares sententias consultatio diuisa fuerit, alterius utrius partis, cui Rector suam adiunxerit, autoritas ualeto. Si quis publici consilii senator solenniter vocatus non affuerit, illius absentia constitutionibus, decretis, decisionibus nihil officito. Si quod illorum aliquem negotium, de quo in consilio agatur, attigerit siue proprium ipsius fuerit, deliberationi ille ne interesto, ac secedito tantisper, dum de re ipsius peragatur.

Si quis senator consilio sit motus, siue perpetui seu certi temporis exclusione, is igitur abesto, neque tractationibus publicis sese ingerito. Quod si audacia illius vicerit, neque consilio abesse non dubitarit, neque eijci se siuerit, ne quid agitor illo præsente neu proponitor, constituitor, deciditor, si quid horum factum fuerit, irritum et inane esto.

Sententias Senatores rogati ordine et placide dicunto a maledictis conuitiis, clamoribus contentionibus abstinento, ni fecerint consilio excluduntor et multam irrogatam arbitrio consilii soluunto.

Qui In Senatum consilij publici legetur in hæc capita iurabit.

1. Velle ante omnia in sententijs dicendis omnipotentis Dei honorem ac cultum et pietatem spectare.
2. Cum fide, simplicitate, candore, quæ sentiat, intelligat, norit, dicere. Nullius amore, odio, largitionibus moueri et a recto deduci.
3. Rectori obedientiam dignam, et silentium cælandorum præstare.
4. Contra Illustrissimum principem ac Ducem huius ditionis, Rempublicam Scholasticam nihil improbe, seditiose, hostiliter moliri, ulla ratione ac via [1].

De Rectore creando cap. 7.

Rectorem principem administrationis Reipublicæ Scholasticæ legat Senatus publici consilij Virum pietate, prudentia, honestate vitæ, Eruditione spectatum, quem Reipublicæ utiliter præfuturum sperent, neque professio aliqua certa, neque præterea quicquam considerabitur, nisi forte extra hos aliquis hunc honorem virtute, generis nobilitate, fama, dignitate excellens mereatur, ut sunt Barones, Comites, Duces, Principes. Quibus tamen respectu nobilitatis ille mandabitur, ijs adiungetur quasi pro Rectore uel ipse prioris semestris Rector, uel alius Vir bonus, grauis, doctus ex senatoribus consilij Vniuersitas huius. Hæc consuetæ et solitæ Electioni proposita lex esto. Neque ullius rei alio respectu, quam earum virtutum suffragaturos se cuiquam iurabunt Senatores prius quam suffragia ineant.

Quem plurium suffragia crearint, magistratum capescito, ni fecerit, si quidem ex eorum numero fuerit, quibus publice stipendia soluuntur ab Vniuersitate Scholastica, multam soluito florenorum duum, Cancellario propter autoritatem functionis illius excepto. Idemque solenni more, die, loco, studiosis declarator.

---

1 Von späterer Hand: 5. Diligenter et sedulo lectioni suæ præesse.

Ipse Rector in hæc Jurato.

Velle se omni cura, diligentia, fide fungi officio suo, Inprimis pietatem colere, paci et ocio Reipublicæ studere, administrationem scholasticam sedulo, accurate fideliter agere.

Rectoris prouincia seu officium.

Rectoris prouincia hæc est: de ijs quæ inciderint negotijs ac rebus referre ad Senatum publici consilij, sententias ordine rogare, compescere dissensiones, contentionibus obsistere, in rixatores, contumaces animaduertere de consilij sententia. De quibus constitutum ac decretum fuerit, ea exequi. Referre in librum ea, quorum memoria conseruanda esse uideatur. In consilio omnibusque solennibus conuentibus adesse. Nomina profitentium studiosorum aduenarum recipere, promissione aut iure iurando astringere. Juditia cum Equitate absque ullius personæ respectu animo incorrupto exercere. Juditia ac sententias non uendere. Operam dare, ut in delinquentes secundum statuta ac leges animaduertatur. Pænas et multas exigere pedelli ministerio, aut ipsum soluere. Nihil aduersum Illustrissimum Principem nostrum, Rempublicam Scholasticam moliri ulla ratione ac via. Denique omnium huius Scholasticæ Vniuersitatis tanquam vnius corporis membrorum curam gerere. Animo et voluntate paterna statuta et leges Vniuersitatis Scholasticæ post Comitia proxime sequentibus diebus pro concione studiosæ iuuentuti publice recitare, neque ultra mensem illam publicationem differe. Huius Magistratus tempus semestre est.

Rector quicunque creatus fuerit Cal. Maij, cum Senatum Vniuersitatis primum habebit, officium suum esse sciat, proponere Vniuersitatis Consilio mentionem de iure iurando præfecti inferioris et judicibus [1] huius oppidi, quo singulis annis obligati sunt astringere sese de conseruandis priuilegijs Vniuersitatis nostræ. Tum igitur de nulla alia re prius referet, quam de hac ipsa, ut primo quoque tempore perficiat [2].

Rector quibuscunque in casibus edicere, interdicere, mandare, significare aliquid publice poterit, adiecta etiam mediori ac con-

1 judicum. 2 perficiatur.

ueniente multa pro rei natura. Qui[1] sicubi in legibus, statutis, interdictis, multa pœnaue expressa non legatur, sciendum arbitrariam illam futuram accipi debere.

Rector etiam ne cum diminutione doctrinæ publicæ sæpe Consilium cogatur prouideto, neque ullo priuatim petente Senatum habeat, nisi tali de causa, quam Decani quatuor, aut qui ipsorum vices gerent, quibus præterea Jure consultus vnus professor accedat, approbauerint. Quod si tanta non uideatur, quare vniuersi conuocentur, ipsi decidant, aut rem tradant Rectori cum consiliarijs cognoscendam et definiendam. In hac parte delinquentem in Rectorėm Vniuersitatis arbitrio animaduersio permissa esto.

De Jurisdictione Rectoris cap. 8.

Rector cum assessoribus Jus dicet causasque cognoscet studiosorum, delictorumque illos suorum causam dicere coram se iubebit. Citabuntur autem rei de more a publico ministro.

Assessores petenti Rectori statim ubi creatus fuerit, adiunguntor ab Vniuersitate prioris semestris Rector et Decani quatuor professionum.

Horum cognitione res atque controuersiæ omnes statim decidentur ac dirimentur, neque scripta a partibus recipientur, nisi si hoc a Rectore et consilio impetrauerint, quorum arbitrio et præscriptione tota iuditiorum ratio administrabitur.

Assessores in sententijs dicendis ac dijudicandis causis integritatem et fidem præstanto, nulla re nisi veritate mouentor, ne protrahunto decisiones ac iudicationes, neue litigatores impensis aggrauent. Si fecerint pænam sustinento arbitratu Vniuersitatis scholæ huius.

A Rectore et Assessoribus ita demum prouocatio ad Cancellarium Vniuersitatis Scholasticæ recipiatur, si procurator illius duos florenos pignori in litem apud Rectorem deposuerit, et illam a se executum iri sufficiente cautione fidem fecerit.

Rectori literas scriptaue, nisi iussu Consilij publici sigillo Scholæ solenniter obsignare non licet. Consiliarij Rectori parento,

1 Quæ.

aduocati assunto, nisi magna et probabili causa impediantur, absque qua cuiusque absentia [1] multa esto cruciatorum quatuor.

De Rationibus gesti Magistratus reddendis cap. 9.

Retor intra dies quindecim cum Magistratu abierit rationem reddito acceptorum et expensorum, oratione atque re satisfacito intra octiduum de omnibus quæ requirentur, pecuniam acquisitam tempore Magistratus sui fideliter inferto Erario. Ni fecerit, soluito multam floreni vnius aut contra iusiurandum fecisse iudicator. His peractis et explicatis rationibus pecuniam præsentem nouus Rector vna cum clauigeris in Erarium Vniuersitatis fideliter inferat ad idque faciendum jureiurando astrictus esto.

Quo die cum Rectore rationes putabuntur, omnium professionum Decani et ipsi referunto rationes suas.

Rector quo die Magistratu abierit, petito ut acta et gesta Magistratus sui decreto publici consilij rata firma habeantur. Idem curato recitari annotata consultorum et decretorum tempore Magistratus sui, ut si quorum memoria diligentius conseruanda uideatur, ea in decretorum librum præcipuum referantur. Itemque Decani singularum professionum, ut rationes a se relatæ comprobentur, petere et easdem ostendere atque offerre Vniuersitati debent.

De Contubernio inspiciendo cap. 10.

Cancellarius Vniuersitatis vna cum secundo professore Theologiæ, Ecclesiæ Tubingensis Decano, assumpto pædagogarcha Contubernij res inspiciet. Curabit ut ibi Magistri habitent, qui cum istius Collegij Rectore mores adolescentum regere et priuatim etiam discipulos instituere uelint et possint. Quos etiam ut morum censores de discipulorum oeconomi et ministrorum officio singulatim interrogabit. Si quis deliquisse iudicatus fuerit, eum uel castigando uel multam irrogando, secundum delicti modum et præscripta legum, meliorem reddere studebit. Exquiret neglectiones et delicta, pænas exiget, sacramentum dicere iubebit.

Rector contubernij nullius nomen inscribat, nec uexationem etiam ulli decernat, nisi per pedellum aut alios fide dignos compererit, illum et apud Rectorem Vniuersitatis et Decanum nomen suum esse professum.

---

1 absentiæ.

De Rectoris Salario cap. 11.

Rector cum diligentia et fide tam mercedes inscriptionis nomine quam multas ob delicta exactas inferat Erario Vniuersitatis Scholasticæ totas atque integras præterquam quod ministro publico debitum decesserit. Ad hoc diligenter et fideliter faciendum iureiurando astrictus esto. Ipsi autem Rectori premium Vniuersitas persoluet ob nauatam Reipublicæ operam florenorum uiginti. Eidemque omnes Doctoratus candidati, quo die honores capient, huius ipsius dignitatis causa singulatim pileum donabunt. Sed et Rector grauitati cuidam et honestati vitæ tempore Magistratus sui, imprimis cum vestitu, tum comitatu aliquantulum sese extollere studebit.

De Expensis Rectori concessis honoris causa cap. 12.

Nobilitate, eruditione, virtute præstantium virorum hospitum gratia, munerum offerendorum nomine, si Doctoratus dignitate præditi sint, quantum impendi debeat, ipsius arbitrium Rectoris esto. Si alia in dignitate crunt inque alios honorificos Vniuersitatis Scholæ huius usus, de pecunia publica Rectori impendere tantum liceat, quantum Decani quatuor professionum uel consulta Vniuersitatis permiserint.

De professione nominum apud Rectorem et receptione nouorum cap. 13.

Qui inter studiosos huius Scholæ censeri, et priuilegijs ipsius gaudere uoluerit primo mense aduentus in hoc oppidum sui profiteatur apud Rectorem nomen suum et sacramentum in literariam hanc militiam det. Qui non fecerit priuilegiorum beneficia nihil ad se pertinere sciat.

Inscriptionis nomine exiget Rector a singulis cruciatos tredecim. Hoc remitti egentibus uel totum uel ex parte atque ad tempus poterit. Nobilitate, opulentia, honoribus, dignitate præstantibus et in sublimioribus subsellijs locandis, quantum vulgo pendi soleat indicabitur. Sed ab ipsis non minus uno floreno poscetur, nisi forte eorum liberalitati, quod amplius dare uelint, relinquendum esse uideatur.

Si alienum quis nomen fuerit professus et pecuniam inscriptionis nomine soluerit, a studiosorum numero exclusus esto et pecunia careto.

Qui studiorum causa huc uenerint ac nomina sua apud Rectorem fuerint professi, Decanum eius facultatis, cui maxime operam daturi sunt, et si studiosi bonarum artium esse uolent, pædagogarcham nulla mora interposita iubeantur accedere et orare, ut in album eius Facultatis referantur, (cui tamen inscriptionis nomine nihil persoluere cogentur). Ita enim fiet, ut singularum professionum Doctores et Magistri suos obseruare et non solum studia, sed mores etiam adolescentiæ gubernare, ac si ita res ferat, testimonia et honores ipsis tuto conferre possint. Ne tamen negligentes Rectori et Decanis imponant, ipse Rector perscripto ad Decanum uel pædagogarcham nomine studiosi certior fiet, num se illis indicarit. In delinquentes a Rectore animaduertetur.

Decani singularum Facultatum, post noui Decani electionem, vna cum collegis consignationem auditorum suorum diligenter inspiciant et inter se de profectu et diligentia suórum conferant, negligentes accersant, hortentur increpent, desperatæ negligentiæ et improbitatis discipulos Senatui significent, ut ueluti inutilia et putida membra a toto corpore Vniuersitatis resecentur. Si qui Magisterij gradum adepti progredi ad altiora studia uolent, eos Decanus artium statim a promotione monebit, ut nomen suum eius facultatis, cui se addicere uolent, Decano indicent aut pædagogarchæ.

Absque Magistro ac præceptore uagabundos, qui Magistri et Doctores non sint, neminem ferri oportet. Itaque si uel Rector ipse uel alij professores compererint in hac aliquem licentia uiuere, accersitum castigent uerbis et tempus præscribant, intra quod subijcere se Magistro aut præceptori debeat. Quod nisi obierit, a numero studiosorum excluditor. Eum autem præceptorem accipiendum esse uolumus, qui uel Magisterij gradum in aliqua Academia sit adeptus, uel si Magister non sit, suam pietatem eruditionem et mores Rectori et facultati bonarum artium approbauerit.

Qui ad honores et gradus studij philosophici aspirabunt, omnes posthac in contubernio sub disciplina Rectoris et Magistrorum habitabunt et cibum etiam capient, nisi forte quis in oppido cum doctore, præceptore aut certe parentibus et propinquis suis uixerit. Iis enim ut extra Collegium habitent sic concedetur, si lectiones omnibus horis, quibus oportet, frequentarint et cætera quæ leges communitatis studij bonarum artium requirunt fecerint. Qui ista neglexerit, sciat sibi aditum ad honores præclusum esse.

Quicunque honorum gradus ullarum professionum affectabunt, eorum nomina Decanus professionis suæ ad Rectorem deferat. Quæ nisi in albo Vniuersitatis rite perscripta inueniantur, petendi honores ius illis denegator.

Cum etiam hactenus studiosi nonnulli semestre ante honorum petitionem in conuictum professoris alicuius se contulerint et fucum facere præceptoribus, ac si sub disciplina fuerint, sint conati, tales sciant sibi posthac probandum esse, quod toto completionis tempore uel in Contubernio uel alibi sub idoneis præceptoribus uixerint.

Cum nimia festinatio in cæteris rebus plerumque soleat esse infælix, tum uero imprimis perniciosa est discentibus, quare nemo posthac ex ijs qui in pædagogio lectiones audiunt ad facultates superiores admittatur, nisi fundamenta in bonis artibus et ijs præcipue, quæ orationem formant et expoliunt probe iecerit, idque de sententia Collegij studij bonarum artium. Rector etiam et Decani si quem rudiorem festinare ad superiora animaduertent, ad pædagogarcham eum et facultatis bonarum artium Magistros remittent.

Sacramentum solemne quod Rectori dari solet cap. 14.

Qui nomina Scholæ huic dederint, iurabunt in hæc capita.

Primum. Velle Religionem pie casteque colere.

Secundum. Rectori et primoribus huius scholæ obedire et eosdem reuerentia digna prosequi, neque ulla dictorum factorumue contumelia afficere.

Tertium. Aduersus Illustrissimum principem, Rempublicam cum Scholæ tum oppidi huius nihil hostiliter, improbe, scelerate, moliri ac machinari ulla ratione ac via.

Quartum. In ius vocatos propter contractus uel actus hic gestos coram Rectore causam dicere.

Quintum. Exclusos propter improbitatem a consortio scholastico ex oppido primo quoque tempore discedere. Si tamen uel ob æs alienum uel alias causas graues reuocentur, nisi satisfecerint, comparere et se coram Rectore præsentes sistere.

Formula Sacramenti.

* His pronuntiatis a Rectore, ita ut intelligantur a profitentibus nomen suum, in ipsa iurare Rector iubebit per DEVM vel his verbis:

† *Ita iuro ut me DEVS adiuuet.*

Cum autem iurisiurandi singularis religio neque profananda esse uideatur, cumque multi pueri ætate et animo imbecilli atque improuido adduci ad hanc professionem nominis soleant, qui pueri adhuc fuerint, stipulata manu promittere eos iubebit Rector recitata capita monebitque iurisiurandi hanc promissionem loco accipi, ut meminerint se iuratos esse, cum primum quæ religio iurisiurandi sit intelligere ceperint. Sed et alijs in promissionibus solennis iurisiurandi sanctitas, nisi re flagitante, non usurpabitur ac stipulatione res peragetur.

In leges et statuta qui deliquerint, periurio ideo infames haberi non debent, siquidem pænas subierint inflictas illis delicto suo. Ni forte hæc ipsa pæna periurij legi alicui aut statuto adijciatur.

Rector etiam subscriptis legibus tenebitur cap. 15.

Rector ne cui pecuniam inscriptionis nomine debitam condonato aut remittito, nisi iusta de causa, quam ipsam causam apponito uniuscuiusque nomini, similiter et inscriptionis diem. Si quid sine iusta causa remiserit, condonarit, ipse rependat. Remittendo autem uel totius mercedis uel partis illius causæ ferme istæ fuerint. Si quis Doctoratus honores consecutus, aut conductus stipendio ab Vniuersitate aduenerit et remitti hanc sibi uelit, ut hoc reuerentiæ illius detur, siue quis in illorum famulitio seu extra hoc se bona fide pauperem esse affirmarit.

Si quis studiosus abfuerit hinc ultra semestre, reuersus ita demum priuilegijs Vniuersitatis gaudebit, si a Rectore denuo petierit ut in curam et ditionem Vniuersitatis recipiatur.

Si quid edicendum fuerit, Rector præscripta mandata autoritate nominis sui in charta signata de more proponat. Præscriptio autem talis sit Rector Vniuersitatis Scholasticæ studij Tubingensis.

Magistratum dum geret Rector, hoc est toto semestri suo, oppido itineris causa ne exito, nisi a Consiliarijs et Decanis quatuor facta sibi potestate, ipse indicato profectionem suam consilio secretiori, aut uni saltem ex illis, aut si neque hoc facere potuerit, ministro publico, ne ignoretur discessio ipsius. Verum absenti Rectori, uel prioris semestris uel tertij uel etiam ulterioris, Rector substituetur, de sententia Consiliariorum et Decanorum quatuor.

Insignia Rectoris, libros, Album Vniuersitatis, Chartas, Sigillum Rector fideliter et diligenter custodito, penes se habeto Magistratus sui tempore. Qui finito tradito Rectori successori suo iam iurato Vniuersitati Scholasticæ. Ni fecerit, contra ius iurandum facturum se sciat.

De honoribus conferendis et promouendis ad gradus illorum cap. 16.

Singularum professionum Doctores ac Magistri operam dabunt, ut petentibus honores via atque ratio præscribatur, qua peruenire ad petitos honores possint, non illos quidem pecunia redemptos, sed meritos virtute et eruditione sua. Nemini ab Vniuersitate Scholastica excluso, nemini cui functione sua interdictum sit, nemini qui nomen suum apud Rectorem Vniuersitatis non fuerit professus, honores mandare fas esto, neque in ulla professione nisi ordine et consensu omnium gesta, hac in parte ualebunt. Denique intra præscriptionem et statuta sua ab Vniuersitate Scholastica approbata quæque professio consistet secundumque illa totam rationem conferendorum decernendorumque honorem moderabitur. Quod si quis hac in re ordinem conuenientem audacia sua perturbauerit, in eum de sententia Consilii publici Vniuersitatis Scholasticæ adnimaduertetur.

De honestate vitæ et morum cap. 17.

Nihil est in omnibus congregationibus magis necessarium legibus, ut boni in pace et quiete degere, coherceri mali iure possint. Imprimis uero in studiosorum cætibus, ubi nisi pax et quies inuiolata seruetur, nihil recte fieri eorum, quorum illi causa instituti sunt, possit. Omnia autem violant pacem et quietem quæ contra honestatem et decus fiunt. Quare ut laudabilis disciplina custodiatur, quædam studiosis honestatis ac decoris præcepta deinceps nunc exponentur, quibus qui parere libenter uoluerint meliores, qui noluerint non certe deteriores coherciti pœnis afficientur.

De Religione.

Etiam ij qui uera ratione Deum non coluerunt, ante omnia Deum colendum caste pieque adorandum, reuerendum esse tradiderunt. Quo magis in hac veritatis luce faciendum, ut diuini numinis cultus præcipua cura nobis sit. Omnes igitur nullam rem diuini numinis veneratione antiquiorem esse sinent. Quæ cum meditatione assidua sacrarum literarum excitetur, nemo conciones et preces publicas, quas letanias uocant, negligat. Qui contra fecerit et festis præcipue diebus sub concionibus a pedello in oppido aut campo repertus fuerit, in eum (nisi causas absentiæ suæ grauissimas assignarit) de sententia Rectoris animaduertetur. Omnes etiam operam dent, ut vitæ castimonia, pietate et religione probent se cura rerum sacrarum serio tangi.

De Blasphemijs.

Blasphemias, deierationes omnis generis, mendacia, maledicta omnes summa attentione declinent, quorum singulorum in accusatos et conuictos ea Rectoris et Senatus animaduersio erit, quæ merito sceleratorum esse debet, et pro indignitate uel atrocitate deierationis et Blasphemiæ ciuiliter uel criminaliter punientur.

De Reuerentia erga præceptores et diligentia in audiendis lectionibus.

Adolescentes maiores natu et Magistros suos, qui instar parentum sint cuique, uenerantor, obseruanto, obedientia et morigeratione prosequuntor. Equales suos diligunto, officia vitæ et studiorum inter se mutuis animis et uoluntatibus faciunto.

Quicunque in communitatem et ius studiosorum huius Scholæ recipi uoluerit, nomen suum apud Rectorem illius profiteatur, sacramentum det, sicut ille uerbis præiuerit, pensionem inscriptionis soluat, ut statum est.

Vnus quisque eas horas, quibus docentes audire fuerit iussus, accurate obeat, neque unquam nisi iusta de causa absit.

Suum quisque Magistrum seu præceptorem babeto, qui non habuerit, in eum ut dictum est, animaduertetur. Quid etiam Magistri seu præceptoris nomine intelligi debeat, supra est expositum.

De conflictibus et armorum vsu.

Ne quis versator nocendi causa cum telo in publico, neu arma tractato, non stringat ferrum, non dimicet, neminem feriet, pulset, lædat, sauciet. Iniuriæ conuitijs uerborum inter equales dignitate factæ, multa esto denarium duum, id est cruciatorum XV. Si ad manus et arma fuerit deuentum, qui alterum impetierit, cruciatos soluito XXII, siquidem non icerit neque læserit. Sin icerit, pulsarit, percusserit, absque tamen vulneratione exigitor multa floreni unius, si leuiter sauciarit, duorum florenorum multa irrogator. His delictis præter multam, si res postulauerit, Rector pænam carceris attemperabit. De atroci vulnere cognitio et sententia et arbitrium Rectoris et Assessorum erit, suo cuiusque iure saluo. Similiter et cognitio erit Rectoris, cum quis præstantem dignitate Magistrum, Doctorem qui Magistratus gerent, oratione aut re ipsa læsisse dicetur. Omnibus autem qui gladios suos strinxerint arma adimet Rector, aut nomine armorum, si ita ipsi uidebitur florenum unum exiget, nisi forte quis probauerit, se ad propulsandum capitis periculum, aut iustam defensionem arma sumpsisse.

Si quis publicos ministros uel uigiles Vniuersitatis oppidiue, uerbis aut re ipsa læsisse comperietur, is carcere diebus quindecim cohercetor, aut multam soluito florenorum duum ad arbitrium Rectoris et Senatus. Grauius etiam hac in parte delinquentibus pæna augeatur.

Discendarum bonarum literarum atque artium non latrocinandi gratia Cætus Scholastici habentur. Proinde armorum nullus potest esse in pace usus. Ad militarem omnino modum studiosos, ense transuerso, aut præeminentia sua conspicuo, armari ferendum non est uisum, multo minus alio teli inusitati in pace et præcipue lætiferi genere. Si quis tamen talis armaturæ causam sese habere arbitrabitur, obtineat concessionem Rectoris, ut illo sibi modo liceat armato esse; absque qua quotiescunque illius modi aliquis arma gestauerit, affueritque in solenni conuentu studiosorum, aut ante Rectorem Vniuersitatemue, aut in iuditio, multetur triente floreni. Absque hac deformitate et cum debita moderatione gestantibus, ne quid multæ infligitor, aut pænæ imponitor.

De diuagationibus nocturnis clamoribus et tumultibus tum abusu instrumentorum musicorum.

Strepitu et clamoribus diurnis interdictum esto Vniuersis, quo in genere delictis grauioribus aut leuioribus pæna quoque carceris a Rectore attemperabitur.

Si forte incendium extiterit, ne quis temere accurrat, qui ualidiores erunt, laborantibus opitulentur licet, nisi forte ingens uis flammæ aduocare uideatur uniuersos.

In tumultuatione oppidanorum nemo procurrat, nemo se admisceat, sed domi quisque suæ remaneat.

Noctu statim ab illo tempore, quo signum ære uigilibus dari solet, quique domi sunto, per regiones vrbis et angiporta ne tumultuose uagantor, tum maxime a ui et dolo, inprimis reserandarum ædium alienarum abstinento. Si qua causa fuerit, cur noctu in publico sibi uersandum aliquis putarit, primum illam causam sibi probandum sciat. Deinde cum moderatione et absque tumultuatione cum lumine in publico uersator, ni fecerit diebus XV carcere cohercetor. Refractores quidem ædium, et qui uim fecerint, hoc ipsum ob factum statim ut infames exclusionis de Vniuersitate Scholastica pænam sustinento.

Nullus item leuissimo vulgi more per oppidum die noctuue tympana pulsari curet, aut alijs instrumentis musicis per vias grassetur, nisi impetrarit, ut hoc faceret a Rectore indulgente, in sodalitatibus et cætibus non inhonestis. Qui curarit, fecerit absque Rectoris permissione, in eum Rector de sententia Consiliariorum suorum pro delicti natura grauiter animaduertet et ferociam illius carcere domabit.

Cum multi sæpe noctu gregatim obambulare soleant et ea res multorum sit incommodorum causa, Senatus omnes et singulos hortatur, ut in posterum ab ista deambulandi ratione abstineant. Qui monitionibus istis locum non dederint, in eos ut perturbatores otij et pacis Magistratus Scholasticus grauissime est animaduersurus.

Ad Rectorem ne qui agminatim neue turbulente accedunto. Si magna res et ad plurimos pertinere uisa fuerit, duo tresue ad summum, qui apud Rectorem agant creentur. Quicunque, ut in hoc delinqueretur fecerit, contra iusiurandum se sciat fecisse.

De lenocinijs scortatione et vagis libidinibus.

Scortatione et vagis libidinibus nihil fædius et turpius, quibus efficitur ut homo in proprium corpus peccet. Certum etiam est DEI iram eandem ob causam contra homines sæpius exarsisse. Propter illas enim libidines totus mundus eluuione summersus, florentissimæ vrbes deletæ, homines prope innumerabiles extincti sunt, et sacræ testantur literæ scortatores a spe hæreditatis æternæ excidere. Quæ cum ita sint, adolescentes consuetudinem illam libidinosam mulierum, conuiuia in ganeis locisque suspectis, lenocinia et sodalitia omnia, quæ eos inuitare ad turpitudinem possunt, tanquam præsentissimam pestem fugiant. Quod si quis eiusmodi turpitudinis reus fiet, in eum initio exemplum statuetur animaduersionis uehementis et eximiæ. Si perrexerit, nec se emendari sinet, a consortio scholastico excludetur, ne alios adolescentes in societatem flagitiosæ consuetudinis pertrahat.

A turpitudine uerborum in nominandis omnibus ijs, quæ factu fœda consentur, itemque a petulantia cum uerborum tum factorum abstinento omnes, ni fecerint pænam ad arbitrium Rectoris sustinento.

De Conuiuijs.

In diuersorijs et cauponis nemo uersetur, assideat, epuletur, potet, nisi eo uenerit quærendi alicuius gratia, aut cum suo præceptore, aut sit cum suis parentibus, propinquis, necessarijs. Ne quis saltandi spectandi aut alterius rei gratia in eum locum, ubi publicæ saltationes habentur, sese conferat, nisi forte Doctorales cum chorea[1] habebuntur, aut alias honesta inuitatione pudicæ choreæ particeps factus, et obseruata hac etiam in re honestate et decentia. Qui aliter fecerit, multam soluito cruciatorum XV.

Conuiuia, compotationes, ne quis alieno loco et tempore, neu barbarico ritu ac uesania uulgi celebrato. Neue quisquam alterum in propinando ad equalitatem adigat. Quod si quis fecisse comperiatur, illi multa irrogator cruciatorum XX. Si uero etiam furore aliquo aut turpitudine aut fæditate (ut sunt discursionum, clamorum, tumultuationum, vomitus) priora auxerit et accumulauerit, carcere compescitor plures paucioresue dies, ita ut Rector pro delicti atrocitate statuerit.

Aleæ fæditatem, damna, flagitia ac plane scurrilitatem uitanto omnes, neque indulgento inhonestis uoluptatibus, cum multæ honestæ suppeditent. Scurriles autem aleatores, quique illos texerint aut receperint, primum cum indicati fuerint, curato Rector moneri, ut improbi esse desinant, si nihil profecerit monendo, ab delatis postea ac damnatis hoc nomine multam exigito vnius floreni, a tertio delatis damnatisque duum, postea uero rursum delatos damnatosque, ut desperatæ malitiæ, infamia exclusionis notato.

Extra intraue oppidum publicos cætus cogere et habere commessandi conuiuandique gratia (ut sæpe ad choreas in urbe, et foris ad prata et fonticulos ac amnes fieri consueuit) nunc igitur deinceps eiusmodi cætus cogere, facere ne liceat, nisi impetrata uenia et facultate a Rectore. Qui secus fecerit, contra Jusiurandum fecisse iudicator.

De ablegandis uel excludendis propter intemperantiam.

Qui negligentiæ uel intemperantiæ sese dederint aut alias turbulenter se gesserint, ut post unam aut alteram admonitionem et castigationem emendatio conspiciatur nulla, ij ad parentes et propinquos de consilio Rectoris et senatus ablegentur, ne iacturam temporis, ualetudinis et bonorum faciant. Si qui uero ad summum gradum improbitatis fuerint progressi, ij etiam infamia exclusionis notabuntur.

---

1 mss. choreas.

De Vestitu.

Certum est amictum et incessum ingeniorum esse humanorum picturam. Itaque uestitus barbaricus haud dubie ingenij est leuis et distorti inditium. Quare ingenui adolescentes uestitu utantur honesto et eo qui ad usum maxime sit conueniens, nihil secundum prauitates vulgares dissutum, pictum, scissum sit, petasos uillosos et uiatorios, capitia etiam equestria in urbe non gestent, pileos oblongos illos, qualibus turcica barbaries delectatur, abominentur, togularum breuitate, quæ uix pudendas corporis partes tegere possunt, scurras et moriones imitari erubescant. Caligas autem ultra genua diffluentes et affectata nouitate scissas, quæ primo a carnificibus sunt usurpatæ, existiment non modo Musarum cultores sed milites etiam dedecere. Calamo potius quam gladijs prominentia sua conspicuis uti uelint. Incessus deformitate careat, rusticitas et barbaries absit. Qui contra statuta tali uestitu delectabuntur, sciant sibi in hac Schola posthac locum non esse futurum.

De ijs qui aliorum rebus damnum dederint.

Si quis nocendi causa domum, hortos, agros, atrium alienum ingressus esse probabitur, quamuis damnum non dederit, dimidij floreni multam soluito. Qui cum detrimento ingressus probabitur præter multam damnum etiam datum sarciat, qua in parte cognitio penes Rectorem esto.

Fures, oppugnatores ædium, seditiosos, flagitijs ac scelere infames, ereptores alienorum, in huiusmodi statim quæstiones et iuditia exercebuntur. Damnatique de Vniuersitate scholastica exigentur neque enim ferri diutius in quieta Republica possunt.

Earum rerum, quæ res publice a Rectore Vniuersitatis Scholasticæ, professionum Decanis Doctoribusque aut Magistris quoque tempore edictæ, interdictæ, mandatæ significatæ fuerint, ne quis chartam affixam ad ianuam templi Scholamue, ut assolet, refigito. Qui fecerit carcere puniatur ad arbitrium Rectoris.

Mercaturas facere, aut institoriam exercere in hoc oppido studiorum cultoribus non licet. Qui fecerit, exercuerit, eius nomen relatum in album Rectoris inducitor. Ipse ne quo Scholastico priuilegio gaudeto.

In muros oppidi ne quis conscendat, neue alia in loca publica sese inferat aut insinuet, vnde se abesse debere intelliget.

De Famoso Libello.

Nemo omnium ausit ullum libello famoso ac contumelioso scripto incessere atque infamare. In qua parte læsos se existimantibus iuris beneficio atque auxilio succurretur. Quin etiam, quicquam edere librorum scriptorumque, quacumque lingua et quocunque argumento, apud nos concessum nulli sit, nisi permissu Rectoris et Decanorum quatuor, quibus omnia prius scripta quam typis excudantur offerri inspicienda debebunt. Nisi quis fecerit, aut si illis uetantibus scriptum suum euulgarit, in eum arbitratu Rectoris animaduersio constituetur.

Sequuntur statuta quædam Juditiorum et Cognitionis causarum cap. 18.

Si litem Vniuersitatis Scholasticæ ciuis cum oppidano habuerit controuersia nata ijs temporibus, quibus studiorum gratia affuerit, is igitur oppidanum intra oppidum Tubingense conueniat et coram illius iuditio, neque foro externo utatur. Etiam executionem et definitionem litis admittat de sententia iudicum illorum, nisi forte hi in iure administrando negligentes aut remissi fuerint. Qui contra fecerit atque ter monitus contra facere perrexerit, periurio infamis habetor.

Quicunque suo uel aliorum nomine causas iuditiarias coram nostro Consistorio agunt, illi neque dictis neque scriptis contumeliosis se inuicem lædere, sed sine alterius iniuria modeste sua proponere debebunt. Qui uero contra fecerint, sciant se pænam uel multam ex arbitrio Rectoris et assessorum ipsis infligendam incursuros esse.

Præterea si tam grauis est controuersia, ut necesse sit eam scriptis proponere, Rector et consistoriales pro magnitudine et circumstantijs causæ ligitantibus certum tempus præscribere debent, intra quod ea quæ iudici exhibere uolent binis exemplaribus et alternis uicibus Notario offerre iubeantur. Quod si uero aliqui hanc præfinitionem temporis non obseruauerint, siue principales ligitatores siue procuratores uel aduocati fuerint, eos omnes Rector et Assessores integro uel dimidiato floreno, prout uisum fuerit, multabunt et aduersario postulante eosdem etiam in pænam dilatæ litis condemnabunt, nisi iustas ob causas prorogationem præstituti termini ab eodem Rectore et Assessoribus impetrauerint.

Nullus subiectus iurisdictioni Vniuersitatis Scholasticæ huius causa controuersiaque orta tempore, quo studiorum gratia huc missus affuerit, aduersarium extrahat hinc ad aliud iuditium, sed coram Rectore conueniat, nisi quo minus faceret a Rectore impetrauerit. Qui aliter fecerit punitor arbitrio Rectoris et Consiliariorum illius. Sic tamen hoc accipiendum, ne cui negatum beneficium iuris communis et legitima defensio erepta esse uideatur.

De legitimis debitis et eorum solutione.

Si quis postulatus apud Rectorem legitimi debiti moram solutionis fecerit, dies quindecim præstituantur, intra quos illi cui debet satis faciat. Si diem hunc non obierit, multam soluito cruciatorum 4. Tum illi rursum quindecim dierum spacium solutioni præfiniatur, quibus creditori aut illi cui debet satisfaciat uel cum illis transigat. Ni factum fuerit, in custodiam detur petente aduersario aut bona illius uendantur iuxta consuetudinem oppidi huius, deque pecunia confecta debitum dissoluatur.

Legitimum debitum hoc demum habeatur, quod ob necessarias causas factum est. Nam quæ in conuiuia immoderata in tabernis, vestes sumptuosas et cum profusione quadam in esculenta et poculenta (ut uocant) extraordinaria apud eos qui conuictores alunt, insumuntur, legitima posthac non iudicabuntur.

De ijs qui Imperium Rectoris et Senatus detrectant.

Qui Doctor, quique Magister fuerit, si Vniuersitati scholasticæ parere nolit sique oratione corrigi se non fuerit passus, ex eorum numero cum quibus censetur, id est Doctorum Magistrorumue excluditor. Qui illos ex studiosis honores consecutus non fuerit et Vniuersitatis imperium detrectet, in improbitate sua persistens, cætu studiosorum expellitor. Id ubi factum erit, indicator Magistratui oppidano. Si in gratiam cum Vniuersitate redierit, sique pænam commeritam dederit, in communitatem quoque studiosorum recipitor. Atque inobedientia memorata pænæ hoc statuto ea intelligenda, qua certis et destinatis non generalibus mandatis aliquis audacter autoritate Magistratus contempta fuerit refragatus.

In discipulos improbitatis et flagitiorum conuictos, Rectoris et Assessorum, in Doctores et Magistros Vniuersitatis Scholasticæ animaduersio esto.

Si quis priuilegiorum iuri renuntiarit, eius nomen in albo Rectoris deletor neque iterum recipitor, nisi de sententia Vniuersitatis Scholasticæ, qua permittente, qui iterum recipi petierit nomen suum, iterum persoluat debitam inscriptionis mercedem. Quod si quis effecerit atque curauerit suum nomen in album Rectoris inscribi dolo, hoc est, non ut studio disciplinarum atque artium operam quietius dare, sed in ligitationibus aut simili in causa adiuuari possit, illius cum de hoc constiterit, nomen deletor neque ipse priuilegijs gaudeat, quorum tamen beneficio et auxilio defendi famulitia et ministri Doctorum Magistrorumque ac professorum debebunt, si ipsorum nomina inscripta in album Rectoris fuerint, quamuis studendi discendique causa apud nos non uersentur.

De pace componenda et dirimendis dimicationibus.

Dirimere dimicationes et pugnas, contentiones, denuntiatione pacis seruandæ cuiuis permissum esto, non obtemperanti pæna infligitor de Consilij sententia.

In dimicationibus inter studiosos et oppidanos omnes operam dent, ut contentiones et concertationes componantur et dirimantur. Si autem compererit Senatus, aliquem ad eiusmodi conflictus non pacis, sed augendarum turbarum causa accurrisse, eum non minore seueritate quam ipsos authores est puniturus.

De ijs qui Carcerem uel refringunt, uel cum captiuis colloquuntur.

Carcerem ne quis refringito neue oppugnato, captiuos ne conator educere, eximere, clam dolo malo, vi, armis, coniuratione facta. Si quis fecerit periurij pænam luito et ab Vniuersitate Scholastica excluditor.

Carcerem item ne quis vnus pluresue accedunto, ne cum

captiuis colloquantur, nisi facultate et venia a Rectore impetrata, aut carceris pænam arbitratu Rectoris sustinento.

De Doctoribus et professionum capitibus ordinandis cap. 19.

Ordinis maxima cura esse debet vniuersis, quo neglecto non modo commoda Reipublicæ sed etiam decus conuelli solet, in hac re præcipuum fuerit suam quamque professionem dignitatem conditionem tueri et ornare. Non detrahere de alterius professionis fama atque dignitate, uel in vniuersum uel singillatim, quocunque loco aut tempore. Quod si quem fecisse rescitum planumque factum fuerit, a suæ functionis munere et Consilio Vniuersitatis remotus esto, donec meritam pænam arbitrio Vniuersitatis inflictam dederit et læsæ atque offensæ professioni satisfecerit.

Ordinatio autem professionum talis esto, princeps Theologia, tum deinde Jurisconsulti, mox Medicinæ Doctores, postremo bonarum literarum atque artium Magistri habendi. Primum locum Rector Scholasticæ Vniuersitatis semper habebit. In singulis professionibus Decani illarum. Hos sequuntur Doctores, hos etiam qui licentiati uocantur. Decanum studij artium Magistri studij illius ordine subsequentur. De professore uero Mathematum et interpretibus linguarum iuditium quoque tempore Vniuersitatis est futurum, quæ curabit ut illis pro cuiusque dignitate et præstantia conueniens locus assignetur.

De petentibus recipi in ius Scholasticæ Vniuersitatis cap. 20.

Qui alibi honores consequuti fuere et coniungi nobiscum in hac Vniuersitate Scholastica concupiuerint, recipi eos oportet in numerum saltem Doctorum atque honoratorum singularum professionum, obseruatis in una quaque professione solennibus disputationum et doctrinæ. Receptis autem de sententia suæ cuiusque professionis consilij locus assignari debebit. Si non sint recepti, inter discipulos professionis quisque suæ censetor.

De Hospitibus et dignitate ac nobilitate alijs præstantibus cap. 21.

Hospites et externi ex aduerso Rectoris et Capitum Vni-

15*

uersitatis nostræ, ut ipsorum dignitas et præstantia postulabit, ita ordine locabuntur, similiter et dignitate ac nobilitate præstantes non externi, si eximia sit dignitas ac nobilitas, secundum hanc eodem modo contra Rectorem et Capita Vniuersitatis huius locabuntur. Reliqui inter Magistros bonarum artium. Atque hoc ordine assidebitur in solennibus conuentibus alijsque in cætibus atque etiam in publico procedetur. Inter Rectorem quidem et Decanum Theologiæ inseri neminem oportet, nisi forte excellenti nobilitate aut dignitate præditum, ut Principem, Comitem, Baronem, Episcopum et Abbatem, et his similes itemque Cancellarium Vniuersitatis nostræ. Obseruabitur hoc quoque, ut præfectus prior opidi huius cum Decano Theologiæ incedat post quidem Rectorem et Cancellarium Vniuersitatis nostræ.

Verum cum in his uarijs de causis sæpe dubitationes oriantur, debebit minister publicus singulis semestribus chartam ordinationis a Rectore et Decanis petere et secundum descriptionem illam collocationes procurare. Nisi fecerit, si qua de hac controuersia extiterit, ipse minister luito pænam ad arbitrium Rectoris.

Si Rector et Decani de ordinatione forte dubitauerint, rem ad consilium referant et iuxta illius constitutionem exequantur. Atque in hoc omnes illi morigerari debebunt neque quisquam reniti, neue in alium locum transire, neu alterum attrahere, accersere, adducere ulla ratione in alienum locum. Qui fecerit multam exigitor quadrantis floreni.

De Notario Vniuersitatis et Ministro publico, qui pedellus dicitur cap. 22.

Notarius quem Vniuersitas Scholastica legerit, iurabit in ea quæ solent iurari a profitentibus nomen suum apud Rectorem. Idem cum fide se ac diligentia functurum munere suo iuratus promittet præterea celaturum secreta, non daturum se operam scriptionum. ijs quos abuti uelle et improbos esse sciuerit, acta cum fide et cura se annotaturum, literas et diplomata atque instrumenta quarumcunque rerum fideliter et caute uelle perscribere.

Merces Notario ab Vniuersitate Scholastica decernetur, sed quoties Rector rationes retulerit dabitur Notario insuper vnus florenus; a petitore in iuditio debiti, si plus floreno vno petatur, cruciatum Notario exigere liceat, si minus dimidium.

Similiter et minister publicus, qui pedellus dicitur, uocatus ad hoc munus in ea iurabit in quæ profitentes nomen suum apud Rectorem iurare solent. Atque insuper, se munus suum cum fide et diligentia gesturum, præstiturum silentium celandorum.

Minister publicus indies ad Rectorem accedito, quod iussus fuerit exequitor, semel item ad singularum professionum Decanos, promulgato quæ de more consueuerunt, ante Rectorem cum sceptro incedito, in conuentibus solennibus adesto, ordinationes curato, denuntiato Rectori, si quos compererit pro studiosis se gerere neque fuisse sua apud Rectorem nomina professos, delinquentes contra leges et statuta Vniuersitatis et Rectoris apud Rectorem postulato atque accuset. Quibus multæ dictæ fuere, annotata illorum nomina habeto et exigere studeto. Vno integro illi die extra oppidum abesse ius non esto, nisi Rector hoc illi petenti concesserit, neque triduum, nisi permiserint quatuor professionum omnes Decani.

Merces ministri publici.

De pecunia quæ numerari solet ab ijs quorum nomina recipiuntur a Rectore, cedet una pars tertia ministro publico. Si qui erunt nobilitate et dignitate præstantes, quique in superioribus subsellijs assidere uelint, ij dabunt ministro publico, quando in album Vniuersitatis nomina ipsorum inscribentur, floreni quadrantem, Et singulis Calendis Januarijs liberaliter eundem remunerabuntur. Qui citari per hunc aliquem uoluerit, dabit numulos duos. Qui arrestari quatuor. Cum honores aliquibus decernentur, statutam a singulis professionibus mercedem auferet. Quatuor quoque anni temporum dabuntur huic a discipulis studij artium inhonoratis numuli tres, a Baccalaureo quatuor, a discipulis et studiosis aliarum professionum sex. Eidem et de multaticia pecunia dabitur pars tertia.

De Syndico Vniuersitatis cap. 23.

Syndicum Vniuersitas leget virum bonum, procuratorem rerum suarum, hoc fiet circiter VIII. Cal. Julij. Huius munus esto contuberuales pecunias recipere et conseruare, ecclesijs quæ ad Vniuersitatem pertineant, de Vniuersitatis sententia prospicere, celanda fideliter tegere, diem solutionum non differre neque debitum remittere, sumptus et impensas fideliter facere in ea re in qua facere oportet, rationem reddere acceptorum et expensorum. Quæ omnia quæque alia ab Vniuersitate illi iniuncta fuerint se esse diligenter et fideliter curaturum iurabit. Pro ipsius uero laboribus salarium illi ab Vniuersitate Scholastica decernetur et præbebitur.

Atque his curationibus præfecti singulis annis circiter festum pentecostes ab Vniuersitate petere debebunt, ut suam cuique curationem retinere liceat. Quod si faciendum Vniuersitati uisum fuerit, in annum sequentem rursus conducentur. Si quid etiam fuerit, in quo monendi castigandique uideantur, grauiter in hoc se Vniuersitas geret atque semper in memoriam illis reuocabit, quod iurati sint secreta se non reuelare uelle.

De orationibus publice habendis cap. 24.

Veteribus placuit certis temporibus aduocata studiosorum omni concione orationem haberi. Quæ tempora seruari nullo modo possunt. Quin etiam ipsa argumenta indigna veritati cognitæ ac declaratæ futura sint. Retineatur tamen ipsa res, quæ non solum utilitatem, sed etiam dignitatem complectatur atque nunc quidem ad hunc modum vsurpetur.

Ante natalem Christi de saluberrima Seruatoris et Domini nostri Jesu Christi Natiuitate a Doctore Theologo oratio solennis habeatur, cui omnes frequentes intererunt. Deinde singularum professionum Decani ijs temporibus, quibus hactenus fieri consueuit, de laudibus Facultatis suæ uel ipsi dicant aut erudito alicui adolescenti hoc dicendi munus commendent. Ita singulis annis quinque orationes habebuntur, quibus et ad pietatem et studia cum humanitatis tum superiorum professionum ingenia adolescentum accendi poterunt.

De Funeribus.

Funera Doctorum ac Magistrorum fient ad consuetum et usitatum modum horum temporum. Omnes ordine prosequentor Doctores, Magistri, Discipuli edicto Rectoris congregati. Tum cui funus fiet, illius honorifica curatio suorum a singulis professionibus suscipiatur. Et Magistri ac Doctores in vnaquaque professione honorentur oratione funebri, quod munus de sententia consilij uniuscuiusque professionis eiusdem professionis alicui demandator cum premio aurei unius.

Hæc ut in præsentia autoritate Illustrissimi principis nostri, et communi omnium qui consuli debuerunt consensu, ad bunc modum composita, constituta, correcta fuerunt. Ita omnibus temporibus eorum, ad quos de hac re referri oporteat, consensu ac voluntate hæc quoque augere, diminuere, emendare ius fasque esto. Quod nisi recte atque ordine factum fuerit, sancta, firma, inuiolata hæc omnibus tenentor atque custodiuntor. Qui priuatim aut præpostere peruertere, conuellere, nouare conatus fuerit, eum contra Rempublicam Scholasticam esse facturum iudicatum esto, Neque quisque hoc modo priuatim atque præpostere constitutis tenetor.

Diese Statuten, das Werk eines Latinisten, können unmöglich, wie sie im Liber erectionis und darnach bei Eisenlohr S. 62 datiert sind, aus 1518 stammen Der Fehler erklärt sich daraus, dass in dem Statutenbuch, welches die undatierte Abschrift derselben enthält, unmittelbar darauf die mit 1518 bezeichnete Ordinatio de viduis, übrigens auch eine spätere Copie, eingetragen ist. Es ist aber kein Zweifel, dass diese Constitutio et ordinatio diejenige ist, welche von Joachim Camerarius und Johannes Brenz ausgearbeitet und im Mai 1537 der Universität zur Berathung vorgelegt wurde. Der erstere schreibt darüber an Grynæus, dass sie das Werk, das er unvollendet gelassen, nunmehr zu Ende führen und die Gesetze der Universität ausarbeiten. Retinemus vetera pleraque et transferimus in orationem paulo meliorem. Vgl. zu N. 37. S. 174. Diese Redaction ist denn auch lange im Gebrauch geblieben, bis zur Constitutio Fridericiana 1601, indem die Statuten von 1583, unter Herzog Ludwig, als blose Umarbeitung der vorliegenden zu betrachten sind. Die benützte Abschrift auf Pergament, Univ. Archiv Fach VI, 20, scheint erst aus dem Jahr 1562 oder 67 zu stammen, vgl. f. 9v. Eine weitere Abschrift von der gleichen Hand ist im Liber Erectionis eingebunden VI, 17a. Ein beglaubigtes Original ist auch im K. Staatsarchiv nicht zu finden gewesen.

42.

H. Ulrichs Ordnung der Artisten Facultät, vom 20. Juli 1544.

Von Gottes gnaden Wir Vlrich Hertzog zu Wirtemberg vnd Teck, Graff zu Mümpelgart usw. Vrkunden vnd thun kund meniglichem, Dieweil niemandem der sich auch gerings verstands gebraucht, verborgen, sonder offenbar am tag ligt, das vnser hohen schul zu Tüwingen vffgang derselben end, rechter vnd gewisser Scopus dahin gericht vnd gestellt sein soll, Vff das solche Schul bey den frembden geriembt vnd geprisen, auch für sich selbs mit ainer guten anzal vnd menge der Schuler begabt, erhöcht vnd geziert werde, Zu welchem dann ain sondere ordnung, satzung vnd form, auch geschickte, gelerte, Christenliche vnd erfarne Männer vnd Professores, die iren Lectionen, vnd was inen zuuerwalten bevolhen, mit vleiß, lob vnd höchstem nutz vor sein mögen, gehörig gestelt, erwelt vnd geordnet werden sollen.

So nun die Schul an ir selbs, wa die anders als ain Corpus zu allen theilen gantz volkomen, nit zertrent noch zerthailt, sonder mit Iren vnderschidlichen Faculteten vnd Künsten begabt vnd geziert, als da seind die vnderschidlichen Leren vnd Professionen Namlich der hailigen Göttlichen geschrift, der Kaiserlichen vnd Gaistlichen Rechten, der Artzney, vnd auch Philosophiae, darinn der sprachen erfarung, auch was den rechten guten Kunsten vnd bonis literis angehörig, begriffen sein sollen. Damit aber in dem allem, das fürnembst vnd notwendigst stückh, das der anfang in der grundvestin fürgenomen vnd das fundament recht gelegt werde, So ist von hohen nöten, das erstlich Studium Philosophiæ vnd Bonarum Literarum mit vleiß angefangen, Ernstlich getriben Vnd in das Werck gericht werd,

Nachdem dann die drey Obern Faculteten laut vnser fürstlichen ordination vor acht Jarn vffgericht vnd vnser Vniuersitet zugestelt, nach notturfft versehen, vnd wa derhalben mengel vorhanden mit personen oder sonst, das sie von dem Rat der Vniuersitet versprochen vnd zugesagt, dieselbigen zuergentzen, zuersetzen vnd alle sachen nach gemelter ordination anzurichten vnd damit gnug zuthun haben, Auch derwegen die Philosophiam vnd Studium bonarum Artium zu ieder zeit nach notturfft nit wol versehen megen, Dieweil dann an solchem, als dem fundament merklichs gelegen, dardurch auch die obern Faculteten gepflantzt vnd erhalten, auch die Vniuersitet dauon ain sondern rum vnd Lob erlangen mögen, Vff das nun dis fundament der Philosophiæ aller guter Kunsten vnd Sprachen Leer vnd Institution recht gelegt vnd in gang gebracht werden mög, So soll solches fürterhin bey vnser Artistenfacultet zu Tüwingen vff volgend form, ordnung, maß vnd satzung gericht vnd gestelt sein, also, das die volgende personen, vnd wer zu inen in rat gezogen, Allein der schul uffgang vnd nutz für augen setzen, ire ämpter, Lectiones vnd was Inen zuuerwalten beuolhen, one ainichen zwang oder trang der Herrn oder Doctorn der obern Faculteten, mit höchstem vleiß vnd ernst versehen, ordnen, setzen vnd bestellen sollen.

Namlich so sollen sie anfangs in der Bursch an gelegnem Ort, So lang vnd vil, biß darzu ain sonder Hauß gebawen wurdet, das Pedagogium für deren vom Adel vnd Ehrlicher burger Kinder anrichten, Dieselbigen in etliche classes, wie zu Straßburg oder in ander Weg ordenlich thailen, vnd ietz hie zu M. Michaelem Vaj vnd M. Joannem Sechieln[1] verordnen, Welche dann baid solche iunge Knaben die Grammaticam leren, mit beßtem vleiß instituieren vnd vnderweisen sollen, also das solche Knaben in leben vnd leer cristenlich vnd wol vferzogen werden. Vnd sollen beide obgemelt Magistri oder Praeceptores mit allem Vleiß dahin trachten, das die Jugend mit leuchten, kurtzen vnd wenig Regeln in der Grammatik auch baider Lateinischer vñd Griechischer sprachen vnderricht vnd Inen empsiger ernst vnd vleissiger trib ingebildet vnd darin nit zu lang vffgehalten, sonder das sie dardurch andere gute Kunst zulernen geschickt gemacht werden. Wiewol auch alle Artium Professores ain sonder gut vffmerken haben sollen, Das sie All ir Leer mit rainer guter zierlicher lateinischer sprach der Jugend fürtragen, So sollen doch gemelte der Grammatic Leser vnd Lerer

---

1 Jo. Sechel — Ezechiel — von Tübingen inscr. 1535 mag. 1540, hat 1543 die lectio Ethices im Contubernium; später Jurist, Hofrichter und Mitglied des Oberraths.

dahin trachten, Das sie gemelter gestalt, mit bestem vleiß die Jungen leren ieben vnd treiben, Auch an Inen hieran kain mangel erscheinen lassen. Dergleichen sollen sie auch iren beuohlnen Jungen wenig vnd gar leichte vnderweisung oder Ler der Dialectic vnd Rethorik fürtragen vnd inbilden, vff das sie derselbigen auch ainen anfang haben, vnd darnach zu andern Künsten desto geschickter sein mögen, Vnd in dem allem nit allein empsiger Vleiß in vßlegung der Regeln vnd praecepten angekert werden, sonder auch dahin trachten sollen, damit in erholung der fürgetragnen lection, Reguln vnd Præcepten empsig gehandlet, vnd darinn Lob erlangt werd. Derwegen gedachte Magistri oder ainer vß inen täglich zu eingang irer Praelection mit vleiß von den Jungen erfordern vnd anhören sollen, die Summ vnd Inhalt der nechstvergangnen lection, vnd also auch nach gelegenheit der zeit vnd art der gelesnen materi, verer hindersich greiffen mögen, Vff das die Jugent stettigs ir yebung haben vnd hierauß ir Vleiß oder Onfleiß gespürt werden mög.

In solchem Pædagogio soll auch angericht werden ain sondere Iebung zum wolreden, als durch kurtze Sentenz vnd verenderung derselbigen, die Diomedes in seiner Grammatik χρειας nent, fabulen, erdichte Historien vnd sonst alles, so zu Iebung der Jugend dienlich sein mag: als mit Episteln oder oration schreiben, Item vers machen. Wie dann dauon Camerarius ain Büchlin zu Tüwingen geschriben vnd verlassen hat[1].

Maister Michaelis besoldung soll sein wie bisher sechtzig guldin vnd M. Johann Sechels viertzig guldin.

Dialecticae Professio soll M. Joanni Mendlino in seiner Besoldung gelassen werden, doch das er ain Dialectic lese, Welche von der facultet hierzu bestimpt wurdet.

Vnd damit dannocht in der Bursch oder Contubernio Compendium Phisices gelesen vnd getriben, soll Facultas das verordnen, also das ain Compendium welches sie darzu nutz vnd fruchtbar achten, genomen vnd durch D. Michel Schweiker gelesen werd.

Gemelte Lectiones vnd wie die hieuor in diser facultet ver-

---

1 Gemeint sind wohl seine Elementa rhetoricæ proposita in Schola Tubingensi.

ordnet, sollen also in Contubernio gehalten vnd gelesen werden.

Damit aber vnser Schul zu Tüwingen durch die Exercitia disputandi vnd declamandi, sonder auch mit lesen nachuolgender Künsten dester herrlicher in vffgang gebracht werden mög, So sollen nachuolgende Professores Artium ire lectiones vnd gemelte exercitia nach Anschickung der facultet publice in aula maiori halten vnd vollenden, so lang vnd vil bis den Artisten ain sonder aigen Lectorium geordnet vnd gebawen werdt.

Als Ethicam soll lesen Mathias Illiricus am morgen vmb sechs vr, vnd im lesen, wie er zuthun wol waist, die sach dahin richten, Vff das die zuhörer ine leichtlich versten vnd den gemeinen brauch auch iebung diser kunst begreiffen megen, Vnd insonderhait vleiß fürwenden, damit die Schuler in guten tugenden vnd sitten erbawet vnd geziert werden. Er soll auch den Schulern ad Studium dicendi allweg Sentenz mainung vnd vile der notwendigen handlungen anzaigen vnd fürmalen.

Derselbig Illiricus soll auch ietzt also verordnet sein, das er alletag nach mittag vmb ain vr die Griechisch Lection mit vleiß versehen thue, vnd nit allain dasihenig, das zu fürderlicher begreiffung vnd verstand diser sprach gehörig, Sonder auch die fürnembsten, nutzlichsten vnd treffenlichsten in solcher sprach Scribenten oder Authores vnder handen neme, als Homerum Hesiodum Euripidem Sophoclem Demostenem Isocratem, etliche Büchlin Plutarchi vnd Xenophontis vnd anderer dapfferer Lerer in diser sprach, darus die Zuherer vnd schuler mit dapfferer vnd ansehenlicher Leer zuwissen vnd zureden vnderricht vnd begabt werden megen, vnd von disen baiden Lectionen soll Ime von der Vniuersitet fürohin iärlich 150 guldin geraicht vnd bezalt werden,

Rhetoricam vnd Oratoriam soll alle tag am morgen vmb siben Vr M. Benignus lesen vnd mit bestem Vleiß dis also anrichten, vff das declamandi exercitium angericht vnd in gang gebracht werden meg. Vnd für sollich sein Lection soll ime fürterhin von der Vniuersitet bezalt werden iärlich 100 guldin.

Dieweil dann Mathematica nit die geringst vnder den bonis artibus ist, So soll fürterhin derselbigen Professor auch im

Rat der Artisten Facultet gezogen vnd gebraucht werden, Vnd alweg die Materi, so er zu lesen fürnimpt, mit rat vnd vrtail der Artisten Facultet vnder hand nemen, damit er nit allain den Zuhörern, Sonder auch allen guten Künsten nutz, fürderlich vnd fürstendig sein meg. Darby dann der Imser als geschickt vnd taugenlich in seiner besoldung gelassen werden vnd alweg sein stund vmb Zwolft Vr zu mittag haben soll.

Die Hebräisch sprach soll fürter durch M. Joannem Hiltebrandum [1] also auch vmb Zwölff Vr gelesen werden, Wie er des von der Facultet zu yeder Zeit bescheiden wurdet, Vff das die Schuler daruon auch ainen sondern nutz haben vnd empfahen megen, Vnd dieweil er auch in declamandi exercitio anrichtung thun, soll ime sein besoldung der sibentzig guldin pleiben.

Doctor Melchior Volmar soll fürohin der Lateinischen sprach Lectionem publicam vnd dann auch der Griechischen in Contubernio behalten, Vnd ferner auch de consilio Facultatis sein, vnd bey seiner Besoldung bleiben [2]. Doch soll er in seinem Lesen nit alweg zu lang harren in auslegung der werter sonder vilmehr sich befleissen, die sachen in inen selbs vnd die sententz fürzutragen, Vnd also den Jungen einzebilden, vff das sie an guten sitten vnd dapffern Kunsten zunemen vnd vnderriecht werden megen. Was er auch zulesen vorhatt, Soll er mit rat vnd anschickung seiner Facultet thun, vnd mit derselbigen anschickung fürnemen dasihenig, das die Zungen vnd auch die Hertzen scherpffen vnd bessern mag.

Diewei Doctor Jacob Scheckh Aristotelicam Physicam lectionem biß anhero mit lob gelesen, Soll er fürterhin bey derselben seiner Besoldung bleiben vnd soll auch allweg vmb vier vr offentlich in aula lesen vnd mit bestem vleiß profitieren.

Mit Maister Johan Scheüblin [3] soll gehandlet werden,

1 Jo. Hilteprand aus Strassburg war schon 1536 als Hebræus angenommen. Er hat nie einen sonderlichen Erfolg gehabt. Schnurrer Nachr. 92. 2 Die folgende Lesart von B. scheint eine spätere Milderung der für Melchior Volmar verletzenden Worte zu sein: ... bleiben. Wann dann in künftig zeit ein anderer hierzu verordnet werden müst, so soll derselbig in seinem lesen sich befleissen usw. Was auch sollicher professor zulesen vorhat soll er gleich allen andern professorn publicis mit rat vnd anschickuug seiner facultet thun usw. 3 Jo. Scheubel — Scheybel,

das er vmb ain bestimpte Besoldung Euclidem zu lesen, auch Arithmetices vnd Geometrie ler den Jungen einzubilden.

So soll auch der iung Stipendiat von Nürnberg[1] verordnet werden, das er die Music nach ordnung vnd rath der Facultet lesen welle, damit die Jungen auch im singen geiebt vnd gebraucht werden megen, Vnd wann er magister werden, Soll er auch von der facultet Rath sein vnd ime auch etwas zu Besoldung geraicht werden,

Vnd damit diser vnser ordnung steiff gelept, auch stracks nachgesetzt vnd die sach in rechten vffgang gebracht werd, So sollen alle ernante Professores mit höchstem Vleiß iren Lectionen auch was zu nutz der Schul inen zuthun beuolhen, vorsein, anderer sachen sich nit beladen vnd allweg dahin trachten, das sie ire Studia mit trewem ernst vnd lob vßrichten. Doch soll ainem yeden Magistro daneben vnbenomen sein, in den dryen obern Faculteten zu complieren vnd zu studieren.

Uff das auch in künfftig zeit an statt deren, so abgen möchten, nit ongeschickte oder onerfarne solcher Künsten vnd sprachen Menner bestelt vnd angenomen werden möchten So soll allwegen von der Artisten Facultet, wie dann die ietz bestimpt, an des oder der abgangnen statt ainer oder mer Cristenlicher gelert, der sprachen erfaren vnd zu des abgangnen Lection taugenlich personen in oder usserthalb der Vniuersitet mit vleiß ernent werden, Vnd welche sie also ernennen oder erkiesen, der Vniuersitet Rath oder der obern faculteten Doctorn zubestettigen vnd zuconfirmiren, vndertheniglich fürbringen, Welche sie auch also anzunemen, mit ehrlichen Besoldungen zuuersehen vnd zubestettigen verbunden vnd schuldig sein sollen.

Damit nun die art vnd aigenschafft in Leren vnd Lernen

Scheyble — von Kirchheim u. T. inscr. 1535 mag. 1546, soll in Wien und Leipzig studiert haben. Verf. mehrer mathematischer Werke. Er hat in der Folge mit allerlei Unglück und Armuth zu kämpfen. Stirbt 1570.

1 Von einem Nürnberger Musiker ist sonst nichts zu finden, wohl aber enthält die Matrikel der Artisten folgenden Eintrag. IV. cal. Maii 1546 Joannes Krapner (nach der Inscr. aus Frontenhausen) receptus est ad professionem Musices salario viginti florenorum, ut legat feriatis diebus Jovis Sabbati et Solis, item temporibus vacationum, præcipue autem, ut artis usum tradat et eius in templo edat specimina. Er steht noch 1559 im Dienst.

nit vergebenlich oder one frucht abgang, sonder ain rechte iebung, beharrlicher brauch vnd exercitium dicendi, nit allain der Jugend verstand zu scherpffen vnd vffrichtig [1] zumachen, sonder auch der Schul ainen sondern Rum zuerlangen, Sollen von den Deputaten der Artistenfacultät hierzu taugenlich, als ietz vnd damit benennt D. Jacob Scheck, Mathias Illiricus vnd Benignus, nach vermeg vnd vßwysung vnser fürstlichen ordination, dicendi exercitia angericht werden, also das ie zu Zeiten, als in vierzehen tagen oder in ainem Monat ainmal, nach gut Ansehen der Facultet, herrliche vnd nutzbare disputationes, dauon den Jungen frucht vnd nutz entsten mög, dergleichen auch publicae Declamationes augericht vnd gehalten werden.

Sie die gemelten Deputaten sollen auch solche disputationes vnd Declamationes dergestalt anrichten, Vff das allweg dapffere, nutzbare vnd kunstliche Materien vß allen guten Künsten erwelet vnd vsserlesen werden, Welche dann im Wesen vnd Leben nutz bringen vnd nit allain frisch vnd frech zureden machen, oder die Zungen scherpffen können, Sonder auch dardurch der Jugend verstand in guten Künsten gescherpfft vnd gemeret werden, Daneben auch alle ir sachen vnd handlungen so sie zuuerrichten vorhaben mag oder deren fürfallen würd, geschicklich anfahen, künstlich mitteln zu gutem end pringen vnd dapffer in das werck richten meg.

Hierzu sollen aber nit allein die Jungen, oder die, so noch nit vil erfaren, vnd die ongeiebten gebraucht vnd gezogen werdenn, sonder ain ieder vß den gemelten Professorn, auch andere Magistri, nach Rat vnd ordnung der Artisten Facultet ainer nach dem andern vnder Hand nemen, ieben vnd brauchen. Aber damit sollen nit hoch beschwert werden dieihenigen, so sollich exercitium Rhetoricum vnd Dialecticum anzurichten in Beuelch vnd vnderhanden haben.

Es sollen auch den Professorn vnd Magistris, die sich in solchen exercitijs disputandi et declamandi ieben vnd brauchen werden, gute belonungen durch die Facultet, laut der hieuorigen ordnung gemacht vnd geraicht werden, dardurch nit allain dis nutzbar werck in vffgang gebracht, sonder auch die Magistri

---

1 A. liest: vffrüstig.

hierzu geraitzt werden, vnd wa hiedurch der Fakultet Seckel zu gering sein oder erschöpfft werden wolt, soll durch der Vniuersitet seckel hierzu gegeben vnd verordnet werden, Vff das sollich löblich iebung nit vnderlassen pleib.

Gleicher gestalt soll die Facultas die sontägliche disputationes Baccalaureorum mit bestem Vleiß ordnen vnd anrichten, Vnd in allweg dahin bedacht sein, damit solche exercitia zu nutz gebraucht werden mögen, Vnd ob gleich die disputationes, so bisher Contubernales genent worden, vffgehebt vnd abgethom wurden, Ist wenig daran gelegen, dann dieselbigen zuuil hinderlich gewest den Jungen an iren andern exercitiis vnd repetierung deßihenigen, so inen vorgelesen worden.

Der Artisten Rat oder Facultas soll auch mit Vleiß allweg dahin trachten, vff das zu Baccalaureis oder Magistris gemacht werden nit allain die, so ir Zeit erstanden vnd erfüllet, sonder die so verstand haben, mit guten Kunsten begabet vnd Tugenden geziert seien, vnd ob gleich etwan ainer befunden, der sein Zeit nit gar compliert oder erstanden het, Doch geschickt vnd taugenlich befunden, Soll sie denselbigen nit verhindern, Sonder zu dem begerten gradum durch billiche Disputation zulassen vnd fürdern.

Fürohin soll auch durch sie keiner zu Magistro gemacht oder erhöcht werden, Er habe dann zuuor zum wenigsten ein kunstreiche offenbare Declamation gethon vnd gehalten. Dardurch dann Studium dicendi neben dem disputandi exercitio herfürgebracht werden vnd in einen brauch komen meg.

Dieweil auch befunden, das vß dem, wann die Magistranden nach dem examine, mit Pusaunen oder Trumeten offenlich vff der gassen vmbgefiert vnd beleitet werden, vnd dann daruff ain onordenliche Zech gehalten, Vil onrichtigkeit vnd ongeschickt wesen eruolgt, Zu dem ain onnöttiger cost daruff gelegt, Soll dasselbig alles hiemit abgethon vffgehapt vnd an desselbigen statt prandium Aristotelis, nach gut ansehen der Facultet, geordnet, Doch nit mit Vberfluss gehalten werden,

Es soll auch sich fürter kainer vß den gemelten professorn hinweg thun, noch sich abwesend halten, one vergönd erlaubnuß vnd bewilligen des Decani Facultatis, laut der Statuten.

Alsdann in hundstagen wie billich feriæ gehalten vnd

erschiessliche Vnderleibung [1] gegeben werden solle, Ist hiemit der Artisten Facultet zugelassen, die Zeit der hundstag ire Lectiones abzuwechseln, also das allein all tag drey gelesen vnd also solche Zeit vmbgewechselt werden.

Nachdem auch Imbser, als Professor Mathematum In diser Artisten Rat gebraucht vnd gezogen werden soll, vnd aber ime oder iemand schwer fallen, das er zu den Examinibus geordnet solle werden, Soll er dergleichen auch andere die Magisterij gradum nit erlangt, sollichs Lasts enthebt vnd hiemit erledigt sein.

Alsdann auch erscheint vnd offenbar am tag ligt, das an ainem gelerten fürtreffenlichen vnd berümpten man bey der Schul zuerhalten vil vnd hoch gelegen, So soll auch hiemit der Artisten Facultet gegundt vnd zugelassen sein, das sie mag nach D. Camerario [2], Sturmio oder sonst ainem herlichen vnd berümpten man trachten, Vnd wo deren Ainer zuerheben vnd zuerlangen sein welt, sollen sie dasselbig, vnd vff was maß das gescheen, an Vns Hertzog Vlrichen gelangen lassen vnd darüber vnsers Beuelchs erwarten.

Vnd vff das bey den Professorn der Obern vnd Nidern Faculteten, mit rat halten, bezalung der besoldungen auch anderm billiche gleichait gehalten werden mög, So sollen fürterhin gleich den Doctorn der Obern Faculteten, die Artisten auch bezalt werden, Also wo den Doctorn früchten, Wein gegeben oder vff den Guldin zu 15 Batzen ainer oder mehr Batzen gereicht, das gleichergestalt den Professorn Artium vnd bonarum Literarum solche bezalung auch beschehe vnd widerfare.

Es sollen auch fürterhin, wie biß daher der Decanus Facultatis Artium, sampt zwayen andern Professorn derselbigen Facultet, in der Vniuersitet Rath sein vnd pleiben, auch zu allen sachen gebraucht vnd gezogen vnd gar nit vßgeschlossen werden, bis derwegen ain andere ordnung fürgenommen wurdet.

Allen obgemelten Professoribus, die sonst vnder den Doctoribus oder Magistris artium nit pflegen ir session zu haben, sollen in allen Promotionen vnd publicis actibus in Aula gegen den Doctorn vher ir gebürende session verordnet vnd gegeben werden.

---

1 Pause, Ruhe. 2 Camerarius war 1540 nach Leipzig abgegangen.

An allen obgeschribnen Puncten vnd diser ordnung soll der Vniuersitet Rath die gemelte Artisten trewlich vnd vätterlich helfen fürderen, nit verächtlich halten, sonder ie zu Zeiten ire Actus auch besuchen vnd wa etwas einfallen, das zu endern, zu mindern oder zu mehren sein welt, soll dasselbig neben vnd mit den Artisten mit vleiß vnd guter vorbetrachtung bescheen, Vnd ieder Zeit gütiglich vnd freuntlich den Artisten angezaigt vnd dann gebessert werden.

Doch nicht dest weniger wa nach eraischung diser ordnung die alten oder new gemachte der Artisten Statuten zu endern oder gar abzuthun sein, So soll die Facultet dasselbig mit gutem rat zuthon macht haben, aber sunst vnd in ander weg vnser fürstlichen alten vnd newen ordination dise ordnung kein abbruch geberen, sonder in wesen unverendert pleiben, Aber in allweg vns vnbenommen, sonder vorbehalten, dise ordnung nach gelegenhait der Zeit vnd personen zu endern, gar vffzuheben vnd abzuthun nach vnserm wolgefallenn,

Zu Vrkund mit vnserm vffgetruckten Secret besigelt, Geben zu Vrach uff den zwaintzigsten tag Julij Nach Christi vnsers lieben Hailands geburt Fünffzehenhundert vnd im vier vnd viertzigsten Jar.

A. Gleichzeitige Abschrift in Ms. hist. 177 der K. öff. Bibl. f. 109. — B. Besiegelte Abschrift, ohne Unterschrift im Univ. Arch. VI, 17. Eisenlohr 213.

43.

Begleitschreiben zu vorstehender Ordnung, 23. Sept. 1544.

Lieben getrewen. Nach dem wir jungst verruckter zeit etliche unser ret by euch zu Tubingen gehept, allerlei gebrechen vnd mengel, so etlicher personen auch lesens disputierens vnd anderer Sachen halben by euch befunden, insehens zuhaben vnd dan alle sachen by euch dermassen anzerichten, vff das doch ain mall vnser Vniuersitet in ainen vfgang gebracht werden mecht. Zu welhem dann ir auch zuhelffen vnd zufurdern mit allem dem, so euch all vnd jeden insonderheit betrifft vnderthenig vnd gewillig erbotten haben. Darob dann wir ain sonder gnediges gefallen empfangen, gnediger hofnung ir werden solhs ewer personen lesens vnd lerens halben im werk erzaigen vnd gar kain mangell an euch erscheinen lassen.

Dieweill aber nit geringe beschwerden by der Artisten Facultet befunden vnd one enderung derselbigen der schul nit bald geholffen, noch dieselbe zu ansehenlichem vffgang gebracht werden mag, so haben wir mit sonderm vleis vnd guter vorbetrachtung auch zu gemelter vffgang solher schul ain ordnung begriffen vnd in schriften verfassen lassen, wie es furter mit leren declamieren vnd disputieren auch anderm durch die verordnete Artisten gehalten werden soll.

Welhe wir euch hiemit vbersenden mit gnedigem beuelh, das ir solbe ordnung dem dechan vnd zugeordneten Artisten zustellen vbergeben vnd deren in alweg mit hechstem vleis zugeleben beuelhen vnd ir auch hierin souil euch betrifft keinen mangel sein lassen vnd das also anschicken, damit vff ietziger mutation solche ordnung angefengt vnd deren fur vnd fur bis vff vnser verner enderung oder bedencken gelept vnd in das werk gericht werd.

Souil dann vnsers oberuogts in Tuwingen vnd lieben getrewen Sigmund Herters Eid vff vnser vorige ordination vnd ewer fryheiten zuthun belangt, wellen wir der schul zuguten vff das mal vnd ime hiemit bewilligen vnd beuolhen haben euch gemelten gewonlichen aid zuerstatten. Aber von wegen bawung der heuser auch anderer mer gebrechen wellen wir nachgedenkens haben, wie denselbigen auch abgeholfen werden mecht. Als dan auch vnsere lieben getrewen vogt burgermeister gericht rat vnd gemeine burgerschaft zu Tuwingen etliche beschwerd gegen euch vnd ir hinwider gegen inen haben, da wellen wir ordnung geben, vff das ir so bald vnd meglich solcher beschwerden halben fur vnsere Ret gen Stutgart vertagt, gegen ainander nach notturft verhert vnd in der guete verglichen werden.

Zu vfrichtung ewer bibliotekh megen wir leiden, das ir die buecher dartzu albie geordnet hinweg fuern, zu euch bringen vnd die liberey vfrichten thuen [1].

1 Dieweil noch kheine Bucher zu Anrichtung der Bibliothek gehörig der Vniu. zugestellt, besonder dieselben wie alte Stuckh zu Stutgarten uber einem Haufen liegen, pitten Rector und Regenten, das die Bucher, sovil

An dem allem wellen euch zum getrewlichsten vnd vleissigsten erzaigen vnd beweisen. Das wellen wir gegen euch in gnaden erkennen vnd die gantz schul in gnedigem beuelh haben. Datum Stutg. d. 23. tag Septembris anno 44.

D. J. Cnoder.

Abschrift in dem Bande der K. öff. Bibliothek in Stuttgart, Ms. hist. 177 fol. f. 120.

44.

Declaration der Ordnung der Artisten,

vom 25. Februar 1545.

Von Gottes gnaden Wir Ulrich Hertzog zu Wirtemberg vnd Teckh, Graff zu Mümpelgart vrkunden vnd thun kund mennigliebem. Als wir verschiner Zeitt, vß allerhand fürstlichen vns darzu bewegenden vrsachen vnd sonderlich vnser hohenschul zu Tüwingen zu erhaltung vnd vffgang, auch also einem gemainen nutzen zu gutem, ein ordnung gegeben, Welcher gestalt es fürterhin bey gemelter Vnser Hohenschul mit der Artisten Facultet vnd Studio Bonarum Literarum gehalten werden solle, Welche ordnung gedatumt Vrach den Zwaintzigsten tag Julij der weniger Zal im vier vnd viertzigsten Jar jüngst verschinen usw. Die wir auch den würdigen hoch vnd wolgelerten vnsern lieben Getrewen Rector vnd Regenten gedachter vnser Vniuersitet vnd Artisten Facultet (sich deren gemeß wissen zu halten) gnediglich zugesandt,

Vnd aber erstgedachte Rector vnd Regenten In namen gemainer Vniuersitet, sich solcher Vnser gegebnen ordnung in etlichen puncten etlicher massen beschwerdt, vff mainung als ob dieselbigen etwas dunckel vnd vnlauter sein solte, vnd vns deshalb vmb declaration vndertheniglich gebetten, auch wir vff sollichs (wie billich) den Decanum vnd verordnete der Artisten Facultet angeregter vbergebner Beschwerden vnd gebettner declaration halben, auch gnediglich verhören lassen usw.

dero der Vniu. zugeordnet, gnedigklich gen Tubingen geschafft vnd gelihen werden. 1543. Fach VI, 25. Schon im Januar 1539 hatte die Regierung gesagt: delectos esse iam qui libros ex monasteriis undique Stutgardiam mittant; inde partem huc suo tempore allatum iri. A Sen.

So haben wir demnach vff angeregter vnser Vniuersitet articul volgenden gnedigen Beschaid vnd declaration gegeben, Nemlich,

Zum ersten, Als gedacht vnser ordination neben anderm vermag, das die Professores Facultatis Artium, sampt denienigen so zu inen in Iren Rat gezogen, ire ämpter auch Lectiones, vnd was inen zuuerwalten beuolhen, one ainichen zwang oder drang der Doctorn der Obern Faculteten mit höchstem vleiß vnd ernst versehen, ordnen, setzen vnd bestellen sollen usw., Darby lassen wir es nochmals bleiben, doch mit dem Anhang, das Rector vnd Regenten der Vniuersitet, als das Haupt, vff gemelte Facultet ain väterliches, günstigs, freuntlichs vnd getrewes vffsehen haben, Vnd wo in obberürtem Puncten ainem oder mehr, oder sonst in volziehung solcher Facultet Statuten bey gedachten personen ainicher mangel oder saumnuß sein würde, alsdann sollen Rector vnd Regenten der Vniuersitet sie von der Facultät ernstlich vermanen soliche gebrechen abzustellen. Wo aber solichs nit wollte erschiessen oder statt haben, alsdann sollen die gemelte Rector vnd Regenten, das fürderlich an vns gelangen lassen. So gedencken wir hierinnen nach gestalt der sachen gebürlichs einsehung zuthun.

Zum andern Souil Aulam maiorem belangt, der dann laut obbemelter vnser newen ordination ettlichen Professoribus artium eingeben werden soll, Lassen wir es (in sonderlicher Betrachtung klainer anzal diser Zeit der auditorn in der Artzney, vnd das verhoffenlich die Artisten Facultet zunemen würdt) bey solicher ordination bis vff vnser widerruffen bleiben. Vnd ist darneben vnser will vnd mainung, das die von der Vniuersitet den Zwayen Doctoribus Medicinæ ain andern gelegnen Platz zu ainem auditorio fürderlich verordnen sollen.

Ferner vnd zum Dritten, So ist auch vnser mainung, das die Professores Artium frey steen sollen in den Obern Faculteten zu complieren oder nit. Doch so soll diser articul allain vff die Professores Artium, so de consilio Facultatis Artium seind, verstanden, aber der andern halben de pedagogio vnd Regentia inmassen von alter herkomen, gehalten werden,

Dergleichen vnd zum vierdten sollen auch die Consiliarij Facultatis Artium nochmals laut vnser gegebnen ordination Ire Professores erkiesen vnd volgends der Vniuersitet fürbringen, doch die von der Vniuersitet vff geschicklichait vnd taugenlichait solcher personen vnd Ire geschöpffte besoldungen ein getrewes vnd vleissigs vffsehen haben. Vnd wa hierinnen ainicher fäl oder mangel sein wolt, alsdann ist vnser will, meinung vnd beuelch, das die von der Vniuersitet solichs an vns gelangen lassen. So gedencken wir hierinnen gnedigen gepürlichen vnd dermassen beschaid zugeben, welcher verhoffenlich zu erhaltung nutzen vnd vffgang, lob vnd preyß gemainer Vniuersitet vnd Facultet fürderlich sein würdt.

Zum Fünfften, Souil den costen der exercitia disputandi vnd declamandi etc. berürt, lassen wir es bey deshalb lautterm gestelten Articul bleiben, doch mit dem Zusatz, Wa Facultas Artium vß irem Fisco soliche exercitia nit vnderhalten möchten, Vnd sie von der Facultet deshalb von gemainer Vniuersitet vß irem Fisco hilff vnd Zubuß haben wolten, das alsdann die von der Facultet von irer verwaltung innemens vnd vßgebens wegen, gemainer Vniuersitet vffrichtige rechnung thon, Vnd wann in fisco Facultatis nichts mehr vorhanden, alsdann die Vniuersitet vß irem Fisco soliche lobliche vnd seer nutzliche exercitia nach aller notdurfft erhalten sollen.

Zum Sechsten wöllen wir den Articul von wegen dispensierens mit den promouendis etc. dermassen limitiert vnd ingezogen haben, das solche dispensation mit Vorwissen der Vniuersitet Cantzlers bescheen.

Zum Sibenden, Souil das ußreisen der Artisten Facultet Professorn usw. belangt, lassen wir es vß beweglichen vrsachen bey gegebner ordination beruhen. Doch so ist darneben vnser will mainung vnd beuelch, das Rector vnd Regenten vff solch der Professorn ußraisen ain vleissigs vffsehen haben, Vnd wa sie dasselbig auß vnfleiß, farlässigkait oder sonst vilfältig vnd sonderlich zu nachtail vnd versaumnus der Schul zutragen wurde, alsdann sie Rector vnd Regenten solchs an Vns gelangen lassen sollen. So wöllen wir nach gestalt des Vnfleiß oder anderer saumnuß ernstlichs insehen thon lassen,

Zum Achten Wiewol es gleichmessig, auch vß allerhandt bewegenden vrsachen billich were, das allen Professoribus Artium an iren Besoldungen nach Angebür derselbigen auch wein vnd korn vnd vffwechsel usw. gegeben würde, So wöllen wir doch disen Articul dermassen limitiert vnd eingezogen haben, das derselbig allein vff die Professores Artium, so de consilio Facultatis seind, verstanden vnd den andern an iren Besoldungen weder wein, korn, noch vffwechsel gegeben werden sollen,

Zum Neundten, dieweil wir ein Articul in sich haltend, das der Decanus sampt andern zwayen Professorn de Consilio Facultatis Artium biß vff vnser enderung in der Vniuersitet Rath sein, auch zu allen sachen gebraucht werden sollen usw. vß ettlichen ansehenlichen vns darzu bewegenden vrsachen in solche newe ordnung gestelt, So lassen wir es (biß vff vnser widerruffen) nochmals darbey bleiben. Sunst aber vnd usserhalb obangeregter neun Articul soll vilgedachte vnser newe ordination in cräfften bleiben, Doch so wöllen wir vns nochmals solche ordination vnd darzu auch dise daruff in angeregten neun Articuln gegebne declaration nach gelegenhait der Zeitt, personen vnd anderer vmbstend gar vffzuheben oder zu aim thail zumindern oder zumehren vorbehalten haben. Dess zu Vrkundt mit vnserm vffgedruckten Secret besigelt. Gegeben zu Nirthingen vff den fünff vnd zwaintzigsten tag des Monats Februarij, Nach Christi vnsers lieben Hailands geburt, Im fünffzehenhundert vnd fünff vnd viertzigsten Jare.

Besiegelte Abschrift im Univ. Archiv VI, 17. Eisenlohr 120.

45.

Vertrag zwischen Universität und Stadt über Weinschank, Güter usw. 15. Jan. 1545.

Von Gottes Gnaden wir Vlrich Hertzog usw. thuen kunth meniglichem mit disem brieue Als sich etlich vil iar her zwischen den wurdigen ersamen hoch vnd wolgelerten vnsern liben getrewen Rector vnd Regenten gemeiner vnser vniuersitet zu Tuwingen an ainem, vnd dann vnsern liben getrewen Burgermeister Gericht vnd Rat daselbst von wegen gemeiner Statt am andern teil volgender puncten halb etwas nachperlicher irrungen erhalten:

Derhalben ire baiderseits gesandten zu bieuor gehaltnen

guetlichen tagen auch vff heut dato widerumb vor vnsern Houemeister cantzler vnd Räten vnd liben getrewen alhie zuw Stutgarten vertagt erschinen vnd nach noturft gegen ainander verhert:

Das demnach sie die gedachte partheien nach vilgehapter mue vnd arbait mit irem guten wissen vnd willen entlich verglichen vnd verainigt worden seien inmassen hernach uolgt namlich

1. mag ein ieder Vniuersitet verwandter vor vnd nach S. Martins tag zu seinem hausgeprauch vermög irer fryhaiten wein in die Statt fuern.

2. ob ainem vnser Vniuersitet verwandten in seinen aigen guetern, die er ietzo hat oder furter vberkomen, wein erwachsen oder sonst weingülten haben wurde, souil dann ime vber sein geprauch des vberpleiben, denselbigen mage er wol beim zapfen verschenken oder verkaufen.

3. soll auch ainem ieden Professorn so aigin brauch vnd rouch hat, von dem wein daruf er gelihen oder den er sonst erkauft hette, ierlichs dreissig Omen zuuerschenken oder zuuerkaufen zugelassen sein.

4. Soll ain jeder vnser Vniuersitet verwandter, so kein professor ist vnd doch ain aigin brauch hat, von dem wein, so er ausserhalb seiner aigin gueter vff die rechnung genomen oder sonst erkaufft hette, ierlichs zehen Om zuuerkaufen oder zuuerschenken macht haben,

5. welcher vnser Vniuersitet verwandter kein aigin brauch vnd rouch hat, derselbig soll weder zum zapfen zuuerschenken noch sonst zuuerkaufen gwalt haben, es were dann, dass derselbig von aigen gütern wein oder sollich ierlich gülten hette, denselbigen zuuerschenken oder zuuerkaufen soll ime laut ob angeregts andern artickels onabgeschlagen sein.

Vnd damit man gruntlich wissen kende, wieuiel ain yeder vnser Vniuersitet verwandter ierlichs wein vff die wegen verkauft oder bym zapfen verschenkt habe, so soll derselbig zuzeiten des verkaufens oder schenkens by seinem guten truwen vnd glauben ainem geschwornen weinzieher vff sein beger sollichs anzaigen. Darus man sich auch gnugsam berichten kan, ob in craft obberierter Artickel derselbig vnser Vniuersitet zugeheriger sein bestimpte anzal weins hingeben habe oder nit.

6. souil gemainer vnser Vniuersitet wein belangt, sollen sie denselbigen von vnser Vniuersitet aigen gütern vnd gülten gen Tüwingen fallend daselbs wie vnser burger bym zapfen zuuerschencken oder sonst zuuerkaufen macht vnd gwalt haben.

7. so mag ain ieder Vniuersitet verwandter ain aigne Behausung vnd ain ieder professor, so von vnser vniuersitet besoldet ist, zusampt solcher behausung auch ain scheuren haben.

8. soll nit allain erstgedachten professoribus, sonder auch allen andern vnsern Vniuersitet verwandten vergindt sein inn vnd ausserhalb der Statt vff aigin grund vnd boden ain nuwe scheuren von grund aus zubauwen.

9. so mag zusampt obgedachten haws vnd scheuren auch ain ieder professor, so gehörtermassen besoldet ist, 300 guldin vnd sonst ein anderer Vniuersitet verwandter 200 guldin werdt feld güter, als namlich an äcker wisen wein vnd bomgarten in Tüwinger zwingen vnd hennen haben, vnd welher auf disen tag nit souil besesse zu denen so er also hat, bis vff angeregte som vnd doch nit weiter kauffen, welher aber vff disen tag vber angeregte somma güter hette, dieselbigen mag er behalten.

10. was ain ieder vnser Vniuersitet verwandter in erbs oder heurats weis in Tüwinger zwingen vnd bennen vberkommen, das sollen sie zubehalten fug haben.

11. megen gemeiner vnser Vniuersitet bursprocurator vnd sindicus, ain ieder ain aigin behausung auch darzu für 300 guldin werdt feldgüter besitzen vnd wo sie die nit vorhin hetten souil gelts werdt in Tüwinger zwingen vnd hennen erkaufen vnd wo sie souil oder mer vorhin hetten, dieselbigen irer gelegenhait nach woll behalten.

12. so sol ainem ieden vnser Vniuersitet verwandten so ain aigin hausprauch vnd rouch hat, vergindt sein zwo kuewen vnd souil gaissen vff deren von Tüwingen gemeine waid treiben zulassen vnd sie von der Vniuersitet mit belonung der hürten vnd andrem die waid betreffend wie vnser burger daselbst gehalten werden.

13. sollend die von Tüwingen mit gemeiner vnser Vniuersitet verwandten witwen vnd minderierigen Kinder pflegschaften gar nichts zuthun haben, sonder disfals inhalt gemeiner vnser Vniuersitet statuten gehalten werden.

Vnd soll diser vertrag nit allein vff die gegenwurtigen sonder auch alle nachkommende vniuersitet verwandte fur vnd fur verstanden werden, auch derselbig gemeiner Vniuersitet an deren habenden fryhaiten in all ander weg onnachtailig vnd baid teil solcher angeregter irrungen halben hiemit gentzlich freuntlich vnd nachperlich veraint vnd vertragen sein. Inmassen sie dann zu baiderseits solben obgeherten vertrag zu vnderthenigem danck angenomen vnd iedertail ains brieues begert, den wir inen vnder vnserm anhangenden gerichts insigell besigelt vnd geben haben zu Stutgarten 24. Martii 1545.

Jacob von Kaltental
Feßler D. Cantzler.

Univ. Archiv Mh. I. 94. Perg. mit Siegel.
Registr. der Stadt Tübingen. — Der Brief kostete die Taxa von ein guldin ein ort. Die Abschrift im Liber erectionis S. 341 gibt als Datum den 15. Januar 1545, vermuthlich dasjenige des im Eingang erwähnten gütlichen Tags.

46.

Herzog Ulrich rügt allerlei Mängel der Universitet 13. April 1546.

Von Gottes Gnaden Ulrich Hertzog zu Wurtemberg usw.

Vnsern günstigen Grus zuuor Würdigen Hochgelerten Ersamen vnd lieben getrewen. Ir wissen Euch wol vnd gnugsam zuerinnern, wie manigfaltig wir nun mer innerhalb zehen Jarn ernstliche vnd fleissige handlung mit Euch pflegen vnd die sachen nach allem vermögen dahin richten lassen, vf das vnser Vniuersitet in allen faculteten mit tougenlichen geschickten gelerten personen ersetzt versehen vnd in einen ansehnlichen vfgang gepracht werden mechte.

Darzu dann Ir das Ewer zethun vns bewilligt. wie Ir ouch das für Euch selbs mit allem Ernst zethun sampt vnd sonders schuldig sind. Demnach wir verhoft vnd Euch getrawt Ir wurden dem also mit besstem fleiß vnd Ernst nachkommen sein, sollichs vollends vnd gentzlich in das werck gepracht haben. So werden aber wir hingegen glouplich bericht, das Ir in dem allem etwas onfleissig sein sollen vnd Euch dergestalt gegen ain ander setzen vnd beweisen thuen, das daraus der begert aufgang nit allain verhindert, sonder ouch mit der zeit zerrüttung vnd vndergang der Vniuersitet volgen mecht.

Vnd erstlich souil vnser ware christenliche Religion, die Predig ouch die gantzen Theology betrifft, da befinden wir, das etlich vnder Euch vnser waren christenlichen Religion nit zum bessten geneigt, ouch die Predigen onordenlich vnd wenig besuchen vnd in selbigen also halten, das nit allain die jungen Studenten bey Euch sich darob ergern, ain böß Exempel nemen, sonder auch also ainen offentlichen Anstoß armen vnd reichen jungen vnd alten bringen. Zu dem das in der Theology nit mit fleiß gelesen, ouch gar wenig gedisputiert wurdet, haben Ir in so langerzeit noch nach khainem rechtschaffenen Theologo getrachtet, der doch kündte, vorab zu diser zeit, die Theologien by Euch wider in vffgang pringen helfen.

Am andern souil Euch Juristen belangt, da vernemen wir, das etlich auß Euch ouch beschwert haben vnser Hofgericht, welches dan nit das geringst klainet in vnserm Fürstenthumb ist, zu besitzen vnd also vnser Landschaft nutz zesein, auß vrsachen denselbigen wissend. Wann aber Hofgericht zu Rottenburg gehalten oder sust handlungen ausserhalb zuuerrichten sein, da ist man geflissen, da waist man die sachen mit allem fleiß zufürdern. Zudem das Ir in sollichen Ewer Lectionen versomen vnd khain Neglecta wie von alter geben sollen, mit welchem dann der Vniuersitet nit geringer abbruch beschicht.

Zum dritten So seyen wir durch die Doctores Medicine bei Euch kurtzuerwilter zeit in einem schreiben gnugsam bericht worden, das vnser Apotheker zu Stutgarten, Ciriacus Horn, ain Baingefäß aines menschlichen Cörpers haben soll, welches also geschaffen, das es den Jungen, so in der Artzney bei Euch studieren, vast nutzlich vnd dienstlich sein mecht, dergestalt das sie darauß im Ougenschein erlernen mechten, wie die gebain in Menschen geartet vnd ains vf das ander sazet oder gericht ist [1]. Darumb ouch vil junge Artzet vor der zeit von

1 Die Mediciner hatten am 2. Jan. 1546 den Herzog gebeten, dass er

Euch in Italien gezogen, dis zuerfaren vnd zuerlernen. Vnd wiewol sie die Artzat vmb frucht nutz vnd wolstand der Vniuersitet diß zekhouffen vnd inen der notturft nach zugepruchen haben vnder hand zegeben fleissig vnd bittlich angehalten haben, aber Ir inen sollichs abgeschlagen.

Am vierten Werden wir ouch bericht, das by vnsern Stipendiaten, ouch etlichen andern Studenten by Euch grosse leichtuertigkeit seye mit tantzen, onordenlichem gassen louffen, vberflüssigem trinken vnd anderm. Also wann gleich die von der Artisten Facultet bey den iren sollichs abwenden vnd in ain besserung mit straf vnd sust gern richten welten, so welle doch inen durch Euch hierzu nit zum beßten geholfen werden, noch mit fleiß befürderung beschehen.

Darzu langt vns ouch an, das Ir die Artisten in promotionibus die Jungen etwas hoch beschweren vbernomen, die ongeschickten durchkommen lassen vnd etlich auß Euch farlessig lesen sollen.

Zu dem das New Pedagogium niendert von statt gen welle, daruon Ir Artisten souil vertröstung gethan haben. Aus welchem allem die Vniuersitet wenig gefürdert, sondern vil mer in abgang gepracht wurdet.

Dieweil dann hierinn schier Ewer aller onfleiß vnd farlessigkeit befunden vnd vns aber deren lenger zuzesehen kheins wegs gelegen, sonder dargegen ain ernstlich ynsehen zehaben bedacht sind, so ist dem allem nach an Euch all vnd jeden insonderheit vnsers gnedigs begern ouch ernstlicher beuelh:

Das Ir erstlich die Predigen wie sich gepürt mit guter ordnung fleissig besuchen, darinn den Jungen ein gut exempel vortragen vnd ain recht gotselig wesen in leer vnd zucht bey der vniuersitet anrichten,

ainen rechtgeschaffnen Theologum fürderlich bestellen, vorab Doctorem Marppachium [1], wo der wie wir bericht zuerlangen,

---

die Universität zum Ankauf des Beinmanns veranlasse. Derselbe wird 1547 wirklich um die hohe Summe von 30 Gulden erkauft; ein Häuslein dazu vom Schreiner kostet 12 Batzen.

1 Joh. Marbach aus Lindau war einige Jahre zuvor in Wittenberg Doctor geworden, obwohl ihn Melanchthon als mediocriter doctus befand. Man hat mit demselben schon 1545 unterhandelt, ihn aber nicht nach

fürderlich für Euch erfordern, vnd vff ain bestallung mit ime handlen vnd schliessen, oder wa Ir gedächten, das ainer oder mer auß den jungen Theologen bey Euch, die in kurtzer zeit Doctorat annemen, die gelert, der sprachen erfaren, ain solliche Lectur versehen mechten, das Ir dieselbigen vns anzeigen, alßdann wir euch derwegen vnser Meinung ouch gnediglich eroffnen wellen.

Darneben Ir Juristen, ouch andere, souil möglich ire Lectionen nicht versomen, im faal aber das durch iemand versompt würd, ewere Neglecta, wie von alter herkommen, bezalen vnd der Vniuersitet zu nutz vffheben lassen.

Vnd Ir Artisten das so Euch zustendig mit allem fleiß verrichten vnd Euch Ewerm vilfältigen erpieten nach in allweg fleissig halten vnd beweisen, die onzüchtige handlungen by den Ewern nit gestatten, sonder wie sich gepürt strafen, in promotionibus die Jungen nit mer vbernemen vnd die ongeschickten nit durchkommen lassen, sonder Euch in dem vnd anderm der ordination vnd statutis gemeß erzeigen vnd ir all in guter Ainhelligkeit die sachen also anrichten, damit die recht Gottesforcht leer vnd zucht bey alten vnd jungen ain fürgang haben mög.

Dester mer Ir vns vrsach geben die Vniuersitet zubefürdern vnd in gnedigen beuelch zuhaben.

Das alles zugeschehen wellen wir vns zu Euch verlassen vnd sind Euch mit gnaden geneigt.

Datum Behlingen den XIII tag Aprilis A. XLVI.

D. J. Cnoder.

Univ. Archiv. Fach XXVIII, 6. Original.

Tübingen berufen, sondern er fand in Strassburg seine Stelle, wo er 1581 starb.

STATUTEN

DER

FACULTÄTEN UND BURSEN.

Es sind zwei Reihen von Statuten der Facultäten vorhanden, eine erste in die Ursprünge der Universität fallende, welche den Jahren 1480 bis 1497, und eine zweite, welche der Zeit der Reformation von 1536 bis 1539 angehört. Ausserdem hat die theologische Facultät eine Reihe specieller Satzungen im Jahre 1496 mit Universität, Kanzler und Herzog vereinbart, und die Facultät der Artisten, deren Verhältnisse wegen der ihr unterstellten Bursen die verwickeltsten waren und am meisten der Fortbildung bedurften, ihre Statuten im Jahre 1505 ergänzt und theilweise abgeändert.

Während die erste Reihe durchaus auf den von anderen Universitäten herbeigebrachten Vorlagen beruht und sich in der alten Terminologie bewegt, wird in der zweiten die Form nach dem humanistischen Geschmack umgemodelt und ist die Hand eines Redactors, des Joa. Camerarius, in allen erkennbar.

FACULTAS THEOLOGICA

I.

STATUTA 1480.

In nomine sancte et indiuidue trinitatis Amen. Cum inter alias nobis ab alto concessas industrias illa non minima censeatur, que sic hominum mentes eleuat, vt que fidei sunt orthodoxe sapiant et ceteris doctrinis mellifluis superne veritatis viam demonstrent: hinc est quod anno a natiuitate domini millesimo quadringentesimo octuagesimo tempore reincipiendorum actuum scolasticorum alme huius vniuersitatis Tuwingensis nos decanus totaque facultas theologica vniuersitatis eiusdem — vt saltem ipsa nostra facultas in suis debitis doctrinis et exerciciis non tepescat, sed dietim fructum parturiat salutarem suisque in membris debitum suscipiat incrementum — matura per nos deliberatione prehabita statuta quedam et ordinationes edendum duximus et condendum atque presentium tenore in dei nomine condimus et ordinamus, per nos et nostros ipsius nostre facultatis successores irrefragabiliter et inconuulse seruanda, quatenus modo debito theologico studio adhibito amplius ipsius facultatis supposita proficere videantur. Hec denique statuta per dictam nostram vniuersitatem examinata et admissa suoque sigillo approbata et roborata infra seriatim meminimus inserenda hunc tenorem comprehendencia.

Inprimis itaque in cuiusuis ordinationis auctoris nomine inchoantes statuimus, quod regens quicunque in facultate nostra theologica statuta huiusmodi ipsius facultatis theologice pro posse manuteneat facultatemque eandem diligenter promoueat.

Item quod in principio vacantiarum collationes disputationes et responsiones inter magistros et scolares distribuantur.

Item statuimus, quod quilibet magistrorum regentium legendo suum faciat debitum, similiter quolibet anno vnam collationem et ad minus vnam disputacionem, aut alias juxta ordinationem domini nostri patroni, si aliter duxerit ordinandum.

Item si magister vel scolaris absens fuerit — si verisimiliter debito venerit tempore — non minus pro eo premissa distribuantur, quam distributionem decanus ei intimet.

Statuimus similiter, quod prima disputacio fiat a festo omnium sanctorum vsque natiuitatem Christi, 2ª a tali festo vsque ad quadragesimam, 3ª a quadragesima vsque ad festum penthecostes, et si plures fiant, quarta fiat a tali tempore vsque ad vacantias. Alie distribuantur in hec tempora.

Tales autem disputationes fiant diebus ieiunalibus aut sextis feriis, si fieri possint.

Item disputans non cogatur aliquem inuitare ad prandium, sed si velit possit inuitare magistros theologie.

Item volens disputare duos menses ante disputacionem respondenti titulum assignet. Si tamen presidenti et respondenti placuerit abbreuiare poterint.

Item huiusmodi disputationes tempore hyemali incipiantur hora sexta, estiuali vero hora quinta.

Item magistri recipiant titulos in materia fecunda. argumenta etiam pro possibilitate soluant.

Item respondentes vltra mediam horam suas positiones non extendant.

Item disputans respondentem vltra tres horas non teneat a tempore quo disputacionem incepit, vt volentes arguere locum habeant.

Item hortatur facultas, vt quisque suum faciat debitum, quod regentes singulos actus publicos et principia visitent.

Juramentum decani.

Preterea statuimus et ordinamus, quod quilibet decanus facultatis theologice juret, quod statuta pro se et suppositis pro posse integre seruet.

Quodque circa initia vacantiarum statuta in domo sua singulis annis pronuntiet.

Statuta non iuranda per decanum.

Ordinamus insuper, quod circa initia vacantiarum in conuocatione procedatur hoc modo. Primo erit deliberatio pro ordinationibus et statutis pronunciandis, 2° pro distributione collationum disputationum et responsionum inter magistros et scolares et earum assignatione, 3° super earum publicatione, quarto de promouendis illo anno habeatur colloquium.

Item rationabili causa subsistente decanus possit cum cursore vel sententiario dispensare, vt in festo collegii legat [1].

Item si decanus se vltra duos menses absentare velit, magistro presenti seniori librum facultatis cum ipsius sigillo presentet.

Hortamur etiam, quod in singulis actibus facultatis theologice cum diligencia suum faciat debitum.

Statuimus denique, quod in promotionibus equaliter et labores et lucra exinde prouenientia distribuantur, et hoc inter doctores actu regentes in eadem facultate.

Statuta singulis annis generaliter legenda.

Amplius statuimus, quod promouendus ad cursum, si fuerit in artibus magister vel altioris gradus, quinque annis lectiones audierit, aut septem, si magister non fuerit.

Preterea quod vnum sententiarium et vnum cursorem integre audiat, ad minus etiam in scolis semel pro suo temptamine publice respondeat, sub pena non admissionis, nisi ex legittima causa aliquid fuerit moderandum.

Item volens promoueri ad cursum sentencias vel licenciam prius pro suo examine publice respondeat.

Item volens promoueri teneatur petere a facultate recipi et admitti ad cursum aut sentencias.

---

1 der Absatz fehlt in VI, 17. Festa collegii sind Feiertage der Universität und Facultäten, die nicht zugleich allgemeine Feiertage, festa fori, sind. s. u. Stat. fac. jur. s. tit. vacantiæ und Stat. fac. med. s. tit. de doctoribus regentibus und de feriis.

Item si aliquis magistrorum habuerit aliquam causam contra admittendum, proponat in facultate, et si fuerit inuentum legittime obstans, non admittatur.

Item post predicta eadem facultas iudicabit de ydoneitate sua sciencia et moribus, et conclusione habita dicat decanus: *admitto vos nomine facultatis, salvo tamen quod prius iuretis statuta cursorem concernentia.*

Juramentum ad cursum admissi.

Ego . . . iuro reuerenciam magistrorum, et bonum facultatis fideliter promouere, decano facultatis in licitis et honestis obedire, et istum gradum in nulla alia vniuersitate resummere, et per duos annos quolibet anno octuaginta capitula in libris michi assignatis legere, et omni anno respondere, et semel collationem facere.

Item infra octo dies eum, quem audiero aliquid dissonum fidei asserere, ordinario loci aut decano aut magistris theologie denunciare.

Item omnem actum gradum in theologia concernentem in cappa faciam.

Item ante principium cursus mei vnum florenum soluam facultati, similiter et pedello vnum florenum [1].

Item non dogmatisabo dogmata Wickleff neque Johannis Husse, dogmatisantem talia ut supra denunciabo. consuetudines denique et libertates facultatis theologice iuxta vires manutenebo.

Hortamur preterea, quod baccalaureus facere volens collationem presentet eam prius magistro dirigenti eum ad corrigendum vel abbreuiandum.

Item nullus deferat annulum, nisi ex dignitate eum concernat. Similiter in aliis vestibus et moribus se honeste regat.

Juramentum ad sentencias admissi.

Ego . . . iuro in nulla alia vniuersitate sentencias legere pro forma, et promitto bona fide primo anno primum et secun-

1 XII, 21 setzt dafür: Item ante principium cursus mei ad fiscum vniuersitatis dimidium florenum, rectori vniuersitatis quinque solidos, facultati vnum et pedellis vnum florenos soluam.

dum libros sentenciarum legere, qualibet hora michi assignata vltra vnam distinctionem non legere, nisi longiorem breuiori adderem, et in secundo anno tercium et quartum libros, textum per conclusiones legendo et diligenter exponendo.

Item omni anno respondere et collationem facere, vt supra de cursore habitum est.

Item in principio libri primi duos florenos soluere facultati et pedello vnum, et in quolibet libro principium facere.

Item faciens principium in tertium librum sit et reputetur baccalaureus in theologia formatus.

Statuta volentis procedere ad licenciam.

Statuimus, quod volens promoueri ad licenciam petat sibi fieri congregationem omnium magistrorum regentium. qua facta, vt sibi licencia conferatur, petat. et si maiori parti de sua ydoneitate constiterit, admittatur et decanus vel alius nomine facultatis eum cancellario vel eius vices gerenti presentet orans, vt sibi tempore congruo licenciam conferat.

De negligenciis statuta.

Statuimus et ordinamus, quod baccalaurei in anno quo sentencias aut cursus legunt, etiam in anno infra cursum et sententias magistros audiant, sub pena retardationis, nisi ex causa cum tali videatur dispensandum.

Preterea baccalaurii teneantur singulas disputationes magistrorum visitare a principio vsque ad finem, et in eis arguere, insuper promouendorum principia et resumptiones lectionum post vacancias, sub priori pena.

Item baccalaurii suas responsiones et collationes diligenter perficiant.

Baccalaureusque post responsionem in prandio vltra vnum florenum non exponat.

Item alibi promotus iuret statuta seruare et bursas soluere et pedello satisfacere, ac si hic promotus esset.

Juramentum promouendi ad licenciam.

Ego ... iuro obedienciam Romane ecclesie, reverenciam magistrorum in theologia seruare atque procurare, pacem eciam inter magistros et scolares atque religiosos promouere, licentiam non resummere, in alia vniuersitate birretum non recipere, tres florenos ad fiscum soluere, statuta et statuenda seruare tempore demum recipiendi birretum sicut videbitur magistris expedire[1].

Ordo promouendorum.

Forma depositionis coram cancellario. Decanus vel senior loquens dicat nomine facultatis: *reverende cancellarie* vel *vicecancellarie etc.*

Cancellarius eum suscipiat ad licenciam suscipiendam tempore oportuno. et tempore oportuno cedulam mittat, quod tali die et hora sit in tali loco ad capiendum licenciam in theologia. et illa publice intimentur.

In die autem et hora cancellarius vel vicecancellarius faciat collationem de recommendacione licenciandi vel doctorandi; qua facta flectat genua, et cancellarius vel vicecancellarius dicat: *auctoritate omnipotentis dei et sancte sedis apostolice etc. michi concessa, do tibi licenciam incipiendi in theologia et magisterium sive doctoratum capiendi, et demum omnes actus ad hunc gradum spectantes faciendi, postquam solennitates feceris ad hoc requisitas, in nomine patris et filii et spiritus sancti.* premisso tamen iuramento prehabito.

Item vesperie fiant post prandium hoc modo. Magister tenens vesperias disputet vnam questionem, ad quam respondebit vnus de baccalauriis vel alius scolaris theologie, cui presidens arguat, et breviter post hoc arguant baccalaurii. et post solum seniori magistro respondeat. deinde vnus de senioribus magistris proponat vnam questionem cum exposicione terminorum et argu-

---

1 XII, 21 setzt statt dessen: Ego .. iuro obedientiam Romane ecclesie seruare, necnon magistris in theologia reuerentiam exhibere, pacem etiam inter magistros et scolares atque religiosos promouere. licentiam non resummere, in alia vniuersitate birretum non recipere, vnum denique florenum ad fiscum vniuersitatis, rectori vniuersitatis dimidium florenum, tres florenos fisco facultatis theologice et vnum florenum pedellis soluere, statuta et statuenda seruare tempore receptionis birreti, sicut videbitur magistris expedire, in aula magisterii, cum hanc tenere contigerit, vltra tria milia turonensium argenteorum iuxta cle. de magistris, (s. S. 19, 2) cum sit nimis, non expendere.

mentis pro vtraque parte. Qua per vesperiandum determinata magister proponens questionem arguat contra dicta aliqua, et postea sequens magister contra alia. hoc facto fiat commendacio per vesperias tenentem.

In aula.

Primo aulandus flectat genua et iuret reverentiam magistrorum et quod fidele testimonium perhibeat de promouendis. Tuncque magister suus imposito sibi birreto dicat: *incipiatis in nomine patris et filii et spiritus sancti.* Et statim nouus magister recommendacionem faciat sacre scripture. Qua finita aliquis magister in artibus proponat questionem cum argumentis disputandam per nouum magistrum, ad quam vnus de senioribus baccalauriis respondeat, cui et magister nouus arguat, et post eum magister qui birretum imposuit. Post hoc surgat vnus de senioribus magistris proponendo questionem vnam cum argumentis hincinde, ad quam respondeat vnus de magistris per totum stando, cui aliquotiens replicetur. Post hoc alius de magistris per totum stando, cui aliquotiens replicetur. Post hoc alius de magistris per contrarium contra eandem questionem et aliter terminos exponendo arguat ad partes, cui alius respondeat aliquo modo oppositum tenendo illi magistro, qui prius ad eandem questionem respondit, cui proponens postea per aliquas rationes arguat.

Statutenbuch, Univ. Archiv XII, 21. Perg. und VI, 17 Perg. — Universitati Halensi gratulantur etc. Tubingæ 1867 [C. Weizsäcker]. S. 1. Eisenlohr 373.

II.

Zusätze zu den Statuten.

Sequuntur quedam alia superaddita statuta per vniuersitatem approbata.

Conclusit nostra facultas theologica, quod quiuis in theologia licentiam recipiens seorsum pedellis vnum florenum tribuat, cum hoc autem insignia recipiens tres florenos pedellis det neque ad quid aliud dandum teneatur.

Insuper ordinauit facultas quod doctorandus in theologia dare debeat et teneatur in actu doctorali vnicuique sequentium vnum birretum competens et honestum, videlicet domino rectori vniuersitatis, domino cancellario, singulis doctoribus in vniuersitate regentibus, vna cum vno pare cyrothecarum ceruinarum. Item comitibus baronibus ceterisque per vniuersitatem singulari decreto in opposito banco locatis, decano eciam ecclesie, plebano, antiquis canonicis, decano facultatis artium, licentiatis superiorum facultatum, baccalauriis quoque theologie in vesperiis aut aula doctorali arguentibus vel respondentibus doctorandus similiter cyrothecas ceruinas dare debeat et teneatur. Verum aliis magistris, canonicis quoque iunioribus ecclesie loci, nec non consulibus huius ciuitatis humiliores cyrothece et minus preciose sufficiant.

Preterea ad licentiam admitti volens, priusquam a domino cancellario ei licentia conferatur, magistris theologie regentibus octo florenos renenses dare debeat et teneatur inter eos equa portione distribuendos. Cum vero deinceps insignia magistralia in theologia recipere desideret, soluere teneatur quatuor florenos eisdem.

Volens quoque in theologia licentiam recipere teneatur magistro presidenti in collatione licentie dare vnum florenum ante licentie collationem, non curato sive licentia sola sive licentia simul cum vesperiis ei conferantur.

Quod si plures in simul licentiam recipiant, nichilominus quiuis pro sua persona dictum florenum soluere teneatur.

Insignia vero magistralia recipere volens teneatur magistro cathedram tenenti, suo videlicet promotori, dare vnum florenum, et si plures simul insigniantur, non minus quilibet eorum vnum florenum soluat.

Ceterum si doctorandus in theologia aliquem ex magistris theologie de regentia existentibus ad coram se certandum habere velit (gallorum nomine vt aijunt) in aula doctorali, non teneatur talis magister laborem subire certamiuis nisi honorario vnius floreni saluo. Itaque duobus gallis duo floreni dentur, et si simul plures insigniantur, nichilominus quiuis vnum florenum soluat vni gallo et alteri similiter vnum.

Habeat eciam facultas theologica facultatem qualificandi et

conducendi prandium per doctorem nouellum aut plures tales dandum, personarum temporis et numero [1] doctorandorum, conditionibus et circumstantiis consideratis. cui facultatis dispositioni et ordinationi promouendus seu promouendi ea in parte stare et acquiescere debeant.

Statuit facultas theologica, quod de cetero in die S. Thome de Aquino in eadem facultate festum sit habendum. Quod si id ipsum festum aut quodcunque aliud alicuius quatuor doctorum ecclesie [2] in alium diem quoad ecclesiasticum offitium transferri contigerit, quod eadem translationis die in dicta facultate festum habeatur, non obstante quod in illum diem non inciderit.

Item magistri theologie hic promoti, etiam si non sint de regentia facultatis theologice, in actibus vniuersitatis sedere debeant in hanco vniuersitatis inter alios doctores theologie de regentia existentes. Qui vero alibi promoti fuerint et vt hospites aduenerint, in banco ex opposito in dictis actibus vniuersitatis sedeant, nisi forsan tales vt compromotores alicuius in theologia promouendi vel vt galli aduenerint. Ex tunc enim veluti ceteri regentes locari debeant. Hec duo ultima conclusa et statuta vniuersitas approbauit in vigilia assumptionis Marie anno Chri etc. 94to.

Insuper conclusit et statuit dicta facultas (prout eciam vniuersitati post premissa proxima post octavam Laurentii congregate fieri placuit), quod decanus facultatis theologice, qui ex quodam statuto eiusdem facultatis statuta circa initia vacantiarum pronunciare habet, eadem statuta in domo sua pronunciare possit, ad arbitrium tamen ipsius facultatis theologice. Ita quod, si maluerit facultas, huiusmodi statuta non in domo sed in scolis tempore lectionis ordinarie vltimo vel circiter per decanum legantur. Nisi forsan facultas de alio deliberandum duxerit, quod magis visum fuerit expedire.

Univ. Archiv XII, 21, wie oben.

---

1 numeri. 2 Ambrosius, Augustinus, Hieronymus, Gregorius M.

III.

Ordinatio Facultatis theologicæ 1496.

In nomine sancte et indiuidue trinitatis feliciter Amen.

Nos Rector et Vniuersitas studii generalis Tuwingensis et presertim Decanus et Facultas Theologica eiusdem notum esse volumus presentium Inspectoribus Vniuersis et precipue hiis, quos nunc et in futurum nosse fuerit oportunum. Quod cum inter cetera saluatori nostro deo prestanda obsequia, ea non minima habeamus, per que katholice fidei archana cognosci, diuinorum preceptorum series amplecti ac demum a priscis parentibus contractus fomes restringi queant. hinc est quod nos predicte Vniuersitas et facultas theologica cupientes munerum in agro dominico fructum gignere valentium in ipsa theologica facultate nostre Vniuersitatis adaugeri, quatenus diuini verbi sparso semine christicolarum lucrifiant anime, ac tandem superorum agmini pro captanda aureola associentur, quasdem ordinationes salutares deinceps perpetuo in ipsa facultate theologica seruandas et custodiendas de consensu libero et expresso Venerabilis et Eximii viri Domini Johannis Vergennhanns Juris Pontificii Doctoris, prepositi Ecclesie Collegiate Beatissime virginis Marie Sanctorumque Georgii et Martini nostri loci Tuwingen, nec non dicte nostre Vniuersitatis Cancellarii apostolici condidimus fecimus et instituimus subscripta puncta et capitula seriatim de verbo ad verbum comprehendentes.

In primis itaque in illius nomine initium sumentes, qui cuiuslibet boni operis auctor est et patrator, volumus et ordinamus quod de cetero in nostra facultate theologica predicta quatuor habeantur Magistri theologie ordinarii, duo inquam de via realium et duo de via modernorum, de quibus duo, vnus scilicet realista, alter modernus ducentos habeant florenos, in stipendio equa porcione inter eos diuidendos, alii duo centum florenos similiter inter se distribuendos. Qui quatuor ordinarii curabunt atque prouidebunt, quod singulis diebus, quibus hactenus legi consueuit ordinarie in theologia, per vnum ex eis suo ordine vna perficiatur lectio ordinaria. Denique duo vnius vie magistri curabunt, quod per se vna theologica resumptio quolibet die, quo legi solet ordinarie, pro sue vie auditoribus perficiatur, et idem curabunt duo Magistri alterius vie, sola ea die, qua is cui resumptio pro tunc incumbit legit ordinarie, simul etiam quadragesimali tempore exceptis, poteruntque Magistri huiusmodi resumptiones domi vel in scholis publicis perficere, quod eorum arbitrio et beneplacito relinquendum duximus. Item duo Magistri vnius vie, quoad resumptiones per se perficiendas taliter inter se conueniant et conuenire debent, quod vnus ex ipsis per dimidium annum supradictam perficiat resumptionem, alter autem per reliquum dimidium annum, vel alternis angariis huiusmodi tempora equaliter diuidendo, secundum quod ipsis magis expediens visum esse fuerit, dummodo nequaquam alternatis diebus aut mensibus illam perficere contendant. Poteritque resumptor pro tempore vie sue socium substituere, si se ex aliqua causa ingruente absentare vel ad tempus modicum infirmari contingeret, quem si habere nequiret, eandem quam neglexit alio tempore supplere valeat resumptionem.

Item si alicui Magistrorum resumentium placuerit vel domi vel in publicis scolis extraordinariam in theologia sua sponte et ob exercicium scholarium tenere disputationem, is a tot censeatur liberatus resumptionibus, per quot horas huiusmodi tenuerit disputationem. Hanc autem extraordinariam vocari volumus disputationem, ad quam tenendam Magistri theologie non astringuntur ex ordinatione principis nostri patroni bone memorie, in qua denique Magister ipse non presidet, sed tantum assidet, dirigens arguentes et respondentem, scolasque[1] in soluendis argumentis informat nec ipse quasi per horam vt alias consueta solennitate respondentem impugnat aut examinat, cui etiam ceteri theologie Magistri interesse non tenentur, nisi voluerint, respondens eciam ipse non tot conclusiones, vt in ordinariis fieri solet disputationibus, ponit nec prolixam conclusionum determinationem deducit, sed pauculis positis conclusionibus statim in manus opponentium et interrogantium relinquitur, in quibus profecto disputationibus animosiores nati[2] sunt esse arguentes simul et respondentes, quam in plurimorum presentia. Quod si alicui Magistrorum placeat potius aliquam solennem et ordinariam tenere disputationem, ad quam tamen non sit ex ordinatione astrictus, etiam de illa volumus et ordinamus, vt ob eam magister ipse a tot liberetur re-

---

1 scolaresque. 2 rati.

sumptionibus, per quot eciam horas huiusmodi producta fuerit disputatio.

Item Magistri resumentes debebunt resumere regulariter scriptum alicuius doctoris theologie circa Sententiarum libros digestum aut quotlibeta vel summam alicuius doctoris theologie ea pertractantem, que in Sententiarum libris memorantur. Si tamen Magister ipse resumens ob materie qualitatem, que circa predicta scripta quotlibeta vel summas doctorum emergit, necessarium iudicauerit vel vtile, ad aliquantulum temporis interserendo et quasi pro ampliatione digrediendo resumere titulum aliquem de summa alicuius collectoris, id eius arbitrio relinquendum duximus, eo quod collectores in certis titulis nonnunquam materias saltem agibilium et casualium rerum particularius, quam qui maiestatem Sententiarum commentati sunt, digesserunt. Quin imo si interdum vtilitas aut rationabilis poposcerit causa, posset resumptor ad tempus alium vtilem tractatulum resumere, dummodo eciam auditores eundem sibi comparandum inuenirent. Regularis tamen resumptio et regulariter loquendo fieri debet in scriptis et summis atque quotlibetis supra memoratis, neque tantum in apicibus speculatiuis et scholasticis, verum etiam in materia moralium casualium atque agibilium suos curent instituere in resumptionibus auditores.

Item Magistri distinctarum viarum ita distinctis resumere curent horis, vt auditores vtriusque vie si optauerint vtramque visitare resumptionem valeant, nisi aliquo impedimento occurrente id ad tempus saltem modicum obseruari nequeat. Item resumptor aliqua die debitam negligens resumptionem eandem alia die vacante supplere valeat, dummodo huiusmodi suppletio intra eandem fiat angariam, in qua commissa extat negligentia, siue huiusmodi suppletio negligentiam ipsam sequatur, siue eandem quadam prouidentia suadente precesserit. Item Magister theologie debitam negligens resumptionem sese super ea fide qua et super lectione ordinaria neglecta denunciare sit astrictus, soluat quoque penam quatuor solidorum pro vna resumptione neglecta et pro vna ordinaria neglecta vnam libram quatuor solidos, dummodo iste Magister in stipendio summam centum habeat florenorum. Si autem in stipendio habeat tantum quinquaginta, is soluat pro ordinaria neglecta medium florenum et pro resumptione quatuor solidos. Item si contigerit resumptorem ex rationabili causa alium Magistrum theologie vel saltem Licentiatum, qui loco sui resumat, ad tempus breue substituere, nullam teneatur substituens ob ordinationem principis patroni nostri bone memorie licentiam petere vel obtinere [1]. Item quod sicut non obligatur quispiam ordinariorum sese super ordinariis lectionibus tanquam negligentem denunciare, quando ita repentinum ei occurrerit impedimentum, quod breuitate obstante temporis alium nequiuit substituere, ita id idem atque simile in prefatis obseruetur resumptionibus. Item sicut si ex accidente vel senio quispiam ordinariorum diuturnam incidens infirmitatem seu valitudinem, ob quam lectionem ordinariam perficere nequit, non tenetur per alium suam prouidere lectionem ordinariam, ita idem in resumptionibus obseruetur. Quod etiam ipsius, qui huiusmodi incidisset valitudinem, conscientie committatur. Item si Magistro collationem facere debenti magis placuerit aliquando collationis loco aliquam deuotam vel alias utilem materiam extraordinarie quindecim resumere dichus, aut in publicis scolis die aliqua vacante extraordinariam tenere trium horarum spatio disputationem, liberum sit eidem hanc tanquam in melius quid et vtilius facere commutacionem.

Item Magister theologie ordinarius non habens nisi quinquaginta florenos, non sit astrictus ad aliquam collationem nisi alternatis annis et in anno nonnisi ad vnam disputationem ordinariam, sic etenim saluabitur nichilominus ordinationis ipsius effectus atque dispositio. Petit denique Facultas ipsa, vt talibus ordinariis vniuersitas apud principem pro tempore atque ceteros ad ecclesiastica beneficia presentare habentes, auxilio velit esse et promotioni, vt exilitate stipendiorum durante talia consequi beneficia queant, de quibus ipsi in absentia defectus stipendiorum suorum supplere valeant. Item si futuris temporibus Magistri theologie experiantur auditorum in visitandis et audiendis resumptionibus negligentiam, habeat theologica facultas potestatem conficiendi ea et talia statuta et ordinationes, quibus ad diligentius visitandum constringantur, de quo futuris temporibus, cum experimenta claruerint, uberior fiat deliberatio atque prouisio. Item quod presentes tres ordinarii ad huiusmodi resumptiones non

---

1 s. S. 86.

astringantur, nisi cum quartus accesserit eis ordinarius. Si tamen ipsi sua sponte actu et de presenti incipere vel continuare velint resumptiones prefatas, censeantur ipsi, cum vterque dimidium modo supradicto resumendo compleuerit annum, eam que ad se pertinebit resumptionem perfecisse, ita vt illa decursa et completa, reliqui duo ordinarii pro sua sorte eis resumendo per reliquum dimidium annum succedant.

Item si vnus ex quatuor ordinariis diuturnam vt supra incideret infirmitatem, reliqui tres illius egrotantis vel valitudinarii resumptionem vel collationem aut disputationem, prout etiam in ordinatione disponitur [1], perficere non sint astricti. Nichilominus tamen in tali casu quiuis eorundem trium eam, que ad se ipsum attinet, collationem et disputationes ordinarias atque resumptiones suam contingentes personam explere studeat. Ne vero ordinariam lectionem, que quartum ordinarium et egrotantem ex ordine respiceret, omnimodo vacare contingat, volumus atque ordinamus, vt in tali casu nichilominus tres reliqui eandem lectionem ordinariam per vnum ex eis, secundum quod de hoc inter se conuenerint, perficere curent atque studeant, in cuius oneris pariter et resumptionum predictarum releuamen atque recompensam eosdem tres absoluimus ab eo onere, quod in ordinatione principis et patroni nostri disponitur, scilicet quod si ex tribus ordinariis vnum in diutinam valitudinem incidere contingeret, duo reliqui eiusdem lectionem ordinariam prouidere sint astricti. Unde in tali casu, quo ordinariorum numerus valentium legere ad dualitatem redigeretur, reliquis duobus adhuc viuentibus sed egrotantibus, volumus quod uterque legere valentium non sit obligatus nisi ad prouidendum sue proprie lectioni ordinarie, quam scilicet quarto die perficere tenetur, pariter et resumptioni cum vnica disputatione ordinaria atque vna collatione.

Preterea quandocunque stipendium aliquod vni ex quatuor supradictis magistris theologie ordinariis debitum vacare per mortem vel resignationem aut aliter contigerit, ex tunc nequaquam ceteros tres ad supradictas vel vllas resumptiones astringimus, donec et quousque quartus eisdem cum stipendio accesserit. Et idem si duo stipendia modo supradicto vacauerint, obseruari placuit.

---

1 s S. 86.

Item in euentum, quo aliquis supradictorum ordinariorum forte ob materie quam resumendam assumpsit prolixitatem et condependentiam in ea parte anni, qua ipsum contigerit, diutius quam sors sua exigeret suam produceret resumptionem, volumus, quod si socium vie sue coordinarium et in resumptione sibi successurum habuerit, is ex post tanto diutius resumat, quanto alius amplius quam debuit suam prorogauit resumptionem, prout ipsos inter se super eo conuenire volumus. Si vero pro tunc sotium vie post se resumpturum, puta quia egritudine vel etatis valitudine grauatum, secundum ea que supra expressa sunt non habuerit, ex tunc illi tanto tardius prosequenti anno ad resumptionem sese contingentem redire liceat, quanto in precedenti anno productiori tempore resumendo laborauit.

Denique voluit nostra vniuersitas, quod, quam primum illa ad eam deuenerit facultatem, qua quartum theologum ac extraordinarium iuris iuxta tenorem huius nouissime ordinacionis stipendiare possit, ex tunc mox ad electionem huiusmodi theologi et extraordinarii iuris simul procedere debeat.

In quorum fidem et testimonium premissorum nos rector et vniuersitas necnon facultas theologica predicti sigilla nostra presentibus duximus subappendenda. Nos vero Johannes Vergennhanus prepositus et cancellarius prefatus fatemur et recognoscimus palam per presentes, premissa omnia et singula tam de illustris principis et fundatoris nostre vniuersitatis Eberhardi ducis in Wirtemberg et Deck etc. quam nostro consensu et voluntate processisse. Idcirco ordinationem huiusmodi et alia premissa approbandum auctorisandum et roborandum duximus ac approbamus auctorisamus et roboramus per presentes, in cuius rei euidentiam nostrum sigillum similiter presentibus duximus subappendendum. Datum Tuwingen a. d. 1496 die nona M. Octobris, in quam festum S. Dionisii incidit, indicione quartadecima.

Univ. Archiv Mh. I, 10 Perg. mit Siegeln der Facultät und des Kanzlers, und XII, 21. Eisenlohr 56. Weizsäcker 15.

IV.

[Statuta 1538.]

Si quam omnium professionum ordo decet, Theologiam inprimis huius obseruatione decorari existimandum, quæ, quanto maior illius est prestantia, tanto accuratius coli debet. Hiis enim artibus ornamenta hominum opinionibus plerumque conciliantur. Hæc autem sola veritatis ratione continetur et commendatur, a qua si ordinis quasi concinnitas absit, manifestum est illam consistere non posse. Qui quidem modus maxime conueniens et rectus hoc tempore videretur futurus esse, eum breviter paucis capitibus descripsimus. Atque is in hac professione vt comprobatus ab vniuersitate ipsa scholastica, merito valere obseruarique ab omnibus Theologiæ studiosis atque professoribus debebit, quo omnia decenter et placide gerantur. Et ad laudem primum DEI, deinde etiam vsum salutarem hominum constituantur, quo neque Deo quicquam gratius neque vniuersitati nostræ scholasticæ gloriosius fieri possit.

De Decano.

Primum omnium preponi vnum aliquem huic curae oportet, vt recte et ordine secundum expositam praescriptionem omnia gerantur, qui quidem Decanus vt hactenus vocetur. Eum Theologiae professores, qui reipublicæ Theologicæ professionis presunt, eo die, quo Rector studii huius legitur, legunto.

Sacramentum Decani.

Velle se omni cura diligentia et fide fungi officio suo, imprimis pietatem colere, paci et otio reipublicæ studere, administrationem scholasticam professionis suae sedulo, accurate, fideliter agere.

Decani prouincia seu officium.

Vt sacrae literae vere et genuine doceantur, nullum errorem ac prauitatem doctrinae fouere, defendere, inuehere velle. Disputationes, orationes singulis suo quoque tempore distribuere, Theologiae candidatos in album recensere. Consilium cogere, sententias rogare, quae memoria conseruanda in librum statutorum referre, de pecuniis receptis fidam rationem reddere.

Si Decanus officium suum exercere nequiuerit, alius eligatur. Si vero abeundum ei sit, vices praecedens gerat. Functo officio munus facultati resignato, successori rationem reddito.

De vita et honestate.

Omnes homines honestas et decus decet, hinc leges traditae, vt qui parere libenter voluerint, meliores, qui noluerint, certe non deteriores coherciti poenis efficiantur. Theologiae vero studiosos honestatem et decorem maxime seruare oportet, ut lux eorum coram hominibus sic luceat, ut pater noster, qui est in coelis, a cunctis glorificetur, et ne nomen Dei coram hominibus audiat male. Communibus igitur de honestate vitae et morum scholasticis legibus et ipsi tenentor, et tanto magis, quanto plus honestas eos decet, transgressores secundum excessum puniuntor.

De his qui gradum facere volunt.

Arrogantia ignorantiae comes, radix est omniam errorum. Nemo igitur indoctus, imperitus ad honores, ignorantia pecunia redempta, sed commendatus virtute et eruditione sua admittatur.

Candidatus Theologiae, consensu totius Theologicae facultatis consilii, specimen publicum publica disputatione suae eruditionis dato. Deinde inscribitor albo facultatis. Libri duo ex veteri ac nouo Testamento assignantor, quos publice profiteatur, fide data inprimis, triennio si magister fuerit, sin minus quadriennio se studiose diligenter Professores sacrarum literarum audivisse, neglexisse huius doctrinae horas nullas. Et si quas neglexerit, narret, det pro neglectis poenam. Disputationibus interfuisse ab initio ad finem usque. Nec baccalaureorum, quos vocant, lectiones contempsisse sed compleuisse.

Sacramentum.

Velle optima fide, summo studio sacris incumbere, germane interpretari, Praeceptoribus obedire, debitum honorem deferre, paci studere, aduersus veram Christi religionem nihil docere, haereticos deferre et alibi hunc honorem non reiterare [1], facto iuramento candidatus sacrarum literarum statuto tempore ab exordio suae lectionis orationem in laudem sacrarum literarum habeat, singulis deinde diebus legat, sancte interpretetur, nec plus capite vno lectione vna absolvat.

Admissus, legendo et audiendo, biennium completo.

Libris finitis, eruditionis et promotionis suæ specimen publice disputatione dato.

Interim professores legentes studiose ac diligenter audiat.

De gradu summo, quem licentiatum aut doctoratum appellant.

Publice disputando respondeto, nisi senatui Theologicae professionis secus visum fuerit, admitti petito, admissus cancellario vniuersitatis scholae huius representator, examinator, promouetor, ordine pristino reseruato.

Impensae Baccalaurei.

Dans nomen munusculum ex saccaro in signum receptionis in album Theologorum dato.

Rectori vniuersitatis cruciatos XI.

Fisco vniuersitatis cruciatos XXX.

Fisco facultatis Theologicae florinos II.

Pedello vnum soluito.

Et in principio suæ lectionis Doctoribus, Baccalaureis suæ professionis prandium dato.

Impensae licentiati.

Fisco vniuersitatis florinum vnum.

Fisco facultatis florinos III.

Doctoribus VIII.

Pedello florinum vnum. Et refectionem mediocrem dato.

Cum vero Doctoris nomen futuris temporibus apud nos sumere cupit, tanto minus dato, quantum dederit prius.

---

1 Zusatz: Doctorum et professorum huius collegii in petitione et consecutione gradus iudicio stare.

Impensae Doctoratus.

Rectori vniuersitatis cruciatos XXX.
Fisco vniuersitatis florinum vnum.
Facultatis florinos III.
Examinatoribus florinos XII.
Promotori IV.
Pedello florinos III.
Cetera ut moris est.

De his qui alibi gradum fecerunt.

Si quis, cum alibi gradum fecerit, ad nos migrans in Matriculam recipiatur, satisfactis singulis, ac si hic honorem suscepisset, eundem quem apud suos locum, apud nos habeto. Non recipiatur autem, nisi literis testibus, aut iuramento se alibi promotum fidem fecerit publiceque specimen suae doctrinae dederit.

De orationibus publice habendis vide statutum Gymnasii.

Item de funebri oratione.

Statutenbuch der theologischen Facultät. Univ. Archiv Fach XII, 21. Ohne Datum, es kann aber nicht zweifelhaft sein, dass diese Statuten dem J. 1538 angehören, s. oben S. 174.

FACULTAS JURIDICA.

I.

STATUTA FACULTATIS JURIDICE 1495.

In nomine sancte ac indiuidue trinitatis Amen. Vt insignis nostre alme Vniuersitatis Tuwingen iuridica facultas pro superna propaganda iustitia, qua vnicuique quod suum est donare consveuit, iugiter vigere atque illius membra in hiis que divine veritati viciniora sunt videantur proficere Idcirco Nos Decanus et facultas predicta statuta subscripta ab ipsius facultatis membris, prout vnumquodque in genere vel in specie concernere videntur, fideliter seruanda decreuimus matura deliberatione ordinanda condenda et instituenda Illaque diuino inuocato auxilio ordinamus et instituimus per presentes que subscripta sunt capitula continencia, reseruata nobis potestate et facultate libera statuta huiusmodi mutandi minuendi augendi corrigendi declarandi et interpretandi prout rerum ac temporum causantibus euentibus visum fuerit expedire. In quorum fidem ac robur presentem rotulum huiusmodi statuta in se continentem exinde fieri et sigilli facultatis nostre iussimus appensione communiri. Que etiam statuta per Vniuersitatem congregatam sunt confirmata anno millesimo quadringentesimo nonagesimo quinto.

Tenor statutorum facultatis iuridice.

Officium Decani.

Inprimis itaque statuimus, vt in die electionis noui Rectoris vel saltem infra octauam doctoribus regentibus in facultate sufficienter congregatis eligatur in decanum facultatis doctor, quem ordo tetigerit, ita quod procedatur a seniore in iuniorem secundum ordinem, quem in facultate babent, et circulo peracto incipiatur iterum a seniore. Qui quidem decanus sit electus duntaxat per tempus illius rectoris sit mansurus. Electus vero talis tenetur assumere huiusmodi officium sub pena duorum florenorum fisco facultatis soluendorum, nisi causa legitima coram facultate proposita se debite valeat excusare.

Item statuimus quod decanus cum electioni de se facte consenserit mox iuret in manus decani precedentis proximi, aut eo non existente alterius proximi precedentis in presentia facultatis, quod officium suum fideliter exercebit Et quod pretextu eius nil attemptabit scienter, quod aliquo modo in nostre Vniuersitatis aut nostre facultatis damnum aut preiudicium vergere possit etc.

Statuimus quod si decanus suum officium non potest exercere siue decedat siue recedat a loco infra mutationem verisimiliter non reuersurus tunc nouus decanus eligatur, qui in sequenti mutatione sit continuaturus, si priori non fuerit vltra duodecim septimanas in officio.

De iuramento intrantium facultatem.

Statuimus quod decanus decetero nullum doctorem non immatriculatum vel alteri facultati obligatum in congregationem facultatis admittat votandi aut tractandi causa. Item nullus etiam admittatur, nisi prius coram facultate iuraverit secundum talem modum: Vos iurabitis deliberare consulere et votare fideliter ad honorem, vtilitatem et honestatem iuridice facultatis Et quod secreta consilia facultatis, que decanus mandauerit celanda ad tempus vel perpetuo iuxta facta qualitatem, non reuelabitis Et quod parebitis mandatis decani in licitis et honestis suum offitium concernentibus Et quod statuta facultatis iuridice firmiter obseruabitis sine dolo. Dicite: *Ita iuro, quod me Deus adiuuet et evangeliorum conditores.*

Officium Decani.

Statuimus quod si quisquam doctorum requirat decanum, quatenus mandet, vt votum suum aut aliud quod in facultate duxit proponendum, teneatur secretum, quod tunc decanus teneatur illud tenere et mandare ab aliis teneri secretum perpetuo vel ad tempus iuxta facti qualitatem.

Item statuimus quod post noui decani electionem infra octauam antiquus decanus de singulis computum faciat fideliter atque peccuniam et singula alia que sunt facultatis ipsi nouo decano presentet et fideliter assignet sub debito iuramenti.

Statuimus etiam quod decanus pro suo stipendio debeat percipere a facultate vnum florenum.

Insuper statuimus quod quilibet decanus inscribat promotos tempore sui decanatus in matriculam facultatis, et quantum facultati dederint, cum anno dominico ac die mensis Et propter hoc decano soluere tenentur Baccalaurei quatuor solidos, licentiatus vel doctor septem solidos Et si alibi promoti fuerint vltra predicta doctor vel licentiatus petens admitti ad regentiam soluat facultati iuridice vnum florenum et decano vt alii hic promoti, pedellis vero dimidium florenum, Baccalaureus vero soluat medietatem horum etc.

Item decanus tenetur facere publicam intimationem promotionum promotore et promouendis expressis, per manum Notarii sub sigillo facultatis etc.

Statuimus insuper quod facultas habeat archam duabus seris et clauibus munitam, in quam includentur instrumenta facultatis, fiscus et alia obuenientia facultati. Harum autem clauium vnam habeat decanus pro tempore, alteram vero is, quem facultas elegerit.

Item statuimus quod decanus post admissionem alicuius promouendi ad publicum examen teneatur id per cedulam vel pedellum intimare ad quinque dies ante diem examinis publici cuilibet doctori regenti Et nichilominus die immediate precedente examen publicum teneatur singulis doctoribus intimare per cedulam, quod crastina die mane intersint misse de spiritu sancto Et postquam puncta fuerint assignata, teneatur singulis doctoribus regentibus per cedulam puncta et locum examinis vna cum hora significare et eosdem per iuramenta ad hoc vocare.

Statuimus quod decanus pro tempore statim admisso quocunque ad examen priuatum teneatur recipere ad manus suas ab examinando omnia, que tenebitur exponere doctoribus examinatoribus pro examinibus et eis satisfacere Alia vero omnia cuicunque soluenda ante promotionem publicam. alioquin promotor ipsum non promoueat.

Item decanus ante actum auisare debet promouendos de locatione, si simul plures promouendi sunt, eos inscribendo secundum ordinem et locationem.

Statuimus etiam quod decanus in die Iuonis (die 19. Maii) faciat celebrari missam in capella vniuersitatis, ad quam omnes doctores licentiatos et scolares vocet, vt ei intersint.

De lectionibus.

Statuimus vt quilibet doctor facultatis stipendiatus singulis diebus priuatis vnam lectionem legat secundum tenorem sue conductionis ac horis a facultate determinatis, exceptis vacationibus.

Sequuntur vacantie.

Item a festo Thome apostoli vsque Epiphanie dom. Ab Estomihi vsque ad dominicam Invocavit A dominica palmarum vsque ad octauas pasce A dominica vocem iocunditatis [1] vsque ad diem Martis post Trinitatis Item nundinarum semper per duos dies A festo Natiuitatis Marie vsque ad festum Luce evangeliste pro tempore autumnali. Excepta etiam volumus esse festa collegii videlicet festum Kathedre Petri, Gregorii pape, Ambrosii, Trinitatis, Iuonis, visitationis Marie et si aliud vniuersitas duxerit feriandum, vndecim millium virginum, Conceptionis et presentationis beate Marie virginis Adiectis quintis feriis, cum integra fuerit septimana, quas statuimus feriandas non obstante quod eadem septimana aliud festum habuerit propter disputationem in aliqua superiori facultate celebratam vel collationem factam aut missam vniuersitatis habitam.

Statuit preterea quod illi qui debent interesse examini priuato, non sint astricti illa die ad legendum Et nichilominus festum habeant Jouis Et idem quando licentiandi vel baccalaureandi examinantur vel doctores licentiati Magistri vel baccalaurei in superioribus facultatibus promoueantur.

---

1 sva. Rogate.

Statuimus quod quilibet doctor legens possit loco lectionis sue tenere vnum circulum, quo facto non censeatur aliquid neglexisse. Et si quis aliquam lectionem vel plures neglexerit, quod tunc possit infra illam angariam tenere vnum vel plures circulos et sic euitare penam illius lectionis neglecte. Dummodo tamen per huiusmodi circulum non impediatur alia lectio ordinaria in iuridica facultate.

Item nullus Scolaris iuris etiamsi sit Baccalaureus iuris ascendat kathedram doctoralem in scolis siue legat siue resumat pro se siue pro alio vices doctoris supplendo Sed stet in inferiori, dummodo tamen ad hoc licentiam a decano vel alias secundum ordinationem habuerit.

De modo forma ac qualitate promouendorum.

Statuimus et ordinamus quod volens promoueri ad aliquem gradum in iure debeat adire decanum facultatis iuridice, qui congregabit doctores regentes in eadem facultate, coram quibus is qui promoueri desiderat petat se admitti ad examen pro gradu, quem voluerit adipisci. Et postea mox iuret, quod si retardatus fuerit aut reprobatus, quod non velit id vindicare per se vel per alium directe vel indirecte, quouis quesito ingenio vel colore.

Item quod super interrogatis velit dicere veritatem sibi scitam sine dolo et fraude. Quo facto promouendus exeat et responsum facultatis exspectet. Interea vero facultas deliberando de eius admissione inquiret, vtrum debito tempore studuerit, lectiones et alia compleuerit iuxta facultatis ordinationes ac statuta et secundum hoc promouendo dabit responsum.

Quocirca statuimus quod nullus admittatur ad examen pro gradu baccalaureatus in iure Nisi prius in presentia facultatis docuerit per legitima documenta aut saltem proprio suo iuramento (si facultati inspecta conditione persone id videbitur sufficere), quod per duos annos cum dimidio audierit lectiones ac studuerit in scolis in iure, in quo promoueri desiderat et hoc in studio generali ac priuilegiato, ita quod videlicet per dictum tempus ordinarium et legentem in nouis iuribus audiuerit. Poterit tamen facultas inspecta ydoneitate persone promouendi ex causa dispensare in dimidio anno tantum. Teneturque circulum publice vnum tenere.

Istis expeditis et per facultatem precognitis poterit facultas (si ei videbitur) examen aperire eidem. Quo facto assignabitur promouendo dies, quo ordinarius suus mane assignabit sibi punctum in iure, in quo promoueri desiderat, quod recitabit et ad ipsum respondebit eodem die post prandium hora secunda vel tertia, prout placuerit ordinario. Qui quidem ordinarius eodem mane punctum et horam examinis cum loco singulis doctoribus in facultate regentibus per cedulam intimare debebit, vt intersint examini ipsius promouendi. Quo finito iurent omnes, quod non velint eum promouere, nisi credant eum ydoneum Secluso amore vel odio. Quo facto et examinato per facultatem admisso et approbato designetur eidem dies, quo ordinarius suus publice ac solenniter ei gradum conferat baccalaureatus, proposita sibi quaestione, quam et determinabit.

De licentiando.

Statuimus itaque quod nullus admittatur ad examen pro gradu licentie in iure, nisi prius in presentia facultatis docuerit legitime vel saltem suo iuramento (si facultati inspecta persone qualitate id videtur sufficere) quod per quinque annos lectiones publice audiuerit in scolis ac studuerit in eo iure, in quo promoueri desiderat, in aliquo studio generali vel priuilegiato Ita videlicet quod ordinariam lectionem semper in iure canonico volens promoueri Et Sextum et Clementinas semel ad finem audiuerit. Volens vero promoueri in iure ciuili doceat, quod ordinariam semper et vnam ex aliis ad minus audiuerit. Potest tamen facultas in hoc ex causa illas permutare et cum eo in vno anno dispensare tantum. Teneturque vnam repetitionem publice facere ac cursum sibi a facultate assignatum complere. Poterit tamen facultas super hiis ex causa dispensare.

Item statuimus, quod si quis per integrum quinquennium in vno iure audiuerit et infra idem quinquennium in altero iure per triennium, quod tunc habeat facultas (attenta ydonietate persone) facultatem dispensandi. Preterea si per quinquennium in vno compleuerit iure, finito quinquennio si in altero compleuerit per biennium possit facultas dispensare, vt in vtroque iure promoueatur.

Promouendus itaque ad gradum licentie adeat decanum facultatis iuridice, qui congregabit doctores regentes in ea, coram quibus primo iuret, vt supra de Baccalaureando disponitur, Deinde doceat se compleuisse, vt supra propositum est statutum. Quo per facultatem ad examen admisso designentur sibi promotores et compromotores iuxta statutum sequens.

Statuimus quod promotor principalis in iure canonico licentiandi sit ordinarius eiusdem iuris Compromotores debent esse habentes lecturas nouorum iurium et extraordinariam iuris canonici. In defectum autem illorum decanus pro tempore, si non est de numero legentium, in eo iure alius precedens debeat esse vnus de illis tribus promotoribus. Promotor vero principalis in iure ciuili debet esse ordinarius, eiusdem compromotores vero volumus esse obtinentes lecturas in Digestis et Institutis. In defectum vero habeat locum, quod supra statuitur. Si vero promouendus cupiat promoueri in vtroque, tunc debet habere duos promotores et in quolibet iure duos compromotores ut supra expressum est.

Statuimus quod promouendo admisso et promotoribus designatis Ordinarius cum aliis promotoribus assignent sibi diem, quo mane sibi puncta designent pro examine priuato in eo iure, in quo promoueri desiderat. Que eodem die post prandium hora secunda vel tertia prout examinatoribus placuerit recitabit et ad ea respondebit. Quo peracto si non omnes tres eum ad gradum huiusmodi sufficientem crediderint, repellatur pro hac vice, premisso per eos iuramento quod nec odio nec amore ad hoc moueantur. Si vero omnes tres simul eum sufficientem iudicauerint, poterunt eundem domino Cancellario presentare, coram quo de eiusdem sufficientia prestabunt iuramentum credulitatis. Quo facto dominus Cancellarius aperiet sibi examen publicum designando diem et horam pro punctis eidem assignandis.

Quo die adueniente licentiandus manius quo fieri potest disponat legi missam de spiritu sancto, cui intersint singuli doctores in facultate regentes, oblaturi ad altare de peccunia promouendi. Missa vero peracta intrent doctores Sacristiam et ibi inter se secreto deliberent de punctis ipsi examinando assignandis. Que quidem puncta a doctoribus vel eorum maiore parte deliberata, decanus protunc statim eidem assignet prout sequitur. Quocirca statuimus, quod petenti subire examen publicum pro licentia duntaxat in iure canonico assignentur duo puncta vnum in decretalibus, reliquum vero in decreto. Ita tamen vt non punctetur in distinctionibus. Pariformiter volenti examinari pro licentia in iure ciuili assignentur duo puncta, vnum in Codice, reliquum vero in Digesto veteri. Ita tamen quod punctetur in locis ordinariis. Statuimus preterea quod punctis pro examine publico, vt premissum, assignatis promouendus eodem die post prandium hora secunda teneatur ea recitare in presentia domini Cancellarii et totius facultatis iuridice vocata vt supra de officio decani habetur. Qua recitatione finita examinetur ipse promouendus circa ea a doctoribus facultatis. Peracto vero examine exeat promouendus, deinde habita deliberatione super examine ac sufficientia et ydoneitate promouendi et eo approbato dominus Cancellarius designabit diem et locum, quibus sibi licentiam conferat.

Quod si promouendo placuerit, poterit eodem die etiam insignia doctoralia suscipere, si id permissum fuerit a facultate.

Item statuimus, quod quicunque doctor examini publico effectualiter non interfuerit, pro quocunque gradu peccunia carebit in tali examine publico inter Examinatores distribuenda Etiam si ex causa rationabili absens fuerit.

De expensis promouendorum in Jure.

Baccalaureandus	In altero tantum	Rectori V ß. fisco Vniu. XIIII ß. fisco facult. II flor. pro kathedralibus II flor. pro examine IIII flor. pedellis VII ß. Et prandium pro omnibus de consilio vniu.
	In vtroque	tenetur soluere vt supra, preterquam quod dabit pro examine VIII fl.

- **Licentiandus**
  - In iure canonico vel civili tantum
    - Rectori XIIII ß.
    - Cancellario I flor.
    - fisco Vniu. I flor.
    - fisco fac. II flor.
    - pro examine VII flor.
    - promotori pro kathedralibus III fl.
    - duobus compromotoribus II fl.
    - pedellis XIIII ß.
    - Confectiones et vina vt facultas ordinabit.
  - In vtroque
    - Rectori XIIII ß.
    - Cancellario I flor.
    - fisco Vniu. I flor.
    - fisco fac. IIII flor.
    - pro examine XIIII flor.
    - pro kathedralibus promotoribus IIII fl.
    - quatuor compromotoribus IIII fl.
    - pedellis I flor.
    - confectiones vt ordinabit facultas.
- **Doctorandus prius licentiatus**
  - In altero tantum
    - fisco facult. I flor.
    - pro kathedral. II flor.
    - pedellis II flor.
    - prandium pro omnibus birretatis cuilibet doctori regenti vnum birretum ad ordinationem facultatis, cyrothecas ceruinas pro doctoribus, alias bonas pro magistris.
  - In vtroque
    - fisco facult. II flor.
    - pro kathedr. IIII flor.
    - pro doctoribus fac. IIII fl.
    - pedellis II flor.
    - prandium birreta ac cyrothecas vt supra.

Doctorandus non licentiatus

- In altero tantum
  - Rectori XIIII β.
  - Cancell. I flor.
  - fisco Vniu. I flor.
  - fisco fac. III flor.
  - pro examine VII flor.
  - promotoribus pro kathedral. IIII fl.
  - duobus compromot. II flor.
  - pedellis II flor,
  - prandium birreta cyrothecas vt supra.
- In vtroque
  - Rectori XIIII β.
  - Cancell. I. flor.
  - fisco Vniu. I flor.
  - fisco fac. VI flor.
  - pro exam. XIIII flor.
  - promotoribus duohus pro kathedr. IIII flor.
  - quorum compromot. IIII fl.
  - pedellis III flor.
  - prandium birreta cyrothecas vt supra.

Statuimus quod si duo simul admittantur ad licentiam quilibet soluat vt supra de licentiato reperitur expressum. Si vero duo admittantur ad suscipienda insignia doctoralia, extunc si prius fuerint licentiati, quilibet soluat vt supra de doctorando reperitur Sic tamen quod cuilibet doctori facultatis iuridice regenti addant ad birretum vnum florenum. Quod si prius non fuerint licentiati, quilibet eorum soluat vt supra de doctorando non licentiato Ita tamen vt cuilibet doctori facultatis regenti superaddant ad birretum duos florenos.

Statuimus, quod Baccalaureus hic promotus postea ad licentiam in vtroque duntaxat duodecim florenos soluat pro examine publico, Item si duo simul promoueantur ad baccalaureatum, quod tunc vltra expensas supra signatas prouidebunt et expensabunt in prandio omnes doctores de consilio vniuersitatis vna cum Cancellario pedellis et notario, omnes collegiatos, duos rectores Conuentores et duos seniores magistros extra consilium facultatis artium ambarum viarum Et si tres fuerint, vltra etiam admitti non debent, tunc facultas habet expensas prandii ordinare

Statuimus quod facultas ordinare debeat, que persone vltra birretatos inuitari debeant de officialibus comitibus et fratribus ordinum Et qualitatem prandii et collationis per se vel alios deputatos disponere et vnum deputare, qui tertia die ante actum personas inuitandas inuitare debeat Sed promouendus de ornamentis et vasis argenteis prouidere teneatur.

Item statuimus quod licentiandus inter assumendum licentiam in ipso actu publice legat vnum capitulum in decretalibus vel vnam legem, si in iure ciuili vel eligat prout ipsi placuerit, si in vtroque promoueatur. Et peracta collatione post exhibitas confectiones ipse licentiandus agat gratias hiis qui actui interfuerint Et si duo sunt, vnus legat, alter referat gratias. Item stent simul licentiandi in inferiori kathedra, doctorandi vero in superiori.

Juramentum licentiandorum.

Statuimus quod quilibet licentiandus antequam promoueatur iuret infrascriptos articulos, tangendo crucem in cedula signatam.

Primo iurabitis quod inantea obediens esse velitis decano inclite facultatis iuridice totique facultati in licitis et honestis.

Secundo quod tam Rectori et Cancellario quam decano iuridice facultatis et eorum vices gerentibus nec non doctoribus in eadem facultate regentibus decentem reuerentiam et honorem deferatis.

Tertio quod bonum et vtilitatem huius alme Vniuersitatis et facultatis iuridice proposse procurabitis ad quemcunque statum vos peruenire contigerit.

Quarto quod hunc gradum licentie et etiam insignia doctoralia in nulla alia vniuersitate resumatis vel assumatis.

Quinto quod si contigerit vos determinare vel respondere in materia fidei veritatem concernente, quod partem fidei tenebitis et rationes contrarias proposse dissoluetis.

Sexto quod non exponetis in vestris principiis pro assumptione gradus vltra summam contentam in Clementina secunda de magistris Dolo et fraude in predictis omnibus et singulis amotis.

Juramentum baccalaureandorum.

Primo iurabitis quod inantea obediens esse velitis Decano inclite facultatis iuridice totique facultati huius alme Vniuersitatis in licitis et honestis Eidemque et doctoribus regentibus in ea debitum honorem et reuerentiam deferatis.

Secundo quod pro posse vestro procurabitis bonum et vtilitatem huius alme Vniuersitatis atque facultatis iuridice Ad quemcunque statum vos peruenire contingat Dolo et fraude remotis.

De officio pedellorum.

Pedelli iurabunt coram tota facultate in manus Decani, quod officium fideliter exequi velint, prout eis a decano et facultate iniungitur. Petant etiam a principio cuiuslibet decanatus, si saltem in officio manere velint, a facultate continuari. Item officium pedelli est Decanum pro tempore ad minimum semel in die in domo sua visitare Ad mandatum suum doctores diligenter conuocare Scolas purgare Intimationes facultatis scribere et publicare Vacantias et festa intimare Disputationibus publicis interesse Et alia per Decanum iniuncta facere Et vltra vnum diem aut noctem ab hoc oppido se non absentare sine expresso consensu decani Item vota et alia consilia facultatis secreta et quecunque in cedulis conuocationum contenta aut alias casualiter audita sine speciali mandato non reuelet. Item pedelli a scolaribus vel promouendis non debent quicquam extorquere in statutis non expressum. Liberaliter tamen oblata recipere possunt. Item in publicis actibus licentiandorum et doctorandorum duo sceptra habeantur.

Haec statuta confirmata sunt per totam Vniuersitatem ad hoc specialiter conuocatam Die festa SS. Simonis et Iudė Apostolorum A. D. Millesimo quadringentesimo Nonagesimo quinto.

Univ. Archiv. XIII, 3. Pėrg. mit Siegel Eisenlohr 292.

II.

Statuten von 1539.

LIBELLUS STATVTORVM FACVLTATIS IVRIDICAE.

CAPVT I.

De electione Administratoris negotiorum huius Studij, qui Decanus dicitur.

Eodem die uel intra octiduum, quo magistratus suus nouo Rectori Vniuersitatis Scholae nostrae demandatus est, Doctores Studij Juris, isti tantum, qui ordinarie leges et Jura tum profiteantur, ad eligendum ex eodem doctorum numero, semestris temporis Decanum, conueniunto. Quo loco ille huic muneri preficiendus erit, quem ordo proposcerit, ita ut a Seniore ad Juniorem, et ab hoc rursus ad illum, secundum ordinem, quem quisque in hoc collegio tenet, procedatur. — Hoc modo designatus Decanus semestris temporis magistratum gerito, quem nisi statim ineat, aut si adsumere negligat uel recuset, modo non legitimam iustae excusationis causam adferat et probet, multam ærario Facultatis duos aureos pendere cogitor.

II.

De officio Decani et de Jureiurando, quod is tenetur præstare.

Inter auspicia sui magistratus iuret prioris semestris Decano, aut eo non praesenti, proximo eius antecessori, coram spectantibus de eodem Consilio Doctoribus omnibus: Velle, quod ad vtriusque iuris studium et praecipuum emolumentum spectet, diligenter et sedulo curare, omnem delato sibi muneri operam adhibere et undecunque damnum aliquod imminere uideat, uel Vniuersitati, uel studio nostrae Facultatis, illud pro uirili sua arcere et amoliri. Quod si Decanus morte interceptus ab officio suo cadat, suum tamen ei salarium cedito, si ob priuata negotia ad finem semestris sui abfuturus sit hoc oppido, nouus iste in locum eius surrogetur (salario pro rata parte inter eos diuiso) quem ordo sequentis semestris ad idem munus suscipiendum reposcet.

III.

De iuramento recipiendorum in Consilium et Senatum Studij Juris.

1. Sancimus praeterea, ut deinceps Decanus neminem ex Doctoribus aut quibuslibet alijs, qui non sit nostri ordinis, nec in album Studij iuris sit inscriptus, nec in aliqua priuilegiata et approbata Vniuersitate rite promotus, Consilijs nostrae professionis adhibeat. Imo omnes iam memorati et praeterea qui non sacramento Jurisiurando se nobis adstrinxerint, e senatoria nostra concione exclusi sunto.

2. Formula uero Juramenti, quod praestabunt singuli, quotquot in hoc albo nobiscum esse uelint, talis esto.

3. Jurabitis, velle ad honorem, vtilitatem et honestatem Juridicae professionis nullius odio aut amore consultare, suffragia et sententias dicere, silentium in rebus uel ad tempus uel perpetuo celandis demandatum praestare, obsequio et ueneratione digna Statuta nostri Ordinis, et iussa Decani atque simul omne legitimum Imperium capescere.

Dicite,

Ita iuro, quod me Deus adiuuet. †

4. Statuimus etiam, ut quandocunque ex Doctoribus quispiam suffragium suum secretum manere, aut ad certum temporis spacium, siue in perpetuum, prout factum exigit, silentio creditum esse uelit, ut admonitus eius rei Decanus stricte illud et obseruet et ab alijs obseruari curet et demandet.

IIII.

Defunctus suo munere Decanus, quomodo rationem deponere debeat.

1. Infra octauum diem, quo magistratum suum alteri concessit, rationes suas Decanus apud Jureconsultorum collegium deponito.

2. Atque pecuniam libros signum et literas et quaecunque

alia facultatis sunt, nouo Decano sub fide Juramenti sui ad manus reddito.

V.

Praemium Decani.

1. Honorarium precium Decani, pro laboribus et operis impensis uice Stipendij de aerario Studij Juris persoluendum, sex floreni sunto.

2. Quisque Decanus omnium ex ordine nomina, qui sub magistratu suo honorum insignia adepti sunt, et precium ærario studii iuris ab eis in pecunia numeratum in albo huius studij anno simul ac die additis, ex more conscribito. Pro qua inscriptione Baccalaureus quatuor solidos, Licentiatus uero uel Doctor septem solidos ei soluere tenentor.

3. Si aduena sit, siue Doctor, siue Licentiatus, huc ad nos profectus, et in numerum Consiliariorum adhibitus, Collegio nostro florinum unum, Decano similiter, ut isti, qui hic apud nos gradus fecerunt aut titulos consecuti sunt, Ministris autem publicis dimidium florinum soluito. Baccalaureus uero dimidio minus praestato.

4. Decanus gradum decernentis et eorum quibus decerni debet, expressa nomina per manum Notarij et sub sigillo Collegij in studio Juris publice adfigi curato.

5. Collegium Studij Juris habeat deinceps arcam, duahus seris et clauibus probe munitam, in qua instrumenta et alia sibi necessaria inclusa seruantor. Clauium unam Decanus, alteram ad id deputatus successor habento.

VI.

De petitione honorum.

1. Vbi petens honorem admissus est ad publicum examen, Decanus hoc per Schedulam uel ministrum publicum quinque diehus antequam peragatur istud Doctoribus indicato. Et nihilominus tamen pridie ante insequentem publici examinis diem, reliquos ac singulos Doctores per Schedulam mane ad horam quintam tempore hyemali, ad quartam uero horam aestiuo tempore in ecclesiam conuocato. Primum illic, ut gratiam Spiritus

sancti implorent, Deinde materiam ulterius in examine progrediendi atque respondendi, uel ut uocant, puncta Candidatis distribuant et designent. Quibus ita peractis Decanus unicuique Doctori materiam, de qua inquiri debet, et tam locum, quam tempus et horam examinis significato, et ut ibi simul conueniant, per Juramenta sua admonentor et uocantor.

2. Decanus etiam a Candidato, quam primum admissus est ad examen priuatum, pecuniam Doctoribus pro labore, quem in explorando ipsius ingenio capient debitam, ad se deponi exigito. Caeteras autem impensas quibuscunque debitas, nisi ante promotionem publicam per omnia exsoluerit, promotori titulum ei conferre prohibetor.

3. Priusquam conuentus pro distributione honorum publice celebretur, Candidati si sint plures, per Decanum de locatione conciliantor, ut ordo inscriptionis inter eos recte obseruetur. Curet in die Iuonis haberi orationem in laudem legum aut Iuonis, et inuitentur ad prandium Doctores cum studiosis Juris et pedello, et tantum sint ad hoc festum professores Juris asymboli cum Oratore et pedello.

De lectionibus et ferijs.

Doctores, ut ordinarie doceant conducti singulis diebus publice unam lectionem hora constituta sibi in auditorio Juris singuli praelegunto, demptis vacationum ac feriarum diebus, quorum Catalogus his sequitur.

Vacationum haec sunt tempora.

A Vigilia Thomae Apostoli usque ad Epiphaniae diem.

Ab Esto mihi usque ad Dominicam Inuocauit.

A Vigilia Palmarum usque ad octauas Paschatis.

A Vigilia Pentecostes usque ad Festum Trinitatis.

His duo in singulis Nundinis dies accedunto.

A sexta die Julij usque ad decimam Augusti pro Canicularibus.

A festo Michaëlis usque ad Diui Lucae diem pro Vindemialibus.

His accedunt festa, quae uocantur Collegij, Diuorum Sebastiani. Gregorij. Conradi.

Petri Cathedrae. Ambrosij. Barbarae.
Trinitatis. Iuonis.
Visitationis Mariae. Vndecim millium Virginum.
Annunciationis Mariae. Vdalrici.
Mauritij Othmari Nicolai. Omnium Sanctorum.
Dies Festi Diuae Mariae Virginis.
Augustini. Exaltationis Crucis. Animarum.

Et si Vniuersitas duxerit alias ordinandas esse ferias, Item feria quinta, videlicet dies Jouis semper his annumeretur, quamuis etiam aliae, forte ob disputationes. uel certa negotia, lectiones in ea septimana fuerint intermissae, uel plures etiam in eandem hebdomadam inciderint feriae.

Qui intersunt priuato Examini, non solum eo ipso die, sed nec minus die Jouis eiusdem hebdomadae a lectione cessanto, nec refert sed idem est siue pro Baccalaureis, siue pro Licentiatis uel Doctoribus insigniendis, modo in superioribus professionibus eo fine inquisitio fiat.

Item Doctor legens, loco neglectae lectionis, potest auditoribus circum se uel ad se congregatis, lepidam quandam et utilem ex Jure Disputationem mouere et proponere et cum eis per circulum agitare eam, quod uulgo uocant, et quoties in quartali unius anni hoc se fecisse probabit, toties poenam neglectae lectionis aboleto, dummodo non alia ordinaria lectio huius studij per hanc disputationem impediatur.

Nullus Jurisprudentiae studiosus, etiam si sit Baccalaureus iuris, siue in locum alicuius Doctoris, pro quo legat aut tradat aliquid, subrogatus sit, siue non, audeat doctoream in scholis Cathedram ascendere, sed in inferiori, si licentiam a Decano habuerit, uel alias ex ordinatione permissum sit, locum docendi sibi capito.

Quibus conditionibus in Studio honores peti possunt.

Qui decreuit adspirare ad honores, et ea de causa suos praeceptores rogare et conuenire uelit, primum ille nomen suum apud Decanum profitetor, utque Doctorum Consilium conuocet, petito. Decanus quod est rogatus faciat et Doctores conuocet. Coram quibus iussus adesse Candidatus ueniat et paucis quid roget ad eos referat.

Interim iurabit Domino Decano, quod uelit, quoquomodo iudicium de se cadat, ad repulsam uel ad ignominiam, obedientiam tamen et uenerationem praeceptoribus suis praestare nihilque per se uel per alium suo nomine quod irae aut uindictae suspicionem arguat, machinari. Pariter promittat ex bona fide et pro veritate ad interrogata se responsurum esse, postea dimittatur et responsum Facultatis expectet.

Interim Consiliarij deliberent et conferant inter se, ne quod ad legitimum tempus istius studij, ad statuta et ordinationes pertinet, Candidatus parum absoluerit, neue maiores defectus in eo comperiantur, ut admitti nefas sit, quibus diligenter exploratis, responsum ei dabunt.

Vt Baccalaureus quis in iure creetur, per certa indicia uel si uisum fuerit consilio, per iuramentum suum duos annos cum dimidio iuris studio, propter quod hunc honorem petit, inuigilasse se probato, neque satis est, nisi eas lectiones, quas authoritas praeceptorum ordinauerit, et in ea Vniuersitate, cui priuilegia concessa sint, audiuisse, intra hoc spatium doceat. Poterit tamen facultas probata Candidati industria ex praescripto tempore dimidium annum remittere, sed adhuc requiritur, ut pro circulo, quem uocant, publice semel responderit.

His ita ex Decreto Consilij expeditis et praemissis Candidato praefinietur dies, quo praeceptorum suorum iudicio et examini se submittat, et Deputatus illi ordinarius mane materiam in eo Jure, quo gradum sibi decerni petit, respondendi proponat. Eodem porro die hora pomeridiana secunda uel tertia ex sententia ordinarij Doctoris designatam sibi materiam primum recitato, postea ad eandem Doctoribus secundum interrogata sua respondeto.

Sed et Ordinarius qua hora, quo loco et cuius materiae examine inquirendus sit Candidatus, Doctoribus quorum praesentia et testimonio illic opus crit, per literas et ministrum indicato. Qui finito examine iurent, se nolle moueri amore uel odio, neque aliter admissuros Candidatum, nisi idoneum compererint aut honore isto dignum existimarint. Quod si, ut iste honor ei conferatur, singulorum suffragijs dignus iudicatus fuerit, praefiniatur iterum dies, quo Delegatus eum Ordinarius proposita tamen quaestione, quam tractet, Baccalaureum publice et solemniter creet.

De Candidato ad consequendam Licentiam.

Nemo iudicium Examinis pro gradu Licentiae obito, nisi legitime, uel si consilio uisum sit, etiam iuramento suo, Doctorum lectiones, quas audire legitimum sit, toto quinquennio in alterutro Jure, cuius nomine insignia petit, et ubi priuilegium scholae, copiam et facultatem conferendi istius honoris habet, audiuisse docuerit. Hoc uidelicet modo, quod ordinariam lectionem (in Jure Canonico uolens creari) non neglexerit, Sextum et Clementinas semel ad finem legi audiuerit. Honorem uero eundem petens in Studio Juris Ciuilis, ordinariae lectionis et ex reliquis unius cuiusdam ad minus assiduum se fuisse auditorem probato.

Reformatio Statuti Anno MDXXXV. Die 2. Septemb.

Permissum tamen est Si candidatus quispiam, licet tempus legitimum sui Studij non absoluerit, eruditione autem non sit inferior illis, qui nullum in eo defectum admiserint, et industria ac honestas hominis tantopere inquisitoribus probetur, vnum de quinquennio annum remittere.

Candidatus repetitionem etiam publice peragito et praesidi duos florenos soluito pro laboribus, et docendi munus a Doctoribus sibi demandatum, qui cursus uulgo uocatur, perficito, nisi certis de causis illa sibi condonentur.

Si quis in alterutro Jure per integrum quinquennium audiendis lectionibus sedulam operam nauauit, in altero autem Jure triennio solum docentes audiuit Eruditione tamen satis profecisse eum constet, iterum Facultati ius et potestas remittendi, ut modo dictum est, esto.

Praeterea si quinquennalem operam in studio alterius Juris expleuerit et postea, eo finito quinquennio, operam audiendo praebeat, etiam in altero iure Docentibus spacio duorum annorum, sadem potestas in utroque Jure admittendi permittitor.

Petens honorem Licentiae, Decanum adito, et ut conuocet Doctores sui consilij petito, coram illis appareto, et quid roget referto, apud illos iuramentum, sub ea forma quae paulo superius cripta reperietur, ab eo exigitor. Deinde interrogatis Doctorum, an ordinationibus, quo ad tempus, et alia praescripta Vniuersitatis in ista professione satisfecisse ratum facere possit, respondeto.

Qui professores dignum admissione iudicatum inquirere et creare debent.

Ordinarij primum Lectores et deinde reliqui professores quoque, quilibet in sua facultate, alij in Jure Canonico, alij in Jure ciuili, licentiae gradum petentis tam examinatores quam promotores sunto. Si quod unus sit, qui dicatur ordinarie legere in Jure Canonico, et alij duo, quorum alter noua iura, alter extraordinariam Juris Canonici lectionem profiteantur. Ex his uero, si quis deficiat, Decanus istius temporis tertij locum suppleat, quod si professor eiusdem iuris sit, et adhuc tamen locus uacet, tunc is, qui in eo magistratu ipsum praecessit, in locum uacantis succedat. Par erit ratio Decernentium gradus in Jure Ciuili, vt sit unus, qui dicatur ordinarie legere, reliqui duo, qui operam praelegendis Digestis et Institutionibus impendunt, et aliquo ex his deficiente, locum habeat idem, quod supra statuitur. Sin autem Candidatus petat eundem honorem in vtroque Jure sibi decerni, tunc in quolibet Jure vnus, quem liceat nominare Ordinarium, et duo alij professores ei delegantor.

De priuato Examine cum Candidato ad licentiam instituendo.

Admisso ad Examen Candidato Ordinarius et Examinatores delegati locum et diem statuant, cuius diluculo ibi appareat auditurus, qui respondendi tractatus, et ut nostri uocant, quae puncta, ut ad ea ex sui Juris studio respondeat, ipsi committentur. Eodem porro die, post prandium, hora secunda uel tertia, quemadmodum Inquisitoribus mente sedebit, ad eundem locum redito, tractatum sibi commissum recitato, postea secundum eum ad interrogata Doctoribus respondeto. Vbi si non omnes idoneum, aut tali honore dignum eum imo potius tantisper repulsam pati debere iudicauerint, donec solidiores sui studij radices iecerit, ad aliquod spacium eum repellunto.

Jurent autem se nec odio aut amore, nec inuidia aut beneuolentia moueri, sed veritatis studio tale iudicium nec aliud bona conscientia potuisse ferre. Si uero omnes idoneum et dignum iudicauerint, ad Dominum Cancellarium eum deducunto et satis probatum eum sibi esse testimonium sub iuramento credulitatis ferunto. Porro Cancellarius ad examen publicum admittere eum non differto, diem et horam quibus nouae materiae ei proponantur, praefinito.

De publico Examine cum Candidato ad licentiam instituendo.

Si dies praefinita adfulserit, surgente aurora, quam primum potest Candidatus, templum ingreditor et ibi Doctores expectato, qui inuocatione Spiritus sancti prius adhibita, in secretum Ecclesiae locum concedunto. Debent enim inire consilium, quos tractatus aut quae puncta rursus illi committere et proponere uelint, et si consilio maturato in eà re conclusum est, Decano delegetur tota statim materia, illi demandanda eo modo, ut sequitur.

Petenti se submittere publico examini pro consequenda licentia saltem in Jure Canonico statui debent et demandari duo tractatus, vnus in Decretalibus, alter uero in Decreto. In distinctionibus tamen norint nihil examinandum debere proponi. Pari ratione, qui subit examen in Jure Ciuili, respondebit ad duos tractatus, quorum alter ex Codice, alter ex Digesto veteri ipsi designetur, sumptis ad hoc tantum locis ordinariis.

Eos tractatus uel puncta (ut allegauimus) eodem postea die hora pomeridiana secunda Candidatus primum coram Cancellario et consilio professionis Juridicae recitato, cuius forma etiam supra de officio Decani descripta est; finita ea recitatione, faciant cum eo professores periculum ingenij et eruditionis et progressus studij, ingenijque vires explorent. Qui si ad finem huius materiae responderit, paulisper dimittitor, ut interim Examinatores de responsionibus et eruditione eius consultent, et an idoneum esse, et dignum probent, aut indignum iudicent, sententias dicant. Et si illorum testimonio probetur dignus, Cancellarius ad certum diem publico indicto conuentu Candidato licentiam conferet, cui si cordi sedet, poterit, modo Collegio Doctorum quoque probetur, eadem die doctorea insignia suscipere.

Quacunque ex legitima etiam causa Doctor quispiam absens fuerit, quando Candidatus pro quouis gradu caeteris Doctoribus specimen ingenij sui in examine publico praebet, is pecunia inter singulos, qui in ipso examine adfuerint, distribuenda careto.

De Impensis Candidatorum.

Candidatus, ut fiat Baccalaureus, soluito	In altero Jure	Rectori quinque solidos.
		Fisco studij Juris unum fl.
		Fisco Vniuersit. dimidium fl.
		Pro Cathedralibus tres fl.
		Pro Examine sex fl.
		Ministris uel pedellis sept. sol.
		Prandium pro omnibus, qui sunt in Consilio Vniuersitatis huius Scholae.
	In utroque	Tenetur soluere eadem quae supra, nisi quod pendet pro examine XII fl. et pro Cathedralibus IV fl.
Candidatus pro consequenda licentia	In altero Canonico uel Ciuili tantum	Rectori dimidium fl.
		Cancellario unum fl.
		Fisco Vniuersitatis unum fl.
		Fisco Studij Juris duos fl.
		Pro laboribus impensis in examen X fl.
		Conferenti insignia tres fl.
		Reliquis Doctoribus actu profitentibus tres fl.
		Ministris publicis dimidium fl.
		Duas libras zaccari singulis Doctoribus sui Collegij.
	In utroque	Caetera soluet paria, exceptis quae sequuntur.
		Aerario Collegij Juris tres fl.
		Pro laboribus impensis in examen XX fl.
		Conferenti insignia sex fl.
		Reliquis Doctoribus actu profitentibus sex fl.
		Ministris unum fl.

- Licentiatus Doctoreum petens titulum
  - In altero tantum hic promotus antea.
    - Aerario nostriCollegij unum fl.
    - Conferenti insignia duos fl.
    - Doctoribus nostri Collegij actu profitentibus duos fl.
    - Ministris publicis duos fl.
    - Prandium ex sententia et arbitrio nostri Collegij.
    - Cuilibet Doctori in Studio iuris profitenti duos pileos et reliquis D. Doctoribus, prout aliae facultates statuerint.
    - Chyrothecas, ut Consilium Doctorum ordinabit.
  - In utroque antea hic promotus
    - Aerario Collegij duos fl.
    - Conferenti insignia quatuor fl.
    - Doctoribus Collegij Juris actu profitentibus quatuor fl.
    - Caetera soluet paria ei, qui profitetur in altero Jure se Candidatum duntaxat.
- Petens Doctoreum titulum is qui prius non erat Licentiatus soluito.
  - In altero uel Canonico uel Ciuili tantum Jure
    - Rectori dimidium fl.
    - Cancellario unum fl.
    - Aerario Vniuersitatis nostrae scholae unum fl.
    - Aerario Collegij Juris tres fl.
    - Pro laboribus impensis in examen decem fl.
    - Conferenti insignia quatuor fl.
    - Reliquis Doctoribus actu profitentibus quatuor fl.
    - Ministris publicis duos fl.
    - Prandium, Pileos, Chyrothecas — perinde ut supra.
    - Duas libras zaccari singulis Doctoribus sui Collegij.

In utroque Jure	Caetera, quae hic non sunt, signata, superioribus paria soluet.
	Aerario Collegij Juris sex fl.
	Pro laboribus impensis in examen XX fl.
	Conferentibus insignia duobus Doctoribus sex fl.
	Caeteris de Consilio Collegij Juris Doctoribus et actu profitentibus sex fl.
	Ministris publicis tres fl.

Hoc loco sciendum est, quod pecunia pro habito examine Decano numerata ad eum modum est distribuenda, ut Ordinarij semper duplum ferant.

Si sint duo Candidati ad consequendam licentiam, tantundem quilibet, ut supra praemisimus, eodemque modo, ac si unus tantum esset, soluito. Si uero duo aut plures adspirent simul ad consequenda Doctorea insignia, si prius fuerunt Licentiati, par soluendi ratio, ut supra de impensis Licentiati ostendimus, etiam esto, nisi quod cuilibet Doctori Collegij eiusdem Juris praeter pileos honori datos, aureum nummum insuper uterque numerabit. Si prius non fuerunt Licentiati, ad easdem impensas, ad quas teneri diximus petentes Doctoreum Titulum nondum Licentiatos, persoluendas obligati sunto, modo ad pileos professoribus honori datos singuli reliquos adhuc duos addant florinos.

Baccalaurei honorem in nostra adeptus, pro publico ad consequendam vtriusque Juris licentiam examine duodecim florinos tantum soluere tenetor.

Quoties duo sunt, qui se Baccalaureos creari petant, tunc quilibet easdem a se impensas exigi meminerit, quas supra uni ordinatas esse uidimus, sed expensas in prandio plures pariter sustinebunt, nam praeter Doctores, qui sunt in Consilio Vniuersitatis huius scholae et praeter Cancellarium inuitabunt etiam suis impendijs ad prandium Decanum facultatis artium et Contubernij Rectorem, ut uocant, Item professores artium, et extra Senatum professionis artium adhuc duos seniores magistros. Si tres creentur Baccalaurei, nam plures non debent admitti, facultas prandij impensas disponendi penes Collegium studij Juris esto.

Statuat atque disponat Doctorum Juris Collegium etiam, qui (extra illos, quos ordo Consilij de Senatu Vniuersitatis ad prandium ordinarie uocari poscit) eidem Conuiuio et hospitalitati ut Comites Officiales etc. sint adhibendi. Iidem Doctores Collegij Juris, per se uel per alios suo nomine, pro ferculis cum hospite et de pecunia viritim pro prandio soluenda, conueniunto. Vni cuidam id munus, ut triduo, antequam conferantur insignia Candidatis, hospites ad eundem conuentum et ad prandium inuitet, demandanto. Candidati autem ipsi de vasis et poculis argenteis, commodato accipiendis, prospiciunto.

Candidatus constitutus in subsellio, priusquam Licentiatus creetur, in conuentu publice legat capitulum aliquod ex Decretalibus, quo ad Jus Canonicum, vel legem quandam, quo ad ius Ciuile, si in altero honorem sibi conferri petat. Atque si uelit in vtroque sibi iure gradum decerni, vtrum maluerit ex his publice legendum arripiat. Vbi si sint caetera ad finem deducta, ipse postremo omnium gratias agat illis, qui testes et spectatores sui honoris adfuerunt.

Si duo sunt, in quos honor idem est collatus, alter legat, alter gratiarum actione finem imponat. Pertinet ad vrbanitatem et modestiam etc. ut inferiorem Cathedram occupent, qui licentiae gradum decerni sibi petunt, superiorem autem, qui ut titulum Doctoreum consequantur, adducti sunt.

Juramentum Candidatorum pro consequenda licentia.

Antequam Licentiatus creeris, Digitos cruci in charta signatae admoueto et in haec capita quae sequuntur iurato.

Primum caput, in quod iurabitis, est Velle in posterum sicut retro actis temporibus venerationem et obedientiam non solum Decano, sed et toti Collegio Studij Juris praestare, nullum legitimum detrectare imperium.

Secundum caput est, Velle Rectori et Cancellario Vniuersitatis laudatissimae nostrae Scholae et uices eorum gerentibus summum et honorem et uenerationem deferre.

Tertium caput est, Velle vtilitatem non tam Vniuersae

huius inclytae scholae, quam studij iuris, ad quodcunque honoris fastigium euecti fueritis, augere, damna uero auertere.

Quartum caput est, Velle Licentiae aut Doctorea insignia in nulla alia Academia iterare aut repetere.

Quintum caput est, Velle, si oriatur de fide Christiana Disputatio, et submittatur aut tradatur etiam nostris decisionibus, partes fidei et veritatis pro virili tueri, rationes contrarias et cauillationes penitus destruere.

Sextum caput est, Velle in honorum ac insignium praesentium gradus Doctorei adeptione sumptus facere non inhonestos aut illicitos, sed conuenientes et tales, quales sunt a Juribus ipsis praefiniti et statuti, et non ultra. Et postremum, contra ea omnia, quae nunc dicta et praelecta uobis sunt, nihil neque dolo neque fraude unquam admittere.

Juramenta Candidatorum ad primam lauream, quae Baccalaureis confertur.

Primum est, quod iurabitis, uelle obedientiam et studium obtemperandi Decano uestro, postea Collegio Studij Juris praestare, nullum legitimum decretare imperium. Porro eidem quoque Decano et Doctoribus in iure praelegentibus, reuerenter assurgere, honorem et venerationem deferre. Simili ratione iurabitis, uelle bonum et utilitatem Vniuersitatis huius scholae, praecipue autem studij Juris, pro virili augere, ad quamcunque honoris aut fortunae eminentiam perueniatis, et in his nihil neque dolo neque fraude admittere.

De offitio ministrorum publicorum.

Ministri publici, qui et pedelli uocantur, promittant per fidem iuramenti et sub poena periurij, Decano praesentibus omnibus quotquot in Collegio studij iuris sunt, se iussibus et mandatis Decani et Doctorum et delegato muneri diligenter auscultaturos esse.

Tempore quo legitur et designatur nouus Decanus, iterum, nisi uelint abdicari, in officio retineri petant.

Officium Ministri seruientis Decano.

Aedes Decani, si saepius non uacet, omni die semel intrato. Vbi iussus est, Doctores diligenter conuocato, Scholas emundato,

Intimationis schedas scribito et publicato, Vacationum feriarumque tempora publice suo tempore affigito. Disputationibus publicis interesto, et alia per Decanum sibi delegata facito. Vltra unam diem et noctem ab hoc oppido citra manifestum Decani consensum ne abesto. Suffragia et secreta consilia forte audita aut in scriptis hinc inde deferendis uisa, quae celanda duxerit, absque singulari iussu, ne reuelato.

Item ministris publicis a Candidatis plus emungere, quam in ordinatione Vniuersitatis praefinitum est, nephas esto, munus tamen honorarium, quod ex liberalitate eis oblatum est, recipere permittimus.

In publicis conuentionibus, quando Licentiae uel Doctorea insignia conferuntur, duo sceptra habentor.

Statuta haec confirmata a Senatu Scholae sunt 13. Septembr. Anno 1539.

Univ. Archiv XIII, 3. Pap. Eisenlohr 300.

FACULTAS MEDICA.

I.

STATUTA FACULTATIS MEDICINALIS VNIUERSITATIS TÜWINGEN 1497.

In nomine sancte et indiuidue Trinitatis. Amen. Vt huius alme vniuersitatis Tuwingen percelebris facultas medicinalis (que pro sanitate vitaque hominum tuenda et conseruanda admodum vtilis et necessaria existit) iugiter vigere eiusque membra proficere valeant, Nos Decanus ipsaque facultas medicinalis dicte vniuersitatis quedam Statuta, a membris eiusdem seruanda, edenda meminimus condenda et ordinanda, presenti quoque scripto matura deliberatione preuia diuinoque fauente auxilio instituimus condimus et ordinamus, hunc, qui subscriptus est, tenorem comprehendencia, Potestate tamen libera et auctoritate, Statuta huiusmodi immutandi augendi minuendi corrigendi interpretandi et declarandi, prout visum fuerit expedire Nobis et nostris de vniuersitate et facultate successoribus, plene reseruata.

De electione et officio decani.

Statuimus itaque inprimis, vt infra octauam electionis noui Rectoris, doctoribus medicine phisice chirogieque sufficienter congregatis in decanum facultatis eligatur doctor ydoneus, actu regens, ita vt is, in quem maior pars facultatis consenserit, sit decanus per tempus illius Rectorie duntaxat permansurus Electusque talis decanatus officium assumere teneatur sub pena duorum florenorum Renensium fisco facultatis soluendorum Si non legittime coram facultate se possit excusare. Idemque mox, vt electioni de se facte consensit, juret et promittat coram facultate in manus prioris decani, Eius officium fideliter exercere, ac eius pretextu nil scienter et studiose, quod in preiudicium vel damnum vniuersitatis aut facultatis nostre vergere possit, attemptare Cumque de suo officio cedit, fidelem faciat facultati computum infra quindenam Peccunias quoque, priuilegia et instrumenta nouo decano presentet et assignet Et ea in cistam seu archam facultatis duabus seris seratam et munitam reponat, Pro qua archa due claues fieri et cuilibet ordinariorum vna tradi debet.

Statuimus etiam, vt in decanum electus, si aliquo euentu eius officium gerere non possit, aut saltem eundem a loco abesse contingat, senior doctor eius vices fideliter gerere debeat, vsque ad alterius reditum, vel noui decani electionem, si opus fuerit.

Item ordinamus, vt quicunque decanus pro tempore existens, promotos sub eo inscribat in matricula facultatis Annum dominice incarnationis cum die Mensis quidque facultati dederit annotando.

Item quod omnibus sub eo vel aliis decanis in nostra facultate promotis in hac nostra vniuersitate priuilegia seu instrumenta sue promotionis petentibus dare teneatur In forma ab hac nostra vniuersitate emanare solita.

Iniungimus etiam eidem, quatenus nullum forensem doctorem in nostre facultatis matricula non intitulatum In congregatione facultatis admittat, votandi practicandi aut tractandi gratia, priusquam coram facultate iuramentum prestiterit secundum modum infra scriptum, hijs solis demptis, quos ob penuriam doctorum tempore promotionis graduandorum facultas duxerit aduocandos[1].

Iuramentum Intrantium et Recipiendorum.

Iurabitis parere domino Decano facultatis medicine in licitis et honestis, suum officium concernentibus Statuta quoque et statuenda pro regimine facultatis edita vel edenda seruare sine dolo Atque ad vtilitatem et honorem facultatis deliberare consulere et votare vel balotare velitis fideliter. Dicat: *Jta iuro Sic me Deus adiuvet et Sanctorum Euangeliorum conditores.*

---

1 Späterer Zusatz: Item nullus doctor medicine censeatur de consilio facultatis medicinalis, nisi actu legens.

De doctoribus regentibus.

Ordinamus vt quilibet doctor facultatis actu legens Singulis annis saltem semel disputationem faciat Semper duas disputando questiones, vnam theoricam alteram vero practicam Sub pena in ordinatione contenta Item quod scolaribus disputare nolentibus rogatus presideat. In disputatione quoque doctoris omnes alii facultatis doctores compareant et intersint.

Insuper statuimus quod quilibet legens doctor singulis priuatis diebus vnam lectionem in scolis publicis legat diligenter, Exceptis vacationibus, que sunt A Vigilia S. Thome Apostoli vsque ad Epiphaniam domini inclusiue Ab Estomichi vsque ad Inuocauit A vigilia palmarum vsque ad octauas pasce Item a vigilia penthecostes vsque ad diem octauum Et autumnali tempore per duos integros menses Quibus Scolares practicam videre et simplicia campestria puta herbas radices etc. querere et earum virtutes studio agnosere debent. Excepta quoque volumus esse festa collegii, que sunt festum kathedre S. Petri, Gregorii, Ambrosii, Nundinarum per duos dies, Visitationis Beate virginis, Jheronymi, Dijonisii, Cosme et Damiani, Luce, Conceptionis Beate virginis Et si quod aliud vniuersitas duxerit feriandum adjectis feriis quintis, dum integra fuerit ebdomada. Excusatumque habere phisicum volumus, si interdum ad venerabiles viros aut matronas honestas causa medendi ierit Si tamen hoc rarius fiat lectionesque medio tempore neglectas vacantiarum tempore pro libito Scolarium recuperauerit.

De libris legendis.

Statuimus preterea, quod mane legens ordinariam primo anno legat libros artis siue tegni Galieni Secundo anno primum librum canonum Auicenne quo ad primas fen eius, tertio anno Amphorismos Ypocritis cum pronosticis aut regimento acutorum eiusdem Semper cum commento Galieni. Legens vero post meridiem practice vno anno legat primam fen quarti canonis de febribus, cum secunda eiusdem de crisi et criticis diebus. Secundo anno legat Rasim in nono libro ad Almansorem regem cum fen quarta primi Aut legat duas vel tres fen tertii canonis Auicenne principaliores prout Scolaribus placuerit Tertio anno legat libros Galieni de ingenio sanitatis a septimo incipiendo vsque ad quartum decimum Aut loco eorum libros de accidente et morbo vel etiam libros de interioribus eiusdem, prout visum fuerit expedire Scolaribus.

Completis hijs tribus annis iterum eodem ordine iamdictos libros legere incipiant vt supra Nisi pro vtilitate Studentium facultas aliter duxerit legendum vel immutandum, dolo et fraude semotis.

In chirogia vero legens legat post Meridiem In quarto canone Avicenne Incipiendo a fen tertia procedendo vsque ad quintam inclusiue Quam lectionem singulis legat annis Nisi per facultatem de Albucasi aut alio ex antiquis autoribus legendo ordinatum fuerit Et presertim septima quarti Avicenne vtiliter legi posset. Quodsi numerus doctorum legentium accresceret, pro extraordinariis lectionibus volumus legi ysagogas Johannitii, Tractatus vrinarum et pulsuum Egidij, Galienum in libris complexionum, In libro de malicia complexionis diverse In de regimine sanorum Et de simplicibus farmaciis Johannem Mesue Damascenum Rabii Moysenque in eorum amforismis, Viaticum et Avicennam in fen, que ordinarie non legentur [1].

---

1 Nicht alle hier vorgeschriebenen Lehrbücher — meist kurze Tractate oder Abschnitte grössere Werke — waren schon damals gedruckt. Den Schülern wurde der Text gewöhnlich dictiert. Ueberall sind natürlich die lateinischen Uebersetzungen gemeint. Des Abul Kasim Chirurgie erschien zuerst in Venedig 1497, in demselben Jahr zu Leipzig die Isagoge in tegni Galieni des Johannitius oder Honein ben Ishak, die übrigens schon 1483 und 87 in Venedig gedruckt war. Von Johannes Mesue de simpl. pharm. sind zahlreiche Drucke seit 1471 vorhanden. Aegidius Corboliensis — von Corbeil bei Paris — eines Saleritaners Verse über Puls und Urin sind seit 1483 öfters gedruckt. Unter Damascenus ist der sog. ältere Mesue zu verstehen, dessen Aphorismen zuerst in Bologna 1498 erscheinen. Rabbi Moses ist Maimonides; seine Aphorismen sind ebenfalls in Bologna 1489, dann öfters in Venedig gedruckt. Das Viaticum ist die dem Constantinus Monachus Africanus zugeschriebene Uebersetzung eines älteren Buchs, von welcher Drucke aus so früher Zeit nicht bekannt sind. Vom Kanon des Avicenna und Rhazes Buch an Almansor lieferte Mailand 1473 und 1481 die ersten Ausgaben. Die fast auf jeder grösseren Bibliothek vorhandenen Abschriften dieser Lehrbücher zeigen, dass bis zum Schluss des Jahrhunderts die italienischen Drucke sich in Deutschland noch nicht verbreitet hatten.

De promouendis.

Statuimus quod in Baccalaureum medicine phisice nullus promoueatur Nisi docuerit se in vniuersitate priuilegiata lectiones in eadem audiuisse ad duos annos Quodque disputationem publicam in medicina fecerit fraude doloque semotis In chirogia vero ordinamus vnum annum cum disputatione chirogica.

Volumus tamen quod in medicinali facultate nemo cogatur baccalaureari, ymo quod omisso baccalaureatu (decurso tamen tempore requisito et studio expleto) licentiam adipisci, doctoraliaque insignia obtinere possit.

Item Baccalaureis medicine iniungimus, si ad alteriora in hac facultate tendunt, quod cursum aliquem a facultate deputandum adimpleant.

Amplius ordinamus, vt in licentiatum medicine phisice nemo promoueatur, nisi duos integros audierit cursus in theorica et totidem in practica post sui magisterium in artibus Suasque publice fecerit disputationes. Quod si artium Magister non sit, pluri studeat tempore Nisi de eius ydoneitate facultati constiterit, poterit enim tunc secum super illo dispensari.

Si vero vltra id etiam in chirogia promoueri desiderat, addimus quod ad minus vno anno lectiones in chirogia audire debeat et practice doctoris interesse. Si tamen in sola chirogia promoueri cupit, statuimus, quod per duos annos lectiones chirogie hic vel in alia priuilegiata vniuersitate audierit diligenter disputationesque publicas chirogicas fecerit et anothomiam siue corporis dismembrationem fieri viderit, prout infra dicetur. Hanc enim sibi magis necessariam fore, plane constat. Statuimus etiam, vt in hac nostra facultate promoueri volentes ante licentiam vel insigniorum [1] receptionem in opido Tuwingen per se practicare non presumant [2]. Nichilominus iniungimus eisdem, vt doctores in practica sequantur ad minus integro anno et ab eis practicam diligenter videant et addiscant Quodque intra menia huius vrbis nemo ad practicandum admittatur Nisi doctor huius vel alterius priuilegiate vniuersitatis In qua diligenter exercitia et lec-

1 insignium. 2 späterer Zusatz: sub pena non admissionis.

tiones in medicina audierit De quo fidem per viua testimonia aut patentes literas facere debet Et si talis non extiterit Non recipiatur nec admittatur.

De anothomia fienda.

Ordinamus etiam quod singulis tribus aut ad plus quatuor annis semel celebretur dismembratio corporis humani, morti damnati, si haberi poterit, et hoc fiat tempore frigidissimo, prope festa Natalis Christi. Interea autem quod peragitur anothomia volumus, quod omni mane legatur missa pro defunctis, propriis nostris expensis, quam omnes qui anothomiam videre desiderant audiant deuote et pro anima defuncti apud Deum intercedant. Qua peracta ordinarius cum sociis et scolaribus ad locum vbi anothomiam celebraturus est, se conferat et secundum ordinationem doctorum precipue Mundini lectionem de parte tunc conspicienda faciat et postea correspondenter eadem pars ad oculum distincte ostendatur. Actu vero anothomie integre completo corpus anothomizati cum omnibus reliquiis eius a doctoribus medicine et Magistris Scolaribusque facultatis artium pro honore facultatis Medicine ad sepulturam conducatur, Et ibidem officium defunctorum in ecclesia pro salute anime anothomizati solenniter peragatur.

Preterea statuimus et admonemus Ne aliquis audientium et videntium anothomiam presumat aliquid capere vel furari de corpore anothomizandi sub debito prestiti iuramenti.

Expense huius actus.

Statuimus insuper vt quicunque anothomie interesse voluerit, priusquam primam lectionem audiat vel aliquid de anothomia videat, florenum renensem ad fiscum facultatis reponat, de quibus peccuniis expense hincinde fiende soluantur.

Denique ordinamus quod facultas medicine pro hoc actu archam fieri faciat sera et claue munitam In quam fragmenta et reliquie anothomizati cum instrumentis vtendis vsque ad tempus sepulture recludantur Clauis vero apud ordinarium illius facultatis lectorem reponatur.

De modo et forma promouendorum.

Statuimus preterea quod desiderans in Baccalaureum medicine promoueri sue facultatis decanum accedere debet rogando, vt doctores congregari faciat Coram quibus sic congregatis fidem de tempore sui studii disputationeque peracta facere habebit, postea poterit sibi examen aperiri. Dehinc deliberatione habita certo die in aliquo puncto sibi assignato in libris Ypocratis aut Galieni examinetur. Quod si approbetur et admittatur, designetur dies, quo promotor suus paruam faciat oratiunculam et Baccalaureando questionem proponat, quam ipse assumat dissoluatque cum gratiarum actione subsecuta.

Licentiandus vero si baccalaureatum non acceperit pro primo examine a suis promotoribus approbari debet in presentatione per iuramentum credulitatis.

Doctorandus igitur in medicina instar aliarum vniuersitatum non promoueatur, nisi duplici approbatus examine, quorum primum sit priuatum factum a promotoribus, qui postea promouendum presentare habent in presentia dominorum Rectoris et Cancellarii vniuersitatis Ac de eius ydoneitate iuramentum credulitatis prestare. Deinde Cancellarius (si videbitur) diem et horam assignet Et designato die assignentur promouendo duo puncta post primam missam eiusdem diei assignate, vnum in theorica, aliud in practica, que hora prima aut secunda post meridiem recitare debet Et circa ea a doctoribus sue facultatis secundo ac publice examinari in presentia Rectoris et Cancellarii vniuersitatis aliisque (vt visum fuerit) aduocatis.

Examine peracto promouendus exeat et veniam petat. Hinc vero deliberatione aut balotatione habita super examine et eo ydoneo comperto vnus ex examinatoribus ipsum tanquam ydoneum ad licentiam et doctoralia insignia presentet Juramento tamen credulitatis super approbatione ipsius ab vniuersis doctoribus prestito. Idemque officium Cancellarii requirat pro danda licentia ad recipienda doctoralia insignia. Deinceps Cancellarius assignabit diem, qua sibi licentiam conferet in aula vniuersitatis. Si tamen insignia cum hac recipere velit, poterunt licentia et insignia eadem die in ecclesia Collegiata publice et solenniter prestari et conferri.

Tandem statuimus quod Baccalaureus medicine Rectori vniuersitatis soluat VII solidos hallen. facultati vnum florenum renensem cum dimidio Et cuilibet examinatorum vnum florenum Pedello vero septem solidos hallen. Prandiumque parari faciat taliter, quod eius occasione omnibus computatis patiatur expensas decem florenorum tantum Nisi sponte ampliare voluerit.

Insuper expense pro Rectore et fisco vniuersitatis solui debebunt iuxta Statuta vniuersitatis vt puta dimidius florenus pro Rectore et vnus florenus pro fisco vniuersitatis Et postea pro doctoratu nil horum.

Item licentiandus pedello dare tenetur vnum florenum, similiter doctorandus seorsum. Quod si simul licentiam recipiat et insignia, pedello exponat duos florenos Cuilibet Doctori facultatis pro priuato examine vnum florenum, Similiter pro publico examine vnum florenum Si intersint. Item promotori quatuor florenos ad kathedram Si simul licentiam et insignia recipiat. Quod si seorsum quis licentiam recipiat, promotori tres florenos et postea pro doctoratu duos florenos propter duplices labores tradat et assignet [1]. Preterea recipiens licentiam seorsum collationem dahit hactenus consuetam. Pro fisco facultatis tres florenos. Recipiens autem insignia dare tenebitur prandium, birreta et cyrothecas, prout in aliis superioribus facultatibus fieri consueuit.

Quod si seorsum quis recipiat licentiam ad fiscum facultatis duos florenos, deinde in doctoratu vnum florenum soluat. Si simul licentiam recipiat et insignia dahit tres florenos pro facultatis fisco. Demum pro licentia danda Domino Cancellario vniuersitatis vnus florenus est exponendus per licentiam petentem.

Juret nichilominus licentiandus iuramentum consuetum superiorum facultatum, presertim quod in nulla alia vniuersitate insignia recipere velit.

Hec etenim statuta per almam vniuersitatem studii Tuwingensis seu eandem representantes denuo approbata et ratificata sunt in vigilia assumptionis Beatissime Virginis Marie Anno Saluatoris 1497.

Gregorius Maij Imperiali auctoritate publicus et vniuersitatis Notarius iuratus.

---

1 späterer Zusatz: Item presidenti vnum florenum.

Univ. Archiv XIV. 5. Perg. Die Zeit der ersten Abfassung dieser im J. 1497 wider bestätigten Statuten lässt sich nicht bestimmen. Die Angabe bei Eisenlohr 320, dass dieselben vom 1. Oktober 1481 datieren, beruht auf einem Irrthum. Es findet sich nämlich vor dem vorletzten Absatz folgender Einschub von späterer Hand, über welchem jener Herausgeber den wirklichen Schluss übersehen hat: Si vero cum hoc in chyrurgia quoque promoueri voluerit, vltra addat omnium predictarum expensarum medietatem. Approbatum per totam vniuersitatem prima Octobris anno etc. XXXI (d. i. 1531, nicht 1481) Wolfgangus Stetter Notarius.

II.

Leges et constitutiones collegii medici vniuersitatis scholae Tubingensis [1538].

Non minus lepide quam sapienter Cicero Respublicas sine lege corporibus nostris mente destitutis comparauit. Vt enim illa nisi mens accedat suis partibus, vt nervis sanguine et membris uti non possunt: Sic etiam Respublicae, nisi in iis legum uigeat autoritas, instabiles sint et mox intereant necesse est. Hinc non sine optimo consilio maiores nostri, vt nulli penitus hominum cetus essent absque legibus uoluerunt, quod perspectum plane haberent natura sic comparatum esse, vt nihil quod uiuendi ratione ac ordine careret diu incolume permaneret. Proinde quum ad cuiusque Reipublicae durationem legitimis quibusdam constitutionibus opus esse cernerent, Collegii quoque Medici Vniuersitatis scholae huius administrationem legibus suorum temporum moribus ac institutis conuenientibus stabilire ac munire curauerunt. Verum cum Illustrissimo Principi nostro ac domino clementissimo Vdalricho etc. operae pretium esse uisum sit, vt non solum Vniuersitatis scholae huius uerum etiam reliquarum omnium professionum leges seorsim repurgarentur et ad nostra plane tempora, in quibus vna cum literis omnes reuixere disciplinae, accomodarentur, ne huius imperium detrectare uideremur, antiquis nonnihil immutatis, et si quando necesse fuit prorsus abolitis, vt deinceps res Collegii Medici ad eum qui sequitur administrentur modum decreuimus.

De huius studii administrationis principe, qui decanus dicitur.

Titulus I.

Intra octauum, quo Rector Vniuersitatis scholae huius designatus magistratum iniit diem, illius temporis Decanus consilium studii medicinae, in quo nulli nisi qui ut ordinarie medicinam doceant ab Vniuersitate huius scholae conducti sunt censentor, ad designandum semestris temporis Decanum conuocet, ubi illi sane is demandetur honor, cui plurimi suffragati sint, et quem ordo poposcerit, a seniore enim ad iuniorem et ab hoc rursus ad illum progrediendum. Designatus Decanus statim magistratum ineat, quod si intra unius diei spatium facere neglexerit et delatum sibi magistratum accipere sine iusta excusatione recusarit, multam aerario studii medicinae soluito duum florinorum.

Jusiurandum Decani.

Juret uelle res studii medicinae ac munus sibi delatum curare diligenter, quod facere se conueniens sit haud negligere, neque quicquam quod huic studio damno esse possit machinari. Libros, signum, pecuniam, literas, denique singula, quae a prioris semestris Decano in arca reposita acceperit, accurata diligentia et fidelitate custodire. Intra octo dierum spatium, quo magistratu abierit, rationes deponere apud studii medicinae consiliarios, et si quid ullius rei aut nummorum desit, mox numerata pecunia sarcire.

Officium Decani.

Ne abesto oppido ultra dies quatuordecim nisi permissione Consilii studii huius, cumque hac in suum locum seniore ex consiliariis substituto aut nouo, si qua necessitas urgeat, Decano designato. Nomina illorum, qui sub magistratu suo doctoreos consecuti sunt honores singulatim in albo studii huius perscripta habeto, anno ac die additis. Omnibus studii huius doctoreos honores in Vniuersitate scholae huius consecutis, si eius rei testimonium exigant, diplomata ac literas testes, forma hactenus usitata, exhibeto. In quarum consecutione florinus vnus persoluitor, cuius pars vna Decano, altera vero huius Collegii aerario cedat. Pari ratione diplomata studiorum et diligentis auscultationis testes petentibus haud deneget, modo antea florinum vnum persoluerint facultati, cuius altera quidem pars Decano debetur.

Nulli praeterea medendi rationem in hoc oppido exercere permittat, qui in Vniuersitate scholae huius insignia doctorea non consecutus sit, aut si aduena fuerit, qui in album studii medicinae non inscriptus sit. Inscriptionis vero pretium, quod advena pendat, florinus vnus esto. Singulis praeterea annis, idque mense Julio ex Illustrissimi principis nostri decreto cum reliquis ordinarie in hac schola medicinam docentibus Doctoribus officinam diligenter inspiciat, atque ut singula medicamenta iusto uendantur precio, curet.

Praemium Decani.

Decano pendetur honorarium pretium laboris atque operae hoc tempore de aerario studii huius florinorum trium et concedetur merces inscriptionis eorum, qui sub illius magistratu doctoream consecuti sunt lauream, quarta nimirum aurei unius pars. Altera quoque pro exhibendis diplomatibus seu instrumentis datae pecuniae pars illius esto.

De doctrina studii medicinae.

Titulus II.

Vetus docendi ratio, qua maiores nostri in scholis medicis usi sunt, his temporibus, in quibus Graecae potissimum linguae atque latinae uiget studium, magnaque probatissimorum rei medices scriptorum copia existit, tolerari haud potest. Proinde cum sapientissimi quique communibus moribus tanquam scenae esse obsecundandum praeceperint, ineunda quoque ratio docendi medicinam erit, quae huic seculo conueniet.

Et quum nemo sit, qui nesciat Arabes omnia ferme sua e Graecis transcripsisse, parcissime deinceps ad doctrinam studii huius adhibebuntur, quod consultius sit artis praecepta a fontibus, quam turbidis riuulis haurire. Posthabitis itaque quam maxime fieri potest Arabibus, ac aliis ineptis ac barbaris autoribus unus deinceps Hippocrates et Galenus, qui artem hanc absolutissime tradiderunt, publice medicinae initiatis ennarrabuntur. Ex quamplurimis vero Hippocratis scriptis potissimum libri de natura humana, Aphorismorum, praesagiorum, De ratione victus in morbis acutis Sextusque Epidemicon explicabuntur. Inter innumera autem Galeni opera haec prae aliis enarrabuntur: De temperamentis, De simplicium medicamentorum facultatibus, De inaequali intemperie, De naturalibus facultatibus, De usu partium corporis humani, De affectis locis, De morborum differentiis, De morborum causis, De symptomatum causis, De ratione curandi per sanguinis missionem, Medendi methodus, Eadem ad Glauconem, De differentiis febrium, De crisibus, De diebus indicatoriis, Ars medica. Inter explicandum passim Graeca latinis conferantur. Caeterum cum simplicium medicamentorum effigies ac formas nemo Graecorum, cuius hodie extent opera, extra unum Dioscoridem descripserit, curabit fidus interpres, vt si qua de iis inter praelegendum mentio incidat, illorum ex Dioscoride historias afferat et pro uirili explanet.

Aestatis denique tempore cum medicinae studiosis rura montesque saepius petat ac plantarum uultum diligenter obseruet illisque uiuas eorundem imagines demonstret, neque ut hactenus consueuere multi, simplicium notitiam seplasiariis illis hominibus rudibus et stultis mulierculis committat. Haec itaque docendi ratio posthac in scholis medicis obseruator. Licebit tamen, si ita uisum auditoribus omnibus fuerit, ex Arabibus Razem in nono ad Almansorem, et quartam primi aut primam quarti Auicennae passim adhibito iudicio interpretari.

De disputationibus habendis.

Titulus HI.

Doctores ordinario docendi munere fungentes quater singulis annis disputationi publicae praesunto. Proponentur tum descripta in charta a Doctore futurae disputationis praeside ante quinque dies themata iis de rebus, quarum anteacto tempore in scholis medicis frequens facta mentio est; hoc enim pacto medicinae initiatis ea quae inter praelegendum audiuere in memoriam denuo reuocabuntur. Disputationis praeses, nisi cum respondentem deficere uincique senserit, ne interloquitor. Decanus cum reliquis huius studii ordinariis professoribus toto disputationis tempore assidento aut multam dimidiati florini soluunto. Disputationes aestate hora sexta incipiuntor, hyeme septima. Singuli qui medicinae nomina dederunt studiosi, singulis disputationibus aliquod suae eruditionis specimen exhibento atque argumenta contra respondentem proferunto, quod qui facere neglexerit, ad honorum petitionem ne admittitor.

De feriis.

Titulus IIII.

Singuli Doctores ordinarie docentes singulis diebus publice horam unam in scholis medicis praelegunto, demptis uacationibus ac feriis, quae communes illis cum professoribus Theologiae sunto. Vacationum uero haec erunt tempora. Primo A festo diui Thomae apostoli usque ad Epiphaniae diem. Secundo Ab Estomihi usque ad dominicam Inuocauit. Tertio a die Palmarum in octauum paschatos. Quarto A uigilia pentecostes usque ad Trinitatis festa. Quo tempore doctores cum studiosis rura ac montes ad uisendas herbas iam recens enatas ac teneras petunto. Quinto A die sexta Julii usque ad decimum Augusti, hoc est Laurentii diem. Quo iterum tempore Doctores cum studiosis ad uisendas plantas floribus ac semine praegnantes rura et agros adeunto. Sexto A Michaëlis festo usque ad diui Lucae diem. Septimo His duo in singulis nundinis dies adduntor. Festa, quae uocant Collegii, communia cum Theologiae professoribus erunt dies conuersionis diui Pauli, Gregorii summi pontificis, Ambrosii episcopi, Georgii, diui Marci, Visitationis Mariae, Assumptionis Mariae, Augustini, Natiuitatis Mariae, Cosmae et Damiani, Martini, Catharinae, Nicolai. Item dies Jouis, quamuis illa hebdomada aliae interciderint feriae. Cessabunt denique a docendi munere iis diebus, quibus de ritu religionis nostrae festa in ecclesia celebrabuntur [1].

---

1 Von späterer Hand ist der Tag des Augustin gestrichen und Allerheiligen eingefügt.

De neglectis in docendo horis.

Si quis docendi functionem ad aegros extra huius oppidi moenia habitantes uocatus, unum aut alterum diem intermiserit, is de neglectis lectionibus quod ordinatio Illustrissimi principis statuit fisco pendat.

De anatome seu corporis dissectione fienda.

Titulus V.

Singulis annis bis, si fieri commode potest, integra corporis humani aut partis saltem eiusdem alicuius dissectio celebrator. Dum dissectio habetur, aliquod de ea re Galeni, qui in consectionibus exercitatissimus fuit, scriptum praelegatur, et qui praelegit ea quae ille docet uidentium et assistentium oculis demonstret. Mundini de anatome scriptum, quod hactenus ad eam rem adhibitum est, quod mendis et erratis innumeris refertum sit, prorsus negligendum erit. Quicunque dissectioni interesse uoluerit, vnum, si integra fuerit, florinum, Si uero partis, dimidium aut quartam florini partem iuxta Collegii huius studii aestimationem soluito, vt ex pecuniis collectis necessaria comparentur. Immunes tamen sint Domini Doctores de consilio Vniuersitatis neque ab illis quicquam mercedis nomine exigatur.

De discipulis studii medicinae et petitione honorum.

Titulus VI.

Quicunque sibi honores decerni petent, ordine et rite ad illos procedant. Detineantur itaque in hoc studio certo ac legitimo quodam tempore, ne leuiter quis artis degustatis praeceptis sese pro absolute instituto uenditet. Et cum vnum omnium esse tempus non expediat, qui antea philosophiae praecepta perdidicere et Magisterii honores consecuti sunt, hi integros annos tres medicinae studiis inuigilanto. Alii qui hos honores non ambierunt annos quatuor operam medicinae nauanto. Vtrique professores illius assiduo et diligenter audiunto, nullam horam illius doctrinae negligunto, praesertim quas audire legitimum sit.

Nemo ad petitionem honorum admittitor, qui non semel ordinarie respondendi munus obierit. Nemo etiam aspiret ad honores doctoreos, qui in plurimis disputationibus non affuerit et argumenta non protulerit. Singuli denique aliquot hebdomadis ante honorum petitionem disputationem publicam instituunto sub praeside, qui ordinarie medicinam in vniuersitate scholae huius doceat, cui florini duo persoluuntor. Praeses, quem ordo proposcit, intra sex hebdomadarum spatium disputationi praeesto aut multam quatuor florinorum soluito. Caeterum in iis qui honores petunt nunquam non eruditionis et uitae integritatis potius quam aetatis aut praescripti temporis ratio habenda erit. Ideoque si quispiam studii sui tempus legitimum ad unguem, ut dici solit, non absoluisse compertus fuerit, eruditione tamen iis, qui hoc ipsum compleuerint, par aut superior fuerit, cum illo Decano et Consilio Collegii medici transigendi et paciscendi ius esto. Concessum autem est, vt de praescripto tempore dimidiati anni spacium remittant, Sic tamen vt in certis ac singularibus casibus et personis vniuersitatis iudicio stetur. Nulli, qui doctoreos consequi sperat honores ante illorum consecutionem in hoc oppido medendi rationem exercere phas esto. Doctoribus tamen ordinarie docentibus, cum aegros inuisunt, adsint, vt ab aliis exquisitam curandi methodum perdiscant.

De ratione petendorum honorum.

Titulus VII.

Petiturus honores doctoreos nomen suum apud decanum profitetor et vt Consilium studii huius conuocet petito. Decanus petitioni illius annuat et consilium conuocet, ipse quoque candidatus iussus adesse tum appareat et quid conetur paucis ad Consilium referat. Quo facto Decano solenniter promittat se ad interrogata pro conscientia sua et ueritate responsurum esse. Interrogata uero iis de rebus sunto.

Primum. Num in album Vniuersitatis Scholae huius inscriptus sit. Neque enim alicui ad honores aspirare liceat, nisi nomen suum antea apud Rectorem Vniuersitatis scholae huius professus fuerit.

Secundum. An studii sui tempus legitimum ac praescriptum in vniuersitate scholae huius aut alia absoluerit, idque testimoniis Doctorum suorum planum ac ratum facturum se confidat.

Tertium. An disputationibus plurimis cum attentione et discendi uoluntate interfuerit et argumenta prout constitutum est produxerit.

Quartum. An semel extraordinarie respondendi prouinciam obierit.

Quintum. Deinceps iusiurandum illi Decanus praelegat, quod exigi solet ab iis, quorum ingenium explorandum erit, quod habetur infra in titulo nono de iureiurando.

Sextum. Postquam haec peracta sunt, pecuniam infra in titulo de impensis Candidatorum expressam apud Decanum et huius studii Consilium deponat.

Quo facto Candidato praefinietur dies, quo quasi in campum descendat explorandi ingenii et eruditionis suae.

Primum omnium num Candidatus eo quem petiit honore dignus sit priuato examine inquiritor. Quo peracto et idoneo candidato inuento Inquisitores illum ad Cancellarium deducant, cui per Decanum ut is, qui communi et suo ac aliorum huius studii doctorum testimonio probatus sit, et ad publicum examen admitti debeat, commendetur. Ad Decani commendationem Cancellarius publicum examen certis die et hora constituet. Ad constitutum diem Candidato duo Themata mane inque eius diei aurora in Collegii aestuario magno proponuntor, ad quae hora secunda pomeridiana respondebit, praesentibus Cancellario, Decano et aliis Consilii studii huius Doctoribus. Examine perfecto Candidatus ueniam precatus exeat, donec Inquisitores de eius responsione consultarint ac sententias suas in praesentia Cancellarii dixerint. Quod si singulorum suffragiis, cui doctorei concernantur honores, dignus iudicatus fuerit Candidatus, tum illi pro consequenda, ut uocant, Licentia Cancellarius diem designet.

Constituto die Cancellarius in publico studiosorum a Decano solenniter indicto conuentu Candidato licentiam in Aula vniuersitatis scholae huius conferat. Qua collata mox in Doctorem ab aliquo, quem ordo poposcerit, studii huius ordinario professore iisdem loco et hora creetur, qui et ipse honeste pro consuetudine horum temporum uestitus orationem iis quae geruntur consentaneam habebit, utque singula ordine fiant diligenter curabit.

Munus hoc dicendi atque praesidendi primum senior ex Doctoribus Consilii studii huius obito, deinceps qui aetate illi proximus est, donec ad iuniorem deuentum sit.

De impensis Candidatorum.

Titulus VIII.

Quum mos creandorum Bacalariorum in medica professione iam dudum sua sponte desierit, nemo posthac ad honores petendos admittitor, nisi qui Licentiam simulque insignia Doctorea se uelle consequi promiserit [1]. In iis uero consequendis, ne res magni precii temere prostitutae uilescant, ii sumptus faciendi erunt:

Rectori Vniuersitatis scholae huius dimidium florini soluitor.
Aerario Vniuersitatis scholae huius . . . . flor. I.
Aerario Collegii medici . . . . flor. IIII.
Praesidi disputationis extraordinariae . . . . flor. II.
Doctoribus Consilii studii huius . . . . . . flor. X.
Conferenti insignia doctorea . . . . flor. VI.
Duas quoque tiaras aut earundem pretium singulis doctoribus facultatis [2].
Ministro publico . . . . flor. III.
Examinatoribus . . . . flor. VI.
Cancellario . . . . flor. I.
Decano inscriptionis nomine . . . . cruc. XV.

Ad conuiuium inuitabuntur omnes dignitate et honorum insignibus clari siue ad Vniuersitatem scholae huius pertineant siue extra illam degant in hoc oppido. Inuitabuntur et ambo praefecti Ducales De senatu oppidi duo primores natu maximi Scriba oppidanus Cellarius Ducalis Et extra hos illi quoque, quos Decano et Consilio studii huius inuitari placuerit.

---

1 Hiezu eine Randnote von der Hand des Leonh. Fuchs: De Licentiatis tamen ad nos aliunde aduentantibus Anno 1502 die Sept. 6 in senatu decretum est, vt illi priusquam ad honores doctoratus admittantur, aut publice disputent aut cursum peragant pro facultatis arbitrio et sumptus omnes, extra eos qui pro examinibus penduntur, ferant. — 2 Der Werth des Huts wird zu einem Gulden, ein Paar Handschuhe zu 6 Kreutzern, ein Pfund Zucker, das ebenfalls zu den Gaben gehörte, zu 6 Batzen angegeben.

De iureiurando.

Titulus IX.

Vt facile quaeuis iuramenta, sicubi iis opus fuerit, inueniri possint, sub unum singula titulum redacta collocari curauimus.

Jusiurandum eorum, qui consilio studii medicinae adhibentur.

Velle obedientiam ct uenerationem se praestare Decano, nullum legitimum detrectare imperium, constitutiones Collegii huius latas et deinceps ferendas obseruare, suffragia nullius odio aut amore ferre, diligenter singula ad communem studii medicinae utilitatem referre, Silentium praestiturum celandorum. Dicat: *Ita iuro, ut me Deus adiuvet.* †

Jusiurandum examinandorum: Passuros se omnem iudiciorum euentum, neque si repulsam tulerint aut omnino a petitione exclusi fuerint, iram aut uindictam se uel per alium suo nomine usurpaturos esse.

Jusiurandum exquisitorum: Promittant decano non passuros affici mouerique animos suos beneuolentia, odio, largitionibus aut spe futuri questus. Examinandorum se curam habituros.

Jusiurandum Candidatorum: Venerationem ac obedientiam Rectori Vniuersitatis scholae huius, domino Cancellario, Decano et Consilio studii medicinae se praestituros, nullum legitimum detrectare imperium. Quod pro uirili sua commoda cum Vniuersitatis scholae huius tum praecipue studii medicinae omni tempore, ad quamcunque honoris eminentiam euecti fuerint, augere uelint, malum uero auertere. Velle Licentiae ac Doctoreos honores in nulla alia Vniuersitatis schola iterare. Insignia doctoreā ritu solenni praefinito a Consilio studii huius, persolutis omnibus impensis de more debitis capessere.

Conclusio.

De omnibus iis iam memoratis legibus et constitutionibus quouis tempore arbitrium, existimatio, interpretatio, mutatio, abrogatio penes Collegium studii medicinae esto, modo expressus consensus et autoritas consilii Vniuersitatis aecedat, vt illas emendent, corrigant, augeant, imminuant, reuocent, pro eo atque usus et tempora poscent. Nihil enim est, quod ad omnes rerum ac temporum occasiones perpetuo accomodari possit.

Univ. Arch. XIV. 9. Statutenbuch Pap. Eisenlohr 325. Diese Statuten sind ohne Zweifel dieselben von welchen die A Sen. 4. Mai 1538 die Notiz enthalten: Relatum de statutis medicorum. Damals wurden sie bestätigt s. S. 174.

FACULTAS ARTIUM.

I.

I und II STATUTEN von 1477—88 und 1505.

Mit der Aufschrift: Erste Statuten der Artisten Facultät vom Jahr 1488 enthält die Eisenlohrsche Sammlung der U.G. 812 diejenigen Statuten, welche in dem Band Fach XV, 15 stehen. Diese Fassung (B) ist aber weit ausführlicher und viel jünger als die im folgenden zu Grund gelegte Redaction (A) aus Sammelband Fach VI, 17 Pergament. Woher jener Herausgeber die Jahreszahl 1488 genommen habe, ist nicht ersichtlich. In dem Bande selbst fehlt jedes Datum. Dagegen ist die ältere bisher unbekannte Redaction A in der Ueberschrift auf dem Deckblatt mit 1488 bezeichnet. Hier rührt die Zahl offenbar daher, dass einige Zusätze zu diesen Statuten, welche am Ende des Heftes nachgetragen sind, aus dem Anfange des J. 1488 datiert sind. In Ermanglung eines anderen hat der Registrator dieses Datums sich bedient. Die Statuten selbst müssen vielmehr älter sein. In Wirklichkeit ergibt sich durch Vergleichung der in dem Liber Decanatus Fach XV, 14 und in dem Bande Sanctiones et Statuta Fach XV, 17 mit Zeitangabe enthaltenen einzelnen Conclusa der Facultät, dass A überhaupt die erste Redaction ist, B aber etwa aus den Jahren 1505 bis 1510 stammt.

B ist mit Absicht in vielen Artikeln weit ausführlicher gefasst als A und enthält manche Bestimmungen, welche zur Zeit der Zusammenstellung von A zwar längst vorhanden waren, aber bei der Redaction der Statuten, als zu sehr in das einzelne gehend, beiseite gelassen wurden. Später scheint man diese Ergänzung nöthig gefunden zu haben.

Auf die Geschichte jener ersten Statuten A wirft einiges Licht ein Eintrag in dem Liber Decanatus f. 25: Eadem die [2. Aug. 1484] M. Conr. Summenhart[1] Rector Univ. decanum requisivit, ut conclusiones facultatis non confirmatas juxta statutum desuper factum universitati remitteret

---

1 So schreibt er in der Matr. Fac. Art. selbst mehrmals seinen Namen, bei anderen findet man in der Regel die Schreibung Summerhart.

confirmandas. — Tuncque [5. Aug.] per facultatem conclusum est, quod conclusa facultatis universitati non remitti aut presentari debeant per illam confirmanda, sed ipsa facultas concludendi et conclusa confirmandi per se habeat auctoritatem, quod de mente etiam fuisset Domini nostri gratiosi. Der Facultät lagen Verhältnisse im Sinn, wie sie etwa in Paris bestanden; sie wollte eine selbstständige Körperschaft in der Universität sein, aber die vom Abt Heinrich gegebenen Statuten S. 41 lassen keinen Zweifel darüber, dass sie sich damit zu viel heraus nahm. Darum beruft sie sich auch nicht auf die Statuten der Universität, sondern auf die Absicht oder Ansicht des Fürsten. Summenhart selbst gehörte zu der Facultät, er ist noch 1487—88 ihr Dekan und vielleicht hat er in dieser Stellung veranlasst, was er 1484 ohne Erfolg verlangt hatte.

Es ist aber eine Sammlung der Conclusa der Facultät, ein Statutenbuch, nicht allein 1484 vorhanden und im Gebrauch gewesen, sondern in der ersten Convocatio der jungen Facultät am 7. October 1477 ist bereits von einem liber statutorum die Rede, nach dessen Rubris: de consilio facultatis und de pedelli officio die betreffenden Personen beeidigt werden, Lib. Dec. f. 1. 2. Man war also schon vorher unter den Gründern der Universität über die wesentlichen Vorschriften einig geworden und hatte dabei vermuthlich die ersten Mitglieder der Facultät, die primævi collegiati et stipendiarii zu Rathe gezogen, nämlich die Magister Johannes Stein, Conrad Vesseler, Wilhelm Mütschelin und Conrad Scheferlin (vgl. die Matrikel), welche auf Grund derselben die Constituierung der Facultät vornahmen, wobei vierzehen Magister in die Regentia eintraten. Diese mit der Zeit weiter ausgeführten Statuten scheint man endlich im Winter 1487 bis 88 der Universität zur Bestätigung vorzulegen sich entschlossen zu haben, wovon die im Eingang stehenden vorsichtigen Worte: ipsius universitatis munimine subeunte Zeugniss geben. Man vermied den Ausdruck confirmatio oder approbatio und wählte den schwächeren, der meist für Besiegelung gebraucht ist.

A. STATUTA FACULTATIS ARTISTICAE. 1477—88.

1. In nomine sancte et indiuidue Triuitatis. Amen.

Volens insignis FACULTAS ARTISTICA ALME VNIUERSITATIS DUWINGEN sibi commissos filios et salutaribus fulgere virtutibus et doctrinis laudatis decorari, quatenus ab ignorancie purgati squalore sciencias aliis serere valeant et fructum gignere in domino profuturum Statuta quedam per ipsius facultatis Supposita pro tempore, diuina fauente clemencia, fideliter et inconuulse seruanda maturo deliberamine preuio condidit et fecit ipsius vniuersitatis munimine subeunte, facitque et ordinat per presentes Hec que sequuntur capitula comprehendentia.

De festo S. Katherine.

2. Inprimis itaque Sanctissimam dei virginem et martirem KATHERINAM, que sapientum victrix extitit, ipsa facultas in patronam eligens dignissimam Statuit et a posteris singulis ipsius facultatis Suppositis inviolabiliter obseruari voluit, ut ipsius S. Katherine patrone nostre festum [25. Nov.] per eam facultatem cum primis Vesperis et Missa solenni solitaque collacione peragi debeat et celebrari[1].

II.

B. STATUTA 1505.

[1] B schaltet nach Absatz 2 ein:

Item in festo S. Catherine virginis et martiris gloriose, patrone nostre, post primas vesperas collatio fieri debet, pro cuius celeriori fine huiusmodi de consensu dominorum prepositi et decani ecclesie collegiate loci, per vnam horam anticipentur Item decanus ecclesie ad rogatum facultatis officium misse cantet, Et ante quam solennis doctorum et magistrorum processio

3. Preterea Quia et fratribus et Benefactoribus nostris vices reddere iubemur Statuit atque pro ipsius facultatis incremento vberiori ordinauit, vt eorundem fratrum et Benefactorum omnium defunctorum memoria, cum Missa celebranda defuncto-

---

cum sceptro fiat vniuersitatis, Decanus facultatis artium Rectori vniuersitatis pro tempore iungatur in choro, qui simul in processione omnes alios antecedant.

Mandet etiam huius intuitu decanus dominica proxima ante Catharine mandato scripto, tam in dicta ecclesia, quam in bursis et earum ianuis publicando, omnibus tam birretatis quam scolaribus facultatis artium, reliquarum facultatum superiorum, tam capita quam membra exhortando, vt primis vesperis collationi et officio misse intersint, necnon oblationi per ea fiende, prout facultatis artium membra in hijs negligentia quatuor solidorum h. cupiant penam euitare.

Item omnes et singuli magistri de regentia facultatis, in eodem festo S. Catharine intersint processioni solenni, sub pena suspensionis a regentia per integrum annum et priuationis prandij, [ita quod ad facultatem non sit recipiendus, etiam quocumque modo ante annum].

Item omnes et singuli de regentia facultatis artium ingredientes processionem incipiant a choro, redeundo denuo ad chorum vel capellam vniuersitatis, sub pena priuationis prandii.

Item decanus facultatis artium in vigilia Catharine per se ipsum collationem faciat, non substituendo alium sine consensu facultatis, sub pena vnius floreni fisco facultatis artium irremissibiliter soluendi, et carentia dimidij floreni, quem alias de collatione haberet.

De expensis in festo S. Catharine.

Item in festo Catharine habeatur prandium moderatum, expensis facultatis, quod conducetur per decanum et facultatem, secundum quod videbitur ipsis congruentius.

Item domino decano medium floreni, pro collatione habenda in vigilia S. Catharine.

Item vnam libram cerae pro candelis conficiendis.

Item celebranti officium in die S. Catharine, duos solidos,

rum solita annis singulis die Mercurij angariali in quadragesima peragatur. His itaque missis prememoratis Magistros omnes et nobiles, Baccalaureos quoque et Scolares ipsius facultatis habitu decenti debitaque reuerencia a principio vsque in finem interesse et debito seruato ordine offerre voluit sub pena quatuor solidorum h. Quo circa statuit similiter Vt decanus ipsius Facultatis eosdem omnes et singulos per publicam intimationem conuocet suis suppositis mandando, Doctores vero et alia vniuersitatis supposita, quatenus missis huiusmodi interesse velint, exhortando, prout ipsam artisticam facultatem magis honorare cupiant.

Prouideat quoque decanus pro tempore de singulis ad officia huiusmodi necessariis et opportunis videlicet de presbytero Missam celebrante Ministrantibus Cantoribus Candelis et pannis supra feretram ponendis. Exponat denique isipse de fisco facultatis premissorum intuitu: Celebranti duos solidos h., cuilibet Ministrantium octo denarios, Totidem Rectori Scolarium,

---

Item ministrantibus ad altare, cuilibet vnum ß h.

Item cantoribus, cuilibet octo denarios,

Item iuuenibus deferentibus candelas 1 ß.

Item edituo duos solidos h., quorum loco hucusque consueuit accipere prandium,

Item rectori scolarium, duos solidos h.

Item organiste, duos solidos h.

Item ejus famulo, tres denarios [1].

De personis ad prandium Catharine iuuitandis.

Item inprimis inuitentur ad prandium Catharine omnes de consilio vniuersitatis et regentia facultatis, in cuius repensam vniuersitas soluet singulis annis facultati artium 1 fl.

Item D. Prepositus ecclesie collegiate S. Georgii vna cum decano, plebano et predicatore ad hoc prandium inuitentur.

Item de aliis personis egregiis aut spectabilibus, qui non sunt de consilio vniuersitatis aut de regentia fac. artium, an ad hoc prandium sint inuitandi, relinquitur arbitrio fac. artium, secundum quod ipsum actum cupiunt honorari.

---

1 Zusatz: Item choralibus octo nummos.

Organiste et eum iuuantibus quindecim denarios, Sacriste vnum solidum, Juuenibus candelas facultatis deferentibus vnum solidum h., Pauperibus denique precipue Scolaribus tres solidos h.

Placuit preterea vt exequie honeste juxta defuncti qualitatem peragantur ita quod pro diuitibus moderati sumptus pro candelis et aliis, pro pauperibus vero per facultatem dei intuitu singula expendantur [1].

---

[1] B. setzt statt des zweiten und dritten Absatzes von 3:

Item missa facultatis tempore quadragesimali fiat in monasteriis alternatis vicibus et honoretur conuentus celebrans hanc missam quatuordecim aut sedecim solidis pro piscibus.

Item decanus ex officii debito exigat penas a negligentibus interesse huic misse.

Item defuncto magistro de consilio fac. actu existente sue peractionis primus septimus et tricesimus per fac. celebretur in capella vniuersitatis sub prima missa cum officio misse decantando atque ministrantibus cum candelarum vini et panis impositione.

Aliorum vero doctorum de consilio vniuersitatis, magistrorum de regentia et scolasticorum de fac. a. solus primus (*Zusatz:* peragatur cum impositione vini et panis).

Item funus predictorum omnium ducatur cum tota fac. atque quatuor candelis accensis, similiter panno facultatis feretro supraposito et solenni processione ad locum sepulture.

Item decanus per intimationem in bursis aut alias, sicut sibi visum fuerit expedire, conuocet omnes magistros et scolares, magistros sub pena octo den. et scolares sub pena solidi ad huiusmodi peractiones Missarum, ad cuius pene executionem decanum volumus esse astrictum.

De expensis in funere et exequijs,

Celebranti missam duos solidos, ministrantibus, cuilibet vnum solidum,

Edituo vnum solidum,

Rectori scolarium octo denarios,

Scolaribus habituatis, candelas deferentibus et crucem, ante et circa funus, cuilibet ij den.

De Matricula et Regentibus in facultate artium et quis ipsius membrum censeatur.

4. Statuitur quod omnium Magistrorum in artibus regentium sit vna facultas concors, ab vno decano regenda, In qua Regens non censeatur, Nisi Magister in Matriculam facultatis inscriptus et eidem iuratus Qui disputationes ordinarias sub pena carentie presentiarum visitauerit et ordine suo disputauerit formaleque exercitium annis singulis rite perfecerit.

5. Baccalaureus quoque volens facultati artium incorporari Et in artibus continuare similiter inscribatur Alioquin ipsius facultatis membrum minime censeatur, actusque lectiones et exercitia, si qua compleuerit, ad gradus adeptionem sibi nequaquam computentur. Magistros vero nostre facultatis Matricule non inscriptos hic in ipsa nostra facultate regere, legere aut disputare actusque lectiones et exercitia ab eisdem audita ad gradus in artibus adeptionem computari, Scolares quoque nostros audire tales nequaquam volumus, Sub graui pena a facultate artium indubie dictanda.

6. Quo circa dicta facultas decreuit habere Matriculam quandam specialem in qua omnia supposita sua promota conscribere possit Et si deo volente Magistrum vel Baccalaureum sic matricule nostre inscriptum viam universe carnis migrare contingeret, extunc per facultatem illius defuncti tanquam fratris nostri secundum ordinationem desuper conceptam exequie peragi debeant [1].

7. Preterea Statuit Facultas, vt quilibet Magister siue Baccalaureus pro inscriptione in Matriculam decano persoluat duos solidos h.

De fisco facultatis artium.

8. Placuit quod Decanus fisco deputata in archam facultatis diligenter reponat, cuius arche claues habeant duo Seniores Magistri, vtriusque vie vel duo consiliarij cum Decano, iuraturi, Quod fideliter res commissas cum clauibus velint custodire [2].

---

[1] Die Worte: Et si -- debeant fallen weg. Ebenso Absatz 7.

[2] Der Titel lautet in B:

De electione decani eiusque officio juramento et potestate.

9. Statuit artium facultas Vt Rectore Vniuersitatis electo statim eadem die, decanus pro tempore omnes Magistros de consilio facultatis ad electionem noui decani per pedellum nominatim conuocari faciat, Et extunc eligatur per iuramentum prestitum in Decanum Magister ydoneus grauis et morigeratus actu Regens, Qui ad minus quatuor annorum sit Magister, Ita quod, in quem maior pars facultatis consenserit vel in quem decanus antiquus parilitate votorum concurrente declinauerit, habeatur nouus decanus solum per vnius anni cursum permansurus. Qui et decanatum (postquam sibi de electione constiterit) infra diem naturalem sub pena duorum florenorum fisco facultatis applicandorum assumere teneatur.

10. Juret quoque decanus Sic primum electus in Manus antiqui decani vel Senioris Magistri in totius facultatis presentia hoc modo:

Ego Juro et promitto Vobis domino Decano antiquo aut vices gerenti totique facultati artium, quod fideliter pro facultate artium agere volo, officium meum accurate exercere, statuta et in facultate conclusa pro posse manutenere, congregationes facultatis iuxta ordinationes et statuta facere, Ordinationes et Statuta ipsius facultatis infra Mensem cum debita exhortatione pro suppositorum Moribus et Disciplina in Scolis publicare, Sigillum, librum Statutorum et actorum, Matriculam et*

Placuit, quod decanus fisco deputata in arcam facultatis diligenter reponat, sub debito juramenti.

Arca autem facultatis quatuor claues habere debet, quarum vnam decanus pro tempore, reliquas duas consiliarii decani, quartam vero senior illius vie, de qua decanus non est, fideliter seruent et custodiant,

Item clauigeri eligantur eodem die, quo antiquus decanus rationem facit, Juretque decanus cum clauigeris, quod fideliter res commissas cum clauibus velint custodire.

---

* Des silbernen Scepters der Facultät geschieht weder hier noch oben bei dem Cerimoniell des Katharinenfestes Erwähnung, obschon das

alia per antiquum Decanum michi oblata et commissa sub fida custodia tenere, Nullas literas absque facultatis expresso consensu vel consiliariorum meorum sigillare, Rationem de singulis perceptis et expositis infra mensem post mei officij resignationem coram facultate fideliter facere et facultati in prompta pecunia de restantia satis facere, Statuta denique me concernentia infra octo dies perlegere.

11. Officium preterea Decani sit, in Disputatione ordinaria singula disponere, a Recitatione positionum vsque ad finem per se vel per alium permanere, Congregationem cum articulorum formatione et horam comparendi, preter consiliariorum consensum, nisi necessitas exposcat, non facere, et illam per cedulam cum articulis deliberandis, Nisi causa obstiterit, Sub pena arbitraria a facultate infligenda intimare, Vota singulorum secundum ordinem attente colligere, Juxta pluralitatem votorum tunc presentium vel cum suo, si paria fuerint, concludere, Omnia conclusa sub suo officio signare, Signata infra Mensem post resignationem officii, vt memoratu digna in libro actorum signentur, coram facultate pronunciare, Receptos ad regentiam facultatis ad matriculam suo ordine conscribere, Singulos excessus et negligentias in publicis et bursalibus actibus magistrorum et suppositorum pro posse corrigere et emendare. Adhoc etiam si opus fuerit, facultatis vel Vniuersitatis auxilium implorare, Sine facultatis consensu ab hoc opido ultra quindenam se non absentare. Sin autem Vices suas antiquo sue vie decano vel seniori Magistro committere, festa facultatis artium, Vacantias et cessationes ab actibus per pedellum auisatus intimare, Et rebelles Magistros a Regentia et consilio suspendere. Et vt decanus huic suo officio, accuratius intendere possit, Placuit facultati, vt

---

Scepter der Universität genannt ist und jenes um so mehr anzuführen war, als es gerade das Bild dieser Patronin der Facultät trägt. Man wird daraus schliessen dürfen, dass die betreffenden Abschnitte vor Erwerbung des Scepters redigiert waren. — Das Scepter, welches wie das Sigill noch vorhanden ist, lieferte Michel Goldschmid von Weilerstadt am 29. Mai 1482 ab. Es wog 3 Mark 2¼ Loth und wurde mit 32 fl. 2 ß. 8 ₰ Heller, nebst einer propina von ½ fl. bezahlt. Fach XV, 14 und Crusius Exc. Mh. 369. S. 556. Die Facultät in Heidelberg hatte für ihr schwereres Scepter mit demselben Bild 1454 die Summe von 54 fl. 5 ß bezahlt.

isipse ex fisco facultatis quatuor florenos cum intitulatura Baccalaureandorum et Magistrandorum, non obstantibus alijs sibi debitis, leuare habeat.

12. Denique statuit facultas, Vt inantea Decanus non habeat neque debeat exponere quicquam nomine facultatis vltra quartam floreni, Nisi[1] cum conformi omnium Magistrorum

[1] Von hier an hat B.: nisi cum maioris partis magistrorum de consilio fac. consensu.

Item electio decani fac. a. per vota occulte prestita fiat, preuia tamen interlocutione, ita tamen quod omnium et singulorum vota ab antiquo decano colligantur.

De pecunia per Decanum recipienda et exponenda.

Quilibet Decanus nouiter electus, mox post rationem per antiquum Decanum factam, pecuniam per eundem Decanum antiquum presentatam in presentia facultatis vna cum cera et aliis ad fac. spectantibus ad et in arcam integre deponere et recludere debet, sub debito prestiti iuramenti. In quam arcam eciam duo zedule, quarum vna recessum antiqui Decani, reliqua summam totam repertam retineant, includantur.

Item Decanus ad vsum vltra decem florinos de pecunia facultatis per iuramentum non recipiat.

Item magister de consilio fac. artium statum suum mutans in vno florino honoretur, post scilicet primicias celebratas, post solennisationem matrimonij, post receptionem insignium doctoralium in tribus superioribus facultatibus. Decanus vero, si statum mutauerit, in duobus florinis honoretur.

Item Decanus legendo statuta facultatis potest recipere ex fisco quartam partem floreni, in subsidium collationis habende cum magistris eum honorantibus.

Item Decanus magistros in prandiis suo ordine locare habeat, si quis autem circa hoc Decano seu eius mandato non obtemperauerit, talis suis expensis prandium soluat, ad cuius pene exactionem Decanus diligenter vigilare habeat.

Item decetero Decanus facultatis artium stallum habeat in capella vniuersitatis, in sedibus doctorum, quem pedellus ad actus publicos atque ad templum semper comitetur.

de consilio facultatis, Nullo discrepante, consensu. Non etiam isispe Decanus huiusmodi quartam floreni aut minus expendat, Nisi vniformi suorum Consiliariorum concurrente assensu nullo contra dicente.

De consiliarijs decano deputandis eorumque officio et juramento.

13. Amplius Statuit Facultas et ordinauit, vt quo decanus eligatur die eligi debeant et duo Consiliarij eiusdem, Quorum vnus antiquus decanus immediatus (si commoditas admittat) Alter vero alterius vie ad minus trium annorum Magister existant, Quorum consilio Decanus facere [habeat] congregationes facultatis artium Sub pena per Decanum et eos aut alterum eorum cum Decano dictanda.

14. Jurabunt itaque Consiliarij ijdem coram facultate in manus decani, Quod officium eorum fideliter exercere velint sine dolo. Sit autem eorum officium de congregationibus facultatis faciendis sub pena per eos dictanda, cum decano deliberare, Decanum quotiens fuerit vtile et necessarium pro facienda congregatione requirere. Sigillo facultatis cum decano sigillare, Denique ad iussum decani, quotiens per pedellum vocati fuerint in negocio facultatis ad eundem decanum venire et properare.

15. Item Statuit facultas, quod electus in Consiliarium, Si iurare recuset, vt premissum est, soluat pro pena vnum florenum fisco facultatis applicandum.

De consilio facultatis ac qui et quales ad ipsum recipi debeant prestandoque Juramento per eosdem.

16. Placuit facultati vt de cettero omnes magistri qui in regentia facultatis duos annos compleuerint, Sub pena amissionis regentie ad consilium facultatis recipi petant, qui et omnes recipiantur, Nisi forte canonicum obstiterit impedimentum Ita tamen quod habito singulorum consilio non nisi parium de singulis viis vota computentur, a senioribus de consilio inchoando [1].

---

[1] statt Absatz 16 hat B.: Item de consilio fac. a. debent esse quatuor collegiati, decem conuentores, duo pedagogi et duo resumptores magistrandorum de vtraque via.

17. Statuit insuper ipsa facultas, vt ad consilium recipi desiderans, priusquam recipiatur, iuramentum in manus decani solenne prestet, vt sequitur: *primo* iurabit quod super omnibus propositis sanius consilium dare velit, prout sua conscientia super re proposita dictaverit, *Quodque* Bonum facultatis, vnitatem et honorem pro posse et nosse procurabit, *Item* quod secreta consilij facultatis artium et quecunque decanus eiusdem mandauerit non revelari vel perpetuo vel ad tempus, iuxta facti qualitatem, non revelet, *Item* quod Magistrum sic vel sic deliberantem, precipue in odiosis, directe vel indirecte nutu vel signo non prodat. Reuerenter decanum et Magistros Seniores de facultate tractabit, Decano eidem in hiis que facultatem concernunt obediat, Vocatus denique a decano sub pena in cedula conuocationis dictata vel dictanda compareat. Preterea Statuit facultas quod quilibet in facultate contra alium querelam faciens, is quoque aduersus quem querela formatur, vel saltem pro se aut alio supplicans, mox formata vel supplicatione vel querela a consilio exeat, donec preuia deliberacione decanus duxerit eum reuocandum. Ita tamen, quod in alijs forsitan tunc propositis articulis Voto suo is non spolietur. Ceterum Similiter statuit facultas, quod si vocatus ad consilium non comparuerit vel etiam per pedellum pluries quesitus repertus non extiterit, quod tunc alij presentes de consilio concludendi et disponendi habeant facultatem, Ac si absentes presentes forent, Si saltem nulli viarum quid preiudiciale tractetur.

De lectionibus et exercitijs pro vtroque gradu [1].

18. Statuit facultas artistica, Vt decanus omni anno ad festum S. Ambrosij [4. Apr.] singulos Magistros in facultate eadem

---

[1] Statt der Titel 18 bis 25 hat B. folgende:

De lectionibus et exerciciis in bursis pro vtroque gradu.

In maiori logica maue ante prandium hora sexta, in ambabus bursis.

In paruis naturalibus hora septima ante prandium, in ambabus bursis.

regentes solis Canonicis collegij exceptis, conuocet sub pena priuationis regencie ad eligendum lectiones et exercicia formalia per tunc instantem annum exercitanda. Ita tamen quod discreta fiat in qualibet via electio a magistris eiusdem vie secundum ordinem

---

In Petro Hispano et paruis logicalibus post prandium in hora prima, in ambabus bursis.

In libris phisicorum, ethicorum, et de anima, hora secunda post prandium. Est tamen ibi quoad libros de anima diuersitas in bursis.

In grammatica post prandium hora quarta, nisi forte in ieiunio propter contionem in cenobiis habendam. Tunc enim eligatur hora secunda vel alia conueniens.

De lectionibus et resumptionibus in bursa habendis.

Item nullus magistrorum de aliquo exercitio plus pastus a scolaribus exigere debet, quam juxta ratam temporis. Tempus autem a prima die exercitii inchoandum veniet, quam quiuis diligenter notare debet, quod si quis scolarium plus dederit, nihilominus ille sequenti magistro suam portionem astringatur dare.

Neque aliquis magistrorum formale exercitium alibi, quam in bursa aut alio loco forsan per vniuersitatem et facultatem deputato exercere debet, sub amissione totius pastus, fisco facultatis applicandi.

Nullus etiam magistrorum siue ordinarie siue extraordinarie resumens alium in hora sibi deputata impediat, videlicet lectionem vel exercitium vltra horam protrahendo.

Insuper, ne baccalaurij aut scolares ab actibus formalibus quacunque occasioone retrahantur, statuit artium fac., vt tempore disputationis ordinarie tam magistrorum quam baccalaureorum aliorumque actuum formalium, nullus magistrorum aut baccalaureorum resumere aut alium quemcunque actum scolasticum facere presumat, sub pena duorum solidorum fisco applicandorum, totiens quotiens huic contrauenerit statuto.

De pedagogio.

Item de qualibet via, in electione noui decani, eligatur vnus, qui sit superintendens pedagogij,

senii procedendo. Quod si numerus exerciciorum a numero Magistrorum regencium et eligencium defecerit, possint ex tunc Magistri quos ordo ille non tetigerit cum quibuscunque superioribus concurrere. Si autem aliquid nondum electum restet, facultas

---

Item singuli scolares vsque ad baccalaureatus adeptionem pedagogij resumptionem visitare sint astricti, sub pena solutionis totius pastus.

Item pedagogus a scolaribus pedagogij non accipiat salarij nomine vltra vnum aureum, per integrum annum, ab illis vero, qui infra annum lectiones audire cessant, recipiat secundum ratam temporis.

Item rectores pedagogij a scolaribus, cum quibus est habita taxa, vel qui ipsam adhuc concupiscunt, pastum exigere non debent, nihilominus tamen lignalia et alia soluent.

De resumptoribus magistrandorum.

Voluit facultas, quod resumptor magistrandorum immediate post diem promotionis nouellorum magistrorum, cum magistrandis sese ad futuram promotionem examini submittere volentibus, incipiat repetere ante prandium in logica Aristotelis, post prandium vero in phisica, vtrobique textualia declarando, prout tempus patitur. Ita tamen, quod singularem faciat diligentiam in veteri arte, libris priorum et posteriorum, item in quatuor libris phisicorum, de anima et paruis naturalibus. Et vt omnia illa debite fiant, Rectores bursarum superintendere debent.

Voluit denique facultas, omnes et singulos magistrandos esse astrictos ad audiendum huiusmodi repetitiones, pro quibus singuli magistrandi dabunt resumptori quatuor solidos. Nec aliquis magistrandorum ab auditione illarum excusabitur per hoc, si dicat, se prius audiuisse illas repetitiones, Nisi eas tanquam magistrandus audiuerit et integrum pastum soluerit resumptori.

Si vero aliquis magistrandorum legitimam pretenderet habere causam, propter quam ipsum resumptorem nollet audire, vel etiam non posset, talis eandem causam facultati proponat, quam facultas, prout sibi equum videbitur, approbare vel reprobare potest. Voluit tamen facultas, quod resumptor illius vie, de qua

vt eligatur prouideat. Item placuit facultati, quod Magister librum quem semel elegit infra quinquennium denuo eligere eundem non possit.

19. Item statuit similiter, quod vnusquisque Magistrorum legens aut exercitans statim ad contactum hore Scolas intret lectionem aut exercicium incipiat per horam integram continuando, vt non vltra, ne alios actus impediat. In ebdomada, si fuerit integra, non nisi vnum festum faciat, in non integra vero nullum nisi aliquod festum collegii in tali septimana occurrat, sub grauibus penis a facultate infligendis. Nec citra tempus sue lectioni aut exercicio prefixum et vt infra a facultate diffinitum ipsum exercicium aut leccionem finire presumat, neque vltra spacium vnius septimane excedat sub pena amissionis pastus eiusdem exercicii et leccionis, dolo tamen et fraude seclusis.

20. Amplius placuit facultati, quod talis seruetur legendi forma, vt videlicet primum Magister cum diligencia morose

---

est magistrandus, qui huiusmodi causam proponere vult, ante propositionem exeat.

Item si aliquis magistrandorum post medium vel circa finem mutationis illas repetitiones audire inciperet, talis nihilominus integrum pastum soluat, ac si a principio mutationis easdem audire incepisset. Nisi hoc ex legitima causa factum fuisset, quam, vt supra, facultati proponere debet.

Voluit denique facultas, quod magistrandus ex alia vniuersitate adueniens, toto tempore quo hic in nostra vniuersitate vt magistrandus stetit, soluat resumptori integrum pastum, videlicet eptomodatim quatuor solidos. Illo vero tempore quo non fuit hic, computando a primo die, quo resumptor incepit repetere illis magistrandis, cum quibus talis alienus promoueri cupit, soluet resumptori pro qualibet septimana octo nummos.

Item pauper qui taxam recepit, resumptori medium soluat pastum. Per hoc tamen facultas voluit claudere viam, quin si talis pauper in sumptibus, vestimentis et aliis vanitatibus excessiuus fuerit, ab eodem vltra medium pastum exigere possit. Si vero humilis, discretus, parcus et studiosus fuerit, et a resumptore gratiam petierit, tunc resumptor minus dimidia parte vel omnino nihil recipere possit.

textum legat, quatenus Scolares omnes textus suos (quos habere debent) corrigere possint et punctare, deinde textum diuidendo et artificialiter continuando sentenciam summarie et per modum conclusionis exprimat, nichil ad pennas dando exceptis dumtaxat diuisionibus continuacionibus et sentenciis textus.

21. Ceterum statuit facultas, vt infra scripti libri legantur et exercitentur ordine et tempore annotatis pro pastu eis annexo, ad quem integre teneatur quilibet siue Baccalaureus siue Scolaris et non minorem, preter decani et ad taxam deputatorum decretum.

Exercicia pro Scolaribus cum lectione.

22. Ysagoge Porphirii lectio hora [1] — } X ß.
exercitium hora secunda }

Predicamenta et peri arminias [de interpretatione] Aristotelis eisdem horis XVI ß.

Priorum analiticorum lectio et exercitium eisdem horis XV ß.

Posteriorum analiticorum lectio hora octaua dempto titulo de ignoranciis, exercitium hora secunda IX ß.

Quatuor libri Topicorum ab eisdem horis VIII ß.

Elencorum ab [1] — VIII ß.

Tres primi tractatus Summe Naturalium Alberti, exercitium post prandium hora quarta, precium IX ß.

Ultimi duo libri A. [2] exercicium precium IX ß.

Exercicia pro eisdem absque lectione.

23. Primus quartus et quintus tractatus Petri Hyspani h. sexta VIII ß.

Secundus et tercius VI ß.

Parua logicalia [3] XIV ß.

---

1 Angabe der Stunde ist offen gelassen. 2 Lücke.

3 De proprietatibus terminorum sc. suppositione, ampliatione, appellatione, restrictione, alienatione Aristoteles speciales libros non edidit, sed alii autores utiles tractatus ediderunt ex his quæ sparsim philosophus in suis libris posuerat; et ista sic edita dicuntur Parva Logicalia eo quod a minoribus auctoribus respectu Aristotelis sunt edita. Prantl G. d. Logik II, 204. Sie bilden den Inhalt der 5 letzten Bücher der Summula des Petrus Hispanus.

Et secundum hanc ordinacionem Scolaris per integrum annum semper habet duo exercicia et vnam lectionem, sed ab Vrbani [25. Mai] vsque Vdalrici [4. Jul.] vnam habet lectionem et tria exercicia.

Summa pastus exerciciorum formalium et lectionum pro gradu Baccalaureatus quatuor floreni [1].

Exercicia vero pro Baccalauriis cum lectione.

24. Phisicorum quatuor primi A. lectio et exercitium mane hora sexta, precium vna libra.

Quatuor vltimi eisdem horis legantur et exercitentur, precium XV β h.

De celo et mundo preter tercium lectio hora sexta exercicium ... 1 libr. h.

De generatione et corruptione A. lectio et exercicium vt supra, precium XV β h.

De anima, precium XIIII β h.

Metaphisica preter tercium et vndecimum a Luce [18. Oct.] vsque purificacionis [2. Febr.] aut Valentini [14. Febr.],

Metheororum a purificationis aut Valentini vsque Philippi [1. Mai].

Ethicorum et economicorum a Philippi vsque Natiuitatis Marie [8. Sept.].

Paruorum naturalium a Natiuitatis Marie vsque Luce.

Exercicia Conuentorum pro Baccalauriis.

25. Ethicorum quinque primorum }
Paruorum Naturalium } Pastus II florenorum.
Metheororum trium primorum }

Summa pastus pro eisdem actibus IIII floreni. Itaque Baccalaureus quottidie per circulum anni diebus saltem quibus legendum est duas lectiones habebit cum duobus exercitiis.

De ordinaria disputacione Magistrorum.

26. Statuit facultas, quod Magister actu regens, quocienscunque eum ordo tetigerit, in habitu ordinarie disputare

---

1 der Gulden = 28 Schilling, das Pfund Heller = 20 Schilling.

teneatur sub pena medii floreni, nisi forte illo tempore presens non esset, vel ex racionabili causa, quam decanus cum consiliariis approbare baheant, pro tunc disputare non posset. Extunc enim decanus, ne scole negligantur, de alio disputante provideat, ęt nichilominus Magister talis neglectam disputacionem huiusmodi posterius supplebit, sub pena priori, si saltem de regencia facultatis arcium esse velit.

27. Circulo autem Magistrorum finito Decanus pro tunc existens, tanquam caput facultatis, primum et ante omnes alios disputabit, nisi forte Rector Vniuersitatis protunc de regencia facultatis fuerit, extunc decanum precedere habehit, itaque deinceps alii Magistri secundum ordinem matricule disputent, hora sexta in estate et septima in iieme inceptantes. Sophiste quoque, qui de numero senarium excedere non debebunt, ex quibus adminus vnus grammaticus sit, per horam audiantur, deinde disputans duas tantum questiones proponat, contra quarum posiciones tres aut quatuor raciones deducat. Ad has etenim questiones dumtaxat quatuor Baccalaurios ad maximum sibi contradicentes respondere volumus.

28. Insuper statuit arcium facultas, vt nullus arguens vltra tria argumenta proponat, quorum eciam duo tantum deducat.

29. Decanus eciam presidentem et respondentem (si opus fuerit) dirigat, idem faciat in absencia decani ille, cui ipse decanus vices commiserit, aliis tacentibus, sub pena septem solidorum fisco totiens quociens applicandorum.

30. Talis autem disputacio deinceps qualibet septimana semel sabbatina die fiat, in qua decanus cuilibet disputantium suo ordine quatuor denarios distribuat, duplo semper decano et presidenti cedente [1].

---

[1] Statt der Absätze 28. 29. 30 gibt B. folgende ausführliche Bestimmungen über Disputationen: Insuper rector vniuersitatis pro tempore a disputatione ordinaria supportatus esse debet, si petat, sui officii durante tempore.

Item conclusum est, quod nullus magistrorum aut Baccalaureorum facultatis artium, cuiusuis vie, in illarum questionum vel sophismatum titulis, super quibus ipse disputaturus existit in eadem facultate, presumat vllum verbum mordax vel punc-

De statu studentium facultatis artium.

31, Placuit, vt quilibet tam Baccalaureus quam Scolaris diligenter audire teneatur omnes lectiones formales cum

---

tiuum, aut ex quo alios alterius vel illius vie magistros vel Baccalaureos exacerbari, morderi vel ad dissentiones prouocari contingat. Ad quas precauendum ordinamus, quod pedellus per quindecim dies permoneat magistrum vel baccalaureum presessurum, quatenus se disponat ad presidendum, atque in octaua ante sue disputationis diem tradat eidem pedello zedulam suarum positionum disputandarum, quam et idem pedellus primo ante omnem earundem positionum intimationem vel publicationem presentare teneatur antiquo decano, consiliario alterius vie, cum nouo decano eiusdem facultatis, quibus si non de concordi voto vtriusque vel vnius tantum, alterius forte vie, in qua magister presessurus est, positiones ipse vel earum aliqua, aut earundem ponendi modus placuerint, teneatur extunc prefatus magister vel Baccalaureus disputaturus, taliter alterare et variare positiones suas, qualiter ab vtroque decernentur disputande, alioquin omnino de illis supersedeatur.

Verba autem mordentia, exacerbatiua atque punctiua, a quibus in ipsis positionibus erogandis atque intimandis abstinendum est, hec que sequuntur, et eis equiualentia indicamus, *hercsis, hereticum, sapiens heresim, erroneum in fide, suspectum in fide, periculosum, sommare, erroneum*, eciam si *in fide* non apponat, *stolidum, asininum, irrationabile, falsissimum, inprobabilissimum, maledictum*, vel his eciam contraria, vel *magis rationabile, magis probabile, verissimum, magis verum, magis probabile*, vel *probabilissimum*, que omnia et decani et consiliariorum suorum iudicio pariter et discretioni duximus committenda ad arbitrandum.

Et si aliquis magistrorum huic salubri statuto non paruerit, verum aliquam positionem, que aliquid ex his verbis, aut eis consimilibus contineret, intimauerit, ipsa non preostensa nec approbata, modo predicto, Is ipso facto, duorum florenorum mulctam artium fac. fisco irremissibiliter soluendam incurrat. Suspensus quoque sit a regimine fac. artium, atque ab omnibus emolumentis eiusdem, ita quod nullum ius eidem in bijs, in quocunque foro

exercitiis secundum suum statum, vt premissum est, a principio vsque ad finem, et hoc ex proprio vel alieno textu, ita tamen, quod audientes ex vno textu numerum ternarium non excedant. Lectiones quoque et exercitia neglecta, et in quibus insolencias

---

acquiratur, neque pro ipso taliter suspenso vniuersitas quoquo modo se intromittat, suspensionis penam relaxando, donec facultas duxerit secum dispensandum pluralitate votorum, absque decani voto.

Talis autem disputatio deinceps qualibet septimana semel sabbatina die fiat, in qua decanus, cuilibet disputantium, suo ordine quatuor denarios restituat, duplo semper decano et presidenti cedente.

Insuper quiuis magister suis loco et ordine per se presidere teneatur.

Item si quis magistrorum presidere non possit, Is per se decanum accedat causam allegaturus, cur presidere non valeat, que deinde causa, si decano et suis consiliariis rationabilis visa fuerit, approbetur ac per decanum de alio disputante prouideatur, nec talis magister ad presidendum admonitus per pedellum aut cedulam pedello traditam se erga decanum, cur presidere non possit, excuset, nec ipse pedellus talem excusationem ad decanum referre presumat, sub pena per facultatem arbitranda.

Item magister volens profiteri accipiat questiones et sophismata pro capacitate respondentium et huiusmodi questiones et sophismata ipsis respondentibus per triduum ante disputationem declarare et cum eis disputare teneatur, iuxta vniuersitatis statutum.

Item magistri artium in hyeme hora septima, in estate vero hora sexta disputationem artium incipiant, in cuius exordio per integram horam magister presidens respondentibus positiones proponere declarare et cum ipsis disputare astrictus sit, sub pena priuationis presentiarum.

Pedellus quoque super eo vigilare et tales negligentias decano denunciare, sub pena priuationis presentie, teneatur.

Statuimus denique, quod quoad supramemoratas penas transgressoribus infligendas, aut ad declarandum eos huiusmodi penas incurrisse iudices existant, decanus fac. a. aut vicem tenens,

commisit, signare tenentur, sub pena retardacionis in finem, vt tempore admissionis ad temptamen super hijs coram facultate deponere et dispensacionem petere possit.

32. Insuper, ne Baccalaurii aut Scolares ab actibus for-

---

cum suo predecessore, quibus in hac parte vniuersitas atque artium fac. tributam potestatem siue iurisdictionem esse volunt atque declarant, in notoriis de plano et sine iuris strepitu cognoscendi et decernendi competere. In aliis excessibus decanus facultati denunciet, vt facultas ipsa, appellatione remota, de plano et sine strepitu iuris cognoscat atque decernat penas transgressoribus infligendas, iuxta excessus qualitatem ac facti circumstantiam, atque secundum incorrigibilitatem vel contemptus quantitatem.

Sin autem predicti iudices non concordauerint, adiungatur eisdem decanus facultatis theologice pro tempore, cui similem tributam vult vniuersitas esse potestatem.

De disputatione magistrorum quantum ad arguentes.

Magister volens arguere disputationis locum ingrediatur honeste vestitus, cum capicio et birreto decenti.

Item magister suo ordine et loco argumentari et post deductionem suorum argumentorum in loco disputationis, donec magister eum sequens sua argumenta deduxerit, permanere teneatur, sub pena priuationis presentiarum.

Si vero aliquis magistrorum propter lectionem aliquam ordinariam ordinem et locum suum neglexerit, et eam causam decano allegauerit, habebit decanus iuxta persone qualitatem discernere, et si talis sit, qui eo tempore lectiones visitare consueuit, eundem si sua argumenta, vt decet, deduxerit, presentijs non priuabit.

Item quo major in disputatione obseruetur honestas ac maturitas, voluit eciam facultas, vt magister arguens, latinis et non teutonicis arguat verbis, ne potius risum, quam vtilitatem disputando promoueat, pena sub eadem.

Item nullus arguens vltra tria argumenta proponat, quorum duo duntaxat deducat, sub pena priuationis presentiarum, et si malibus quacunque occasione retrahantur, statuit artium facultas, vt tempore disputacionis ordinarie tam Magistrorum quam Baccalaureorum aliorumque actuum formalium nullus Magistrorum aut Baccalaureorum resumere, aut alium quemcunque actum

---

hanc penam non curauerit et per decanum admonitus non cessauerit, pena arbitraria per facultatem infligenda puniatur.

Item magister arguens suum argumentum proponere et sco*lares id ipsum assumere debent, presidente scolarem sic dirigente: *ecce illa est maior aut minor* et *quid dicis ad eam*, quod si respondens non respondeat, quia forsan ignarus, presidens magister solucre possit argumentum, arguente nihil replicante.

Item in *disputatione magistrali* artistarum neque arguens neque magister presidens illis vtantur terminis vel loquendi modis *videlicet heresis*, *hereticum* et similibus, dicendo vel inferendo aliquid fore hereticum vel sapere heresim, *suspectum de heresi, erroneum in fide*, vel *damnatum per ecclesiam*, *asininum* vel *stolidum*, verum ab illis abstinere omnino volumus et modestis vti verbis scolasticis, puta sic dicendo: *non videtur verum*, vel *est inconueniens*, *inprobabile, inopinabile.* Volumus preterea, vt omnes a reliquis verbis, licet minus mordacibus, abstinere studeant, rationibus et auctoritatibus, non contumeliis aut conuiciis disputando. Qui si eciam in huiusmodi, licet minus mordacibus, excesserint, subiacent pene duorum florenorum, vt habetur supra capitulo precedenti, sic incipienti: Item conclusum est, quod nullus magistrorum etc.

Insuper volumus, vt de nulla disputatione mere theologica quisquam artistarum se in scolis eorundem intromittat, ita vt pro conclusione vel positione sue disputationis teneat, nec vllum doctorem sue vie quisquam alio extollat vel efferat titulo, quam consueto. Et si inter disputandum aliqua occurrerit propositio theologica, que pregnans existat aut aliquam obscuritatem pre se ferat, quam arguens ipse vel assumit, vel inferre conatur, extunc ipse magister presidens, eandem nequaquam iudicare habeat, si vera sit vel falsa, verum dicat: *neque vestrum est, hic illam inferre vel assumere, neque meum est, hic ad eam respondere.* Quod si deinde ad hec verba presidentis vel decani aut vicedecani (quem sub sui officij debito, vt diligenter in hoc casu

scolasticum facere presumat, sub pena duorum solidorum fisco applicandorum, tociens quociens huic contrauenerit statuto.

33. Item statuit, quod singuli Scolares et Baccalaurii in tercia aut quarta lectione, similiter et exercicio, se inscribi

---

silentium inponat, astrictum esse volumus) arguens quiescere nolit, presidentem ipsum aut respondentem impellat atque inducere conetur, vt respondeat, extunc talis magister arguens penam incurrat 1 flor.

Item nullus magistrorum in eorundem disputatione alteri magistro, qui tunc actu arguit, aut antequam argumenta sua consummauit atque quieuit, suum argumentum soluendi aut reprehendendi animo reassumere presumat, neque verba sua eidem adhuc interponat aut intermisceat vel interrumpat, quibus alteri suum argumentum soluere conetur, aut quibus eum, quo minus pacifice ipsum deducere queat, impediat, neque volumus quemquam per hoc releuari, quod dicat se aliquid dicturum cum licentia vel supportatione decani, vel cuiusuis alterius, sed ipso facto incurrere dimidij floreni penam sine gracia fisco fac. soluendi.

Item magistris, qui tempore disputationis ordinarie sunt in examine aut temptamine, si alias consueuerint visitare disputationes, debet dari pecunia, que magistris arguentibus dari solet.

De officio Decani in disputatione ordinaria magistrorum et baccalaureorum.

Decanus in propria persona disputationibus tam magistrorum quam baccalaureorum presens sit a principio vsque ad finem. Quod si negligens fuerit, per facultatem admoneatur, et si admonitus se non emendauerit, sed in sua negligentia perseuerauerit, facultas eum iuxta excessus qualitatem punire aut alium eligere teneatur.

Item si nonnunquam contingeret, quod decanus ex causa legitima in persona propria vni vel pluribus disputationibus interesse non posset, tunc vnum alium, de consilio facultatis existentem substituat, qui omnia ea, que ipsum decanum in actu disputationis concernunt, diligenter faciat, sub eodem debito quo decanus.

Item decanus in disputatione nulla soluere debet argumenta,

curent et ante finem totalis libri singuli cedulas recognicionum de auditis recipiant, quas etiam tempore admissionis ad temptamen facultati palam presentent, sub pena retardacionis. Magistris quoque pro pastu in prompta pecunia vel pignora infra

---

sed potius tam presidentem quam respondentem dirigere et magistris arguentibus silentium inponere, quatenus singulis arguendi locus pateat.

Item decanus nullam positionem mere theologicam, iuridicam aut medicinalem in disputatione ordinaria facultatis artium siue magistrorum siue baccalaureorum admittat.

De disputatione ordinaria baccalaureorum, quantum ad presidentes.

Baccalaureus complens, quotienscunque eum ordo tetigerit, ordinarie per se in propria persona presidere teneatur. Quo dsi neglexerit, vltra retardationis penam, facultati artium septem solidos irremissibiliter persoluat, nisi forte illo tempore presens non esset, vel ex rationabili causa, (quam decanus cum consiliarijs suis approbare habeat) protunc presidere non posset. Extunc enim decanus, ne scole negligantur, de alio disputante prouideat, et nihilominus baccalaureus talis neglectam disputationem postea supplebit, sub pena priori, si saltem complens censeri velit. Talis autem disputatio qualibet septimana die dominica fiat. Et pedellus debet baccalaureum professurum per quindenam antea auisare, quod se ad presidendum disponat, debetque idem pedellus per octiduum ante professionis diem positiones apud eundem baccalaureum afferre et decano ad examinandum easdem presentare.

Item baccalaureus volens presidere accipiat questiones et sophismata pro capacitate respondentium, et huiusmodi questiones et sophismata ipsis respondentibus ante declaret et cum ipsis disputet.

Item baccalaurij artium hora duodecima disputationis actum incipiant, in cuius exordio per integram horam baccalaureus presidens respondentibus positiones preponere, declarare, et cum ipsis disputare astrictus sit, sub pena septem solidorum irremissibiliter persoluendorum. Super quo pedellus vigilare et tales negligentias decano denunciare teneatur.

duos menses redimendo satisfaciant. Quod si aliquis dolose se non inscriberet et cedulam recognicionis non reciperet, aut etiam Magistro non satisfaceret, eidem liber ille pro audito non reputetur eundemque audire teneatur et nichilominus Magistro legenti in integro pastu sit obligatus.

Item baccalaureus nec mordacia nec punctiua uerba suis positionibus inserat, et idem de baccalaureis arguentibus intelligatur, sicut supra in statuto de disputatione magistrorum ordinatum est, sub pena eadem ibidem contenta.

Statuit facultas, quod quilibet complens ad gradum magisterij astrictus sit ad minus bis extraordinarie presidere, tempore quo alias non habentur ordinarie lectiones, sub pena duarum librarum cere.

De disputatione ordinaria baccalaureorum quantum ad arguentes.

Baccalaureus arguere volens disputationis locum ingrediatur honeste vestitus, cum capitio, sub pena non completionis.

Item baccalaureus suo ordine et loco argumentari et post deductionem suorum argumentorum in loco disputationis, donec baccalaureus eum sequens sua argumenta deduxerit, permanere teneatur, sub pena non completionis.

Item nullus baccalaureorum, siue presidens siue arguens, in disputatione teutonicis vtatur verbis, sed latinis et discretis.

Item baccalaureus arguens ad iussionem Decani cesset, sub pena arbitraria, iuxta excessus qualitatem per facultatem infligenda.

Nullus insuper baccalaureorum predictorum (presidente baccalaureo dempto) alij baccalaureo suum argumentum in dictis publicis actibus soluat, neque eciam baccalaureus presidens in solutione argumentorum baccalaureos arguentes verbis afficiat derisorijs, opprobriosis aut iniuriosis quibuscunque, sed arguentium rationes (sicut videbitur) tranquillitate et modestia, quibus poterit, soluere curet, sub pena grauiori, procul dubio, huic mandato contrauenientes infligenda, quos etiam per pedellum nostre vniuersitatis nobis sub prestiti iuramenti debito, volumus denunciari.

34. Preterea statuit facultas, vt quilibet promouendus in artibus visitare teneatur triginta disputaciones ordinarias Magistrorum, Scolaris quidem in principio, Baccalaureus vero a proposicione questionum vsque ad finem racionabili cessante causa perseueret quousque gradum, ad quem anhelat, adeptus fuerit, sub pena non computacionis.

35. Quilibet preterea promouendus, tam Baccalaureus quam Scolaris, quater adminus Magistris ordinarie et bis extraordinarie aliasque tociens quociens a Magistro sue vie requisitus fuerit, respondere sit astrictus.

36. Item Scolaris promouendus diligenter visitare teneatur omnes disputaciones ordinarias Baccalaureorum, dominicis diebus a principio manendo vsque ad finem donec ad gradus optati adepcionem, sitque Scolaris similiter astrictus Baccalaureo vel Baccalaureis quater adminus ordinarie respondere diebus dominicis, in quadragesima et quinquies extraordinarie.

37. Rursus statuit artium facultas, quod quilibet promouendus in artibus siue Baccalaureus siue Scolaris debet compleuisse studio vacando annum cum dimidio in hac vel alia vniuersitate, aut saltem in nostra vel alia a sede apostolica priuilegiata,

---

De disputatione bursali [1].

Voluit facultas, quod disputator bursalis singulis quindenis cum exacta diligentia pro vtilitate et qualitate baccalaureorum et scolarium, ter resumere et semel disputare, atque in actibus illis absentes signare eosque rectori burse et conuentoribus denuntiare, sub officij sui debito, astrictus sit. Quod si talis disputator in supradictis negligens fuerit, tunc rector burse, fraterna precedente admonitione eundem facultatis decano denuntiare debet, qui quidem decanus id ipsum facultati proponere debet.

Item vacantie, que in superioribus facultatibus habentur, non inpedient disputationem bursalem, quin in eisdem disputator, prout supra, disputare teneatur, demptis vacationibus autumnalibus.

---

1 ausführliche Bestimmungen hierüber aus dem J. 1528 finden sich in den Bänden Fach VI, 21 f. 91. Fach XV, 15.

computando tempus exercitia et lectiones a die intitulacionis in Matriculam vniuersitatis et facultatis, si sit Baccalaureus.

38. Habeat eciam facultas plenam facultatem dispensandi cum Scolaribus in quarta parte anni, cum Baccalaureis vero ad magisterium in dimidio anno, racionabili tamen causa et legitima id exigente, puta quod si Magistrum habuerit pro eo deponentem, aut alias sufficiens reperiatur.

39. Statuit similiter facultas, quod Baccalaureus vel Scolaris de vna via ad aliam se transferens adminus teneatur in alia pro adepcione gradus annum compleuisse, absque dispensacione. Quod intelligi volumus de Scolaribus et Baccalaureis in nostra vniuersitate enutritis, quod si etiam talis per annum se absentauerit a nostra vniuersitate et postea reuersus fuerit, liber sit tanquam aliunde veniens.

40. Iterum statuit facultas, quod de cetero in dispensacionibus a Scolaribus pro excessibus negligenciis aut aliis quibuscunque nihil recipiatur, sed admittendi simpliciter admittantur et repellendi repellantur, Magistrorum tamen iure saluo, quo Scolaris duos solidos et Magistrandus duplum dare habebit.

41. Nullus itaque tempore lectionum exercitiorum aut disputationum truphis aut insolenciis Magistrum aut Scolares afficere, molestare aut impedire vnquam presumat, sub pena retardacionis.

42. Denique nullus siue Baccalaureus siue Scolaris cedulas actus aut lectiones nostre facultatis intimantes ante tempus debitum, scilicet pulsum vesperarum, deponat, sub pena vnius floreni [1].

---

[1] Die Artikel dieses Titels hat B. zum Theil in anderer Reihenfolge und dazu folgende weitere:

Item vt negligentia, quam hactenus nonulli tam baccalaurei quam scolares in responsionibus supradictis commiserunt, coerceatur, statuit fac. et inuiolabiliter seruari voluit, quod baccalaureus siue scolaris pro negligentia vnius responsionis soluat vnam libram cere, si vero duas neglexerit, duas libras et si tres neglexerit responsiones, tres libras cere persoluat, Et cum hoc carceris pena ad fac. arbitrium puniatur. Sed si quatuor siue

De resumpcionibus.

43. Statuit facultas, vt quilibet Scolaris a Magistro regente quocunque voluerit, Conuentoribus duntaxat exceptis, audire possit repeticiones siue resumpciones omnium vel ali-

---

baccalaureorum siue magistrorum responsiones neglexerit, penitus non admittatur.

Item tam baccalaurei quam scolares tenentur disputationes bursales toto tempore completionis, videlicet anno cum dimidio, frequentare, et si quis vltra sex neglexerit, per fac. artium nequaquam admittatur, sed pene retardationis subiaceat.

Ceterum non inprouide statuit facultas et obseruari voluit, vt nullus ipsius fac. baccalaureus vel scolaris, cuiuscunque conditionis extiterit, alium siue baccalaureum, scolarem, beanum siue nouicium, aut quomodocunque alias condictionatum, in disputationibus magistrorum vel baccalaureorum, aut quibuslibet alijs actibus scolasticis, presertim publicis, verbis, factis aut signis quomodolibet vexare, molestare aut perturbare presumat.

Item nullus scolarium siue baccalaureorum extra bursas, lectiones pro aliquo gradu complere censeatur, nisi ab vniuersitate et facultate licentia obtenta aut famulus siue discipulus alicuius doctoris vel magistri de regentia fac. artium existentis fuerit, aut alias cum parentibus vel consanguineis, in tercio consanguinitatis gradu coniunctis. Hij enim eisdem gaudent priuilegijs, quibus bursales.

Voluit tamen ipsa facultas, ad precauendum fraudes, quod stare volentes cum consanguineis presentent se facultati et eandem de gradu consanguinitatis sufficienter doceant.

Insuper voluit facultas, quod scolares, cum magistris de regentia facultatis extra bursam habitare volentes ipsis eisdem legibus, quibus bursales conuentoribus, subditi sint.

Denique voluit, quod magistri de regentia fac., si extra consilium extiterint, volentes secum habere scolares complentes, presentent se coram facultate et hoc eidem indicent.

Is autem duntaxat in bursa stare censetur, qui in illa vt censualis moratur, burse mensam habet et ea vtitur, in conducta habitatione dormit et nocturno tempore quiescit, exercitia solita

quorum librorum formalium gradum, ad quem anhelat, concernencium in vltimo medio anno. Qui pastus nomine dare debebit per septimanam octo denarios. Baccalaureus vero a suis conuentoribus solum (si voluerit) audiat resumpciones, nisi forte con-

---

audit aliaque facit et operatur, prout ad incolas bursarum spectare videtur et pertinere.

De commutatione actuum neglectorum.

Placuit quod rectores bursarum de cetero lectiones et exercitia neglecta scolaribus et baccalaureis artium in alios actus, si petant, commutare possint.

Item hij qui babent defectum vnius totalis libri, veniant ante tempus admissionis ad facultatem pro dispensatione aut commutatione. Aliter cum eisdem facultas non dispensabit tempore admissionis, Nec conuentores habent amplius eciam defectus vnius libri aut plurium partialium librorum commutare, sed ipsa facultas. Partialem autem librum dici voluit illum, qui cum alijs facit vnum totalem librum, secundum diuisionem conuenientem, vt primus phisicorum aut secundus etc.

De temporibus promotionum.

Item dominica proxima ante angariam in quadragesima intimetur examen pro baccalaureatu et die Jouis sequenti aperiatur. Item in angaria penthecostes.

Examen vero baccalaureandorum, quod habetur circa angariam crucis, intimetur dominica ante festum natiuitatis marie et tertia die sequenti aperiatur, nisi fuerit festum. Tunc enim quarta die aperiatur. Voluit tamen facultas, quod festum dedicationis ecclesie constantiensis non impediat actum admissionis.

Examen vero baccalaureandorum, quod habetur circa angariam Lucie [13. Dec.], intimetur in die s. Nicolaj [6. Dec.], quod in die conceptionis marie post prandium similis aperiatur.

Item voluit facultas, quod tempus completionis computetur promouendis ad dominicam post angariam.

Examen vero pro magistrandis tempore estiuali, intimetur

uentores resumere non possent aut vellent. Pro quo Baccalaureus per septimanam dabit duos solidos. Si autem Scolaris vel Baccalaureus alias resumpciones babere desideraret, audire poterit illas, pro vt maluerit, a quocunque, ita tamen, quod Scolaris per septimanam vltra vnum solidum Baccalaureus vero vltra octo denarios non grauetur neque Magister facultatem bahcat minus recipiendi, nisi forte iuxta taxam minus decernatur [1].

De Taxatoribus.

Statuitur, vt qualibet mutacione decanus publice intimet, quod, si qui paupertate grauati pro exerciciis integrum pastum soluere non habeant, tales coram eo et conuentoribus, aliisque duobus vtriusque vie Magistris ex consilio facultatis ab ipsa facultate sibi adiunctis certa hora compareant, taxam pastus recipientes, sub pena solucionis integri pastus. Hanc autem taxacionem facultas et decani et taxatorum conscienciis relinquit, eorum consciencias huius pretextu volens esse oneratas [2].

---

in die s. Viti [15. Jun.] et tercia die sequenti aperiatur, nisi fuerit festum. Tunc enim quarta die aperiatur.

Tempore vero hijemali examen pro magistrandis intimetur in die s. Joannis ev. et quarta die sequenti aperiatur.

[1] Dieser Titel fehlt in B.

[2] B. fügt bei: Petentes taxam debent iurare, quod nec ex propriis facultatibus, nec ex cuiuscunque amicorum subsidio vltra sedecim florinos leuare possint.

Visum interdum fuit, quod taxam recipientes habundantes fecerunt sumptus in cibo et potu. Idcirco, ne ob id magistri defraudentur, conclusum fuit sub Dec. M. Martini Plansch de Dornstetten A. 1488, quod nullus inantea dispensationem quamcunque assequatur, nisi in vniuersitate per vnam mutationem parce viuendo steterit, vino a pincerna, specialibus a preposito burse minime vsus. Alioquin aliorum pascibilium onera integra gerere debet. Quod si cum quopiam, vt prefertur, dispensatum extiterit et ille post huiusmodi dispensationem sumptus, pascibiles concernentes, facere ceperit, is ad solutionem pastus vt ceteri compellatur.

De Magistris et Baccalaureis aliarum vniuersitatum.

45. Facultas statuit, quod Magister vel Baccalaureus alibi promotus ad nostram facultatem recipi et ei incorporari desiderans, priusquam ad aliquem actum scolasticum admittatur, inscriptus sit Matricule huius alme vniuersitatis et eidem iuratus. Deinde de gradu suo coram tota facultate per testes aut literas patentes vel iuramentum (si condicione persone attenta facultati videatur sufficere) doceat sufficienter, ad respondendumque publice in disputacione ordinaria admitti petat. Quo peracto si denuo petat et facultati acceptandus videatur, iurabit in manus decani coram facultate hec que sequuntur capitula:

Primo quod Magister sit vel Baccalaureus talis vniuersitatis vti proposuit,

Secundo quod pro posse suo manutenebit Statuta ordinaciones et libertates facultatis, sub penis in ipsis contentis,

Tercio quod decano et senioribus Magistris reuerenciam exhibebit,

Quarto quod bonum et incrementum facultatis artium studeat procurare, ad quemcunque statum ipsum contingat pervenire,

Quinto quod ad vocacionem decani facultatis artium, quociens pro bono ipsius facultatis vocatus fuerit, veniat, sub pena in cedula conuocacionis comprehensa,

Sexto iurabit Baccalaureus, quod non velit hic in vniuersitate deferre capucium aut habitum alium cum pellibus de vario aut serico foderatum [1] neque birretum, nisi super hys secum dispensatum extiterit, vel fortasse in Magistrum aut doctorem vel ad prelaturam aliquam eundem promoueri contigerit.

46. Amplius statuit facultas, quod Magister vel Baccalaureus alterius vniuersitatis ad Regenciam vel consorcium Baccalaureorum nostre facultatis assumptus, duntaxat hos Magistros vel Baccalaureos ipsius nostre facultatis precedat ordine et loco quos antecedit in magisterio vel Baccalaureatu medietate annorum sibi defalcata, et si medietate annorum defalcata Magister vel Baccalaureus nostre facultatis in anno promocionis secum

---

1 gefüttert, verbrämt.

concurrerit, eciam locum ante talem Magistrum vel Baccalaureum alterius vniuersitatis habebit, nisi super hys concordi singulorum voto nullo contradicente specialiter fuerit dispensatum,

47. Item, quod Magister alterius vniuersitatis hic asssumptus teneatur persoluere fisco facultatis vnum florenum, Baccalaureus vero dimidium, et illorum decano quilibet duos solidos pro intitulatura,

48. Denique nullus Baccalaureus membrum facultatis artium esse censeatur, nisi Matricule facultatis rite inscriptus et iuratus fuerit, neque lectiones exercitia aut alii actus scolastici ad aliquem gradum in facultate artium sibi proficiant aut quomodolibet computentur, nisi modo pronotato facultati artium rite fuerit incorporatus [1].

De temptamine pro vtroque gradu.

49. Statuit facultas, quod tempore temptaminis instante decanus per publicam intimacionem Scolaribus vel Baccalaureis se examini summittere volentibus notificet, quod die precedente conuocacionem facultatis artium pro admissione seu dispensacione super defectibus coram ipso certa hora pro intitulatura compareant, sub pena non admissionis pro hac vice. Quibus sic comparentibus decanus et nomina et ordinem eorum ex Matricula Vniuersitatis aut eciam facultatis, quo ad Baccalaureos, colligat et conscribat, vt tempore dispensacionis facultatem super hys cerciorem reddere possit [2].

---

[1] B. fügt bei: Item baccalaureus veniens ab alia vniuersitate, eciam si ad facultatem artium hic non sit receptus, propter obstans iuramentum forsan in alia vniuersitate prestitum, nihilominus complere censetur, sine tamen dispensatione non promoueatur.

Item scolares de alijs vniuersitatibus venientes, examine nondum finito, ad ipsum, si facultati visum fuerit oportunum, admitti possunt, nullo saltem impedimento alio obstante.

[2] Auf diesen Abschnitt folgen in B. die weiteren Titel:

De promouendorum intitulatura et defectuum recitatione.

Item primum, priusquam ad dispensationem admittatur, coram

Juramentum promouendorum ante dispensacionem.

50. Insuper statuit ipsa facultas, quod quilibet Baccalaureus vel Scolaris se temptamini pro aliquo gradu summittere volens,

---

decano et magistris per facultatem sibi condeputatis, quilibet scolaris compareat, huiusmodi iuramentum prestando: *Ego iuro et promitto vobis domino decano et ceteris condeputatis vobis magistris hic presentibus, quod super omnibus interrogatorijs per vos faciendis, veritatem dicere volo, dolo et fraude penitus semotis. Sic me deus adiuuet et sanctorum evangeliorum conditores.*

Interrogetur promouendus scolaris,

Primo an a die intitulature in matriculam vniuersitatis, vsque in dominicam proximam post angariam, in qua promoueri velit, annum cum dimidio compleuerit, stando ordinarie in bursa aut cum parentibus, consanguineis, doctoribus vel magistris seu alias cum vniuersitatis et facultatis licentia, vt habetur in titulo de statu studentium, in capitulo: Item nullus scolarium. Baccalaureus vero interrogetur, an a die sue promotionis vsque in diem decimum, post admissionis diem computando, annum cum dimidio compleuerit stando vt supra.

Secundo an audiuerit legi omnes libros, videlicet veteris artis et noue Logice, suis loco et tempore, a collegiatis vel eorum substitutis, et ex textu proprio vel alieno, ita tamen quod non nisi mettertius fuerit.

Tercio an audierit singula exercitia ad gradum, ad quem anhelat, requisita publice in bursa loco et tempore per facultatem ad hoc deputatis, et an magistris pro laboribus satisfecerit.

Quarto an lectionum et exercitiorum per se auditorum recognitiones habeat, quas tunc presentet.

Quinto an signauerit lectiones et exercitia, quibus absens aut insolentias commiserit.

Sexto an sabbatinis diebus triginta sessiones magistrorum et totidem baccalaureorum compleuerit diebus dominicis.

Septimo an satisfecerit conuentoribus pro censu domus, eciam illius mutationis in qua est, similiter preposito et pincerne priusquam ad recitacionem defectuum suorum admittatur, et antequam in congregacione Magistrorum de regencia facultatis super moribus et ydoneitate eius deliberetur, iuret in manus decani, Quod sit membrum vniuersitatis et facultatis (si fuerit Baccalaureus), item quod nec verbo nec facto se velit vindicare, per se vel per alium, directe vel indirecte, quouis quesito ingenio vel colore, inquantum retardatus fuerit vel reiectus vel aliter, quam sibi placuerit, locatus. Item quod non velit secreta facultatis aut kamere reuelare, precipue que a decano demandantur non reuelanda.

---

burse pro victualibus, ac eciam ceteris magistris pro resumptionibus et alijs laboribus.

Quilibet eciam decanus tunc omnes promouendos, vt predictis satisfaciant, priusquam se facultati pro dispensatione presentent, sub pena retardationis, et sine spe promotionis et admissionis, admonere debet.

Octauo, an disputationes bursales omnes compleuerit per annum cum dimidio. Nam si vltra sex neglexerit, penam retardationis incurret.

Nono, an in actibus omnibus lectionum, exercitiorum et disputationum permanserit a principio vsque in finem.

Decimo scolaris interrogetur, an quater magistris et quater baccalaureijs responderit. Baccalaureus vero interrogetur, an quater magistris responderit.

Vndecimo interrogetur baccalaureus, an et quotiens extraordinarie presiderit, Scolaris vero, an et quotiens extraordinarie baccalaureijs responderit.

Item quilibet scolaris post intitulaturam se ad patriam recipiens, tempus sue absentie perdere debet, Ita quod in nostra vniuersitate non censeatur complere tempus, si saltem tali tempore in facultate actus fiant. De quo eciam exacte a decano tempore examinis defectuum est querendum.

Et pro informatione decani, et scolarium, quantum ad capitulum precedens, conclusum est, quod scolaris vel baccalaureus a loco recedens, qui propter suam absentiam aliquorum exercitiorum et lectionum defectus recipit, quod is cum temporis de-

Quomodo qualificati esse debent promouendi.

51. Statuit facultas, quod nullus Magistrorum aliquem inabilem vel infamem, cui legitimum obstiterit impedimentum, ad examen licencie vel Baccalaureatus promoueat, aut pro ipso presentando deponat, sub pena suspensionis a regencia, vel alia per facultatem infligenda.

52. Quocirca statuit facultas, vt subscripti a temptamine sint exclusi, videlicet lusores discoli brigatores infames, Doctoribus vel Magistris irreverenciam exhibentes, in vestibus contra probibicionem statutorum vniuersitatis incedentes aut alias non Scolastice se gerentes, lupanar aliave loca suspecta suspectasque mulieres frequenter visitantes, qui et propter excessus coram Rectore sepius comparuerint, presertim eciam hy, qui propter retardacionem aut aliam causam quamcunque Magistro minas imposuerint aut Magistrum verbis vel factis, per se vel alium, publice vel occulte affecerint et molestauerint. Tales etenim spe careant promocionis, donec Magistro satisfecerint et facultati.

53. Item statuit similiter facultas, vt nullus Scolarium aut Baccalaureorum amplius ad examen vel temptamen admittatur, nisi Magistrum vel Magistros de singulis exerciciis lectionibus et aliis quibuscunque Bursam concernentibus realiter persoluerit et cum effectu, quodque quilibet Magistrorum in presencia facultatis contra talem deponere astrictus sit, bone fidei debito.

54. Cetterum statuit facultas, quod Magister repetens vel resumens vna cum Conuentoribus de persona aut insufficiencia sui Scolaris vel Baccalaurei tempore presentacionis coram facultate deponat et curam ipsius pre cetteris habere teneatur [1].

---

fectu seu absentia non habeat simul exercitiorum et lectionum defectum signare.

[1] Statt der Abschnitte 54 bis 56 hat B.: Item nullus scolarium vel baccalaureorum, nisi prius censum domus integre soluerit coñuentoribus, ad aliquod temptamen admittatur vel examen, et decanus nullum debet examinare.

De dispensatione tempore admissionis.

Item facultas dispensare non habet vltra sexaginta defectus.

55. Item vt Studentes magis disciplinam valeant, statuit ipsa facultas et ordinauit, quod Scolares et Baccalaurei tempore dispensacionis sine admissionis ad temptamen per iuramentum recitare teneantur numerum lectionum exerciciorum ac disputacionum per eos neglectarum in finem, vt si quis Scolarium vel Baccalaureorum sine legitimis causis (quas pro tunc allegare teneatur in presencia facultatis) neglexisset, in aliquo librorum formaliter pro gradu requisitorum tot lectiones et exercicia aut disputaciones, quod facultati cum tali non videatur dispensandum, ex tunc talis ad temptamen vel examen non admittatur.

56. Vult insuper dicta facultas, quod qui in lectionibus et exerciciis aut disputacionibus a principio vel circa id ipsum non fuerint, quod illis eedem lectiones exercicia aut disputaciones in numerum neglectarum computentur; qui autem tempore lectionum exerciciorum vel disputacionum truphas aut alias insolencias, quibus alios audientes vel saltem magistrum legentem impediuerint, commiserunt, pena retardacionis coerceantur.

57. Quilibet eciam promouendus in artibus, priusquam ad temptamen admittatur, cedulas recognicionum de omnibus per se auditis lectionibus et exerciciis palam facultati presentet, sub pena non admissionis.

Item facultas vltra sex disputationes bursales dispensare non habet.

Item facultas tempore admissionis in defectu libri totalis neglecti dispensare nequit.

Item cancellarius reseruauit sibi dispensationem super temporis defectu cum promouendis, ita quod nec vniuersitas, nec facultas, quicquam in hoc presumant.

Nulla insuper pecunia, in promouendorum dispensatione, a quoquam pro negligencijs et excessibus recipiatur, magistris applicando, Nisi quod scolaris duos et magistrandus quatuor solidos magistris de facultate pro admissione soluat, per hoc tamen ipsi facultati non est sublata potestas puniendi negligentias, excessus et delicta promouendorum, fisco facultatis applicandarum, nisi essent talia delicta, propter que promouendus, ex statuto, qualitate persone inspecta, esset retardandus.

Juramenta promouendorum.

58. Item promouendus in artibus, priusquam ad temptamen admittatur, iuret in manus decani coram tota facultate hec que sequuntur capitula: primo quod a die intitulacionis in Matriculam vniuersitatis compleuerit studio vacando annum cum dimidio in hac vniuersitate vel alia aut in hac vel alia priuilegiata stando inibi ordinarie. Si autem iuxta statuta vniuersitatis extraordinarie steterit duos annos se compleuisse iurabit. Secundo quod a die intitulacionis in Matriculam vniuersitatis aut eciam facultatis, si Baccalaureus fuerit, infra tempus complecionis audiuerit omnes lectiones formales cum exerciciis secundum suum statum, vt premittitur, a principio vsque ad finem diligenter, ex textu proprio vel alio, ita tamen, quod audiendo ex alieno textu non nisi metsecundus aut tercius fuerit. Tercio iurabit quod hucusque ab inicio sue complecionis omnes disputaciones ordinarias Magistrorum visitauerit, et Scolaris quidem a principio, Baccalaureus vero a proposicione questionum, vsque ad finem permanserit, quodque adminus quater Magistris ordinarie et bis extraordinarie aliasque quociens a Magistro sue vie requisitus fuerit, responderit. Quarto iurabit Baccalaureus in quadragesima quater et dominicis diebus iuxta Statutum se disputasse, Scolaris vero iurabit, quod quater adminus ordinarie dominicis diebus et quinquies extraordinarie, in quadragesima Baccalaureo vel Baccalaureis responderit, quorum eciam disputaciones ordinarias dominicis diebus diligenter a principio vsque in finem permanendo visitauerit sine dolo. Si quis denique in premissis vel aliquo eorum deficiat, hoc coram decano et facultate (priusquam ad iuramentum admittatur) deponat dispensacionem (si velit) petendo [1].

De temptatoribus eligendis.

59. Voluit facultas et ordinauit, quod Baccalaureis siue Scolaribus vtriusque vie per totam facultatem ad temptamen admissis, eligantur per sortem quatuor Magistri pro temptandis in qualibet

---

[1] Der Titel fehlt in B. an dieser Stelle, s. jedoch oben den Titel: interrogetur promouendus.

via, sic videlicet, quod tot cedule conuolute in birretum ponantur, quot vnius vie fuerint Magistri, decano excepto. Quarum cedularum quatuor tantum nomine 'temptator' signentur. Quas quicunque Magistri extraxerint, pro temptatoribus habeantur, Qui diligenter examinabunt cum decano Baccalaureandos vel Magistrandos in hys que gradum suum concernunt, ita quod per libros formaliter requisitos procedatur a grammatica inchoando procedendoque a seniore ad iuniorem secundum ordinem in Matricula vniuersitatis conscriptum. vel facultatis si Baccalaureus fuerit, itaque Scolare vel Magistrando examinato mox deliberacio fiat, an admittendus veniat an non [1].

De Juramentis temptatorum.

60. Ordinauit et statuit facultas, quod, vt premittitur, in temptatorem electus huiusmodi temptandi onus assumere teneatur, sub pena duorum florenorum fisco facultatis applicandorum. Juretque temptator vna cum decano hoc modo: primo quod nullum temptare velit et examinare, nisi per facultatem vt supra admissum et presentatum, secundo quod fideliter examinare velit, ita quod per eius torporem aut negligenciam dignos repelli et indignos ad gradum admitti non contingat, tercio quod a temptando vel temptandis nihil recipiat aut quouis modo extorqueat, neque aliquem ipsorum fauore indebito promoueat, aut

---

[1] B. fügt bei: Item nunquam duo fratres, in eodem examine debent esse examinatores.

Item si contingeret, quod aliquis temptatorum vel examinatorum haberet filium, eciam priuignum, fratrem vel alium consanguineum sibi in tercio gradu iunctum, tunc talis magister post temptamen vel examen primo dabit votum suum, quoad promouendum vel locandum, quo facto exibit. Ita quod in eius absentia alij magistri vna cum Decano possint sua vota dare, quoad talem promouendum vel locandum. Per hoc tamen non censetur huic magistro derogatum, quin possit esse presens et votum suum dare vna cum alijs temptatoribus vel examinatoribus, quantum ad promotionem vel locationem aliorum promouendorum, sibi non consanguineorum.

odio repellat, sed moribus et sciencia temptandi diligenter pensatis dignum admittat et indignum repellat, quarto quod examinatos et promotos ponat in ordine et locis, Baccalaureandos quidem secundum ordinem, quem in Matricula Vniuersitatis obtinent, nisi nobilitas persone presbiteratus aut ordo, siue eciam excessus notabilis aut morum leuitas suum ordinem mutauerit, Magistrandos vero secundum merita sua, que in hys quinque precipue attendi volumus, scilicet sciencia, moribus, eloquencia, spe proficiendi et nobilitate generis, quinto quod nullius promocionem aut reieccionem ante publicam decani vocacionem, neque alicuius locum aut solennem locacionem, nec suum aut alterius votum circa admissionem cuiuscunque, retardacionem, reieccionem aut locacionem manifestare quouis modo presumat [1].

---

[1] Hier schaltet B. folgende Titel ein:

De presentatione candelarum.

Decanus baccalaureijs admissis candelas per pedellum presentet, cum cedulis sigillatis hec verba continentibus:

Decanus facultatis artium studij tuwingensis de magistrorum temptatorum consensu vos N. baccalaureum admittit ad examen licentie per dominum cancellarium loco et tempore sibi placentibus aperiendum.

De temptatoribus et examinatoribus temptaminis vel examinis tempore abeuntibus.

Item nullus temptator vel examinator electus tempore examinis vel temptaminis se absentare debet, sed simul cum ceteris omnibus examinatoribus temptamini, examini et locationi interesse, nisi a decano et tota facultate licentiam habeat, que quidem licentia dari non debet, nisi ex causa legitima approbata et fide loco iuramenti firmata.

Item surrogatus onus temptandi et examinandi subire teneatur, sub pena illa, qua alij examinatores electi, vt supra in iuramentis temptatorum.

Item si aliquis examinatorum eciam cum licentia, antequam aliquis examinandorum sue vie fuerit examinatus, vel eciam inter temptandum, vel eciam inter examinandum abiret, talis exami-

De modo presentandi Baccalaureandos.

61. Statuit facultas, vt quicunque Scolares a temptatoribus cum decano, quem semper ex officio temptamini interesse volumus, reperti fuerint ydonei ad talem gradum aut per maiorem partem eorundem iudicati fuerint sufficientes, vel decanus, parilitate votorum existente, ad vnam partem secundum suam conscienciam declinauerit, tales Scolares per Seniorem Magistrum vel temptatorem pro tunc in facultate ad hoc congregata sine scrupulo consciencie decano vel eius locum tenenti presententur. Qui tunc illos in facultatem acceptare habeat et approbare, nisi canonicum obstiterit impedimentum, super quo Magistros tunc presentes requirat faciatque prout facultati videbitur expedire. Et priusquam incorporentur siue in consorcium Baccalaureorum nostre facultatis suscipiantur, iurabunt ea puncta, que postea continentur sub rubro: de iuramento ante determinacionem Baccalaureorum.

---

nator debet carere tota pecunia, que datur pro examine. Que quidem pecunia illis personis distribuatur, de quibus alius examinator surrogatur, ita quod de tali pecunia, examinatoribus prius electis nihil cedat, sed totum illis, qui tenentur expectare secundam electionem.

Item pecunia, que datur examinatoribus inter examinandum pro munusculis, primo loco vel alias pro collationibus, cedat soli surrogato.

Item si aliquis temptatorum vel examinatorum, sine scitu et consensu, vt supra, abiret, pecuniam quam pro examine accepit, reddere tenetur, que, vt supra, distribuatur, et statim alius in locum eius eligatur. Qui sic electus et surrogatus omnem pecuniam, que dari solet pro birreto, munusculis et alias pro collationibus, leuare habeat, et ille abiens nihilominus facultatis fisco, iuxta statutum eiusdem, duos soluat florenos.

Item vicedecanus, qui prestitit iuramentum tanquam examinator, emolumenta eiusdem examinis per totum examen percipere habet.

Quomodo presentari debeant Baccalaurei temptati domino Cancellario vel eius vices gerenti.

62. Voluit Facultas Artium, vt Baccalaurei temptati et vt supra a temptatoribus cum decano ad examen admissi per Decanum et temptatores sine scrupulo consciencie Domino Cancellario aut vices eius gerenti presententur, et petat Decanus nomine facultatis artium, quatenus ipse dominus Cancellarius vel vices eius tenens Baccalaureis presentibus temptatis et ad examen admissis examen aperire velit et vnum quemque eorum per cedulam sigillatam, in qua dies hora et locus examinis signentur, vt consuetum est, ad examen vocare.

63. Placuit quoque, vt Cancellarius vel eius vicem gerens cum temptatoribus per facultatem ad hoc electis diligenter per quindenam (nisi paucitas Magistrandorum aliud suadeat) publice examinet, ita videlicet, quod singulis doctoribus et Magistris liber pateat ad examen aggressus [1].

De modo presentandi Baccalaureos examinatos.

64. Statuit facultas, quod Baccalaurei examinati, et vt supra de presentacione Baccalaureandorum notatum est, ad magistralem dignitatem ydonei reperti atque iudicati per vicecancellarium et examinatores domino cancellario, vel per decanum Cancellario aut

[1] Statt des Abschnittes 63 hat B.: Examen publicum pro magisterio per solam octauam durare et continuari debet, ita quod in ambabus viis alternis vicibus examinetur.

De locationis promouendorum publicatione.

Item iuramentum prestitum a promouendis, quod non velint se vindicare, in quantum fuerint reiecti vel aliter quam placuerit sibi locati, illud inquam iuramentum debet ante locationem eis reuocari in memoriam.

Item iurabit quilibet promouendus ante sue locationis publicationem, quod infra mensem, hoc est ad diem, quem facultas cum promouendorum consensu statuerit, gradum recipere velit, sub modo et forma in facultate statutis, vt infra habetur.

vicem tenenti, cum reuerencia debita et consueta [consuetis] munusculis presententur, petendo, vt ipse cancellarius vel vicem tenens dominis Baccalaureis temptatis examinatis et iudicio examinatorum gradu Magisterii dignis, hic iam presentibus in priuato licenciam accipiendi insignia magistralia conferre dignetur, publice vero atque solenniter oportuno postea tempore et vtinam breui [1].

De Incorporacione Magistrandorum ad regenciam in facultate artium.

65. Voluit obseruari facultas, vt quiuis Baccalaureus postquam temptatus examinatus et (vt premittitur) domino Cancellario vel vices eius gerenti rite presentatus fuerit, ad consorcium regencium in facultate arcium graciose admitti petat, qui et a facultate eadem admittatur canonico cessante impedimento, super quo Decanus Magistros tunc presentes requirat et faciat, prout facultati videbitur expedire, et antequam incorporetur, iurabit ea que subsequente rubro dinoscuntur conscripta.

Juramentum ante determinacionem Baccalaureandorum et Magistrandorum in manus decani coram facultate prestandum.

66. Facultas statuit, quod quilibet promouendus ante determinacionem vel insigniorum Magistralium recepcionem, in manus decani coram tota facultate iuramentum prestet solenne, hec que sequuntur capitula comprehendens, primo quod debitam reue-

---

[1] B. fügt bei: Item ad huiusmodi presentationem quilibet magistrandus dabit quartam partem floreni pro munusculis, de qua pecunia summatim collecta cancellarius honoretur iuxta statutum in antiquis libris positum sic sonans:

Honoretur dominus cancellarius in duabus scatulis confectionum et vna mensura malmaseti, aut equiualenti, iuxta facultatis moderamen.

Item reliqua pecunia inter magistros examinatores diuidatur. Et si aliquis tempore presentationis absens fuerit, sua parte de munusculis distribuendis carebit, quam alij presentes inter se diuidere possunt.

renciam obedienciam et honorem decano et Magistris facultatis artium huius studii deferat, secundo quod ad vocacionem decani compareat, quocienscunque pro bono facultatis vocatus extiterit, quam diu compleuerit vel rexerit in eadem facultate, tercio quod infra mensem a tempore sue locacionis inmediate computandum scitu decani preuia solita in valuis intimacione, sub suo Conuentore (si Baccalaureandus fuerit), Magistrandus vero sub decano pro tempore gradum recipere velit adhibitis et obseruatis solennitatibus in huiusmodi actu solitis et consuetis.

Quarto iurabit, quod ad prandium determinature Magistrandus invitet omnes birretatos de gremio Vniuersitatis. Baccalaureandus vero ad minus invitet Rectorem Vniuersitatis et decanum cum temptatoribus suis et Magistros de consilio facultatis artium, si expense suffecerint [1].

Quinto quod expensas subscriptas ante actum et in actu persoluere velit:

Baccalaureandus persoluat	Fisco Vniuersitatis VII ß h.
	Fisco facultatis vnum flor.
	Conuentori suo pro kathedralibus vnum flor.
	Pro prandio vnam libram h.
	Pro expensis examinis dimidium flor.
	Pedello V ß h. [2].

Magistrandus vero persoluat	Fisco Vniuersitatis medium flor.
	Fisco facultatis duos flor.
	Rectori Vniuersitatis V ß. h.
	Conuentori suo pro kathedralibus II flor.
	Pro expensis prandii Aristotelis expensabunt omnes birretatos [3].
	Pro expensis examinis vnum flor.
	Pro laboribus Magistrorum temptatorum vnum flor.
	Pedello X ß. h.

---

[1] Der vierte Punct ist in B. ausgefallen. Die Zählung springt von tercio auf quinto.

[2] B setzt bei: Decano duos ß pro intitulatura.

[3] in B. ist hier 1 flor. angesetzt.

Magistrandus vero persoluat	Decano promotori omnes vnum florenum pro birreto.
	Cuilibet respondenti vnum birretum in valore dimidii floreni adminus.

Item duo primi Magistrandi Magistros temptatores et examinatores in birretis honorabunt, sicuti hactenus est obseruatum.

Sexto [1] iurabit, quod complere velit annum integrum inmediatum post suam promocionem hic in facultate aut Vniuersitate. Declarat autem facultas hunc complere Magistrum, videlicet qui tociens ordinarie disputauerit, quociens ipsum ordo in anno suam promocionem immediate sequente seu in anno complecionis tetigerit, et preterea quater extraordinarie, Baccalaureum vero, si tociens ordinarie dominicis diebus disputauerit, quociens ipsum in anno, in quo complere debet et proponit, ordo tetigerit, quinquies quoque extraordinarie in quadragesima [2].

[1] Der Absatz fehlt.

[2] B. lässt hier zwei weitere Titel folgen:

De prandijs conducendis et hospitibus inuitandis.

Decanus pro tempore vna cum facultate de expensis prandiorum deliberare, hospitem in faciem facultatis vocare et cum eo conuenire debet.

Item ad prandium baccalaureandorum inuitetur rector vniuersitatis, decanus et magistri de consilio fac. artium, vt supra in titulo de iuramento baccalaureandorum ante determinationem.

Ex liberalitate tamen aliquando cancellarius vocari consueuit.

Item domini superintendentes aliquando ex liberalitate vocati sunt, qui ius habere se pretenderunt, vt habetur in libro magno folio 54 *.

Item baccalaureij nouelli prandia sua persoluere tenentur et prandio conducto interesse, nisi paupertas eosdem excusaret. Tunc veniam habere et recipere debent a decano.

Item magister promouens baccalaureandos eciam gratias in prandio agere debet.

* Dieses grosse Buch ist, wie das Citat ausweist, der Band Sanctiones et Statuta Fach XV, 17. Der erwähnte Eintrag ist aus d. J. 1506.

De Juramento in actu determinature a magistrandis vel Baccalaureandis prestando.

67. Statuit facultas, quod promouendus, cum iam questionem suam pro gradus adepcione determinauerit, antequam ei gradus

---

Item si in baccalaureorum prandio remanserit aliqua pecunia, de ea, quam ijdem pro prandio, vt supra in eorum iuramento continetur, persoluere tenentur, talis pecunia inter magistros de facultatis consilio diuidatur.

Item prandium aristotelis pendente publico examine celebrari debet.

Ad prandium aristotelis inuitetur dominus rector, cancellarius, cum singulis tam de vniuersitatis quam facultatis consilio existentibus.

Item de alijs personis, siue sint doctores, licentiati aut alias honorabiles, qui non sunt de consilio vniuersitatis vel facultatis, relinquitur arbitrio facultatis iuxta numerum magistrandorum.

Item ad verum magistrandorum prandium inuitantur omnes birretati de gremio vniuersitatis, Et illi quoque qui inter birretatos locati sunt, vt canonici ecclesiarum cathedralium, prepositi ecclesiarum collegiatarum et similiter.

Item duo prefecti loci, duo seniores de consulatu cum ciuitatis scriba. Per seniores autem eos intelligimus, qui vniuersitati iurati sunt.

Item cellarius ducis.

De alijs vero personis egregijs et venerabilibus, de quibus supra non fit expressa mentio, relinquitur facultatis arbitrio, prout volt personas huiusmodi et actum determinationis honorari.

Item omnes persone de consilio facultatis tenentur esse in actu promotionis baccalaureorum, et actu finito decanum ad edes hospitis comitari sub pena priuationis prandij.

In actu vero promotionis magistrorum idem intelligi volumus de omnibus magistris, etiam extra facultatis consilium existentibus, ad cuius pene exactionem decanus sit astrictus et super eo pedellus diligenter vigilabit.

conferatur, ad delationem Notarii vel Pedelli vniuersitatis iuramentum prestet, vt sequitur.

Baccalaureandus itaque iurabit, quod per amplius obediens esse velit Rectori huius alme vniuersitatis atque decano facultatis artium totique facultati, in licitis et honestis, secundo quod pro posse suo procurabit bonum huius alme vniuersitatis atque facultatis artium, ad quemcunque statum ipsum pervenire contingat, tercio quod istum gradum in nulla alia vniuersitate resumat. Quarto iurabit, quod hic in vniuersitate velit complere integrum annum post suam promocionem immediatum stu-

---

De actu determinationis magistrandorum,

Item promotio magistrandorum in aula collegij fieri debet.

Quilibet magistrandus debet habere magistrum sibi paratum ad respondendum, cui birretum in valore dimidij floreni vel tantum pecunie dabit.

Voluit tamen facultas, quod talis magister respondens vel determinans vni duntaxat magistro nouello questionem assumat siue determinabit, et non duobus nec pluribus, sub pena priuationis omnium birretorum vel pecuniarum, sibi de huiusmodi questionibus cedentium, ita quod talis magister, penitus nihil leuet, sed totum facultatis fisco applicetur.

Et decanus ex officij sui debito astrictus sit, talem si sibi denuncietur, iuxta precedens conclusum punire.

Item magistri sana conscientia retinere possunt pecuniam receptam a nouellis magistris pro questione, licet eis ad questionem non respondent.

Item magister nouellus librum suum totalem in partialem diuidat, et librum primum in tractatus ac primum tractatum in capitula. Inde suam moueat questionem, dimittendo mentem librorum partialium, tractatuum et capitulorum singulorum.

Item decanus per se ipsum magistrandos promouere debet, nisi habuerit consensum substituendi alium, iuxta vniuersitatis ordinationem.

Item decanus actum promotionis faciat pallio rubeo cum capicie clericali et alias honeste vestitus.

dio vacando, nisi super eo per facultatem fuerit secum dispensatum [1].

68. Magistrandus vero iurabit, quod Rectori Cancellario et Vicecancellario huius alme Vniuersitatis decentem deferat reuerenciam et honorem, secundo quod pro posse suo procurabit bonum huius alme vniuersitatis et facultatis artium, ad quemcunque statum ipsum pervenire contingat, tercio quod istum gradum licencie in nulla alia vniuersitate resumat, quarto quod si contingat eum determinare aut respondere in materia veritatem fidei tangente, vt de creacione aut mundi eternitate vel huiusmodi, quod partem fidei tenehit et contrarias raciones pro posse dissoluet, quinto [2] quod complebit annum integrum post suam promocionem immediatum hic in vniuersitate studio vacando, nisi per facultatem artium super hoc secum fuerit dispensatum [3].

Statuta infra scripta diligenter sunt attendenda [4].

69. Statuit artium facultas, quod de cetero nullus Magistrorum de aliquo exercicio plus de pastu exigere debeat a Scolaribus, quam sibi cedere debet iuxta ratum temporis. Tempus autem computandum fore facultas declarat a primo die, quo quis

---

[1] Punct 4 fehlt in B. [2] ebenso.

[3] Hier folgt in B. der Titel:

De expensis tempore promotionum per facultatem faciendis.

Habeant examinatores quolibet die pro examine baccalaureandorum tres sol. et totidem de examine magistrandorum, secluso examine publico, de quo aliter per vniuersitatem est ordinatum.

Item magistris, qui tempore disputationis ordinarie sunt in examine etc. vide supra in titulo de disputatione magistrorum.

Item famulis ciuitatis, qui magistris nouellis vina, quibus a consulibus donantur, portant, dari debent 5 sol.

Item in prandio magistrorum quatuor, baccalaureorum vero duo et non plures solidi ad culinam donentur.

[4] Dieser und beide folgende Titel, welche in einer besonderen Ordnung für die Bursen begriffen wurden, fehlen in B.

audire incipit aliquod exercitium vsque in finem, quum alias iuxta statuta tale exercitium expirare debet. Ideoque placet facultati, vt quilibet Scolaris ipsius incepcionem signare non obmittat in finem, vt Magistrum exercentem de huiusmodi ipse certificare valeat super solucione. Si quis autem Scolarium Magistro plus dederit, quam vt premittitur, nihilominus sequenti Magistro iuxta ratum temporis satisfacere teneatur. Magister vero, qui plus inbursauit, quam vt dictum est, Scolari peccuniam reddere debet et totidem facultati in penam soluere teneatur.

70. Preterea statuit artium facultas, quod de cetero nullus inhabitancium Bursas, cuiuscunque status aut condicionis existat, urinam in cannam lapideam siue in bursarum curiam proicere presumat sub pena vnius solidi, irremissibiliter soluendi tociens quociens huius statuti transgressor inventus fuit. Conuentores vero ad exigendum dictam penam a quolibet transgressore sub debito suorum officiorum astrictos fore dicta facultas pretendit.

71. Insuper dicta facultas statuit, quod nullus Scolarium pro aliquo gradu tempus compleat extra Bursas locatus, nisi ab vniuersitate et facultate obtenta licencia, nisi sit famulus doctoris aut Magistri aut cum parentibus steterit.

72. Denique facultas statuit, quod nullus siue Baccalaureus siue Scolaris facultatis artium in mensa alius Burse foueatur, nisi sit in Bursa locatus. Aliarum vero facultatum Scolaris, ubicunque locatus fuerit, in lupi et aliarum penarum recompensam omni septimana, vltra alias expensas necessarias II d. soluat.

73. Insuper statuit artium facultas, vt nullus Magistrorum sub debito prestiti iuramenti a scolaribus pro resumpcionibus eis factis plus recipere audeat, quam de hoc caueatur in statutis sub titulo de resumpcionibus.

74. Insuper statuit artium facultas, quod de cetero Baccalaureandi nullas expensas habere debent ducendo Scolares ad balneum neque processiones siue sit cum fistulacionibus et cum fistulatoribus [siue non], sub pena non admissionis pro hac vice.

De debito bursarum regimine ab earundum Rectoribus aliisque obseruando.

75. Statuit artium facultas, vt nullus Baccalaureus siue Scolaris ad aliquam Bursam assumatur aut iam assumptus foueatur,

nisi sponte et libere in bursalium presencia, palam et manifeste Conuentori burse hanc subscriptam faciat promissionem:

Primo quod contra Conuentorem Burse non insurgat, eius direccionem et informacionem pacienter audiat, in licitis et honestis obtemperando, secundo quod nullas conspiraciones et ligas contra Conuentorem faciat, faciendisque nullatenus interesse velit, tercio quod Communitatem Burse in suis vtensilibus, item et domum ipsam ac suam habitacionem in suis structuris, fenestris, seris et aliis non ledat aut damnificet. Quod si quitquam de vtensilibus, fenestris seris aut aliis structuris leserit corruperit aut deturpauerit, quod extunc bona fide loco iuramenti infra diem naturalem, dum se (vt prefertur) excessisse discusserit, Conuentori Burse se ipsum presentabit et denunciabit, sic quod lesa fracta aut deturpata iuxta Rectoris burse arbitrium emendabit.

76. Amplius statuit ipsa facultas, quod nullus Rector Burse scienter aliquem non intitulatum Matricule huius alme Vniuersitatis in bursa sua vltra octo dies foueat, sub pena vnius floreni.

77. Item quod Conuentores teneantur expellere a Bursa publicos lusores et meretricarios sub pena amissionis regencie. Similiter inobedientes rebellos et discolos et precipue hos, qui conspiraciones discordias aut alia illicita in bursis excitant, dummodo moniti non destiterint de Bursis dimittant et expellant cum effectu, isto saluo, quod sic vt prefertur expulsi teneantur nihilominus censum domus lignalia et alia eos secundum consuetudinem Bursarum et pro mutacione contingencia, aliasque pro actibus Scolasticis iuxta ratum temporis in penam suorum excessuum persoluere.

78. Item statuit, quod a Bursis propter dictas et consimiles causas expulsi ad aliam nullatenus recipiantur, nisi Rector Vniuersitatis vna cum quatuor facultatum decanus decreuerint eos fore recipiendos. Alioquin eos recipiens a regimine Burse ipso facto sit suspensus.

79. Item nullus Bursalis ausu temerario cum suo contendat Conuentore aut convicia vel alia offensiua in publico vel priuato ei dicat, sub pena dimidii floreni.

80. Iterum nullus, silencio sibi per Conuentorem imposito, rebellisare presumat, sub pena septem solidorum h.

81. Quilibet eciam sub pena dimidii floreni commodum [1] aperire teneatur aut aliam quamcunque clausuram quocienscunque per Conuentorem super eo fuerit requisitus.

82. Nemo denique lumina in suis cubilibus mungendo scintillas aut fauillas ad pauimenta lignea domus proiciat, sub pena quatuor solidorum h. tociens quociens fecerit.

83. Item nullus Bursalium cenam facere audeat vel prandium extra Communitatem Burse, nisi expressa Conuentoris licencia super eo obtenta, sub pena vnius solidi h. Quod si procurator vel alius burse famulus per se aut alium quicquam contra dictum facultatis statutum molitus fuerit, soluat penam duorum solidorum h.

84. Item quod nullus siue Baccalaureus siue Scolaris alium verbis aut factis contumeliosis et opprobriosis afficiat aut molestet, sub pena trium solidorum h.; quod si alicuius offensio verbalis vel effectiualis notabilis aut atrox fuerit, Conuentor Burse offendentem Rectori Vniuersitatis denunciare poterit, cuius arbitrio pena iniungatur qualitate delicti considerata.

85. Item idem statuit de illis, qui vicinis aut aliis honestis personis circa Bursam realem aut verbalem iniuriam aut turbacionem intulerint vel saltem instrumentis musicis indebite vsi extiterint aliasque clamores et strepitus fecerint indecentes.

86. Item statuit facultas, quod nullum eius suppositum in camera vel alias in quocunque loco arma teneat. Sed si qua habeat Conuentori Burse indilate presentet, sub pena amissionis armorum Conuentori applicandorum.

87. Statuit eciam, quod supposita facultatis non magis taberne vacent, dimicature aut quinterne [2] quam philosophie, neque ducant aut visitent choreas precipue publicas, sub pena retardacionis.

88. Item, quod si quis Bursalium cum suspecta muliere

---

1 Gemach.

2 bezeichnet sowohl Trommel und Trompete als Laute, steht aber hier irrthümlich. Die Wiener Statuten von 1385 schreiben ebenfalls: Scolaris non vacet magis taberne dimicature aut quinterne, quam Physice aut Logice seu sue facultati, nec ducat publice in vico choream. Es ist die quintena oder quintana gemeint, ein Reiterspiel: das Stechen nach der Puppe.

in Bursa repertus fuerit, prima vice soluat septem solidos h. pene nomine, secunda vice duplum, et sic deinceps, et nichilominus a Bursa excludatur; idem voluit facultas per omnia obseruari circa cohabitantes eidem, delinquentem super eo Rectori Burse siue Conuentori non denunciantes.

89. Item quod nullum facultatis suppositum publice aut priuate pro pecunia ludere presumat, sub pena trium solidorum h. et exclusionis a bursa, si aliquociens monitus non destiterit. Eidem pene facultas eos qui in habitacionibus suis tales ludere permittunt uolt esse subiectos.

90. Item quod nullus preter consensum Conuentoris Burse seras quocunque ingenio vel modo aperiat, sub pena vnius floreni. Idem statuit de illis, qui per insolitas ostiorum fenestrarum murorum vel tectorum aperturas ingrediuntur vel egrediuntur.

91. Iterum quod nullus absque licencia Conuentoris extra Bursam per noctes, sub pena quatuor solidorum h. siue in ciuitate siue extra ciuitatem quis fuerit.

92. Item statuit, si quis hora nona vel postea a Conuentore quesitus in Bursa repertus non fuerit, similiter si quis ad clausas Bursas (vt intromittatur) indiscretis pulsibus strepitibus aut clamoribus vel inhabitantes vel vicinos molestare presumpserit pena sub eadem.

93. Nullum eciam facultatis suppositum in communitatibus Bursarum theutunicum loquatur, sub pena lupi.

94. Item quod audientes exercicia formalia in bursis, in quibus non sunt locati, neque in eadem mensam non habentes contribuant pro quolibet exercicio vnum denarium per septimanam, quam diu stubam communitatis calefieri contingat.

95. Statuit similiter, quod si quis Conuentorum pro honesto regimine sibi commissorum quedam alia rationabilia conderet statuta, quod illa transgredientes penas corundem statutorum sine contradiccione persoluant.

96. Iterum statuit facultas quod si quis Scolarium vel Baccalaureorum penas huiusmodi recusaret, talis Rectori Vniuersitatis denunciatus duplum pene soluere cogatur.

97. Quodque memorate pene, vt sequitur, distribuantur, videlicet pene a theutunisantibus et cum suspectis mulieribus

repertis date Communitati Burse ad expensas cedant, aliarum penarum sola tercia parte relicta Conuentori, saluo eo quod iuxta predictum statutum arma amissa Conuentori remaneant.

De famulis bursarum et iuramento fidelitatis eorundem.

98. Statuit facultas vt quilibet Conuentor sub debito iuramenti non permittat scienter per quemcunque familiarem Burse in empcionibus, vendicionibus et aliis Bursam concernentibus fraudem committi, neque eciam vllus Conuentorum per iuramentum de cetero aliquem in famulum Burse recipiat, nisi fidelitatis iuramento preuio hec capitula continente: primo quod iuxta posse et nosse suum procurare velit honorem et vtilitatem Burse, et ipsi conuentori in licitis et honestis obedire, secundo quod nullam fraudem in empcionibus et vendicionibus carnium et panum et aliarum rerum communitatem Burse concernencium scienter committere velit, puta quod aliquid pro certo precio emat et Burse carius vendat aut consimiliter, neque aliquod conuentum aut pactum cum pistore, carnifice habeat aut alio quocunque, quo communitas Burse defraudetur, viliores videlicet carnes panes aut huiusmodi recipiendo, aut carius forsitan huiusmodi et consimilia disponendo, tercio quod nichil lucri directe vel indirecte per se vel alium in panibus carnibus vino ac aliis communitatem Burse concernentibus recipere velit salario sibi deputato dempto. Sponte tamen Rectore Burse quecunque oblata recipere poterit. Quarto quod requisitus a Conuentore singulos excedentes aut Bursam seu Communitatem in fenestris seris aut aliis structuris dampnificantes denunciare velit.

De officio pedelli facultatis et eius iuramento[1].

99. Officium pedelli statuit fore facultas, vt decano pro tempore obediat, ipsumque quottidie adminus semel in domo sua

---

[1] Vor diesem Titel fügt B. ein:

De litteris testimonialibus et earum sigillatione.

Si quis litterale [velit habere] testimonium de auditis in papiro distribuendum [describendum], decano pro stipendio suo visitet, ad mandatum ipsius diligenter Magistros conuocet, scolas purget, intimaciones facultatis artium conscribat, vacancias et festa collegii intimet, in disputacione ordinaria a principio proposicionis questionum in finem vsque permaneat, in actibus publicis Magistros debito ordine locet, et alia per decanum sibi iniuncta faciat. Preterea pedellus ab hoc opido per vnum diem aut noctem sine speciali licencia decani et expressa se non absentet. Quodque in disputacione ordinaria cuiuscunque Magistri vel Baccalaurei precedente vel saltem eadem die sequentem Magistrum vel Baccalaureum, quem ordo disputandi tetigerit, vt proxime disputare debeat, auiset, et si talis, quem ordo disputandi tetigerit, presens non esset vel disputare quacunque occasione recusaret, extunc statim pedellus decanum super eo auisare curet.

100. Item quod vota aut alia consilii facultatis secreta, eciam quecunque in cedulis conuocacionum contenta aut alias casualiter audita siue speciali mandato non reuelet. A principio eciam cuiuslibet decanatus petat (si velit) a facultate in officio suo continuari. Denique iurabit coram tota facultate in manus decani, quod officium suum fideliter et absque dolo et fraude exequi velit, prout sibi a decano et facultate iniungitur [1].

---

4 sol., sin autem in pergameno habere cupiat, duplum horum soluat. [vgl. Liber dec. f. 39].

Talis etiam vnum solidum soluat pro decano et suis consiliariis distribuendum.

Item nulle littere testimoniales sigillentur nisi omnes magistri de consilio fac. in hoc consenserint.

[1] B. lautet von hier an bis zu Ende:

Item pedellus suis expensis temporibus promotionum cathedram et aulam ornare et disponere debet, prout ad eius spectat officium, alioquin decanus pecuniam pedello cedendam arrestare habet,

Insuper pedellus magistros in prandijs locare debet, eo ordine, quem illi alias inter se habent, et illum preter decani commissa aut vicem gerentis non mutare,

Item pedello pro sui officij continuatione petenti, similiter et famulo suo, per expressum in modum auisationis dicatur, vt

De salario pedelli.

101. Statuit facultas, quod quilibet Baccalaureus in qualibet angaria teneatur pedello persoluere quatuor denarios,

---

debitam reuerentiam decano et omnibus magistris de regentia exhibeant, sessionibus seu disputationibus magistrorum, a propositione questionum, baccalaureorum vero, a principio vsque in finem interesse ac intendere fideliter studeant. Item decanum ipsum omnibus diebus festiuis, presertim in solennitatibus ad ecclesiam conducere curet.

De famulo pedelli,

Famulus pedelli, antequam ad officium acceptetur, facultati presentatus, iuramenti capitula per pedellum ipsum iurari solita iurare teneatur,

De salario pedelli,

Statuit facultas, quod quilibet baccalaureus in qualibet angaria teneatur pedello persoluere quatuor denarios, Scolaris vero tres denarios vsuales, alioquin ad promotionem aliquam non admittatur.

De officio notarij,

Item notarius scribere habet duodecim intimationes promouendorum pro vtroque gradu,

Item binas carthas pro taxa pauperum.

Item recessus duarum rationum per decanum fiendarum, pro quibus, singulis mutationibus seu tempore rationum, ei dari debet vnus florenus,

Item notarius intimationes in peractione exequiarum et omnia alia facultatem concernentia scribere debet. Si quid autem vltra premissa scripserit, de eo singulare competens habet precium, sine tamen dolo et fraude.

De cautione et solutione pecuniarum procuratoribus vtriusque vie a facultate artium mutuo dandarum,

Item facultas artium, vt pia mater, prospicere volens suis circa mensam bursalem, mutuo dedit procuratoribus cuiusque

Scolaris vero tres denarios vsuales, alioquin ad promocionem aliquam non admittatur. Item Baccalaureandus tempore determinacionis, cum gradum Baccalaureatus assumere voluerit, pedello soluat quinque solidos h., Licenciandus vero tempore

---

vie ducentos aureos, vt lautius in futurum bursales reficiantur, legibus tamen, pactis et condictionibus infra scriptis.

Primo quod propter istos quadringentos cogantur procuratores bursarum singula esculenta pro mensa bursali, exceptis solis panibus comparare pro pecunia prompta, non differendo solutionem vltra octauam,

Secundo quod cum requisitus fuerit procurator, extunc infra dimidij anni spacium cogatur satisfacere facultati in prompta pecunia,

Item si contingeret procuratorem cedere officio vel sponte vel alias, extunc a die qua cessit, in omnibus et singulis quindenis sequentibus soluat decano facultatis artium semper viginti florenos, succedenti procuratori subministrandos, pro victualibus in prompta pecunia emendis, et cum hoc, si vltra summam viginti florenorum infra quindenam a suis debitoribus leuaret, tunc medietatem illius pecunie leuate, ratione procuratie, restituat decano infra octauam, donec satisfecerit facultati, si non facit aliam cautionem legalem per iuramentum, dolo et fraude seclusis.

Item quilibet procurator, antequum obulum leuet, super istis ducentis florenis prius faciat sufficientem cautionem, iuxta beneplacitum omnium superintendentium vtriusque vie, et cum hoc, postquam officio sponte vel alias cesserit, eo ipso omnia nomina debitorum bursalium sint ipsi facultati inpignorata, pro huiusmodi debito ducentorum florenorum.

Moderatio statuti incipientis: Item si contingeret procuratorem.

Circa pecuniam quadringentorum florenorum restituendorum per procuratores bursarum facta est modificatio seu adiectio talis per totam facultatem in presentia superintendentum vtriusque vie,

Primo quod quilibet procurator post finem officij sui faciat bonam diligentiam, quoad nomina debitorum inbursandorum, quousque obnoxius est facultati bona fide.

locacionis in ecclesia totidem, et similiter faciat, cum insignia Magistralia receperit, nec pedellus ab aliquo predictorum plus extorquere presumat, nisi quis libere amplius expendere velit, tunc enim pedellus id gratuite recipere potest.

III.

VERORDNUNGEN VON 1488.

Sequitur copia Nouorum Statutorum seu ordinationum etc. facultatis artistice.

Quamuis hactenus Statuta quedam Vniuersitatis salubriter sint edita viam et modum in Vniuersitate nostra procedendi tangentia, verum iuxta varios temporum et rerum euentus huiusmodi Statuta necessario interdum mutanda veniunt et emendanda, prout potestas et facultas huiusmodi quibusdam Statutorum conditoribus expresse dinoscitur reseruata Idcirco pro maiori et ipsius Vniuersitatis et facultatis artistice commodo profectu et vtilitate tam Illustris dominus noster dominus Eberhardus comes de Wirtemberg et Montepeligardo etc. Senior, patronus nostre vniuersitatis, quam alii, ad quos dicta commutandi et emendandi facultas spectat, Die vicesima septima mensis Marcij anni Saluatoris etc. octuagesimi octaui personaliter conuenientes Quedam Statuta noua facultatem artium concernencia edenda duxerunt et ordinanda atque illico ediderunt et et ordinarunt in forma subscripta.

Secundo quod viginti florenos de quindena in quindenam soluendos restituat decano bona fide loco iuramenti, si totidem leuauerit, Aut si minus viginti florenis leuauerit infra quindenam, eosdem consimiliter restituat pena ac obligatione priori.

Tercio si vltra viginti florenos infra quindenam a debitoribus leuauerit, medietatem huius similiter decano restituat bona fide loco iuramenti, Nisi de consensu superintendentum vtriusque vie illud vltra medietatem destinaretur in alium vsum pro bono burse.

Statuentes quod omnia et singula huiusmodi statuta in facultate artium predicta irrefragabiliter et inconuulse teneri et seruari debeant sine dolo non obstantibus in hijs et circa ea omnibus et singulis tam vniuersitatis quam facultatis eiusdem constitutionibus statutis et ordinationibus et aliis quibuscunque contra premissa quomodolibet facientibus aut facere potentibus, que dicti statutorum interpretes in hijs voluerunt non obstare.

Tenor autem statutorum eorundem sequitur hoc modo.

De numero Conuentorum Bursarum et eorundem electione actiua et passiua.

Decetero habeantur in qualibet via quinque Conuentores, quorum vnus sit economus, qui presit vni exercitio modo vt infra, Et secundo presit illis duobus actibus Burse scilicet computationi bursali, fiende omni septimana semel et hoc die Sabbati, secundo collectioni census bursalis. Alii quatuor presint aliis quatuor, quilibet scilicet vni exercitiorum.

De predictis quinque Magistris debent duo esse theologi, duo Magistri Juriste, et vnus medicus, et hoc si habeantur abiles sufficienter de predictis facultatibus. Vno denique eorum cedente, reliqui quatuor habeant facultatem aliquem eligendi in locum eius qui cessit vel decessit, ita tamem quod eligant vnum de illa facultate de qua fuit qui cessit, si abilis inueniri potest de eadem. Quod si non, accedant vniuersitatem, petentes licenciam ab eadem eligendi aliquem de alia facultate. Cui si peticio rationabilis visa fuerit det eisdem licenciam petitam, qui eligant quem velint cuiuscunque facultatis fuerit.

Item si quatuor in electione quinti parilitatem facerent votorum Rector vniuersitatis protunc habeat concludere.

Item Conuentores electionem per eos fiendam faciant prestito iuramento vel fide loco iuramenti, quod eligere velint virum ydoneum et vtilem burse ac facultati dolo et fraude seclusis.

Item quinque Conuentores habeant potestatem eligendi sextum, qui sit resumptor pro solis magistrandis, qui et a quolibet magistrando leuare habeat per ebdomadam duos solidos h. in die per horam resumendo. Poteritque ille sextus esse de quacunque facultate. Non minus, si per duas horas resumat, habebit de qualibet duos solidos vnam in physica, aliam in logica.

Item ijdem Conuentores vna cum sexto scilicet resumptore atque Collegiatis sue vie habeant eligere Magistrum pedagogio presidentem, poteritque pedagogista eligi de quacunque facultate.

De actibus Conuentorum.

Decetero omni die (demptis certis de quibus infra) habeantur in Bursa quinque exercitia, primum et generale in logica arte veteri et noua per horam per integrum annum, ad quod confluere habeant scolares et baccalaurij. Secundum in tractatibus peri herminias ac paruis logicalibus.

Tertium in illis quatuor scilicet generalibus Donati, ambarum partium Alexandri, latinitatibus ac generalibus priorum logicalium. Et hec duo pro scolaribus fiant Sub horis tamen si fieri potest, quibus ad eadem conuenire possent Baccalaurij, si qui fuerint et vellent. Cessetque exercitium Alberti ac actus bursalis, loco quorum amborum tercium predictum habeatur. Quartum in libris phisicorum, de generatione, ethicorum. Quintum in de celo, de animo, metheoris et paruis naturalibus Sub horis tamen si fieri potest in quibus ad eadem Scolares, si qui abiles essent et vellent, conuenire possent. Detque Scolaris per annum quatuor florenos Et Baccalaureus quatuor cum dimidio, finitoque anno sue completionis det postea per mutationem.

Nullus conuentor nec resumptor ordinarius nec pedagogista possit se immiscere aliis resumptionibus quam sibi (vt dictum est) deputatis. Nisi quis predictorum haberet iuvenes specialiter sibi recommissos a parentibus aut aliis quorum interest, tunc enim poterit eisdem resumere si voluerit, dolo et fraude seclusis. Sic tamen quod non resumat pluribus quam quatuor Habeantque ceteri Magistri a predictis potestatem resumendi Scolaribus ad baccalaureatum aut alias facere eis resumptiones Demptis resumptionibus ad magisterium.

Item inter Conuentores quinque semper sit vnus ebdomadarius cuius sit facere illa, primo constituere lupum et eundem legere, secundo visitare de nocte ter vel quater secundum exigentiam, tertio preesse clausioni et apertioni burse, quarto presidere mense bursali Nisi ex causa alium (ex solis tamen conuentoribus) substituat, quinto suscitare scolares ad exercitium de mane atque diebus festiuis ad diuina ad eademque processionaliter deducere, prelecta cedula Scolarium, tam ad exercitium quam ad diuina Sexto in sua ebdomada vna cum economo interesse computationi bursali.

Item omnes quinque debent inhabitare bursam Nisi ex rationabili causa quatuor concorditer licentiam darent quinto, et tres quarto, et non ultra.

De consilio facultatis.

Omnes collegiati conuentores ordinarii resumptores ac pedagogiste sint de consilio facultatis siue compleuerint biennium siue non Et nulli alii.

De temptatoribus.

Soli illi qui sunt de consilio predicte facultatis eligantur in temptatores.

De collegiatis.

Collegiati eligantur hoc modo scilicet per quatuor decanos quatuor facultatum cum residuo collegiato illius vie de qua fuit qui cessit vel decessit. Et semper sint duo in via moderna et duo in via antiqua. Inter quos quatuor sint semper duo theologi, vnus in via moderna et alter in via antiqua, alii vero duo sint de facultate iuris et medicine [1].

---

1 Ueber die Collegiaten wurden im J. 1508 oder kurz darauf folgende Bestimmungen getroffen Fach VI, 21 f. 87.

Item omnis collegiatus assumptus vel assumendus debet esse annalis.

Item omnis collegiatus debet hic in vniuersitate nostra moram et domicilium habere.

Item quod nullus collegiatus exeat in mutatione, qua legere non tenetur, nisi in causa propria, principis aut vniuersitatis, sub pena et forma vidimationis *, ita quod si aliqua die legibili exiret, dato quod per istam mutationem non legeret, duos solidos soluere tenetur pene nomine, ac si tali die legere cogeretur et non legisset.

Item si etiam in causa propria exire vellet, exeat hoc modo, quod ad minus sit presens et personaliter resideat per annum per duas tertias anni sub bona fide.

* wohl sva. bei Strafe der Entlassung — des vidimus oder Laufpasses — für den Fall, dass er die folgenden Strafen nicht entrichtete.

De conditionibus conuentorum.

Primo omnes sint paris auctoritatis ac pares in pastu, dempto quod economus habeat continue mensam bursalem et salarium sibi ab vniuersitate deputatum Et ebdomadarius per eb-

---

Item tantum duo collegiati tenentur legere per mutationem, vnus pro baccalauriis at alius pro scolaribus, prout infra ad legendi ordinationem. Et alii duo de consilio vniuersitatis existunt et debent se habere ut supra expressum est.

Sequuntur libri per collegiatos legendi.

Inprimis legat primus collegiatus totam logicam resecando et amittendo inutilia.

Item 2ᵒ secundus legat philosophiam naturalem, scilicet septem libros physicorum pretereundo sextum librum.

Item libros de generatione, de anima et celo et mundo.

In mutatione hyemali.

Item tertius collegiatus legat septem libros Ethicorum et quartus sex libros Metaphysices et tres vltimos Ethicorum.

Item si collegiati discordarent in electione librorum, tunc fiat electio huiusmodi per sortem.

Item quilibet collegiatus debet et tenetur per se ipsum preesse lectioni sue, ad quam ordinatus est, et pro neglecta lectione soluere penam iuxta stipendii exigentiam et se per juramentum denuntiare tempore distributionis stipendiorum prout quiuis alius doctor legens.

Item collegiatus collegium inhabitans tenetur quamcunque structuram per se vel alium destructam aut deturpatam suis expensis reficere seu refecta soluere vel tantundem de stipendio defalcare, quantum pro re refecta expositum fuerit vel exponendum. Nisi ipsum qui huiusmodi rem annihilauerit, denuntiauerit vniuersitati. Hoc intelligitur de omnibus collegiatis simul sumptum.

Item nullus collegiatus aliquem ad se recipere debet nisi famulum suum sine licentia vniuersitatis et debet habere collegium in bona clausura.

Item collegiatus in assumptione iurare debet, quod quicquid in habitatione sua destructum vel deturpatum fuerit per se vel alium debet se denuntiare Rectori vniuersitatis, et precipue quando se a collegio alienare vult, quatenus per sindicum conspiciatur, an ne habitationem suam relinquat, prout inuenerit, et si quid destructum fuerit reficere.

Item collegiatus qui non compleuit, debet totaliter complere in sua facultate et pro neglecta lectione soluere et se per juramentum tempore distributionis stipendiorum denuntiare.

domadam suam, alias nullus conuentorum habeat mensam bursalem. Secundo predicti quinque conuentores habcant duas stubellas cum dimidia, a quarum censu sint omnino liberi.

Tertio nullus absentet se a loco Nisi ex necessaria et rationabili causa Et tunc suum exercitium et officium per alium conuentorem vel alium (si recusarent) prouideat, si possit.

Quarto decetero nulle habeantur vacantie Sed omnibus diebus cogantur conuentores exercere, demptis qui sequuntur diebus, scilicet festis ecclesie, festis collegii, festis Jouis, dummodo in eadem ebdomada non inciderit festum collegii Diebus rogationum, et hoc in horis sub quibus fuerit officium diuinum et processio in ebdomada sancta a quarta feria inclusiue vsque ad quartam pasce inclusiue In carnis priuio a secunda feria vsque ad quartam inclusiue Item hora quarta in profestis celebrium festorum Item sub horis in quibus sint disputationes in superioribus facultatibus, et etiam ordinarie in artibus Et in quibus fiunt solennes actus vniuersitatis, aut promotiones solennes.

Quinto Conuentores prudenter exerceant predictos libros eis deputatos, hoc scilicet modo, vt materiam sterilem transiliant, quatinus vtiliori diutius immorari possint, puerilia in Aristotelis logica ibidem transiliant, ea remittentes ad peri herminias, et contra difficilia in peri herminias ad logica Aristotelis remittant Ne aliter faciendo eandem materiam bis exerceri contingat et aliam nec semel dictam amitti. Ideo libros Aristotelis eodem tempore cum tractatibus peri herminias exerceant eisdem correspondentes Et in thopicis generalia Aristotelis faciant similiter in elencis, alia in tractatibus peri herminias inuenient.

Sexto finito anno vel dimidio, si se economus grauatum officio economie putet, assumant alium, quem vel arte * si voluerint elegerint, dummodo super in computatione et census collectione inabilem non ciderit electio.

De exercitiis etc. finito anno poterit quis alium cursum

Item collegiatus theologus assumendus debet sic esse condictionatus, quod sit actu theologus, ita scilicet quod primas lectiones in theologia visitauerit.

Item Collegiatus debet viuere legibus conditis et condendis.

* auf künstliche Weise z. B. durch ein Spiel, *sorte,* durch Loos, Würfel u. dgl.

eligere Ita quod reliqui teneantur permutare secum, exerciciaque sorte vel arte diuidant per cursus.

Univ. Archiv VI, 17, im Anhang zu den ersten Statuten.

IV.

STATUTEN VON 1536.

Ein Statutenbuch Fach XV, 15ª enthält folgende Einträge:
Statuta Studii Artium f. 1—25. Ohne Datum.
Ordnung der Artisten Facultät a. 1544. [s. oben N. 42]. f. 1—13.
Ordnung der Artisten Facultät a. 1557 f. 1—11.

Auf dem Umschlag der Statuta fügt M. Garbicius, welcher, wie später M. Crusius, die Bücher der Facultät mit seinen Zuthaten zu verzieren liebte, die Worte bei: descripta a. 1556 M. Decembri sub M. Mathia Garbicio Illyrico Decano IIum. Dass die Statuten älter sind als 1556 und dass es sich wirklich nur um eine Abschrift handelte, geht schon aus der Reihenfolge hervor, welche bei den Einträgen befolgt wurde. Und es ist deutlich, dass diese Statuten die nach der Reformation, wie in allen übrigen Facultäten (s. S. 174), nothwendig gewordene und von Seiten der Regierung verlangte Umarbeitung enthalten, auf welche schon in H. Ulrichs Ordnung vom 3. Nov. 1536 S. 190 Bezug genommen wird.

Das Actenstück zeigt durchaus die Schreibart, sogar die besonderen Ausdrücke und gesuchten lateinischen Umschreibungen der Constitutio et ordinatio von 1537, darf also wie jene für eine Arbeit des Joa. Camerarius gelten. Dabei bleibt allerdings nicht ausgeschlossen, dass bei der Abschrift im J. 1556 da und dort eine kleine Aenderung gemacht sein kann.

Der Band, in welchem diese Statuten sich finden, ist dem Hg. der U.G. unbekannt geblieben.

De administratione studii bonarum artium.

Studia bonarum artium, qua deinceps ratione ac uia geri administrarique rectum et conueniens esset, secundum hanc, ut inprimis debuere, diligenter et ipsa constituta, definita, perscripta sunt ad eum modum, qui sequitur. Sed hanc rationem uel ut quondam loquebantur facultatem artium multi infimam fecere, quod sane ita sit uel negligentiæ nostræ uel temporum uitio.

Hoc tamen fateantur omnes necesse est, ut ignoratis figuris literarum atque potestate lectio nulla constiterit, ita absque artium bonarum studio ad professiones illas, ut uolunt, maiores neminem accessurum, aut sine præsidio illarum notitiam harum conseruaturum esse. Quapropter in omni scholastica republica hæc pars neglecta [1] insanabile vulnus infligere solet, tanquam corpori ipsi communitatis seu, ut usitatiore uocabulo utamur, Vniuersitatis studiorum. Recte autem et ordine administrata illud laudabile et eximium opus doctrinæ atque eruditionis non solum sustinere, sed etiam absoluere atque perficere consueuit. Constituta quidem ita omnia sunt, ut qua parte a prioribus recedere uideantur ea uel ratione atque temporibus mutatis uel sua rectitudine facile defendi possint, neque cuiusquam contumeliam ullas innouationes complecti, sed iis tantum operam nauatam putandum, qui studio et cupiditate bonarum artium atque disciplinarum hanc curam atque prospectionem mererentur.

De orationibus publice habendis, curatione præpositorum administrationis studii artium, Cap. I.

Adglutinatæ quædam orationes a ueteribus fuere rebus scholasticis, ac retinere quidem illas æquum, sed pristinus modus intolerabilis est. Ita igitur instituentur. Princeps studii artium, quem Decanum dixere pro imperio in studiosos artium suo, contionem aduocato in locum publicum scholæ et primum ipse, proxime Rector Contubernii materiam aptam et conuenientem ueritati moribus bonis ac studiis iuuentutis dicito.

Et quia singulis annis binæ contiones habendæ, argumenta licet ita distribuant, ut prior oratio complectatur studii artium laudes ac præconia. Altera cohortatio sit ad uitae ac morum castitatem atque decus. His accedet, cum ita ceciderit, tertia, quæ funebris sit, cum quis honoratus eruditusque ac professor studii bonarum artium, literarum humanitatis siue nostræ seu alterius scholæ ciuis in hoc oppido mortem oppetierit, tum enim Decanus pro contione quæ res feret composita ad utilitatem au-

---

1 unleserlich wegen eines durch mehrere Blätter gehenden Flecks. Das verschwundene konnte sonst überall mit Sicherheit ergänzt werden.

ditorum dicet, prius tamen consulto consilio studii artium, cui curæ erit, ut hic honor omnibus qui digni sunt habeatur. Huic dies præfiniri non potest, sed priorum duum tempora statuenda, unum ad VII Cal. Decembris alterum ad XI Cal. Martii.

Qui dixerit, illi munusculum dator dimidiati florini, sed in funebri duplicator. In qua etiam permissum esto Decano, si quid ipsum moretur, in suum locum alium substituere, qui dicat. Reliquas duas ipse et Rector Contubernii per se obeunto, nisi ita impediti morbo aut necessitate salutis fortunarumque suarum, ut omnino nequeant. Si tamen ita ceciderit, ut qui Rector Contubernii esset, in Decanum lectus sit, cohortationis, hoc est alterius orationis illius munus Pædagogarchæ dabitur.

De Albo Communitatis studii artium Cap. II.

Magistrorum bonas artes profitentium unum corpus censetor. Horum caput esto et princeps, qui Decanus dici consueuit. Is Album habeto peculiare huius studii, in quo perscribentur nomina eorum, qui studii huius honores petent. Qui non inscriptus fuerit alienus habetor, ad honores ne admittitor, nullo iure huius studii in nostra schola utitor, si profiteri ausit cohercetor.

De fisco studii huius Cap. III.

Decanus quæ debentur fisco in illum fideliter inferat. Hic non nisi quatuor clauibus recludi possit, atque unam Decanus illius temporis, duas Consiliarii ipsius duo, quartum qui proxime ante illud munus gesserit, asseruato. His eo ipso die claues committentur, quo Decanus, cui iam succeditur, rationem reddet. Atque tum de fidelitate custodiæ iurabit tam Decanus, qui tum creatus, quam hi, quibus clauium cura commissa fuerit.

De huius studii administrationis Principe, qui Decanus dicitur Cap. IIII.

Decimo octauo die Octobris, ubi fastis asscribitur S. Lucæ nomen, declarato Rectore Vniuersitatis scholæ huius conuocabit Decanus illius temporis consilium studii artium ad designandum secuturi anni Decanum. Hic assumetur ex numero Magistrorum, qui stipendiis ad docendum conducti sunt ab Vniuersitate scholæ huius. Creabitur autem suffragiis ita ut illi mandetur honor, cui plurimi suffragati sint, neque quicquam spectabitur aut ualebit, nisi pietas eruditio uirtus. Itaque suffragia laturi iurati erunt. Quod si suffragia paria fuerint, accessione sua rem Decanus temporis illius concludet. Sed designatus Decanus statim Magistratum ineat. Quod si intra spacium vnius diei non fecerit, mulctam fisco huius studii soluito florenorum duum. Geret autem annum unum et ineundo in hæc iurabit in consilio.

Sacramentum Decani.

Velle studii artium res ac communitatem sibi maximæ esse curæ pati: quod facere se conueniens debitumque sit, non negligere: leges et statuta huius studii tueri ac conseruare: primo mense anni sui illa in contione studiosorum artium recitare: libros signum album, denique quæ a prioris anni Decano acceperit custodire fidelitate et diligentia summa: nihil literarum nisi de sententia consilii obsignare neque edere: primo illo mense, quo magistratum obierit, rationes deponere apud studii artium communitatem et si quid ullius rei aut numorum desit, explere statim numerata pecunia: postremo sui muneris proprias leges, quo minus in faciendo officium suum decipiatur, intra dies ab inito Magistratu octo, notas pellectasque habere.

Decani Prouincia.

Decani disputationum cura propria est, de quarum ratione in sequentibus exponetur. Jussum est eorum nomina, qui honores se petere professi apud illum fuerint, Rectori Vniuersitatis deferre, ut intelligi possit, utrum in Album illius inscripta ea fuerint.

Item Consilium ne cogito, nisi re prius communicata cum Consiliariis suis, præterquam aliquo subito ac necessario casu Consilii habendi causam in charta descriptam explicet.

Sententias ordine et exquisite rogabit, secundum plurimas aut in paritate sua accessione auctam partem decernet. De quibus constitutum fuerat sub anno suo notato, et primo mense ex quo Magistratu ahiit inter acta referto.

Magistrorum profitentium bonas artes atque literas sigillatim atque peculiariter perscripta nomina habeto.

Quacunque in re publicam administrationem huius studii

claudicare inque illa delinqui cognouerit, annititor, ut corrigat, si non quibit ad Consilium suum aut quatuor uiros præsides Contubernii, uel etiam si res poscet, Vniuersitatem huius scholæ deferto.

Ne abesto oppido ultra dies XV nisi permissione Consilii studii huius, cumque hac substituto in suum locum altero ex Consiliariis.

Ferias et uacationes promulgato.

In Magistros improbos et neglectores Ordinis ac Imperii de Consilii sententia animaduertito.

Impensas huius studii nomine præcipuas ne facito nisi decretas in Consilio; mediocres ipse de sententia Consiliariorum fideliter exequitor.

Cum primum magistratum inierit, rationibus a prioris anni Decano relatis pecuniam traditam una cum aliis huius studii propriis integram recondito ac in arcam communem deponito; additis chartis duabus, in quarum una conclusio rationum prioris anni Decani, in altera totius pecuniæ summa perscripta sit.

Ipsi autem Decano X floreni, quibus utatur quosque priuatim tractet, concedantur, ultra quos ne quid publicæ pecuniæ in usus suos trahito.

In publicis Conuiuiis, quo quisque loco sedere debeat, Decanus præscribito, a quo imperatum ordinem qui turbare ausus fuerit, de conuiuio exigitor.

De præmiis Decani.

Decano pendetur honorarium precium laboris atque operæ de fisco huius studii florenorum quatuor et concedetur merces inscriptionis eorum, qui sua apud illum nomina profitebuntur. Quo die statuta recitarit, impendere de fisci pecunia ad Conuiuiolum Magistris præsentibus instruendum liceat cruciatos XV.

In publicis cœtibus certo loco honoretur, si quam progressionem dignitatum ac honorum fecerit, siue genus uitae a priore laudabilius, ut exempli causa de celibatu in matrimonium ingressus fuerit, præmio de pecunia fisci afficitor florenorum duum. Idem curato alteri cuilibet Magistro professori artium in professione honorum et ad hunc modum mutatione generis uitæ munusculum de fisco huius studii floreni vnius.

De Consiliariis Decani Cap. V.

Adiuncti Decano duo illius Consiliarii erunt, cum quibus communicata causa, si quando res poscere uidebitur consilium Communitatis huius studii conuocabit interminatione additæ mulctæ, quæ exigatur a non apparentibus. Hi designantor ita ut vnus, si fieri possit, de duobus sit prioris anni Decanus, alter ex Magistris Communitatis studii huius, grauioris uitæ et ætatis. Ab iis iusiurandum dabitur in Consilio studii huius in hanc sententiam:

Velle in deliberationibus suadendo dissuadendo consulendo statuendo fidem ueritatem reipublicæ respectum sequi, Decretorum chartas una cum Decano obsignare, Decano accersenti præsto esse. Hoc facere recusanti mulcta imponitor floreni unius.

De Consilio Communitatis studii artium Cap. VI.

Consilium Communitatis hi absoluent: Decanus, Magistri contubernalis Collegii et Magistri Pædagogii. Hi dabunt iusiurandum in hanc quisque sententiam:

Velle in deliberando consulendo decernendo suffragando sententiis ferendis pietatem fidem integritatem respectum dignitatis et commoditatum huius studii sequi, præstare silentium celandorum, reuereri Decanum et ætate ac dignitate præstantiores Magistros, uocatum se in consilio adesse aut mulctam dictam soluere.

In consilio is, de cuius causa ac re deliberabitur, abesto inter deliberandum. Si quis accersitus ad consilium non uenerit, eius absentia decisionibus ac decretis nequaquam officito.

De doctrina studii bonarum artium Cap. VII.

Doctrina bonarum artium certæ rationis ac modi præscripta quondam fuit honores ut fit gradatim petentibus. Id quidem recte factum, sed ratio uetus ac modus intolerabilis his temporibus uidetur. Doctrina igitur bonarum artium ad talem ut sequitur præscriptionem tractabitur:

Hora ante meridiem VI tradentur præcepta Dialecticæ.

Hora VII Rhetoricæ.

Hæc frequentabunt candidati, qui Baccalaureatum petent.

Iisdem horis VII Physica, VIII Ethica tradentur, quæ discant Magisterii honorum candidati.

Hora XI utrisque Euclidis scripta enarrabuntur.

Hora I linguæ græcæ, III linguæ latinæ probati authores IV Philosophia Aristotelica ordine ac uia conueniente.

Atque insuper sacrarum literarum interpretationes ut sedulo et diligenter audiant omnes bonarum artium studiosi, Magistrorum cura et attentio erit.

Hora XII erit hebraicarum literarum, ad quam quos ire oporteat Magistrorum iudicium esto.

Atque harum operarum precium persoluetur ab Vniuersitate scholæ huius, ut a discipulis quicquam exigi non debeat. Si quis tamen extraordinarium et priuatum laborem docendi sumpserit (quod fiat absque ullius detrimento etiam absque perturbatione ordinis publicæ doctrinæ) mercedem illi pendi uetabit nemo.

De Pædagogio Cap. VIII.

In Pædagogio puerilis doctrina exercebitur. Pædagogarchæ administrationis cura esto. Cum uolet quicquid conueniens iudicarit pueris illis suis enarrato, præscribito modum discendi, in classes discernito. Cognoscito progressiones, præscribito exercitiorum modum, dato materias scripturarum, sed Magistri Pædagogarchæ assunto et obsequuntor, statas autem horas habento, quibus pueros doceant:

Hora XII Grammaticæ latinæ præcepta tradent.

VIII seu IX in formulis latini sermonis exercebunt et inducent ad scriptiones de sententia Pædagogarchæ.

Hora XI Epistolas aut Officia aut similem libellum Ciceronis ennarrabunt.

Hora III Terentium.

Non autem fieri potest neque faciendum est, ut quasi ad normam hæc doctrina adæquetur et præfiniatur. Relinquitur igitur iudicio Collegii artium tota ratio et cura pro re tempore captu copia discipulorum, sed hoc illius tamen quasi filo regetur.

De feriis Cap. IX.

Feriarum multitudine nimium cessari in studiis non oportet

quare ne quis bonarum artium atque literarum in Contubernio Academiæ Pædagogioue aut extra hæc loca doctrinam publice exercens feriatus ullis diebus esto, nisi quibus legitime uacationes et ocium conceditur statutum ab Vniuersitate scholastica.

De Disputationibus quibus Magistri præsint Cap. X.

Dies sabbathi disputationum erit a Magistris exercendarum. Illo Magistri a publica doctrina feriati sunto. Decanus qui creatus fuerit XV Cal. Octobris, ut dictum est, hoc exercitium ordietur proximo post honorem captum die sabbathi. Atque ita deinceps XV quoque die hoc exemplum Magistrorum unus disputationi præerit.

Quo tamen res ordine geratur Decanus ante dies decem et quatuor curationem hanc Magistrorum alicui dabit, dum toto illorum numero consumpto initium ad Decanum reuertatur.

Quem autem locus et series disputationi præfecerit, illi tempus ante quatuor et decem dies per ministrum publicum Decanus indicito, quo accuratius procurare possit.

Proponentur tunc descripta in charta a Magistro disputationis futuræ præside, quatuor aut quinque dies ante, capita quaterna iis de rebus, de quibus ordinariæ scholæ habentur, id est literis artibus disciplinis, quæ uno græco nomine Philosophiæ omnia comprehenduntur.

Ad hæc assidebunt quatuor Baccalaurei, quorum singula singulorum propria sint, de quibus cum omnibus uolentibus ratione et uia ut solet disserant et asserta sua studeant defendere. Neque interloquitor Magister disputationis autor, nisi cum aliquem suorum deficere uincique senserit. Totam autem rem ita moderator, ne quid fieri aut dici turbulenter proterue contumeliose patiatur.

Decanus assideto toto tempore disputationis aut mulctam soluito, suam etiam auctoritatem, si res postulet interponito. Si quid ipsi quo minus adesset obstiterit, Magistrum aliquem loco suo præficito.

Inprimis Magistri ordine et serie conueniente de editioribus subselliis disputanto.

Quibus ipsis Decanus singulis præmiolum curato, numorum nostratium quatuor. Ipsius ac præfecti disputationi erit duplum.

Magister, cui curatio disputationis fuerit data, ipse exerceto aut si fieri hoc nequeat, coram se Decano atque Consiliariis illius excusato, quibus causa probata substituatur alius, hac tamen lege, ut cum primum licuerit, ille qui tum suum locum non obiit, alieno sane tempore disputationi præsit. Ni ita fecerit, puniatur arbitrio Consilii.

Huius studii disputationes æstate hora sexta incipiuntor, hyeme hora septima.

Magister præfectus disputationi priusquam copiam faciat certaminis, ipse proposita capita suis de loco superiore interpretator et quantum poterit paratos ad illa defendenda efficito.

Si quid contra hæc admissum fuerit, quicunque admiserit, in eum animaduersio Decani esto, sed qui uolet ad Consilium prouocato.

De disputationibus Baccalaureorum Cap. XI.

Diebus feriarum dominicalium contione dimissa ex templo, hoc est hora circiter XII, disputatio ab aliquo Baccalaureo exercebitur, simili ratione uia ac modo ut superius est commemoratum, nisi quod capita attemperata ad captum iuuentutis esse debebunt.

De Rhetoricis Exercitiis Cap. XII.

Vt autem disputationum quasi prelium ad ingenia animosque in disserendo exacuendos repertum est, ita alteri parti suam quoque palestram atque ludum aperiri oportet, ubi dicendo dilatandoque inuenta studiosi exerceantur, ut sicut iam quam bene et recte interrogare, apposite atque diserte respondere, dissoluere plane, concludere acute, colligere apte scirent, Magistris significationem, exemplum Commilitonibus suis dederunt: ita nunc in perpetua oratione et ductu quodam suo orationisque honæ elegantis copiosæ exquisitæ ad ueterum perfectionem compositione periculum faciant, ut non solum in disputatores, sed oratores quoque euadant.

Quapropter quoque die XV, quemadmodum de disputationibus est dictum, iis quidem sabbathi diebus, qui tempori disputationum medii intercedent, simili ordine ac serie, initio facto a Decano, Magistri exigent a studiosis publice scriptum, cuius ante dies decem et quatuor materia seu argumentum promulgatum sit. Quæ studiosi attulerint Magistro, cuius tum erit curatio, tradunto, ille recitato de superiore loco et emendato impertitoque suam meritis laudem. Si nihil allatum fuerit, at ipse negligentiam et socordiam illorum uerbis reprehendito, posthac ne ad eum modum negligentes esse uelint moneto, ad assiduitatem huius operis hortator, exponito quantum in eo utilitatis insit, quid desertio damni datura sit.

Sed materiæ erunt eius generis, quod Rhetorica Progymnasmata dixere, fabulæ historiæ narratiunculæ paraphrases astructiones destructiones et his similia. Ita progredientibus studiis iuuentutis ad integras Declamationes deuenietur, quas Magistri primum obibunt, mox et studiosos reliquos inducent in hanc uiam. Atque disputationum itemque Rhetorici studii scholas coluisse petentibus honores necessarium esto.

De discipulis studii bonarum artium et petitione honorum Cap. XIII.

Honores diligentia assiduitate uigilantia singulari, unde profectus abesse nequit, incumbentibus bonarum artium studiis haberi solent, quorum sunt quasi gradus quidam, per quos fieri progressiones consueuere. Hoc non modo ipsorum causa, quibus hi mandantur, fit, sed consulitur etiam omnibus, quorum usus indiget peritis literarum et quasi artificibus disciplinarum. Testimonium est enim hoc grauitatis illorum et scientiæ, ut in delectu imperitiores errare non fere possint. Non solum autem qui honores sibi decerni petent ordine et rite ad illos procedent, sed reliqui etiam studiosi, si qui ab hac forte cura aberunt, studiorum tamen spacia scite et decenter conficient.

Primum igitur nemo ausit se pro studioso bonarum artium uenditare, qui non Magistro se alicui certo et suo subdiderit, cuius cura et disciplina peculiariter instituatur. Magistrum autem nunc intelligi uolumus honores huius nominis consecutum. Si quis tamen eruditus, qui gradum istum nondum conscendisset, pueros ac discipulos habere uoluerit, ita ei demum hoc facere liceat, si prius ipse sese uni uel Doctori uel Magistro studii bonarum artium huius scholæ subdiderit et habendorum discipulorum potestatem ab Vniuersitate scholastica obtinuerit, quæ etiam fieri omnibus petentibus, nisi indoctissimi sint, debet. Hoc ordine qui studuerint bonis artibus, illis ne abesto, si in contubernio degendum sibi non putarint, si tamen apud suos Magistros ac præceptores in oppido manserint. Quinetiam cum parentibus ac propinquis suis uiuere liceat, si tamen sub Magistri alicuius sint disciplina.

Quod si quis imperium Magistri aut præceptoris ferre noluerit, cum uita delectetur libertatis illegitimæ, sciat sibi illo toto tempore incerti cursus sui honorum uiam esse obstrusam.

Qui quidem ad honores aspirabunt, præscripto tempore doctrinæ artium operam dabunt, non solum ut eruditione promereri illos, sed etiam exemplum suum discendi ac recte uiuendi probare possint.

Gradus autem duo sunt, vnus eorum qui Baccalaurei dicti sunt a prioribus, quæ sane uox retineatur, sed res intelligatur de quodam testimonio bonæ spei, in quam uenire debeant, qui illis hoc datum esse cognouerunt, ut hinc ad altius quoddam fastigium conscensuri esse uideantur. Alter Magistrorum est, quos sicut nomen ipsum declarat, uoluere iam et aliorum studia moderari ac regere, præstantia quadam eruditionis hanc non solum facultatem sed etiam ius quoddam consecutos.

Qui igitur Baccalaurei fieri uolent, annum ad minimum vnum et semestre bonarum literarum atque artium studiis inuigilanto, professores illarum assidue et diligenter audiunto, nullam horam illius doctrinæ negligunto, præsertim si quas obire legitimum sit, ut Dialecticæ Rhetoricæque præceptorum, elementorum Euclidis, philosophiæ Aristotelicæ, latinarum græcarumque, inprimis uero sacrarum literarum, in quibus obeundis assiduitatem ac diligentiam suam planam facere tenentor testimoniis magistrorum profitentium.

Sed ad secundum gradum Magisterii tantundem quidem temporis in tali assiduitate ac diligentia completum esse idque aliquem testatum facere posse, præ cæteris uero Physicæ ac Ethicæ Philosophiæ præcepta sedulo se cognouisse ordinariis illis horis, docento. In hoc si quis aliquem quo minus ei noceat, si tempore præfinito deficiatur, adiuuare et callide prouehere aut gratia authoritate ui largitionibus se moueri aliosue opitulatores acquiri suadere patiue uelit, qui fecerit, in eum ac corruptos animaduersio consilii esto. Hæc tamen quatenus proprie ad solos huius scholæ studiosos pertinent, cum seueriora iusto videri possint, moderatione quadam molliri solent, ut postea dicetur.

De tempore ac ratione petendorum honorum.

Quatuor anni temporibus Baccalaurei fiunt, ad XIII Cal. Martii, ad XIIII Cal. Junii, ad Idus Sept., ad XVIII Cal. Januarii. His igitur temporibus comitia promulgabuntur feriis propinquis, pro eo atque antea factitatum est more. Tum igitur Candidati nomina sua apud Decanum profitebuntur, qui vniuscuiusque nomen recipiet et referet in Album suum. Quo facto consilium Decanus conuocabit Magistrorum huius studii et professorum apud se nomina recitabit, qui et ipsi ante iussi adesse tum apparebunt. Et primum solemniter promittent Decano, se ad interrogata pro conscientia sua et ueritate responsuros esse. Interrogata autem erunt de iis rebus potissimum, quas res facere eos oportuit, ita ut subiecta sunt.

An studii sui tempus legitimum compleuerit, seque testimoniis hoc magistrorum suorum planum facturum esse confidat. Tempus autem hoc ducetur ab eo die, quo in Album Vniuersitatis huius scholæ nomen alicuius fuerit inscriptum.

An disputationibus triginta interfuerit cum attentione et discendi uoluntate non solum Baccalaureorum, sed etiam Magistrorum; itemque an triginta materias scripserit et publice emendandas obtulerit.

An quæ debuerit Magistris suis aut contubernii curatoribus, itemque mercedes habitationis persoluerit. Nam si quis hoc callide aut proterue omiserit, ab honorum petitione repellitor. Cæterum Decanus ante hoc tempus admoneri omnes hac de re curato.

An quater in disputationibus Baccalaureorum assederit propugnator et defensor propositorum capitum disputationis.

Qui Magisterii honores petere uolent similiter interrogabuntur, sed secundum interrogatum ita informetur:

An disputationibus triginta Magistrorum attente et discendi uoluntate interfuerit et scriptas materias quadraginta obtulerit publice recitandas. Si tamen hoc exercitium ad Declamationes fuerit deductum una breuiore declamatione decem, longiore scripta uiginti compensantor. Sed et quartum ita:

An quatuor in disputationibus Magistrorum assederit propositorum capitum defensor.

Præterea iureiurando deuinciet utrosque Decanus passuros omnem euentum comitiorum neque si repulsam tulerint, aut omnino a petitione exclusi sint, iram aut uindictam se usurpaturos esse.

Cum uero certa aliquis de causa honores celerius sibi consequendos, neque decursum præfiniti temporis expectandum putarit, facere Decanus de Consilii sententia poterit, ut priuilegium ei concedente etiam Cancellario concedat ante tempus suum petendi, pro quo exigentur fisco Communitatis studii huius in requisitos singulos menses singuli denarii id est cruciati octo. Nisi propter tenuitatem aliaue de causa remitti hæc summa ex parte uel etiam tota debere uideatur, non tamen plus trimestri uno remittere, ac si quid ulterius petatur Baccalaurei qui fieri uolent ad Vniuersitatis Consilium, qui Magistri ad Cancellarium ablegare debent. Aetas quidem neque tenerior neque firmior ulli neque oberit neque proderit, sed honores ingenio ac in studiis progressionibus non annis decernentur.

Nemo discipulum suum non idoneum ad petendos honores producat. Non idonei autem censentor rudes penitus literarum atque artium ignari, improbi, legum et uirtutis neglectores, petulantes, libidinosi, infames flagitiis, audaces, pulsatores.

Atque post hæc omnia peracta admissi pendent singuli, qui Baccalaurei fieri uolent, cruciatos quatuor, qui Magistri duplum.

Post hæc præfinietur Candidatis dies, quo quasi in campum descendant ingenii et eruditionis suæ. Tum inquisitio demandabitur in futuros Baccalaureos professoribus literarum atque artium publicis.

In Magistros futuros quatuor, sic quidem ut qui semel banc prouinciam gesserint, illis iterum non tradatur, nisi cum toto numero Magistrorum consumpto ad priores series ipsa redierit.

Initium autem ab ætate prouectioribus ac dignitate præstantioribus capietur atque ita procedetur ordine. Decanus dabit operam, ut inquisitioni et ipse frequenter intersit, uelut inspector et si res ita tulerit arbiter.

Quibus inquirendi munus datum fuerit atque ordine fuerit delatum, iis detrectare ius non esto. Si fecerint mulcta ab eis petitor florinorum duum. Si qua tamen re causaque urgente obire uel adesse illo tempore non potuerint, ea re causaque Decano probata surrogetur absenti alius de sententia Consilii, cuius et ipsius sint commoda ita ut labor examinationis.

De inquisitionibus siue examinibus.

Quibus inquisitionis onus incumbet, promittant inquisitionis in mores ac eruditionem eorum, quos ipsis Communitas huius studii obtulerit, fidelitatem et diligentiam, non passuros flecti mouerique animos suos beneuolentia odio largitionibus, ordinandorum curam se habituros conuenientem, tam eorum qui Baccalaurei, quam qui Magistri designati sunt, silentium præstituros cælandorum.

Baccalaurei.

Baccalaurei qui fieri uoluerunt, ubi compertum fuerit et iudicatum ab inquisitoribus eos esse illo honore dignos, consentientibus omnibus inquisitoribus aut pluribus adducentur ad Decanum, qui curabit eorum nomina inscribi in Album Communitatis huius studii ad eorum, qui in hac ante schola Baccalaurei facti fuere.

Ibi promittent Decano decretos honores baccalaureatus eo ritu eaque solennitate inituros se demandante uno Magistro huic curationi præfecto, qua consuetum et usitatum sit illos honores iniri atque capessi, persolutis omnibus sumptibus et impensis de more debitis, quibus consumatis floreni non toti quatuor efficiuntur. Sigillatim autem his nominibus petuntur quæ subscripta sunt.

Fisco Vniu. scholæ huius soluuntur cruciati XV.
Fisco Communitatis studii artium soluitur florinus I.
Magistris Collegii præsidentiæ nomine I florinus.
Ad impensas examinationis dimidium florini [1].

---

1 beigesetzt: quod ad inscriptionem pertinet.

Ad impensas prandii solennis singuli bessem florini conferunt [1].

Ministro publico Vniu. scholæ huius cruciati XI.

Decano inscriptionis nomine numerantur IV cruciati.

Promittent etiam se omni cultu reuerentiæ atque obedientiæ ipsum Decanum et reliquos Magistros professores artium singulariter obseruaturos, profuturos, quacunque in re possint, Communitati studii artium, nocituros in nulla.

Honores uero demandabuntur designatis Baccalaureis publica laudatione Magistri unius de Consilio, ad quem illa curatio ordine progressa deuenerit, in conuentu studiosorum a Decano solenniter indicto.

Magistri.

In creandis Magistris plus adhiberi festiuitatum non fuerit inconueniens, recidentur tamen quædam de vsurpatis olim superuacua.

Probata eorum qui Magistrales honores petierint eruditione ac uita ab iis quibus inquisitio in illos data fuit, omnibus consentientibus uel accessione Decani in suffragiorum paritate numero aucto, significabit hoc honorificum iudicium de illis inquisitorum Decanus singulis missa per publicum ministrum indicatione in hanc sententiam præscripta:

Decanus studii bonarum artium scholæ Tubingensis N. N. salutem. Comprobata uita ac eruditione tua ab inquisitoribus, quos in te dederat Communitas studii nostri, quod fælix ac faustum sit pergere te iubemus ad honorum quos petis consecutionem, publice etiam iudicium de te nostrum confirmaturum inquisitionem in te dante domino Cancellario. Hoc te scire uolumus. Vale.

Cæreos accendi et præferri huic nuncio non est necesse uisum, itaque hoc quidem tempore a ritu hoc illi amouebuntur [2].

---

1 beigefügt: 1 lb.

2 Hiemit wird der alte Gebrauch der præsentatio candelarum abgeschafft. Bei Bestellung der Botschaft des Dekans an den Candidaten, dass er zur Promotion zugelassen sei, wurden Wachslichter vorgetragen. Das geschah sowohl bei baccalaureandis als magistrandis.

Posthæc deducentur Candidati ad D. Cancellarium et testimonio communi inquisitorum commendati illi offerentur.

Quibus ipse publicam inquisitionem atque examinationem præstituat, ad quam singuli ab eo accersentur in locum et tempus, de quo illos certiores reddiderit. Absoluetur autem publica examinatio intra dies octo.

Quibus et ipsis peractis cum solenni oblatione munusculorum delicatioris escæ atque potus deducentur ad D. Cancellarium uel qui uicem illius geret, peteturque ab eo, ut honores Magistrales illis decernat et ineundorum atque gerendorum facultatem nunc quidem concedat, postea uero etiam publice conferat atque declaret.

Munusculorum autem nomine pendent singuli Candidati cruciatos quindecim, de quibus insumetur in munuscula, quantum Consilio studii huius insumendum fuerit uisum, reliquum inquisitoribus distribuetur. Atque ita post inquisitiones perfectas et ubi rite ad D. Cancellarium deducti fuerint, designati Magistri ad Communitatem studii artium recipientur, permissa illis facultate docendi, profitendi, exercendi bonas literas ac artes. Idque statim fiat, nisi quid magnopere obstiterit, quod a Communitate huius studii dijudicabitur.

Antea quam publice magistrales conferantur designatis honores, promittent singuli reuerentiam et morigerationem Decano et aliis Magistris studii artium se præstituros: quod bonum possint Communitati studii artium conciliaturos malum auersuros, apud Decanum uocatos se apparituros ad tractationem rei publicæ. Inire et capessere se uelle honores magistrales ritu solenni præfinito a Consilio studii artium die et loco, persolutis omnibus impensis et sumptibus de more debitis. Hi consumati florinos circiter duodecim conficiunt, his potissimum nominibus quæ sequuntur:

Fisco Vniu. scholæ huius dimidium florini soluitur a singulis.

Fisco facultatis florini duo.

Rectori Vniu. scholæ huius cruciati XI.

Magistris Collegii contubernalis præsidentiæ nomine florini duo.

Impensarum nomine in examinationem priuatam florinus unus.

In publicum cruciati XV.

Ministro publico cruciati XXIV.

In sumptus epulares florini tres.

Ad prandium Aristotelis singuli florinum unum.

Decano laudationis nomine dabitur ab uniuersis florinus unus.

Eidem inscriptionis nomine cruciati VIII.

In solenni declarationis celebritate nouis Magistris ad quæstionem aliquam responderi solet.

Hoc fiet a beneuolentibus et inductis sensu humanitatis, non conductis pileoli mercede, etiam ii qui reliquis anteferentur et quasi ordinem ducent duo.

Quid Magistris inquisitoribus suis dare donareque uelint, liberalitatis ipsorum esto, ut si quid dandum non putarint, requiri ab ipsis nihil possit.

Examinationum modus et obseruatio.

Quia uero non potest eadem ratio inquisitionum seruari, quam quondam tenuere, ideo conuenientem melioribus studiis et institutæ doctrinæ modum illorum quendam uisum est hoc loco exponere, qui nunc deinceps obseruari debeat.

Ac primum cum Baccalaureis ita peragetur. Cum aliqui, qui se petere hunc honorem, sicut dictum est, fuerint apud Decanum professi, præscribatur illis dies, quo ad examen assint. Hoc agetur a Magistris, quibus ea prouincia obuenerit, sedulo et liberaliter. Facient autem periculum in iis literis atque artibus, quarum doctrina ordinaria est proposita cursui tendentium ad hunc honorem.

Hæc præcepta sunt Dialecticæ atque Rhetoricæ et exempla illorum de bonis autoribus linguæ græcæ atque latinæ itemque elementa Geometriæ.

Atque tum benigne conferetur honor bene meritis. Interrogabitur autem quisque non amplius una hora et dimidiata. Consueto tempore diei examen incipietur atque finietur. Præmium Magistri, qui administrabunt, accipient expositum capite XV, id est a singulis candidatis florini dimidium et in dies cruciatos VII de fisco studii artium. Quæ omnia placide inter se partientur.

Qui Magistri fieri uolent, omisso et cum his tentamine, quotquot erunt petitores illius honoris examinentur priuatim, singuli una hora et dimidiata. Huius inquisitionis communes interrogationes sunto ingenuarum artium atque disciplinarum atque linguæ græcæ ac latinæ secundum propositam huius scholæ doctrinam.

Tum deinde comprobata eruditione candidatorum decernetur authoritate Cancellarii publica inquisitio more et ritu conueniente, ut dictum est. Ea administrabitur paulo seuerius. Nam et interrogationes peruagabuntur per totius Philosophiæ præcepta et in illius interdum difficilioribus locis insistent, ut cognosci in studiis diligentia et assiduitas atque profectus quorumque possit. Atque ita de sententia inquisitorum Cancellarii autoritate decernentur honores candidatis, ita quidem ordinatis, ut meritum eruditionis illorum exigere uisum fuerit. Et postea publice etiam conferentur solennitate congruente.

Præmia autem erunt inquisitorum hæc. Vnum florenum ad examen priuatum singuli candidati pendent. Hæc summa pecuniæ in inquisitores Decanumque et Magistros Consilii diuidetur. In ipsos inquisitores impendet facultas cruciatos VII, ut est expositum capite XV. De impensis munusculorum nomine est dictum. Reliqui sunt cruciati XV, quos numerabunt ad publicam examinationem singuli candidati Communitati studii artium. Quæ impendet in inquisitores quoque tempore pro copia candidatorum, quantum quidem statuerit Consilium Vniuersitatis scholæ huius, ad quod quoque tempore ea de re referretur.

De solenni declaratione nouorum Magistrorum Cap. XIIII.

Qui iam digni uisi atque reperti fuere, quibus honores magistrales decernerentur, iis publice pro contione studiosorum insignia honorum, ut solet conferentur. Hæc curatio est Decani propria, quam nisi Vniuersitas permiserit illi scholæ huius, ut alium substitueret, obire ipsum oportet. Peragetur autem hoc munus a Decano conueniente ritu. Ipse erit honeste pro consuetudine horum temporum uestitus orationemque habebit consentaneam his, quæ geruntur, utque omnia fiant ordine uidebit.

De promissione nouorum cum Baccalaureorum tum Magistrorum.

Poscente Notario uel publico ministro promittet tam Baccalaureus quam Magister nouus:

Velle et in posterum obedientiam et uenerationem se præstare Rectori Vniu. scholæ huius, Domino Cancellario, Decano ac Consilio studii artium, nullum legitimum detrectare imperium, pro uirili sua commoda cum Vniuersitatis huius scholæ, tum præcipue studii artium omni tempore augere.

De sumptibus, qui a Communitate studii artium fiunt Cap. XV.

Inquisitioni atque examinationi præpositis Magistris pendentur de fisco Communitatis studii artium singulis diebus cruciati VII, siue baccalaurei siue magistrales honores petantur. In examine tamen publico accipient mercedem constitutam a Consilio Vniuersitatis scholæ huius.

Ministris reipublicæ oppidanæ, cum a Magistratibus munera nouis Magistris attulerint, dabuntur cruciati XI.

Cocis donabuntur ob prandium Magistrorum cruciati X, ob prandium Baccalaureorum V.

Sed præcipui sumptus prandiorum erunt de quibus ita obseruabitur. Prandium Baccalaureorum instruetur consueto more et solitis sumptibus, inuitatis iis qui ab antiquo inuitari debebunt.

Prandium unum Aristotelicum dixere, quod Magistrorum nomine pendatur. Hoc superuacaneum uisum. Sed unum magistrale prandium ita instruetur.

Inuitabuntur omnes dignitate et honorum insignibus clari siue ad Vniuersitatem scholæ huius pertineant, siue extra illam degant in oppido hoc. Inuitabuntur et ambo præfecti ducales, de senatu oppidano duo primores natu maximi, qui et Vniuersitati scholæ huius iureiurando obnoxii sint, scriba oppidanus, cellarius ducalis et præter hos ii quoque, quos inuitari Consilio communi studii artium placuerit. Declarabitur autem in Consilio referente Decano de instructione conuiuii et coram omnibus cum instructore præsente de impensis conuenietur.

De iis Baccalaureis ac Magistris, qui in aliis scholis honores consecuti huc se contulerunt Cap. XVI.

Si quis in alia schola Baccalaureus Magisterue factus huc se contulerit et recipi in consortium nostrorum uoluerit, primum omnium in Album Vniuersitatis huius scolæ inscriptum nomen esto. Mox fidem facito Baccalaureum alibi aut Magistrum se factum esse. Tum deinde petito iura scolasticæ nostræ dignitatis, itaque demum impetret, si in hæc prius iurauerit:

Esse alibi honores, quorum ius in hac schola petat, se consecutum. Velle pro uirili Communitatem studii artium tueri ac conseruare, colere Decanum et dignitate et ætate præstantes, omni ratione ac tempore commoda huius studii augere, Decano legitime accersenti præsto esse.

De ordinatione curæ erit Consilio studii huius, qua in re potissimum ætas ac eruditio uel etiam dignitas spectabitur recepti in consortium honorum nostrorum.

Si quid Baccalaureo alterius scholæ obstiterit, quo minus profectus huc recipi posset, petere tamen magistrales honores illi ius fasque esto, sed non admittitor tamen ad illos, nisi causa cognita.

Ab iis, qui recipientur in nostrorum honorum consortium, si Baccalaurei erunt, exigitor florini dimidium, si Magistri, florinus unus. Inscriptionis uero nomine pendet Magister cruciatos VIII, Baccalaureus IV.

Nec admittitor nisi publico specimine dato.

Diplomate si cui usus fuerit, soluat pro chartaceo cruciatos IV Decano, si de membranis confici petierit, duplum itemque Decano et consiliariis tres.

Ne quid autem diplomatis literarumue publicarum signator, nisi de sententia communi Consilii studii bonarum artium scolæ huius.

De publico ministro huius studii et scriba seu Notario et curatore mensæ contubernalis Cap. XVII.

Ministri publici munus officium promissio itemque usus scribæ et conuentio cum præpositis cibo ac potu curando ea sit eaque seruetur, quæ de more solet, congruenter tamen horum temporum rationi ac præsentibus moribus.

Ac scribæ quidem ministrique publici officia, ut ab antiquo fuere, hodiernæ consuetudini accommodabuntur.

De præpositis uero illis quæ rectissime quoque tempore

poterunt ac debebunt constitui, ea consideratis commodis cum publicis tum singulorum diligenter atque prudenter constituantur.

Quin etiam si quid inter progressiones rerum scholasticarum uel deesse aliquid necessitati atque usui uel superesse iudicabitur siue quod parum intelligetur, seu perperam propositum sit, de iis omnibus quoque tempore arbitrium existimatio interpretatio mutatio abrogatio penes Vniuersitatem scholæ huius esto, ut superiores constitutiones emendent corrigant augeant diminuant reuocent pro eo atque vsus poscet et ipsorum sapientia decernet. Nihil enim semel ad omnes casus occasionesque rerum ac temporum sufficienter describi possit.

BURSÆ.

Die Bursen waren eine für die Universitäten des Mittelalters wesentliche Einrichtung, um nicht blos den Aufwand der Schüler zu mindern, sondern auch um den klerikalen und klösterlichen Zuschnitt des Studiums zu wahren. Meist enthalten die U.Statuten die Bestimmung, dass jeder Scholar einer Burse angehören müsse, und Ausnahmen werden möglichst beschränkt.

In die Burse trat schon der Knabe ein, um die Lateinschule derselben, in Tübingen das Pädagogium genannt, zu besuchen, und blieb bis er den Grad des Magister artium erlangt hatte, von welchem aus zu dem Studium der drei oberen Facultäten übergegangen wurde. Also erst mit etwas reiferen Jahren und nach Erlangung des Grades, durch welchen er ein vollberechtigtes Mitglied der Körperschaft geworden war, stand ihm frei sich von jener Gemeinschaft zu trennen und sein Leben nach Gutdünken einzurichten.

Es lässt sich annehmen, dass der Aufenthalt in der Burse nach Absolvierung des Pädagogiums in der Regel drei Jahre, das Fachstudium bis zu fünf Jahren in Anspruch nahm.

Die Artisten Facultät, welche die Bursen regierte, ihre sämmtlichen Supposita in denselben beisammenhielt, das Vermögen verwaltete, welches von den Universitäten selbst oder von milder Hand diesen Anstalten zugewandt wurde, gewann dadurch jene Selbstständigkeit neben den übrigen Facultäten, die zuerst auf der Pariser Schule ausgebildet später auch auf den deutschen erstrebt wurde. Sie war dadurch für die sonstige Zurücksetzung in etwas entschädigt.

In Tübingen wurden zu Bursen kurz nach der Gründung Häuser erworben und gebaut (s. S. 67) an dem Abhang zwischen den Gebäuden der Universität und der Stadtmauer gelegen, klein und unansehnlich [1]. Im Lauf des 16. Jahrhunderts, nachdem die Realistenburs 1534 bei dem Brand des Universitätshauses mit zu Grunde gegangen war, wurden mehrere derselben in einen grösseren Bau von vier Stockwerken umgestaltet.

Die Scheidung in die zwei Wege der Realisten und der Modernen hatte bis dahin eine äusserliche Trennung begünstigt. Das feindselige Verhalten der einen gegen die andern hätte beim Zusammenwohnen zu Händeln geführt. Es war desswegen sogar der einen Secte das Betreten der anderen Burse untersagt. Obgleich schon die östreichische Regierung 1525 jenen Zwiespalt der Wege aufhebt, die Namen verbannt (s. S. 147), dauerte doch die alte Unterscheidung fort und müssen auch die Reformatoren wider auf Vereinigung dringen. Am wirksamsten hat wohl jener Brand die Zusammenlegung gefördert, indem er einen Theil der Realisten ihres Obdachs beraubte. Gleichzeitig erlosch aber auch durch den Fortschritt des Wissens der alte Gegensatz philosophischer Lehre.

Die Reformatoren wollen die Burse oder, wie sie dieselbe umnennen, das Contubernium in wesentlich derselben Bestimmung wie bisher erhalten. Nach der Mitte des Jahrhunderts werden aber diese Anstalten den jungen Leuten, die man jetzt Studiosi nennt, zu enge. Wer in den günstigen Verhältnissen ist, um des billigeren Lebens im Contubernium nicht zu bedürfen, dem ist schon durch Herzog Christophs Ordnung von 1557 der einfache Ausweg gezeigt, dass er einen privatum præceptorem annahm. Dafür war nicht weiter nöthig, als dass er von irgend einem Magister sich dessen besondere Aufsicht zusagen liess, welche nicht einschloss, dass er mit dem Studiosen hätte zusammenleben müssen. Die Constitutio Fridericiana von 1601 ertheilt diese Erlaubniss förmlich.

Sobald aber das Contubernium aus einer dem Organismus der Universität unentbehrlichen Unterrichtsanstalt zu einem Kost-

1 Lib. dec. f. 3. Item ordinate tunc fuerunt — 7. Oct. 1477 — quatuor domus pro bursis habendis atque a facultate quatuor Magistri deputati et approbati ad regendas easdem bursas videlicet M. Joh. Stein, M. Conr. Fesseler, M. Herm. Vetter et M. Wilh. Mütschelin. Fessler und Mütschelin gehören zur via antiqua, die andern zur moderna.

haus für Bedürftige geworden war, liess die Sorge für dessen Unterhaltung nach. Die Beiträge aus öffentlichen Mitteln namentlich an Früchten — bis zu 300 Scheffeln jährlich — flossen unregelmässig, der Besuch der Anstalt wurde ungleichförmig. Kurz vor der Reformation zählte laut den erhaltenen Rechnungen der Bursrectoren die Bursa realium 3 Magister und 19 Scholaren, die Bursa modernorum 42 Personen. Nach der Vereinigung beider finden wir 1543 und nachher sogar bis 80 und 90 Bursalen. Rector war damals durch eine Reihe von Jahren Johannes Mendlin von Tübingen (s. S. 234), früherer Prior in Bebenhausen, der sein Amt gern und gut verwaltet zu haben scheint. Er machte 1576 kurz vor seinem Tod selbst eine Stiftung, aber nicht zur Burse sondern zum Martinianum.

Die Facultät hatte an dem Hause eigentlich nur noch das Interesse, dass sie den Rector stellte und einigen ihrer Mitglieder aus dessen Verwaltung kleine Geldbezüge zuflossen. Gleichzeitig hat das fürstliche Stipendium, dessen Zöglinge längere Zeit in der Bursa zu Gast gewesen waren, die bekannte theologische Anstalt, welche jetzt die Bezeichnung des evangelisch theologischen Seminars führt, gemeinhin aber mit dem alten Namen das Stift heisst, den grössten Theil der Aufgabe von Burse oder Contubernium übernommen. Und in den Einrichtungen dieses Hauses lebt noch heute die alte Bursenordnung fort.

Unbemittelte Lehrer suchten auch noch im 17. Jahrhundert den Posten des Rectors, wie Wilhelm Schickard (von 1619 an). Obgleich das Contubernium stets eine Anzahl von Bewohnern hatte, scheint es gleichwohl schon gegen Ende des 16. Jahrh. vorzugsweise eine billige Speiseanstalt für Externe gewesen zu sein. M. Crusius erwähnt, dass 1591 sich 109 Tischgänger dort sättigten um den Preis von 13 Schilling oder 7 Batzen in der Woche [1]. Eine erziehende Aufgabe hatte die Anstalt nicht mehr. Der dreissigjährige Krieg zerrüttete sie wie alles übrige. Und obwohl man sie wieder etwas aufrichtete, so ist doch gegen Ende des Jahrhunderts in den Berichten des Senats »dieses verarmbte

1 1695, in einer »theuren und betrübten Zeit« war der Preis auf 18 bis 20 Batzen gestiegen.

Corpus« (1682) »dieses fast zerfallene Corpus« (1705) mehr ein Gegenstand des Mitleids als des Interesses.

Kurz zuvor aber sollen noch laut einer Aeusserung von Rector und Senat (1695), ehe diese Kriegsdrangsale also stark eingerissen, von den benachbarten Reichsstädten besonders auch von Augsburg, item aus dem Anspachischen sich eine grosse Zahl Studiosorum eben um dieses Contubernii willen allher gezogen haben.

Bis an sein Ende aber ist dem Contubernium als eine Erinnerung an Formen alter Zeit noch geblieben, was A. F. Bök Gesch. d. U. T. 1774. S. 310 schildert. »Auch inscribieren hier die neu ankommenden Studierenden und bezahlen etwas, wenn sie nicht schon auf einer andern Universität gewesen, für die Deposition, deren Andenken nur bei den aus den Klosterschulen hieher beförderten Stipendiaten, ohne die geringste Divexation, durch Vorzeigung der vorhandenen Reste aus den Zeiten des Pennalismus und Ertheilung historischer Nachrichten von ihrem Ursprung und vormaligen Gebrauch, wie auch durch eine öffentliche Rede von dem Ersten unter den Kandidaten der Magisterwürde in etwas erhalten wird.«

Wie früher die Bursen den ankommenden Beanus empfiengen und ihren Insassen nicht wehrten mit demselben die etwas plumpen Ceremonien des Hörnerabstossens, der Depositio vorzunehmen, so hat das Contubernium noch vor hundert Jahren wenigstens die Folterwerkzeuge vorgewiesen und hatte die Gebühren der Deposition einzuziehen, welche seit 1744 der U.Bibliothek zuflossen.

Die letzten Einträge in das Register des Contuberniums (Fach XV, 19) sind von 1800. Nun glaubte man aber die Anstalt gänzlich entbehren zu können und überwies das Haus den Bedürfnissen der Mediciner. Von 1803 bis 1805 dauert der Umbau des schadhaft gewordenen Gebäudes, dessen Kosten man mühsam aufbrachte, um dort ein Krankenhaus einzurichten.

Man nannte dasselbe Klinikum, und diese Bezeichnung ist dem Hause geblieben.

I.

STATUTA VON 1505.

Die folgenden Statuten für die Bursen, eine Revision und lose Zusammenstellung der zahlreichen Beschlüsse, welche die Facultät über Verwaltung Einrichtung und Lehrgang gefasst hatte, scheinen mit der zweiten Redaction der Facultäts Statuten etwa gleichzeitig zu sein. Sie sind mit jenen in einem Bande zusammengeschrieben Fach VI, 21. Da Nachträge zu denselben f. 87. aus October 1508 datiert sind, und nicht abzusehen ist, warum diese conclusa nicht in die Redaction aufgenommen worden sein sollten, wenn sie schon vorgelegen hätten, so darf man wohl schliessen, dass diese Statuten vor 1508 fallen. Und es wird hiedurch zugleich die oben S. 320 aufgestellte Vermuthung über die Zeit der zweiten Redaction der Facultäts-Statuten bestätigt.

Bei dem Abdruck sind grössere Abschnitte, welche ebenso in den Statuta facultatis sich finden, nicht widerholt, sondern durch Verweisungen ersetzt worden. Alle und jede Widerholung hat sich aber nicht füglich vermeiden lassen, ohne dass der Zusammenhang auf lästige Art gestört worden wäre.

Ordo actus visitationis bursarum.

Rector vniuersitatis priusquam bursas visitet auiset ad octavam precedentem Rectorem burse et Conuentores, vt se hincinde solerter informent de defectibus commissis, quatinus postea inquisiti melius respondere queant.

De visitatione bursarum.

Item statuit alma vniuersitas, quod Rector infra mensis spacium post suam electionem, aut quam primum commode poterit, vna cum decano facultatis artium et cum duobus senioribus magistris eiusdem facultatis omnes et singulas bursas predicte facultatis visitabit, ac coram Rectoribus bursarum et scolaribus eorundem statuta nostre vniuersitatis sub rubrica de officio rectoris bursarum descripta publice legi faciat, et ab eisdem per eorum fidem diligenter inquirat, an huiusmodi statuta ibidem obseruentur. Quod si in aliquo defectum aut negligentiam fore comperiat, illud sollicite emendare et corrigere penasque in eius statutis contentas exigere velit, promissionem quoque a Rectoribus bursarum de clausura earundem juxta statutorum tenorem illic solenniter recipere ab eisdem.

Voluit etiam et statuit vniuersitas, quod omnes et singuli officiales tam vniuersitatis quam singularum facultatum prestent corporaliter sua juramenta debita, antequam de suorum officiorum exercitione se intromittant.

Insuper voluit vniuersitas, quod quilibet Rector burse, conuentor, resumptor magistrandorum et pedagogista promittant, quod si per eos quorum intererit correptus vel depositus fuerit, non id aduersus tales vindicare velit, via facti directe vel indirecte. Viam juris autem nemini voluit esse preclusam, saluo tamen statuto vniuersitatis de negociis in studio emergentibus, in quo casu vniuersitas suam faciat causam.

Promissio Rectoris burse et conuentorum.

Ego promitto meis bursalibus fideliter in moribus diciplina et doctrina preesse [1], *bursam meam horis statutis ab vniuersitate firmitate non ficta claudere, cum mihi ex officio claves tenere competierit, clausamque congruis temporibus pro posse tenere. Discolum vel vagabundum mecum non tenere, quin illum Rectori vniuersitatis aut eius vices gerenti per me vel per alium infra triduum denunciem emendandum. A beano pro beanie depositione non plus tertia parte floreni renensis exigere aut exigi permittere, licencia ad amplius exponendum ab universitate non obtenta* [2]. *Quod si per eos quorum interest correptus vel depositus fuero non id adversus tales vindicare volo via facti directe vel indirecte.*

---

1 beigefügt: ipsosque fideliter ad latinisandum inducere.

2 beigefügt: infra mensis spatium qualibet mutatione cum sindico racionem facere de censu domus ac de receptis solutum facere.

Promissio conuentorum, cum primum assumuntur, de obediendo Rectori burse.

Item quilibet conuentur assumendus, priusquam assumatur, promittat bona fide loco iuramenti: quod Rectori burse obedire velit in singulis, que secundum tenorem statutorum vniuersitatis et facultatis artium aut ordinationum bursalium debitum concernunt regimen burse, atque contra Rectorem burse non insurgere, ad eius vocationem sine dolo et fraude illico comparere, in euentum etiam, in quem sibi vices Rectoris committi contigerit, extunc ad exercendum fideliter officium eiusdem astrictus esse velit. Nec sibi procurare velit claues burse clauibus similes. Similiter sic substitutus ea capitula Rectori burse promittere debet, que ceteri magistri non conuentores tamen bursam inhabitantes Rectori vniuersitatis promittere sunt astricti.

Promissio pedagogi et resumptoris magistrandorum.

Ego promitto meis bursalibus scolaribus fideliter in moribus disciplina et doctrina preesse [1].

Discolum vel vagabundum incorrigibilem mecum non tenere, quin illum Rectori burse vel eius vicem tenenti per me vel alium infra triduum denunciem emendandum, pro augmento et honore burse fideliter agere, Rectori burse et conuentoribus in licitis et honestis regimen et statum bonum burse concernentibus obedire.

Nullas conspiraciones aut ligas facere in preiudicium burse ac Rectoris eiusdem, pariter et conuentorum. Neque his forsitan attemptandis interesse, scolares denique contra vniuersitatis ac facultatis seu aliorum quorum interest ordinaciones minime defendere. Insuper promitto, quod si per eos quorum interest correptus vel depositus fuero, non id adversus tales vindicare volo via facti directe vel indirecte.

Item volumus quod illa promissio et precedens que respicit conuentores, statim prestetur ab electo conuentore resumptore vel pedagogo in manus Rectoris vniuersitatis presente Rectore burse huius vel illius de qua est qui iurare habet, sub pena privacionis omnis emolimenti ratione talis officii. Nec debet

---

1 beigefügt: ipsosque fideliter ad latinisandum inducere.

electio censeri sortita suum effectum, nisi electus prius iurauerit prout tenetur secundum ordinacionem quorum interest.

Promissio bursalium magistrorum aliorum a premissis officialibus.

Statuimus similiter, ut magistri bursam inhabitantes [1] promittant bona fide: quod fideliter pro augmento et honore burse agere velint, Rectori burse ac conuentoribus in licitis et honestis regimen et statum bonum burse concernentibus obedire. Nullas conspirationes aut ligas facere in preiudicium burse aut Rectoris eiusdem aut conuentoris. Neque his forsan attemptandis interesse, Scolares denique contra vniuersitatis aut facultatis seu etiam aliorum quorum interest ordinaciones minime defendere [2].

De non fouendis hospitibus.

Ad precauendum expensas illicitas in bursalibus statuimus, ut Rectores bursarum mandent procuratoribus suis, Ne cibum vel potum ministrent hospitibus bursalium, etiam si illos in communitate reficere vellent, sub pena unius solidi h., nisi habita licentia a Rectore burse, qui etiam non debet passim licentiam concedere, nisi illi essent consanguinei vel affines, super quo mature veritatem inquirat.

De bursæ clausura et clauium custodia.

Item Rector burse, vel eius vices gerentes, faciat claudi bursam mox post campanam die wachtglock vulgo nominatam per juramentum.

Item Solus Rector burse (vel eius vices gerens in sua absentia) apud se habeat burse claues in bona custodia et clausura, ita ut nullus alius absque eius consensu illis uti valeat, sub pena quarte partis floreni tociens quociens omiserit. Item non habeat rector burse in potestate sua cuiquam etiam magistro conuentori claues burse communicare aut committere per jura-

1 Beisatz: sicut omnes officiales et scolares extra bursam habitantes.

2 Beisatz: Item promittat etiam si hic complevit gratis et alibi promovebitur, quod velit solvere juxta conclusum ultimum De qualitate promovendorum fol. 63 facie conv. Das Citat passt zu keinem der Statutenbücher.

mentum, nisi substituendo talem vicerectorem, cum bursam exire voluerit.

Item famulus clauiger jurare debet in assumptione sua, quod fideliter claudere et aperire velit, nulli claues committere sine licentia veri vel vicerectoris atque post clausionem de nocte et apertionem de mane eidem indelate claues presentare.

Item famulus juratus quocienscunque aliquem emittere vult magistrum conuentorem a Rectore burse claues petat, qui Rector famulum interrogare debet, quem emittere velit, sub pena unius solidi tociens quociens omiserit soluendi.

Item statuimus, ut nullus alius a predictis scilicet Rectore et vicerectore claues similes clauibus burse habeat procuret vel utatur per juramentum.

. De silentio in mensa.

Item tam conuentores quam magistri ceteri mensam in bursa habentes congruum debent habere silentium in mensa, et eorum exemplo etiam scolares similiter inducantur, teneaturque Rector burse vel vicem tenens, in absentia vero illorum alii conuentores, eosdem omnes hortari ad congruum silencium seruandum, hortationem non curantes denuntiare infra octo dies superintendentibus de pena transgredientium arbitraturis, sub pena duorum solidorum h. tociens quociens omiserint. Scolares transgredientes juxta arbitrium suum corrigant et castigent sub pena eadem.

Item Nullus rector aut conuentor burse scienter aliquem non immatriculatum matricule nostre vniuersitatis in bursa sua ultra octo dies foueat sub pena unius floreni ren. Nec etiam a beanio quemquam absoluere presumat, nisi hujusmodi intitulatio sibi certa fuerit sub pena eadem.

Item Conuentores infra triduum debent publicos lusores et meretricarios nec non inobedientes rebelles discolos ac discordias et conspirationes facientes Rectori vniuersitatis denunciare, dummodo saltem moniti non destiterint, per juramentum, ut supra in prima promissione conuentorum, eo saluo quod sic expulsi nichilominus censum burse, lignalia et alia secundum consuetudinem bursárum per mutationem concernentia, etiam pastum pro actibus scolasticis juxta ratum temporis soluere teneantur.

De refectione in communitate habenda.

Item Rector et singuli conuentores suam refectionem prandii et cene semper in communitate habeant, nisi hospitem honorabilem [1] habeant. Similiter omnes officiales et famuli mensam ex officio bursalem participantes, excepta causa infirmitatis merito excusantis, sub pena 2 ß h. quociens quis contrauenerit soluendorum. Volentes vero habere speciales refectiones illas cum refusione omnis damni burse ex hoc quomodocunque emergere potentis ratione vtensilium juxta arbitrium Rectoris burse faciant priuati communi burse mensa, pena sub eadem.

Item nemini committentur vtensilia burse, ut sunt scamna disci [2] rel. sine consensu Rectoris burse sub pena quinque ß.

De speciali scolarium superintendentia.

Statuimus etiam, ut in qualibet bursa iuxta numerum conuentorum bursas inhabitantium fiant partes bursalium sorte vel alio modo numero equali, ita ut quilibet conuentor bursam inhabitans numerum scolarium habeat, ad quos preter generalem obligationem (qua omnibus preesse et prodesse tenetur) specialiter oculum habere debet, vt tales honestius et diligentius vivant et studeant, et maxime circa expensas quas cum procuratore et pincerna faciunt, quatinus curare possit, vt tales sibi legem pro suis positam non excedant.

De sumptibus.

Volumus denique, quod prepositus et pincerna leges

---

1 Erläutert durch ein späteres Statut f. 88 v.: hospes honorabilis is vel hic est: persona non leuis, ob cuius honorem et reuerentiam precise conuiuatio illa tunc ordinata est alias non habenda et que non est in fraudem statuti citata vel vocata, ut sic ea presente habeatur occasio comedendi extra communitatem. In quo tamen nihilominus Rector burse et eptomodarius se debet facere presentem communitati ex hoc donec refectio bursalium fuerit consummata, ut singula fiant debita curatione. Alias nunquam licet Rectori burse aut conuentori sine licentia superintendentium suas refectiones habere extra communitatem sub pena quinque solidorum, quos per iuramentum prestitum intra triduum post huiusmodi excessum debet dare cum effectu superintendentibus vie sue totiens quotiens cognouerit se mane et sero huiusmodi statuto contrauenisse.

2 Teller.

sibi datas a conuentoribus circa suos seruent per iuramentum atque singulis septimanis in presentia conuentorum legantur publice omnia specialia in bursa per iuramentum, que ipsi ac famuli eorum bursalibus transacta septimana dispensauerunt, non solum ad credenciam sed etiam pro peccunia prompta, vt conuentores predicti audire valeant et scire, an leges date preposito et pincerne circa suos sunt servate.

Item etiam omnes et singuli alii de vniuersitate volentes dare esculenta et potulenta bursalibus debent illa omnia et singula, non obstante si forte aliquid dederint eis pro prompta peccunia seu mox vendiderint, per iuramentum palam et publice legere quolibet die dominico et legi viuere, quam ipsis dabunt conuentores et Rectores bursarum pro ciborum ac potus bursalium dispensacione.

De conuentoribus.

Item quilibet conuentor non corrigens vel non denuncians Rectori burse scolares insolencias vel strepitus comminitantes[1] iuxta tenorem huiusmodi statuti solvat 2 β.

Item si qui conuentorum pro honesto regimine sibi commissorum quedam alia rationabilia condiderint, statim illa transgredientes penas inibi expressas siue condictiones soluant. Quod si quis scolarium siue baccalaureorum penas huiusmodi soluere recusauerit, talis Rectori vniuersitatis denunciatus duplum pene soluere cogatur.

Item Nullus conuentorum presumat a quoquam ad bursam suam diuertente pro utensilium conseruatione plus quatuor solidis h. exigere aut minus recipere, saluo uno solido pro scamnis dando.

De promissione bursali ab extra stantibus exigenda.

Item volumus etiam, quod magistri conuentores a scolaribus extra bursas stantibus lectiones et exercicia in bursa audientibus promissionem bursalem eos concernentem recipiant infra octo dies sub pena priuacionis ipso facto etiam emolimenti pro

1 später: committentes.

tempore, quo ille qui non fecit bursalem promissionem exercicia audiuerit, communitati burse applicandi per iuramentum.

De introducentibus mulieres suspectas.

Item Magister vel conuentor introducens mulierem suspectam in bursam soluat prima vice duos florenos, secunda vice quatuor et tercia vice suspendatur a regencia et a bursa excludatur.

Super quibus Rector burse conuentores et alios magistros, et conuentores rectorem burse Rectori vniuersitatis sub debito prestiti iuramenti denunciare debent.

De conuentoribus.

Conuentores sub pena quatuor β a singulis, qui scolares ad bursam suam adducunt, inquirere debent, anne ipsi conuentores hujusmodi illorum peccunias pro eorum usu servare debeant aut ipsi novelli easdem in sua potestate retinere.

Item nullus magistrorum sub debito prestiti iuramenti a scolaribus pro resumptionibus eis factis plus recipere presumat quam de hoc sub titulo de resumptionibus[1] cautum reperitur.

De rectore burse et conuentoribus.

Habeat insuper Rector burse curam domus, ligna et alia domui necessaria temporibus congruis fideliter procuret, nil huius intuitu sibi vsurpando, bursam etiam claudi disponat, claues apud se vel alium fidelem iuratum teneat, ut supra habetur. Excessus iuxta statuta corrigat et supposita non corrigibilia tandem a scolarium consortio excludat, sibique specialiter commissos, si ad studium et disciplinam invtiles videantur, superintendentibus denunciet. Magistros denique cohabitantes honeste tractet, odio et amore seclusis. In quibus omnibus si negligens repertus fuerit, in vno floreno tociens quociens mulctetur, tandemque si se non emendauerit a bursa excludatur.

Item conuentores introitum et exitum singulorum de bursa signent, censum ea cum diligentia colligant, qua suum

---

1 s. oben S. 347.

exigere et colligere essent parati, collecta quoque vniuersitati vel eius procuratori presentent, de quibus vniuersitati rationes faciant. Denique cameras iuxta scolarium qualitatem et multitudinem atque ipsarum camerarum capacitatem pro utilitate vniuersitatis fideliter distribuant, in huiusmodi suorum laborum remunerationem de quolibet floreno sex ₰ levaturi.

Item conuentoribus omnia kathedralia sue vie, mensam bursalem sine vino, armaque in cameris reperta cum tertia parte omnium aliarum penarum, lupo et penis propter viles mulieres repertas exclusis, lupum totum cum duabus tertiis aliarum penarum communitati cedere volumus.

Item statuimus, ut quilibet conuentor habeat curam diligentem super armis statuto vniuersitatis prohibitis suorum bursalium. Item quod si arma apud aliquem reperiat, illa ab eodem exigat ac retineat. Si autem bursalis dare recusauerit, talem Rectori vniuersitatis denuntiet, sub pena quarte partis floreni tociens quociens omiserit.

Statuimus, ut magistri conuentores sua exercicia incipiant et finiant iuxta quoddam statutum bursale desuper conceptum, sub pena in eo contenta, super quo denunciare se tenentur, dum a superintendentibus de hoc interrogati fuerint.

Item Nullus conuentor se absentet vel abeat sine licencia sui superintendentis ad hoc pro tunc ordinati, qua obtenta alium in locum eius substituat conuentorem. Quod si commode habere non poterit, alium magistrum ad hoc ydoneum cum consensu prefati superintendentis sue vie subordinet. Insuper non rediens termino sibi statuto vel sine eius licencia abiens sit ipso facto officio privatus. Interim alius ydoneus ab illis quorum interest in locum eius surrogetur [1].

---

1 Dafür später: Rector Burse aut conuentor volens cum fauore superintendentis abire, etiam animo redeundi eodem die, vel per alium dicere habita causa rationabili, debet per se ipsum fauorem a superintendente habere ante suam abitionem vel substitutionem. Si vero non potest per se ipsum adire superintendentem, recipiat per alium magistrum conuentorem vel officialem sue abitionis licenciam vel substitutionis, causa plene instructa. Insuper debet suum vicarium, si est officialis burse, ad minus per horam aut duas si non officialis, prius certiorem reddere aut facere de materia, quam pro eo docebit.

Contraueniens illi statuto in toto vel in parte debet et tenetur se ipsum

De temptatoribus.

Item de cetero nulli quorum interest promouendos temptare tempore temptaminis, quod fit ante admissionem, licet aliquid potulenti vel esculenti vel alias quidquam a temptandis exigere, sed a baccalaureandis duos et a magistrandis quatuor solidos levare possunt et non amplius, per iuramentum, aut ab eis oblatum recipiant. Non minus tamen ter baccalaurendos et quater magistrandos interpolatim temptare teneantur sub pena quarte partis floreni. Similiter de cetero omnes omittantur expense in quibuscunque invitacionibus preter sumptus in vino pane caseo et fructibus, sub pena unius quarte partis floreni.

De rationem facientibus.

Item conducentes prandia et rationem cum hospite de eisdem facientes nullos faciant sumptus vel expensas, sub pena quarte partis floreni ren. a quolibet eorum solvendi, cum contrarium fecerit.

De magistris.

Item quilibet magistrorum, quorum est admissos promouere, actum per se ipsum faciat, sub pena quarte partis floreni, Nisi alium substituendi a superintendente habeat licenciam.

Item magister quilibet de facultate artium per se ipsum disputando presideat cum potest, quociens ordo tetigerit, sub pena 7 ß h. decano applicandorum.

Item quilibet ebdomodarius tempore promotionis

---

intra triduum, totiens quotiens cognouerit se contrauenisse, superintendenti denunciare et penam luere pro singulis excessibus singulatim per iuramentum mox post suam denunciationem.

Quod si quis non redierit termino sibi statuto, aut si quis sine licentia superintendentium abierit, sit ipso facto priuatus suo officio. Quo non obstante debet nihilominus mox cum redierit intra triduum suam abitionem aut absentiam superintendenti denunciare. Quod siue fecerit siue non, possunt superintendentes alium conuentorem eligere vel si expediens videbitur, prefatum magistrum officio priuatum iterum reassumere auditis causis sue absentie vel negligentie sue condictionis cuiuscunque. Quarum penarum prefatarum solutio fieri debet in manus superintendentis huius vel illius vie, in qua quis deliquit, sub penis prout disponitur. f. 89.

in facultate artium ante initium actus per mediam horam per pulsum campanelle diligenter faciat scolarium sue burse congregationem, coram quibus registrum legat et singulos absentes pena trium denariorum puniat atque cum eisdem actum decenter ingrediatur, sub pena quatuor solidorum. Volumus etiam cedulam legi ante exercicium et conductiones ad ecclesiam, sub pena trium denariorum.

De promouente Decano.

Item quilibet decanus pro tempore magistrandos promouendos per se ipsum promoueat, sub pena quarte partis floreni et carentie (quo ad decanum aut suum substitutum) florini kathedranti ex statuto debiti, nisi obtineat fauorem a suo superintendente alium substituendi. Similiter singulis disputationibus baccalariorum et magistrorum personaliter intersit decanus, nisi cum fauore superintendentis alium substituat, sub pena septem solidorum.

Concessit denique vniuersitas superintendentibus illius vie, cuius decanus est, quod decanum etiam collegiatum usque ad depositionem ab officio inclusione decanatus in predictis negligentem punire possint.

Contra pedagogii[1] excessus.

Item volumus, quod in ambabus bursis et pedagogio iuuenes imbuantur in exercicio grammaticali, in Donato et partibus Alexandri[2] per iuramentum, et quod tenens actus gramma-

1 Zu Gunsten des Pädagogiums hat die Universität auf Antrag der Facultät am 7. Januar 1528 beschlossen Fach XV, 15. VI, 21 f. 91:

Item omnes quotquot in hac vniuersitate sunt discipulorum preceptores docentes eos grammaticam logicam rhetoricam et alias artes liberales, discipulos suos ad pedagogium mittere sint astricti, quod si facere neglexerint, nihilo minus pedagogo illius burse, cuius discipulus est, soluere annuatim pro vnoquoque suorum discipulorum cogantur aureum vnum, eumque soluant de mercede, quam a discipulo leuant de sua peccunia, ne discipulus ulterius grauetur.

2 Doctrinale puerorum des Alexander de villa Dei, von welchem mehrere Ausgaben mit Commentaren in Tübingen erschienen, 1512. 1514.

ticales non studeat nouitabibus, reprehendendo scandalose textum biblie et iuris, item doctores sanctos etc., item communem usum, Sed si voluerint dicere aliquid, dicant: ita habet Alexander et ita est usus, sed iuxta poetam illum vel alium ita dicendum est.

De festis.

Item cessare debent de cetero omnia festa preter festa fori et collegii [1] et Iouis, si tamen in illa septimana non fuerit aliud festum, et preter quatuor dies in carnispriuio. Scholaresque ad manendum inducantur sub pena computacionis illorum dierum in duplicem defectum temporis exerciciorum. Poterunt tamen conuentores tempore vindemiarum pro aliquibus diebus licentiam petere ab vniuersitate.

De magistro presidente.

Item magister presessurus per biduum aut triduum prius in bursa disputet cum suis respondentibus sua sophismata ante presidenciam, sub pena VII β. Super quo se denunciare in visitatione bursarum sit astrictus.

Item volumus quod omnia illa equaliter obseruentur in ambabus bursis ita quod sine scitu et consensu superintendentium omnium ambarum viarum nichil in predictis in vna bursa mutetur, nisi in alia idem fiat.

De statu scolarium.

Item volumus et statuimus, ut statum scolares concernentem Conuentores observent penam exigendo. Quod si non fecerint ipsi eandem soluere teneantur.

De negligentiis signandis.

Item volumus quod magistri signent quociens negligunt exercicia sua, cum hic sunt et presentes in loco, vt postea interrogati bona fide dicere valeant numerum negligentiarum et pro qualibet negligentia commissa soluant 2 β.

---

1 s. S. 257.

De penis.

Item volumus, quod omnes pene a magistris accepte conuertantur in utilitatem burse, nulla de illis parte conuentoribus cedente.

De visitatione.

Preterea volumus, ut conuentor aut alius interrogatus super observantia predictorum omnium eum concernentium, respondeat sub bona fide se seruasse vel non seruasse, vel tali modo seruaui, exprimendo modum et declarando, quem visitantes ceteri possunt approbare vel reprobare. Quod si quis responderit, se seruasse sicut hactenus vel sicut moris est et similiter, ille debet perinde penam soluere, ac si se non seruasse diceret.
Item statuimus, quod visitantes nulli penali reperto penam remittere habeant aut ipsi de suo soluant.

De conflictibus denunciandis.

Item quilibet conuentor aut magister videns scolarium in lectorio vel in curia artistarum conflictum rixam aut seditionem Rectori vniuersitatis eosdem per iuramentum denunctiare debet quantocius. Si vero non viderit, de post tamen veridica relatione didicerit, ad idem sit astrictus.

De familiaribus burse.

Hier folgt Abschnitt 98 der Statuta fac. artium, oben S. 371.

Item de cetero prepositi bursarum [1] cum pistoribus et carnificibus pactum facere debebunt, vt eis pro debitis expectent ad terminum competentem [2].

---

1 die Speisemeister.

2 Von späterer Hand auf einen freigebliebenen Raum eingefügt: Conventores habentes secum scolares, quibus specialiter resumant, debent cum magistris non officialibus bursam inhabitantibus et scolares quibus resumant desiderantibus diuidere mercedem, dummodo ille magister et illi magistri sic bursam inhabitantes et scolares desiderantes fuerint a superintendentibus illius vie, cujus magister est vel magistri, sunt approbati et admissi, ita quod totum arbitrio superintendentium committatur. Secundo, quod magistri non uxorati invitentur ad bursam tali spe, quod pre ceteris vniuersitas velit eos habere commendatos et pro-

De lusibus.

Item nullus magister de regencia existens in bursa cum alio vel aliis magistris ludat, sub pena septem solidorum h. tocius quociens soluendorum. Item nullus magister et maxime conuentor cum aut coram scolaribus pro re minima aut zecha ludere presumat, sub pena unius florini et confiscacionis lucratorum.

Statuimus etiam, ut quilibet magistrorum scolares damnum communitati burse aut structure domus inferentes aut alias excedentes, una cum qualitate damni, Rectori burse denunctiet sine dolo et fraude, sub pena unius solidi tociens quociens.

De scolaribus.

Hier folgen Bestimmungen, welche auch in die Statuta facultatis Aufnahme gefunden haben als die Abschnitte 85. 90 bis 102, oben S. 370 ff.

Sodann soll bei der Verlesung folgender Titel hier eingeschaltet werden:

De projicientibus extra bursam.

Prohibet vniuersitas, ne quisquam bursalium aut etiam qui non est bursalis, sed tamen tunc receptus in bursa, projiciat quouis tempore, die aut nocte, queuis offensiua, vasa fictilia, lapides, ligna, stercora, vrinalia et cetera similia extra bursam, per fenestras aut alias in plateas vicos aut curiam burse, sub pena exclusionis perpetue a bursa vel alia grauiori secundum qualitatem delicti. Aut si forte projiciens non esset bursalis, simili pena plecti debent, in quorum habitatione illa contingunt, si, dum eis innotuerit, illud facinus ibi esse commissum, aut in alia habitatione, talem iactum siue iacientem et projicientem non denuntiaverint Rectori burse infra diem naturalem. Qui Rector burse facta sibi denuntiatione tenetur, sub officii sui de-

---

motos. Item quod magistri extra bursarum conuentores emolumenta, que haberent intuitu resumptionum a scolaribus, etiam diuidant cum magistris incolis bursarum, arbitrio superintendentium sue vie. Item quod cathedralia et beanalia debeant cedere solis conuentoribus bursam inhabitantibus. Item omnes magistri officiales non uxorati de cetero debeant manere in bursa sub pena priuationis officii sui.

bito, denuntiatum mox arrestare vice et nomine Rectoris vniuersitatis. Quod si compertum fuerit debentem denuntiare fraudem commisisse, vt reus euadat et effugiat, prius quam arrestetur, arbitraria plectetur pena condigna. f. 90.

De bursalibus.

Item bursales simpliciter debent subesse Rectori et conuentoribus burse et eis debitam reuerenciam exhibere eisque parere in his que burse concernunt vtilitatem.

Item nullus bursalis ausu temerario rectore aut conuentore burse contendere presumat, conuicia de eis dicat, aut alia quibus eum offendat, sub pena medii fl. vniuersitatis fisco tociens quociens soluendi.

Denique nullus scolaris aut baccalaureus facultatis artium quamdiu extra bursam locatus fuerit priuilegiis gaudere aut pro studente tueri Seu in hac vniuersitate lectiones sibi ad gradum computari vel ad aliquem gradum in artibus promoueri debet rationabili causa cessante, quam si per rectorem vniu. et suos assessores approbata fuerit. Ex licencia eorundem talis scolaris aut baccalaureus in aliquo alio loco honesto stare poterit, ita tamen quod huiusmodi licentiam scriptis notarii vniuersitatis ostendat, vbi causa licencie concesse cum anno et die ac loco standi notentur, quatenus postea de ipsa licencia luculentius constare poterit, pro premissis tamen prius a facultate licencia obtenta.

Volumus tamen studentes stantes apud parentes consanguineos doctores aut magistros regenciam habentes eisdem quibus bursales gaudere priuilegiis. Super cuius statuti obseruancia magistri in visitacione bursarum se denunctiare teneantur. Notario insuper vniuersitatis pro literis licencie huiusmodi non amplius quam tres denarii salarii nomine dari debebunt.

Is dumtaxat in bursa stare censetur, qui in illa ut censualis moratur, burse mensam habet et ea utitur, in conducta habitatione nocturno tempore quiescit, exercicia solita audit aliaque facit et operatur, prout ad incolas bursarum spectare videtur et pertinere.

Item insuper nullus scolarium extra bursam locatus pro aliquo gradu tempus complere censeatur, nisi et ab vniuersitate et facultate licencia obtenta, aut famulus sit doctoris aut magistri, vel saltem alias cum parentibus steterit sicut premissum est.

Item nulli magistrorum vel scolarium liceat a quoquam eorum, qui a beanio sunt absoluti, aliquid cornutalium aut alio sub colore exigere, potest tamen Rector burse, cum sint quinque aut sex novicii, permittere, si volunt, ut simul loco cornutalium dent unam assaturam vel equiualens pro tota bursa, ita tamen quod ultra duos sol. nullus gravetur, sub pena quarte partis floreni.

Amplius inhibemus, ne magistrandi vel baccalaureandi, cum temptamine finito per temptatores sint admissi et eorum admissio extiterit publicata, ceteros scolares baccalaureos aut artifices suos vel alios laicos ad balneum ducant aut pro eisdem inductis, vt hactenus fecerunt, expensas balnei soluant, nec postea pro eis zecbas teneant, neque in fraudem huius statuti seu institutionis aliquid attemptent, quominus seruetur, et per hoc a supervacuis et invtilibus expensis coerceantur. Qua in re volumus similiter congruas (ut supra) penas per Rectores bursarum in suis statutis bursalibus decerni et a transgressoribus sub pena quinque sol. h. exigi.

Baccalaureandi nullas expensas habere debent in inductione scolarium ad balneum aut processionibus siue cum mimis siue absque talibus, sub pena non admissionis pro eadem vice.

Item nullus baccalaureus aut scolaris stubam aliquam absque eorum quorum interest licencia de cetero extra bursam conducere presumat, sub pena duorum florenorum.

Nullus denique scolarium etiam pro modico aut zecha ludere presumat, sub pena vnius floreni et confiscationis lucratorum. Sub eadem etiam pena magistri et maxime conuentores cum aut coram scolaribus pro re minima aut zecba ludere non attemptent.

Item nullum suppositum facultatis artium accedere debet choreas nuptiales ad eas specialiter non invitatum, neque quisquam choream non nuptialem procuret aut fieri ordinet. Non etiam quisquam scolarium ad sic per studentes aut laicos ordinatas choreas inuitatus aut non inuitatus accedere presumat, sub pena septem solidorum tociens quociens soluendorum.

Scolares ingredientes vel egredientes de una bursa ad aliam per valuas bursarum soluat qualibet vice quatuor solidos.

Item de arresto sine licencia recedens tutus non sit, sed contra talem tanquam periurum procedendum erit.

Item nullus bursam inhabitantium, cuiuscunque status aut condictionis fuerit, in cannam lapideam vel curiam burse urinam projicere presumat, sub pena vnius solidi tocieus quociens irremisibiliter soluendi, ad cuius pene exactionem conuentores sub suorum officiorum debito sunt astricti.

Item nullus baccalauriorum aut scolarium facultatis artium in mensa alterius burse foueatur, sub pena tante peccunie quam sic prefatus ibi consumpsit, nisi in eadem bursa locatus fuerit. Aliarum vero facultatum scolaris, vbicunque locatus extiterit, in lupi et aliarum penarum recompensam qualibet septimana ultra alias expensas nominatas duos solvat denarios.

Zusatz: Item singuli magistri officiales etiam et alii secum scolares artium habentes, quotiescunque scolarem burse teutonicum loqui audiverint, eum desuper corrigant fideliter et acriter. Conuentores et officiales tales signent certa pena puniendos, que pene ab omnibus conuentoribus et officialibus in vnum redacte legende sint die dominico, sub pena vnius solidi.

De lupo.

Item statuimus et omnino observari volumus, vt magistri conuentores scolares suos modo meliori quo poterunt, inducant ad latinisandum, et specialiter statuimus, ut omni septimana per conuentores ad minus vnus constituatur lupus [1], qui bona fide scribat orationes integras atque illum vel illos quibus vel cui locutus fuit, vt, cum conuentori videbitur expedire, valeat

---

1 So heisst nicht blos der geheime Aufpasser, welcher die gegen das Gebot deutsch gesprochenen Worte der Mitschüler zu verzeichnen und dem Magister zu übergeben hat, sondern auch die von ihm gemachte Aufzeichnung, welche zur Beschämung der Uebertreter öffentlich verlesen wird. Ein Statutenbuch Fach XV, 21 f. 12 enthält darüber noch die weiteren Bestimmungen: Lupus in vel extra communitate scribatur. Quilibet bursalis a conuentore in vulgari sermone auditus soluat unum numum ultra communem lupum, etiam si eadem oratio fuerit lupo inscripta. Das nach der Reformation eingeführte Statut empfiehlt zwar den Schülern das Latein namentlich in Gegenwart der Lehrer, schafft aber den lupus ab.

illum aut illos audire, anne talis talia sit locutus ad precauendam fraudem aliquam allegatam et oblocutiones.

Volumus item, quod unus ex duobus excessiuis in lupo (conscriptis) legat ad mensam per illam septimanam, iuxta arbitrium Rectoris burse aut ebdomadarii, qui lupum constituit. Qui quem vult ex illis duobus ordinare potest, alius vero ministret ad mensam sive baccalaureus sive scolaris fuerit.

Preterea volumus ut omni septimana die dominica post prandium ante gratias legatur lupus publice, et ut predictum modum conscribendi lupum servent Rectores et conuentores, sub pena quinque solidorum tociens quociens soluendorum, si in toto vel in parte premissum non servaverit modum.

Item statuimus quod magistri tenentes secum baccalaureos seu scolares constituant lupum in sua stuba, sub pena trium solidorum tociens quociens omiserint per eosdem soluendorum.

Item statuimus, vt magistri habentes apud se baccalarios vel scolares sint frequenter latini cum eis Et in visitacione bursarum interrogati sub bona fide dicere teneantur, an credant probabiliter se plus fuisse cum eis latinos quam vulgares. Et si quis hoc non dicere voluerit aut potuerit, puniatur in uno florino.

De vestibus et habitibus.

Statuimus, ut Rectores et conuentores bursarum curent, quatenus sui bursales honeste vestiti togis et tunicis in plateis et scolis decenter iuxta vniuersitatis statuta incedant, ut puta Ne aliquis magistrorum de regencia aut etiam baccalaureus vel suppositum vtatur vestibus aut caligis partiti siui varii coloris, nec manicarum scissura non clausa nodulis, nec pheripheriis vestium alterius coloris a veste pectorali, Nec calceis ad pedicas usque vel fere scissis et apertis. Nec incedat discalceatus aut mitratus. Magistri utantur capucio et birreto magistrali, prout vniuersitatis statutum habet.

Nec licet eisdem in publico habere paterloquia in collo, nec deferre birretum plicatum. Baccalaurii vero et scolares facultatis artium ituri ad actus publicos, processiones, ad templum aut pro spacio in vel extra communitatem debent incedere cum capucio clericali siue birreto[1], exceptis religiosis et sacris initiatis, sub pena statuti tociens quociens aliquis predictorum transgressor compertus fuerit. Quibus magistri in visitatione bursali interrogati per eorum fidem respondere tenentur et veritatem dicere[2].

Item ordinamus, ut quivis magistrorum de consilio artium facultatis intersit visitationi bursali, sub pena privationis officii sui ipso facto, nisi cum licencia omnium superintendentium sue vie. Qua habita cum redierit tenetur nichilominus interrogatus super omnibus respondere ut ceteri presentes.

Item magistri rectores pedagogi singulis mutacionibus officia sua in manus superintendencium et conuentorum resignent et eos ad continuandum hujusmodi officia sua petant, si velint. Idem vniuersitas de deputato resumptore uult obseruari. Omnes collegiati electioni pedagogiste interesse debebunt et ad id vocari quilibet in via sua.

Item iunior conuentorum inhabitare debet stubam versus curiam, sub pena priuacionis officii.

Vniuersitas congregata per juramentum conclusit concordi voto, quod de cetero in computacionibus facultatis artium ad minimum duo de superintendentibus interesse debeant et teneantur.

Preterea eodem die dedit vniuersitas plenam potestatem dominis superintendentibus deponendi conuentores juxta arbitrium merito excessus eorundem et etiam disponendi circa bursas et regimen bursarum prout ipsis visum fuerit expedire. Casu autem, quo predicti superintendentes duo circa hujusmodi destitucionem discordarent, debent ad se vocare seniorem collegiatum vie conuentoris destituendi, absque justificatione autoritativa vel judiciaria cuiuscunque[3].

---

1 Das Barett kommt nur den Promovierten zu. Gleichwohl hatte die Universität schon 1488 dasselbe den Baccalaurei und Scholares, in Uebereinstimmung mit einem Beschluss der Facultät, zugestanden. Man ist aber später wieder strenger geworden.

2 abgeändert: Conuentor videns suos scolasticos aut baccalaureos in his excedere debet ipsum semel vel bis admonere et hortari, vt se conformet statuto. Qui si se non emendauerit, debet ipsum punire et rebelles Vniu. Rectori denuntiare, vel ipse conuentor de suo soluet.

3 Dominica post Luce anno octauo [1508] conclusum est per vniuersita-

Insuper dedit eisdem plenam potestatem requirendi sub fidei debito tam bursarum famulos quam ceteros bursarum atque pedagogii scolares et baccalaureos, quociens necessitas aut utilitas exegerit ad dicendum et revelandum eisdem defectus regiminis bursarum et pedagogii. Sive tales defectus a rectore burse sive ab eisdem conuentoribus rectore pedagogii vel resumptore committantur aut commissi extiterint, quatenus huiusmodi defectus a superintendentibus emendari valeant.

II.

STATUTEN DES CONTUBERNIUMS 1536.

Die neue Organisation des Contuberniums* und des in demselben begriffenen Pädagogiums ist durchaus das Werk des Joa. Camerarius. Die Aenderungen, welche er einführt, sind abgesehen von der schon früher beschlossenen Aufhebung der zwei Wege nicht erheblich, mögen aber von den Zeitgenossen höher angeschlagen worden sein. Offenbar lag ihr Verdienst in der Abschaffung einiger scholastischer Formen. Die Hauptsache war aber, worauf des Herzogs Erlasse am meisten Gewicht legen, die Gewinnung der richtigen Männer für den neuen philologischen Unterricht.

Camerarius hat jedoch nicht mehr Zeit gehabt das Erlöschen des alten Geistes abzuwarten und Jünger des neuen heranzubilden. Er verliess Tübingen schon im Spätsommer 1541. Was der nächste Anlass seines Weggangs gewesen sei, ist von ihm selbst nirgends ausdrücklich gesagt, wie er auch in seinem unten folgenden Abschiedsschreiben an Rector und Rath der Universität keinen Grund angibt, sondern sich nach der Sitte jener Zeit in allgemeinen schönen Redensarten bewegt. Die Senatsprotokolle des Jahres fehlen, in denen wir die Erklärungen zu suchen hätten, auf welche das Schreiben sich beruft. Ob dieselben übrigens, falls wir sie hätten, das sagten was wir zu erfahren wünschen, ist zweifelhaft; denn diese Protokolle pflegen eine magere und vorsichtige Zusammenfassung der Verhandlungen zu sein. Am nächsten liegt die Vermuthung, dass zwei unangenehme

---

tem, quod destitutus per superintendentes officialis burse, etiam conuentor, sit ineligibilis ad officium illud a quo destitutus est, quam diu superintendentes vel maior pars eorum talem depositum habere volunt.

Similiter is qui depositus est, pro quo deposito scolares, ut reassumatur, contra voluntatem superintendentium laborant, ipso facto sit ineligibilis ad omne bursale officium. f. 87.

* Schon in H. Ulrichs Ordnung vom 3. Nov. 1536 S. 190. 195 wird auf die neuen Statuten Bezug genommen.

Erfahrungen, die eine von Seiten der Universität, die andere von Seiten der Regierung ihm Tübingen entleideten.

Camerarius war der Wortführer der Artisten in ihrem Kampf um eine würdigere Stellung der Facultät, insbesondere um das Recht auf Theilnahme ihrer Deputierten an den Verhandlungen des Senats. Im Februar 1540 hatte er im Auftrag der Facultät eine dringende Vorstellung beim Senat eingereicht und befürwortet. Sie wurde nicht berücksichtigt und mit der bezeichnenden Signatur: Causam Joa. Camerarii betreffend zu den Acten gelegt Fach XV, 1. Ueber diesen Handel enthält die Matrikel der Artisten den gleichzeitigen Eintrag von der Hand des damaligen Dekans M. Johannes Benignus: Cum senatores collegii artium contra veterem morem ac ius suum a deliberationibus publicis per consilium Vniuersitatis sæpius et tum maxime excluderentur, cum de singularum personarum huius Academiæ commodis augendis tractaretur, vt sunt distributiones frumentorum et vini nec non etiam pecuniæ, fuit in hoc suo decanatu author consilio studii bonarum artium Benignus jam Decanus, vt ius suum accedendi ad eas deliberationes repeteretur. Qua in petitione repulsam tulit artium facultas iniquitate reliquarum facultatum repudiata. Jus hoc accedendi ad omnes deliberationes publicas tribuerat collegio artium reformatio scholæ per Dom. Camerarium anno 1536 conscripta, in qua excludere consiliarios facultatis in personarum conductionibus permittebatur (S. 187. 208). Quod ius doctores postea etiam contra uoluntatem Camerarii ad nimium multas res extenderunt.

In dieser Frage, von welcher das Gedeihen der humanistischen Studien wesentlich abhieng, nichts auszurichten musste C. sehr empfindlich sein. Noch verletzender aber und mittelbar eine Bedrohung seiner eigenen Stellung war das Vorgehen der Regierung gegen Johann Forster. Camerarius war gegen Ende des Jahrs 1538 in Wittenberg gewesen, um sich bei Luther und Melanchthon in allerlei Fragen der Universität Raths zu erholen. Das wichtigste Ergebniss war, dass namentlich nach Luthers Wunsch und auf Betreiben des C. am 15. December J. Forster von Augsburg für eine theologische und für die hebräische Lection angenommen wurde. Bald erhoben sich aber von aussen her Klagen gegen seinen rücksichtslosen Lutheranismus. Er sollte auf dem Katheder den Oecolampad, Blarer u. a. geschmäht haben, nicht in Tübingen sondern in Reutlingen zur Communion gehen und dergleichen.

Am Hofe und bei der Regierung war eine starke antilutherische Strömung eingetreten. Die fürstlichen Räthe, welche im September 1540 zur Visitation nach Tübingen gekommen waren, Balthasar von Gültlingen, D. Jo. Knoder, der Kanzler Nic. Maier und D. Philipp Lang führten die schärfste Sprache gegen Forster und drohten bereits mit seiner Entlassung. Der Senat bittet die Sache quam minima invidia an den Herzog zu bringen und fügt bei: negare Forsterum quemquam ita reprehendisse publice, præterea quum a Luthero et Philippo commendatus esset, eam rem, si contingeret eum dimitti, scholæ fraudi detrimentoque futuram.

Diese drohenden Wolken hatte C. aufsteigen sehen, denn er schreibt am 17. August 1540: salutis meæ ac meorum interdum obliuisci cogunt quædam ἀπόῤῥητα mala publica, illa quidem non tam sua natura quam culpa quorundam. Verum nihil audeo horum literis committere. Epp. libri V. Francof. 1595. S. 165. Wirklich erfolgte die Entlassung Forsters kurze Zeit darauf.

Derselbe Glossator der Matrikel, welcher oben erwähnt ist, schreibt darüber: Hoc anno lues cepit ac pestis Tubingæ grassari, propter quam dissipatio scolæ magna facta est. (Die Bursen flohen nach Birsau, die oberen Facultäten nach Rottenburg. wo 1542 der Rector gewählt wird.) Eodem anno grauibus caussis inducti D. Camerarius et Doctor Ludw. Grempius discessere a scola, quod fuisset D. D. Johannes Forsterus parum honorifice a principalibus consiliariis dimissus. — Forster scheidet als guter Freund von der Universität und gibt seinen Collegen ein valete und lötzige, wovon wir aus den Rechnungen hören, weil die Universität seiner Frau 8 Batzen in die Kuchin schenkt.

Camerarius gibt seine Stelle auf, ohne eine andere in bestimmter Aussicht zu haben. Aber schon in Hall, wo er auf dem Wege nach Nürnberg eine Zeit verweilt, und von wo wahrscheinlich auch der folgende Brief geschrieben ist, trifft ihn der Antrag des Herzogs Moritz, der ihn nach Leipzig führte. Sein Abschiedsbrief an die Universität lautet:

S. D. Etsi coram plane exposui uobis sententiam meam, quemadmodum et uos maxime uelle et me dignum esse existimaueram, neque credidi opus esse uel uobis dato uel mihi accepto responso, cognoui tamen me postero die quam discesserim a ministro publico requisitum esse. Hoc interpretor in partem optimam et ascribo humanitati ac beneuolentiæ erga me uestræ.

Atque ego, si nihil obstaret, istuc redire meosque abducere cupiebam. Verum cum alia tum ortus motus, etsi, ut dicitur et ego gaudeo, inanior Tubingam quoque impetentis pestilentiæ in caussa fuit, ut et meos ad me accerserem neque reuertendum istuc mihi hoc tempore putarem, unde, cum ibi ueluti hospes aliquot annis perbenigne tractatus fuissem nec inofficiose dimitterer, secundum notam uobis, doctissimi uiri, sententiam homericam:

χρὴ ξεῖνον παρεόντα φιλεῖν ἐθέλοντα δὲ πέμπειν.

Visum autem est significare uobis non malam mihi conditionem a principe Moricio, ut Lipsiæ doctrinam et cultum exerceam studiorum meorum, ante paucos dies literis ad me missis oblatam meque illa usurum esse, quod mihi meisque bene uertat, decreuisse. Quamquam autem et ante hoc tempus a diuersis expetita fuerit opera mea, nunc tamen primum non recusandam mihi occasionem meliores, ut spero, faciendi res meas putavi.

Me istic et fuisse libenter et grauatim recessisse, obscurum esse spero posse nemini, cum nullæ unquam ex me querelæ de meis rebus a quoquam auditæ sint, et quantam molestiam quantaque detrimenta migratio mea complexura esset, me etiam præuidisse credere uos omnes arbitror. Sed quia hoc negotium diuinitus et motum esse et gubernari persuasum mihi est, peto a uobis, ut, cum in Academia uobis uestra operam mihi dare posthac non magis concedatur, primum desertionem necessariam loci mei, in quo magno fauore uestro collocatus fui, boni consulere et istic etiam, quo iam tendo, me habere pro uestro uelitis.

Ac fortasse utrorumque e re discessio hæc euentura est. Ego quidem, quamuis a conuictu et usu consuetudinis uestræ separer, alienari tamen me a uobis neque publice neque priuatim patiar unqne. Cumque ut fas est beneficiorum et amoris erga me uestri recordatus fuero, quantum uobis debeam neque obliuiscar. Et cum nullo modo possim omnia, quantum quoque tempore licebit, cupide persoluam.

Nullius me iniuria istinc repulit, quin etiam fateor ingenue, mihi publice plus honoris habitum, quam mereri potuisse uidear, singulos etiam me coluisse, cum quidam et iudiciis clarissimis et grauissimis testimoniis me ornarent et eximiæ dilectionis affectu prosecuti officiis etiam amicitiæ summæ præsto mihi fuerint.

Audio sparsos fuisse rumores me conspirasse cum quibusdam ad discedendum, quod, qui animaduertere uolet, qua diligentia quandam copiolam rei domesticæ præparauerim, et quæ damna in hac repentina migratione me facere necesse sit, refutatione mea nequaquam indigere, hocque consilium subito me cœpisse facile perspiciet.

Quodsi post nonnullam assiduitatem operæ fideliter nauatæ Academiæ uestræ non censui me ac meos negligendos, cum etiam ut hanc curam susciperem non leuibus caussis impellerer ac res ipsa non tam mouere quam cogere uideretur, ueniam datum iri huic facto meo confido ab iis, qui in consideratione horum temporum non malitiose facta commode interpretari, ut omnes bonos decet, uoluerint. Vulgo fortasse alii alias suspiciones colligent. Vtinam uero abessent maximæ et urgentissimæ caussæ discessionis meæ, ego uobiscum mihi remanere concedi inprimis lætarer. Nunc in molestia gaudeo sic me uos relinquere, ut et uoluntas præclara erga me uestra et studium debitum a me uobis firmum et immobile consistat.

Reliqua utrique permittamus Deo. Vos uelim, si qua in re opera consilioue meo aut publice aut priuatim recte usuros putaueritis, ita a me omnia parata fore petentibus uobis statuatis, ut a minime ingrato ac immemore optime meritis esse debeant. Vicissim de uestra beneuolentia ipse mihi omnia policebor.

Quod si quid forte de absente, ut fit, ad uos delatum fuerit, quo uestrum quilibet offendi posse uideatur, peto ab vniuersis et singulis, id quod æquissimum uidetur et quod Tragœdia sapientiæ præceptum esse ait, ut uelitis etiam orationem contrariam audire atque ita demum re cognita sententiam ferre. Nam ego, si quid forte obiectum sit, in eo uel defendendo uel inficiando, uel ad extremum deprecando satisfacturum me omnibus confido. Valete IIII Cal. Octobris An. MDXLI.

Joachimus Camerarius Pab.

Magnifico D. Rectori et ampliss. Consilio Academiæ Tubingensis Dominis suis benignissimis.

Fach XV, 1. Der Registrator bemerkt auf der Rückseite: Joachimus Camerarius ex improuiso ab vniuersitate discedit.

De Contubernii Vniuersitatis Tubingensis scholæ administratione.

Contubernium studiosorum, Bursarum veteri nomine appellatum, domicilium ac coetus bonas artes discentium, vbi custodiatur exquisita disciplina morum ac studiorum iuuentutis, in meliorem et ipsum statum post priorem negligentiam redactum fuit, ad hunc modum, qui suis capitibus seu titulis explicatus sequitur.

Caput seu titulus primus.

Vnum esse contuberniorum corpus oportet. Contuberniorum quodam tempore dissensiones fuere, natæ de studiorum diuersitate, quam fere dissimilitudo voluntatum sequitur. Quæ tamen sensim euanescentes tolli coepere. Eas abolitas ita esse oportet, vt quatenus fieri possit nullæ reliquiæ illarum superesse videantur. Vnum enim prorsus corpus censendum omnium, qui illis in ædibus docendarum colendarumque bonarum artium gratia præfuerint, quique illarum discendarum causa eo se receperunt.

Caput II. De Quatuorviris Contubernii.

Quatuorviri cum autoritate publica preponentur Contubernio Vniuersitatis consilio, qui præsides sint illius vel potius censores. Horum delectus erit talis, vt sint Theologiæ Doctor vnus, jurisconsultus vnus, Medicus Doctor vnus. . . . . . .[1]. His omnes penes quos est aliqua Contubernii administratio, vt suis præsidibus parebunt, neque cuiquam liberum concessumque esto imperio illorum detrectare, non reclamare animaduersioni iustæ delictorum suorum. De quibus cognoscendis potestas plena præsidum erit, inter quos si forte sententiæ in statuenda poena delicto in diversitate pares fuerint, arbitratione vnius ex gran-

1 Hier ist ein Satz getilgt, aus welchem sich noch entziffern lässt, dass der vierte ein Mitglied der Artisten Facultät und zwar für damals der Commissarius Ill. Principis, also Joa. Camerarius, sein sollte. Diese Aenderung ist somit nach seinem Abgang gemacht. Statt eines Theologen werden jetzt zwei eingesetzt.

dioribus natu inter Magistros, quorum est aliqua functio publica in Contubernio, res decidetur.

Iidem inspicient administrationem contubernii, et in singulos magistros inquirent, videbuntque ne quid detrimenti Contubernii res capiant vllius, cuius in hoc functio sit, negligentiæ aut improbitate. Iisdem ius est concessum exautorandorum omnium, qui aliquod in contubernio munus gerant, mouendorumque loco suo, denique faciendi instituendi omnia, quibus Contubernium conseruatum auctumque iri statuerint. Iidem ex studiosis Contubernii incolis nec non ministris ac quibuscunque visum fuerit, exquirent diligenter de administratorum cura atque offitio, quo melius ac certius omnia nota compertaque habere possint.

Caput III. De Rectore Contubernii.

Rector Contubernii vnius, vt diximus, (non enim fertur vlla segregatio) qui sit tanquam pater familias et custos Contubernii, habebit delegata sua curationis munera, vt sciat qua in parte præesse debeat, ad hunc modum.

Operam dabit, ne quis ex coetu Contubernali in studiis litterarum atque artium somnolente, neu in prauitate vitæ atque morum turpiter versetur. Improbum aut sceleratum et imperii detrectantem neminem fouebit, sed intra triduum ad Rectorem Vniuersitatis huius scholæ, aut eum qui vicem huius gerat, deferet. Si monita castigationesque suas parui fieri a discipulis videat apud præsides quatuor ea de re conqueratur.

Qui in hanc primum nostram Rempublicam scolasticam sese contulerint, neque in aliam ante sint accepti, Rector Contubernii, vt moderate pro veteri ritu quasi initiorum vexentur, curabit. Debebunt autem omnes suum apud illum nomen profiteri. Tum ipse vexationem eis decernet, siue in Contubernio siue extra volent subire apud suum magistrum. Hæc vexationis curatio demandabitur vni ex Contubernii famulis, qui moderate vel in Contubernio vel extra illud eam exequetur.

Quisque autem aduenarum pendet Rectori nisi tenuitatis excusatione liberetur, triobola tria, id est cruciatos XII, quorum V [1]

---

1 Die Rechnung geht hier nicht mehr nach Schilling und Pfennig,

largietur adolescentibus illis, quibus hoc vexationis munus ipse attribuerit. Reliquum collegio magistrorum conseruabit. Nam comune erit omnium.

Videbit idem Rector aedes Contubernales vt sarte tectæ prestentur, vt debito tempore obserentur et pandantur. Sed cum hieme clausæ fuerint noctu hora IX æstate vero X, postea nisi grauissimo et plane necessario casu non reserabuntur.

De lignis et aliis necessariis rebus Contubernio suo quoque tempore prouidebit. In delinquentes secundum leges et statuta Contubernalia animaduertet. Quæ et ipse solenniter, ante inspectionem Rectoris Vniuersitatis incolis preleget et ab illis obedientiam et moderationem, vt fieri consueuit, instipulabitur. Mercedes habitationum exiget, et exactas inferet Vniuersitatis huius scholæ ærario, rationibus ad Sindicum illius relatis, singulorum semestrium p̄rimo quoque mense.

Caput IV. De Magistris stipendiis Vniuersitatis huius scholæ ad bonas artes publice docendas conductis.

Conuentores quondam et collegiatos sui seculi nominibus aliquos magistros dixere. Hoc collegium accipiendum eorum magistrorum, qui quoque tempore conducti fuerint stipendiis Vniuersitatis huius scholæ ad bonas artes in Contubernio docendas. Hi Rectorem tanquam principem collegii sui spectabunt et colent, parebuntque eiusdem omnibus iussis convenientibus ad statuta et leges contubernales. Impium ducent aduersus hunc clam palamue consilium aut coetum habere. Aedium ipsi nullas claues habento. Aduocati a Rectore suo sedulo assunto. Suas horas in docendo sedulo obibunt. Discipulorum improbitatem, negligentiam, vitia nulla ferent impunita, atque cum castigatione sua nihil proficere se senserint, improbos apud quatuor viros Præsides Contubernii, flagitiosos apud Rectorem Vniuersitatis huius scholæ accusabunt. Discipulos habebunt pariter distributos, vel sorte vel quacumque ratione. Quæque il-

---

sondern nach Gulden, Batzen (triobolum) und Kreuzer. Unten sind denarii zu 7½ Kreuzer also Achtelsgulden erwähnt, abgerundet zu 8 Kreuzer S. 393.

lorum pars cuique obuenerit, eam singulariter respiciet ac curabit, quamuis vniuersorum curam gerere debeat. Inprimis videbit, ne sumptus faciant immodicos aut vetitos.

Caput V. De Pædagogii constitutione et Pædagogarcha.

Pædagogio, (cuius muneris ratio in formulis instaurationis scholæ ab Illustrissimo principe nostro Vdalrico præstituta, exposita est) qui prefectus fuerit ab Vniuersitate scholæ huius stipendioque affectus pædagogarcha nominetur. Huic aliquot attribuantur magistri, qui onera cum illo sustineant pueritiæ erudiendæ. A quibus ipse assiduitatem fidemque in curanda pueritia sibi commissa et obedientiam imperii sui legittimi ac congruentis ad Pædagogii constitutionem instipulabitur.

Aedium assignatarum Pædagogio curam geret cum occludendarum tum aperiendarum suo tempore. Et claues ipse tenebit, vt de Rectore contubernali est dictum. Puerilia studia tam litterarum quam vitæ ac morum tractabit et constituet non solum suo arbitrio, sed eius quoque, qui rationem illorum aliquam de autoritate consilii Vniuersitatis subiecerit. Hunc etiam vt præsidem suum pædagogarcha spectabit et venerabitur. Erga discentes tardius aut oscitanter, ergaque petulantes et honestatis neglectores pro delicti modo ita se geret, vt omnes intelligant animaduerti ab ipso in malos et inertes ac socordes attente solere. In summa tamen seueritate iracundia aberit et moderatio digna bonarum artium disciplinis custodietur.

Ad vsum linguæ latinæ pueros maxime locuturos in presentia ipsius aut magistrorum aliorumue doctorum hominum accurate inducet. Improbum refragatorem, audacem, neglectorem, vbi post castigationem meliorem non fieri cernet, ad præsidem suum nomen illius deferet.

In attributos sibi magistros monitionum, obiurgationis, subiectionum illi ius esto, animaduertere ob delictum non liceat, sed hoc reseruatum esto præsidi ipsius, a quo fiat de sententia consilii Vniuersitatis huius scholæ.

Pædagogarcha ipse illique attributi magistri ad collegium magistrorum pertinere constant, neque quicquam inter hos discriminis esse iudicandum, nisi diuersitatem quandam doctrinæ. Pædagogarchæ puerilis educatio proprie sit commissa.

Caput VI. De præside Pædagogarchiæ.

Ex sententia consilii Vniuersitatis huius demandabitur vni alicui homini latinarum græcarumque litterarum perito et versato in studiis artium cura et respectus pædagogii, qui videat, vt omnia in illius administratione ordine et recte gerantur. Pædagogarcham moneat, obiurget, doceat, hortetur, denique præsit functioni muneris ipsius. Sed animaduersio in Pædagogarcham ob delictum Consilii Vniuersitatis huius scholæ esto.

Caput VII. De Consilio Contubernii.

In deliberationibus omnibus non grauibus Rector vnum aut alterum de collegio Magistrum sibi aduocabit. In grauioribus de vniuersis consilium constituet. Si quid omnino explicari non poterit, eius decisionem a quatuor viris præsidibus Contubernii petent.

Caput VIII. De incolis contubernalium ædium.

Quicunque studiosi in Contubernio degent legibus contubernalibus tenebuntur, cum quiete et pudore viuent, Rectori imprimis ac suis magistris morigeri erunt, non dabunt Contubernio damnum, vndecunque illatum iri timebunt, eam in partem pro virili se opponent.

Caput IX. De famulis.

Famuli contubernalis communitatis præsto erunt iussis legittimis, inprimis Rectoris ac Magistrorum collegii, quibus et sacramento obnoxii sint, sed tamen et aliorum æquis et concessis postulationibus inseruient. Suam operam fideliter ac cum industria peragent et datum pensum absoluent. Non refragatores, non oblocutores, non responsatores erunt, sed cum silentio et placide facient offitium suum.

Caput X. De formulis sacramentorum, quæ a singulis prædictarum conditionum solennitur dari solent.

Rectoris Contubernii:

Velle suis cum fide et assiduitate præcepta vitæ et doctrinæ tradere, Contubernii ædes claudi curare, claues tenere, improbos et flagitiosos studiorumque neglectores præsidibus Contubernii aut Rectori Vniuersitatis huius scholæ, aut huius vicem gerenti indicare, vexationes initiorum moderari, neque a nouis amplius exigere, quam constitutum sit, rationes putare cum sindico præscriptis temporibus et pecuniam debitam ærario Vniuersitatis huius scholæ inferre, poenæ sibi inflictæ aut mulctæ postulare, non reclamare, neque vlla violenta aut improba ratione sese vlcisci. In hæc statim post designationem sui iurato.

Magistrorum Collegii:

Velle Rectoris Contubernii legittimis iussis parere omnium rerum, quæ contubernali constitutione continentur. Apud aduocantem se Rectorem statim apparere. Aduersus illum nihil clam palamue machinari.

Claues ædium nullas habere.

Poenam mulctamque commeritam pati neque vllam vim opponere nec ad vindictam sui vsurpare.

Pædagogarchæ et Magistrorum illi attributorum:

Velle pueritiam sibi commissam curæ et fidei suæ ad honestatem vitæ et eruditionem educere, desperatæ malitiæ fouere neminem.

Nihil quicquam vlla ratione contra res contubernii ac illius administratores moliri, sed ad dignitatem omnium et communitatis contubernalis incrementa pro virili elaborare.

Poenam mulctamque debitam delictis suis sustinere, a vi contraria et vindicatione abstinere.

In hæc, vbi illis muneris sui functio demandata fuerit, statim iuranto.

Aliorum Magistrorum incolarum Contubernii sine publice administratione:

Velle Commoda et formam Contubernii sibi curæ esse pati summa cum fide.

Quod ad leges contubernales attinet, Rectori et consilio illius obtemperare.

Aduersus illum contraue magistros collegii nihil vlla ratione aut via machinari.

Suos discipulos in improbitate aut petulantia aduersum leges nequaquam fouere neque tueri.

Studiosorum Contubernii incolarum:

Velle morigerum Rectori Contubernii et Magistris Collegii esse, nullis aduersus illos consiliis, conspirationibus, machinationibus neque præesse neque interesse.

Contubernii neque rebus neque domui damnum dare, si quid dederint biduo se indicare Rectori et de illius mandato compensare.

Hæc apud Rectorem in Consilio collegii promittant.

Famulorum Communitatis contubernalium:

Velle pro virili sua tueri ac augere famam et commoda Contubernii.

Ad omnia et legittima iussa Rectori et magistris de Collegio præsto esse.

In curando penu cellisque, et pretio commemorando rerum ad victum et vsum necessariarum, denique omnibus in rebus ac partibus seruitii sui infidelitatem et fraudes omnis generis vitare, neque vllum suum lucrum facere.

Suo salario et si quid forte dono detur contentum esse.

Damnosos Contubernii domui aut rebus, si quos compererit, Rectori Contubernii indicare.

In hæc iuranto apud Rectorem in Collegii consilio vniuersi. Sed famulus, cuius fidei claues ædium a Rectore Contubernii fuerint commissæ, insuper et hoc iurato:

Velle diligenter et cum fide tempore præfinito ædium fores occludere atque reserare, postque illas occlusas ac reseratas statim rectori claues in manus tradere, vel si rector absit eius vicem gerenti.

Neminem post occlusionem forium nisi de rectoris voluntate emittere et intromittere.

Caput secundum Statutorum et legum contubernalium.

Omnibus temporibus necessario semper curatum est, ne qui coetus ac congregationes hominum absque legibus relinquerentur, quibus non solum boni præmiis, sed etiam ac multo magis mali poena afficerentur. Ipsa enim natura rerum fert, vt nihil absque ordine ac ratione diu incolume permanere valeat, vt ad omnium durationem legittimæ constitutiones requirantur neque alia sit diuturnitatis custodia. Itaque et contubernii administratio, illius dignitas ac status legibus suis munitus atque firmatus est conuenientem ad modum studiorum rectitudini atque vitæ honestati et comoditatibus publicis. Quibus boni libenter et cupide parebunt, malis, vt meritum illorum feret, poenæ infligantur, vt quos primum numinis metus, deinde publica quies, postremo respectus salutis ipsorum non continuerit neque mouerit, malo saltem suo, aut non esse improbi aut aliis non nocere improbitate sua cogantur.

Quæ ad Rectorem Contubernii proprie pertinent. I.

Rector vbi ædium Contubernalium fores clausæ vt est dictum fuerint, nullius respectu aperiri sinet, nisi causa cognita ac probata. Quod si temere patefieri siuerit, quotiescunque hoc fecerit, toties mulctam pendat trioboli id est cruciatorum IV. Eiusdem est tempora, quibus quisque ad contubernium diuerterit, itemque inde abierit notata et certa habere, quo pensiones atque mercedes debitæ ab incolis exigi possint, de quibus quidem rationes vt dictum est referre ad Sindicum Vniuersitatis eum oportet. Præterea iurato vt habitationes studiosis conuenienter et apte distribuantur. Pro hac sua opera præmium capito cruciatos II, de singulis florinis ex mercedibus consumatis.

Quæ cum ad Rectorem tum ad totum collegium Magistrorum. II.

Ante omnia pietatis studiosi et veritatis amatores, alieni a superstitionibus præficiuntor muneribus publicis in Contubernio. De religionis recta et exquisita ratione atque etiam vsu, qui contemtim, ridicule, contumeliose loquatur nemo fertor. Denique numinis intelligentia, veneratio, cultus, respectus ab his primum ac potissimum præstator aut priuantor munere suo. Et quia Rector ac Magistri Collegii quo magis assidue, quoque propius suos affuerint, eo melius ac rectius cum illis actum iri constat, (perpetua enim fictione atque formatione teneris animis opus est) ideo Rector et Magistri collegii contubernalis in Contubernio degunto, pascuntor, cubanto. Quod nisi faciant, functio illis adimatur muneris sui. Si tamen aut hoc tempore vxorem aliquis ipsorum habuerit, aut posthac duxerit (liberum enim hoc esse debet) eum vt ad inhabitationem Contubernii astrictum esse non oportet, ita assiduitatem et curam muneris sui obeundi præstandam sibi esse sciat, aut priuatum se illo iri.

III.

Commoda æquum fuerit communicari, si labores communes sint, proinde nihil noceat vlli Contubernii administrationi cuipiam præposito, si in Contubernio, quod vxorem habeat, non arbitretur sibi habitandum, sed æqualiter omnibus diuidantur, quæ prius tantum inter incolas contubernii fuere distributa. Quibus quidem addi mercedes priuatorum laborum et voluntariæ in docendo operæ non oportet. Sed hi fructus cuiusque sui ac proprii sunto.

IIII.

Detrimenta Contubernii peræque omnibus, quoad fieri potest auertenda sunt. Cumque fraude famulorum communium plerumque magna damna dari communitati soleant, det quisque eorum, quibus administratio Contubernii demandata est, operam, vt probos et perspectæ fidei ministros communitas habeat. Si quid a quoquam fraudulante geri animaduerterit, ne dissimulato. Nullum ad famulitii operas admittat, nisi addictum iureiurando, cuius formula supra exposita est. Qui fecerit, priuare eum munere suo præsidibus Contubernii ius esto.

V.

Nequis studiosum contubernalem foueto, non patitor amplius

diebus octo in suo coetu viuere, quem sciet non dedisse nomen suum in scolasticam ciuitatem, neque in album Rectoris Vniuersitatis huius scholæ nominatim relatum esse. Neu Rector initia vexationum nouis decernat, nisi cognouerit apud Rectorem Vniuersitatis professos. Qui contra fecerit, mulctam unius floreni soluito.

VI.

In primis annitantur magistri, vt a discipulis amentur. Hoc facile obtinebunt, si illos paterno affectu fuerint complexi. Declarent igitur virtuti se, non commodis ullis seruire. Asuefaciant iuuentutem libenter ad se accedere, non fugitare conspectum suum; benigne appellent, moueant, doceant, terrores et minas quasi in vagina ad necessarios vsus condunto. Neque nisi opus sit, seueritatem admodum vsurpabunt. Leuiores igitur reprehendant, dissolutiores obiurgent, somnolentos exhortentur. At improbos, flagitiosos, impudicos, sceleratos, insolentes, seditiosos, turbulentos, neglectores studiorum suorum, magistri si castigatione sua nihilo meliores facere potuerint, accusent apud Rectorem Vniuersitatis scholæ huius, ac de contubernio coetuque studiosorum eiiciunto. Prius tamen, vt Contubernio debita persoluantur, Rector Contubernii videto. Si non fecerit, damnum datum Contubernio reponito et insuper multam triboli id est cruciatorum IIII soluito. Item Rector ab vnoquoque suarum habitationum incola vtensilium nomine neque plus exigito nec minus accipito cruciatis XII, et insuper cruciatos X ad ligna ab incola exigito, ab externo XII.

VII.

Si quis magister in Contubernium prostituti pudoris suspectam mulierem introduxerit, mulctam soluito florenorum duum. Si iterum fecerit, soluito duplicem mulctam. Si tertio, munere suo priuatus Contubernio expellitor. Indicatio autem esto hac lege non solum concessa sed etiam imperata omnibus, præsertim autem Rectori et Magistris inter sese. Indicator autem flagitium Rectori Vniuersitatis huius scolæ.

VIII.

Eorundem erit videre, nequid apud suos armorum repositum sit, non ab illis tractetur, eorum quæ præsertim noxia esse soleant, vt sunt arcus et quæ Bombardæ vocantur, et quicquid tormentorum in genere fuerit. Suos gladiolos et sparos, si reconditos habuerint, in habitationibus retinere ipsos magistri sinunto. Si protulerint et tractarint sine causa gestando, adimunto. Qua in re si quem habuerit renitentem sibi, illum indicet Rectori Vniuersitatis huius scolæ, auc mulctam soluito denarium duum id est cruciatorum XV.

VIIII.

Si quis de Collegio Magistrorum horam suam, quam in docendo seruare iussus fuerit, non obierit siue sua sponte mutarit, soluito mulctam cruciatorum quatuor et in solenni inspectione sese indicato. Si horam aliquam in docendo neglexerit quæstoribus, dum stipendium recipiet, neglectionem suam indicato et debitam mulctam soluito, adque hæc facienda iureiurando astrictus habetor.

X.

Rector qui in Contubernio conductus stipendiis Vniuersitatis huius docet, ab omnibus et singulis in Contubernio quidem non habitantibus, sed ad illorum doctrinam percipiendam venientibus promissionem contubernalem exigito, idque intra dies octo, ex quo extranei contubernalem doctrinam frequentare cœperint. Ni fecerit pœnam sustineto arbitrio præsidum Contubernii.

XI.

Idem et pædagogarchæ faciendum atque omnino ad illum et magistros qui in pædagogio curabunt pertinere omnia putandum, quæ in contubernalibus constitutionibus continentur, conseruata tamen diuersitate doctrinæ et muneris pædagogiæ et puerilis ætatis respectu.

XII.

Munia quæ essent communia omni Magistrorum collegio, quo accuratius gerantur, peculiaris ab antiquo cura cuique singularum hebdomadum dierum demandatur, qui et ex hoc Hebdomodarius dicitur. Huius esto illo tempore præcipua et singulariter delegata prouintia inspectionis omnium, quæ in Contubernio fieri moribus atque legibus debeant. Inprimis ne quis vel magistrorum vel discipulorum recedat ab offitio suo.

Hic ad omnes publicos conuentus, quibus studiosos interesse oporteat, vt sunt disputationum, inspectionum, cum leges et statuta solenniter recitantur, cum honores meritis mandantur, cum sacræ conciones feriarum temporibus habentur — ad hos igitur conuentus Hebdomodarius signo dato, vt solet, studiosos congregabit, vnaque cum eis in publicum ordine ac decoro seruato progredietur. Quoque minus fallatur, de carta omnium studiosorum nomina interdum pronunciato, vt de responsionibus intelligatur an omnes assint. Idem et inter docendum nonnunquam faciet. Si qui autem abfuerint, cum quidem ad solennes cœtus eundum esset, ab eorum singulis mulctam exigito assis id est cruciati vnius.

Hac lege et pædagogarcha tenetor, sed illius pueri pœnam absentiæ suæ dabunt cæsi virgis. Tenentor et omnes magistri, qui extra Contubernium discipulos babent ita, vt aut ipsi cum suis hanc præscriptionem seruent, aut mittant suos illis in Contubernium temporibus, vt omni ratione studiosi cogantur ad illos non solum vtiles sed etiam necessarios conuentus.

XIII.

Si quis de Collegio Magistrorum vxorem habuerit, cum ad assiduitatem et curam obeundi muneris sui præstandam astrictus sit, quamuis ad Contubernij habitationem non adigi debeat, tamen labores communes atque etiam singulares detrectare non oportet, inprimis in hebdomadis suæ curatione, qua etiam in Contubernio diu noctuque adesse, non aliter ac si incola illius sit, aut alterum ex magistris, qui hoc assiduitatis munus suo loco obeat, substituere debebit.

XIIII.

Mulctas exactas ne magistri collegii inter se partiuntor neque priuatim vsurpanto, sed illæ ad Contubernii impensas ac vsus repositæ sunto.

XV.

Quicunque magister conspicatus fuerit in vllo loco studiosos rixantes, confligentes, tumultuantes, quiue datum ab aliquo damnum rebus Contubernii cognouerit, Rectori Vniuersitatis huius scholæ indicato. Ni fecerit, contra iusiurandum fecisse iudicator, et damnum acceptum restituere cogitor. Quod si res coram Rectore contubernali decidi non poterit, ad cognitionem Rectoris Vniuersitatis scholasticæ deferatur.

XVI.

Cum omnibus in rebus potentissima exempla ad docendum esse constet, annitentur magistri, vt discipulos suos non solum oratione sed etiam vita instruant, inprimis leuitatem, obscoenitatem, turpitudinem dictorum factorumque ab illorum occulis et sensibus remouebunt. Sæpe enim vna improba aut spurca voce totus animus iuuenilis peruertitur et detorquctur ad vitia. Conuiuia intempestiua, potationes deformes, rixationes, aleæ lusus scurriles vitanto. Ni fecerint mulctam vnius floreni soluunto.

XVII.

Perquam vtiliter fit, cum assuescunt ad vsum locutionis latinæ studiosi illius linguæ, sed hoc nisi vera ratione administretur nocet. Nam temere quacunque lingua vti veritatem illius corrumpit. Dabunt igitur Magistri operam, vt ita educent suos discipulos, ne multum loquantur, garritusque et loquacitatem inter ipsos compescent. Coram vero se atque aliis doctis, a quibus errata in loquendo emendari possint, latina lingua vti cogent. In reliquis dabunt operam, vt sciant non solum quid agant, sed etiam quid loquantur sui.

Potissimum autem sermone produntur ingenia, in quo si diligentes, vt fides illorum hortatur, fuerint, jam plane superuacanea erit illa lupi, quem olim dixere, obseruatio, quæ et hoc quidem tempore sublata esto.

XVIII.

Magistri collegii in communi mensa Contubernii pascantur, neque absint a prandio cœnaue, nisi iusta de causa, quam præsidibus Contubernii probare debent. Quodsi, cur abessent, caussam præsidibus non probarint, triobulo seu cruciatis IIII mulctentur. Si tamen re aut dignitate cuiuspiam flagitante hospes non vulgaris inuitandus videatur, cuius reuerentiæ lautior mensa quam communis debeatur, liceat extra mensam communem conuiuium instruere. Ita tamen vt damnum hac in parte si quod contubernium fecerit, maxime utensilium nomine, de sententia Rectoris Contubernii sarciatur. Dabunt tamen tum omnes operam, vt, si ullo modo fieri possit, prius apud communem mensam assint. Contra facientibus mulcta cruciatorum IIII indicitor. Est autem accipiendum nihil hac præscriptione aliud statui quam vt caueatur, ne discipuli ad mensas absque magistro relinquantur.

XVIIII.

Quo quisque Magister munere ipse fungetur, præsertim si quod solenne sit, nisi quo minus faceret, vtique præficere alium liceret, præsides Contubernii permiserint. In hoc qui deliquerit, cruciatorum X multam soluito.

XX.

Leges et statuta administrationis Contubernalis omnibus temporibus re poscente augere Magistrorum Collegio liceat, sed illa tamen augmenta tum demum rata sunto, si a præsidibus Contubernii non improbata fuerint. Maxime quod ad curam rei familiaris attinet. Culinæ et cellæ vinariæ procuratores legibus a collegio Magistrorum propositis viuunto, seque facturos iusiurandum danto. Si quis autem incolarum Contubernii statutis magistrorum suorum reclamarit, accusator apud præsides Contubernii, punitor arbitrio illorum.

XXI.

Magistri etiam collegii dent operam, vt morum ciuilitatem, maxime dum cibus capitur, vtque ipsum suum quoddam mensæ decorum custodiant, quo exemplo studiosi rusticitatem et inelegentiam hac quoque in parte exuant. Inprimis clamores aberunt. Ipsi etiam, quid fieri deceat, imperitos docento. Non facientes castiganto, improbos et detrectantes monitionum accusanto apud præsides Contubernii.

XXII.

Studiosis incolis Contubernii sua Magistri assiduitate maxime consulere prodesseque poterint. Quare nequis de Collegio Magistrorum, oppido itineris faciendi causa egreditor, nisi primum substituto alio ad functionem muneris sui, et exoratis præsidibus Contubernii, vt facere sibi liceat. Accedito autem ipse, si vllo modo poterit ad præsides, vel saltem illorum vnum ætate et dignitate præstantem reliquis et discessionis suæ facultatem obtineto. Et quem in suum locum substituerit tempestiue certiorem facito, vt ad docendum ille paratus veniat. Quamdiu etiam sibi vt abesse liceret impetrarit, tamdiu abesto. Si diutius abfuerit siue contra superius statuta fecerit, hoc suum delictum præsidibus indicato, quibus ipsum priuare munere ac honore ius esto.

XXIII.

Mulctæ quæ a studiosis exiguntur Contubernii ad necessarios vsus reseruantor. Ipsi Magistri suorum delictorum multas præsidum vni persoluunto.

XIIII.

Conuentorum et collegiatorum prioris seculi appellatio emendata est Collegii Magistrorum in Contubernio nomine. Vnam enim omnium, qui conducti stipendiis ab vniuersitate scolæ huius bonas artes docent, rationem esse putandum. Recteque Collegium deinceps nominabitur. Quos (non enim horum temporum consuetudo neque ipsius veritatis nunc emicans lumen, similia studia priorum retineri patitur), quid docere quasque horas occupare æquum sit, sequitur. Hoc quisque fideliter et sedulo præstabit, aut nisi præstiterit, contra iusiurandum datum Vniuersitati scholæ huius facere se sciet.

Ac primum. Cum hæc doctrina contubernalis proposita sit præcipue iis, qui studiorum in litteris ac bonis artibus suorum præmia et honores ambiant, ad quos veterum laudabili instituto quasi per gradus quosdam conscendatur, si prius per hanc doctrinam decurrerint et confecerint atque expleuerint tanquam spatium illius, quemadmodum suis legibus præscriptum est. Ideo rectam et definitam rationem atque etiam tempora stata illius esse oportet. Quam in præsentia rationem quæque tempora ad hunc qui subiicitur modum rectissime constitutum iri visum:

Hora antemeridiana sexta doceantur præcepta Dialecticæ.

Septima. Rhetoricæ.

Hæc discent candidati honorum baccalaureatus, vt dixere[1].

Disputationes contubernales pro eo atque præscriptæ quoque tempore ab Vniuersitate scolastica fuerint, ita obeuntor atque curantor, in qua re præsidum Contubernii in negligentias animaduersio esto.

Si in cœtu contubernali, aut aliquo qui huc pertineat, fuerint pueri imperiti elementorum Grammaticæ in Pædagogium ad discendum mittuntor a Magistris collegii contubernalis. Ni fecerint animaduersionem præsidum arbitrariam sufferunto. De Pædagogii autem propria doctrina, cum est ratio exposita in constitutionibus studii artium, tum præsidi illius curæ sit.

Quicunque alii Magistri extra Collegium in Contubernio manere volent, sic degunto, ne a laudabili consuetudine, institutis, legibus contubernii discedant, neue contra quicquam audeant. Ni fecerint expelluntor.

Feriarum multitudine cum studiis damnum dari soleat, nemo de Collegio magistrorum alias ferias quam concessas statuto comunitatis studii artium vsurpato, aut pœnam luito præsidum arbitrio. Ipse autem hoc se fecisse, quotiescunque fecerit, illis indicato.

Præsidum quatuor Contubernii præcipuum offitium est inspectionis rerum contubernii. Quod quo tempore libuerit, facere illis licet. Tum non modo interrogati magistri sed et discipuli et ministri simpliciter et liquide respondento. Nemo mendatium dicito aut veritatem callide involuito. Magistri etiam fideliter de discipulorum suorum ingeniis profectuque quæ sciuerint exponant. Atque præsides ad quos autores ordinariis horis extra Contubernium audiendos ire iusserint, ad illos vt eant curanto. Ni fecerint, animaduersio in ipsos præsidum arbitrii esto.

---

1 Dieser Stundenplan ist nicht weiter eingetragen worden und die Lücke geblieben, da man sich wohl überzeugte, dass dergleichen nicht für die Dauer vorauszubestimmen ist.

Singulis semestribus Contubernii res solenniter a Rectore Vniuersitatis, Decano vt nominant studii bonarum artium et grandioribus duobus Magistris de Collegio adhibitis, inspici consueuere, primo mense quo ille magistratum iniit. Tum omnes Magistri Contubernii administratores ac incolæ vna cum discipulis suis cumque ministris præsto sunto et ad interrogata singuli fideliter et clare respondento, sacramentum danto, suorum munerum vlteriorem functionem obtinento. Qui non fecerit, mouetor ac priuator loco honore munere suo.

Leges et statuta, quæ ad studiosos et discipulos Contubernii proprie pertinent.

I.

Quicunque in Contubernio degere manereque voluerit, cogitor promissione contubernali sese Rectori et Magistris astringere, cuius formula superius exposita est, ac primum Deum caste et pie colito, venerator conuenienti ratione ac vera rituum et ceremoniarum. Ni fecerit Contubernio eiicitor.

II.

Nequis iussis magistrorum legittimis refragari, neue obiurgationi reclamare, neue cagistationi reniti audeat. Qui fecerit denarium duum id est cruciatorum XV, si proternitatem, contumeliam maledicta aduersus illos vsurparit, dimidiati floreni mulctam soluito.

III.

Cubiculum suum, suasque arculas quisque a Rectore aut Magistro aliquo Collegii iussus aperito, nolenti multa indicatur denarium quatuor id est dimidiati floreni.

IIII.

Lumina in cubiculis vniuersi attentione et sollicitudine summa tractanto. Ne scintillantes fungos in pauimentum ligneum abiiciunto. In quo qui deliquerit mulctam soluito denarium duum.

V.

Discipuli contubernales, quibus communiter collegium Magistrorum præest, in Contubernio pascentur et illius mensæ apparatu vtuntur, vnde etiam abesse liberum non esto, a Rectore aut aliquo Magistrorum collegii impetratum habento. Delinquentibus in hac parte mulcta dicitor cruciatorum duum. Sed ministris et quorum aliqua est curatio Contubernii dupla.

VI.

Rixarum, criminationum, maledictorum inter studiosos multa est cruciatorum sex. Sed contumeliarum, infamationis, pulsationum facinora Rectori Vniuersitatis huius scholæ indicantor; deierationes, execrationes, blasphemiæ aliqua pro atrocitate insigni nota, de sententia præsidum puniantur.

VII.

Studii bonarum artium causa congregati ad diuersa ne applicanto sese. Cum imperitis harum, dissolutis, flagitiosis ne commiscentor. Diuersoria, cauponas, tabernas ne intranto commessandi, ludendi, bachandi gratia. In publico ne saltanto, neue choreas ducunto, nisi nuptiarum forte aut similis festiuitatis participes facti inuitatione. In Contuberuium suspectæ pudicitiæ mulierem ne quis introducito. Qui fecerit mulctam denarium duum soluito, si iterum atque iterum fecerit, multa duplicator ac triplicator et Contubernio tanquam desperatæ improbitatis eiicitor. Eadem multa esto in eos qui compererint hac in parte aliquos deliquisse et ad Rectorem Contubernii non detulerint.

VIII.

Aleæ scurrilitate interdictum esto. Qui vsurparint, quiue vsurpatores texerint, eandem multam soluunto.

VIIII.

In Contubernium ne quis alieno tempore ac loco ingreditor, ne quid seræ fraude aut vi recludito, ne per fenestras, neu quas rimas sese inferto. Qui fecerit vno floreno multator.

X.

Clausis hora vt lex iubet foribus Contubernii, si quis intra hoc non reperiatur, siue post illud tempus pulsatione ad fores tumultuetur, soluito multam denarii vnus id est cruciatorum VIII.

XI.

De Contubernio ne quid effunditor, proiicitor, detruditor aspectu fœdum et sensu contrarium ac inamœnum. Qui fecerit in illum Rectori animaduertere pro merito ius esto. Si quis extraneus hoc fecerit, plectuntor inhabitatores cubiculorum de quibus aliquid effusum, proiectum, detrusum fuerit, siquidem hoc factum cœlarint. Si vero Rectori vt debent indicauerint, Rectori Contubernii in extraneum ad hunc modum delinquentem cohibitio, cum autoritate Rectoris Vniuersitatis huius, permissa iussaque esto.

XII.

Omni tempore inprimis autem petitionis et exordii honorum sumptus studiosi extraordinarios et superuacaneos ne faciunto, si fecerint, multam cruciatorum X soluunto.

XIII.

Qui nouis post initia vexationum amplius illudere aut ab illis impendii aliquid exigere ausus fuerit, tribola [duo] id est cruciatos VIII multæ nomine dato.

XIIII.

Vestitus varietate admodum reprehenditur natio nostra. In hac igitur parte compescant cupiditates suas studiosi et vulgares ineptias illius non vsurpabunt, vestient horum temporum consuetudine, quæ est tum honestæ tum comodæ rationis. Scissa, discolorata, alligata ne gestanto. Togulas suas induunto, non iniiciunto. Calceos ita circumdanto pedibus ne inter gradiendum delabantur, libros et cartas secum portanto non arma. Incedunto apte, vt neque in gestu nec ingressione deformitas sit. Quæ si fecerint laudem inuenient, si non fecerint, primum a Magistris monentor atque obiurgantor, si non redditi fuerint meliores, a delinquentibus post monitionem triobolum id est cruciati quatuor exiguntor.

XV.

Si quis discipulorum Contubernii illiberalius, durius, iniustius se tractatum existimet, ea de re apud præsidum vnum conqueri ius fasque esto. Quibus si causam suam probarit, illorum in autorem iniuriæ animaduersio erit.

XVI.

Earum rerum quæ quoque tempore perscriptæ in charta a Decano studii artium et reliquis magistris propositæ et vt solet ad ianuas templi scholarumue affixæ fuerint, ne quis chartas refellito aut refigito eo die quo fuerint propositæ antequam sol occidat. Qui fecerit mulctam soluito cruciatorum V.

XVII.

Quicunque in scholastica Vniuersitate alia prius non fuerit quam se huc reciperet, aut qui etiam fuerit, et contubernalem tamen doctrinam uoluerit frequentare, suum nomen etiam apud Rectorem Contubernii profiteri, et siquidem decernenda pro more illi vexatio nouorum fuerit, hoc est, si alterius scholasticæ Vniuersitatis ciuis non sit, Rectori soluere cruciatos XII debebit.

XVIII.

Interdictum omnibus qui in Contubernio pascuntur esto, ne ad mensam illam imperitos litterarum et a studiis nostris alienos externos introducant. Qui fecerit vnum diem in carcere cohercetor.

Univ. Archiv Fach XV, 21.

MATRICULA

ALMÆ UNIVERSITATIS TUWINGENSIS

1477—1545.

Der folgende Abdruck umfasst die zwei ersten Bände der Matrikel, Fach V, 24. 25. Der erste derselben trägt die aus einem älteren Einband ausgeschnittene und auf den Deckel geklebte Ueberschrift:

Liber primus matricule gymnasij literarij Tubingensis ab a. natalis Christi 1477, quo primum fundamentum et exordium fœlici sumpsit sydere, vsque in annum 1519.

Aspiret cœptis deus optimus maximusque.

I. M. S.

Ebenso steht auf dem zweiten Band:

Liber secundus matricule almi gymnasij literarij Tubingensis ab a. natalis Christi 1520 vsque in a. 1545.

I. M. S.

Ein hier folgender mit rother Farbe geschriebener Spruch ist bis auf wenige Reste verwischt, aus welchen nur zu errathen ist, dass es ein lateinisches Distichon war.

Diese Matrikeln sind nicht die ursprünglichen vom Rector gemachten Aufzeichnungen, sondern Abschriften derselben, durch den Notar oder einen anderen Schreiber zum Theil flüchtig und schlecht geschrieben. Von 1529 an finden sich einzelne Einträge von der Hand der Rectoren. Die ursprünglichen Namenslisten sind als blose Concepte nicht aufbewahrt worden. Die Universität wollte vielmehr diese Reinschrift als Urkunde betrachtet wissen. Das geht schon daraus hervor, dass dieselbe auf Pergament geschrieben ist. Daneben besitzt das Archiv der U. eine zweite jüngere Abschrift ebenfalls auf Pergament, bis zum J. 1526 reichend und eine dritte auf Papier bis zum J. 1614, in einem starken Folioband. Beide haben für den betreffenden Zeitraum die erwähnten Bände zur Vorlage, welche sie nicht selten falsch lesen. Fach V, 28. 29.

Eine Bürgschaft dafür, dass die Namen in der Liste so erscheinen, wie ihre Träger sie geschrieben hätten, ist also nicht vorhanden. Der Rector schon schrieb, wie er den Namen hörte. Der Abschreiber mag sich ebenfalls Freiheiten gestattet haben. Vermuthlich sind auch die lateinischen Uebersetzungen wie Calceatoris, Castratoris, Currificis usw. auf Rechnung dessen zu setzen, der den Eintrag machte, während der Student sich nach wie vor Schumacher, Nonnenmacher oder Wagner nannte.

Durch Vergleichung der Matricula Facultatis Artium Fach XV, 11, die wohlerhalten auf uns gekommen ist, und in welcher mit kleinen Ausnahmen die Einträge von den Dekanen selbst gemacht sind, lassen sich oft nicht bloss correctere Namensformen, sondern auch weitere Angaben gewinnen, durch welche die ungenügenden Einträge der Matr. Univ. ergänzt werden. Man hat damals eine genaue Bezeichnung der Personen nicht für nöthig gehalten. Es mag noch angehen, dass man M. Mangoldus Canonicus huius ecclesie eintrug, während er Mangold Widmann hiess. Anders aber ist es, wenn man in der einen Matrikel schrieb Sebastianus de Giltlingen, Johannes de Eschenbach, Leonhardus de Eschenbach, Ludwicus de Dornstetten und dadurch späteren Anlass gab dieselben für adelige Herren zu halten, während sie nach der anderen Matrikel Sebastian Schiser von Giltlingen, Johann Karoli, Leonhard Hammer von Eschenbach und Ludwig Nusskern von Dornstetten hiessen.

Verbesserungen und Ergänzungen dieser Art sind unten beigefügt. Eine vollständige Durcharbeitung der Matrikel in dieser Weise ist dem Herausgeber ebensowenig möglich gewesen, als eine genügende Sammlung der Daten über die späteren Schicksale der Personen. Was in den Noten beigegeben ist, soll nur als Specimen eines solchen Commentars gelten. Die Matrikeln aller älteren Universitäten würden verdienen wenigstens bis zur Mitte des 16. Jahrh. veröffentlicht und, so gut es geht, durch Nachweisungen erläutert zu werden. Die Specialgeschichte würde daraus den grössten Vortheil ziehen. Es bedarf dazu aber fortgesetzten Sammelns aus allen möglichen, meist entlegenen Quellen. Und niemand wird solchen Zusammenstellungen ansehen, wie viele Zeit und Mühe sie gekostet haben*.

Durch Versalschrift sind die Personen kenntlich gemacht, welche in Tübingen gelehrt haben**. Bei der Eigenthümlichkeit der Artisten Facultät lässt sich aber nicht immer sagen, wo der Magister aufhört und der Professor anfängt, ob einer nur in der Burse lehrte, wie z. B. Melanchthon, oder als öffentlicher und besoldeter Lehrer, collegiatus et stipendiarius zu betrachten ist.

Man wird finden, dass manche Namen hier neu auftauchen, welche weder Crusius, auf den die Weisheit der Nachfolger meist zurückgeht, noch A. Chr. Zeller, der durch seine Zusammenstellung S. 376 bis 513 sich ein Verdienst erworben hat, kannten. Gleichwohl ist es möglich, dass auch jetzt noch der eine und andere Name eines Lehrers bei der Mangelhaftigkeit der Acten aus älterer Zeit uns unbekannt bleibt. J. J. Moser 1718 und A. Chr. Zeller 1743 konnten noch eine Handschrift benützen, welche den Titel Annales Academie Tubingensis führte und gerade über die Personen der Lehrer Angaben enthielt. Ueber die Zeit der Abfassung

* **DB.** Fürstl. Württ. Dienerbuch hg. von E. E. v. Georgii. — **DBl.** Allgemeine deutsche Biographie. — **Z.** A. Chr. Zeller, Merckwürdigkeiten der Univ. Tübingen 1743. — **Mfa.** Matricula Facultatis Artium. **A. M.** Artium Magister. — **Fr.** Frater. ** Von den zwölf Personen, welche S. 460 sich honoris causa zuerst einzeichnen, sind nur 2. 7. 9. 10 als wirkliche Mitglieder und Lehrer der U. zu betrachten.

und den Schreiber dieser Annalen, welche für den Augenblick verloren sind, aber wohl wider zum Vorschein kommen könnten, machen sie keine Angabe. Es ist indess namentlich nach der Aussage Zellers S. 242 zu vermuthen, dass dieselben nach Crusius entstanden sind, und dann ist alle Wahrscheinlichkeit dafür, dass sie von Johann Martin Rauscher herrühren, welcher 1613 an der Universität angestellt in Crusius Fusstapfen trat und allerlei historisches sammelte. Die grossen Lücken der Zeit, die ein Jahrhundert und mehr hinter ihm lag, konnte er nicht ausfüllen, aber er mochte manches noch wissen, was für uns verloren ist, desshalb ist der Verlust immerhin zu bedauern.

Die Matrikel selbst leidet an manchen Lücken. Manche Namen, die nothwendig darin stehen sollten, fehlen. Die Aufzeichnungen, welche während der zahlreichen Auswanderungen der Universität, wo ihre einzelnen Facultäten z. B. in Rottenburg, Dornstetten und Nagold zerstreut waren, je von den Decanen gemacht wurden, sind gewiss nicht vollständig eingetragen. Und nach der eigenen Angabe der Matrikel ist die ganze Liste des Sommers 1532 unter des Peter Brun Rectorat vollständig verloren gegangen, ohne dass Seuchen oder Krieg dabei Schuld hätten.

Eine genauere Beschäftigung mit dieser anscheinend trockenen Namensliste wird zeigen, dass dieselbe mancherlei Material in sich schliesst und für das Verständniss der Zeit Beiträge liefert. Nicht blos der Adel, den wir in den Kämpfen Ulrichs widerfinden, ist unter den Schülern stark vertreten, sondern auch Bauernsöhne aus den kleinsten Dörfern strömen in grösserer Zahl zu als heute.

Peter und Konrad Brun ziehen eine ganze Sippschaft aus Kirchheim am Neckar nach sich, die sich ohne weiteres den Namen der Patrone und Vetter beilegen. Das kleine Dornstetten, das in Martin Plansch einen einflussreichen Sohn in Tübingen hat, liefert mehr Studenten als nachher in einem Jahrhundert. Ebenso Wildberg wegen des Balthasar Käuffelin. Während Joa. Camerar's Wirksamkeit ist der Zuzug aus Nürnberg ausserordentlich und zeigt, welches Vertrauen der Mann sich dort erworben hatte, wenn schon der Nürnbergische Rath bei seinem Weggang von dort sagen musste, dass er allhie ganz wenig Auditores gehabt. H. W. Heerwagen zur Gesch. d. Nürnb. Gel. Schulen 1526 bis 1535. 2, 25. Orte, in welchen Chorherrnstifte, Schulen, bessere Klöster sich befanden, wie Wiesensteig, Munderkingen, Weissenhorn usw. sind in einem Verhältniss vertreten, das ihre sonstige Bedeutung weit übersteigt. Aber auch für die Kenntniss der Personennamen und ihre Bildung wird diese Liste Ausbeute liefern. Die imperativischen Namen z. B., die später unkenntlich werden oder ganz verschwinden, sind noch zahlreich wie Stiguff, Flüguff, Esenbri, Hockenschness, Springinshus, Springinhafen, Gibinsliecht, Küssenpfennig, Zerrenweck, Gwingut u. a.

Im Druck weggelassen ist der Eintrag über Zahlung der Gebühr für die Inscription, welche während des ganzen Zeitraums vom zweiten Rector an — die früher intitulierten waren frei — sechs Schilling beträgt und von 1538 an mit dreizehen Kreuzern berechnet wird. Dagegen ist bei den armen, die nur einen Schilling bezahlen, die Bemerkung beigefügt.

Auf der Rückseite des ersten Blattes ist die Formel des Schwurs eingetragen, welchen der Eintretende zu leisten hat:

Juramentum intitulandorum ut infra.

Ego .. juro quod ab hac hora inantea ero fidelis vniuersitati Tüwingensi eius comoda promouendo, et incomoda pro posse precauendo, ipsiusque vniuersitatis Rectori pro tempore existenti, vel illius vices gerenti in licitis et honestis obediens ero, statutaque et ordinationes, tam edita quam edenda, statum meum concernentia, firmiter obseruabo, sic me Deus adiuuet et sacrorum euangeliorum conditores.

Euwang. {
Johannis. In principio erat verbum etc.
Luce. Exiit edictum a Cesare Augusto etc.
Mathei. Liber generationis Jesu Christi etc.
Marci. Initium ewangelii etc.*

* Marcus ist erst später beigefügt und fehlt auch sonst in den älteren Schwurformeln.

Prospiciens de sursum Altissimus, vt yma superis et terrena jungeret celestibus, humane largitus est facture, vnde laboris estu, studioque vigenti et labore, sue saluti consulere, ambiguitatis laqueos dissoluere ac denique licitum ab illicito discernere queat. Vniuersitate itaque studii generalis in opido Tüwingen Const. dioceseos feliciter inchoata, diuersarum nationum viri, morum venustate virtutumque et scientiarum floribus perornati, illuc confluere non recusarunt. Quorum doctrina salutari ad Altitonantis laudem ignorantie rubigo populi confluentis depellitur ac denique rudes continuato studio in scios commutantur. Ne autem personarum huiusmodi varios per euentus transeat memoria, sed earundem nomina scriptis arata legentium mentes aperiant, lapsamque sic innouent memoriam, non immerito persone ipse dicte vniuersitatis Matriculam representantes scriptis solidis veniunt annotande. Qua ex re nos Johannes Vergenhans, decretorum doctor, Rector primeuus alme vniuersitatis Tüwingensis memorate anno a nat. Dom. 1477 die festa sancte et viuifice crucis [15. September], anno inditionis decimo tunc currentis atque pontificatus sanctissimi in Christo patris et domini nostri, Domini Sixti diuina prouidentia pape quarti sexto, imperii quoque inuictissimi principis et domini Domini Friderici Romanorum imperatoris semper augusti etc. vigesimo quinto, personas et supposita infra notatos ipsi nostre Matrici incorporare cepimus, eorundem nomina ceu subscribitur seriatim annotantes.

1. Inprimis itaque incorporari desiderauit Matrici nostre vniuersitatis et preuio juramento solito incorporatus est Reu. in Christo Pater et dom. Dom. Heinricus Abbas Monasterii in Blaubüren Ord. S. Benedicti Const. dioceseos.

2. Item venerabilis vir M. Johannes Tegen prepositus eccl. coll. beat. virg. Marie et S. Georii martiris atque cancellarius apostolicus ipsius nostre vniuersitatis Tüwingensis.

3. Dom. Anthonius de Pforr Rector eccl. paroch. in opido Rotemburg prope Neccarum.
4. M. Johannes Hegkbach Decretorum Doctor, Canonicus ecclesie collegiate supradicte.
5. M. Baltazar Messnang Decr. D., Consul Illustris et Magnifici Dom. Dom. Eberhardi Com. in Wirtemberg etc. patroni nostri.
6. M. Lucas Spetzhart Med. D. jam dictique Dom. Comitis phisicus juratus.
7. M. Laurentius Marenchus Nouanus Civis Genuensis J. V. D. in dicta nostra vniu. legum Ordinarius.
8. M. Johannes Giltlinger supra memorate eccl. coll. Canonicus.
9. M. Johannes May vtriusque med. D. Ordinarius.
10. M. Ludouicus Truchsess de Höfingen D. in iure canonico.
11. Dom. Albertus de Rechberg prepositus in Ellwangen etc.
12. Dom. Wolfgang de Zulnhart prepositus in Göppingen etc.

Nomina Magistrorum sub primo Rectoratu.

1. M. Johannes Stein de Schorndorf, ipsius vniuers. collegiatus atque facultatis artium Decanus primus (prom. Friburgæ).
2. M. Vdalricus Frëuell plebanus in Tërendingen.
3. Johannes Riser plebanus in Entringen (prom. Wiennæ).
4. M. Johannes Hann de Horhen s. theologie Bacc. formatus dicte nostre vniuers. Sindicus et procurator primeuus, Librorum Sententiarum Lector (prom. Wiennæ).
5. M. Georius Hartzesser (Hartsesser de Waibling. prom. Basileæ).
6. M. Petrus Rumetsch de Bulach (prom. Parisiis).
7. M. Joh. Liechtkamrer (de Rotenburg prom. Wiennæ) plebanus in Öttlingen (Ôtingen).
8. M. Hermannus Vetter de Bernstat (prom. Erfordiæ).
9. M. Conradus Vessler (de Cella Eberhardi prom. Basileæ), eiusdem vniu. Collegiatus.

---

3. gehört zur Univ. Freiburg, Rath H. Sigmunds 1458, der EH. Mechthild, resign. die Kirche Rottenburg 1479, Riegger Anal. 162 ff. Zeitschr. d. Ges. f. Bef. d. Gesch. Freiburg 8, 206. — 5. Hofrichter 1484. — 10. mit Gr. Eberhart auf dem Reichstag zu Worms 1495. Renuntiavit privilegiis in vig. nativ. Dom. 96, inscribiert aber wider 13. Oct. 97. — 11. Mitglied der Regentschaft 1498.

1. war in Freiburg collegiatus. — 3. kommt von Freiburg, wo er schon 1466 græcismum liest. — 9. beim Hofgericht 1484.

10. M. JOH. MARCHTOLF, (Martolf) de Rotemburg (prom. Basileæ).
11. M. WILHELMUS MÜTSCHELIN (de Rotemburg prom. Haidelbergæ) similiter Collegiatus.
12. M. Joh. Büchler (Bühler) de Herremberg (prom. Coloniæ).
13. M. Conradus Huiff (Huff) de Wisensteig.
14. M. CONRADUS SCHÖFFERLIN, (de Esslingen prom. Treveris) eiusdem vniu. Collegiatus.
15. M. CONRADUS BLENDERER (de Stutgardia prom. Friburgi).
16. M. BARTHOLOMEUS de Aulen (prom. Erfordiæ) s. S. 93.
17. M. Georius Schütz de Rütlingen.
18. M. Johannes Megenhart (de Blawburen prom. Ingolst.)
19. M. Georius Coci plebanus in Lustnow.
20. M. Daniel Bienger de Vlma.
21. M. Alexander Marchtolf de Rotemburg.
22. M. Jacobus Lindlin.
23. M. Johannnes Öfinlin de Kirchen.
24. M. Conradus Huf de Munsingen (prom. Coloniæ).
25. M. LEONHARDUS (WERNHERI) de Cannstatt.
26. M. Alb. Strupper (Schrümpfer) de Rüdemshein (prom. Erfordiæ).
27. M. Johannes Hug de Behlingen.
28. M. Joannes Vetter ex Wilperg (prom. Wiennæ).
29. D. Heinricus de Sax Baro.
30. M. Johannes Böpplin de Marpach (prom. Erfordiæ).
31. M. Michahel Brecklin de Canstat } fratres (promm. Parisiis).
32. M. Johannes Brecklin de Canstat }
33. M. Wendelinus Franck de Bessicken (prom. Treveris).
34. M. Petrus Crafft ex Reutlingen.
35. M. Andreas Silberer de Wil (prom. Friburgi).
36. M. Mangoldus (Widman), Canonicus huius ecclesie.
37. M. Johannes Pfott de Esslingen.
38. D. Folmarus de Manschperg.
39. Thomas Ernst ex Ratispano artium magister.
40. M. Berchtoldus Merck de Oppowiler (prom. Lipsiæ).

---

15. Collegiatus 1482 vgl. ein ihn betr. Schreiben Eberhards vom 6. Nov. 1482 im Freib. Un. Archiv. War vorher Rector der Bursa Pavonis in Freiburg. — 28. Erzieher des H. Ulrich 1491, stirbt 1515 als lat. Schulmeister in Stuttgart. Weyermann 2, 569. — 29. renunc. 28. Jan. 1479. — 34. beim Hofgericht 1485. — 35. früher Lehrer der Musik in Freiburg.

Ceterorum suppositorum nomina:

1. Frater Udalricus Pföwlin de Gamundia, prior domus fratrum heremitarum ord. S. Augustini in Tüwingen.
2. Dominus Oll de Steinhaussen.
3. D. Conr. Brünig sen. decanus ruralis et plebanus in Tüwingen.
4. D. Conradus Fabri plebanus in Boltringen ipsius decanatus ruralis decanus modernus.
5. D. Johannes Ernst Capellanus hospitalis in Tüwingen, ac fabrice supratacte ecclesie collegiate procurator.
6. D. Conradus Büchlin Capellanus castri in Tüwingen.
7. D. Mathias Horn prothonot. et commiss. causarum matrim.
8. D. Greg. May notar. et rect. scolarum particularium in Tüwingen civisque Const. causarum matrim. commiss. generalis.
9. D. Johannes Äber capellanus in Schwertzloch.
10. D. Caspar Motzbeck primissarius in Lustnow.
11. D. Hainr. Braittenstain capellanus apud S. Jacob. in Tüwingen.
12. D. Jodocus Widman de Öttlingen vicarius supradicte ecclesie collegiate in Tüwingen.
13. D. Georius Kenlin de Magstatt ipsius ecclesie vicarius.
14. D. Jodocus Mēder de Wila vicarius eiusdem ecclesie.
15. D. Michahel Cun de Rütlingen socius diuinorum in Tüwingen.
16. D. Johannes Adler presbyter.
17. D. Rudolfus Kürner presbyter.
18. D. Vdalricus Brüchsell artium bacc. capellanus in Tüwingen.
19. D. Balthazar Mollitoris.
20. D. Michahel Rücker vicarius perpetuus in Eningen.
21. Joh. Scharuer alias Bart de Tüwingen procurator foraneus civitatis episcopalis Constantiensis.
22. Georius Ezechielis de Tüwingen.

---

2. Von anderer Hand hineingefügt und kaum leserlich, deshalb in beiden Abschriften und von Crusius ausgelassen. — 3. heisst in einer Urk. der Augustiner in T. Conr. Brunig de Offtertingen 1486. — 7. von Eltingen, prothon. in Stuttgart † 1505. D. 13. — 8. bacc. Haidelb., 1463 in Freiburg. — 11. Chorherr in Tüb. 1494. — 16. in Mfa. schreibt er sich Jo. Aquilæ von Hall, daher auch Haliætus. J. U. D. Verf. einer Schrift de potestate monetarum und eines Enchiridion de omni ludorum genere. Gegner der Reformation. — 18. 1464 in Freiburg.

23. Conradus Becklinfol de Tüwingen.
24. Gabriel Ritter de Tüwingen.
25. Georius Hëller de Tüwingen.
26. Georius Wishart de Tüwingen.
27. Johannes Trümlin de Rotemburg.
28. Petrus Glatz de Ottembüren.
29. D. Johannes Gabler de Augusta plebanus in Dorfhusen.
30. Martinus Küng de Vilingen.
31. Michahel Binder de Constantia.
32. Matheus Amman de Vlma.
33. Sigismundus Hepp de Vlma.
34. D. Conradus Waldstetter de Balingen plebanus in Remss.
35. Jacobus Saltzmann de Merspurg.
36. Gallus Balneatoris de Tüwingen.
37. Bernhardus Grückler de Bulach.
38. Conradus Calceatoris de Altenstaig.
39. D. Johannes de Houen prope Vrach de armigerorum genere.
40. Johannes Priester de Nipperg.
41. Georius Epp de Güglingen.
42. Michahel Klett de Grüningen.
43. Symon Haid de Vlma.
44. Martinus Hëger de Grüningen.
45. Johannes Teschler de Bibraco.
46. Johannes Rembold de Tüwingen.
47. Johannes Schmatzger de Tüwingen. Nihil dedit pauper.
48. Bertholdus Pryning de Tüwingen.
49. Melchior Marquardi de Wimpina.
50. Nicolaus Cantrifusoris de Wimpina.
51. Johannes Becklin de Tüwingen.
52. Petrus Spæt de Pfullendorff.
53. Georius Sellatoris
54. Christianus Hüber } de Pfullendorff.
55. Ludowicus Arnoldi
56. Nicolaus Felberg de Franconia.

---

32. M. A. 1479. — 37. der Familie Gr. gehörte die Pfarrei in Bulach erblich O.A. Beschr. Calw 290. — 39. aus dem auf der Alb bei Böhringen egüterten Geschlecht. — 40. M A. 1483. — 41. M. A. 1480. — 45. Keller in Pfullingen 1497.

57. Sixtus Sydler de Bopfingen.
58. Michahel Sper de Plochingen.
59. Joh. Wedelin pedellus iuratus vniuersitatis nostre prefate.
60. Johannes Scriptoris de Esslingen.
61. Ludowicus Gügeluff de Tüwingen.
62. Michahel Dystell de Bietikein.
63. Gallus Kern de Althein (Horw).
64. MATHIAS GRAMMER de Bondorf (bacc. Haidelb.)
65. Bartholomeus Eglin de Lindow.
66. Jodocus Hablützeler de Rauenspurg.
67. Georius Banthell de Rauenspurg.
68. D. Johannes Krüslin plebanus in Tailfingen.
69. Ambrosius Organista de Vlma.
70. Bernhardus Calceatoris de Elchingen.
71. Wilhelmus Bomgart de Vlma.
72. Jacobus Herbrand de Giengen.
73. Christoferus Vetter decretorum bacc.
74. D. Felix capellanus in Oberndorf.
75. Johannes Coci de Vrach.
76. Sebastianus frater eiusdem.
77. Wernherus de Göppingen.
78. Johannes Mayer de Pregantia.
79. Hainricus Winckelmess de Mülhusen.
80. Alexius Stumphart (Stunpart) de Canstatt.
81. Jacobus de Kaltentall.
82. Johannes Kachel de Guglingen Bacc. Coloniensis.
83. GREGORIUS LAMPARTER de Bibraco studens Basil.
84. Jodoc. Stebinger de Wangen, cum mag. Wilhelmo nihil dedit.
85. Jacobus Murer de Marppach.
86. Berchtoldus Tuneler de Marppach.
87. Johannes Rich de Blaubüren.
88. Petrus Frick de Asperg.
89. Vlricus Bemmerlin de Ehingen.
90. Conradus Bundroß de Stuttgardia.
91. Georius Episcopi de Tusis. Nondum dedit.

---

71. Bronwart Mfa. — 75. M. A. 1480. — 79. M. A. 1480. — 81. Hofrichter. — 83. Würt. Kanzler, in Basel inscr. 1475. — 87. Stadtschreiber in Tübingen 1491.

92. Johannes Girnholt studens Heidelbergensis.
93. Vlricus Klingler de Stuttgardia.
94. Johannes Hiller de Dornstetten.
95. Michahel Noter (Notter) de Gertringen studens Heidelberg.
96. Johannes Lupfdich (de Blauburen) bacc. Heidelberg.
97. Vlricus Kraft de Vlma.
98. Jeronimus Kraft de Vlma.
99. Georius Northouer (ex Northouen).
100. Vlricus Beckenler (Bekeller de Kirchberg).
101. Benedictus Strub de Vlma.
102. Ludwicus Surlin de Vlma.
103. Petrus Greyss filius kornmesser de Böblingen.
104. Georius Keppeler de Böblingen.
105. Sigismundus Vogel de Schordorf.
106. Georius Mensch de Tüwingen.
107. Georius Gartner de Tüwingen.
108. Johannes Haim de Tüwingen.
109. Bernhardus Vient de Tüwingen.
110. Johannes Kürisschmid de Tüwingen.
111. Johannes Erwin de Tüwingen.
112. Heinricus Heller de Tüwingen.
113. Albertus de Entringen.
114. Bernhardus Meeklin de Grüningen.
115. Fridericus Gryff de Constantia.
116. Jacobus Huber (Fabri) de Vrach bacc. (Frib.).
117. Andr. Trostell de Onswil (bacc. Friburg).
118. Wolfg. Byser (Peysser) de Bruckhusen (Burckh. bacc. Ingelst.).
119. Conradus Mercklin de Brackenheim.
120. Marcus Krafft de Ygershem.

93. Pfaff Stuttg. 1, 398. — 94. Theol. D. 1494. — 96. Collegiatus, beim Hofgericht 1493. † vor 1515. — 97. J. U. D. 1492- 95 Prof. in Freiburg, dann in Basel. Weyermann, 1, 374. — 98. beide in Basel inscr. 1475. — 99. später in Freiburg Prof. theol. Schreiber 1, 132 Wurde 1509 ermordet. Er gehört mit Mich. Lindelbach und Ben. Morder zu den Tübinger Magistern, welche 1486.87 nach Freiburg übergehen und dort den Realismus in Gang bringen. U.Archiv Freib. — 106. Chorherr in Tüb. 1494. — 110. Richter in Tüb. 1518. — 112. Landschreiber 1487. — 117. Rector scholarum in Stutgardia. 1510 conductus ad triennium eximius D. D. A. Trostel priori suo stipendio.

121. Andres Cleiber de Geilrdorff.
122. Alexander Tornatoris de Stutgardia.
123. Nicolaus Apothecarii artium bacc. de Spira.
124. Georius Vogt de Holtzgirringen (Böblingen).
125. Stephanus Knobloch de Norderach prope Gengenbach.
126. Johannes Giltlinger de Herremberg.
127. Michahel Vot (Vott) de Zufenhusen.
128. D. Aurelius Fahri de Deckenpfron cappellanus in Öttlingen.
129. Georius Dürr de Zella (infra Deck).
130. Bernhardus Laut (Lott) de Heintzen (Haimssen).
131. Simon Vicht (Fucht) de Heymtzen.
132. Marcus Held de Nüwhusen.
133. Eberhardus Gerung de Gretzingen.
134. Conradus Nigri de Blawbüren bacc.
135. Michahel Hummel de Schweningen bacc.
136. Johannes Künlin de Schorndorf
137. Pelagius Bletz de Rotwila.
138. Simon Brentzlin.
139. Conradus Winman de Zuffenhusen.
140. Wendalinus Lemp de Bäsickan.
141. Johannes Brintzler (Pruntzler) de Stütgardia.
142. Heinricus Lorcher de Stütgardia.
143. Johannes Stainmacher de Wisenstaig.
144. Johannes Amman de Windelshein bacc.
145. Johannes de Fürst.
146. Jacobus Lutz.
147. D. Petrus de Sindelfingen.
148. Petrus Louphart.
149. Bernhardinus de Cannstat.
150. Conradus Wipperlin de Schorndorf.
151. Franciscus Schertlin de Nagoldt.

---

123. von N. 63 bis hieher ist die Zahlung von 5 s. verzeichnet. — 124. M. A. 1482. — 125. de Zell Mfa. — 127. M. A. 1480. — 132. Mfa. hat Marcus Kuner de N — 133. Kaplan am Stift Stuttgart 1500. — 142. generalis scriba Ducatus, bei ihm wohnt in Stuttgart 1511 Markgraf Casimir von Brandenburg. Ein berüchtigter Mann † 1520. — 144. Licentiat, Keller am Stift Stuttgart † 1508. — 145. gefallen im Krieg gegen die Schweizer 1499 begraben bei den Augustinern in Tübingen. — 151. M. A. 1480.

152. Johannes Tüfell de Nagoldt.
153. Johannes Biegysen de Tüwingen.
154. Adam Koch de Kirchen bacc.
155. Johannes Fischart de Hewstetten.
156. Johannes Alberti de Vrbach (Vrach bacc. Lips.).
157. Johannes Schirpff de Sancto Gallo (bacc. Bas.)
158. Leonardus Calciatoris de Waiblingen nihil dedit.
159. Johannes Piscatoris (de Herrenberg bacc. Haidelb.)
160. Johannes Dymnaw de Horw.
161. Erhardus de Pfaltzgrauenwiler bacc.
162. Martinus Hipp de Rottempurg.
163. CONRADUS BLICKLIN de Ebingen bacc.
164. Burckhardus Vogt de Pfaffenhoffen.
165. Jeorius Wagner de Nesselwangen.
166. Stephanus Schlatterer de Nesselwangen.
167. Wernherus Grüsinger de Haigerloch.
168. Gregorius Streler sacerdos plebanus in Hirsach.
169. Johannes de Zymern (Zimmern).
170. Nicolaus de Hylspach.
171. Johannes Keppler bacc. (Wienn. de Böblingen).
172. JACOBUS KRAYS bacc. (Wienn. de Böblingen).
173. Ambrosius de Nouo Castro.
174. Conradus Wiger de Lawe.
175. Michahel Trecsel de Rauenspurgo.
176. Johannes Piscatoris de Talfingen (bacc. Basil.).
177. Albertus Piscatoris de Talfingen.
178. Cristiannus Springinshus de Vlma bacc.
179. Conradus Schelcklin de Rafenschspurg.
180. Ludowicus Kruss de Herenberg.
181. Caspar Herbick de Herenberg.
182. Georgius Gassenmayer de Naw.
183. MARTINUS PLANSCH de Dornstetten.
184. Medardus Bayer de Dornstetten.
185. Johannes Grünbach de Schorndorff.

---

152. M. A. 1484. — 157. Med. D. 1498. — 163. Roth Beitr. 35. In Basel 1475. Seine Frau ist Anna Vergenhans. — 168. Hirschau, das seit kurzem eine selbstständige Pfarre bildete. — 181. M. A. 1483 als Casp. Lutz de H. — 183. Theol. D. 1494. — 184. M. A. 1479.

186. Johannes Keller de Nürtingen.
187. Nicolaus Decker de Nürtingen.
188. Erhardus Schlacker de Brackenhain.
189. Hainricus Benn de Sancto Gallo.
190. Cristoferus Spengler de Sancto Gallo.
191. Franciscus Ehinger de Vlm (hacc. Basil.)
192. Reinhardus de Nühussen.
193. Jeorius Last de Tüwingen.
194. Kylianus de Sancto Gallo.
195. Jacobus Scriptoris de Kirchen.
196. Petrus Geppinger de Rüttlingen.
197. Mathias Schol (Scholl) de Nürtingen.
198. Johannes Gerwer (Gerber) de Nürtingen.
199. Egidius Daglieber Clericus.
200. Jeronimus Worm de Vlma.
201. Jodocus Sytz de Vlma (hacc. Ingelst.).
202. Bartholomeus Güntzburger de Vlma.
203. Johannes Rentz de Horw.
204. Alexander Winter de Weühingen (Vayhingen).
205. Erhardus Schlegel de Nuwhusen.
206. Vlricus Wehelin de Nürtingen (Ensingen).
207. Johannes Sytz de Rauenspurg.
208. Petrus Schwab de Gretzingen.
209. D. Petrus Schenck Canonicus in Wisensteig.
210. Conradus Schafflützel de Höstetten (hacc. Ingelst.).
211. Laurentius Rücker de Öttlingen.
212. Johannes Teber (Döber) de Rotemburg.
213. Johannes Negelin de Liphain.
214. Mathias Zener (Zehender) de Besickein.
215. D. Hainricus Förlin.
216. Wilhelmus Mollitoris de Backnach.
217. Philippus Hana circa Francfordiam.
218. Petrus Fabri de Güntzburg.
219. Johannes Vahinger de Pfortzen.

---

186. beim Hofgericht 1485. — 192. Commissär H. Ulrichs bei Unterdrückung des armen Conrad Heyd **1**, 327. 351. — 197. M. A. 1483. — 198. M. A. 1483. — 202. Patricius, Weyermann **2**, 142. — 213. Geistlicher in Ulm, Vertheidiger der Reformation. Weyermann **2**, 351. — 214. M. A. 1479.

220. Lucas Schleplin de Pfortzen.
221. Conradus Sartoris de Argentina.
222. Johannes Struss de Wissemburg.
223. Rupertus (Ratgeb) de Pfortzen.
224. Thomas Fink de Heilprun.
225. Johannes Fabri de Brackenhein.
226. Burckardus Bruckberger de Campidona.
227. Onofrius Geissberg de Schorndorff.
228. Bernhardus Scheltz (de Sindelfingen).
229. Rudolfus Örm de Turego.
230. D. Johannes Wassertrüb vicarius in Tüwingen.
231. Joachim Vetter de Bernstat.
232. Cristannus Ecker de Kaufbüren.
233. Andreas Streler de Vlma.
234. Cůnradus de Furst.
235. Jo. Winman de Wissenburg.
236. Alexander Burger de Nürtingen.
237. Leonhardus Gesell de Wangen.
238. Jacobus Meunell de Pregantia.
239. Eberhardus Welling (de Stutgardia).
240. Wilhelmus Ochsemberg.
241. Nicolaus de Hösteten nihil dedit.
242. Johannes Hipp de Wangen.
243. Johannes Pfeler de Stutgardia.
244. Laurentius Phfanzelt de Ehingen.
245. Conradus Currifficis de Sindelfingen.
246. Bertholdus Plender de Sindelfingen.
247. Cristofferus Man de Vlma.
248. Hainricus Armbroster (Balistarii) de Phfullendorff.
249. Conradus Mollitoris de Stuckgardia.
250. Wendellinus Sitz de Kalb.
251. Frater Georius Gütter de Marchtullo.
252. Jeorius Hess de Schorndorff.
253. Allexander Hess de Schorndorff.
254. Conradus Prynyng (Brunig) ex Thüwingen.

---

224. Med. D. stirbt als Mönch in Güterstein. Necrol. Boni Lapidis. — 238. M. A. 1484. — 240. Mfa. hat einen Wilh. Wappenmaister de Gamundia, vielleicht mit diesem identisch. — 243. Rathsherr in Stuttgart.

255. D. Nicolaus Magold de Vlma.
256. Geronimus Streicher de Vlma.

Sub rectoratu secundo celebrato sub spectabili viro artium liberalium M. CONRADO VESSELER in artibus collegiato a. d. 1478 a festo Phil. et Jac. app. intitulati sunt infra nominati.

1. Johannes Peler de Magstatt.
2. Michahel Wiest de Magstatt.
3. Petrus Keller de Schär.
4. Jeronimus Baldung (Balduinus) de Gamundia (bacc. haidelb.).
5. Georgius (Bonhart) de Überichingen (bacc. Erford.).
6. Johannes Klett de Messingen.
7. Georgius Textoris de Rotemburgo.
8. Vdalricus Suter de Brochenzell.
9. Ludwicus Spiser de Tüwingen.
10. Nicolaus Vollrat de Sennhein.
11. Jacobus Jocher de Rüdlingen.
12. Bacc. Johannes Müller ex Blaubüren.
13. Albertus Piscatoris de Talfingen.
14. Johannes Piscatoris de Talfingen (bacc. Bas.).
15. Johannes Haim de Herremberg.
16. Burkardus Cuspidis de Sindelfingen.
17. Mauritius Matern de Rotemburgo.
18. Michahel Hissler de Vrach.
19. Albertus Baser de Vlma.
20. Vdalricus Swiker de Wil. Nihil dedit quia pauper.
21. Jacobus Recht de Vima.
22. Wiprechtus Ehinger de Vlma.
23. Johannes Klein de Brida. Nihil dedit, pro quo magister Wandalinus de Besiken fideiussit.
24. Johannes Bernhuser de Tüwingen.
25. Jacobus Hägelin de Calw.
26. Johannes Friess de Magstatt.
27. Maximinus Kupler de Messingen.
28. Sixtus Currificis de Aufkirchen.

---

4. M. A. 1478. — 22. des Raths zu Ulm 1516. Steinb. 4, 250. 529. — 25. M. A. 1483.

29. Bacc. Johannes Koher de Swaigern.
30. Johannes Hetzer de Wilperg.
31. Johannes Sutor de Boswil.
32. D. Johannes Holtzman.
33. Bacc. Petrus Birchbart canonicus in Montepeligardo.
34. D. Theodoricus Gutbrott de Minsingen plebanus in Grůrn.
35. Jacobus Schütz de Horw.
36. Theobaldus de Offtertingen.
37. Fr. Michahel de Sindelfingen artium determ. ord. cistertiensis.
38. D. Georgius de Emershouen canonicus in Backnang.
39. D. Georgius de Fridingen bacc. basiliensis.
40. Dyonisius Entringer de Rottwila.
41. D. Cristannus Sener subdyaconus.
42. Caspar (Franck) Sellatoris de Öttlingen.
43. Jacobus Knoder de Öttlingen.
44. Ludwicus Rentz de Horw.
45. Johannes Jäger de Ehingen.
46. Arnoldus Hack de Balingen.
47. Martinus Leo de Balingen.
48. Jacobus Lapicida de Spira. Nil dedit, quia pauper.
49. Hainricus Schall (Scholl) de Tüwingen.
50. Sigismundus de Haimenshouen.
51. D. Leonhardus de Sunnemberg.
52. D. Caspar Alber.
53. Georgius Bühelin (Bühel) de Tuwingen.
54. D. Gabriel Kurwedell cappellanus in Grüningen.
55. D. Johannes de Wellden.
56. Mathias Piscatoris de Rüdlingen.
57. Jacobus Höwlin de Herremberg.
58. Conradus Muttschlerus de Zainingen aromaticus famulus doctoris Johannis (Maii) phisici. Nibil dedit.
59. Sixtus Carnificis de Eschembach.
60. Martinus Burklin de Gintzburg.
61. Johannes Stëh (Stöb) de Tüwingen.
62. Sebastianus Ochs de Gamundia.
63. Philippus Lannghans de Gartach.

---

36. ebenso Mfa. — 57. M. A. 1483.

64. Bernhardinus Richembach de Gislingen.
65. Matheus Gyff (Gyss) de Gislingen.
66. Jodocus Fridell de Gislingen.
67. Bruno Lantz de Constantia.
68. Petrus Egen de V̈tingen famulus D. Crutzlingeri. Nichil d.
69. Georius Bainhart de V̈brichingen.
70. M. Johannes de Lapide s. theol. professor plebanus huius loci Tuwingen.
71. D. Thomas Russ de Gemingen A. et Med. D. et fac. med. ord.
72. D. Johanees Crützlinger de Constancia V. J. D.
73. M. Cristannus Wolman s. theol. professus et in fac. theol. ord.
74. D. Matheus Ochsenbach decretorum doctor.
75. M. Caspar Mugat de Dinckelspühell.
76. M. Conradus Summerhart de Calw (prom. Parisiis a. d. 1478 circa Ambrosii).
77. M. Helyas Flick de Ysnina bacc. form. in theologia.

Sequuntur nomina intitulatorum sub rectoratu tertio huius alme V. T. celebrato sub insigni et eggregio viro M. Johanne de Lapide, s. theologie doctore atque ecclesie collegiate beatissime virginis Marie et SS. Georgii et Martini in Tuwingen rectore et plebano bene merito, a festo diui Luce ev. a. d. 1478, vsque ad festum Phil. et Jac. ap. a. 1479.

1. Bernhardus Schientz de Rotemburgo.
2. Heinricus Beltz de Marppach.
3. Jodocus Schludenmayer de Grüningen.
4. Jacobus Truncken (Drunck) de Waiblingen.
5. Bartholomeus Irmeler de Nellingen.
6. Conradus Etzel de Grüningen.
7. Simon Currificis de Bäsica.
8. Balthasar Messnang de Memmingen.
9. Ludwicus Walduogt de Tüwingen.
10. Georgius Lägerlin de Tüwingen.
11. Ludowicus de Liechtenstain.

71. Leibarzt Gr. Eberharts I. Steinb. 8, 915 nimmt an, dass er seine Tage im Kloster Blaubeuren beschlossen habe. — 75. wahrscheinlich ein an die Univ. berufener Lehrer, von welchem sonst nichts zu finden ist. — 77. Th. D. 1480. Er kommt von Freiburg. — 11. Lud. Liechtenstain Mfa.

12. Johannes Strecker de Vlma.
13. Fridericus Doliatoris de Grüningen.
14. Johannes Gouch (Geich, so schreibt er selbst) de Franckford.
15. D. Johannes Aulbrand de Cannstatt.
16. Caspar de Lapide.
17. Adam Güntner de Göppingen.
18. Johannes Riser de Tuwingen.
19. Martinus Sturmbühel de Enwis. Nichil dedit quia pauper est.
20. Jacobus Schnitzer de Münsingen.
21. D. Remigius Bolhack capellanus in Klewbrunn.
22. Johannes Vergenhanns alias Ziegler.
23. Petrus Wielannt de Tuttlingen.
24. Wilhelmus Stesnner.
25. D. Philippus Lockem vicarius vniuersitatis in Stetten. Nil dedit sed pedello dedit duos solidos h.
26. Albertus Brennlin (Brendlin) de Stutgardia.
27. Petrus Megerlin de Marpurg (Mersburg).
28. Johannes Megerlin de Marpurg.
29. Johannes Sutoris de Schär.
30. Lazarus Rüpp de Vlma.
31. Wernherus Hirtzel de Mury.
32. Petrus Swartz famulus D. Ytali, nil dedit quia pauper est neque pedello quid dedit.
33. Michahel Kirchen de Munderichingen.
34. Gregorius Waldmann de Marchtall.
35. Baltazar Fabri de Munderichingen.
36. Johannes Vesseler (de Mundrachingen) bacc. basiliensis.
37. D. Johannes Hüter ordinis premonstratensis.
38. Mich. Walter. Nil dedit quia pauper est sed pedello dedit 1 ß.
39. Sixtus Munckhumer de Hall bacc.
40. Nicolaus Michahelis de Biblis.
41. Rolandus Heyd de Vlma.
42. Ludwicus de Hall.
43. Fridricus de Nüwhusen.
44. Sebastianus Rentz de Vlma.

---

14. Theol. D. 1494. — 22. J. U. D. Propst zu Göppingen. — 26. Provisor scholæ in St. — 35. M. A. 1488 a's Dominus B. F. — 44. des Raths in Ulm 1511.

45. Jacobus de Schuttern.
46. Ludwicus de Wisenstaig.
47. Johannes Kopp de Marpach.
48. Johannes (Karoli) de Eschembach.
49. Leonhardus (Hamer) de Eschembach.
50. Siluester Schlicher de Vlma.
51. Johannes Dinckell de Vrach bacc.
52. Johannes Caspar de Bübenhouen.
53. Vlricus Gyslinger de Winterthur.
54. M. (Johannes) Wernherus (*ri) de Vunhusen (Onßhusen, Maguntinus).
55. M. Caspar de Magstatt, nil dedit.

Sequuntur nomina intitulatorum quarti rectoratus huius alme V. T. celebrati sub insigni viro M. Ludowico Truchsess decretorum doctore a festo Phil. et Jac. a. 1479 vsque ad festum S. Luce anni eiusdem.

1. Ludewicus Wölflin de Rütlingen.
2. Vlricus Wirtemberger de Stutgardia.
3. Liberius Lesch de Rochlitz.
4. Johannes Bachman de Nörlingen.
5. Johannes Coci de Schorndorf pauper est nil dedit.
6. Jodocus Lentzlin de Vrach.
7. Georgius Rentz de Herremberg.
8. Georgius Crista plebanus in Balshan.
9. Johannes Crafft de Vlm.
10. Wernherus de Nüwhusen.
11. Martinus Motzer de Tüwingen.
12. Zacharias Molitoris de Aldingen.
13. Michahel Felenschmid de Vilingen.
14. Johannes Pistoris de Vlma.
15. Bartholomeus Swartzburger de Vlma in bursa M. Hermanni nil dedit quia pauper.

---

51. M. A. 1480. — 52. Nobilis, mit Gr. Eberhart auf dem Reichstag zu Worms 1495. Hofmarschalk. — 54. Werner Wick von Onshausen Stiftsprediger in Stuttgart † 1510. Pfaff Stuttg. 1, 402.

2. studiert in Basel 1475. Pfaff Stuttg. 1, 424. — 10. vgl. 33.

16. Bonifatius Viglin de Messkirch.
17. Johannes Sartoris de Tüwingen May dictus.
18. Alexander Preuesti de Basilea.
19. Johannes Vollant de Löwemberg.
20. Wilhelmus Aduocati de Grüningen (auch Mfa).
21. Johannes Bamberger de Scheffterse.
22. Johannes Hüglin de Haidelberga fam. doct. med. nil dedit.
23. Bernhardus Scheffel de Plieningen.
24. Albertus Staimlin plebanus in Huchlingen.
25. Hainricus Mettelin de Tüwingen.
26. Johannes Schrimpf de Swamhann.
27. Andres Trütler de Simeringen.
28. Georgius de Giengen famulus d. doctoris Cristanni nil dedit.
29. Gregorius Nytthart de Vlma.
30. Jeronimus Nithart de Vlma.
31. Conradus Müninger de Eschembach.
32. Johannes Maler de Thurego.
33. Wernherus de Nüwhusen.
34. Michahel Stecker de Kalw.
35. Johanues Jacobi de Helmssdorff canonicus in Wisenstaig.
36. Petrus Stöbenhar de Vlma.
37. Johannes Spëtt,
38. Volmarus Spëtt fratres.
39. Johannes Hukeler de Dillingen, nil dedit quia pauper.
40. Ludwicus Vögelin de Rosenfeld.
41. Georgius de Plieningen.
42. Vitus Theoderici de Constantia.
43. Nicolaus Pregell de Memmingen.
44. Johannes Hartlieh de Stamhain.
45. Vlricus Hofner (Hafner) de Ehingen.
46. Conradus Lamparter de Calw.
47. Vitus Vetter de Plieningen.
48. Hainricus Sartoris de Calw.
49. Johannes Sartoris de Calw.
50. Georgius May de Vlma.

---

24. das Dorf, welches heute Nehreu heisst OA. Tübingen. — 31. M. A. 1480. — 32. vgl. 10.

Sequuntur nomina intitulatorum in quinto rectoratu huius alme V. T. sub insigni viro M. Johanne Stein de Schorndorff decretorum doctore a festo S. Luce ev. a. d. 1479, vsque ad festum ss. Phil. et Jac. app. a. d. 1480.

1. Johannes Findyseu de Vhingen in die Luce ewangeliste.
2. Melchior Hiller de Augusta. Luce Ev.
3. Vdalricus Schüler de Denckendorff. 20 Octobris.
4. Paulus Pfefferlin de Offtertingen. 21 Oct.
5. Gregorius Kremer de Sindelfingen (bacc. Vienn.) 22 Oct.
6. Rudolfus Westerstetter armiger. 25 Oct.
7. D. Steph. Zürn plebanus in Möringen bacc. wienensis. 25 Oct.
8. Johannes Hiltprant de Grüningen. die penultima Oct.
9. Johannes Mur de Mur. 4. Nouembris.
10. Georgius Bentzinger de Eltingen. 6 Nou.
11. Matheus Gienger de Vlma. 6 Nou.
12. Zacharias Gienger de Vlma. 6 Nou.
13. Heinricus Stamler de Dornstetten. 6 Nou. Nil dedit quia pauper. Dedit pedello 6 d.
14. Johannes Lutz de Bulach. 9 Nou.
15. Stephanus Keller de Herremberg bacc., Othmari.
16. Johannes Blinck (Linck) de Fürbach, concept. Marie.
17. Wernherus Werntzhuser de Göppingen eod. die.
18. Petrus Gemmel de Fridtperg eod. die. Nil dedit quia pauper.
19. Laurentius de Emershofen armiger bacc. Friburg. die Lucie.
20. Albertus Rösch de Tuwingen in vigilia natiu. dom.

1480.

21. Conradus Haid de Calw. bacc. basiliensis. 2 Jan.
22. Paulus de Pfedershain bacc. magunt. 3 Jan. Nil dedit, pauper et famulus M. Galtheri.
23. Eberhardus Gresser de Rotemburg in vigilia Epiph.
24. Ludwicus Fulhabern de Balingen presbyter 18 Jan.
25. Johannes Molitoris de Mundrachingen die Sebastiani.
26. Nicolaus Mayer de Obernhusen penvlt. Jan. Nil dedit pauper famulus M. Helye.
27. Nicolaus Currificis de Herbertingen bacc. Friburg. 4 Febr.
28. Johannes Emendorfer de Eschembach, 10 Febr.

---

1. M. A. 1485. — 3. M. A. 1485. — 4. M. A. 1483. — 5. M. A. 1490. — 17. Keller in Göppingen. — 28. M. A. 1484.

29. Johannes Martini de Möringen 10 Martii.
30. Jacobus Dauid de Endelsbach 10 Martii.
31. Thomas Rösch de Marchtorff. 13 Martii.
32. Jacobus Swartzach de Constantia. 13 Martii.
33. Bernhardus Braitnower de Zwifalten. 14 Martii.
34. Sebastianus Schiser de Giltlingen.
35. Quirinus de Martolff. 6 Apr. Nil dedit quia pauper et tertiarius burse heidelbergensis.
36. Paulus Moshein de Rauenspurg. 8 Apr.
37. Heinricus Romer de Feldkirch. 8 Apr.
38. M. Samuel ex Monte rutilo poeta. Nil dedit quia pauper.
39. Siluester Weckerlin de Babenhusen. 10 Apr.
40. Vlricus Kadus de Mundrachingen. 17 Apr.
41. Johannes Rusticus de Rütlingen. 17 Apr.
42. D. procerus Johannes Beckinger de Wil bacc. vtriusque et iuris ciuilis licentiatus 22 Oct.
43. D. Conradus Mälius V. J. D. collegiatus collegii papiensis, die S. Lucie.
44. D. Galtherus de Weruia A. M. et s. theol. lic. studii paris. 13 Jan. anni 80.
45. Barth. Lecher (Leher) de Gislingen A. M. studii ertford. 17 Febr. anno 80.

Sequuntur nomina intitulatorum in et sub rectoratu V. huius sub insigni viro M. Cristanno Wolman s. theol. D. a festo Phil. et Jac. app. donec ad festum S. Luce Eu. celebrato a. 1480 — vt ecce.

1. Gregorius Lind de Constantia, 4 feria Rogationum.
2. Sebastianus Martini de Tuttlingen sabb. post asc.
3. Johannes Schick de Marpach dom. post asc. famulus burse M. Wilhelmi (Mütschelin). Nil dedit quia pauper.
4. Alexius Fürhelm de Nüremberga 4 feria post asc.
5. Thomas Kühorn de Stutgardia, feria 3 post penth.
6. Johannes Laisen de Episcopali cella, 3 feria post penth.
7. Vlricus Scheck de Tüwingen, feria 2 post corp. Christi. Nil dedit quia pauper, sed pedello soluit 1 ß.
8. Osualdus Aygel de Oswila, 3 feria ante corp. Chr.

---

35. Marchtorff Mfa. — 36. Vertreter der Stadt R. beim schwäbischen Bund 1519. Steinb. 4, 529. — 44. S. 90. — 44. S. 90. — 8. M. A. 1485.

9. Ludowicus Wirtemberger. Nil dedit ob reuerentiam domine archiducisse Austrie, in vig. corp. Chr.
10. Jo. Schertwegk de Vrach in vig. corp. Chr.
11. Hammanus Holtzhuser de Franckfordia in vig. corp. Chr.
12. Georgius Vergenhans,
13. Philippus Vergenhans. Nil dederunt ob honorem D. D. Vergenhans.
14. Mathias Richter de Metzingen feria 2 post corp. Chr.
15. Petrus Calceatoris de Nyffen eodem die.
16. Johannes Dauckwart de Schaffhusen professus in Crützlingen, feria 3 post corp. Chr.
17. Marcellus Rolman de Argentina bacc. artium sexta feria post Medardi.
18. Johannes Flick de Ysnin sabbato Barnabe.
19. Laur. Werber (Wernheri) de Ebingen 2 feria post Barnabe.
20. Heinricus Heslin de Memingen artium bacc. in die Albani.
21. Martinus Reman de Halfingen in die Johannis et Pauli.
22. Benedictus Nickell de Rauenspurg in die septem dormientium.
23. Albertus Matz de Ebingen, die Vdalrici.
24. Johannes V̈berrüter de Gislingen, soluit pedello vnum β, alias nil dedit quia pauper.
25. Johannes Sitz de Marpach in die septem fratrum dorm.
26. Mangoldus Kühorn de Stutgardia,
27. Bernhardus Kühorn de Stutgardia diuisionis apostolorum.
28. Marcus Berlin de Dinckelspihel, Jacobi ap.
29. Lucas Berlin de Dinckelsphihel, Jacobi ap.
30. Bernhardinus Schenck de Lanndegk can. in Episcopali cella 5 feria post assumpt.
31. Frater Bernhardus Gibinsliecht de Vrach professus in Bebenhusen sabbato ante Augustini.
32. Joh. Baldung (Balduinus) de Gamundia dom. ante Augustini.
33. Leonhardus Dirr de Zell infra Deck,
34. Conradus Erman,
35. Johannes Jud professi in Adelberg die S. Augustini.

---

9. natürlicher Sohn Eberhards i. B. J. U. D. Herr von Greyffenstein. Steinb. 3, 337. — 12. Domherr in Costnitz. — 19. M. A. 1483. — 21. Renman Mfa — 33. Abbas in Adelberg. Sattler Top G. 564.

36. Conradus Clem } de Rütlingen in die Mauritii.
37. Johannes Eplin }
38. Johannes Wagner alias dictus Tappenhan de Magstat altera die post Francisci.
39. Bernhardus Hisslin de Nyffen eodem die, pauper est.
40. Kylianus Gompolt de Louffen in die Fidis virginis.
41. Georgius Suapp (Swap) de Münsingen die Sergi et Bachi.
42. Fridericus Meyberg de Biethart herpipolensis dioc. soluit pedello 1 β, alias nil, quia pauper.
43. Johannes Vetter de Plieningen.
44. Johannes Glöss de Elwangen.
45. Berchtoldus Mürlin de Trochtelfingen M. Friburgensis, die Bachi et Sergii.

Sequuntur nomina intitulatorum sub rectoratu insignis et egregii viri M. JOHANNIS CRÜTZLINGER V. J. D. a festo S. Luce ev. a. d. 1480 vsque ad festum SS. Phil. et Jac. app. a. d. 1481, vt ecce.

1. Johannes Dietterlin de Heffingen.
2. Erhardus Scheltz de Hailprunn.
3. Ludwicus Keller de Vilingen.
4. Bartholomeus Castner de Cuppenhain.
5. Frater Nicolaus Hass professus in Zwifalten.
6. Marcus Giser de Veringen.
7. Johannes de Nühusen in die animarum.
8. Johannes Hinssamer de Kirchen.
9. RUDOLFUS VNGER de Blaubüren dom. post omnium SS.
10. Georgius de Höwdorff, quarta feria ante Martini.
11. Johannes Doleatoris de Tüwingen.
12. Calixtus Bomber de Rotemburg 3 feria post Martini.
13. Vlricus V̈lin de Trochtelfingen 4 feria post Martini.
14. Conradus Spörlin de Nagolt sabbato post Othmari.
15. Johannes Intzer de Eschembach crastina Andree.
16. D. Georgius V̈berrüter de Vlma presb.
17. Johannes Koufman de Rotwila in die Nicolai.

---

41. M. A. 1485. — 6. M. A. 1485. — 9. M. A. 1486. Med.D. S. 166. — 12. Bomer.

18. Johannes Mecker de Rütlingen dom. post conc. Marie.
19. Frater Symon (Leonis ex Biell, Ord. S. Joh.) die Thome.
20. Michahel Swartzemberg in vigilia natiuitatis.

1481.

21. Johannes Renhart de Rotemburg, die 8 Jan.
22. Jacobus Gröschtz de Pregantia.
23. Calixtus Vscheler de Rotemburg.
24. Gabriel Ezechielis de Tüwingen in octava Epiph.
25. Michahel Lutz de Tusslingen, 26 Jan.
26. Martinus Pfäfflin de Eych eadem die.
27. M. Johannes Heyminger de Vaichingen, penult. Jan.
28. Martinus Wenck de Vilingen vlt. Jan.
29. Johannes Klain de Montepeligardo 3 Febr.
30. Johannes Wydman de Haymsen 12 Febr.
31. Erhardus Jäger de Bülach die eadem.
32. Frater Joh. Fridinger professus in Bebenhusen 16 Febr.
33. Albertus Zürnner de Rütlingen eadem die.
34. Berchtoldus Egen de sancto Monte, quinta Martii.
35. Frater Dasen ordinis Carmelitarum 16 Martii.
36. Jacobus Scheck de Rutempshen, eadem die.
37. Vitus de Forst, die Benedicti.
38. Cyriacus Dürg de Rüxingen 22 Martii.
39. Johannes de Nüwhusen 24 Martii.
40. Johannes Andree de Kirchen ead. die.
41. Hainricus Dienstman de Vlma 1 Apr.
42. Petrus Ehinger de Vlma, 4 Apr.
43. Matheus }
44. Vlricus } Rotemberg de Arbona.
45. Johannes Dürr de Talhen 10 Apr.
46. Petrus Scriptoris de Waiblingen 21 Apr.
47. Johannes Präwlin de Marchtolff 27 Apr.
48. Nicolaus Münch de Constantia 27 Apr.
49. Vlricus Zäsy de Constantia ead. die.

30. M. A. 1485. — 31. im Landtag 1525. Vogt in Böblingen 1517. — 32. J. von Friedingen Abt in B. 1493. — 36. M. A. 1485. — 37. J. U. D. Rector 1493, später Gubernator et Vicarius Ducatus Mutinensis. Crus. Coccinius de tralatione C III. — 43. M. A. 1484.

50. Erhardus Kedler de Baccana, nil dedit pauper, crastino Sym. et Jude (1480).
51. Wolfgangus Springinhafen de Sindelfingen, pauper, 3. feria post Martini.
52. Johannes Sellatoris de Sindelfingen ead. die, pauper.
53. Mich. Howenstein de Scher, fam. burse, pauper.
54. Joh. Bursatoris de Herremberg, famulus burse, pauper.
55. Conradus Balneatoris de Kirchen, fam. burse, pauper.
56. Mart. Schmidhans de Esslingen, die Thome, pauper.
57. Steffanus Brisnagel de Günssburg, famulus burse.

Svbscribuntur intitulatorum nomina sub rectoratu insignis viri M. Helye Flick, s. theologie doctoris, a festo Phil. et Jac. app. a. d. 1481 vsque ad festum S. Luce eu. a. eiusdem. Vt ecce.

1. Rückherus Spätt cogn. Mager die Philippi etc. prædicta.
2. Johannes Tegen de Vrach 6 ydus May.
3. Sebastianus Kolb de Rütlingen die Johannis ante portam latinam. Nil dedit, pauper.
4. Johannes Waibel de Stüslingen ead. die.
5. Conradus Wolff de Nüremberga 7 ydus May.
6. Hainricus Hailman (Hälman) de Winpina.
7. Conradus Jung de Episcopalicella 4 ydus May.
8. Rudolfus Engelhart de Thurego, die Gangolfi.
9. Johannes Gessler de Vlma 3 ydus May.
10. Michahel Schapeler de Blochingen pridie ydus May.
11. Vdalricus Mayer de Episcopalicella, 17 kal. Junij.
12. Johannes Schenck de Landegk de Episcopalicella, eod. die.
13. Generosus dom. Erhardus comes de Tengen, die Vrbani.
14. Johannes Rüss de Constantia eod. die.
15. Johannes Klainhans de Constancia eod. die.
16. Eberhardus Bächt de Rütlingen, 4 non. Junij.
17. Conradus Ochsenbach de Brackenhain.
18. Johannes Hummell de Rütlingen, 9 kal. Julij.

---

51. Springincle Mfa. — 2. M. A. 1485. — 6. M. A. 1485. — 9. Casellius, Pfarrer in Geisslingen. Scripsit de laudibus D. Nicolai Epi. carmine sapphico, item de S. Andrea Ap. eodem carminis genere. — 16. M. A. 1484.

19. Theodericus Wiler de Bilstain eod. die, dedit 1 β pedello.
20. Johannes Keller de Obereschembach, die Jo. bapt.
21. Georgius Ror de Yesingen dedit vnum β quia pauper.
22. Johannes Metzger de Messingen crastina Vdalrici.
23. Johannes Grünwegg de Stutgardia 4 Idus Julij.
24. Ludwicus Widman de Stutgardia 17 kal. Augusti.
25. Adam de Sulach 14 kal. Augusti.
26. Cristoferus Gebhart de Mindelhain, dedit 1 β quia pauper.
27. Johannes Schinbrunner de Zug, die Jacobi.
28. Joh. Fabri de Zabernia. Nil dedit quia dixit se pauperem.
29. Joachim Österricher de Vlma, in vig. assumpt. b. v. Marie.
30. Johannes Bäbolt de Liphain eod. die.
31. Johannes Siber de Rütlingen die decollationis S. Jo.
32. Stephanus Widman de Wisenstaig, die Egidii.
33. D. Conradus Osterman de Ysnina 3 non. Septembris.
34. D. Johannes Voller de Ysnina, pauper, eod. die.
35. Jacobus Boll de Stütgardia 2 idus Sept.
36. Sebastianus Hieber de Babenhusen, die Leodegarii.
37. Vitus Ferber de Windelshain, 16 kal. Nouembris.
38. Wernherus Hopp de Vrach, die Luce.

Sub rectoratu spectabilis viri M. Conradi Schöferlin canonici eccl. coll. Stutgardiensis intitulati sunt subnotati a festo S. Luce ev. a. d. 1481 usque ad festum Phil. et Jac. app. a. 1482 immediate sequentis.

1. Waltherus Swartzemberger de Frankfordia, 24 Oct.
2. Jacobus Nüwhuss de Frankfordia, 24 Oct.
3. Georgius Lanng de Riedlingen, 25 Oct.
4. Petrus Hainlin de Gomeringen, die Simonis et Jude.
5. Bartholomeus Schetterlin de Tuwingen, eod. die.
6. Ludwicus Stiguff de Gisslingen, antepenult. Oct.
7. Conradus Erler de Gislingen, eod. die.
8. Johannes Rynam aromatarius nil dedit.
9. Caspar Fürer de Ebingen.

---

19. Nobilis M. A. 1484. Obervogt in B. sammt seinem Sohn, s. unten 1521, von den Bauern vor Weinsberg durch die Spiesse gejagt 1525. — 35. Cocus bursæ, wird baccal. 1483. — 38. M. A. 1485.

10. Michahel Winlin de Stutgardia. Pauper dedit pedello 1 β die Martini.
11. Petrus Dannhuser de Nüremberga bacc. ingelstadiensis.
12. Bernhardus Mayer de Tüwingen.
13. Johannes Kübler de Endelspach.
14. Wendelinus Stainbach de Butspach plebanus in castro tüwingensi.
15. Jacobus Sartoris de Erbach,
16. Antonius de Rennch,
17. Wernerus Calceatoris de Kirchberg,
18. Johannes Jeckel de Martolf,
19. Hainricus Stainbach de Butspach,
20. Johannes Mollitoris de Merspurg,
21. Wilhelmus de Tulpeto presbb. et cann. in Vrach 18 kal. Dec.
22. Johannes Gangper de Constantia, pauper dedit pedello 1 s. 9 kal. Dec. famulus in bursa antiquorum.
23. Johannes Erler de Gisslingen.
24. Paulus Wentzelhuser de Stutgardia, 5 kal. Dec.
25. Johannes Engelhart de Meglingen, eod. die.
26. Vlricus Pfiffer de Episcopalicella, pauper dedit 1 s. pedello antepen. Nou. famulus burse antiquorum.
27. Conradus Schulmaister de Stockach, famulus burse mod. 1 s.
28. Sifridus Schön de S. Quirino, famulus, nil dedit.
29. D. Johannes de Tegenfeld armiger.
30. Vincencius Wolff de Stutgardia.
31. Johannes Geltz de Wilhain.
32. D. Johannes Lure vicarius ecclesie tüwingensis.
33. Michahel Tinctoris de Vlma, in vigilia Thome.
34. Hainricus de Zimmern, die Thome cantuariensis.
35. Michahel Stebelin de Sindelfingen, pauper, dedit pedello 1 s. famulus burse antiquorum.
36. Georgius Mayer de Vlma, Pauli primi heremite.

---

11. Freund der Humanisten u. Hg. von Anselm Cant., Guilermus, Thomas a Kempis. — 14. Theol. D. 1489. — 19. Theol. D. 1498. Bruder des Wendel St. dritter Probst zu Urach. — 21. Vogt in Stuttgart während des Bauernaufruhrs 1525. — 34. Bastard Gotfrieds, 1500 geadelt. Ruckgaber 156.

1482.

37. Caspar Kettner de Vlma, 11 Jan.
38. Sebastianus Hilber de Vrach, eod. die.
39. Wilhelmus Bonbast de Riett, pauper, dedit pedello 1 s.
40. Michahel Lindenbach (Lindelbach) de Ochsenfurt, 18 Febr.
41. Lucas Struwinger de Tüwingen.
42. Jacobus Johannis Jacobi de Bach, die Prisce virginis.
43. Seboldus V̊tzmaier de Augusta, die Agnetis.
44. Hainricus Amlung de Baden, die Valerii.
45. Michahel Currificis de Rütelshain, 5 kal. Marcij.
46. Matheus Gantz de Canstat, dedit 1 s. pedello, pauper et famulus D. Georgii (Hartzesser).
47. Frater Martinus de Ebingen, 4 kal. Marcij.
48. Ludw. (Nusskern) de Dornstetten, nil pauper pridie kal. Marc.
49. Johannes de Dornstetten, eod. die.
50. Otto de Eschingen, eod. die.
51. Conradus (Raid) de Pfeffingen.
52. Georgius Starck de Wilhain, kal. Marcii.
53. Franciscus Bischoff de Wila, 3 non. Marcii.
54. Paulus Häbich de Stetten, 3 non. Marcii, nil dedit pauper.
55. Joh. Winckelmess de Nüwhusen (bacc. Lips.) 3 non. Marcii, nil dedit pauper.
56. Johannes de Felbach, 17 kal. Aprilis.
57. Joh. Horber de Ysnina, 15 kal. Apr. Nil dedit quia pauper.
58. Vdalricus Westerstetter de Katzenstain, die S. Benedicti.
59. Ludwicus Rütlinger de Wilhain, eod. die.
60. Johannes Rudolfus Schencklin, sabb. ante palmarum.
61. Vdalricus Rösch de Wila, eod. die.
62. Theodericus Husman de Constantia, 4 feria post palmarum.
63. Frater Blasius Erler de Rotemburgo,
64. Frater Ludwicus Henne de Rotemburgo,
65. Fr. Joh. Bur de Nördlingen, conuent. domus ord. Carm. Rot.
66. Johannes Sculteti de Möringen.
67. D. Gabriel Chabotus de Camberiaco, J. V. D.

---

40. Vf. von Præcepta latinitatis. Tüb. Geht 1486 nach Freiburg. — 50. Ebenso in Mfa. — 55. de Stutgardia M. A. 1487. — 58. Ritter, mit Gr. Eberhart auf dem Reichstag zu Worms 1495. — 67. kommt 1479 nach Freiburg als Legist; kann nicht Rector werden, quod idioma vulgare ignorat.

68. M. Johannes Röchlin de Pfortzen, legum licenciatus, 6 idus Dec. dedit 1 s. pedello.
69. M. Leonhardus Jöchel de Pferingen.
70. M. Michahel Kühler de Enndelspach, curatus in Ybach.

Sub rectoratu eximij viri domini Georgii Hartzesser decretorum doctoris subscripta supposita intitulata sunt a festo Phil. et Jac. app. a. 1482 vsque ad ipsum festum a. 1483 immediate sequentis huiusmodi rectoratu propter pestilenciales euentus, quibus (Vniuersitas) patria exulavit, in tantum protenso.

1. Burckardus de Angwil de Zellaepiscopali in profesto crucis.
2. Johannes Helfrid de Leomberg.
3. Conradus Burkardi de Wylhen.
4. Jacobus Lemp de Marpach (Steinheim).
5. Adam Rösslin de Marpach.
6. Johannes de Nydeck, feria sexta post crucis.
7. Jodocus Bayer de Rauenspurg,
8. Johannes Wachung de Rauenspurg fratres ordinis Carm.
9. D. Sebastianus Mayer capellanus in Messingen.
10. Martinus Prünig de Tuwingen 2 post asc.
11. Jodocus Kegell de Mengen, feria 4ta penthecostes.
12. Georgius Schopper de Pfullingen.
13. M. Reinerus de Texalia, presbyter traiectensis dioc.
14. Frater Johannes Bentzenryter ord. Carm. s. theol. lector.

De his vniuersitati ratio facta est die 21 Junij.

15. Vlricus Schmid de Holtzgirringen,
16. Andreas Schoch de Tagershain,
17. Georgius Vesperliter, (°lüter) de Tuwingen,
18. Johannes Zoll de Dornstetten, natiu. Marie in Dornstetten intitulati sunt ex priuilegio vniuersitatis.
19. Johannes Vogelgesang de Ehingen, in Dornstetten Katherine.
20. Rudolfus Fridinger de Tuwingen (renuntiavit privilegiis).

1483.

21. Conradus de Hirnhain, Nobilis.
22. Johannes Mammer de Vrach,

---

4. Theol. D. 1500. S. 115. — 10. M. A. 1486. Can. in Stuttgart 1503. — 12. Pfarrer in Gomaringen † 1527. — 14. Theol. D. 1486. — 17. M. A. 1487. — 18. bibliopola 1506. Coccinius de tralatione C III.

23. Laurentius Mammer, in Vrach Brigide 1483.
24. Johannes Currificis de Waiblingen,
25. Georgius Wichselberger de Lebaco, in Waiblingen Blasii.
26. Johannes Renner de Leomberga die Valentini.
27. D. Anthonius Hipschman de Elschnitz presb. (hacc. Erdford.).
28. Hainricus de Roggwil.
29. Renhardus Frick,
30. Caspar Frick,
31. Ulricus Abstang de Constantia, kath. Petri.
32. Vitus Merck de Magstat die Mathie.
33. Albertus Murer de Horw.
34. Simon Siboldt de Lustnow.
35. Caspar Klingelin de Vrach 4ta post Mathie.
36. Michahel Schlapparitzi de Arbona.
37. Ambrosius Vollant de Grüningen.
38. Johannes Sickinger de Herremberg.
39. Johannes Brisch de Eschelbrunn.
40. Wolfgangus Bainhart de Gisslingen.
41. Georgius Ress (Räss) de Messingen.
42. Martinus Bichler de Eschelbach.
43. Caspar Balistarii de Tüwingen die Gregorii.
44. Johannes Wissler (Gissler) de Grüningen.
45. Sebastianus Calceatoris de Herremberg.
46. Melchior Calceatoris de Tüwingeu annunc. Marie.
47. Georgius Herman de Kouffbüren.
48. Erasmus Marschalk de Biberbach.
49. Ciriacus Horn de Vrach die Tiburtii.
50. Jacobus Piscatoris de Wurtzach.
51. Fridericus Solyer (Sulger) de Mutzich nobilis.
52. D. And. Stenglin de Holtzgirringen, plebanus in Waiblingen.
53. Eberhardus Brandenburg,
54. Johannes Schad,
55. Johannes Ryff,

---

25. M. A. 1486. Wechselberger, Wiselberger de Waiblingen Mfa. — 27. Ölschnitz M. A. 1483. — 33. M. A. 1488. — 37. Ord. legum zu Wittenberg, Würt. Kanzler. — 44. M. A. 1483, auch Wisser. — 49. von der Reg. zum Apotheker in Stuttgart bestellt 1500. — 54. D. et Reg. Consil. 1506. Weyermann 2, 459. — 55. M. A. 1486.

56. Hainricus Moll,
57. Johannes Renbolt de Bibraco altera Georgii.
58. Johannes Spangenlang de Rotemburgo.
59. Stephanus Anhofer de Babenhusen.
60. Blasius de Wirtingen pauper dedit 1 s.
61. Johannes Schrepfer de Lur, pauper dedit 1 s.
62. Georgius Calceatoris de Sindelfingen.
63. Nicolaus Lemlin (Lemblin) pauper dedit 1 s.
64. Jacobus Münsinger de Vrach pauper dedit 1 s.
65. Johannes Fritz de Agya (Augia) maiori pauper dedit 1 s.
66. D. CONRADUS BÖMLIN, quondam plebanus et decanus in Vrach et hodie primus decanus eccl. coll. Tuwingensis.

Ex licentia vniuersitatis tempore pestilentiali tradita subscripti intitulati sunt in Rotemburg per quondam M. Johannem Martolff de Rotemburg et M. Georgium Northofer a. d. 1482.

1. Trittwinus Herter de Rotemburg Johannis et Pauli.
2. Matheus Carnificis de Rotemburg eod.
3. Caspar Helm de Herremberg septem dormientium.
4. Georgius Planck de Altensickingen eod.
5. Conradus Scriptoris de Hechingen die Margarete.
6. Martinus Ycher de Kübingen die s. Pauli primi heremite.

Ex causa, qua supra, infrascripti intitulati sunt per M. Wilhelmum Mütschelin extra locum vniuersitatis a. 82.

1. Johannis Wachter,
2. Johannes Pistoris,
3. Anthonius Pistoris ex Plaubüren diuis. apostolorum.
4. Johannes Huber de Berckhiln.
5. Nicol. Scriptoris de Blaubüren die Alexii, nil dedit pauper.
6. Geruasius Geltz ex Blaubüren die Panthaleonis.
7. Ambrosius Tubicinis de Vrach die S. Gebhardi.
8. Vitus (Hartzer) Forestarii ex Plaubüren die S. Pelagii.

1483.

9. Johannes Molitoris de Elwangen, clericus august. dioc. et bacc. ingolstad. vniu. die Joh. Crisostomi 1483.

---

61. de Ar Mfa. — 63. de Cella Eberhardi. — 4. M. A. 1489. — 7. M. A. 1487 als Ambr. Pfiffer de Stutgarten. — 8. M. A. 1486. — 9. M. A. 1483 als Joh. Pistoris.

10. Joh. Gislinger de Grieningen, clericus magunt. dioc. bacc. ertford. eodem.

Sub rectoratu spectabilis viri M. Mangoldi (Widman) canonici eccl. coll. huius loci infranotati intitulati sunt a festo Phil. et Jac. app. a. 1483 vsque ad festum Luce ev. anni eiusdem.

1. Balthasar Lorch de Husen die 7 May.
2. Johannes Hofman de Elwangen 7.
3. Conradus Böss de Messkirch 13 May.
4. Berchtoldus Renbolt de Oberneuhenheim 14 May.
5. Johannes Fröd de Mülhusen eod.
6. Petrus Carnificis de Metzingen 15 May.
7. Laurencius Rentz de Vlma 17 May.
8. Wendalinus Bock de Calw 18 May.
9. Jeronimus Lutzman de Öningen 16 May.
10. Hainricus Gremper (Griemper) de Vahingen 19 May.
11. Johannes de (Metz seu) Maltz 19 May pauper.
12. D. Georgius abbas in Zwifalten 3 Jun.
13. Fr. Ludwicus de Ehingen,
14. Fr. Ludwicus Replin de Rütlingen,
15. Fr. Bartholomeus Lentzlin de Kirchen,
16. Fr. Paulus Meck de Wingarten,
17. Fr. Jacobus Schiler de Riedlingen,
18. Fr. Johannes Flüguff de Simeringen,
19. Fr. Johannes Dätt de Ebingen,
20. Fr. Conradus Wölflin de Rütlingen, monachi professi in Zwifalten 3 Jun.
21. Ottus Link de Lupa bacc. wienensis eod.
22. Johannes Haga de Dirna eod.
23. Ludwicus de Essendorff de Horn bacc. friburgensis.
24. Jacobus Riser de Walsee 6 Jun.
25. Simon Caldeatoris ex Bibrach, studens seu bacc. basil. 9.
26. Bartholomeus Hug ex Mundrachingen 9 Junij.
27. Conradus Adalman,
28. Caspar Adalman de Adelmansfelden 11 Junij.

---

10. M. A. 1487. — 12. Ge. Fischer, der acht seiner Mönche auf einmal zur Schule liefert, ist ein Gönner H. Bebels Heyd Ulr. 1, 37. — 22. Hagen de Dürnen Mfa. — 25. Kessler Mfa. — 27. Can. in Ellwangen, Augsburg, Geiger Reuchl. Br. 38.

29. Hermannus Linder de Vlma 2 Junij.
30. Joachim Schad ex Bibraco 16 Junij.
31. Virgilius Cantzler ex Saltzburga eod.
32. Wolffgangus Ruland ex Wienna eod.
33. Pangratius de Stöffel 17 Junij.
34. Conradus Krëmer de Sindelfingen (bacc. wien.) canon. eccl. Tüwingensis, 20 Junij.
35. Johannes Sellatoris de Hechingen penult. Junij.
36. Albertus Hewberck de Rosenfeld penvlt. Julij.
37. Johannes Wirtemberger 3 die Julij.
38. Georgius Schöferlin de Eslingen 3 Julij.
39. Conradus Enderlin de Mengen 4 Julij.
40. Georgius Scriptoris de Offemburg eod.
41. Wendelinus Gantz de opido Wil 7 Julij.
42. Johannes Bantel ex Walse 21.
43. Johannes Bantel ex Markdorff eod.
44. Georgius Leonhardi ex Ensenwiler 21 Julij.
45. Magnus (Mangoldus) Vetter de Vlma (bacc. Colon.) eod.
46. Johannes Marquart de Mengen eod.
47. Michahel Purhans de Tagershain eod.
48. Georgius Ganntz de Gislingen 25.
49. Conradus de Riexingen 29.
50. Andreas Helsenwin de Sindelfingen vlt. Julij pauper.
51. Johannes Vogel de Wolfach 8 Augusti.
52. Benedictus Krafft de Vlma 9 Aug.
53. Lampertus Kirchmayer ex Brunegk 9 Aug.
54. Petrus Molitoris de Kirchen infra Teck eod.
55. Sixtus Nerer de Munchsmünster eod.
56. Johannes Rebman de Nüwhusen 26.
57. Mathias Türnlin de Rotemburg cis Enum 29.
58. Georgius Spät de Pfullendorff 29.
59. Bernhardinus Litfrid de Leomberg 6 Sept.
60. Hainricus Alts (Oltz) de Pregantia 25.

---

33. Obervogt in Tuttlingen DB. Heyd Ulr. 1, 331. — 34. M. A. 1484. — 37. natürlicher Sohn Eberhards i. B. 1493 Beis. des Hofgerichts † in Stuttgart 1504. — 43. Pantell ex Marchdorff. — 44. de Lindaw M. A. 1487. — 45. M. A. 1484. — 49. — s. a. 1487. — 51. M. A. 1487. — 56. Præpos. in Herrenberg Theol. D. 1504. — 58. Gregorius Mfa.

61. Vlricus Beck de Pregantia eod.
62. Casper Grettler ex Pregantia eod.
63. Johannes Riling ex Pregantia 26.
64. Vitus Oltz (Eltz) ex Pregantia eod.
65. Johannes Schöferlin de Esslingen 6 Oct.
66. Alexander Sutoris ex Ylsfeld 7.
67. D. Petr. Kempchin, prep. ad S. Gwidon. Spire 14 Oct. dedit 1 fl.
68. Martinus Dietz de Yttenhusen 15 Aug.
69. Erhardus Wölfflin de Rütlingen eod.
70. Vlricus Krafft de Pfullingen 16.
71. Johannes Genslin de Pfullingen eod.
72. Caspar Nell de Pregantia eod.
73. Caspar Derrer de Pregantia eodem.

Nomina intitulatorum sub rectoratu spectabilis viri M. Conradi Plenderer de Stütgardia a festo S. Luce eu. a. 1483 vsque festum Phil. et Jac. app. a. 1484 immediate sequentis.

1. Petrus Bomer de Marchdorff die Januarii at sociorum.
2. Stephanus Nithart de Lowingen ad crastinam eiusdem diei.
3. Hainricus Zan de Gröningen die Seueri ep.
4. Symon Currificis de Besikon ad crastinam eiusdem diei.
5. Bernhardus Smalholtz de Landtsperg bacc. ingelst. in vig. Symonis et Jude app.
6. Ludwicus Smalholtz eodem die.
7. Jac. Merck de Magstat crastina Narcissi. Nil dedit pauper.
8. Leonhardus Haym de Deckenpfrün eodem die.
9. Anth. Chabodi de Chambariaco crastina animarum. Nil dedit.
10. Johannes Bart de Tusslingen eodem die.
11. Michahel Sattler de Waiblingen eodem die.
12. Anthonius de Vfenloch 4 Nou.
13. Anthonius Huser de Augusta 5 Nou.
14. Jac. Raiser de Riedlingen studens ingelst. in profesto Martini.
15. Conradus Osualdi de Elwangen die Brictii.
16. Nicolaus Hirnheimer de Elwangen eodem die.
17. Georgius Mayerhofer de Gamundia in profesto Othmari.

65. M. A. 1492. 5. — M. A. 1487. — 10. M. A. 1488. — 11. M. A. 1491. — 12. ebenso Mfa. — 17. M. A. 1486 † 1515 als Geistlicher in Schorndorf.

18. Johannes Truchsess de Rauenspurg crastina Othmari.
19. Fr. Johannes Nathin de Noua ecclesia, A. M. lector et frater ord. S. Augustini 2 post Othmari. Nil dedit.
20. Rudolfus Mag de Constantia die Elisabeth.
21. Conradus Borer de Bibrach die Katherine virg.
22. Frater Johannes Arnoldi de Rotemburg,
23. Frater Johannes Betz de Rütlingen,
24. Frater Matheus Sibolt de Lustnow,
25. Frater Johannes Balduff de Lustnow, conuentuales in Bebenhusen die S. Conradi episcopi.
26. Nicolaus Gösslin de Rütlingen proximo post Conradi.
27. Conradus Riser de Alensshusen die Andree, terciarius in bursa antiquorum, dedit 1 s. pedello.
28. Petrus Widman de Bülach crastina Andree.
29. Lucas Spetzhart de Rotemburg eodem die.
30. M. Caspar Reyner de Argentina die Lucie, nihil dedit.
31. Frater Stephanus Ringler de Augusta ord. Carm. s. theologie lector die Thome ap.

1484.

32. Georgius Vlstatt de Augusta studens ingelst. crastina circumcisionis.
33. Paulus Stor de Lutkirch eodem die.
34. Vlricus Elembog,
35. Johannes Elembog de Memingen die Anthonij.
36. Melchior Trutman de Tuwingen crastina Prisce virg. dedit 1 s. pauper.
37. Jheronimus Keller de Ilsfeld die Sebastiani.
38. Cristiannus Bichler de Mittelbibrach eod.
39. Wilhelmus Dusans de Montepeligardo decanus ecclesie illic, die Vincencii martyris.
40. Hainricus Stüdlin de Campidona die purif. b. virginis.
41. Petrus Mannsperger de Tuwingen die Juliane virg.
42. Greg. Dyem de Dornstetten 20 Jan. Nil dedit quia pauper.
43. Sebastianus Pruning de Tuwingen.

---

19. Theol. D. 1486. — 21. de Rain Mfa. — 29. auch de Butlingen, M. 1491, D. Med. 1510. — 34. viell. der Vater des Abts Nicolaus von Ottobeuren, ein Arzt. — 35. M. A. 1488. — 43. Vogt in Weinsberg, durch H. Ulrich enthauptet 1516. Stälin 4, 144.

44. Georgius Barerus de Rain vlt. Febr. (s. N. 21).
45. ANDRES REMPISS (Rumpis, Rintpis) de Gislingen 4 Martii.
46. Johannes Pauli de Alenspach 10 Martii.
47. Stephanus Sailer,
48. Conradus Mendler de Rütlingen 11 Martii.
49. Conradus Swartz de Haigerloch eod. die.
50. Balthasar Gerhart de Rütemshain die Gregorii pape.
51. Johannes Waller de Elwangen 14 Martii.
52. Nicolaus Gering de Waldsew eod.
53. Fridericus Koch de Waiblingen eod.
54. Joh. Himmelrich de Herremberg proxima ante Bened. abb.
55. Vlricus Sellatoris de Staingaden professus ord. prem. eodem.
56. Johannes Haym de Waltorff proxima post Benedicti.
57. Ludwicus Martini de Tutlingen conuentualis monachus in Schaffhusen ord. S. Benedicti in profesto annunc. Marie.
58. Burckardus Rockembuch de Wil crastina annunc.
59. Caspar Menishofer de Ÿberlingen vltima Martii.
60. Johannes Molitoris de Winterbach 7 Apr.
61. Remboldus Finck de Memingen 20 Apr.
62. Andreas Röm de Grieningen die Marci eu.
63. Georgius Zwingysen de Wangen proxima post Marci.
64. Jacobus Sibolt de Marpach 28 Apr.
65. Cristoferus Clammer de Tanheim vlt. Apr.
66. Johannes Alberti de Lindaw eodem. Dedit 1 s. quia pauper.
67. Johannes Burck de Raperswil die Phil. et Jac. app. nil dedit quia pauper et famulus burse.

Sequuntur insuper nomina intitulatorum sub rectoratu spectabilis viri M. CONRADI SUMERHART de Calw a festo SS. Phil. et Jac. app. a. 1484 donec ad festum S. Luce ev. anni eiusdem.

1. Johannes Spilman de Raperswil proxima ante inuent. crucis.
2. Johannes Beltzinger,
3. Johannes Sitz,

---

45. M. A. 1487. Theol. D. 1500. — 46 M. A. 1489. — 48. M. A. 1490. 51. M. A. 1487. — 58. ein Burkh. Keppeler de Wyl wird 1485 bacc. während kein B. Rockembuch vorkommt. Die Familie war damals angesehen und der Fall ist nicht selten, dass der Sohn den Namen der Mutter annimmt, wenn er davon Vortheil hofft.

4. Johannes Ber,
5. Conradus Köll de Vlma die inuent. s. crucis.
6. Johannes Volmar de Thurego proxima post inuent. s. crucis.
7. Michahel Bayel de Swaitz proxima post inuent. s. crucis.
8. Johannes Cauler (Kaůdler) de Swaitz (Schwautz) eod.
9. Joh. Äblin de Thurego studens basil. proxima post Gordiani.
10. Nicolaus Rigler de Wolfach crastina Gangolfi.
11. Balthasar Fabri de Ebingen die 16 May.
12. M. Vdalricus Bernhardi de Bludentz M. vniu. basil. 7 May.
13. Johannes Vlricus Linss de Veldkirch eadem die.
14. Marcus Pretzger de Rain proxima ante Vrbani.
15. Berchtoldus Rüter de Scher eadem die.
16. Johannes Webel de Swabach die S. Erasmi.
17. Othmarus Molitoris de Lindow proxima ante Medardi.
18. Eustachius Funck de Memingen proxima ante Viti.
19. Leonhardus Pewerllen plebanus in Gestrass die Viti.
20. Mich. Wachteler de Yesingen prope Kirchen crastina Viti.
21. Johannes Fruce de Schussenriet Marci et Marcelliani.
22. Johannes Wysshar de Rotemburgo Geruasii et Protasii.
23. Johannes Stoll de Eppingen eod.
24. Nicolaus Lupus de Benfeld eod.
25. Marcus Sartoris de Hailprunna decem millium martyrum.
26. Johannes Venatoris de Biel eod.
27. Georgius Goldhober de Messingen eod.
28. Stephanus Schmidhober de Messingen eod.
29. Sixtus Molitoris de Juchenhofen eod.
30. Johannes Rorbach de Hilspach eod. 23—30 nil dederunt paup.
31. Zacharias Currificis de Baubenhusen crastina Vlrici, pauper nil dedit.
32. Michahel Holtzherr de Stutgart 8 app. Petri et Pauli.
33. Andreas Gallus de Pregantia eod.
34. Georgius Pleicher (Blaicher) de Vlma eod.
35. Valentinus Sellatoris de Tuwingen 7 filiorum Felicitatis.
36. Georgius Planck de Pludentz die Margarethe.
37. Johannes Capitell de Veltkirch eod. die.
38. Andreas Werlin de Vlma crastina Martini.

---

8. M. A. 1488, auch Cauter. — 32. M. A. 1490. — 34. M. A. 1487.

39. M. Georgius Rich de Gamundia eod. die.
40. Cristoferus de Tridento, dedit 1 s. quia pauper, Apolinaris.
41. Conradus Bertsch de Urach eod. die.
42. Thomas Rümelin de Stockach crastina Anne.
43. Albertus Saltzman de Ditzingen crastina vinc. Petri.
44. Georgius Silber de Geppingen inuentionis S. Stephani.
45. Johannes Kramer de Sindelfingen die decollationis S. Jo.
46. Ludwicus Hack de Balingen die Egidii.
47. Reinhardus Switzer de S. Germano eadem die, nil dedit pauper.
48. Marcus Sigloch de Grüningen exalt. s. crucis.
49. Vdalricus Truchsess de Blauburen crastina exalt.
50. Sebastianus Schiller de Vlma proxima ante Cipriani.
51. Matheus Fischer de Lawingen die Dionisii.
52. Caspar Rentz de Balingen die Fidis virginis.
53. Wernherus Sydensticker de Thurego 17 Oct.
54. Conradus Stahell de Gechingen.
55. D. Johannes Widman de Möchingen vtriusque medicine doctor in octaua Petri et Pauli app.

Intitulati sub rectoratu venerabilis viri domini Conradi Bömlin decani ecclesie collegiate huius loci a festo S. Luce ev. a. d. 84.

1. Ludwicus Fabri de Dornstetten 4 feria ante vndecim millium virginum.
2. Michahel Bolender de Schorndorff ead. die.
3. Johannes Klepfer de Waiblingen ead. die.
4. Fridericus Hess vndecim millium virginum.
5. Johannes Steller de Zell die Seuerini.
6. Henckelinus de Butspach in profesto Symonis et Jude.
7. Hartmannus de Butspach ead. die.
8. Conradus Molitoris de Campidona ead. die.
9. Andreas Kungspach de Stutgardia ead. die.
10. Caspar Hausman de Yefflingen die Simonis et Jude.
11. Georgius Keller de Göppingen die Narcissi.
12. Erhardus Lemp de Wolffach omnium sanctorum.

42. M. A. 1488. — 45. M. A. 1488. — 50. Schilher Mfa. — 2. de Schorndorf Mfa. — 9. beim Gericht in Stuttgart 1501—13.

13. Jacobus Haid de Enterspach die animarum. Nil dedit.
14. Diethmarus Aschman (Astman) de Vaihingen crast. animar.
15. Andreas V̊dall de Bietiken eod. die.
16. Georg. Biderman de Ellwangen in profesto Martini. Nil dedit.
17. Conradus Eberlin de Canstat die Britii.
18. Johannes Wayss de Chur in profesto Elisabeth.
19. Johannes Schick de Kirchen in profesto presentationis.
20. Johannes Linser de Stüba die Cecilie.
21. Georgius Lynss de Feldkirch eod. die.
22. M. Gabriel Byel s. theologie licentiatus, in Vrach prepositus et ordinarius theologie in hac vniuersitate.
23. Jacobus Arnoldi de Wyle in festo Cecilie.
24. Nicolaus Fryenstain de Franckfordia ead. die.
25. Burkardus Furderer de Stutgardia in profesto S. Katherine.
26. Melchior Sparbrot de Offemburg die S. Conradi.
27. Currificis de Göppingen eod. die.
28. Bonifacius Dinckmut de Göppingen feria 5 post Andree.
29. Johannes de Werdnow ead. die.
30. Conradus Vesseler de Loemberg ead. die.
31. Nicodemus Wurster de Vrach in profesto Barbare.
32. Fridericus Sturmfeder in profesto conceptionis Marie.
33. Balthasar Lutz de Memingen ead. die.
34. Ludwicus Wisgerber de Rütlingen in vig. Thome ap.
35. Nicolaus Boll de Wisman 3 feria ante natiuitatis.
36. Ciriacus Egloffer de Wimpfen.

1485.

37. Johannes Knoll de Ebhusen in octaua innocentium.
38. Hainricus de Wissenhorn in vigilia epiphanie.
39. Gener. D. D. Felix comes de Werdemberg in prof. epiph. 1 fl.
40. Georgius Truchsess de Ringingen eadem die.
41. Simon de Rischach ead. die.

---

14. M. A. 1487. — 18. de Schär nach Mfa. M. A. 1487. — 25. Rathsherr in Stuttgart, Vogt † 1526. — 28. M. A. 1489. — 29. Steinb. 8, 719. 30. M. A. 1493. — 32. Steinb. 4, 650. — 39. der letzte seines Geschlechts, erschlug 1511 den Grafen Andr. von Sonnenburg und fand auf dem Reichstag zu Augsburg 1530 selbst ein ähnliches Ende. Heyd Ulr. 1, 162. — 40. M. A. 1491. — 41. M. A. 1491. J. U. D. Vertreter des H. Wilhelm von Bayern 1520.

42. Marquardus de Lapide,
43. Berchtoldus de Lapide fratres eodem.
44. Dominicus Machdorff de Pfortzen ead. die.
45. Sebastianus Lotzer de Horw in profesto Hilarii.
46. Leonhardus Küulin de Canstat die Hilarii.
47. Johannes Gäser de Waiblingen eod. die.
48. Jacobus Rethaber de Tuwingen die Agnetis.
49. Joh. Castratoris (Nonnenmacher) de Möchingen eod. die.
50. Ludwicus Hafner de Balingen (bacc. Frib.) die Vincentii.
51. Wendalinus Piscatoris de Entzwihingen (bacc. Erdford.) die Timothei.
52. Eberhardus Struber de Marchdorff eod. die.
53. Joh. Baldinger de superiori Ennelhain eod. die. Nil dedit.
54. Jheronimus Lupfdich de Blauburen die Timothei.
55. Vlricus Friderici de Bludentz die Brigide.
56. Johannes Mayer de Malmsen feria 2 post invocavit.
57. Frater Matheus de Augia minore ord. prem.
58. Frater Cristoferus Gotfrid, ambo de Pregantia.
59. Georgius de Balingen Molitoris 4 feria post reminiscere.
60. Johannes Sifridi de Überlingen die tunc crastina.
61. Ludwicus Schertlin de Leomberg 6 feria post reminiscere.
62. Generosus dominus D. Johannes Ludwicus comes de Nassaw et Sarbruck dedit 1 fl. sabbato post rem.
63. Johannes de Liebenstain eadem die. Nil dedit.
64. M. Jac. Spinnellwagner de Memmingen eadem die. Nil dedit.
65. Mathias Walker de Rütlingen feria 2 post Oculi.
66. Johannes Widman de Schlaitorff die Gregorii.
67. Georgius Lutfrid de Sigmaringen dominica Letare.
68. Joh. Jöppell de Nurmberga feria 2 post Letare. Nil dedit.
69. Melchior Hüter de Nördlingen 6 feria post Letare.
70. Kylianus Pfitzer de Dornstetten feria 3 post Judica. Nil dedit.
71. Otto Rot de Vlma sabbato ante Quasimodo.
72. Georgius May de Stütgarten eadem dominica.

---

50. M. A. 1492 sacerdos. — 51. M. A. 1487. — 56. M. A. 1488. — 57. Fr. M. Gretler ex Pregantia M. A. 1488. — 58. M. A. 1488. — 63. Steinb. 4, 583. OVogt in Marbach 1503. — 65. M. A. 1488. 66. M. A. 147. 71. Arzt in Ulm, Freund H. Bebels. M. A. 1488.

73. Mich. Balneatoris de Bretten feria 4 post Quasimodo. Nil dedit.
74. Leonhardus Starck de Krälsam 6 post Quasimodo.
75. Vdalricus Schlimpff (Schlumpf) de S. Gallo ead. die.
76. Johannes Vderboltz (Oder°) de S. Gallo ead. die.
77. Sebastianus Lutifiguli de Vberlingen ead. die.
78. D. Johannes Kanterfoser de Grüningen ex Frisia, dom. Misericordia domini. Nil dedit.
79. Jacobus Bächt de Rütlingen 6 feria post Miseric. domini.
80. Johannes Rorbach de Franckfordia 4 feria post Jubilate.
81. Conradus Spinnellwager de Memmingen ead. die.

Intitulati sub rectoratu eximii viri domini Vlrici Krafft de Vlma V. J. D. a Philippi et Jacobi a. d. 85.

1. Georgius Mayer ex Ulengen (Rüdlingen) nona May.
2. Anthonius Stecher de Chur 10 May.
3. Frater Petrus Babemberger professus in Crutzlingen 14 May.
4. Georgius Kanss de Mundrachingen ead die.
5. Nicolaus Herman de Mundrachingen ead. die.
6. Conradus (Zimmermann) de Bittenfeld 16 May.
7. Vitus Thör de Vlma ead. die.
8. Michahel Kolbecker de Baden die lune ante corp. Christi.
9. Benedictus Göffe ex Büel die 2 Junij.
10. Ambrosius Hedlnman de Rietnow 3 die Junij.
11. Jheronimus de Bietikan die lune post corp. Christi.
12. Eberhardus Rebitzer de Hollestain 5 Julij.
13. Erhardus Kurmayr 5 Julij.
14. Laurentius Baldumb eod. die.
15. Jacobus de Löemberg eod. die.
16. Magnus Marschalk de Bappenhain.
17. Johannes Spätt die Margarete.
18. Georgius Brunner de Eschenbach 19 Julij.
19. Georgius Scriniatoris (ex Tuwingen) 26 Julij.
20. Martinus Brick prima Augusti.
21. Johannes Kugell feria 6 post assumpt. Marie.

---

74. Crailsheim. — 76. M. A. 4488. — 79. M. A. 1488. — 3. Bowenberger M. A. 1490, de Constantia. — 6. M. A. 1488. — 12. Rebentzer Mfa. — 19. M. Trück de Baiersbronn Mfa. — 21. Kugelin de Ulma.

22. Joachim de Ellerbach vlt. Aug.
23. Gregorius Buler de Vlma ead. die.
24. Johannes Pistoris de Nagolt die 11 Oct.
25. Frater Erhardus Stecke de Stutgardia ord. prem. 15 Oct.
26. Frater Jod. Gropper de Backenhain ord. prem. 15 Oct. eod. die.
27. Berchtoldus Graff de Rotemburg die S. Magni.
28. Ludwicus Wirtemberger de Munsingen die Gorgonij.
29. Michel Wild de Haidgöw in die Cosme et Damiani.
30. Vitus Mang de Baubenhusen 15. Oct. 1 s.

Intitulati in et sub rectoratu venerabilis et eximii viri M. Gabrielis Byell s. theologie licentiati necnon prepositi eccl. collegiate in Vrach a festo S. Luce a. 1485 vsque ad festum Phil. et Jac. a. 86 hic seriatim subscripti reperiuntur.

1. Georgius Gastmaister de Altenstatt 19 Oct.
2. Johannes Brackenheimer de Sassenhein eod. die.
3. Johannes Friberger de Constantia can. regularis in Crutzlingen 24 Oct.
4. Johannes Sigelhuser de Marpach 25 Oct.
5. Philippus Vntrost de Waiblingen 25 Oct.
6. Caspar Sartoris de Vrach 26 Oct.
7. Johannes Schuler de Chur eod. die.
8. Johannes Hammer de Mengen vlt. Oct.
9. Johannes Pistoris de Bernhusen 4 Nouembris.
10. Wilhelmus Truchsess de Walpurg. Dedit florenum. eod die.
11. Vdalricus Grafnegk eod. die.
12. Melchior Swartzemberger de Franckfordia eod. die.
13. Georgius Fabri de Augusta 23 Nou.
14. Anthonius Swartzembach 28 Nou.
15. Sebastianus Treumlin de Cellaratolfi die 14 Dec.
16. Petrus Krafft de Plauburren 12 Dec.
17. Frater Caspar Sybold de Vrse ordinis S. Benedicti 19. Dec.
18. Frater Sebastianus de Braitenstein professus eiusd. ord. monachi in Campidona.

---

23. Bauler Dek. des Blaubeurer Capitels bis 1515. Prediger in Ulm. — 1. Gastmeyer de Altensteig Mfa. — 4. M. A. 1488. — 5. Can. in Tübingen. M. A. 1496.

1486.

19. Gabriel Schlicher de Vlma die 5 Januarij.
20. Johannes Fritz de Winiden 10 Jan.
21. Nicolaus Sigwart de Nyderbaden artium M., die conu. Pauli. Remissa est pecunia ob magisterii honorem.
22. Georgius Winckental de Vrbach 17 Jan.
23. Frater Nicolaus Ottonis de Steindal professus ord. heremitatarum S. Augustini vlt. Jan. 4 s.
24. Dionisius Bickel de Wila (Böblingen) 1 Febr. 1 s.
25. Paulus de Mansselt 3 Febr.
26. Vdalricus Irmler de Feltkirch 5 Febr.
27. Heinricus Held de Diffennaw 9 Febr.
28. Jeronimus Setzinger de Babenhusen 12 Febr. 1 s.
29. D. Jheronimus de Curwaria V. J. D. 15 Febr.
30. Philippus Altinger de Wila 15 Febr.
31. Albertus Sculteti de Grüningen 18 Febr.
32. Johannes Molitoris de Bütiken 20 Febr.
33. Cristannus Brem de Merona 22 Febr.
34. Johannes Traber de Babenhusen 23 Febr. 1 s.
35. Conradus Morgenmuss de Brackenhain 23 Febr.
36. Johannes Bebinger de Stutgardia 25 Febr.
37. Johannes Kesser de Veringen penult. Febr.
38. Vlricus Vaiglin de Veringen 8 Martii.
39. Ludwicus Fischer de Veringen eod. die.
40. Caspar Fyelin de Tagershain 9 Martii.
41. Johannes Gughart de Tagershain eod. die.
42. Joh. Magni de Altenuil premissarius in Schönaich 13.
43. Ambrosius Jungk de Vlma 30 Martii.
44. Johannes Schäffer de Tuwingen die 4 Apr.
45. Jodocus Erny de Felkirch eod. die.
46. Jodocus Swicker de Pfaffenhofen 22 Apr.
47. Johannes Orb (Orp) de Kaltenwesten 28 Apr.

---

20. M. A. 1488. — 24. M. A. 1489. Theol. Lic. 1504 Lehrer in Wittemberg; als sein Geburtsort wird Canstatt angegeben M. f. theol. Schnurrer Erl. 290. - 29. sonst Croaria, lebte noch 1512. Eck Chrysopassus. — 30. M. A. 1489. — 36. Böbinger M. A. 1490. — 37. Gessler Mfa. — 43. Jung, Arzt in Augsburg 1520 von Karl V. geadelt. — 44. Jo. Schefferhans Mfa.

48. Johannes Macellatoris de Gersspach ead. die.
49. Johannes Swenkrist de Wissenhorn ead die.
50. Jacobus Reulin de Blochingen 29 Apr. 1 s.
51. Gregorius Mollitoris de Geppingen 29 Apr.
52. Georius Walteri de Riedlingen ead. die.
53. Johannes Kerler de Blabüren 30 Apr.
54. Dypoldus Eschaij de Munderchingen ead. die.

Intitulatorum in et sub rectoratu venerabilis viri domini Petri (Kempchin) prepositi eccl. S. Guidonis Spirensis a Phil. et Jac. a. 86 vsque ad festum Luce ev. eiusdem anni nomina hic subscripta reperiuntur.

1. Johannes Peler de Schorndorff 2 Maij.
2. Benedictus Morder de Grüningen M. coloniensis die 9 Maij. Dedit pedello 1 s. h.
3. Johannes de Nouo Molendino canonicus in Butzbach 21 Maij.
4. Michael Pes (Pess) de Tuwingen 28 Maij.
5. Johannes Heinricher de Bülach vlt. Maij.
6. Joh. Loy de Owen. Nil dedit quia pauper, sed pedello 1 s.
7. Marquardus Bayer de Waldsew 1 Junij.
8. Johannes Kobolt de Vlma 2 Junij.
9. Heinricus Wonhart de Schorndorff ead. die.
10. Fr. Philippus von Stein de Campidona ord. S. Bened. 2 Jun.
11. Johannes Cesar de Malmshein 13 Junij.
12. Andreas Krafft de Füssen die 19 Junij.
13. Michahel Hetzel de Enssen die 16 Junij.
14. Vdalricus Man de Constancia 23 Junij.
15. Guilhelmus Nydeck de Rauenspurg 5 Julij.
16. D. Johannes Stainmayer de Lindow V. J. D. 9 Julij dedit pedello 1 s.
17. D. Johannes Mästrich, plebanus in Altingen 13 Julij.
18. Johannes Carpentarij de Entringen 3 Julij.
19. Albertus Riser de Entringen die eadem.

---

49. Swincrist. — 2. 1487 in Freiburg Lehrer. — M. A. 1491. — 11. später in Freiburg 1491. — 15. M. A. 1492 als Wilh. de Nidek, OVogt in Neuenstadt 1543. — 19. M. A. 1493.

20. Johannes Zell de Dornstetten illigator librorum vxoratus propter mercaciam suam priuilegiis non gaudebat, denique receptus est ad vniuersitatem die 15 Julij, nil dedit.
21. Michael Göltz de Wylhain (Wila) 18 Julij.
22. Conradus Väsch de Plauburen die 20 Julij.
23. Bernhardus Rorbach de Hailprunn M. wienensis die 19 Augusti, dedit pedello 1 s.
24. Heinricus Gartner de Nüremberga nona Oct.
25. Johannes Hömminger de Vahingen 18 Sept.
26. Sebaldus Lanng de Esslingen nona Oct.
27. Johannes Kemphin eadem die.
28. Wernherus Byter (Büter) de Baliugen decima Oct.
29. Georgius de Ow (de Rotwila Mfa) 11 Oct.
30. Johannes Brinckofer de Gamundia 12 Oct.
31. Jodoc. Schewch can. eccl. S. Gumberti in Onoltzspach 13 Oct.
32. Baltasar Romingen de Ebingen eadem die.

Nomina intitulatorum sub rectoratu eximii viri domini Petri Bophart V. J. D. decani Montispeligardi a festo S. Luce a. 86 vsque ad festum Philippi et Jacobi a. 87.

1. Johannes (Sculteti) de Mulhusen, die 17 Oct.
2. Johannes de Alhavilla, 14 Oct.
3. Johannes Wollen (Woller) de Esslingen vlt. Oct.
4. Osualdus Winkelmess (de Mülhusen) eadem die.
5. Petrus Schinagel de Esslingen eadem die.
6. Jacobus Hartman de Cellaratolfi, dedit 1 s. pauper.
7. Joachim Sartoris secunda Nou.
8. Symon Cantzler de Bretten 7 Nou.
9. Vlricus Strowhacker de Vlma ead. die, nil dedit pauper.
10. Wilhelmus Schmid de Blauburen nona Nou.

---

23. eigentlich von Böckingen bei H. s. Roth Beitr. 38. — 25. Roth Beitr. 35 vgl. einen gleichnamigen Magister oben S. 481 N. 27. Er ist Decan der Fac. A. 1499, wo ihn Crusius und Zeller als den Licentiaten Hemfuger aufführen, weil er seinen Namen HemInger zu schreiben pflegte. — 27. Jo. Kempf Vicar am Stift in Stuttgart 1500. — 29. M. A. 1490. Freih. zu Wachendorf usw. † 1524. — 32. Balth. Coppelhan de E. Mfa. — 1. M. A. 1491. — 10. Fabri.

11. Johannes Goldstein 14 Nou.
12. Fridericus Röler (l. Köler) 16 Nou.
13. Johannes Buck de Vlma 23 Nou.
14. Conradus Kurischmid de Tuwingen eodem die.
15. Johannes Scheck (Schäk) de Tagershain 2 Dec.

1487.

16. Johannes Gryff (de Vlma) octaua Jan.
17. Johannes Rick de Spira nona Jan.
18. Johannes Linss de Winiden 10 Jan.
19. Johannes Wiss de Euingen eadem die.
20. Wolfgangus de Zullbart 20 Jan.
21. Cristannus Lutifiguli de Stutgardia 2 Febr.
22. Georgius Küch de Stutgardia eadem die.
23. Johannes Mayer de Durncken 5 Martii.
24. Johannes Färlin de Raparswila 6 Martii.
25. Jacobus Krutlin de Tegerloch 8 Martii.
26. Vlricus Wecker (Wälker) eadem die.
27. Johannes Stricher de Pfullendorff nona Martii.
28. Johannes Hess de Munsingen, dedit 1 s. pedello pauper.
29. Martinus Meger de Gerspach 15. pauper dedit 1 s. pedello.
30. Sebastianus Ziegler de Mengen 16 Martii.
31. Michael Hirsman de Schorndorff eadem die.
32. Luduicus Haintzelman (de Horw) nil dedit pauper.
33. Johannes Kripperlin de Tuwingen 20 Martii.
34. Johannes Pistoris de Brackenhain 22 Martii.
35. Bacc. Fridelinus Landholt de Glarona 26 Martii.
36. Michael Liener de Vlma 6 Apr.
37. Augustinus Yesinger de Esslingen 10 Apr.

Nomina intitulatorum sub rectoratu spectabilis viri M. Gregorii Lamparter de Bibraco, V. J. Lic. a Phil. et Jac. vsque ad Luc. ev. a. 87 sequuntur.

1. Caspar Forstmaister (Forestarii) de Kirchow (Kirchen) 8 Maij.

---

16. Weyermann 2, 140. — 18. M. A. 1491. — 25. nicht Kurlin, wie Z. 462 hat, auch Tegerloch genannt, wird 1497 lic. med. in der Folge Doctor u. ord. Lehrer der Facultät wenigstens bis 1510. — 31. M. A. 1490. — 1. M. A. 1492.

2. Johannes Vogel de Schorndorff nona Maij.
3. Jacobus Tuwinger de Rotemburg 14 Maij.
4. Johannes Mayer de Stetten 17 Maij.
5. Georgius Ycher de Rotemburg 26 Maij.
6. Wilhelmus Mansperger de Rotemburg eadem die.
7. Erhardus Klarer de Hornberg penult. Maij.
8. Wilhelmus Bletz,
9. Vlricus Bletz de Rotwila 7 Junij.
10. Philippus Bub,
11. Albertus Schornhart de Horw 11 Junij.
12. Wernherus Mutschelin de Herremberg 13 Junij.
13. Balthasar Rindschenckel de Schorndorff bacc. Frib. 15.
14. Vitus Wytstich de Obermädlingen 16 Junij dedit 1 s. pauper.
15. Gregorius Pistoris de Balingen 17 Junij dedit 1 s. pauper.
16. Jacobus Molitoris de Canstat 25 Junij.
17. Symon Mager (Mayer) de Canstat eadem die.
18. Adam Purman de Vlma 26 Julij.
19. Jacobus de Andlow nobilis 27 Julij.
20. Benedictus Erhardi de Biel prima Augusti.
21. Adam Lutifiguli de Mundach 3 Aug. Nil dedit pauper.
22. Johannes Alberti de Kunssegk canonicus constantiensis dedit 1 florenum 11 Aug.
23. Johannes Fabri,
24. Richardus Generis de Bruntrut 15 Aug.
25. Hermannus Rot de Vlma 16 Aug.
26. Johannes Finck de Gamertingen 17 Aug.
27. Othmarus Richlin de Veringen penult. Aug.
28. Frater Luduicus Dürr de Rot ord. prem. 19 Sept.
29. Johannes Hohenfels de Hebertingen 21 Sept.
30. Melchior de Bisingen 2 Oct. 1 s.
31. Leonhardus Gerlach de Böblingen 13 Oct.
32. Georgius Bächt de Rutlingen 15 Oct.

---

3. M. A. 1490. — 4. Joh. Vögelin de St. Mfa. — 8. 9. M. A. 1489. — 11. M. A. 1490 als Alb. Walcker. — 12. M A. 1494. — 13. M. A. 1487, zu Freiburg in das consilium fac. aufgenommen 13. Nov. 1487. — 17. M. A. 1491. — 21. Hafner, Can. in Stuttgart, Erzieher H. Ulrichs † 1542. — 25. M. A. 1491. Canonicus in Augsburg 1506. — 28. ex Madelberg. M. A. 1492. — 31. M. A. 1490.

33. Amandus Husler de Vrach eadem die.
34. Bernhardus Mäder de Bulach 16 Oct.
35. Hainricus Wäselin de Schorndorff 18 Oct.

Nomina intitulatorum sub rectoratu eximii viri domini Johannis Steinmayer de Lindow V. J. D. a festo S. Luce Ev. a. 87 vsque ad Phil. et Jac. a. 88.

1. Conradus Rücker (Riegger) de Tuwingen.
2. Leonhardus Möchinger.
3. Johannes Rock de Sweygern.
4. Michael Gfrör.
5. Michael Rem (Rom) de Vils pauper.
6. Jacobus Ludold de Lukirch pauper.
7. Johannes Schurman de Holtzgirringen.
8. Nicolaus Trutman de Tuwingen.
9. Balthasar de Bebenhusen pauper die present. b. virginis.
10. Balt.ˢ Herckinger de Lowingen 5 feria ante Kath. pauper.
11. Johannes Augstaintreger de Wisenstaig die S. Conradi.
12. Gabriel Kapp de Nagolt 1 Decembris pauper.
13. Michael Fabri de Wilperg 1 Dec.
14. Georgius Spiess pauper ead. die.
15. Jheremias Egen de Dinckelspuhel in profesto S. Nicolai.
16. Conradus de Rügksingen canonicus wormatiensis prius sub rectoratu D. D. Mangoldi Wydman intitulatus de nouo 3ª feria ante Thome reuenit a. 87.
17. Thomas Haim de Chur die Stephani prothomartyris pauper.

1488.

18. Jodocus Senger de Esslingen 13 Jan. pauper.
19. Johannes Richart de Esslingen sabbato post Pauli.
20. Georgius Fiechtner de Ettingen die purif. b. virginis Marie.
21. Luduicus Honolt de Koufburen eod. die.
22. Caspar Rötemberger de Arbona eod. die.
23. Johannes Schuchenwin de Swatz 8 Febr.
24. Mathias Klammer die 10 Febr.

---

33. M. A. 1492 als Amandus ex Vrach. — 2. Leo. Cleinmayger de Mö. Mfa. — 8. M. A. 1492. — 11. M. A. 1493. — 12. Stadtschreiber in Nagold 1522.

25. Johannes Vigelmayer de Rüdlingen 14 Febr.
26. Nicolaus Schlich de Tannhusen in vig. Mathie pauper.
27. Georgius Vogel de Wilhain 26 Febr.
28. Sebastianus Berner de Ingelstat eod. die.
29. Heinricus Grascunrat de Leomberg 29 Febr. pauper.
30. Sebastianus Scherer de Rotemburg 3 feria post Rem.
31. Philippus Milhuser pauper de Waiblingen ead. die.
32. Johannes Howenloch de Waiblingen 4 Martii.
33. Johannes Fries de Eltingen (bacc. Wien.) die 5 Martii.
34. Conradus Hofhanns de Nuhusen eod. die pauper.
35. Martinus Diem de Leomberg ead. die pauper nil dedit nec pedello.
36. Jacobus Fabri de Rauenspurg die 10 Martii.
37. Jacobus Hug de Cellaratolfi ead. die.
38. Rudolfus Marmoltz de Cellaratolfi ead. die.
39. Johannes Spies de Nagolt pauper 10 Martii.
40. Luduicus (Lending dictus) Scholl de Rütlingen (bacc. Friburg.) 13 Martii.
41. Johannes Knuss de Thichenhusen 15 Martii pauper.
42. Johannes Jusel (Gusel) de Geppingen ead. die.
43. Georgius Stähelin de Naw 17 Martii pauper.
44. Johannes (Achtsinit) Fabri de Canstat 18 Martii pauper.
45. Jacobus Wagner de Schemberg pauper 20 Martii.
46. Hainricus Herpfinger de Metzingen ead. die.
47. Johannes Derdinger de Calw ead. die.
48. Baltasar Frech de Höwmaden (bacc. Erdford.) 21 Martii.
49. Johannes Stabel de Esslingen 12 Aprilis.
50. Vdalr. Dälmon (Thelman) de Hempach ead. die, pauper est.
51. Alexius Calceatoris de Rüdlingen 12 Apr.
52. Johannes Scholl de Rütlingen ead. die.
53. Laurentius Koch de Pfaffenhofen 15 Apr. pauper.
54. Kalixtus Schuler de Stetten zum kalten Markt ead. die.
55. Sigismundus Distel de Buchorn 16 Apr. pauper.
56. M. Reinhardus Summer de Wetzflar 4 feria post Georgii.

---

32. M. A. 1491. — 40. M. A. 1492. — 41. Ychenhusen. — 44. M. A. 1491. Decanus Fac. A. 1503. — 46. Erpfinger. — 48. M. A. 1492 als B. Heumader de Stutgarten. — 52. alio nomine vocatus Lending M. A. 1492. — 56. als Lic. Zeuge für Gr. Eberhart 1492. Steinb. 3, 528.

57. Vitus (Ryss) Carpentarii de Horw ead. die.
58. Sebastianus Martini de Ensen 4 feria post Georgii.
59. Johannes Lapicida de Rutlingen pauper 5 feria p. Georgii.
60. Matheus Knopfer de Rüdlingen ead. die.
61. Vrbanus Sellatoris de Pludentz 3 feria post Georgii.
62. Vrsus Ingolt Calceatoris de Solodoro ead. die.
63. Johannes Visierer de Kouffburren in vig. Phil. et Jacobi.

Sequuntur nomina intitulatorum sub rectoratu spectabilis viri M. Johannis Hiller de Dornstetten s. theologie bacc. a festo Phil. et Jac. a. 1488 vsque ad festum S. Luce anni eiusdem.

1. Greg. Hofstetter de Rauenspurg, die Epimachi et sociorum eius.
2. Johannes Trutwin de Tengen 15 die Maij.
3. Matheus Bubenhofer de Bubenhofen 23 Maij.
4. Geor. Stimplin de Babenhusen die 3 Junij, dedit 1 s. quia paup.
5. Daniel Wyss de Dornstetten bacc. wienensis sabbato post corp. Christi 7 Junij.
6. Johannes Muckler de Mossbach 11 Junij.
7. Caspar Swertfur de Vlma 16 Junij.
8. Joh. Weger de Rüdlingen studens vniu. haidelb. 17 Junij.
9. Johannes Glaser de Rüdelsperg 21 Junij.
10. Johannes Krus,
11. Conradus Schäber,
12. Martinus Rälin de Nördlingen in vig. Joh. Bapt.
13. Sebastianus Schilling de Vrach (Nobilis) 27 Junij.
14. Sebastianus Wernheri de Dapfen ead. die.
15. Johannes Struchler de Horw die vlt. Junij dedit 1 s. pauper.
16. Joh. Meynrat de Dunsdorff studens haidelb. visit. Marie.
17. Johannes Ylsenbrand de Munsingen 16 Julij.
18. Johannes Betzel de Gamertingen die 18 Julij.
19. Caspar Gebhart de S. Gallo Marie Magdalene.
20. Fridericus Mötelin de Rockwil eod. die.
21. Arnoldus Arnolt de Balingen 29 Julij.
22. Frater Johannes Brühem de Gotha lector s. theologie.

---

57. M. A. 1491. — 5. M. A. 1491. — 6. M. A. 1492. — 13. Heyd Ulr. 2, 25. Von ihm heisst es bei der Prom. der Bacc. 1489: ille habet primum locum, quia nobilis Mfa. — 15. Strucher. — 16. M. A. 1493. — 20. M. A. 1492.

23. Frater Heinricus Schreck bacc. theol. 11 Aug. nil dederunt.
24. D. Jac. de Klingemberg can. augustensis et studens bas. 18 Aug. dedit 1 flor. 7 s. h.
25. Joh. Kisling de Wurmlingen studens basil. dedit 1 s. pauper.
26. Pangr. Truchsess de Vetzenhusen can. aug. 12 Spt. dedit 18 s. 4 d.
27. Johannes Sutor de Walsee die 15 Sept.
28. Balthasar Hann de Walsee die 15 Sept.
29. Johannes Althanns de Altingen 27 Sept.
30. Nicolaus Röser de Deckenpfrün die Jheronimi.
31. Sebastianus Carpentarii de Nusboum eadem, dedit 1 s. pauper.
32. Luduicus Pannificis de Tuwingen ead. die.
33. Johannes Hörnler de Lindaw die Fidis.
34. Laurent. Trostel de Oswil crast. Fidis virg. dedit 1 s. pauper.
35. Johannes Gnapper de Meglingen ead. die.
36. Johannes Grüninger de Aldingen ead. die.
37. Johannes Burenhans de Wancken.
38. Georgius Kreyer de Obersdorff crastina Galli.
39. Johannes Buhelman de Pregantia ead. die.

Sequuntur nomina intitulatorum in rectoratu eximii viri M. Johannis Stein de Schorndorff decretorum doctoris a festo Luce a. 1488 vsque ad festum Phil. et Jac. a. 89.

1. Fr. Laur. Ziegler de Mengen prof. mon. Augie min. 20 Oct.
2. Georgius Hausman de Calw die 21 Oct.
3. Laurentius Küssenpfenning de Calw 21 Oct.
4. Johannes Kramer de Ötlingen ead. die.
5. Caspar Marpach 24 Oct.
6. Wolfgangus Stähelin de Ergentzingen (Rottenburg) 28 Oct.
7. Johannes Sculteti de Hallis Sueuie 5 Nou.
8. Johannes de Niefern 7 Nou.
9. Alexander Sytz de Marpach 19 Nou.
10. Conradus Burckardi de Brackenhain ead. die pauper.
11. Georgius de Zafelstain ead. die.
12. Joh. Mercatoris de Asperg A. M. studii wiennensis 24 Nou.

---

33. M. A. 1491. — 35. M. A. 1492. — 3. M. A. 1508. — 6. Ord. juris can. Wittenberg. — 9. Med. Dr A. Seiz wird als Aufhetzer der Bauern genannt 1515 Heyd Ulr. 1, 327, hat in Padua weiter stu iert und sich durch einige Schriften bekannt gemacht ebd. 362.

13. Vlricus Misierer (Visierer) de Oberndorff 27 Nou.
14. Jacobus Sytz de Lar 1 Dec.
15. Johannes Jacobi de Pregalia 7 Dec. pauper.
16. Laurentius de Calw 8 Dec. promisit se soluturum 6 s., sed nil dum dedit.
17. Johannes Fürderer de Vaihingen die 15 Dec.

1489.

18. Vlricus Bertsch de Linsenberg 12 Jan.
19. Vlricus Wachter de Nydlingen 18 Jan.
20. Andreas Scriptoris de Stutgardia ead. die.
21. Jacobus Calceatoris de Stutgardia ead. die.
22. Matheus Lang de Augusta bacc. Ingolst. 27 Jan.
23. Leonhardus Frölich de Werdea 10 Febr.
24. D. Caspar Rockembach cursor theol. ord. S. Augustini die 25 Febr.
25. Jacobus Bonner de Baden A. M. studii paris. 25 Febr.
26. Johannes Apothecarii de Tuwingen die 13 Martii.
27. Michael Zäch (Zech) de Mengen ead. die.
28. Conradus Renboldt de Tuwingen 15 Martii.
29. Bernhardus Pannitonsoris de Brethen pauper ead. die.
30. Johannes Zwifel de Vaihingen bacc. coloniensis 24 Marcij.
31. Johannes Spidler de Waltsee 26 Martii.
32. Johannes Piscatoris de Tuwingen ead. die.
33. Jacobus Herman de Gamundia ead. die.
34. Johannes Kielysen de Gilstain ead. die.
35. Gallus Stapp de Masmünster 2 Apr. pauper.
36. Johannes Ypperlin de Gilstain die 4 Apr.
37. Georgius Schöblin de Esslingen bacc. haidelb. 18 Apr.
38. Petrus Brun de Kirchen (ad Nicrum bacc. basil.) 29 Apr.
39. Conradus Gremper de Vaihingen ead. die.
40. Frater Caspar Reutz,
41. Frater Johannes Heulin conuentuales monachi soratenses ord. prem. vlt Apr.

---

17. Probst in Göppingen 1530. — 18. Linsenhofen — 22. Card. S. Angeli archiep. Salzburg. 1519 bis 40. — 24. Can. in Tüb. u. Stuttgart. — 26. Vogt in Tübingen 1517. — 30. bei der Regierung in Stuttgart 1498. — 31. Walshein. — 32. M. A. 1496. — 36. Yplin M. A. 1498. — 37. M. A. 1490. — 38. Theol. D. 1504. S. 112. — 39. Beisitzer des Hofgerichts 1506.

42. Caspar Fünfhaller de Grüningen 1 Maij.
43. Simon Mayer de Kirchen 2 Maij.
44. Sebastianus Schnitzer de Munsingen ead. die.

Sequuntur nomina intitulatorum in rectoratu venerabilis viri M. Gabrielis Byel, s. theologie lic. a Phil. et Jac. a. 1489 vsque ad festum Luce a. eiusdem.

1. Georgius Brant de Aich die 20 Maij.
2. Frater Johannes de Ludesdorp ordinis minorum 3 Junij bacc. s. theologie. Nil dedit.
3. M. Johannes Greusser de Rotemburg prope Tuberum 3 Junij dedit 1 s. pro pedello, reliqui quinque sunt remissi ob honorem magisterii.
4. Johannes Gruner de Pferingen die S. Viti dedit grossum magnum valentem 12 cruciferos 15 Junij.
5. D. Thomas de Falckenstain baro 15 Junij dedit 1 florenum.
6. Petrus Flander de Gamertingen die 15 Junij.
7. Jacobus Frantz de Rüdlingen eadem die.
8. Frater Johannes Murgol (Mirgel) professus monasterii Rotenburgensis ord. prem. 16 Junij.
9. Johannes Sigmer (Sigmar, Sigmayr) de Gamundia 22 Junij.
10. Bernhardus Friess de Vrach 10 Junij pauper nil dedit.
11. Gaudentius Volmer de Veltkirch 18 Junij.
12. Stephanus Lindenfels de Bulach 18 Junij.
13. Jheronimus Ederlin de Wangen 22 Junij.
14. Cirus Buckler de Tüwingen 25 Junij.
15. M. Cristof. Swicker de Vberlingen 1 Julij dedit 1 s. pedello.
16. Sebastianus de Gamertingen eadem die.
17. Jodocus Brudner de Nördlingen 2 Julij.
18. Hermannus de Pfaffenhofen 4 Julij.
19. Fr. Martinus Altweg ord. S. sepulcri Jherosol. professus in Denckendorff 15 Julij.
20. Johannes Vnuerzagt de Holtzgirringen 10 Julij.
21. Wilhelmus Hess de Schorndorff 22 Julij.
22. Johannes Wolter de Vrach 23 Julij.

---

3. M. A. Parisiensis, den Magistern des J. 1487 eingereiht. — 4. M. A. 1493. — 6. M. A. 1494. — 9. Med. D. 1512. — 16. cognomine Clenck. Mfa. — 17. Brydner M. A. 1514. — 19. Præpositus daselbst 1516.

23. Johannes Menner de Vrach eadem die.
24. Bernh. Scriptoris de Tuwingen vltima Julij, dedit 1 s. pauper.
25. Franciscus Bachman de Nördlingen 8 Augusti.
26. Johannes Rotmiller de Schorndorff 18 Aug.
27. Georgius Krusmann de Lendingen 19 Aug.
28. Johannes Wanger de Göppingen 26 Sept.
29. Johannes Merck de Rüdlingen 28 Sept.
30. Georgius Sigloch de Backenhen artium bacc. 11 Oct.
31. Balthasar (Gwachsenman) de Mengen 11 Oct. dedit 1 s. pauper.
32. Mattheus Wild de Mengen 15 Sept. pauper.
33. Conradus Preconis de Calw 17 Sept.
34. Johannes Kefer A. M. studii colon. canonicus ecclesie Tuwingensis die Michaelis.
35. Johannes Köl de Constantia in profesto Dyonisii, pauper.
36. Nicolaus Pileatoris de Mengen altera Dyonisii, pauper.
37. Sebastianus Widmar de Frickingen in profesto Galli.

Sequuntur nomina intitulatorum sub rectoratu spectabilis viri M. Martini Plantsch de Dornstetten s. theologie bacc. formati a festo Luce a. 89 vsque ad festum Phil. et Jac. a. 90.

1. Caspar Derolt de Hall.
2. Johannes Merstat de Hall.
3. Johannes Fabri de Hechingen 22 Oct.
4. Wolfgangus Has de Rotemburg 26 Oct.
5. Johannes Knöringer de Vlma 27 Oct.
6. Eglinus Merk de Engen penult. Oct.
7. Conradus Ziegler de Nürtingen ead. die.
8. Johannes Müse (Müsi) de Nürtingen ead. die.
9. Anshelmus de Berg ead. die.
10. Nicolaus Textoris de Mengen 3 Nou.
11. Caspar Sartoris de Waiblingen 5 Nou.
12. Caspar Äpp de Brackenhain 5 Nou.
13. Bartholomeus Gryff de Möchingen ead. die.
14. Hainricus Rebman de Tengen (Töngen) 13 Nou.
15. Johannes Editui de Blietzhusen in octaua Martini.

---

25. M. A. 1493. — 30. M A. 1490. — 31. M. A. 1492. — 35. Brassicanus, Vf. der Instt. grammaticæ, Notarius 1512. — 37. Widmer M. A. 1492. Dec. 1502. — 13. M. A. 1492. — 15. Messner.

16. Beatus Wydman de Baden die Elisabeth.
17. Jacobus Tölker de Dornstetten die present. b. virg. Marie.
18. Nicolaus Bermeter de Esslingen die 5 Dec.
19. Jacobus Meinberg de Biethart die 8 Dec.
20. Johannes Schüchlin de Esslingen die 12 Dec.
21. Johannes Carpentarii de Bynntingen die 17 Dec.
22. Symon Birlin de Gislingen die 24 Dec.

1490.

23. Georgius Nafftz de Memingen die 8 Jan.
24. Johannes Wetzel de Wilhain die 19 Jan.
25. Georgius Oberhofer de Müldorff A. M. ingelst. dedit 1 s. 20.
26. Georgius de Gernböck (Digerbeck) de Filtzbyburg bacc. vniu. ingelst. 20 Jan.
27. Melchior Stapf de Vnderdürnken 21 Jan. dedit 1 s.
28. Frater Nicolaus Swab de Gundelstain bacc. haidelb. 25 Jan.
29. Frater Thomas Riss de Dresdenn ead. die.
30. Stephanus de Gundelfingen,
31. Swickerus de Gundelfingen barones 29 Jan.
32. Petrus Strang de Nuferit ead. die.
33. Joh. Doleatoris de Monasterio (Suevie bacc. haidelb.) eod. die.
34. Nicolaus de Baldegk 4 Marcij.
35. Johannes Kopp de Rött 4 Marcij.
36. Vlricus Klaiber de Stutgardia 7 Martii.
37. Johannes Roracker de Stutgardia ead. die.
38. Jacobus Jungerman de Tuwingen die Gregorii.
39. Michael Köchlin de Tuwingen ead. die.
40. Thomas Mayer de Kur 15 Marcij.
41. Johannes Mayer de Kur ead. die.
42. Mathias Rockembuch de Magstatt 19 Martii.
43. Johannes Han de Rotemburg die S. Benedicti.

---

16. Rath des K. Ferdinand u. Kanzler in Tirol. — 17. Dulcker. — 18. Bermenter vel Teschler. — 19. M. A. 1492. — 21. Bünnigen. — 26. M. A. 1490. — 30. mit Gr. Eberhard auf dem Reichstag zu Worms 1495. Steinb. 3, 797. — 31. an H. Ulrichs Hof, Statthalter 1520. Steinb. 4, 808. — 32. de Riedlingen. — 33. von schwäbischen Münster M. A. 1490. — 35. de Dornstetten. — 37. ebenso Mfa. — 39. bekannt u. d. N. Coccinius. Vf. von de imperii tralatione u. de bello Maximiliani. DBi. s. v. — 40. de Tintzen M. A. 1492. — 41. de Schwainingen. — 42. M. A. 1492.

44. Johannes Mak de Hohenstatt ead. die.
45. Johannes Belser de Ötingen die annunc. dominice.
46. Gallus Latrificis de Leomberg 27 Marcij.
47. Johannes de Murstain 21 Aprilis.
48. Jacobus Prälin de Vnderdürncken 22 Apr.
49. Cristoferus de Stadion 22 Apr.
50. Petrus Büchsenmaister de Wissenstain 24 Apr.
51. Laurentius Pistoris de Mercklingen ead. die.
52. Conradus Löser (Laser, Losser) de Gamertingen ead. die.

Subscribuntur insuper nomina intitulatorum in rectoratu eximii viri domini Wendalini Steinbach s. theol. professoris a festo Phil. et Jac. vsque ad festum S. Luce ev. a. 1490.

1. Georgius Institoris de Stutgardia 4 Maij.
2. Petrus Knepfler de Mercklingen 5 Maij pauper.
3. Rudolfus Dischmacher de Raperswil 8 Maij pauper.
4. Johannes Stickel de Stutgardia ead. die.
5. Leonhardus Nunenmacher de Möchingen ead. die.
6. Johannes Höttel de Weset bacc. ingelst. 11 Maij.
7. Johannes Hagen de Owingen 26 Maij.
8. Sebastianus Hofsess de Durlach bacc. haidelb. 29 Maij.
9. Johannes Hamer de Vrach bacc. frib. 3 Junij.
10. Daniel Bömler de Hallis ead. die, dedit 1 s. quia pauper.
11. Vdalricus Kön de Vlma 11 Junij dedit 1 s. quia pauper.
12. Matheus Nallinger de Adelberg 14 Junij pauper.
13. Gregorius Beltz de Nürtingen ead. die pauper.
14. Johannes Albrecht de Mosbach 17 Junij.
15. Johannes Wild de Offemburg 20 Junij pauper.
16. Sebastianus Alwig de Überlingen 25 Junij.
17. Fr. Johannes Ziegler de Mengen ord. prem. 27 Junij.
18. Bernhardus Bach die tertia Julij.
19. Balthasar Mag de Rotwil 26 Julij nil dedit pauper.
20. Johannes Rain de Göppingen 28 Julij.
21. Hainricus Tinctoris de Wil ead. die.

48. Preylin M. A. 1494. — 49. de Schelklingen Nobilis M. A. 1494, Episc. Augustensis DBi. s. v. — 4. Bürgermeister in Stuttgart. — 5. in der Mfa. heisst er Bernhard N. — 6. Hettel ex Wiseth M. A 1490. — 8. Hochsäss. M. A. 1490. — 10. Bömli. — 14. Jo. Albrecht vel Alberti Mfa.

22. Laurencius Calceatoris de Herremberg ead. die.
23. Georgius Bocklinger de Confluentibus 28 Julij.
24. Wilhelmus Sesler de Hallis 26 Julij.
25. Georgius Lengenberg de Bibraco 25 Augusti.
26. Eberhardus Korn de Esslingen ead. die.
27. Michael Armificis de Mülhusen 2 Sept.
28. Heinricus Opf de Thurego 6 Aug.
29. Wolfgangus Haim de Landshut studens ingelst. 13 Sept.
30. Georgius Besserer de Rauenspurg ead. die.
31. Jacobus Feld de Schönegk studens haydelb. 17 Sept. nil dedit quia spoliatus in itinere.
32. Johannes Fyraubet de Landshut studens ingelst. 19 Sept.
33. Wernherus Bochholtz de Onshusen 21 Sept.
34. Dom. Albertus comes de Hoenlö dedit 1 fl. die 22 Sept.
35. Fridericus Fryberger 22 Sept.
36. Caspar Fryberger ead. die.
37. Albertus Thommen ead. die.
38. Wilhelmus Stoffer (Stöuffer) ead. die.
39. Johannes Ziegler de Tüwingen ead. die.
40. Petrus Öler de Offemburg ead. die.
41. Johannes Strus de Stutgardia ead. die.
42. Hermannus Sachsenhaim ead. die.
43. Sebastianus Beringer de Tüwingen ead. die.
44. Mathias Haiden de Tuwingen ead. die.
45. Renhardus Gaisser de Fellbach ead die.
46. Johannes Molitoris de Waiblingen ead. die.
47. Wilhelmus Fürst de Tuwingen 23 Sept.
48. Martinus Lauger de Bodolshusen ead. die, dedit 1 s. pedello quia pauper.
49. Ambrosius Widman de Tuwingen 24 Sept.

---

25. Langenberger M. A. 1493. — 28. M. A. 1493 — 30. Kaiserl. Rath in Wien. — 32. Füraubend. — 33. M. A. 1494. — 35. OVogt in Schorndorf 1522—28. — 36. OVogt in Blaubeuren 1537. — 38. von Tübingen. — 42. Ritter mit Gr. Eberhard auf dem Reichstag zu Worms 1495. — 43. M. A. 1495. — 44. M. A. 1495. — 45. Gaysslin M. A. 1493 de Stutgardia Theol. D. 1504. — 47. Kais. Rath u. Kammeradvocat 1508. — 48. oder Langer, ein M. Langer ist Vicar am Stift Stuttgart 1503. — 49. de Baden Mfa. der spätere Kanzler d. U.

50. Georgius Zölinger de Tuwingen die 25 Sept.
51. Vlricus Haber de Gislingen ead. die.
52. Cristannus Molitoris de Tuwingen die 28 Sept.
53. Michael Schölkopf de Gislingen vlt. Sept.
54. Conradus Maij de Tuwingen vlt. die Sept.
55. Johannes Steffan Russ de Constancia ead. die.
56. Frater Jodocus Gerwer de Nürtingen ord. prem. 4 Oct.
57. Frater Jacobus Rebman de Endelspach ei. ord. ead. die.
58. Conr. Wild de Mengen A. M. haidelb. 15 Oct. 1 s. pedello.
59. Johannes Schaib de Esslingen ead. die.
60. Nicolaus Piscatoris alias Swertzloch de Tuwingen die 18 Oct.
61. Wernherus Lutz de Tuwingen ead. die.
62. Hainricus Nünegk ead. die.

Sequuntur nomina intitulatorum sub rectoratu spectabilis viri M. Conradi Vesseler in decretis licentiati a festo S. Luce a. 1490 vsque ad Phil. et Jac. 91.

1. Georgius Calceatoris de Waiblingen die 19. Oct.
2. Martinus Fritz de Binnigen ead die.
3. Sebastianus Hegkbach ead. die nil dedit quia pauper.
4. Valentinus de Argentina 21 Oct.
5. Paulus Widman 22 Oct.
6. Conradus Lutz de Tuwingen die 23 Oct.
7. Georgius Keller de Tuwingen ead. die.
8. Philippus Stoffer (Stouffer) de Tuwingen 26 Oct.
9. Theodorus Heller de Tuwingen ead. die.
10. Conradus Lamparter artium bacc. ad kal. Oct.
11. Conradus Falch de Tuwingen die 3 Nou.
12. Jacobus Switzer de Cupingen die 4 Nou.
13. Johannes Waffen (Wauffen) de Calw ead. die.
14. Cristoferus Knöringer ead. die.
15. Johannes Hunger ex Esslingen bacc. (haidelb.) 9 Nou.
16. Hainricus Schön de Backnach 12 Nou. Nil dedit pauper.

---

54. M. A. 1495. - 56. Jod. Cerdonis ex Adelberg Mfa. — 61. Bacc. 1499. M. A. 1501. — 62. Commenthur zu Winnenden 1515—41. — 2. ex Marpach Mfa. — 6. M. A. 1496. Beis. des Hofgerichts 1506. — 10. Vogt in Cantstatt 1517. — 15. M. A. 1491 Probst in Denckendorf Sattler Top. Beschr. 570.

17. Blasius Beltz de Nürtingen 12 Nou.
18. Johannes Grüninger de Talfingen ead. die.
19. Conradus Pellificis de Calw ead. die.
20. Baltasar Mütschelin 19 Nou.
21. Conradus Blattenhart de Esslingen bacc. 20 Nou.
22. Johannes Rieck (Riegg) de Talfingen 26 Nou.
23. Luduicus Sachs ex Franckfordia vlt. Nov.
24. Johannes Eberlin de Adelberg 13 Dec. pauper.
25. Albertus Rotemburger ex Tuwingen ead. die.
26. Caspar Wirt de Wettenhusen (Wietenhusen) 21 Dec.
27. Georgius Cellerarii ead. die.
28. Theodricus Loner de Balingen artium bacc. frib.
29. Conradus Küffer de Balingen die 21 Dec.
30. Johannes Pauli de Rütlingen ead. die.
31. Theodricus Rieber de Ebingen 21 Dec.
32. Vlricus Blawfuss de Gisslingen ead. die.
33. Adam Haselman (ex Rütlingen) die 23 Dec.
34. D. Martinus Prenninger U. J. D. ordinarius vlt. Dec., gratis ex statuto.
35. Joh. Holtzhow famulus eiusd. ead. die. Nil dedit pauper.

1491.

36. Valentinus Natan de Augusta die 4 Jan.
37. Vrbanus Biel de Stutgardia die 5 Jan.
38. Johannes Spenler (Spengler) de Tuwingen die 25 Jan.
39. Johannes Binniger de Engen 26 Jan.
40. Jodocus Sigel de Waiblingen 19 Febr. pauper.
41. Johannes Hertzog de Horw 20 Febr.
42. Johannes Hug de Stutgardia 20 Febr.
43. Vlricus Rot de Heningen 21 Febr. Nil dedit quia pauper.
44. Vlricus Vlin de Grosselfingen 23 Febr.
45. Caspar Koch de Stetten 23 Febr.
46. Johannes Hug de Marpach 23 Febr.
47. Johannes Wernheri de Trochtelfingen prima Martii.
48. Conradus Glader (de Wil) die secunda Marcii.

---

25. Gesandter der würt. Landschaft 1518. Heyd Ulr. 1, 493, heisst auch Aberlin Rottenburger Steinb. 4, 360. Richter in T. 1518 — 28. M. A. 1491. — 33. M. A. 1493. — 34. Z. 441. — 40. de Endelspach. — — 41. M. A. 1496. — 49. M. A. 1494.

49. Johannes Epp de Nagolt 5 Martii.
50. Jacobus Bock de Nüwiler 7 Martii.
51. Johannes Mussbach (de Hirsow) 16 Martii.
52. Leonardus Kolb 17 Martii nil dedit quia pauper.
53. Georgius Gantz de Gisslingen 17 Martii.
54. Vlricus Bub de Blaubüren 20 Martii.
55. Georgius Lanng de Esslingen die 10 Apr.
56. Johannes Dele de Ach 10 Apr.
57. Gabriel Dele (Dyelin) de Ach ead. die.
58. Johannes Rietmüller 16 Apr. Nil dedit quia pauper.
59. Vlricus Rinderbach,
60. Bernhardus Rinderbach,
61. Vitus Rinderbach,
62. Mathias Rinderbach ex Hallis penvlt. Apr.
63. Johannes Schönleben (dictus Waltvogt) de Tuwingen ead. die.

1491.

Intitulatorum nomina sub rectoratu eximii viri M. Conradi Summerhart s. theologie professoris a Phil. et Jac. a. 1491 vsque ad Luce eu. a. eiusdem hic subscripta reperiuntur.

1. Michael Truwernher de Tuwingen die 4 Maii.
2. Johannes Steimlin de Nagolt 6 die Maii.
3. Michael Richart de Gisslingen die 10 Maii.
4. Hainricus de Helmstorff can. in Episcopalicella 13 Maii.
5. Michael Hilprand de Überlingen 16 Maii.
6. Johannes Blücklin de Ebingen 17 Maii.
7. Michael Helbling de Hall 17 Maii.
8. Jacobus Bart de Vrach 27 Maii. Nil dedit quia pauper.
9. Georgius Kürnhart de Minsingen 6 Junii nil dedit.
10. Martinus Mürnlin de Trochtelfingen 8 Junii.
11. Frider. Letschman de Dornstetten 8 Junii, nil dedit pauper.
12. Georgius Meschlin de Ärsingen 10 Junii.
13. Georgius Spiler de Waugen 12 Junii nil dedit pauper.
14. Martinus Horn de Vrach die 13 Junii.
15. Johannes Lorcher de Stutgardia ead. die.

59—62. Patricier, Crusius ad a. 1512. — 63. M. A. 1496. UVogt in Tübingen. — 10. Mürlin Mfa. — 14. de Stutkarten M. A. 1496. — 15. M. A. 1495 des Raths in Stuttgart 1525.

16. Johannes Waltheri de Terendingen 25 Junii.
17. Othm. Vögelin de Memingen penult. Junii nil dedit pauper.
18. Rudolfus Röschlin de Thurego nil dedit 21 Junii.
19. Melchior Rotenkopff de Friburgo in Brisgau 2 Aug. nil dedit.
20. Johannes Sartoris de Vrach 3 Aug. nil dedit.
21. Jodocus Koler de Westerheim 21 Aug.
22. Caspar Höltzlin de Stutgardia ead. die nil dederunt.
23. Georgius Tischmacher de Tuwingen 26 Aug.
24. Caspar Scriptoris de Grüningen exalt. crucis nil dedit.
25. Hainricus Sartoris de Constantia ead. die nil dedit.
26. Mathias Fabri de Stockach die Lamperti.
27. Conradus Palmer de Wyla die Mathei.
28. Georgius Winächter de Schöngaw die Mauricii nil dedit.
29. Hainricus Mener de Offemburg ead. die.
30. Jacobus Summerhart de Calw 24 Sept.
31. Bernhardus Keppler de Wila secunda Oct.
32. Michael Rethaber de Tuwingen 3 Oct.
33. Martinus Bürninger de Ohernow 4 Oct.
34. Johannes Wernheri de Sultzbach 12 Oct. nil dedit.
35. Michael Krus de Waiblingen die 12 Oct.

Subsignata reperiuntur nomina intitulatorum sub rectoratu eximii viri D. Mangoldi Widman decretorum doctoris a festo S. Luce Eu. a. 91 vsque ad Phil. et Jac. a. 92.

1. Albertus Weller de Reningen die 22 Oct.
2. Johannes Benslin appotecarii die 24 Oct.
3. Laurencius Schietinger de Metzingen antepenultima Oct.
4. Hainricus Mayer de Marpach 5 Nou. Nil dedit quia pauper.
5. Joachim Hummel de Friburgo artium bacc. 5 Nou.
6. Johannes Burger de Horw 15 Nou.
7. Johannes Garb (Garpp) de Horw ead. die.
8. Magnus Schellemberger de Augusta ead. die.
9. Caspar Zimerman de Augusta 22. pauper nil dedit nisi 1 s.
10. Albertus de Rechberg antepenult. Nou.

---

20. Joh. Vetter Mfa. — 23. vom Gericht in T. 1534. — 31. M. A. 1496. — 33. Büringer. — 1. M. A. 1495. — 2. Untervogt in Tübingen 1518. 1535. — 5. M. A. 1493. — 6. M. A. 1495.

11. Vdalricus Önss de Constantia prima Dec.
12. Johannes Maug de Stutgardia 8 Dec.
13. Bernhardus Rasoris de Tuwingen 8 Dec.
14. Johannes Sigel de Stutgardia ead. die dedit 1 s. pauper.
15. Blasius Beltz de Nürtingen 8 Dec.
16. Bartholomeus Pellificis de Reningen 12 Dec.
17. Gregorius Gyr de Mundrachingen 16 Dec. dedit 1 s. pauper.
18. Johannes Viti de Marpach 18 Dec.
19. Joh. Fabri plebanus in Sersain artium determinator ead. die.
20. Fr. Hertwicus ord. S. Augustini de Goslaria A. M. dedit 1 s.
21. Sebastianus Büschlin de Rotwila 20 Dec. dedit 1 s. pauper.
22. Jacobus Has de Constantia penvlt. Dec.
23. Jheronimus Pes (Pess) de Tuwingen vlt. Dec.
24. Bartholomeus Staimer de Yesingen ead. die.

1492.

25. Johannes Auch de Lustnow 2 Januarii a. 92.
26. Martinus Rücker (Riecker) de Lustnow ead. die.
27. Johannes Tüblin de Giltlingen 4 Jan.
28. Sigismundus Gyss de Gissemberg 8 Jan.
29. Ingermanus de Eltin 7 Jan.
30. Caspar Molitoris de Marpach A. M. 8 Jan. dedit 1 s.
31. Petrus Schuler de Tischingen 11 Jan.
32. Andreas Wagner de Babenhusen 12 Jan. dedit 1 s.
33. D. Fridericus comes de Helfenstain 16 Jan. dedit 1 flor.
34. Gerhardus de Wassenberg ead. die.
35. Johannes Haintzell de Mündelhain 23 Jan.
36. Dyonisius Haiden de Vlma 24 Jan.
37. Rudolfus Fontana de Ryamss penvlt Jan.
38. Jacobus Pulschi de Tnitza 1 Febr. pauper dedit 1 s.
39. Melchior Senfft de Hallis 8 Febr.
40. Philippus Scheltz de Hallis ead. die.
41. Johannes Bittel de Nyffen 10 Febr.

---

13. M. A. 1498. — 20. Theol. D. 1494 Herdewicus Thommen. — 21. M. A. 1494 Seb. Rotwill uxoratus. — 26. M. A. 1498 Dec. fac. a. 1504, qui finito suo decanatu hinc cum rebus suis abiens nullam reliquit post se promotionis scedulam Mfa. — 27. M. A. 1495. — 30. prom. in univ. Treverensi. — 33. Friedrich V, damals erst 12 Jahre alt. Stirbt auf Hohenneuffen in der Gefangenschaft oder bei einem Fluchtversuch.

42. Leonhardus Fabri de Münsingen 12 Febr.
43. Johannes Seratoris ex Cur 16 Febr. pauper dedit 1 s.
44. Gregorius Weselin (Weßelin) de Schorndorff die Gregorii.
45. Michael de Bössingen 15 Martii.
46. Thobias Lutz de Rütlingen 26 Apr.
47. Johannes Fischer de Stutgardia penvlt. Apr.
48. Johannes Sisenhofer de Franckfordia 28 Apr. pauper 1 s.
49. Caspar Andree de Honow (Hanaw) penvlt. Apr.
50. Jacobus Schellenberg de Talendorff vlt. Apr.
51. Cristoferus Goll de Esslingen ead. die.

Intitulati sub rectoratu eximii viri D. Jheronimi de Crouaria U. J. D. a festo Phil. et Jac. a. 1492 vsque ad festum S. Luce anni eiusdem.

1. Johannes Lapicide de Vrach 4 Maii.
2. Michael Schüp de Burren prope Kirchen 9 Maii.
3. Cristoferus Stöllin de Horw 9 Maii.
4. Johannes Schenck de Stutgardia 18 Maii.
5. Ludouicus Meglinger de Vrach 20 Maii.
6. Caspar Gerwig de Röttelen 26 Maii.
7. Leonardus Hertelin de Stutgardia 27 Maii.
8. Johannes Molitoris de Dättingen prope Mengen 28 Maij.
9. Johannes Stamler de Augusta 30 Maij. Nil dedit pauper.
10. Johannes Gnaffer de villa Beringen 5 Junii nil dedit pauper.
11. M. Caspar Hummel de Friburgo 8 Junii nil dedit.
12. Berchtoldus Herman de Vilingen ead. die.
13. Johannes Bitschhans de Balingen 12 Junii.
14. Dauid de Hürnhaim 14 Junii.
15. Erckinger de Rechberg de Hohenrechberg ead. die.
16. Wolfgangus Mangolt de Constantia 16 Junii.
17. Adam Howenschilt de Tuwingen 19 Junii.
18. Diepoldus Gerstlin de opido Wilhain ead. die, nil dedit pauper.
19. Jacobus Locher de Ehingen poeta 24 Junii dedit 1 s.

---

44. s. Altenstaig Vocabularius. — 49. M. A. 1495. — 51. Schellenberger de Dalsdorff M. A. 1496. Nobilis. — 4. M. A. 1498. — 7. M. A. 1498. — 11. zum Kreis der Humanisten gehörig. — 19. Philomusos Schreiber 1, 70. Prantl 2, 485. Hehle J. Locher 2, 11 f. hienach zu ergänzen.

20. Benedictus (Farner) de Richembach 24 Junii dedit 1 s. paup.
21. Leon. Egk (Eck) de Schorndorff ead. die dedit 1. s. pauper.
22. Michael Rebman de Endelspach ead. die dedit 1 s. pauper.
23. Andreas Pistoris de Böblingen 28 Junii.
24. Johannes Ülin de Alschhusen 29 Junii.
25. Blasius Gessler de Veringen vlt. Junii.
26. Dionisius Textoris de Mengen vlt. Junii dedit 1 s. pauper.
27. Johannes Wolher (Wolhower) de Stutgardia 6 Julii.
28. Vrbanus Wolher (Wolhower) de Stutgardia fratres ead. die.
29. Joh. Spiler de Schaitteg prope Pregantiam 16 Julii nil dedit.
30. Conradus Epp de Brackenhain ead. die.
31. Hainricus Blyss de opido Wilen 12 Julii.
32. M. Mathias Rudolfi de Trochtelfingen 17 Julii dedit 1 s.
33. Adolfus Sartoris de Nuwiler 23.
34. Vdalricus de Rickembach 26.
35. Conradus Fëser (Veser) de opido Ehingen (bacc. Friburg) 19.
36. Conradus Rotemburger de Tuwingen vlt. Julii.
37. Wilhelmus Lending de Rütlingen 7 Aug., dedit 1 s.
38. Gregorius Diengen (Tegen) de Vrach 9 Aug.
39. Johannes Altzinger de Monaco ead. die nil dedit pauper.
40. Conradus Heslin de Mundrachingen 14 Aug. dedit 1 s.
41. Georgius Schütz de Horw 17 Aug.
42. Jacobus Füss de Eschelbrunn 21 Aug.
43. Johannes Anshelmi de villa Maltz die vlt. Sept.
44. Matheus Hartmanni de Cellaratolfi 3 Oct. dedit 1 s.
45. Johannes Rorman de Hallis 20 Sept.
46. Caspar Mayer de Möglingen 5 Sept.
47. Marcus Gnapper de Meglingen ead. die.
48. Alexander Fridenstain de Marpach 10 Sept.
49. Ciriacus Textoris de Wissenhorn bacc. ingelst. 13 Oct.

---

20. Ben. Farner nach Mfa. Bacc. 1493, Mag. 1495 (von Jo. Eck unter seinen Tüb. Lehrern genannt) später angesehener Canonicus in Stuttgart. Die Mfa. gibt als seinen Geburtsort Dornstetten an; vielleicht kam er aus der Schule des benachbarten Kl. Reichenbach. Macht als Præpos. in Herrenberg ein Legat ad stip. Ge. Hartsesser. — 24. M. A. 1495. — 27. M. A. 1496. — 28. M. A. 1496. — 32. M. A. prom. in Friburg. — 38. Bacc. frib. M. A. 1494. — 39. M. A. 1498. — 41. M. A. 1496. — 44. M. A. 1497. 48. Frödensteyn. — 49. Ciriaco Textrino doct. med. olim Tubingæ in artibus præceptore meo. Eckii Oratt. A. M. 1493. M. D. 1510.

50. Alexander Pistoris de Schafhusen ead. die.
51. Johannes Fabri de Bodelshusen 15 Oct.
52. Albertus Trummeter de Hechingen ead. die.
53. Einhardus Gutjar de Villa prope Grüningen ead. die.
54. Johannes Heppeler de Canstatt ead. die.
55. Kilianus Vogler de Canstat similiter 15 Oct.
56. Lienhardus Wernheri de Canstatt ead. die, dedit 1 s.
57. Martinus Winleder de Canstatt ead. die dedit 1 s.
58. Simon (Aldinger) de Asperg dicta die 15 Oct.
59. Michael Coci de Tuwingen ead. die nil dedit pauper.
60. Philippus Müg de Argentina die 16 Oct.
61. Alexander Krymysen de Marpach ead. die.
62. Petrus Ziegler de Kirchen prope Neccarum ead. die.
63. Wilhelmus (Zoller) de Schorndorff similiter die 16 Oct.

Intitulatorum nomina sub rectoratu M. Diethmari Aschman de Vaihingen a festo Luce a. 92 vsque ad Phil. et Jac. a. 93.

1. Petrus Schuchman de Murstat (Myerstat) 22 Oct.
2. Mathias Stolp de Bleydelshaim (bacc. Frib.) 24 Oct.
3. Johannes Falkner de Thurego ead. die.
4. Conradus Theofili de Winterbach 24 Oct.
5. Jacobus Cesar de Gislingen ead. die.
6. Georgius Romberg de Schengaw 25 Oct. dedit 1 s. pauper.
7. Benedictus Landemberg de Winterthur die 25 Oct.
8. Wolfgangus Keller de Rotemburg die 29 Oct.
9. Albertus de Clam ead. die.
10. Georgius Syboldt de Gretzingen penvlt. Oct.
11. Jacobus Koler de Eschelbrunn penvlt. Oct. dedit 1 s. pauper.
12. Johannes Wappler de Rotemburg 1 Nou.
13. Conradus Knör (Kuer) de Plochingen 6 Nou.
14. Johannes Valch de Tuwingen 9 Nou. dedit 1 s. pedello.
15. Georgius Vntrost de Waiblingen die 14 Nou.
16. Wendalinus Ochsembach de Tuwingen 18 Nou.

---

55. M. A. 1496 archigrammateus canstad. Vater des gleichnamigen u. 1531. — 56. M. A. 1495. — 59. M. A. 1496. — 61. M. A. 1496 als Alex. Froudenstein. — 63. M. A. 1497. — 2. M. A. 1492. — 12. Boppeler. — 13. M. A. 1495. — 16. M. A. 1500. Vogt in Herrenberg, bei der Landschaft 1516. 1525.

17. Vdalricus Scharer (Schorar) de Ysnin 21 Nou.
18. Gregorius Moll de Marchtall 21 Nou.
19. Frater Georgius Frick professus in Marchtall 27 Nou.
20. Frater Johannes Wolfgangi ead. die.
21. Cristoferus Gwerlich de Augusta 3 Sept. dedit 1 s. pauper.
22. Sebastianus Müller de Tuwingen die Nicolai dedit 1 s. pauper.
23. Cornelius de Liechtenfels 17 Dec.

1493.

24. Johannes Furer de Cellaratolfi 8 Jan. dedit 1 s. pauper.
25. Johannes Vogler de Plidershusen 10 Jan.
26. Michael Hossinger de Rotwila 11 Jan. dedit 1 s.
27. Mathias Zymer de Nouo foro prope Nürmbergam 16 Jan.
28. Wilhelmus de Greding ead. die.
29. Leonhardus Haber de Eystetten ead. die.
30. Dionisius Röchlin de Pfortzen (bacc. Basil.) 17 Jan.
31. Mathias Rauman de Schaffhusen 18 Jan.
32. Wilh. Künler (Kienler, Cönler) de Schaffhusen 18.
33. Georgius Schieck de Ossenfurt 18. dedit 1 s. pauper.
34. D. Doctor Joh. Frid. Vfflinger de Vilingen, Vincencii 1 s.
35. Wilhelmus Wölfflin de Rütlingen 26 Jan.
36. Ambros. Schmerstein de Rotemburg Tubris 29 Jan. 1 s. pauper.
37. Jacobus Mör de Horw die 2 Febr. dedit 1 s. pauper.
38. Georgius Böpplin de Marpach die 15 Febr.
39. Paulus Meger de Esslingen can. in Tachenhusen Kath. Petri.
40. Michael Cuntzeberlin canonicus in Tettingen ead. die.
41. Johannes Meysterlin de Vrach ead. die.
42. Johannes Pauli Pannificis de Vrach ead. die.
43. Caspar Molitoris de Campidona 24 Febr. dedit 1 s.
44. Johannes Mösch de Vlma penvlt. Martii.
45. Sebastianus Pflumm (Pflawm bacc. ingelst.) de Vlma ipsa die.
46. Johannes Karrer de Dietenhain ead. die 1 s. pauper.
47. Adam Mennel de Pregantia 4 Martii.
48. Marcus Datt de Ebingen 6 Martii.
49. Berchtoldus Sartoris de Neckerwihingen 6 Martii.
50. Michael Vesser de Ehingen nona Martii.

---

22. Molitoris M. A. 1497. — 30. Bruder des Johannes M. A. 1494. — 32. M. A. 1495. — 35. M. A. 1498. — 44. Weyermann 2, 340 nach Mfa. von Geisslingen. In Tuttlingen ist ein ev. Geistl. des Namens vor dem Interim.

51. Heinricus de Beyern de Steineck 10 Martii.
52. Aurelius,
53. Andreas Maler (Scher Mfa.) de Tuwingen 11 Martii.
54. M. Jac. Horn bacc. theol. ingelst. de Öringen 12 Martii.
55. Simpertus Gessell de Augusta 13 Martii.
56. Johannes Heller de Tuwingen 14 Martii.
57. Johannes Zynder de Schär 21 Martii.
58. Jacobus Hess de Pfullingen 22 Martii.
59. Adam Henckin de Hallis ead. die dedit 1 s. pauper.
60. Bruno de Hornstain 25 Martii.
61. D. Laurentius de Göffingen ead. die.
62. Liepardus Lieppart de Vlma, 28 Martii.
63. Baltasar Härschlin (Hersle) de Rotemburg 1 Apr.
64. Vitus Calceatoris de Hirsshorn 2 Apr. dedit 1 s. pauper.
65. Vdalricus Molitoris de Günssburg 12 Apr.
66. Luduicus Augstaindreger de Wisénstaig 16 Apr.
67. Johannes Küngspach de Stutgarten 17 Apr.
68. Georgius Kolb de Vlma bacc. 20 Apr.
69. Jacobus Prünlin de Vlma ead. die.
70. Fridericus Schriber de Bothwar 23 Apr.
71. Johannes Cryss (Kriess) de Naw 24 Apr.
72. Sebastianus Kurtz de Vlma ead. die.
73. Johannes Suter de Symeringen 27 Apr.
74. Vrbanus Röblin de Offemburg vlt. Apr.
75. Caspar Seckach de Schorndorff ead. die.
76. Leonhardus Ernst de Hechingen ead. die.

Nomina intitulatorum sub rectoratu eximii viri M. Gregorii Lamparter U. J. D. a Phil. et Jac. a. 93 vsque ad festum Luce eiusdem anni.

1. D. Georgius Nüsslin de Ingerschen prima Maii.
2. Fridericus de Basilica ead. die.
3. Nicolaus Carnificis de Offemburg 3 Maii.

---

52. Pictoris M. A. 1499. — 54. Theol. D. 1498. — 56. Keller UVogt in Tübingen. — 58. M. A. 1497 Pfarrer in Schlaitorf 1503. — 64. Vitus Cornucerui Mfa. — 66. verm. Sohn des Baumeisters der Georgenkirche in Tüb. — 67. M. A. 1496. Beis. des Hofgerichts 1506. Heyd Ulr. 1, 146. — 71. Naw ist Langenau OA. Ulm, früher ein Städtchen, welches manche Scholaren lieferte.

4. Melchior de Rinow 6 Maii.
5. Waltherus de Baūming de Buchswiler ead. die dedit 1 s.
6. Ambrosius Megenhart de Plaubūren 7 Maii.
7. Petrus Gūnther de Plaubūren ead. die.
8. Caspar Stich de Hūsen 8 Maii.
9. Sigismundus Etlinger de Monaco 13 Maii dedit 1 s.
10. Johannes Swartz die 23 Maii.
11. Stephanus Murer de Wissenhorn ead. die.
12. Cristannus Hätzeler de Vlma 6 Junii.
13. Martinus Wilant de Vlma ead. die.
14. Johannes Ycher de Offemburg ead. die dedit 1 s.
15. Johannes Spierhans de Grūningen die 7 Junii.
16. Cristoferus Sartoris de Naw 3 Junij dedit 1 s.
17. Marcus Derendinger die 25 Junii.
18. Wendalinus Wämer de Bulach 26 Junii dedit 1 s.
19. Valentinus Jäger de Duitz vlt. Junii dedit 1 s.
20. Gallus Bentzlin de Gerlingen 18 Julii.
21. Martinus Vollant de Grūningen 19 Julii.
22. Jheronimus Emser de Geldorff ead. die.
23. Conradus Swenck de Dintzlingen 23 Julii.
24. Johannes Sartoris de Sursee penult. Julii.
25. Vlricus Röttman de Frowenfeld 2 Aug.
26. Jacobus Scriniatoris de Horw ead. die.
27. Stephanus Summerhart (de Grūningen) 14 Aug.
28. Vitus Lutz de Tuwingen (bacc. ingelst.) ead. die.
29. Martinus Gerhuser de Vlma ead. die.
30. Blasius Hofmar ex Vlma ead. die.
31. Johannes Hofmar de Vlma ead. die.
32. Erasmus Brendlin de Brunbach die 20 Aug.
33. Sebastianus Brendlin de Brunbach ead. die.
34. Conradus Schott de Vrach ead. die.
35. Vdalricus Boss (Böss) de Vri vlt. Aug.
36. Wilhelmus Fahri de Pfortzen 6 Sept.

---

5. Bomeck Mfa. — 6. M. A. 1497. — 8. de Campidona Mfa. — 13. Geistlicher in Ulm. Weyermann 2, 614. — 18. Wend. Farner de Bulach Mfa. — 20. de Gerlingen. — 22. Orator des H. Georg von Sachsen, Gegner Luthers. Weyermann 1, 180. — 27. M. A. 1497. — 28. M. A. 1495. — 32. de Messkirch.

37. Johannes Beckinger de Brackenhain 10 Sept.
38. M. Cristoferus Ott Fridrich de Argentina ead. die 1 s.
39. Stephanus Bock de Confluencia 24 Sept.
40. Berchtoldus Rangendinger de Trochtelfingen vlt. Sept. 1 s.
41. Jacobus Schonleben de Weltzen 8 Oct. dedit 1 s.
42. Johannes Waibel de Pfortzen 14 Oct.
43. M. Thomas Rayter de Wienna 16 Oct. dedit 1 s.
44. Stephanus Epp de . . . . die 18 Oct.

Sequuntur nomina intitulatorum sub rectoratu eximii viri domini Viti de Fürst V. J. D. a festo S. Luce a. 93 vsque ad festum Phil. et Jac. a. 94.

1. Johannes (Ruess) Sartoris de Liphain 25 Oct. dedit 1 s.
2. Georgius Walther de Mününgen die 28 Oct. nil dedit.
3. Mathias Stump de Nuwiler ead. die.
4. Erhardus Pfortzen de Blaubüren ead. die.
5. Georgius Mecheler de Zabernia die 6 Nou.
6. Nicolaus Opilionis de Kornwesta 12 Nou.
7. Martinus Opilionis de Kornwesta ead. die.
8. Stephanus Wair de Wila die 17 Nou.
9. D. Johannes Gackmayer de Rotemburg 26 Nou.
10. Wolfgangus Schenck de Rotemburg die 27.
11. Frater Laurentius Gutbier de Merenberg ord. S. Augustini 2 Dec. nil dedit quia pauper.
12. Johannes Ren de Swabach 3 Dec.
13. Johannes Haintzinger de Memmingen 15 Dec.
14. Hainricus Carpentarii de Mengen ead. die dedit 1 s.

1494.

15. Petrus Widman de Haimsen 8 Jan. dedit 1 s.
16. D. Melchior Baro imp. Pincerna de Limpurg dedit 1 flor. 7 Jan.
17. Jheronimus frater eiusdem, similiter 1 fl.
18. Georgius de Vohenstain ead. die.
19. Johannes Hartman de Husen im Schünbuch 15.

---

37. Bacc. 1498. M. A. 1500. — 41. Schonoglin Mfa. — 44. wohl verschrieben für Sigismundus Epp de Bönniken (nach Mfa.) bacc. heidelb. M. A. 1494. Später professus ord. herm. S. Aug. Tüb., Lehrer in Wittenberg Theol. D. 1504. — 8. Wer de Will M. A. 1497. — 13. de Danhain.

20. Georgius Diener de Altorff ead. die.
21. Bernardus Rebstock de Korwesta ead. die.
22. Erhardus Rieck de Vberlingen 16 Jan. dedit 1 s.
23. Vlricus Becht de Ehingen ead. die dedit 1 s.
24. Baltasar Griff (Greiff) de Möchingen ead. die.
25. Michael Künsegger de Aldorff 5 Febr.
26. Caspar Wirt de Alsshusen 20 Febr.
27. Dionisius Munsinger de Vlma 26 Febr.
28. Johannes Pistoris de Munchingen ead. die.
29. Oswaldus Huser de Horw 4 Martii.
30. Luduicus Pfortzen de Schelklingen 13 Martii dedit 1 s.
31. Vlricus de Schellemberg 5 Apr.
32. Jacobus Swinck de Niefern 8 Apr.
33. Johannes Genger (Gienger) de Nydlingen 11 Apr. dedit 1 s.
34. Johannes Sculteti de Constantia 21 Apr.
35. Blasius Schentzer (Schentz) de Stutgardia ead. die.
36. Nicolaus de Zymern 24 Apr.
37. Sebastianus Biderb de Rütlingen 17 Apr.
38. Nicolaus Wolher (de Stutgardia) 27 Apr.

Intitulatorum nomina sub rectoratu eximii viri D. Wendalini Steinbach s. theologie professoris a festo Phil. et Jac. a. 94 vsque ad festum Luce anni eiusdem.

1. Nicolaus Stecklin (Stöcklin) de Gislingen 5 Maii.
2. Johannes Reber de Zwifalten 10 Maii.
3. Gabriel de Zwifalten ead. die.
4. Sebastianus Keller de Tuwingen 14 Maii.
5. Hainricus Scheber de Bietikain 15 Maii.
6. Jacobus Bierer de Waiblingen bacc. erford. ead. die.
7. Conradus Plarer de Constantia 27 Maii.
8. Johannes Molitoris de Stislingen vlt. Maii.
9. Leonardus de Zofingen octaua Junii.
10. Conradus Mundelhain de Ertzingen ead. die.
11. Hainricus Hecker de S. Gallo 8 Junii 1 s. pauper.
12. Antonius Arnold de Augusta 9 Junii.

---

26. Caspar Schmid Mfa. — 1. M. A. 1497. — 4. Vogt in Nürtingen 1512—31. — 10. Conradus Mandili de Riedlingen Mfa.

13. Vdalricus Kurtz de Bulach 10 Junii 1 s. pauper.
14. Johannes Wingeber de Vberlingen 14 Junii.
15. Gallus Hihler de Vberlingen ead. die.
16. Adam Gloss de Ditzingen 14 Junii bacc. lipsiensis.
17. Jacobus Gloss de Ditzingen bacc. ead. die.
18. Wolfgangus Sifrid de Memmingen bacc. ingelst. 17 Junii.
19. Vrbanus Prebusinus de Brun 26 Junii.
20. Heinricus Winckelhofer de Ehingen penult. Junii.
21. Paulus Henseatis de Bulach ult. Zunii 1 s. pauper.
22. D. Johannes Finck de Gusselstat presbyter ead. die.
23. Wilhelmus Löblin de Liebenzell nona Julii.
24. D. Conr. Rüf (Rueff) de Balingen presb. 1 Aug. 1 s. pauper.
25. Johannes Kast de Vlma bacc. lipsiensis 18 Aug.
26. Vdalricus Frij de Constantia 28 Aug.
27. Caspar Fischer de Lorch bacc. friburgensis 11 Oct.
28. Benedictus Molitoris de Naw 17 Oct. 1 s. pauper.
29. Georgius Sporer de Monaco ead. die dedit 1 s. pauper.

Nomina intitulatorum sub rectoratu spectabilis viri M. Jacobi Lemp de Marpach a festo S. Luce a. 94 vsque ad Phil. et Jac. 95 sequentis.

1. Georgius Augstaindreger de Wisenstaig.
2. Johannes Molitoris de Steinben ead. die.
3. Luduicus Sturmlin de Bietiken 2 Nou.
4. Georgius Brecht de Schorndorff 3 Nou.
5. Gebhardus Klingler de Oberwintertur 15 Nou. dedit 1 s.
6. Michael Lupfdich de Blauburen 21 Nou.
7. Cristannus Textoris de Grafertzhofen 25 Nou.
8. Wendelinus Pregel (bacc. Heidelb.) de Loffen 26 Nou.
9. Sebastianus Schröter de Oberndorff (bacc. Vienn.) 3 Dec.
10. Johannes Böplin de Plieningen ead. die.

1495.

11. Georgius de Rot nobilis 15 Jan.
12. Georgius Sperlin de Diethenhusum ead. die.
13. Jodocus Wehinger de Pregantia 7 Febr. nil dedit.

---

20. Roth Beitr. 36. — 24. M. A. 1497. — 25. M. A. 1495. — 4. M. A. 1498. — 8. Bragel de Lauffen M. A. 1495. — 9. Schretter.

14. Lampertus Rüd de Pfaffenhofen 14 Febr.
15. Conradus Stucklin de Simeringen 23 Febr.
16. Vlricus Scriniatoris de Rotemburg 25 Febr.
17. Frater Conradus Heiden de Geiselwind,
18. Frater Johannes Mautel de Nürmberga (bacc. Ingolst.),
19. Frater Simon Cesaris de Kolmar ord. S. Aug. 6 Martii, quilibet dedit 1 s.
20. Laurentius Caphan de Flacht 6 Martii.
21. Johannes Rülin de Cösen 11 Martii.
22. Michael Stor de Murr (Marpach) 15 Martii.
23. Johannes Scholl de Blauburen 16 Martii dedit 1 s.
24. Wilh. Baldecker de Ebingen (bacc. Ertford.) 16.
25. Andreas Schellemberger de Talendorff ead. die.
26. Wilhelmus Schilling nobilis 17 Martii.
27. Bernhardus Appotecarii de Tuwingen ead. die.
28. Johannes Möfferlin de Tuwingen 21 Martii.
29. Johannes Prunig de Tuwingen ead. die.
30. Martinus Prunig de Tuwingen ead. die.
31. Sebastianus Schuber de Tuwingen 23 Martii.
32. Heinr. Tretlin (Drötle) de Egessin (Egissen) 30.
33. Johannes Buwentistel de Tuwingen 1 Apr.
34. Wilhelmus Horcam zum Horn 1 Apr.
35. Johannes Bernhuser de Bittenfeld ead. die.
36. Michael Dauid de Endelspach ead. die.
37. Johannes Hofmayer de Haideck.
38. Georgius Durr de Herremberg ead. die dedit 1 s.
39. Sigism. Finsterholtz de Gundelfingen 5 Apr. dedit 1 s.
40. Wolfgangus Flechter de Memingen 7 Apr.
41. Johannes Huschelin de Tuwingen 9 Apr.
42. Karolus Golle de Thurego 10 Apr.
43. Conradus Scius de Rütlingen 24 Apr.
44. M. Conradus Göslinger de Trieberg 27 Apr.
45. Frater Johannes Bühel de Lar 28 Apr. dedit 1 s.

16. M. A. 1501. — 18. M. A. 1496. Prof. Th. in Wittenberg 1506. — 23. M. A. 1498 als Mich. Mur de Marpach. — 24. Eppingen M. A. 1496. — 25. ex Alendorff M. A. 1500. Schellenberg de Allndorf. — 27. M. A. 1500. — 30. M. A. 1502. — 39. Finsterfels de Mundrichen Mfa. — 41. steht schon 1490 unter den Magistern, der Name ist aber wider getilgt.

46. Frater Jheronimus Gandelfinger de Esslingen 1 s. ead. die.

Intitulatorum nomina in et sub rectoratu spectabilis viri M. JOHANNIS LUPFDICH de Blauburren U. J. licentiati a Phil. et Jac. vsque ad Luce ev. 95.

1. Johannes Vauth de Greifenstain 4 Maii.
2. Johannes Tigelin de Wil 5 Maii.
3. Georgius Süblin de Backena ead. die dedit 1 s.
4. Frater Johannes Hug de Esslingen ord. fratrum heremitarum S. Augustini 11 Maii dedit 1 s.
5. D. Johannes Aierman de Vlma 15 Maii.
6. Gabriel de Termis die 16 Maii.
7. Caspar Nothelfer (Nothaft) de Bibraco ead. die.
8. Jheronimus Clawfligel de Bibraco ead. die.
9. Lucas (Götz) de Merstetten (Münsingen) 18 Maii 1 s.
10. Conradus Pfaffencunratlin de Stutgardia 18 Maii.
11. Johannes Switzer de Constantia 18 Maii.
12. Petrus Epp de Wimpina ead. die.
13. Johannes Tilman de Lütlishusen 21 Maii dedit 1 s.
14. Johannes Heslin de Constantia ead. die dedit 1 s.
15. Wolfgangus Gienger de Aldingen 22 Maii.
16. Jacobus Hofman de Rotenfels 27 Maii dedit 1 s.
17. Martinus Stumm de Dornstetten 30 Maii.
18. Jacobus Kelblin de Haslach (Hasloch) vlt. Maii.
19. Georgius Eltz de Pregantia 1 Junii.
20. Johannes Fabri de Kirchen 8 Junii.
21. Johannes Mayer de Tagershain 13 Junii.
22. Johannes Rösslin de Botwar 15 Junii.
23. Heinricus Ickerling (Eckerlin) ex Löwenberg ead. die.
24. Lenhardus Karr (Karer) ex Dissen ead. die dedit 1 s.
25. Frater Conradus Frosch ex Culnbach 19 Junii dedit 1 s.
26. Vlricus Kursin de Schelklingen ead. die.
27. Stephanus Erck de Hailprunn 22 Junii.
28. Johannes Rasoris de Tuwingen 24 Junii.

---

7. M. A. 1498. Chorherr in Stuttgart. — 8. Klofugel. — 9. M. A. 1498, Abt in Herrenalb 1529. — 11. Syndicus Univ. 1531. — 15. Grieninger M. A. 1499 — 17. Stump M. A. 1503.

29. Johannes Huber de Tintzlingen 25 Junii.
30. Conradus Pistoris de Tintzlingen ead. die.
31. Luduicus Hipp de Balingen Petri et Pauli app.
32. Vrsus de Grüningen vlt. Junii.
33. Johannes Brabel 1 Julii (bacc. wienn.)
34. Jacobus Scharnatal ex Verona 10 Julii.
35. Wolffgangus Bürklin de Waiblingen die Panthaleonis.
36. Andreas Kübler ex Endelspach secunda Aug.
37. Vlricus Lyer de Hailprunn ead. die.
38. Vlricus Bühler (Buchler) die Bernhardi.
39. Conradus Rupp 10 Aug.
40. Georgius de Werdnöw die 7 Sept.
41. (Joh.) Jacobus Egen (Eger, bacc. Lips.) de Calw 19 Aug.
42. Henricus Fin (Fry) ex Vlma die Mauricii dedit 1 s.
43. Michael de Wissenstein die Mauricii.
44. Johannes Mayer de Tintzlingen ead. die.
45. Vlricus,
46. Johannes Jung de Augusta crastina Mauricii.
47. Nicolaus de Baldeck 24 Aug.
48. Georgius Fabri de Tintzlingen die 25 Aug.
49. Johannes Wanner ead. die.
50. Johannes Gerst (ex Wyssenhorn) bacc. ingelst. ead. die.
51. Johannes de Molendino bacc. ingelst. ead. die.
52. Conradus Heschlin die Cosme.
53. Johannes Pistoris de Ytingen vlt. Sept.
54. Georgius Osuald de Vlma (bacc. heidelb.) 17 Julii.
55. Gangolfus Stricher de Pfullendorf 19 Julii dedit 1 s.
56. Johannes Kentner de Diechenhusen 2 Sept. dedit 1 s.
57. Blasius Raid de Sindelfingen 3 Oct.
58. Johannes Huber de Berckhofen in profesto Galli.

Sequuntur nomina intitulatorum sub rectoratu spectabilis

30. ex Berghoffen M. A. 1500. — 31. ex Frumern. — 32. ebenso Mfa. — 33. Krabel ex Ingelstadio M. A 1495. — 34. Jac. de Scharnatall Mfa. — 38. de Ravenspurg M. A. 1506 can. eccl. S. Amandi de Urach. — 41. Jo. Jac. M. A. 1496. — 45. Arzt in Augsburg, 1520 von Karl V geadelt, der ihm 6000 fl. schuldete. — 50. M. A. 1496. — 54. M. A. 1495. Pfarrer in Geislingen, Gegner der Reformation, † in Ueberlingen.

viri M. Andree Rumpis de Gislingen s. theologie bacc. formati a festo Luce a. 95 vsque ad Philippi et Jacobi a. 96.

1. Jacobus Frölin de Pfortzen crastina Luce.
2. Jacobus Sytz de Laur die 20 Oct.
3. Jacobus Ychar de Laur ead. die.
4. Vlricus Gothar de Offemburg die 21 Oct.
5. Jacobus Ymehaber (Hymahaber) de Horw ead. die.
6. Hainricus Tischmacher de Tuwingen ead. die.
7. Conradus Folmer de Bittelspach (bacc. Lips.) die 22 Oct.
8. Stephanus Ganser de Liphain bacc. ead. die pauper dedit 2 s.
9. Hainricus Höslin de Dilingen ead. die.
10. Jacobus Rein de Terendingen die 26 Oct.
11. Bernhardinus Kurtz de Vlma die 28 Oct.
12. Wolfgangus de Schellemberg die 29 Oct.
13. Berchtoldus Ruff de Rottenburg 30 Oct.
14. Allexius Schich de Kirchen vlt. Oct.
15. Gabriel Burckart de Brackenhain ead. die.
16. Siluanus Othmar de Rütlingen ead. die.
17. Johannes Glaser de Tuwingen die secunda Nou.
18. Paulus Marck de Zug ead. die.
19. Johannes Vitz de loco heremitarum ead. die.
20. Johannes Egen de Plieningen die tercia Nou.
21. Johannes Dinckel de Bietiken ead. die.
22. Seuerinus Brun de Kirchen die quarta Nou.
23. Sebaldus Wagner de Nürnberga die 5 Nou.
24. Conradus West (Wust) de Wihingen (Vehingen) 6 Nou.
25. Vlricus Wagner de Nördlingen 7 Nou.
26. Johannes Molitoris de Löffen 8 Nou.
27. Osualdus Piscatoris de Feldkirch 9 Nou. dedit 1 s. pauper.
28. Krafftо de Riegsingen 10 Nou.
29. Vdalricus Stinpplin de Münsingen ead. die 1 s. pauper.
30. Caspar Bechtlin de Canstat bacc. 13 Nou.
31. Johannes Pistoris de Nagolt 17 Nou. dedit 1 s. pauper.

---

1. Mfa. hat einen Jac. Ůsinger de Pfortzhein. — 7. Beutelspach. — 13. Renunciauit 1500 in festo cathedre Petri. — 23. Se. Currificis Mfa. 1504 in Wittenberg Lehrer als A. M. et Theol. bacc. engelstadensis. — 29. Stumplin.

32. Paulus de Schuttern ordinis S. Benedicti 19 Nou.
33. Frater Johannes Spalter de Nürnberga ead. die dedit 1 s.
34. Burckardus,
35. Thomas de Ebingen 22 Nou.
36. Wendalinus Selin de Vaihingen 25 Nou.
37. Johannes Vlrici de Hallis die 25 Nou. dedit 1 s.
38. Georgius de Ow die secunda Dec.
39. Gangolfus de Seltz ead. die dedit 1 s. pauper.
40. Leonhardus Henser de Hallis ead. die dedit 1 s. pauper.
41. Vlricus de Westerstetten die 8 Dec.
42. Diethardus de Westerstetten ead. die.
43. Leonhardus Klecker de Dürnken bacc. 20 Dec.
44. Georgius Flander de Gamertingen 14 Dec.
45. Johannes de Croaria vlt. Dec.
46. Daniel Epp (Hep) de Bininken die 15 Dec.

1496.

47. Wolfgangus Virkorn de Murhart die 29 Jan.
48. Caspar Franck die Bietikain 2 Martii.
49. Mathias Groshans de Bietikain 2 Martii.
50. Wendalinus Doleatoris de Brackenhain 3 Martii.
51. Haimbrandus Herer sindicus nürmbergensis ead. die.
52. Fridericus,
53. Andreas filii eiusdem Haimbrandi ead. die.
54. Anshelmus Winckentaler 4 Martii.
55. Georgius Winckentaler ead. die.
56. Baltazar Stapf de Vnderdürken 8 Martii.
57. Johannes Wirtemberger 11 Martii.
58. Kilianus Swamm (Schwemblin) de Leonstain (bacc. haidelb.) 14.
59. Jacobus Cünlin die 15 Martii.
60. Jacobus Schafmayer de Rauenspurg 16 Martii 1 s.
61. Theoderus Braitenstain ead. die.
62. Philippus Nothafft die 17.
63. Onoferus Schlegel de Ehingen 23.
64. Henricus Bebel de Justingen 2 Apr.

---

32. M. A. 1499. — 38. Rath Herzog Ulrichs. — 42. Gesandter H. Ulrichs auf dem Bundestag in Augsburg 1512. — 47. Fürkorn. — 57. Leowenstain, M. A. 1497. — 64. poëta laureatus.

65. Blasius Birlin (Bürlin) de Leomberg die 10 Apr.
66. Antonius Zech de Eslingen 14 Apr.
67. Jacobus Ruber (Rieber) de Stutgardia 18 Apr.
68. Georgius Heller de Tuwingen ead. die.
69. Johannes Hertz de Nürmberga ead. die (s. u. N. 6).
70. Wolfgangus Habrunner de Babenhusen dedit 1 s. ead. die.
71. Philippus Rembold (Rebolt) de Louffen ead. die dedit 1 s.
72. Andreas Binder (Bender) de Husen ead. die.
73. Erhardus Sartoris de Dornhen 25 Apr.
74. Blasius Wermaister de Merspurg ead. die.
75. Michael Hofmeister de Rotemburg ead. die.
76. Valerius Anshelmi de Rotwila (bacc. Cracov.) vlt. Apr.
77. Philippus Fürstemberg de Mittelhain 1 Maii.

Nomina intitulatorum in rectoratu eximii viri D. Jheronimi de Croaria V. J. D. a Phil. et Jac. a. 96 donec ad Luce anni eiusdem.

1. Johannes Tettinger de Tettingen die 7 Maii.
2. Laurentius Mercklin de Kirchen die 10 Maii.
3. Petrus Schradi de Hailprunn A. M. 17 Maii.
4. Michael Dietrich de Ensach (Wissach) 27 Maii.
5. Paulus Strus de Nördlingen 3 Junii.
6. Johannes Hertz de Nürmberga ead. die (s. o. N. 68).
7. Petrus Nesselbach 6 Junii.
8. Jacobus Heplin de Kirchen 11 Junii.
9. Frater Adam de Reiss 17 Julii.
10. Georgius Döst de Dornstetten bacc. friburg. 21 Julii.
11. Leonhardus Nordeman de Kaisersperg 24 Julii.
12. Augustinus Bintel de Plaubüren ead. die.
13. Georgius Gigerwang de Vlma dedit 1 s. quia pauper.
14. Baltazar Scharber de Waldsee 3 Julii 1 s. pauper.
15. Cristoferus Gesell ex Ymestat die 6 Julii.
16. Franciscus Zinck de loco heremitarum die 17 Julii.

---

70. Haipprunner. — 72. M. A. 1498. — 74. M. A. 1499. — 76. M. A. 1497. Med. D. der bek. Chronist. Die Krak. M. führt ihn unter 1493 als Val. Vilhelmi auf. — 1. Jo. Doleatoris de Töttingen Mfa. — 10. Ge. Wiest M. A. 1497. — 13. Gregorius Girwang Mfa. — 14. de Waltzen. — 15. de Ymenstorf. — 16. Einsiedeln M. A. 1501.

17. JOHANNES MINNER de Kornwesten die 27 Julii.
18. Andr. Dürnsrieder (Dornsrieder) de Napurga (Natpurg, bacc. Vienn.) 30 Julii.
19. Vlricus Dilman de Lütlishusen vlt. Julii dedit 1 s. pauper.
20. Victor Bayer de Marchdorf prima Augusti.
21. Johannes Wanger de Nördlingen 30 Aug.
22. Albertus Wintzler de Horw 7 Sept. dedit 1 s. pauper.
23. Wolgangus Rein de Bibraco 8 Sept.
24. Felix Rein (Rain) de Bibraco 8 Sept.
25. Johannes Hertzog de Nissa 9 Sept. dedit 1 s., addixit se residuum soluturum.
26. Nicolaus Rückinger de Franckfordia 20 Sept.
27. Johannes Rückinger de Franckfordia, ead. die.
28. Petrus Wick de Vnshusen prope Franckfordiam.
29. Wolfgangus Rasoris de Gamundia 23 Sept.
30. Johannes Sutor de Vilingen 14 Junii.
31. Jacobus Kratzer de Wolfach ead. die.
32. Johannes Terhorne de Kalb 11 Julii.
33. Cristoferus Plest de Esslingen 14 Julii dedit 1 s.

Sequuntur nomina intitulatorum sub rectoratu eximii viri M. CONRADI SUMMERHART de Calw s. theologie professoris a festo S. Luce a. 96 vsque ad festum Phil. et Jac. a. 97.

1. Simon Hertlich de Grüningen die 22 Oct.
2. Tritwinus Mager de Vaihingen 26 Oct.
3. Nicolaus Arnolt de Bondorff ead. die.
4. Johannes Vngelter de Rütlingen 5 Nou.
5. Cristoferus Stoffel (Carnificis) de Tuwingen 9 Nou.
6. Matheus Fabri de Pregantia 11 Nou. nil dedit pauper.
7. Johannes Pistoris de Schorndorff 3 Nou.
8. Johannes Tierberger de Lutlingen 17 Nou.
9. Melchior Bantel de Waldsee 18 Nou.
10. Petrus Kirser de Baden ead. die.
11. Antonius Sidenfaden de Rotemburg 28 Nou.

---

17. M. A. 1501. Med. D. 1508. — 18. auch Nötpurg M. A. 1497. — 31. M. A. 1501. — 3. M. A. 1499. — 7. M. A. 1500. — 8. Thierberger M. A. 1500. — 9. ex Waltza M. A. 1499.

12. Bartholomeus Stoll de Boltringen ead. die.
13. Jacobus Hagen de Rütlingen vlt. Nou.
14. Thomas Witenbach de Biel 16 Dec.

1497.

15. Fridericus Trutwin de Stutgardia bacc. basil. 9 Jan.
16. Georgius Pfaw de Waldse ead. die, nil dedit quia pauper.
17. Georgius Engelgöw de Stutgardia 13 Jan.
18. Frater Johannes Dachhower de Nürenberga ord. herem. S. Aug. conu. nürmbergensis 25 Jan. 1 s.
19. Frater Nicolaus Metzner de Nürmberga dictorum ord. et conuentus ead. die dedit 1 s.
20. Johannes Wiss de Vlma 26 Januarii.
21. Johannes Ytel de Thermis 28 Jan. dedit 1 s.
22. Joh. Hemerlin de Ensin ead. die nil dedit, famulus pedelli.
23. Hainricus Nithart ex Vlma ead. die.
24. Egidius Krutwasser de Böblingen 10 Febr. nil dedit pauper.
25. Johannes Rorbach de Hailprunna 11 Febr. nil dedit.
26. Georgius de Wendingen 13 Febr.
27. Johannes Rumetsch de Bulach ead. die.
28. Fridericus Megenhart de Plauburen 14 Febr.
29. Georgius Rebman de Schönaich 15 Febr.
30. Beatus Bliss de Pfortzen 16 Febr. dedit 1 s. quia pauper.
31. Burkardus Lützelstein de Zabernia ead. die.
32. Gregorius Streler de Rütlingen ead. die.
33. Georgius Binder de Kirchen ead. die dedit 1 s. pauper.
34. Johannes Löchlin,
35. Conradus Schick de Canstat 17 Febr. nil dederunt pauperes.
36. Thomas Fabri de Nördlingen 23 Febr.
37. Johannes Häckel de Schmiden ead. die.
38. Georgius Coci de Sacromonte ead. die dedit 1 s. quia pauper.
39. Franciscus Stamler de Rütlingen penult. Febr.
40. Michael Falkner de Nurtingen (bacc. haidelb.) 7 Martii.
41. Jheron. Johannis de Brackenhain 9 Martii nil dedit pauper.
42. Michael Friess ex Eltingen (Öltingen) 13 Martii.

---

14. M. A. 1500. — 15. M. A. 1498. — 17. Engelger M. A. 1504. Engelgöwer. — 27. M. A. 1508. — 30. Beat Bleyss Prior des Benedictiner Kl. auf dem Kniebis 1534. — 40. M. A. 1497. — 41. M. A. 1500, de Backana.

43. Bartholomeus Möringer de Vilingen 15 Martii.
44. Sigismundus Fabri de Monaco ead. die.
45. Lucas Härtlin (Hertelin) ex Vlma 16 Martii.
46. Michael Offinger de Riedlingen 22 Martii.
47. Georgius Clösterlin de Amberg ead. die.
48. Joh. Carpentarii de Gislingen vlt. Martii dedit 1 s. pauper.
49. Joach. Hennenberg de Gislingen ead. die.
50. Fr. Joh. Busch de Winsperg ord. Carm. 2 Apr. dedit 1 s. pedello.
51. Sebastianus Vlmer ex Vlma 3 Apr.
52. Gabriel Stähelin de Stutgartia ead. die.
53. Johannes Kolhart (Kalhart) ex Vlma 4 Apr.
54. Johannes Ybeli de Ow (Now) ead. die.
55. Johannes Sältzlin ex Ow (Now) ead. die.
56. Caspar Fabri de Hechingen quinta Apr.
57. Leonhardus Riemp (Römp) de Tarmshein 7 Apr.
58. Felix Boll de Lindaw ead. die dedit pedello 1 s.
59. Petrus Sutor de Campidona M. ingelst. 8 dedit 1 s. pedello.
60. Clemens Tagner (Dagner) de Louffen 11 Apr. dedit 1 s.
61. Philippus Pistoris de Louffen ead. die dedit 1 s.
62. Martinus Schimpff ex (Ober-)Eschelbrunn 26 Apr.
63. Michael Heber de Bercken prima Maii.

Nomina intitulatorum sub rectoratu eximii viri M. Conradi Vesseler decretorum doctoris a Phil. et Jac. vsque Luce a. 97.

1. Seruatius Fry de Gerstetten die quinta Maii.
2. Jacobus Loberschoff de Vlma die quinta Maii.
3. M. Johannes Langysen de Rotwila 12 Maii dedit 1 s. pedello.
4. Johannes Vdalricus Holtzwart de Eslingen ead. die.
5. Georgius Rieber de Zwifalten ead. die.
6. Philippus Trostell 20 Maii.
7. Sebastianus Rot de Campidona ead. die.
8. Gregorius Oppenhain die 22 Maii nil dedit pauper.
9. Stephanus Endelspach ead. die nil dedit pauper.
10. Mathias Schüchlin de Vlma ead. die.
11. Johannes Schönleber de Blaubürren die 23 Maii.

---

50. bacc. form. theol. univ. Tholosanæ, Theol. D. 1498. — 52. Vicar am Stift Stuttgart 1534.

12. Johannes Kurtz de Bürren 27 Maii.
13. Hainricus Fischer de Rotemburg 29 Maii.
14. Johannes Luduici de Engelsperg (ex Friburg) 29 Maii.
15. Johannes Egk de Berna ead. die.
16. Johannes Pistoris de Oberstorff ead. die.
17. Wolgangus de Ow penult. Maii.
18. Vitalis Stryt (Stritt) de Eslingen ead. die.
19. Petrus Calceatoris de Tuwingen ead. die.
20. Frater Johannes de Stapitz A. M. et s. theologie lector ordinis herem. S. Augustini, dedit 1 s. pedello.
21. Fr. Greg. Mayer eiusdem ord. dedit 1 s. pedello vlt. Maii.
22. D. Martinus Amlung presbyter vlt. Maii.
23. Petrus Krafft de Landshut die 16 Junii.
24. Siluester Krafft ex Plaubürren ead. die.
25. Johannes Künig de Mindelhain 23 Junii dedit 1 s.
26. Johannes Friess de Möchingen die 28 Junii dedit 1 s.
27. Fr. Johannes Lügmer (Lickinger) de Rockemburg 30.
28. Fr. Quirinus Stainlin de Rockemburg 30.
29. Johannes Negelin de Wilperg 2 Julii.
30. Bonifacius Kremer ex Baccana 7 Julii.
31. Gebhardus Vngelter de Eslingen 15 Julii.
32. Johannes Vogler de Vrach 16 Julii.
33. Hainricus Simmintz de Haigerloch 10 Julii.
34. Johannes Altenstaig (ex Mindelhaim) 27 Julii dedit 1 s. quia pauper.
35. D. Wolfgangus de Höwen baro can. ecclesiarum kathedralium argentinensis treuerensis et curiensis 31 Julii dedit 1 fl. et pedello 7 s.
36. Nicolaus Prendlin artium bacc. pedagogus eiusdem ead. die.
37. Sigismundus de Rainstetten vlt. Julii.
38. Zacharias Hofmaister 2 Aug. dedit 1 s. et reliquum remissum est, quia famulus domini cancellarii vniuersitatis.
39. Hainricus Beger de Argentina die ead.
40. Vlricus Käss de Langenargen die 8 Aug.

---

17. auf Wachendorf, 1545 Truchenmeister der Reichsritterschaft. — 20. Staupitz de Gotha Theol. D. 1500, Luthers Freund. — 26. ex Eltingen M. A. 1497. — 34. M. A. 1502. Verf. des Vocabularius u. a. DBi. s. v. — 38. de Bliderhusen, Bacc. 1500.

41. Stephanus Bonhart die 13 Aug. dedit 1 s. pauper.
42. Mathias de Gamertingen die 14 Aug. dedit 1 s.
43. Jacobus Vesen de Tuwingen ead. die.
44. Gabriel Cesar (Kaiser) de Rotemburg ead. die.
45. Philippus Astman die 25 Aug.
46. Johannes Cerdonis 4 Sept. nil dedit pauper.
47. Cristannus Crützer de Campidona die 24 Sept.
48. Wilhelmus Kerpel de Tuwingen die 26 Sept.
49. Anshelmus Gech de Tagershain die 2 Oct.
50. Johannes Veslin de Tuwingen die 9 Oct.
51. Doctor Lud. Truchsess de Hefingen denuo 13 Oct. nil dedit.
52. Jacobus Elsesser de Schorndorff 15 Oct.
53. Johannes Schürer de Offterdingen 27 Oct.
54. Conradus Fabri de Thurego 28 Oct. nil dedit pauper.

Intitulati in rectoratu eximii viri M. Johannis Aquila de Hallis U. J. D. a festo Luce ev. a. 97. donec ad Phil. et Jac. a. 98.

1. Nicolaus Ůlhart de Schipff vlt. Oct.
2. Petrus Betzel de Ötingen ead. die pauperes.
3. Melchior Ferber de Augusta vlt. Oct. pauper.
4. Conradus Grieb de Horw ead. die.
5. Marsilius,
6. Virgilius Vranei filii D. Martini Prenninger 4 Nou.
7. Johannes Franck de Bamberga 5 Nou. pauper.
8. Bernhardus Schön de Rütlingen die 18 Nou.
9. Jacobus Hainrichman de Blauburen 20 Nou.
10. Frater Joh. Schouffer de Rotemburg ord. Carm. 22 Nou.
11. Frater Joh. Stüdlin de Culpach ord. herem. S. Augustini die Othmari dedit 1 s.
12. Frater Cristoferus Fladenstain ejusdem ord. ead. die 1 s.
13. Frater Johannes Tinctoris de Tressel ej. ord. ead. die 1 s.
14. Frater Georgius Betz de Nürnberga,

---

41. ex Tinczlingen. — 48. Cörpl M. A. 1503. — 53. M. A. 1501. Kanzler d. U. S. 175. — 54. de Küßnach M. A. 1505. — 5. M. A. 1504. J. U. D. Würzburg. Kanzler. Consulent von Nürnberg 1514. — 9. Humanist, bekannt durch seine lat. Grammatik. Nach sonstigen Angaben aus Sindelfingen gebürtig. So auch in Mfa. bei seiner Promotion 1501, während er als bacc. 1497 bezeichnet wird wie oben. — 10. Schufel.

15. Frater Johannes Kütmar de Byhertingen,
16. Frater Jheronimus Karol canonici regulares.
17. Vlricus Vlmer ex Vlma sabbato post Othmari.
18. Vitus Hetler de Reith 19 Nou.
19. Michael Kempten (Kempel) de Vrach ead. die.
20. Philippus Bernbeck de Kissingen 20 Nou.
21. Hainricus Rot de Landemberg ead. die.
22. Rudolfus Braiter de Bulach 27 Nou.

1498.

23. Johannes Schering de Eltingen 10 Jan. anni 98.
24. Wolfgangus Lemblin de Gamundia (bacc. frib.) 17 Jan.
25. Frater Melchior Schürer ex Esslingen 27 Jan.
26. Cristannus Maii de Vlma penult. Jan.
27. Johannes Rich de Tuwingen ead. die.
28. Johannes Hertzer de Rauenspurga ead. die 1 s.
29. Nicolaus Textoris de Wissenhorn dedit 1 s.
30. Johannes Hipp de Remingshain.
31. Conradus Sindlinger (ex Altingen) die 20 Febr.
32. Wilhelmus Herpst de Augusta 22 Febr. dedit 1 s.
33. Johannes Graser (Gaser) de Balingen die 4 Martii.
34. Caspar Freuel de Balingen ead. die.
35. Georgius Steinlin de Calw ead. die.
36. Johannes Pannificis de Stutgardia 6 Martii.
37. Johannes Mayenschin de Vlma 10 Martii.
38. Jheronimus Leonardi Engelin 11 Martii.
39. Johannes Gugelin de Böblingen 16 Martii.
40. Cirillus Rudolfi de Trochtelfingen ead. die.
41. Johannes Feslin de Sulgen prima Apr.
42. Mauricius Textoris de Rotemburg 21 Apr. dedit 1 s.
43. Matheus Fehinger (Vayhinger ex Wil) 23 Apr.
44. Sifridus Gentner de Gailndorff ead. die dedit 1 s.
45. Nicolaus Mayer de Naw (Nau) vlt. Apr.
46. Georgius Visel de Talfingen ead. die.

In rectoratu spectabilis viri M. Simonis Leonis de Biel s.

---

20. de Kitzingen. — 23. Joh. Schurling ex Altingen Mfa. — 24. M. A. 1498. — 29. Weber M. A. 1512 als Presbyter. — 31. M. A. 1501. — 35. Steimlin M. A. 1503.

theologie bacc. formati a Phil. et Jac. donec ad Luce ev. 1498 intitulati sunt hij qui sequuntur.

1. Luduicus Walch de Naw 4 Maii.
2. Johannes Egkinger de Vlma quinta Maii.
3. Wendalinus ex Vnderdürken 7 Maii.
4. Johannes Murer de Sulgen (Sulgo) ead. die.
5. Johannes Wehelin de Schorndorff ead. die.
6. Johannes Zain de Buchow 11 Maii.
7. M. Johannes Othmar de Rütlingen 15 Maii dedit 1 s.
8. Conradus Mangolt de Constantia 22 Maii.
9. Vlricus Fabri de Blaubüren 23 Maii dedit 1 s.
10. Michael Swartz de Blaubüren 25 Maii.
11. Hermannus Rot ex Vlma 11 Junii.
12. Johannes Sutoris de Kronenberg ead. die.
13. Bernhardus Sutoris de Vrach ead. die dedit 1 s.
14. Andreas Freuel filius editui huius loci ead. die.
15. Johannes Sellatoris de Biel 13 Junii dedit 1 s.
16. Martinus (Fabri) de Altingen ead. die.
17. Johannes Smithaimer de Ehingen 17 Junii.
18. Conradus Dreger (Treer) de Oftertingen 18 Junii.
19. M. Michael Signardi de Etlingen 20 Junii dedit 1 s.
20. Frater Caspar Scheffer de Grüningen ordinis SS. 7 Julii.
21. Johannes Merck de Sindelfingen 8 Julii.
22. Bernhardus Dürr de Schorndorff 12 Julii.
23. Georgius Yeber de Offemburg 26 Julii.
24. Dauid Textoris de Vlma 27 Julii.
25. Georgius Köchlin de Tuwingen vlt. Julii.
26. Johannes Wüst de Magstat 3 Aug.
27. Michael Gut de Cellaratolfi 6 Aug. dedit 1 s.
28. Conradus Bron de Kirchen (prope Besicken) 9 Aug.
29. Johannes Schöngrieger ex Gorlitz 18 Aug.
30. Johannes de Ow 28 Aug.
31. Johannes Stähelin de Burgdorff 3 Sept.
32. Johannes Pistoris de Buchow (Büchhen) bacc. basil. 1 Oct.

7. der Buchdrucker. — 18. M. A. 1502. — 20. d. i. Sancti Spiritus. — 26. M. A. 1501. — 28. M. A. 1504. Frater Conr. Bron Mfa. also der spätere Probst auf dem Einsiedel. — 30. zu Hirrlingen. — 32. M. A. 1500.

In rectoratu eximii viri M. Andree Troschtel de Osswil U. J. D. a Luce ev. a. 1498 vsque ad Phil. et Jac. sequentis anni intitulati sunt sequentes.

1. Petrus Crafft de Mengen vicesima Oct.
2. Balthazar Saltzman ex Hailprunn 23 Oct.
3. Jo. Anbend de Thurego 27 Oct.
4. Rudolphus Sigismundus 28 Oct.
5. Paulus Carpentarii de Waltenbuch vlt. die Oct.
6. Marcus Pfullinger ex Schorndorff 1 Nou.
7. Martinus Trunck de Waiblingen 1 Nou.
8. Georius Meyer de Canstatt 5 Nou.
9. Gebhardus Gundelfinger de Hagen 7 Nou.
10. Jeronimus Sculteti (Schulthaiss) ex Gruningen 13 Nou.
11. Augustinus Bratzler de Hallis 17 Nou.
12. Andreas Goss de Gertringen vicesima Nou.
13. Joannes Haiden de Thuwingen 23 Nou.
14. Andreas Pictoris ex Kirchperg 26 Nou.
15. Joa. Zerrenweck (Zerweck) ex Marpach bacc. friburg. 1 Dec.
16. Symon Öglin de Thuwingen 2 Dec.
17. Erhardus Öglin de Thuwingen ead. die.
18. Wolffgangus Sperwersecker (de Sp. Nobilis) 5 Dec.
19. Albrechtus Krell ead. die.
20. Paulus Probscht (Probst) ex Pfortzhein 17 Dec.
21. Thom. Brunner ex Bingingen (Lauingen) bacc. ingelst. 24 Dec.
22. Fr. Augustinus Luppff (Lufft) ex Haidelberga ord. S. Aug. 30 Jan.
23. Conradus Kussling de Messkirch 22 Dec.

1499.

24. Jacobus Fabri de Sindelfingen 6 die Febr.
25. Adam Kaiser 15 Febr.
26. Caspar Genser 17 Febr.
27. Jeronimus Töber 18 Febr.
28. Wilhelmus Walcker M. heidelb. 19 Febr.

---

1. M. A. 1501. — 2. Balth. Baldermann Mfa. — 12. M. A. 1501. — 15. M. A. 1500, Lehrer in Wittenberg 15 2. — 18. auf Schloss Tübingen 1519. — 21. M. A. 1499. — 22. Th. D. 1510. — 28. Procurator Univ. in Eningen 1532.

29. Gregorius Veser de Tuwingen 19 Febr.
30. Jacobus Kessler de Wisensteig 24 die Febr.
31. Jo. Demler de Rutlingen 26 Febr.
32. Michael Huber de Entringen 26 Febr.
33. Heinricus Aichman ex Schorndorff 7 Martii.
34. Jo. Nass de Magstatt 5 Martii.
35. Nicolaus Temler ex Sindelfingen 5 Martii.
36. Cristofferus Planck ex Vlma nona Martii.
37. Wigamundus de Gemmingen 12 Martii.
38. Theodorus de Rotemburg ead. die.
39. Caspar Ammweck (Amweg) bacc. friburgensis 28 Martii.
40. Johannes . . . . . de Rotemburg nona die Apr.
41. Conradus Kung ex Stutgardia 10 Apr.
42. Johannes Steinbych ex Dornstetten 11 Apr.
43. M. Erasmus Hericius ex Bohemia M. colon. 14 Apr.
44. Georius Templer ex Kirchen (u. Teck) 20 Apr.
45. Symon Wolffhart ex Waiblingen 25 Apr.
46. Franciscus Fabri de Tuwingen vlt. Apr.

A Phil. et Jac. a. 1499 sub Laurentio Hornstein U. J. D. vniu. rectore intitulati sunt sequentes.

1. Valentinus Horn de Vrach decima mensis Maii.
2. Joannes Gössler de Vlma 16 Maii.
3. Jeronimus Pur de Nagolt vlt. mensis Maii dedit 1 s. pauper.
4. Conradus Bener (Benner) ex Geppingen 3 Junii.
5. Leonardus Lang ex Augusta 11 Junii.
6. Andreas Rein ex Bietica 5 Julii.
7. Petrus Gerber ex Nürtingen bacc. colon. 7 Julii.
8. Plasius de Rottenburg ord. Carm. 9 Julii 1 s. dedit.

---

30. M. A. 1503. Probst in Stuttgart 1513 (wo er als Joh. K. angegeben wird). — 32. als M. rec. 1501. — 40. Hier scheint das Wort Eck, der Name des nachmaligen Gegners der Reformatoren dem Abschreiber unleserlich gewesen zu sein. Derselbe ist als Jo. Mayer ex Eck in der Mfa. unter den Bacc. im Okt. 1499, unter den Mag. am 13 Jan. 1501 aufgeführt und konnte als Rottenburger bezeichnet werden, weil er dort seit 1495 lebte. Er gibt selbst an im Febr. 1499 von Heidelberg nach Tübingen gerufen zu sein. — 41. Rector in Wittenberg 1510, Jurist. — 46. Franc. Ferrarii Mfa. — 1. de Stuckgardia. — 5. Bruder des Cardinals Mattheus L. — 7. heisst in Mfa. Jeorius Gerwer M. A. 1500.

9. Georius Musslin de Minsingen 5 Aug. dedit 1 s.
10. Joh. Wendeluol de Willnow nobilis 1 Augusti.
11. Bernhardus (Verber ex) Marckpach 2 Sept.
12. Jo. Schaidlin de Esslingen 1 Sept.
13. Wilhelmus Wernherus de Zimmer baro 8 Sept.
14. Cristannus Vunhuser oriundus ex Nollein 9 Sept.
15. Conradus Stör de Schelcklingen 9 Sept.
16. Jo. Venatoris ex Blochingen 10 Sept.
17. Plasius Lichtermut de Basilea 29 Sept. 1 s. impressor.
18. Narcissus Negelin de Augusta 29 Sept. 1 s. impressor.
19. Joannes Bub de Plauburen 29 Sept. 1 s. impr. librorum.
20. Oswaldus Zitgung (Zitgnûge) de Marpach 1 Oct.
21. Heinricus Lay ex Vlma 10 Oct.
22. Paulus Wirt de Wettenhusen 18 Sept.
23. Leonardus Kollman 17 Oct. de Nürnberg oriundus.
24. Magnus Holldenberger de Lantzsperg 17 Oct.
25. Jo. Andree de Lantzsperg 17 Oct.
26. Bernhardus Franck de Cuppingen 18 Oct. 1 s. famulus.
27. Jo. Rumler de Sindelfingen 18 Oct. dedit 1 s.

A. D. 1499 sub eximio viro Wandalino Steinbach s. theologie professore vniu. rectore a festo Luce anni eiusdem donec ad festum Phil. et Jac. a. 1500 intitulati sunt sequentes.

1. Wolffgangus Wölfflin ex Oberndorff 23 Oct.
2. Conradus Hann de Munderichingen 25 Oct.
3. Symon Vogler de Vrach 28 Oct.
4. Pangratius Betschler de Robenstain vlt. Oct.
5. Johannes Drechsel de Gundelfingen 8 Nou.
6. Johannes Löblin de Wila 18 Nou.

---

13. der Chronist, Rath beim Kammergericht. — 16. zwischen 16 u. 17 am Rand: Volck ex Urach. — 21. Ulmer Stadthauptmann und Bauherr. — 24. Haldenberger M. A. 1505. — 26. M. A. 1502. — 1. M. A. 1503. — 2. Nach Weyermann 1, 456 soll hier Conr. Som, der Name des bekannten Reformators stehen. Es ist jedoch deutlich Hann geschrieben, ein Fehler des Copisten freilich leicht möglich. Die Mfa. hilft nicht aus, da unter den Bacc. von 1501 nur Conradus ex Mund. vorkommt und die Aufzeichnung der Magister von 1504, wo er zu suchen wäre, durch die Nachlässigkeit eines M. Mart. Riecker von Lustnau verloren gieng, der Einträge in die Mfa. zu machen unterliess. — 5. M. A. 1521.

7. Wilhelmus Dachtel ex Herrenberg 20 Nou.
8. Petrus Nitthart ex Wissenburga 2 Dec.
9. Augustinus Wickmann ex Wissenburga 2 Dec.
10. Jannes Coci ex Wissenburga 2 Dec.
11. Joannes Bauerus ex Kirchen 2 Dec. dedit 1 s.
12. Andreas Hyrsenn de Stainhen 4 Dec.
13. Joannes Klette ex Gamertingen 18 Dec.
14. Joannes Doman de Vlma 19 Dec. dedit 1 s.

1500.

15. Joannes Schmellerer ex Vrach 10 Jan.
16. Caspar Schwartzenfelder ex Wissenburga 10. Jan.
17. Ludouicus Beringer ex Hemmingen 14 Jan.
18. Andreas Vlmer ex Altingen 22 Jan.
19. Michael Hess de Britzena 22 Jan.
20. Jacobus Wurst de Wila 30 Jan.
21. Mauritius Wicker de Keisserstul 6 Febr.
22. D. Vlricus comes de Hölffenstein 7 Febr. dedit 1 fl.
23. Nicolaus Küehorn de Weiblingen 9 Martii.
24. Jacobus Reinbold de Stutgardia 12 Martii.
25. Remigius Hamer de Vrach (Niffen) 14 Martii.
26. Petrus Kurwödel ex Vahingen 17 Martii dedit 1 s.
27. Albertus Meyer ex Sachsenhen 17 Martii.
28. Jacobus Voigt ex Nyfen 17 Martii.
29. Fr. Andreas Irrer ord. Carm. ex conu. nürnbergensi dedit 1 s. 21 Martii.
30. Frater Nicol. Nitthart ex eodem conuentu dedit 1 s. ead. die.
31. Fr. Joannes Ferenschildt ex eodem conuentu dedit 1 s. ead. die.
32. Joannes Erberwin de Stainenprunn 22 Martii.
33. Thomas Herman de Bettnüsi 24 Martii dedit 1 s.
34. Cristianus Einhart ex Urach 27 Martii.
35. Heinricus Doring ex Hassia vltima Martii.
36. Jodocus ex Güsslingen 4 Aprilis dedit 1 s.
37. Michael Zecker ex Vrach 6 Apr. dedit 1 s.

---

7. Dachtler, Vogt in Böblingen 1521. — 8. M. A. 1500. — 12. Andr. Irsen de Stain Mfa. wohl derselbe, der als Andr. Lemp de Stainha 1504 M. A. wird. — 22. Ulrich XVI, am wirt. Hof 1511. Heyd Ulr. 1, 554. Rath Karls V 1522. — 28. Jac. Hilber de N. Mfa. — 34. Sebastianus Einhart Mfa. — 36. ebenso Mfa. — 37. Mich. Mögling M. A.

38. Leonardus Arnoldt de Meymshein 23 Apr.
39. Joannes Knorr de Meymshen 23 Apr.
40. Nicolaus Steymer de Holtzgeringen 24 Apr.
41. Jacobus Hepp ex Waiblingen 25 Apr.
42. Joannes Lyb de Schaffhusen 25 Apr.
43. Steffanus Binder de Messkirch 27 Apr. dedit 1 s.
44. Joannes Plum (Blum) de Uberlingen 28 Apr.

A. d. 1500 sub eximio viro CONRADO SUMMENHART ex Kalw s. theologie professore vniu. rectore a festo Phil. et Jac. anni eiusdem donec ad festum Luce prefati anni intitulati sunt sequentes.

1. Conradus Kräb de Munderchingen 5 Maii.
2. M. Joannes Gray de villa Gigantis ex Scotia bacc. theol. formatus 7 Maii nihil dedit.
Joannes Fingisin de Araw 9 Maii.
3/4: Joannes Fonger de Monaco 11 Maii.
5. Ludouicus Kraiss de Böblingen 12 Maii.
6. Joannes Diepold ex Ulma 13 Maii nihil dedit.
7. Fr. Jodocus Sträli de Besicka conu. essling. ord. Carm. 14 Maii.
8. Wolffgangus Höw de Meyefeld 15 Maii nihil dedit.
9. Petrus Han ex Uberlingen 17 Maii.
10. JOANNES ASCHMAN ex Fahingen 24 Maii.
11. Joannes Doleatoris ex Wyla ciuitate 25 Maii nihil dedit.
12. Joannes Penditorius de Auffkirch 27 Maii.
13. Benedictus Ber de Constantia 27 Maii nihil dedit.
14. Joachim Setzlin de Balingen 27 Maii nihil dedit.
15. Wolffgangus Richhart ex Guslingen 19 Junii.
16. Johannes Lantz de Buchhorn 29 Junii.
17. Joannes Demmer de Vrach 30 Junii nihil dedit.
18. Calixtus Serifficis de Prägantia 13 Julii nihil dedit.
19. Eberhardus Fogel de Melchingen 19 Julii.

1503. Decan. 1509. In der Mfa ist der Name Zäcker ausgekrazt und der andere darüber geschrieben s. u. 1503 N. 25. — 2. habet locum ante magistros anni 96. Mfa. — 5. M. A. 1505. — 6. Ref. Geistlicher in Ulm Weyermann 1, 142. — 10. M. A. 1503. — 15. M. A. 1509. s. Coccinius de tralatione A. II. — 17. Jo. Dammer de Monaco Mfa. — 18. Calixtus Fabri Mfa.

20. Johannes Storer ex Munderichingen 21 Julii.
21. Georius Kridlin (Cridlin) ex Vrach 21 Julii.
22. Johannes Currificis de Schorndorff vlt. Julii nihil dedit.
23. Heinr. Schwaner ex Diessenhoffen alias ex Wisensteig 11 Aug.
24. Thomas Schmaldienst ex Emingen (Mengen), 13.
25. Johannes Fritz ex Wininda 19 Aug.
26. Bernhardus Fabri de Möglingen vltima Aug.
27. Prater Clemens Nunnenmacher de Symentzen professus diui ord. S. Benedicti conuentus hirsaugiensis 9 Septembris.
28. Johannes Marcus Repphun ex Pfortzen 13 Sept.
29. Cristoferus Huser (Tufel) de Ethenheim 18 Sept.
30. Bernhardus Mieg de Pfullendorff 18 Sept.
31. Jacobus Rouslin (Rösslin) de Wila 25 Sept. nihil dedit.
32. Mathias Jenner de Schorndorff 27 Sept.
33. Martinus Kern de Lor vlt. die Sept.
34. Vlricus Sellatoris de conu. zwifaltensi ord. S. Benedicti.
35. Fr. Sebastianus Molitoris eorundem conu. et ord. 1 Oct.
36. Vlricus Stigotesch de Geppingen 1 Oct.
37. Alexander Gray de Hadenton in Scotia 13 Oct. nil dedit.
38. Johannes Stahel de Fahingen 15 Oct.

A. D. 1500 sub eximio viro Jacobo Lempp de Stainhein decretorum ac s. theologie doctore vniu. rectore a festo Luce Ev. anni eiusdem donec ad festum Phil. et Jac. a. 1501 intitulati sunt sequentes.

1. Wendalinus Rücker de Kirchen ord. S. Petri de Silua 19 Oct.
2. Ambros. de Silua ord. herem. S. Augustini 20 Oct. nil dedit.
3. Berchtoldus Horcher ex Balingen 22 Oct.
4. Conradus Ortolff de Ebingen 27 Oct.
5. Johannes Sutoris de Herrenberg 1 Nou. dedit 1 s.
6. Jacobus Jeger de Wyllvilla 4 Nou.
7. Henningus Gramman de Magdaburg ord. S. Augustini 6ta Nou. dedit 1 s.
8. Petrus Begen de Schöning prefati ordinis eod. die dedit 1 s.
9. Nicolaus Bartt de Haydenhaim ord. S. Benedicti 21 Nou.

---

21. M. A. 1505. — 25. in Wittenberg 1502. — 36 Stigentäsch. — 38. Stachel ex Wayngen. — 1. Riegger M. A. 1507. — 6. M. A. 1501.

10. Caspar Wolflin de Rütlingen 2 Dec.
11. Jodocus Fabri de Canstat,
12. Cristannus Morler de Flemschhusen,
13. Wernherus Wydenbosch de Franckfordia, impressores librorum 6 Dec. quilibet dedit 1 s.
14. Jodocus Vogler de Canstat 8 Dec.
15. Conradus Abell de Massenbachusen, bacc. hayd. 11 Dec.

1501.

16. Fr. Wolffgangus Ausermayer de Monaco ord. S. Aug. 5 Jan. dedit 1 s.
17. Fr. Baltaser Schürer de Tüwingen ej. ord. ead. die 1 s.
18. D. Jacobus Banholtz de Ehingen adiutor in divinis 6 Jan.
19. Thomas Wernheri de Nyphen 8 Jan.
20. Stephanus Bartenschlag de Stutgardia 14 Jan.
21. Simon Dietermann de Esslingen vlt. Jan.
22. Johannes Langysen de Rotwill 1 Febr.
23. Mathias Wernheri (Werner) de Rotwyll eod. die.
24. Conradus Schlenck de Offenburg 4 Febr.
25. Johannes Widman de Vrach 4 Febr.
26. Johannes Wendelstain de Rottenburg 7 Febr.
27. Erhardus Stainbach ex Kayserstul eod. die.
28. Georgius Wernn (Wern) ex Echterthingen 11 Febr.
29. Michael Kerlin (Kernly) de Zürczach (Kur) 23 Febr.
30. Johannes Ehinger ex Gertringen 2 Martii.
31. Anthonius Brön (Bron) de Calw eod. die.
32. Mathias Brengwecklin ex Landsperg 7 Martii dedit 1 s.
33. Nicolaus Mücher de Welsen (Walsen) 9 Martii.
34. Georgius Hegner de Horw 10 Martii.
35. Jacobus Schneblin de Horw eod. die.
36. Bernhardus Schelhamer de Wyttingen eod. die.
37. Martinus Grieninger de Entringen 15 Martii.
38. Vlricus Schawer de Nidlingen 18 Martii.
39. Anthonius Fessler 2 Apr.
40. Bartlomeus Spitzer de Stutgardia 13 Apr.
41. Laurentius Fuchs de Backnaw (Baccana) 16 Apr. dedit 1 s.
42. Georgius Wichauer (Wickauer) de Laüingen 23 Apr.

---

21. M. A. 1506. — 35. in Wittenberg 1502. — 36. M. A. 1505. — 42. M. A. 1501.

43. Melchior Leonis (Löw) de Balingen 26 Apr.
44. Martinus Rück de Wyttingen (Horb) vlt. Apr.
45. Georgius Zymmermann de Dantisco eod. die nil dedit.

A. d. 1501 sub eximio viro Andrea Geyslinger s. pagine professore doctissimo vniu. rectore a festo Phil. et Jac. app. anni eiusdem donec ad festum S. Luce anni presignati intitulati sunt subscripti.

1. Johannes Sachsenhaim 23 Maij.
2. Nicolaus Hartlib bacc. 3 Junij.
3. Cristoferus Eberhart de Hirlingen 8 Junij.
4. Rudolfus de Adlica 11 Junij.
5. Johannes Siglin,
6. Michael Bretter de Blieningen 14 Junij.
7. D. Eberhardus Laniatoris de Wila bacc. lips. eod. die.
8. Johannes Lebenther de Langenzen bacc. ingelst. 27 Junij.
9. Scirus (Cyrus) Cristiner ex Kirchen 1 Julij dedit 1 s.
10. Wolffgangus Fabri (Ferrarii) de Esslingen 12 Julij.
11. Hainricus de Bosswil 13 Julij.
12. Jacobus Miesch ex Candstatt 14 Julij dedit 1 s.
13. Ernestus de Empss 21 Julij.
14. Johannes Dulger ex Winadow 1 Aug. dedit 1 s.
15. Hermannus Fulhaber ex Haigerloch 10 Aug. dedit 1 s.
16. Jacobus Lorcher de Stuttgardia 23 Aug.
17. Bernhardus Muratoris de Bulach 4 Sept. dedit 1 s.
18. Augustinus Lapicida ex Augusta 7 Sept.
19. Laurentius (Zan) de Kuppingen 8 Sept. dedit 1 s.
20. Conradus Wescher de Tuwingen 14 Sept.
21. Hainricus de Stotzingen 15 Sept.
22. Wernherus Stocker de Kalw 17 Sept.
23. Felix Relling ex Bibaraco eod. die.
24. Mathias Kell de Nürtingen 22 Sept.
25. Georius Ster (Stär) de Zwifalten 24 Sept.
26. Pangratius Mayer de Yettingen 7 Oct.

---

44. M. A. 1505. — 1. ebenso Mfa. — 2. Hertzlieb ex Grieningen Mfa. — 5. M. A. 1504. Collegiatus 1518. Dec. F. A. 1520 als J. U. D. — 8. Lebenter M. A. 1501. — 15. in Wittenberg 1502, UVogt in Altensteig 1527. — 16. M. A. 1504. — 26. de V̊tingen.

27. Laurentius (Sun) de Haigerloch eod. die.
28. Rudolfus Rechberger de loco heremitarum 8 Oct.
29. Wernherus Vndergenger ex Bondorff (bacc. frib.) 10 Oct.
30. Nicolaus Vischer ex Rottenburgo eod. die.

A. D. 1501 a festo Luce vsque ad diem Veneris ante dom. Reminiscere anni 1502 sub rectoratu eximii viri Andree Trostel de Osswil U. J. D. intitulati sunt subscripti.

1. Jheronimus Schirpf de S. Gallo M. basil. 19 Oct.
2. Ludwicus Wasenfelder de Monaco 21 Oct.
3. Jodocus Keser ex Rittlingen 24 Oct.
4. Cristannus Pfuser ex Rittlingen eod. die.
5. Albanus Doleatoris ex Husen 27 Oct.
6. Johannes Schwicklin ex Augusta artium bacc. ingolst. 27 Oct.
7. Gastallus Hoffvischer ex Augusta 1 Nou pauper.
8. Martinus Laurin ex Esslingen (bacc. Colon.) 3 Nou.
9. Johannes Egen de Tetingen 6 Nou.
10. Rudolphus Schedler de Bern 19 Nou.
11. Melchior Murlin ex Trochtelfingen 2 Dec.
12. Alex. Altmulsturner (Altmülstainer) de Stutgardia 17 Dec.

1502.

13. Jacobus Veiter ex Pliningen 5 Jan. pauper.
14. Dyonisius Sutoris ex Rüxingen 22 Jan.
15. Gregorius Pistoris ex Tailfingen cis Neccarum 25 Jan.
16. Johannes Würtzburger ex Burckdorff 5 Febr.
17. Bartolomeus Vincencii de Wila 11 Febr.
18. Johannes Lutz de Wila 13 Febr.
19. Martinus Aichman ex Schorndorff 17 Febr.
20. Albertus ex Rottenburgk 17 Febr.

A. D. 1502 sub clarissimo viro D. Conrado Fessler juris pontificii doctore prestantissimo vniu. rectore a die Jouis ante kath. Petri anni eiusdem donec ad festum Phil. et Jac. app. anni presignati intitulati sunt subscripti.

1. Johannes Seger ex Schenberg 22 Febr.

---

27. M. A. 1505. — 1. Schurpff prom. in Basel, Ord. legum in Wittenberg. — 3. M. A. 1504. — 8. Lare M. A. 1503. — 14. Sutor de Wila.

2. Onoferus Gremper ex Vahingen 27 Febr.
3. Caspar Siesskind (Siesking) ex Esslingen 2 Marcij.
4. Dauid de Lapide 3 Marcij.
5. Johannes Bregli de Wila 15 Marcij.
6. Joh. Welter de Zella episcopali (filius episcopi) 19.
7. Jeorius Kemfringer de Augusta 28 Marcij.
8. Frater Jacobus Renger 28 Marcij.
9. Johannes Pur eod. die.
10. Johannes Österricher eod. die.
11. Conradus Hirlibuss die penultima Marcij.
12. Leonhardus Hug die 6 Apr.

A. D. eodem quo supra a festo Phil. et Jac. app. eximius vir D. Conradvs Vessler iuris pontificii doctor prestantissimus continuauit officium rectoratus ad hoc rite electus ab his quorum interest et preordinatus vsque ad idem festum a. 1503, sub quo subscripti sunt intitulati per ordinem ut sequitur.

1. Conradus Dolmesch ex Gryningen die 14 Maij.
2. Joannes Trach de Spira 10 Maij.
3. Casper Messnang 11 Maij.
4. Fr. Hainr. Sitz ord. Carm. (conv. Hailbr. bacc. Haidelb.) 11.
5. Fr. Ludw. Spiegel eiusdem ord. eod. die, ambo dederunt 2 s.
6. (Paulus) Rättinger (Rötinger) ex Nörlingen bacc. 15 Maij.
7. Johannes Beck ex Nörlingen ead. die.
8. Bernhardus Märck de Landsperg 16 Maij.
9. Joannes Ryser ex Landsperg 19 die Maij.
10. Johannes Sigloch ex Backnang 19 Maij.
11. Lenhardus Schuuffer ex Deffingen 23 Maij.
12. Lenhardus ex Emershoffen 27 Maij.
13. Laurentius Nipenpurger 27 Maij.
14. Wolffgangus Widman vltima Maij.
15. Petrus Vilenpach de Pregantia 2 Junij.
16. Simon Dietherlin ex Esslingen 4 Junij.
17. Jeorius Nitel ex Stutgardia 12 Junij.

---

2. Rentkammermeister in Stuttgart. — 3. M. A. 1505. — 12. de Döffingen M. A. 1506. — 6. M. A. 1501. — 10. M. A. 1505. Plebanus in Backana 1511. OA.Beschr. 149. — 15. M. A. 1505. — 17. stud. in Padua 1510, Chorherr in Stuttgart 1516, Kirchherr in Horburg.

18. Thomas Seratoris 15 Junij.
19. Bernhardus Rychart ead. die.
20. Sebastianus Frisinger (ex Landshut bacc. Ingelst.) 22 Junij.
21. Jeorius Wachter 24 Junij.
22. Johannes Goss ex Reningen 1 Julij.
23. Fr. Remigius Wysshar de Bondorff ord. S. Johannis 24 Julij.
24. Fr. Hainricus Rach 22 Julij dedit 1 s. ord. Augustini.
25. Bacc. Othmarus Rasoris de Esslingen 4 Augusti.
26. Martinus Löli ex Glatt die vltima Augusti.
27. Felix Blübel ex Dornstetten ead. die, pauper.
28. Caspar Gelter ex Dornstetten ead. die, pauper.
29. Jacobus Köffeli ex Kalw 1 Sept.
30. Joannes Schertlin ex Nagolt 8 Sept.
31. Bernhardus Wernher ex Bondorff 13 Sept.
32. Johannes Bigel ex Stutgardia vlt. Oct. pauper.
33. Theodorus Mayer ex Ebhusen 11 die Dec.

1503.

34. Georius Hug de Holtzgeringen 12 die Febr. pauper.
35. Simon Vorbuch ex Pregantia 17 die Febr. pauper.
36. M. Joseph Münsinger ex Vlma 7 Martii pedello dedit 1 s.
37. Johannes Hecker ex Minchingen in vig. annunc. Marie.
38. Jeorius Miller (Ruf) ex Tarmshein dominica Letare.
39. Michel Drest ex Waltenbuch die lune post Letare pauper pedello dedit 1 s.
40. Johannes Schulthaiss 2 Apr.
41. Stephanus Stör de Tiessenhoffen 6 Apr.
42. Joannes Hesslin (Höslin) de Echingen eod. die.
43. Cristannus Dörer de Aichstetten 6 Apr. pauper dedit 1 s.
44. Martinus Kirchher de Superiori Stadion eod. die.
45. Simon Scolastici Caldeatoris cognominatus 6 Apr.
46. M. Bernhardus Bin ex Nagolt 7 Apr. dedit 1 s. pedello.
47. Georius Smotzer de Constantia 26 Apr.

---

20. M. A. 1501. — 26. Mart. Leblin ex Dornstetten M. A. 1508. — 36. Kanzler zur Zeit des östr. Regiments, gen. von Frondeck. — 37. M. A. 1512 als Sacerdos. — 44. ex Stadion cognomine Süpplinger M. A. 1507. — 45. Simon Kessler filius mgri Symonis tunc rectoris scolarium in Tuwingen, bacc. 1505 Mfa. M. A. 1507. Med. D. 1512. S. 97. Collegiatus u. Dec. A. 1512, wo er angibt: ex Bibraco. — 47. M. A. 1506.

48. Echarius Sartoris de Güsslingen 27 Apr.
49. Jeorius Mösch de Augusta penultima Apr.
50. Johannes Schopper de Seckingen S. Marci ev.
51. Thomas Hunger de Süssen eodem.
52. Joh. Schopt de Seckingen.

A. D. 1503 sub prestantissimo viro Petro Bronn preposito ad S. Petrum in Silua s. theologie licentiato vniu. rectore a festo Phil. et Jac. app. anni eiusdem vsque ad festum Luce Ev. intitulati sunt sequentes.

In mense Mayo.

1. Michel Einhart de Vrach 5.
2. (Frater) Achathius Linckehager de S. Gallo bacc. haidelb. 6.
3. Bartholomeus Decker de Wyla ciuitate 18. dedit 1 s. pauper.
4. Eberhardus Horn de Stugardia 23.
5. Jacobus Loberschoff de Vlma bacc. wienensis 30.
6. Joannes de Örnberg nobilis 30.
7. Item Arnestus Bauff de Bedenkap famulus ex Hassia 1 s.

In Junio.

8. Bernhardus Goldslager de Vlma 3.
9. Jacobus Mantz de Turego 9.
10. Rulandus (Zeg) de Thurego 9. 1 s. pauper.
11. Jacobus Herlin de Turego 9. 1 s. pauper.
12. Joannes Gerum,
13. Jeorius Gerum de Gretzingen 12.
14. Conr. Kull de Balingen 1 s. pauper famulus burse 12.
15. Sebastianus Loner de Balingen.

In Julio.

16. Bernhardus Näpper de Kur 5.
17. Joannes Dachs de Donssdorff 6.
18. Jeorius de Auen 7.
19. Petrus Hamma de Fridingen 7.
20. Joannes Sartoris de Monacho 24 dedit 1 s. pauper.
21. Joannes Müschelin de Hornberg vltima die Julij.

---

49. Schmösch Mfa. — 1. M. A. 1506. — 2. M. A. 1503. — 5. M. A. 1503. — 6. Erberg nobilis et canonicus. — 11. ex Tüwingen Mfa. zweimal. M. A. 1507. — 15. M. A. 1506. Collegiatus 1509.

In Augusto.

22. Johannes Klinghaimer de Faygingen 5.
23. Gallus Rüchlin de Nällingen bacc. ingelst. 7.
24. Sebastianus Bappyrier de Rüttlingen 25.

In Septembri.

25. Amandus Zäcker de Vrach 13. famulus burse 1 s.
26. Vlricus Gräblin de Wyssenhorn bacc. ingelst. 16.
27. Johannes Küsslingen de Horb bacc. albigensis eod. die.
28. Wolffgangus Böbel de Justingen (Schälklingen) eod. die.
29. Johannes Mollitoris de Husen 19.
30. Petrus Weckmann de Vlma 23.
31. Johannes Besch ex Esslingen vlt. pauper dedit 1 s.

In Octobri.

32. Jodocus Balneatoris ex Tüwingen 5. dedit nil quia pedellus remisit.
33. Joannes Kress ex Blaubüren bacc. 9.
34. Joannes Macellatoris 10.
35. Johannes Goldschmid conuentualis in Murhart 14.

A. D. 1503 sub egregio et prestantissimo viro D. Caspar Forestarii ex Kyrchen V. J. interprete profundissimo vniu. rectore a festo Luce ev. anni eiusdem vsque ad festum Phil. et Jac. a. 1504 intitulati sunt sequentes.

1. Georius de Sternenvels in vigilia Simonis et Jude.
2. Alexander Köss ex Tüwingen Simonis et Jude.
3. Conr. Wattman de Messkyrch 2 feria post Sim. et Jude dedit 1 s.
4. Arnestus King (Rex) de Euingen, omnium animarum.
5. Nicolaus Wyttenbach ex Byel altera post om. an.
6. Joannes Vmendarii ex Solendar eod. die dedit 1 s.
7. Joh. Schütz ex Wayblingen 6 feria ante Martini.

---

25. A. Mögling (wie oben S. 545 sein Bruder Michael) Schüler Heinrichmanns, M. A. 1506. Decan 1511. Von den Pundsstenden onschuldiglich an seinem Leib iämmerlich gepeinigt gemartert und zerrissen, also dass er bis in sein gruben ain leibarmer presthafter mann sein muss. St. Arch. Würt. Rath u. Advocat 1538. — 26. Griebel M. A. 1504. — 27. Küßlin M. A. 1505. — 28. Bruder des Heinrich M. A. 1506. Med. D. — 33. M. A. 1505. — 35. de Haylprun. — 1. Domdechant in Speier, Præp. zu St. Guido u. Bruchsal † 1535. — 7. 1503 in Wittenberg. M. A. 1510.

8. Rupertus Hürssenman eod. die.
9. Joannes Byttel ex Zwyfalten 6 feria post Othmari.
10. Leonhardus Kölin (Kölle) de Vlma 17 Nou.
11. Mathias Biechner de Tybingen 2 feria post Conradi.
12. Ludwicus Stechelin ex Stuttgartten in vig. Andree.
13. Mathias Messnang ex Campidona die Barbare dedit 1 s.
14. Vitus Stainlin (Staimlin) de Kalb 13 Dec. dedit 1 s.
15. Joannes Rempp de Stainen eod. die.
16. Wolgangus Coci de Sancto Monte 17 Dec. dedit 1 s.
17. Joannes Yckinger de Gamundia 19 Dec.
18. Conradus Bomhamer de Ryttlingen 20.
19. Joannes Bartholomeus de Velberg 4 post Lenhardi.
20. Joannes Scharpff de Augusta eod. die.
21. Johannes Wyssar de Gryeningen 5. post Lenhardi.
22. Nicolaus Gayssberger de Schorndorff Innocentium.
23. Johannes Nuffer de loco eodem. Innocentium.
24. Georius de Siglingen eod. die.
25. Joannes Ryth de Hora die Thome ep. et martyris.

1504.

26. Georius Binder ex Kyrchen, trium regum.
27. Franciscus Wolffberger ex Yessingen eod. dedit 1 s.
28. Joannes Lůger de Pregantia 3 post trium regum.
29. Joannis Carnificis ex Kalw eod. die.
30. Joannes Kellin ex Schorndorff dom. post Hylarii.
31. M. Joannes Byssinger 4. ante Anthonii.
32. Alberthus Sartoris ex Wyla 2 post Agnetis dedit 1 s.
33. Jacobus Stayger ex Baccana eod. die.
34. Wendelinus Gugelin de loco eodem ipsa die.
35. Frater Joannes Schürer ex Canstat ord. S. Augustini altera post conu. S. Pauli dedit 1 s.
36. Martinus Vesslin de Sulgen die Dorothee.
37. Fridericus Stumpfart (Stümphart) de Canstatt eod. die.

---

8. Hirssman ex Schorndorf. — 11. M. A. 1507. Med. D. — 12. Bürgermeister in Stuttgart. — 21. Wernher Wysshar de Gr. wird M. A. 1508, auch Wysshart. — 22. in Wittenberg 1503. — 24. Ge. Siglinger ex Schorndorf M. A. 1507. — 26. treuer Anhänger H. Ulrichs, erster ev. Stadtpf. in Grözingen. — 29. Lanii, Metzger M. A. 1507. vgl. unten 1506 N. 79. — 33. Steicher 1502 in Wittenberg. — 37. Vogt in Böblingen 1534.

38. Michael Alber de Gysslingen ipsa die 1 s.
39. Marcus,
40. Lucas Rott de Vlma 12 Febr.
41. Joannes Schürer ex Bondorff in vigilia Mathie.
42. Eustachius de Westernach in vigilia Martini.
43. D. Joannes Pfitzer de Richartzhusen eod. die.
44. Georius Hann de Siechelfingen sabato ante Reminiscere.
45. Eberhardus de Ernberg 2 feria post Reminiscere.
46. Laurentius Wolff de Spira eod. die.
47. Theobaldus Bernhardi de Montepeligardo 4 post Rem.
48. Marcus Burger ex Nyertlingen bacc. 5 post Rem.
49. Joannes Albrecht ex Durckain dom. Oculi dedit 1 s.
50. Cristannus Lauryn de Göppingen 4 post Oculi.
51. Lienhardus Piscatoris ex Donsdorff eod. die dedit 1 s.
52. Conr. Calciatoris de Bomdorff 4 post Letare dedit 1 s.
53. Vlricus Fryck ex Güsslingen 6 post Letare.
54. Michael Conrat ex Kücha eod. die.
55. Sebastianus Keffer (Kefer) ex Schorndorff sabato.
56. Joannes Mollitoris ex Messkyrch Sabato ante Quasim.
57. Gallus Myttelburger ex Kirhain 4 ante Georgii.
58. D. Leonh. Clemens (Ulmensis) pleb. in inf. Zwyfalten eod. die.
59. Matheus Spett ex Pfullendorff ipsa die Georii.
60. Joannes Zwicker ex Böblingen altera post Marci.
61. Jacobus Kirnbach ex Mindelhaim dom. Jubilate.
62. Gabriel Köchlin ex Tüwingen in vigilia Philippi.
63. Joannes Zellarii eod. die.

A. D. 1504 sub rectoratu insignis viri Renhardi Gaisser s. theologie professoris a Phil. Jacobique vsque ad festum S. Luce anni eiusdem sunt infrascripti intitulati.

In Mayo.

1. Egidius Närer de Hoff 2. 1 s.
2. Georius Megenhart de Blauburen 5.
3. Georius Arminianus Tribotes 6. 1 s.
4. Erhardus de Argentina 11.

39. M. A. 1508. — 41. M. A. 1511. — 46. M. A. 1505. — 48. M. A. 1505. — 55. M. A. 1507. Humanist. Geistl. in Schorndorf. — 58. s. Coccinius de tralatione B. V. — 2. M. A. 1508.

5. Georius Waibel ex Tuwingen 11.
6. Conradus de Altenstaig 16.
7. Joannes Lenser de Eppiano 19.
8. Mathias Inbrun de Eppiano 19.
9. Maximinus (Böshans) Wagner de Mosingen vltimo.

In Junio.

10. Melchior Lengerer de Stutgardia 5.
11. Theodolus Schlegel de Chur 13.
12. Florinus Jonot de Flims 13.
13. Barmundus Issung (Ylsung ex Augusta) 15.
14. Georius Sigloch de Grieningen 16.
15. Egidius de Pfeffingen 17. 1 s.
16. Ludwicus Tholmetsch de Grüningen 18.
17. Ludwicus Rentz de Wysenstaig 18.
18. Georius Crafft ex Vlma 18.

In Julio.

19. Jacobus Munch de Memmingen 3.
20. Joannes Wagel de Augusta 3.
21. Michael de Gechingen 5.
22. Conradus Werner de Walsen 5.
23. Joannes Höffner de Hilpolstain 23.
24. Georius Riecker de Schorndorff 28.
25. Balthasar Kömely (Komlin, Kymlin) ex Willa 30.

In Augusto.

26. Gregorius Greck de Vlma 1.
27. Joannes Merhart ex Lansperg 8.
28. Joachim Kirchberger ex Wissenhorn 9.
29. Jeronimus Juntz de Vlma 9.
30. Thomas Bechlin ex Sindelfingen 9.
31. Joannes Wyser ex Schauffhusen 15.
32. Wendalinus de Brackenhaim 15.
33. Joannes de Fridingen 21.
34. Mathias Gibutz de Sisa 22.
35. Joannes Biber ex Munchsterkingen 28.

---

5. M. A. 1511. — 9. M. A. 1508. — 14. Siglin M. A. 1508. — 16. M. A. 1508. — 17. M. A. 1507 soll Abt (Pfarrer) in Deggingen später in Zainingen gewesen sein. — 18. Dom. Geo. Krapf M. A. 1507. — 24. M. A. 1506. — 25. M. A. 1508. — 26. Weyermann 2, 136. — 30. M. A. 1510.

36. Andreas Flain ex Weinlingen 28.
37. Mathias Birer ex Weinlingen 28.
38. Sebastianus Schuttilin de Zwyfalten 30.
39. Joannes Schnupffer (Schnuffer) de Reningen 30.

In Septembri.

40. Marcus Hannackam ex Tuwingen 6.
41. Joannes de Babenhusen 17.
42. Georius Reniker (Rincker) ex Tuwingen 18.
43. Jeorius Rotenburger ex Tuwingen 18.

In Octobri.

44. Andreas Slais (Schlayss) ex Wyssenhorn 1.
45. Michel Hartz ex Dornstetten 1.
46. Mathias Kretz ex Lansperg (bacc. vienn.) 6.
47. Martinus Wagner ex Tuwingen 14.
48. Anthonius Mollitor ex Nuwenburg 17.
49. Joannes Ludwici de Stutgardia 17.
50. Joannes Hornbach de Dirn (Dürn) 18.
51. Joannes Fabri ex Münster (Canstat) intitulatus a D. Gaspere (Forestario) tanquam vicerectore et non inuentus dixit se aduenisse post Anthonium Müller [48].

A. D. 1504 sub rectoratu eximii viri Sigismondi Epp ex Bennicken s. theologie D. a festo S. Luce anni eiusdem vsque ad festum Phil. et Jac. a. 1505 sunt infra scripti intitulati.

1. Joannes Pannithonsoris de Horb 23 die Octobris.
2. Joannes Hurnuss de Plapuren 24.
3. Marcus Fistulatoris (Pfifer) de Rotenburg 24.
4. Bartholomeus Schwärtzlocher de Tuwingen 30.
5. Vdalricus Stamler ex Soldern 3 Nou. dedit 1 s.
6. Joanne Stultz de Balingen.
7. Joannes Marcus de Bubenhoffen 8.
8. Joannes Vysel (Viselin) ex Offtertingen 18. dedit 1 s.
9. Wernherus Wyssler ex Gröningen 20.
10. Georius Fentel de Etlingen 20.
11. Balthasar Sellarius de Canstat 1 Decembris.

---

39. M. A. 1508. Med. D. — 45. Harzer. — 46. 1506 M. A. 1516 in Ingolstadt, Prediger in Augsburg, München. Prantl 2, 486. — 48. Miller. — 50. Vicar am Stift in Stuttgart 1500 † 1510. - 11. Roth Beitr.

12. Bartholomeus (Klee, Cleuw) ex Esslingen 1.
13. Joannes Decker (Döcker) de Canstat 4.
14. Philippus Senfft de Hallis 4.
15. Wendalinus Welscher de Horw 7.
16. Cristoferus,
17. Wolfgangus Marsalck ex Bappenhaim 8.
18. M. Caspar Ruch ex Gruebach 8.
19. Vdalricus Vlman de Augusta 8. dedit 1 s.
20. Amandus Richtenberger de Eningen 16.
21. Michael Biner ex Horb 19.
22. Joannes Nunner ex Horb 19.
23. Bechdoldus Kecheller ex Horb 19.
24. Vdalricus Fronsperger ex Mindelhaim (bacc. vienn.) 29.
25. Bartholomeus Edelman ex Tuwingen 23.
26. Fabianus Piscatoris ex Sultz 29.
27. Michael Heninger de Tuwingen 20.
28. Wolffgangus Arnoldi de Gamundia 21.
29. Hainricus Hertzog de Gamundia 21.
30. Michael Scriptoris de Gamundia 21.
31. Thomas Fabri de Lonse 22 die Decembris.
32. Wolffgangus Schuwer de Tubingen 21 dedit 1 s.

1505.

33. Georius Guldinfüss de Wasserburg 7 Januarii.
34. Joannes Tublin de Vrach 10. dedit 1 s.
35. Jacobus Kiehorn de Nuwhusen 10.
36. Petrus Bucheler ex Plieningen 11. dedit 1 s.
37. Georius Frick ex Vsswiler 14.
38. Ambrosius Blarer de Constantia 17.
39. Joannes Ycher de Rotenburg 10 Febr.
40. Joannes Bubel de Mynfeld 10.
41. Jeorius Hertzog de Horb 14.
42. Jacobus Soldner de Schorndorff 17.
43. Joannes Müller de Stutgardia 6.

---

34. M. A. 1505 wird 1523 Pfarrer in Esslingen, wo er die Reform. bekämpft. Chorherr in Speier † 1532. — 12. M. A. 1506. Dec. 1516. — 25. ist 1543 librarius et antiquarius. AS. — 27. Hemminger M. A. 1510. — 29. 1503 in Wittenberg. — 39. M. A. 1507. — 43. M. A. 1506. Chorherr im Stift Stuttgart, später in Speier.

44. Leonhardus Winther de Hailbrun 17.
45. Erhardus Solleder de Sultz 18.
46. Georius Krisslin de Arnach 19.
47. Vdalricus Vechinger de Stutgardia 24.
48. Melchior Lutz (Hutz) de Rosenfeld 24.
49. Joannes Haberkalt de Machtelberg vlt.
50. Jacobus Jiclin (Jecklin) de Machtelberg vlt.
51. Allexius Fabri de Oberlendingen 7 Martii.
52. Jodocus (Feldner) Tinctoris de Hallis 10.
53. Vdalricus Zinck ex Mindelhaym 12.
54. Jacobus Rychlin ex Gertringen 21.
55. Wilhelmus Rietheim 27.
56. Petrus Rottacker de Wyla 2 Apr.
57. Conradus Hockenschnoss ex Esslingen 4.
58. Ludwicus Cleinerspecht ex Esslingen 4.
59. Georius Keym de Donssdorff 4.
60. Leonhardus Schwindelin de Esslingen 4.
61. Sebastianus Gigeluff de Holtzgerlingen 14.
62. Joannes Textoris ex Wyssenhorn 23.
63. Joannes Kessler ex Hor 24.
64. Vdalricus Troschel de Mindelhaim 26.
65. Leonhardus Hochenstain de Hall 29.
66. Vdalricus Bubler de Geppingen vlt.
67. Sebastianus Calceatoris de Butelspach vlt. dedit 1 s.
68. Burckhardus Rielin de Herrenberg vlt.

Sequuntur nomina intitulatorum sub rectoratu spectabilis M. Joannis Vesenmeyger ex Donssdorff huius opidi Tuwingen eccl. collegiate decani.

1. Joannes Pistoris de Backenahaim 3 Maij.
2. Matheus Mercklin ex Esslingen 13 Maij.
3. Laurentius Reich ex Hechsteten 17 Maij.
4. Joannes Harder 17 Maij.
5. Jeorius de Ehingen 17 Maij.

---

44. Leonh. Meng de H. Mfa. — 47. Faichinger in Wittenberg 1503. M. A. 1508. — 49. zu der Humanistenschule gehörig s. Heinrichmann Inst. gramm. — 53. M. A. 1509. — 62. Jo. Weber A. M. 1511. Med. D. 1518 s. auch Heinrichmann Inst. gramm. — 68. M. A. 1510 vor dem Interim ev. Pf. in Sersheim.

6. Joannes de Ehingen 17 Maij.
7. Joannes Pleer de Thalhaim 21 Maij.
8. Johannes Rominger (Raminger) de Ytingen 28 Maij.
9. Caspar Ginter (Kinthart) de Riedlingen vltima Maij.
10. Vlricus Haintz de Mindelhaim 3 Junij.
11. Ludwicus Schlycher ex Vlm (bacc. ingelst.) 3 Junij.
12. Lucas Werling de Plaburen 8 Junij.
13. Martinus Paulus ex Naw 11 Junij.
14. Joannes Huglin ex Sindelfingen 13 Junij.
15. Joannes Jager de Wil 14 Junij.
16. Conradus Ochsenbach (ex Tuwingen) 16 Junij.
17. Petrus Ot de Rutlingen 18 Junij.
18. Philippus Epfelbrun 18 Junij.
19. Jacobus Turinger de Gasserssbusen 5 Junij.
20. Bonauentura ex Vlm 4 Augusti.
21. Heinricus Visches (Fischess) ex Vrach 22 Augusti.
22. Georgius Herman ex Kauffburen vlt. Aug.
23. Jacobus Clein ex Augusta vlt. Aug.
24. Jacobus Huser ex Botzen vlt. Aug.
25. Johannes Flech ex Echingen 9 Sept.
26. Jeorius Sigloch (ex Backana) 17 Sept.
27. Vlricus Huser de Horb 12 Sept.
28. Johannes Jung de Pfeffingen 22 Sept.
29. Leonhardus Voland ex Gröningen 23 Sept.
30. Bernhardus Ritter 24 Sept.
31. Nicodemus Gotzfrid ex Lopenhusen 26 Sept.
32. Simon Ruschlin (Rysslin de Binicka) 27 Sept.
33. Johannes Rasoris de Auffkirch feria 3 ante Galli.
34. Frater Jeorgius Beham de Nernberga 15 Octobris.
35. Frater Joannes de Nernberga 15 Oct.
36. Valerius Clain (ex Gröningen) 17 Oct.
37. Wilhelmus,
38. Caspar Kielschamer 17 Oct.

Sub rectoratu clarissimi viri Johannis Halieti V. J. D. a

8. Reninger S. 168. Collegiatus, Artium et Med. D. 1518. — 11. M. A. 1507. — 26. M. A. 1509. — 29. M. A. 1509. — 34. Böhem ordinis Carmelitarum.

festo Luce a. 1505 vsque Philippi et Jacobi a. sequentis sunt infra scripti incorporati.

1. Bernhardus Wuchter de Offtertingen 19 Octobris.
2. Johannes Thiel de Offtertingen 19 Oct.
3. Johannes Hoffman de Anultzbach 21.
4. Joannes Fahri ex Leukirch 22.
5. Mathias Glathar de Wasserburg 22.
6. Jacobus Ott ex Duntzbach 22.
7. Wolfgangus Alberti de Sachsenhain 28.

Nouembris.

8. Vdalricus Alber de Constantia 4.
9. Andreas Apprel ex Memmingen 10.
10. ALEXANDER RIEGER de Vehingen 10.
11. Simon Pistoris de Riedlingen 15 1 s.
12. Johannes Wintzelhuser de Stutgardia 15.
13. MARCUS WIL (WILD) de Vayhingen 16.
14. (Frater) Joannes Fahri de Beblingen 18.
15. Bernhardinus de Stauffen baro in Erenfels.
16. Conradus artium magister de Schwabach 20.
17. Johannes de Schwabach 20.
18. Balthasar Scheberlin de Eningen 21.
19. Georgius Röll de Monaco (bacc. lips.) 22.
20. Jacobus Haffner ex Rotenburg 24.
21. Joannes Stenglin de Gruningen 24.
22. Joannes Ludwig de Werdea 25.
23. Hieronimus Wurm de Guntzenhusen 27.

Decembris.

24. Petrus Coci ex Halbrunen 3. dedit 1 s.
25. Joannes Bald ex Werdea 11.
26. Dominicus Mayer ex Rotenburg 4. (in Wittenberg 1503).
27. Sebastianus ex Horb 12.
28. Jacobus Furderer ex Stutgardia 13.
29. Joannes Schup (Schaup) de Gechingen (falsch für Besicken) 13.

---

10. M. A. 1509. Collegiatus 1510. — 13. M. A. in Wien, kommt zurück 1512, Collegiatus 1514. — 19. M. A. 1506. — 28. Vogt in Stuttgart † 1531. — 29. M. A. 1515. Med. D. 1520. — 30. M. A. 1506.

1506.

Januarii.

30. Joannes Veter ex Lowingen 2.
31. Christofferus Thom de Augusta circumcisionis.
32. Ludwicus Plenderer de Goppingen 5.
33. Georgius Pfeffer Maguntinus 5.
34. Mathias Pess ex Tubingen 5.
35. Joannes Sitzinger de Hallis 7.
36. Wolffgangus Haym (Han) ex Rotenburg 8.
37. Petrus Sifrid de Ehingen 15.
38. Joannes Lenger Roracker 16.
39. Marcus Böck de Menga 18.
40. Wecelaus Engwiller (ex Aichstetten) 28.

Februarii.

41. Joannes Schnel ex Stutgardia 3.
42. Heinricus Kobold Vlmensis 3.
43. Joannes Keller ex Offterdingen 5.
44. Matheus Satler de Menga 13.

Marcii.

45. Sigismundus Dyn de Genga 3.
46. Symon Kurtz de Butelspach 5.
47. Joannes Heschlin de Windelsen 7.
48. Wylhelmus Gaysser ex Geisslingen 19.
49. Joannes Scheuffer de Hag 9. 1 s.
50. Michael Liechtenstainer Ingolstadiensis 14.
51. Eberhardus de Karpffen 11.
52. Laurentius Rowser ex Backenhain 12.
53. Joannes Fabri ex Yckenhusen (Jebenhusen) 16.
54. Joannes Mayr de Bilstein 16.
55. Sebastianus Ynselin de Riedlingen 17.
56. Joannes Sifrid de Ey prope Vlmam 17. 1 s.
57. Petrus Burghardi de Wylhain.
58. Bernhardus Scheuffelin de Wylhain 18.

---

38. Lengerer M. A. 1510 de Waltenbuch. — 39. factus postea præfectus Wiennensis Mfa. — 40. Egweiler. — 41. M. A. 1509. — 42. Rath u. Leibarzt des Hochmeisters in Preussen Markgr. Albrecht. — 47. in Wittenberg 1503. — 51. württ. Rath 1545, Haushofmeister 1551. — 52. Röser M. A. 1510. — 54. M. A. 1510.

59. Mathias Finck de Stutgardia 19.

Aprilis.

60. Eustachius de Stain 1.
61. Bernhardus Zimerman de Beringen 31.
62. Vdalricus Wirtenberger de Kirchen 1.
63. Sebastianus Scriptoris ex Schorndorff 8.
64. Joannes Garmenschwanger de Vberlingen 8.
65. Joannes Vetter de Wilperg 11.
66. Joannes Krafft de Lansshut 12.
67. Bernhardus Vranius de Tubingen 14.
68. Joannes Jager (Jeger) ex Lowenberg 18.
69. Joannes Küssenpfenninger ex Kalb 23.
70. Georgius Gabler ex Kalb 29.
71. Melchior Detz de Gröningen 24. 1 s.
72. Vitus Schleffer de Gamundia 21.
73. Conradus Vischer de Göppingen 28.
74. Joannes Hainrici ex Vlma 29.
75. Nicolaus Gulden de Harthusen 29.

Sequuntur nomina intitulatorum in et sub rectoratu excellentissimi viri Jacobi Lemp sacrorum canonum atque theologie D. a Phil. et [Jacobi] a. 1506 vsque ad idem festum a. 1507.

1. Stephanus Schock (Scheck) de Nagolt 2 Maij 1 s.
2. Cristofferus Langmantel ex Augusta 5.
3. Andreas Hensel (Heinsel) ex Trochtelfingen 7. 1 s.
4. Jeorius Cipperer de Ottlingen 11. 1 s.
5. Caspar Bilss de Wangen 12.
6. Mathias Finck de Loffen 13.
7. Martinus Fabri de Böblingen 14. 1 s.
8. Gallus Betz de Wyssenhorn 13. 1 s.
9. Georgius Schlicher de Vlma 15.
10. Volckius de Scharffenberg 16.
11. Georgius Krafft de Vlma plebanus in Bretzingen 20.
12. Johannes Lininger ex Offtertingen 25.

---

65. vor dem Interim ev. Diac. in Balingen. — 69. M. A. 1509. — 70. ev. Diac. in Herrenberg. — 72. Schlerfer, Schlerferer M. A. 1510. — 9. Weyermann 2, 478. — 12. Lening M. A. 1508, auch Lieniger Vogt in Stuttgart † 1587.

13. Siluester Negelin ex Augusta 27. 1 s.
14. Vitus Eptle de Kurnbach 2 Junij 1 s.
15. Johannes Conradus Spirnelwager de Constantia 12.
16. Johanes Otter de Spira 13.
17. Frater Petrus Biber de Nörnberg,
18. Frater Heinricus Salbert de Colmbach,
19. Fr. Johannes Wiess de Nornberga, ord. heremitarum 15.
20. Balthasar Forster de Tutlingen 19. 1 s.
21. Georgius de Bernhusen 19.
22. Fr. Jeronimus Fabri ord. August. Esslingensis 1 s.
23. Johannes Pistoris de Pregantia 19.
24. Thomas Keck de Dettingen 24.
25. Wolffgangus Danner de Geppingen 27. 1 s.
26. Fr. Simpertus de Layingen ord. herem. Aug. 28. 1 s.
27. Frater Allexius Jater de Vrach 28. 1 s.
28. Martinus Sietz de Snebrantz 29.
29. Joannes Mayer de Memingen 29.
30. Anthonius Bichlin (Bechlin) de Schaffhusen 2 Julij.
31. Heinricus Wetterssbusen de Marpurg 2.
32. Fr. Johannes Kruss de Tubingen ord. herem. Aug. 5.
33. Jodocus Hackgenman (Hailigman) de Ehingen 6.
34. Ciriacus Lor de Horb (als bacc. angenommen) 6.
35. Johannes Gulden de Ehingen 14.
36. Petrus Gschiedlin de Winada 18.
37. Mathias Pannithonsoris de Baden 27.
38. Wolffgangus Wagenbach.
39. Johannes Murer de Horb 1 Augusti.
40. Jeronimus Pistoris de Mengen 2.
41. Johannes Welling ex Stutgardia 5.
42. Martinus Salm 5.
43. Bechdoldus Nuttel (ex Stutgardia) 5.
44. Petrus Linck de Schwabach 13.
45. Johannes Kartler (Karther) de Stutgardia 19.
46. Philippus Horn de Stutgardia 21.

---

13. Weyermann 2, 352. ex Gamundia Mfa. — 15. Spindelwager. — 19. Wyser. — 22. Johannes Fabri Mfa. — 25. M. A. 1509. — 34. M. A. 1506. — 39. M. A. 1509. — 40. M. A. 1510. — 41. Bürgermeister in Stuttgart 1519. — 43. M. A. 1512. — 46. Pharmacopola.

47. Johannes Deutzel de Berghulen.
48. Ludwicus Schmalkaller 7 Septembris.
49. Jodocus Leple de Bern 9.
50. Matheus de Butelspach 14.
51. Rudolffus Schwegler de Augusta (bacc. frib.) 16.
52. Johannes Negelböck ex Berndorff 24.
53. Georius Geltinger de Veltkirch nobilis 27.
54. Johannes Hertzog de Horb.
55. Johannes Pfeffer de Sefeld 7 Oct.
56. Rasse Schwab de Augusta 9.
57. Johannes Compost de Naw 15.
58. Otmarus Keck de Naw 15.
59. Sigismundus Hertzog de Pregantia 15.
60. Vlricus Figulus de Schelcklingen 15.
61. Jacobus de Weinssberg 15. 1 s.
62. Caspar Mayer de Offtertingen 16.
63. Johannes Schad de Menga 16. 1 s.

A festo Luce.

64. Blasius Schwab de (Ulbach) Esslingen 21.
65. Bernhardus Tischmacher de Tubingen.
66. Georgius Satler de Lindaw 22.
67. Conradus Richart ex Möglingen 28.
68. Eberhardus Gameringer ex Pfullingen 29.
69. Johannes Aman de Naw vltima.
70. Georgius Scheübel Spirensis vlt.
71. Bernhardus Gugel de Pregantia 1 Nouembris 1 s.
72. Caspar Cuppell de Menga 4. dedit 1 s.
73. Guntherus Wenck de Wayblingen 11.
74. Melchior Vischer de Guntzburg 12.
75. Zacharias de Guntzburg 12.
76. Michael Klayber (Cleuwer) de Gretzingen 14.
77. Johannes Scheck de Vayhingen 16.
78. Conradus Wintzelhuser de Stutgardia 16.
79. Johannes Macellatoris de Kalb 16.
80. Jacobus Rüger de Hingen (Echingen) 17.

---

54. M. A. 1509. — 76. M. A. 1510. — 78. Frühmesser im Stift zu Stuttgart 1520. — 79. Metzger M. A. 1510 vgl. oben 1503 N. 29.

81. Gregorius Saltzman de Vlma 17.
82. Thomas Beringer (Berner, Bernher) de Feringen 18.
83. Andreas Amman de Esslingen 20.
84. Johannes Farner de Dornstetten 20.
85. Johannes Bruner de Kur 23.
86. M. Paulus Hügmaier de Lauffen 23.
87. Simon Her de Wysensteig 27.
88. Caspar de Kaltental nobilis,
89. Johannes de Kaltental nobilis 29.
90. Johannes Wernhuser de Geppingen vlt.
91. Mathias Fabri de Bissingen 1 Dec.
92. Georgius Hess de Pfullingen 1. dedit 1 s.
93. Johannes,
94. Rudolffus de Fridingen Germani 4.
95. Martinus Wagner de Walse (Wallisen) 16.
96. Johanes Weber de Horb 16.

1507.

97. Georgius Molitoris de Kirchen 11 Jan.
98. Jacobus Bernhecker de Rotwil 13.
99. Petrus Ehinger de Vayhingen 14.
100. Johannes Rott de Plaburen 1 Febr.
101. Cristoferus de Schwartzenberg baro 22.
102. Simon Kessler de Wysenstaig 24.
103. Wolffgangus Doleatoris (Binder) de Stutgardia 26.
104. Jacobus de Schornbach 27.
105. Conradus Cocus de Vrach 5 Martij.
106. Johannes Wicher de Augusta M. paris. 22.
107. Wolffgangus Prellin (Brelin) de Vnderndurncken 23.
108. Georgius Krider de Vnderndurncken 23.
109. Gallus Ryff de Rauenspurg 24.
110. Cristoferus Crotzinger nobilis 23.

---

81. Arzt in Ulm, Verf. med. Schriften. Weyermann 2, 450. — 82. Bacc. lips., M. A. 1507, wird 1511 M. D. u. 1513 als ord. Lehrer der Medicin angestellt. Lib. cond. f. 6. Er heisst sonst überall Berner. War bisher unbekannt. — 83. Oma M. A. 1509, Probst in Rheinfelden, Stuttgart 1528—34. — 90. Wernzhuser, vom kleinen Auschuss d. L. 1522. — 101. Freund der Humanisten s. Altenstaig Vocab. — 103. W. Victoris, Chartusianus apud Friburgum M. A. 1511. — 107. M. A. 1510.

111. Johannes Schmid de Mospach 1 Aprilis.
112. Joannes Jungmeyer de Tyllingen 26 Martij.
113. Bernhardus Eny de Wysenstayg 26.
114. Jacobus Hug de Mundrichingen 10 Aprilis.
115. Johannes Ott de Kirchen ciuitate 12.
116. Wolffgangus Petrus de Kirchen ciuitate antepen. Apr.
117. Johannes Appenzeller de Bennicken vlt. Apr. 1 s.

Sequuntur nomina intitulatorum sub rectoratu insignis viri WENDALINI STAINBACH s. theologie professoris a Phil. et Jac. a. 7.

1. Ludwicus Geiling ex Bracken 2 Maij.
2. Johannes Hieffelin Elwangensis 4.
3. Heinricus Currificis (Wagner) Tuwingensis 5.
4. Nicolaus Aucupius Constantiensis 7.
5. Johannes Waltzen ex Bracken 25.
6. Johannes Herman de Stainhaim vlt.

Intitulati in Junio.

7. Vdalricus Wysshar de Dietnau (Wangen) 7.
8. Johannes Lanius ex Nuwhusen 7.
9. Martinus Sigwart de Weltzen 7..
10. Leonhardus Sartoris ex Backenhaim 8. 1 s.
11. Ludwicus Künig de Kauffburen 21. 1 s.
12. Johannes Schainbain (Schinbain) ex Rüdlingen 1 s.
13. Franciscus Köpp ex Bondorff 25. 1 s.
14. Johannes Weg (Wech) ex Mundelhaim 25.
15. Vlricus Sefer ex Geppingen 25.

In Julio.

16. Johannes Pistoris ex Ebingen 2.
17. Dionisius Gotfrid ex Pregantz.
18. M. JOHANNES STÖFFLER plebanus Justingensis 5.
19. Vitus Gewch ex Suntau 6.
20. Fr. Conradus Brenhalder Schussenriedensis 28.
21. Frater Onno Schleglin (Schlegel) ord. prem. Schuss. 28.
22. Johannes Dagner ex Sindelfingen 29.

---

114. ibidem prædicator M. A. 1507. — 4. N. Vogler aus Canstatt nicht Constanz M. A. 1515. — 7. Wysser M. A. 1513. — 9. Vicar am Stift in Stuttgart 1534. — 14. Wech übergeschrieben. — 16. M. A. 1511. — 20. M. A. 1523.

In Augusto.

23. Nicolaus Koch ex Winterlingen 11.
24. Cristofferus Nitert ex Vlma 12.
25. Johannes Messner ex Tagersen 25.
26. Fr. Sebastianus Richer ord. herem. S. Aug. 26.
27. Petrus Herteman de Gengen penult.

Septembris.

28. Johannes ex Stamen (oder Stainen) 7.
29. Conradus Mutschler ex Rüdlingen 19.
30. Beatus Schill de Chor 22.
31. Cristofferus Unbain ex Lindau 23.
32. Fr. Bernhardinus Zwicker de Augea seu Alba ord. prem. vlt. Sept.

Octobris.

33. Wilhelmus Besserer ex Vlma 5.
34. Johannes Funck de Dietnau 5.
35. Vlricus Kelln de Nellingen 11.
36. Wolffgangus ex Herrenberg Sartoris 12. 1 s.
37. Leonhardus Weber Vlmensis 18.
38. Blasius Fromeier Hinstetensis (Hingst.) 22.
39. Ludwicus Fing Gumedingensis 25.
40. Johannes Rechberger 28.
41. Bartholomeus Streler Vlmensis 28.
42. Conradus Scheiblin penult.
43. Martinus Gering de Liphain penvlt.

Nouember.

44. Petrus Philippus ex Wysenstaig 4.
45. Martinus Riser de Rutlingen 4.
46. Jacobus Doringer de Balingen 4.
47. Heinricus Besserer ex Stutgarten 9.
48. Nicolaus Esslinger de Gamundia 17.
49. Caspar Forster ex Tutlingen 17.
50. Johannes Wyland ex Heymsen 16.

---

23. M. A. 1509, heisst auch Nic. Winterlinger. — 32. Zwincke de Bischofszell M. A. 1508. — 37. genannt Jung, Stadtammann in Ulm. — 41. Geistl. in Ulm, Weyermann 2, 533. — 45. M. A. 1514. — 48. S. 168. M. A. 1512. D. Med. 1521. Collegiatus 1525. Not. publ. 1531.

51. Johannes Herholt (Herolt) ex Hallis 19.
52. Wernherus Sags de Esslingen 20.
53. Conradus Vngelter de Esslingen 20.
54. Johannes Cellerarius Haidelbergensis 28.
55. Conradus Wysshar (Wysshart) de Canstat penult.
56. Fr. Jacobus Vngelter ex Stutgarten ord. prem. in Adelberg.

December.

57. Jeronimus Huniger (Heniger) ex Esslingen 3.
58. Zacharias Sartoris Augustanus bacc. wienensis 3.
59. Johannes Wylhalm de Stutgardia 3.

1508.

Januarius.

60. Conr. Wachendorff de Rotenburg bacc. Wytenburg. 1.
61. Wolffgangus Rockenburg ex Güsslingen 6.
62. Thomas Berdotus de Montepelligardo studens Paris. 7.
63. Nicolaus Sellatoris ex Wayblingen 7.
64. Conradus Boss ex V̈berlingen studens Friburg. 8.
65. Dominicus Schutz ex Wayblingen 8.
66. Anthonius Brun ex Herrenberg 10.
67. Andreas Kretz de Wolfach 13.
68. Vincentius Linck de Furbach 17.
69. Heinricus Rutlinger ex Rottenburg bacc. Witennberg. 20.
70. Johannes Glockenthon ex Nurnberga bacc. Lips. 20.
71. Albertus Gsell ex Harthusen bacc. Frib. 20.

Februarius.

72. Thomas Kados ex Munderchingen 3.
73. Simon Fabri ex Heffingen 8.
74. Johannes Geffler de Horb 9.
75. Petrus Wylhain de Buchen bacc. Friburgensis 19.
76. Johannes Vnglert de Grunbach (Grienenbach) 21.
77. Geruasius Boebisch de Campidona 22.

Martius.

78. Eglolphus Riethamer Angelbergensis 1.
79. Johannes Brasperger ex Vrach 9.
80. Caspar Glockeler de Gamertingen 10.

---

51. M. A. 1512. — 57. M. A. 1513. — 60. in Witt. inscr. 1503. — 63. Satler M. A. 1511. Vicar am Stift in Stuttgart † 1526. — 66. M. A. 1514. — 67. Ketz M. A. 1509. — 73. ex Herrenberg Mfa. — 80. Gockel, Gogel M. A. 1512.

81. Johannes Stoll ex Rotenburg 10.
82. Wolffgangus Fischer ex Elwangen 13.
83. Johannes Syngrün (Seingrön) ex Rutlingen.
84. Petrus Ott de Rutlingen 13.
85. Jacobus Hegner ex Ringingen 13.
86. Ottmarus Eblin (Epplin) ex Ebingen 14.
87. Christofferus Gayssberger ex Schorndorff 14.
88. Joachim Forstmeister ex Kirchen 17.
89. Jacobus Morhart ex Kirchen 17.
90. Osswaldus Weglin de Munderchingen bacc. Friburg. 17.
91. Leonhardus Wachtel (Wachtler) ex Kirchen 18.
92. Andreas Platenhart ex Esslingen 18.
93. Lucas Scheltz de Hekgbach (Heppach) 18.
94. Wolffgangus Laurin ex Geppingen 19.
95. Petrus Fatt ex Esslingen 22. 1 s.
96. Johannes Widdinman (Widman) de Nerlingen 23. 1 s.
97. Jeronimus Ainkorn ex Nerlingen 23.
98. Sebastianus Knoll ex Reningen 24.
99. Paulus Stocker 14.

Aprilis.

100. Jacobus Hetzel ex Gröubingen 1.
101. Michaelis Zugkmantel ex Vberlingen 6.
102. Conradus Krachff ex Vlm artium et legum D. 6. 1 fl.
103. Martinus Kappen ex Flacht 8.
104. Andreas Schienntz ex Rotenburg 8.
105. Ambrosius Strelin de Beringen 9. 1 s.
106. Absalon Gruner (Grieninger) de Vlma 10.
107. Wendalinus Binder ex Tubingen 10.
108. Michel Alber de Vrach 28.

Sequuntur nomina intitulatorum sub rectoratu egregii viri D. Petri Brun s. theologie D. Phil. et Jac. a. 1508.

---

81. M. A. 1512. D. Med. 1525. — 87. Vogt des Kl. Steinheim 1524. — 89. Menratt. — 91. Coturninus Med. D. 1518. — 93. M. A. 1512. — 96. M. A. 1512. — 97. M. A. 1511. — 102. Krafft. Ein Konr. Kraft ist 1514 Chorherr des Stifts in Stuttgart. Heyd Grön. 238, ein gleichnamiger ist Plebanus in Ulm 1516. Weyermann 2, 256. — 103. Mart. Flach ex Caphanheim Mfa. — 106. M. A. 1510.

Maij.

1. Johannes Schwäblin ex Phortzen 1.
2. Johannes Adam de Stain custos eccl. Elwangensis 4.
3. Georgius Wysselin de Wylheim 4.
4. Quintus Scheurer de Tuwingen 7.
5. Nicolaus Gerbel ex Phortzen M. A. 10.
6. Johannes Schnider ex Augusta 11. 1 s.
7. Petrus Bettinger de Blaburen 11.
8. Johannes Pfarer de Blabüren 11.
9. Vdalricus Rockenburg ex Vlma 20.
10. Georgius Epplin (ex Ochsenhusen) 22.
11. Wolffgangus Nippenburg canonicus in Brüsel 22.
12. Johannes Hack (Hag ex Bopfingen) 4.
13. Mathias Beblinger ex Esslingen 24.

Junius.

14. Conradus Fung de Detnaw 1.
15. Johannes,
16. Conradus Riecker ex Tuwingen 3.
17. Michael Ritter ex Tubingen 4.
18. Jeronimus Trust ex Ehingen 7.
19. D. Jacobus Bomer de Wysenburg 9.
20. Simon Calceatoris de Feringen 12.
21. Laurentius Beltz ex Nagolt 16.
22. Stepfanus Mössinger ex Rütlingen 16.
23. Johannes Gerum (Gering) ex Platenhart 17.
24. Andreas Fünck de Augusta 18.
25. Sebastianus Plibel de Dornstetten 26.
26. Wolffgangus Volbracht de Nouaciuitate 27. 1 s.
27. Johannes Rosennacker ex Sindelfingen 28.
28. Georgius Beck de Cantstat 29.

Julius.

29. Caspar Lepplin de Zainingen 6.
30. Johannes Kuwhorn ex Kirchen 17.
31. Gabriel Rotengarter ex Vlma 19.
32. Burghardus Tusslinger ex Bondorff 31.

---

5. der Schüler und Freund Reuchlins. — 9. Rockenburger M. A. 1511. Collegiatus 1514.

33. Dionisius Freuel ex Tubingen 31.
34. Remigius Gwinner Bondorffensis vlt. 1 s.

September.

35. Martinus Siber de Gysslingen 5. 1 s.
36. Oswaldus Rüdiger de Wila 21 Augusti 1 s.
37. Dionisius Benss (oder Bender) de Esslingen 12 Augusti.
38. Johannes Leb Wysenstaigensis 21 Aug.
39. Bartholomeus Pur de Wil 16 Sept.
40. Philippus Klinger de Minore Aspach 16.
41. Jacobus Balistarii de Horb 22 Sept.
42. Sigismundus Alberstorff 23.
43. Wendalinus Dopsen ex Kempten 27.
44. Jacobus Brünlin de Kanstat vlt. 1 s.

October.

45. Johannes Vogt,
46. Wolffgangus Mayer,
47. Bartholomeus Mayer,
48. Heinricus Negelin ex Gamundia 11.
49. Heinricus Mösch (Metsch) de Mossbach 21. 1 s.
50. Albertus Thum de Nuwenburg 23.
51. Muricius Brun de Kirchen (bacc. treuer.) 25.
52. Johannes Lotzer de Horb 25.
53. Heinricus Geroltsecker de Loꝛ 25.
54. Nicolaus Ruman de Dornen 26.
55. Johannes Hilprand (ex Dornen) 26.

Nouember.

56. Jacobus Oberman ex Kempten 3.
57. Sigismundus Mayer de Werthain 3.
58. Magnus Weselin de Schorndorff 6.
59. Simon Sigismundus ex Wilppad 9.
60. Bernhardus Hopp ex Wayblingen 9.
61. Conradus (Hymer) Winsshaim 9.
62. Johannes de Obernkilch 16.
63. M. Vitus de Wangbeck 26.

---

36. Rieger M. A. 1512. — 43. Döpssried, Dossried M. A. 1511. — 48. ex Augusta Mfa. — 50. Probst in Ellwangen. — 52. M. A. 1512.

December.

64. Sebastianus Spengler ex Rutlingen 5.
65. Jeronimus Berlin ex Dunkelspichel 19.
66. M. Vener de Kyssleck 19.
67. Egelolffus (Müller ex) Angelberg (s. S. 570 N. 78) 21. 1 s.
68. Bernhardus Rorbach de Tübingen 27.

1509.

Januarius.

69. Gregorius Köler ex Rutlingen 12.
70. Sigismundus Winderer Canstatensis 17.
71. Balthasar Eck de Schletstet 29. 1 s.

Februarius.

72. Johannes Bumaister de Hagenaw 2. (resignauit et vniuersitas acceptauit).
73. Leonhardus Schöpffer ex Bilstain 3.
74. Jacobus Sayler ex Herenberg 8.
75. Martinus Nibel de Dytzingen 8.
76. Matheus Ort ex Wilpad 17.
77. Wendalinus Fabri ex Ettlingen 17.
78. (Frater) Wilhelmus Schulthayss de Tubingen 22.
79. Sinbertus de Burga 22.
80. Paulus Nassaberlin de Kuppingen 26. 1 s.
81. Vdalricus Schwytzer de Kuppingen 26.
82. Matheus Beringer 17.

Martius.

83. Franciscus Kircher (Kürchner) de Stadion 3.
84. Jacobus de Kirchen 5.
85. Marcus Mercklin.
86. Jodocus Fogler ex Vrach 8.
87. Georius Schöller (Schneller) ex Vrach 8.
88. Johanes Hetzel (Hytzer) ex Wysenstaig 11.
89. Balthasar Nippenburger 12.
90. Anthonius Alberstat 12.
91. Johannes Rotenburg artium magister 12.

---

69. M. A. 1510. — 72. M. A. 1509. — 76. M. A. 1512. Dec. F. A. 1519. — 82. Math. Ditzler de Beringen M. A. 1514. — 83. cognomine Sipplinger. Roth Beitr. 39.

Aprilis.

92. Vitus Liesch ex Phortzen 1.
93. Marcus Krafft ex Kirchen 2.
94. Michel Hieber de Wetehusen 13.
95. Marcus Schilling de Lauffenberg 14.
96. Johannes King de Öttingen bacc. Frib. dictus Kingsattler 15.
97. Stephanus Wolff de Öttingen 15.
98. Johannes Wörnschuser (Wernshuser) de Geppingen 16.
99. Fr. Caspar de Hornstain ord. S. Benedicti monasterii Campidonensis 29.
100. Frater Vdalricus de Gundelsshain ei. ordinis.
101. M. Balthaser Her ex Kempten 20.
102. Johannes Hiemer de Kauffburen 20.
103. Vdalricus Mayer de Kempten 20.
104. Vdalricus Knor ex Stutgardia 23.
105. Johannes Knoller (Kneller) de Wil 23.
106. Johannes Spidel de Wil 23.
107. Johannes Bur (Paur) de Lütkirch 26. 1 s.
108. Michel Back de Canstat 27.
109. Jeorius Weselin de Schorndorff vltima Aprilis.

Nomina intitulatorum sub et in rectoratu eximii viri Dom. Heinrici Winckelhoffer ex Ehingen U. J. D. a. 1509.

In mense Maij.

1. Johannes Heum ex Wal 2. dedit 1 s.
2. Jeronimus Anfang de Pfaffhoff 2.
3. Anastasius Lapicide de Biettikhain 2.
4. Augustinus Thannhaimer ex Vlm 4.
5. Petrus (Wern) Calciatoris ex Rotenburg 13.
6. Conradus Fabri de Dietenhain 21. dedit 1 s.
7. Johannes Harder ex Wildperg 23.
8. Gallus Held de Rotwil penult.
9. Johannes Ÿfflinger penult.
10. Johannes Gosselt ex Wirmlingen 13.

---

92. M. A. 1511. — 96. S. 166. — 103. M. A. 1513. — 107. M. A. 1511. Med. D. 1525.

In mense Junij.

11. Gallus Muller de Furstenberg 1.
12. Michael Sattelin de Rauenspurg 1.
13. Marcus Goltz de Owen 4.
14. Gregorius May de Tubingen 4.
15. Johannes Bütelin,
16. Nicol. Calciatoris canonici monasterii S. Petri in Walsen 10.
17. Ludwicus Briechlin de Kempten 11. 1 s.
18. Michael ex Angelsperg 15. 1 s.
19. Cristofferus Currificis ex Walsshut 20.
20. Balthasar Schwicker de Kirchen 15.
21. Johanes Moch (Mauch) de Hirssland 20.

In mense Julij.

22. Daniel Vfflinger 3.
23. Johannes Weberlin 5.
24. Simon Hëlin de Eningen 7.
25. Johannes Woltz de Weinsperg (oder Wernsperg) 22.
26. Hartmannus Heuninger de Kochendorff (Weinsperg) 22.
27. Johannes Mayer de Boppenwiler 28.
28. Johannes Butelin de Scheppach penult. 1 s.

In Augusti mense.

29. Cristofferus Gopp (Gab) de Biberach 2.
30. Johannes Busch de Stutgarten (bacc. Frib.) 4.
31. Franciscus Beringer de Tubingen 10. 1 s.
32. Albertus Berlin de Dinckelspichel 11.
33. Philippus Lepkiechler de Halprün 16.
34. Vitus Sporhan de Vlm 17.
35. Conradus Heuffelin de Oberlendingen 21.
36. Wilhelmus Reiblin de Rotenburg 21.
37. Conradus Riter de Schorndorff 21.
38. Caspar Spät de Hepfficken 23.
39. Georgius Gerlach de Beblingen 29.
40. Conradus Vischer de Vrach vlt.

In mense Septembris.

41. Michael Pfau (bacc. frib.) 4.

---

11. S. 165. — 18. im Stift Baknang, liest dort die letzte Messe. OA. Beschr. 149. — 24. Simon Weiß Mfa. — 26. Henninger. — 30. Bausch M. A. 1511. Chorherr zu Stuttgart 1527. — 39. Vogt in Böblingen 1519.

42. Niclaus Mouschin ex Esslingen 5. 1 s.
43. Eberhardus Gerlach de Behlingen 8.
44. Martinus Pfefflin de Nurtingen 13.
45. Matheus Billing de Villingen 14.
46. Georgius Ruff de Rutlingen 14.
47. Johannes Künig de Villingen 14.
48. Melchior Satler ex Eschelbrun.
49. Matheus Wern ex Echtertingen.
50. Johannes Fabri de Tann 16. 1 s.
51. Johannes Lutz de Altingen 18.
52. Conradus Welle de Vrach 18. 1 s.
53. Jeorius Merck de Stadion 18.
54. Wolffgangus Mayer de Emerckingen 18.
55. Frater Dionisius Grieb ordinis predicatorum 20.
56. Paulus Rol (Roll) de Nagolt 24. 1 s.
57. Thomas Goppelt de Botmar 18.

In mense Octobris.

58. Frater Etmarus Flück,
59. Fr. Jac. Neckensecker conu. ord. monasterii S. Galli 13.
60. Cregorius,
61. Johannes fratres die Lamparter nominati, filii Ill. Principis cancellarii 13.
62. Michael Sporer de Kempten 18.
63. Heinricus Kiehorn de Waiblingen 22.
64. Michael Kreber de Nurtingen 23. 1 s.
65. Johannes Calciatoris de Stutgarten 23.
66. Johannes Rockelin de Elwangen 23.
67. Michael Hailenhaintz de Stutgarten 27.
68. Martinus Veter de Echtertingen 27. 1 s.
69. Caspar Mertz de Stutgarten vltima.

In mense Nouembris.

70. Georgius Glock de Kutzingen 2.
71. Johannes Heinrici Goldlin de Thurego 2.
72. Conradus Pfyl de Dornstetten 8.

---

48. Melch. Ephipiarii Mfa. — 57. Thomas Wolf de Bautwar. Mfa. — 65. Calcearii. — 71. hält sich bei H. Ulrich auf und wird von ihm zu der Besatzung auf Schloss Tübingen gesandt, um von Uebergabe abzumahnen 1519.

73. Georgius Gotprod (Gottprat) de Esslingen (bacc. frib.) 9.
74. Petrus Burghardi de Oberkirch 13.
75. Andreas Falbenberg de Pregantia 21.
76. Georgius Lepkiechler de Wimpfen 22.
77. Otto de Langen (Magunt. bacc. Trever.) 26.
78. Cristofferus Sailer de Herrenberg 28.
79. Johannes Wagner de Pfulingen 29.

In mense Decembris.

80. Sebastianus Lindenman de Ogelspurenn 8.
81. Bernhardus Sichelschmid de Horb 8.
82. Michael Rück de Esslingen 8.
83. Conradus Sain de Rotnacker 8.
84. Johannes Mangolt de Augusta 20.
85. Frater Thomas Mang in Vrsperg 20.
86. Jeronimus Yselin de Mundelhaim 20.
87. Burghardus Wetzel de Wangen vlt.

1510.

In mense Januarii.

88. Petrus Hablutzel de Oberkirchberg (bacc. ingelst.) 7.
89. Maximilianus Krödler de Niffen 10.
90. Jochachim Rupp de Rutlingen 14.
91. M. Johannes Höss de Friburg 19.
92. Johannes von Stain canonicus Eystettensis 19.
93. Albertus Kruss de Melchingen 19.
94. Cristofferus Sturtzel de Buchow can. Waldkirchensis 19.
95. Johannes Zipperer de Herenberg 25.
96. Joseph Schlick ex Haidelberg 29.
97. Beatus Holtzer de Salem 29.

In mense Februarii.

98. Sebastianus Nithart ex Vlm 8.
99. Gallus Muller de Menga 17. 1 s.
100. Vlricus Klingler de Scharenstain 18.
101. Adam Botznhart ex Vlm 19.
102. Michael Schneller de Vrach 19.
103. Conradus Rosch de Furstenberg 19.

---

73. M. A. 1511. — 88. ex Kylberg M. A. 1512. — 93. Mag. Friburgensis — 102. M. A. 1513. — 103. Conr. Taubennest ex F. Mfa.

104. Laurentius Klaiser de Turego 24.
105. Johannes Woring de Stutgart 24.
106. Johannes Gör de Betlingen 24.
107. Johannes Vöt (Vaut) de Cantstat penult.
108. Johannes Knoder de Rotenburg penult.
109. Martinus Bengel de Leukirch vlt. 1 s.

In mense Martii.

110. Johannes de Gultlingen 1.
111. Mathias Schutz de Weyl (bacc. lips.) 1.
112. Johannes Schwitz de Geppingen 8.
113. Johannes Pistoris de Herenberg 13.
114. Johannes Wolder de Rutlingen 16.
115. Thomas Ot (Oth) de Schenberg 22.
116. Martius Rinacher de Basilee 5.

In mense Apprilis.

117. Bernhardus Reb (Rieber) de Zwyfalten 9.
118. Johannes Waltheri Loffen 9. 1 s.
119. Johannes Lindenfelss de Brackenhain 9.
120. Wendalinus Walkmüller de Kalb 9.
121. Sebastianus Griff de Rutlingen 10.
122. Sigismundus Kün de Gysslingen 13.
123. M. Wernherus Mayer de Minster 22.
124. Niclaus Fabri de Stöffen (Staufen) 22.
125. Paulus von Welperg (Welsperger de Proneg) 24.
126. Cristofferus von der Vest 24.
127. Vdalricus (Stadel ex) Nurtingen 24.
128. Thomas Decker de Plochingen 25.
129. Dominicus Grupp de Donssdorff 28.
130. Johannes Ritlang (Rudland) de Eppingen 29.

Intitulati sunt infrascripti anno decimo sub eximio dom. D. Jacobo Lemp.

---

105. Jo. Wern Mfa. — 107. Regius Consiliarius factus M. A. 1515. — 108. Dec. F. A. 1523. J. U. D. Mümpelg. Canzler 1529. Würt. Hofcanzler 1534. — 111. M. A. 1511. — 115. M. A. 1513 vor dem Interim Pf. in Gönningen 1526. — 117. Rieber M. A. 1514. — 119. M. A. 1513. — 123. Wernherus Maioris Friburgæ promotus Mfa. — 124. M. A. 1511. — 128. M. A. 1513. D. Med. Præfectus Uracensis Mfa.

1. Vitus Stippel ex Elwangen 2 die Maij.
2. Henricus Winckelhoffer ex Ehingen 6 die Maij.
3. Johannes Scriniatoris de Offenburg 14 Maij.
4. Johannes Bewesch de Tettingen 23 Maij.
5. Johannes Schubelin ex Holtzgerlingen 23 Maij.
6. Balthasar Hiller ex Holtzgerlingen 23 Maij.
7. Jeorius Will de Scher 24 Maij.
8. Georius Nagolt de Nagolt 26 Maij.
9. Jacobus Lamerscher de Lamerschen 26 Maij.
10. Johannes Rockenbuch de Reningen 27 Maij.
11. Conradus Metzinger de Ottelfingen 27 Maij.
12. Eberhardus Herdach de Türn 27 Maij.
13. Johannes Taurus der Steur de Holtzgeringen 2 Junij.
14. Conradus Wittinger 4 Junij.
15. Johannes Mayer,
16. Blasius Widman de Tagerschen 5 Junij.
17. Caspar Schwartz,
18. Ludwicus Schaffhuser de Sindelfingen 5 Junij.
19. Fridericus Kölle de Schorndorff 6 Junij.
20. Andreas Gronburg (Grienenberg) de Lindau 6 Junij.
21. Paulus Rechberg canonicus ex Elwangen 8 Junij.
22. Johus Rischacher de Friburg 9 Junij.
23. Johannes Rempfer de Wilperg 11 Junij.
24. Conradus Husenconrat ex Stutgardia 13 Junij.
25. Jacobus Hablutzel ex Kirchberg 24 Junij.
26. Georgius Hirsenbuch de Stainhaim 24 Junij.
27. Michael Mayr de Kampidona 26 Junij dedit 1 s
28. Georgius Simler de Wimppina 1 Julij.
29. Sebastianus Liesch de Phortzen (bacc. colon.) 1.
30. Cristofferus Hiller de Dornstetten 8 Julij.
31. Jeronimus Weinleder ex Cantstat 10 Julij.
32. Leonhardus Sterchle ex Rauenspurg 19 Julij.
33. Balthasar Lederle de Campidona 19 Julij.
34. Gerwicus de Riethaim 20 Julij.

---

6. M. A. 1514. — 9. jetzt Lomersheim. — 12. Hornbach ex Dürnen Mfa. — 13. Thauri de H. bacc. 1512. vgl. 1512 N 96. — 24. Conr. Huser M. A. 1515. — 26. M. A. 1518. — 28. Roth Beitr. 37. — 30. M. A. 1513.

35. Jeorius Fudle 25 Julij dedit 1 s.
36. Johannes Rotach Campidonensis 25 Julij dedit 1 s.
37. Johannes Friding Campidonensis 25 dedit 1 s.
38. Jacobus Lug 25 dedit 1 s.
39. Johannes Mosslin 25. dedit 1 s.
40. Johannes Vranii (Brenninger) de Tubingen 29 Julij.
41. Ezechael de Tubingen 29 Julij.
42. Augustinus Pictoris de Wila 29 Julij.
43. Johannes Heser,
44. Balthasar Himelberger de Campidona 30.
45. Jodocus Boss de Bernbür 31.
46. Georius Ebel de Gron 21 Aug.
47. Johannes Mutterer (Muter) de Möringen 21 Aug.
48. Conradus Doleatoris de Herenberg 22 Aug.
49. Jacobus Hertzog de Wila 2 Sept.
50. Jeorius Wegner de Tubingen 2 Sept.
51. Simon Lipfrid de Rotenburg (bacc. frib.)
52. Jacobus Sitz de Esslingen 3 Sept.
53. Vitus Doleatoris (Binder) de Stutgardia 5 Sept.
54. Martinus Denckendorff de Stutgardia 5 Sept.
55. Johannes Rotdecker de Simeringen 5 Sept.
56. Johannes Wyss de Wila ciuitate 14 Sept.
57. Johannes Wachter de Wangen 14 Sept.
58. Sebastianus Kessel de Wangen 14 Sept.
59. Andreas Wech de Lutkirch 14 Sept.
60. Lenhardus Keffele (Keuflin) de Kalb 18 Sept.
61. Blasius Kerner de Kalb 18 Sept.
62. Andreas Reser (Röser) de Vrach 20 Sept.
63. Cristofferus Gundelfinger ex Hayingen (bacc. frib.) 21.
64. Johannes Wurschhorn de Brielingen 28.
65. Johannes Storitz de Kircha 23.
66. Laurentius Hipp de Rotenburg 29.
67. Petrus Rayd (Rod) de Franckfordia 3 Oct.
68. Johannes Bernhardi (Leonhardi) de Iagberg 3 Oct.

---

37. Fraidung M. A. 1513. — 44. erster ev. Stadtpfarrer in Schorndorf. — 46. Geo. Eber ex Grein Mfa. — 49. übergeschrieben: Graf. — 51. Lybfrid M. A. 1511. — 55. Joh. Raudeck. — 56. M. A. 1518. — 59. M. A. 1513. — 63. M. A. 1512. — 66. M. A. 1513.

69. Johannes Butspach de Wimpina 3 Oct.
70. Conradus Richard de Eningen 9 Oct.
71. Fr. Melchior Bentzhaimer de conu. Mindelhaim ord. herem. S. Aug. 11 Oct.
72. Bernhardus Sytter (Seuter) de Sigelmingen 11 Oct.
73. Martinus Scius de Rutlingen 11 Oct.
74. Johannes Grissing de Augusta 13 Oct.
75. Martinus Tickle (Dicklin) de Kalb 13 Oct.
76. Paulus Kaytenberg de Dornstetten 14 Oct.
77. Johannes Kloss de Beringen 15 Oct.
78. Niclaus Kenlin de Tubingen 15 Oct.
79. Conradus Brun de Kirchen 19 Oct.
80. Heinricus Wirt de Liechtenstain 21 Oct.
81. Burghardus Molitoris de Wil 21 Oct.
82. Petrus Spichel (Spul) de Wil (Wiladingen) 21 Oct.
83. Jeorius Remp de Beblingen 22 Oct.
84. Jacobus Rülin de Gengenbach 22 Oct.
85. Jochachim (Messer ex) Loffen (Lauffen) 23 Oct.
86. Conradus Enij de Nurtingen 24 Oct.
87. Matheus Krum ex Sindelfingen 25 Oct.
88. Erasmus Lirer de Lansperg 25 Oct. dedit 1 s.
89. Balthasar Keffle (Keufelin) de Wilperg 25 Oct.
90. Balthasar Vogt de Constantia 26 Oct.
91. Gregorius Conradi de Bühel 29 Oct.
92. Johannes Karler de Wyssenburg 29. Oct.
93. Michael Gaylin de Lutkirch 29 Oct.
94. Jacobus Fer,
95. Jacobus Last de Episcopalicella 30 Oct.
96. Marcus Alber de Constantia 31 Oct.
97. Erhardus Lobhart de Constantia 31 Oct.

---

69. M. A. 1517, nil dedit, mit Al. Brassican zur lectio in poesi et oratoria angenommen unter Aufsicht von Ge. Simler u. B. Rorbach 1520. — 72. Siter de Syelmingen M. A. 1514. Collegiatus 1520. Dec. F. A. — 79. Collegiatus 1521, liest Institutionen von 1522 an, später Canon. in Augsburg u. sonst, Rath von Bischöffen u. Fürsten, Præses des Kammergerichts † in München 1563. Er schuldet der Univ. 70 lb. um deren Nachlass er noch 1538 bittet. Gründet ein Stip. in Freiburg. Gegner der Reformation. — 85. vermuthlich sva. Joachim ex Kirchen (am Neckar) M. A. 1512. — 89. M. A. 1513 s. S. 165.

98. Wernherus Keller de Lenberg 31 Oct.
99. Henricus Schlacker de Crocovia 4 Nouembris.
100. Caspar Mutschelin de Tubingen 7 Nouembris.
101. Johannes Bemler de Kalb 8 Nou.
102. Jeronimus Hayd de Kalb 8.
103. Conradus Rich de Stutgardia 9 Nou.
104. Matheus Doleatoris de Stutgardia 9 Nou.
105. Thomas Opilionis de Anttenhusen 15 Nou.
106. Augustinus Hanckher de S. Gallo 16 Nou.
107. Caspar Flam de Bubenhoffen 18 Nou. 1 s.
108. Philippus Syblin (Seiblin),
109. Marcus Syblin de Vayhingen 28.
110. Caspar Bloss de Bonlanden 2 Dec. 1 s.
111. Sebastianus de Rott 7 Dec.
112. Jeorius Nipperg 10 Dec.
113. Andreas Winstain de Schwaygern 10 Dec.
114. Johannes Mayr de Augusta (bacc. ingelst.) 11 Dec.
115. Jacobus Tachtler de Tubingen 13 Dec.
116. Leonhardus Ellenhans de Wimppina 1 s.
117. Martinus Fuchs de Esslingen 16 Dec. 1 s.

1511.

118. Jacobus Degen 1 s.
119. Petrus Dintzen (Dintzel) de Schorndorff 5 Januarij 1 s.
120. Johannes Balneatoris de Schorndorff 5 Jan.
121. Stephanus Raid,
122. Nicolaus Sperler de Schorndorff,
123. Leonhardus (Fabri alias) Petri de Schorndorff 5 Jan.
124. Jeorius Karss de Pfullingen 6 Jan.
125. Andreas Gross de Ottenburen.
126. Johannes Klenck de Kalb 18 Jan.
127. Thomas Tulin de Japperg 19 Jan.
128. Caspar Gutherr de Japperg 19 Jan.

---

98. M. A. 1514. erster ev. Geistlicher in Marbach. — 100. M. A 1516. ev. Pfarrer in Weilheim bei Tüb. 1534. — 104. übergeschrieben: Heller, unter diesem Namen M. A. 1515. — 107. M. A. 1515. — 108. im Landtag 1525. M. A. 1513. — 114. M. A. 1511. — 115. M. A. 1515. bei der Landschaft 1516. — 117. erster ev. Stadtpfarrer in Neuffen. — 124. Pfarrer in Holzelfingen, 1523 Dekan in Reutlingen. — 127. Thielin ex Jagperg.

129. Sebastianus Langwaer de Vlma 20 Jan.
130. Sebastianus Osenbach de Nurtingen 27 Jan.
131. Wolffgangus Funckel de Hallis penult. Jan.
132. Johannes Felder de Pregantia 30 Jan.
133. Vitus Menhofer de Vlma 30 Jan.
134. Paulus Grusinger (Griesser) de Constantia 30 Jan. 1 s.
135. Vlricus Morlin de Lorch 1 Februarij 1 s.
136. Lenhardus Krayss de Sindelfingen 2 Febr.
137. Andreas Wendelstain de Rotenburg (bacc. frib.)
138. Ambrosius Nerc (Ner) de Rotenburg (bacc. frib.) 7 Martii.
139. Jodocus Lorcher Doctor et can. de Brandenburg 10 Martii.
140. Johannes Mayr de Malmsen.
141. Leonhardus Bür de Vlma 15 Martii 1 s.
142. Johannes Schwartz de Sindelfingen 15 Martii.
143. Emricus,
144. Engelhardus comites de Liningen germani 31. quilibet dedit 1 flor.
145. Michael Hentschüch de Rauenspurg 17 Martii 1 s.
146. Heinricus Wyssgerber de Gamundia (bacc. frib.) 19.
147. Michael Franck de Gamundia 19.
148. Michel Nigahemer ex Landau 19.
149. Wendalinus Fabri de Rutlingen 20.
150. Thomas,
151. Johannes Anshelmi ex Pforzen 20.
152. Conradus Harm de Tubingen 20 Martii.
153. Vitus Wysshaupt de Minsingen 27 Martii.
154. Itelperegrinus de Höndorff 28 Martii.
155. Vitus Krafft de Bessica 6 Appr.
156. Johannes Schick de Kirchen 16 Appr.
157. Laurentius Renntz de Wilpperg 25 Appr.
158. Vitus Kolin de Gamundia 28 Appr.
159. Jodocus Gertenstyl de Oberndurncken.
160. Michael Büll (Bull) de Güglingen 29 Appr.
161. Gregorius Ainckurn de Norlingen 1 Maij.

---

129. Mfa. Longenouger, eigentlich wohl sva. Langenauer. — 130. Ochsenbach. — 139. Decanus de Anaspach. — 150. 151. Söhne des bek. Buchdruckers. — 158. Kellin M. A. 1516. — 159. Gerbelstill M. A. 1516, auch Gerstenstain.

Sub rectoratu eximii viri Wendalini Stainbach s. theologie M. a. 1511 Phil. et Jacobi.

1. Matheus Hermanus ex Nallingen 3 die Maij.
2. Adam Gotz ex Constantia 3 die Maij.
3. Johannes Finck ex Halbron 4 Maij.
4. Johannes Fhisches (Vischsess) ex Vrach 5 die Maij.
5. Sebastianus Weber ex Wyssenhorn 5 die Maij.
6. Laurentius Wysshorn (Weysshart) ex Gröningen 6 die Maij.
7. Fr. Sebastianus Rapp ord. S. Aug. conu. Esslingensis 6.
8. Lucas Stain ex Rotenburgo 7 die Maij.
9. Mathias Hirsgartten ex Altorff 7 die Maij.
10. Bernhardus Schuenngeringer de Menssingen 10 Maij.
11. Joh. Hilttebrant de Schwetzingen bacc. Haidelb. 11.
12. Georgius Wympffer ex Rutlingen 11 Maij.
13. Sixtus Weselin de Schorndorff 15 Maij.
14. Michel Linck ex Walen 17 Maij.
15. Laurentius Wanroider ex Wangen 20 Maij.
16. Anthonius Cesar de Gamundia 20 Maij.
17. Gallus Mutti de Gamertingen 20 Maij.
18. Adam Nismehoffer de Franckfordia 24 Maij.
19. Dionysius Koster (Kesler) ex Esslingen 24.

Sequitur mensis Junius.

20. Gabriel Rasspe de Zapernia 2. 1 s.
21. Martinus Wuchter ex Offtertingen 3 die 1 s.
22. Johannes Cultellificis ex Stutgardia die 9 1 s.
23. Johannes Doleatoris ex Phortzen 10 die 1 s.
24. Conradus Kupfferschmid ex Tubingen 12 1 s.
25. Bartholomeus Molitoris ex Frickingen 12.
26. Georgius Wysshardt de Kalb 13.
27. Johannes Kurinschmid ex Tubingen 13.
28. Wolff Knoringer 14.
29. Eberhardus Kieber de Kirchen 19.

---

1. Steinh. 4, 380. Germanus Molonensis Mfa. — 3. ex Massenbach. — 5. ex Memmingen M. A. 1514, als bacc. ist er aufgeführt wie oben. — 7. Johannes Rapp ex Holzgerlingen wird M. A. 1514. — 11. der Humanist und Hg. von Reuchlins Briefen 1514. — 12. M. A. 1514. — 18. Insenhofer. — 21. M. A. 1515. — 22. Joh. Messerschmid Keller am Stift Stuttgart 1526.

30. Thomas Dillinger ex Fussen 21.
31. Johannes Tettinger ex Tubingen 21.
32. Vlricus Sigler ex Minsingen 22.
33. Balthasar Ramenstain ex Marpach 29.
34. Luduicus Vollandt Hallensis 7 die Julij.
35. Cristofferus Kupler ex Basilea 17. 1 s.
36. Sebastianus Trunck de Waiblingen 21.
37. Fr. Thomas Beck (Bock) de Deckingen ord. S. Benedicti 27.

Augustus.

38. Jacobus Adler de Bergfeld 4.
39. Bartholomeus Rot Vlmensis 7.
40. M. Jacobus Spiegel Cæs. Mai. secretarius 7.
41. Erasmus Schriber de Biberaco 18.
42. Vlricus Götler de Horb 21.
43. Simon Beck (Bock) de Bochen 23 1 s.
44. Thomas Schneckenbehel (°buttel) de Althain 27.
45. Balthasar Heuffinger ex Ehingen 27.
46. Guntherus Vaihinger ex Stutgardia 27.
47. Petrus Draconis ex Culmer bacc. Friburgensis.
48. Jacobus Brucker ex Zabernia.

September.

49. Jochim Truchsäss de Ringingen junior 5.
50. Georgius Truchsäss 5.
51. Bartholomeus Cesar de Entringen 6.
52. Michel Wentzenhuss de Stutgardia 18.
53. Johannes Kopfferer de Isnina 23 Sept.
54. Heinricus Nestling (Nestlin) de Nagolt 25.
55. Johannes Kopper de Nagolt die 25.
56. Vlricus Wilandt ex Vlma 29.
57. Michel Kleiner Esshusenus 23.

October.

58. Georgius de Thono,
59. Philippus de Thono 2.

---

31. der als Geschichtsschreiber H. Ulrichs bekannte Joh Pedius Tethinger. — 32. Ulricus Lateratoris Mfa. — 40. S. 142. — 41. M. A. 1516. — 52. Wintzelhuser, Vicar im Stift Stuttgart 1534. — 55. Kapp M. A. 1515. — 56. Geistl. in Ulm. Freund Melanchthons. Weyermann 2, 615.

60. Paulus Nigri de Plaburn 22.
61. Martinus Gauterel de Granijs bacc. juris Dolensis 30.

Nouember.

62. Conradus Lacher de Duttlingen 5 die dedit 1 s.
63. Niclaus Holtzhewer de Kampten 6 die dedit 1 s.
64. Michael Metzger Ingeringensis die 7.
65. Melichior Ruch Campidonensis die 8.
66. Johannes Selbman (Seltman) Campidonensis die 8.
67. Niclaus Schmeter (Schnieter) ex Pfortzen die 9.
68. Conradus Braitenberg Dornstettensis die 17.
69. Conradus Gruninger ex Entringen die 18.
70. Jacobus Friderici de Irrdenberg die 20.
71. Adam Hoch de Hofen die 22. dedit 1 s.
72. Eberhardus de Stain die 22. dedit 1 s.

December.

73. Allexander Margtolff (ex Spyra) bacc. haidelb. 1.
74. Mathias Wyss ex Kauffburen die 5.
75. Jodocus Kess de Lindaw die 6.
76. Wolffgangus Herman de Ötingen.
77. Albertus Schenck Semperfry ecclesiarum kath. Argentinensis et Bambergensis canonicus 11. dedit 1 flor.
78. Wilhelmus Schenck Semperfry germanus eiusdem, ambo de Linpurg 12. dedit 1 flor.
79. Burghardus Öler de Mulhusenn ord. S. Johannis die 12.
80. Georgius Kluss de Nanspach die 18.
81. Georgius Richhart de Bochbron die 18.
82. Johannes Gretzinger ex Offtertingen die 18.
83. Marcus Hühler Augustanus die 22.
84. Johannes Betzel ex Nagolt die 24 dedit 1 s.
85. Matheus Lang Augustensis die 27.
86. Johannes Rossler die 27.
87. Anthonius Langmantel die 27.
88. Johannes Rotin (Rattin ex Aichach bacc. auripol.) die 27.
89. Johannes Simon,

60. P. Schwarz ex Treffenspuch M. A. 1517. — 65. M. A. 1523 Rector contubernii bis 1533. Dec F. A. 1532. — 68. Braithberg. — 69. M. A. 1515. — 73. M. A. 1514. D. Med. 1520. — 79. bacc. friburg. M. A. 1514. — 80. Claus ex Anspach.

90. Johannes Walther ex Stadion die vltima.

1512.

Januarius.

91. Matheus Wyssertrub Wilensis die 4 Januarij.
92. Laurentius Fabri ex Brackenhain die 4 Jan.
93. Sebastianus Schertlin Schorndorffensis 9 Jan.
94. Johannes Demer Elwangensis 12 Jan. dedit 1 s. pauper.
95. Heinricus Martin ex Totlingen 12 Jan.
96. Martinus Cles Owingensis bacc. Friburgensis 13.
97. Wolffgangus Wyser de Gruningen 16. dedit 1 s.
98. Johannes Gutrecht Constantiensis 16.
99. Valentinus Roter de Rodlingen 16.
100. Ipolitus Stemler Lanspurgensis 16.
101. Paulus Abelin (Aubelin) ex Wysenhorn 16. dedit 1 s.
102. Georgius Stram Esslingensis 16. dedit 1 s.
103. Anthonius Frij Rödlingensis 16. dedit 1 s.
104. Sepoldus Hurner Gamundianus 16. dedit 1 s.
105. Georgius Wint de Ringingen 16. dedit 1 s.
106. Melichior Schulthayss ex Gröningen 23.
107. Johannes Schütz de Wila 27.

Februarius.

108. Petrus Honacker die 3.
109. Conradus Plender die 13. dedit 1 s.
110. Vlricus Wysserer (Wyser) bacc. Wienensis 14 die.
111. Ludwicus Metzger de Nyffen die 25.
112. Renhardus de Rothberg 25.
113. Conradus Barner de Rödlingen die 26. dedit 1 s.

Martius.

114. Philippus Nossbom de Wila 2 die dedit 1 s.
115. Martinus Sellarius Stutgardianus die 4.
116. Wernherus Heninger de Gröningen 5 die.

---

93. pius et præclarus miles factus. Mfa. — 96. M. Claus Uingensis M. A. 1513 † als Geistl. in Biberach, Stammvater der Familie Cless. Crus. 2, 609. Heyd Ulr. 2, 306. — 102. Strom M. A. 1515. — 112. Renh. Riebberger Mfa. — 113. ev. Stadtpf. in Owen 1532. — 115. vielmehr Cellarius M. A. 1515, der bekannte M. Borrhans, wie er sich später nennt, welcher nach wechselnden Schicksalen als Prof. Theol. in Basel stirbt. Gab sich auch mit Chemie ab.

117. Egidius Frig (Fieg) de Schemberg die 10.
118. Wendalinus Ronss (Kuntz) ex Schenberg 10.
119. Joh. Vdalr. Löblin ex Thermiscellarum 14. dedit 1 s. pauper.
120. Conradus Gonsser (Ganser) ex Lopphain die 16. 1 s.
121. Johannes Hurterfeldt ex Elwangen 16. 1 s.
122. Morandus Fabri ex Frowenfeld die 22.
123. Sebastianus de Ehingen die 23.
124. Jacobus Lutz de Rodlingen 23.
125. Burghardus Stadion 29.

Apprilis.

126. Petrus Sumer de Landaunoi 7.
127. Georgius Schelling de Entringen 7. dedit 1 s.
128. Sebaldus Gladiatoris de Nerlingen bacc. Erdfordiensis 14.
129. Philippus Epp de Brackenhaim 15. bacc. Engelst.
130. Johannes Niperg de Brackena (Vaihingen) bacc. Ingelst. 15.
131. Stephanus Betz de Vlma 15. dedit 1 s.
132. Caspar de Wernaw 16.
133. Wolffgangus Widner Argentinensis 16.
134. Casperus Leb (Lieb) de Balingen 20.
135. Jacobus Westetter 23.
136. Vitus Fant (Pfat) ex Stutgardia 27.
137. Michael Guckemus de Campidona 27. dedit 1 s.
138. Cornelius Zain de Buchen 27.
139. Johannes Schrotenbach de Gisslingen 28.
140. Fr. Dion. Dath ex Esslingen ord. herem. S. Aug. 29. dedit 1 s.

Infrascripti sunt intitulati sub eximio domino D. Johanne Scheurer ex Offtertingen Philippi et Jacobi a. 1512.

1. Michael Hoss (Hes) de Nürberga 2 die.
2. M. Johannes Plyfuss ex Rudlingen 3 die.
3. Conradus Rentz ex Wyssenstaig 4 die.
4. Johannes Aichelin ex Wyssenstaig 4 die.
5. (Frater) Mathias Grülich,
6. (Frater) Augustinus Wetzel ex Tubingen 6, Augustini 1 s.

---

123. interdixit agris manipulos decimarum Universitatis in Nellingen. AS. 1529. — 125. Vogt in Blaubeuren, vom Bund gesetzt 1519. — 128. auch Mfa. M. A. 1512. — 129. M. A. 1513. — 130. M. A. 1516. — 134. Leub M. A. 1515. — 137. Guckumus M. A. 1515. — 3. M. A. 1515, Kanzler in Dillingen. — 5. Mathias Limberger Friburgensis Mfa.

7. Johannes Fabri Ilmensen 12.
8. Johannes Schuster de Augusta 13.
9. Wolffgangus Keller de Rotenburg 17.
10. Johannes Cultrifaber de Werdea 18.
11. Ambrosius Khon (Kůn) Vlmensis 18 die 1 s.
12. Frater Johannes Hirsshorner de Haidelberg 21.
13. Fr. Jacobus Brenhamer de conuentu alziensi 25 die.
14. Johannes Abelin ex Dischingen 26 die.
15. Frater Egidius Stomp de conuentu Wilensi.
16. Niclaus Entringer ex Tubingen 27.
17. Fr. Vdalricus Otter de conuentu Tubingensi 11 Junij.
18. Wolffgangus Vnpau de Wysenhorn 13 Junij 1 s.
19. Niclaus Frick de Pregantia 17 Junij 1 s.
20. Fridericus Riff de Plydeck 17 Junij 1 s.
21. Jodocus Kurtz de Kirchen 19 Junij 1 s.
22. Valentinus Dyl de Mossbach (bacc. crisopol.) 20 Junij.
23. Wigandus Rasoris de Backanang 22 Junij dedit 1 s.
24. Johannes Hoss de Rotenburg 23 Junij.
25. Johannes Klinger de Gamundia 23 Junij.
26. Frater Stephanus de conuentu Argentinensi dedit 1 s.
27. Frater Wolffgangus de conuentu Argentinensi dedit 1 s.
28. Petrus Brikan de Vlma 25 Junij.
29. Fr. Nicol. Sydenbinder de conu. Wormac. 3 Julij dedit 1 s.
30. Leo Braitnower de Zwifalten 11 Julij.
31. Sebastianus Sperwerseck 6 Julij.
32. Johannes Aquila de Rosenueld 13 Julij.
33. Ludwicus Braiter ex Wila 21 Julij.
34. Conradus Satler (Blanck) de Cantstat 13 Julij dedit 1 s.
35. Johannes Halprun de Richenwiler 22 Julij.
36. Johannes Mercklin de Marpach 25 Julij.
37. Mathias Styr (Stör) de Leůkirch 28 Julij.

Augustus.

38. Georgius Müller de Augusta 2.
39. Conradus Weber de Wysenhorn 3. dedit 1 s.

---

9. M. A. 1514. — 12. conventus heidelbergensis. — 13. Brunheimer. — 22. Thyll M. A. 1512. Die bacc. ingolst. heissen auch auripolenses und chrysopolenses. — 30. Breitmeyer Mfa. — 31. de Sp. Nobilis M. A. 1514, auch Sperbersegel. — 37. M. A. 1514.

40. Johannes Zimerman de Biberaco 24. dedit 1 s.
41. Ludwicus Betz de Rutlingen 24.
42. Lampertus Mermachart penultima.

September.

43. Burghardus Friderici de Stutgardia 6.
44. Casper Textoris ex Nagolt 11. dedit 1 s.
45. Sigismundus Herter 13.
46. Philippus Schwartzerd ex Preten 17.
47. Johannes Müllich de Rudlingen 19.
48. Johannes Kretz de Augusta 20.
49. Marcus Thonsor (Scherer) ex Tubingen 20.
50. Johannes Bolay de Erenbach 22. dedit 1 s.
51. Johannes Hep de Erenbach (Erbach) 22. 1 s.
52. Johannes Hegelin de Ruchlingen.
53. Jorius Schutz de Kyssingen 23.
54. Petrus Faber de Vilingen 23.
55. Lenhardus Meier de Hettingen (Yettingen) 23.
56. Gallus Mayer de Nellingen 26.

Octobris.

57. Johannes Schop (Schaup) de Bessickain 6.
58. Fridericus Schaup de Bessickain 6.
59. Johannes Witershusen de Ehtzen (Eschen) 9. 1 s.
60. Johannes Mesch de Scharenstetten 13. 1 s.
61. Georius Piscatoris (Vischer) de Tailfingen 18.
62. Johannes Piscatoris de Tailfingen 18.
63. Johannes Harer de Gamundia 21.
64. Jacobus Krafft Vlmensis 21.
65. Vdalricus Doller (Dobler) ex Waiblingen 25.
66. Mathias Scheblin ex Frenngingen 26.
67. Johanes Rorbach ex Tubingen 29.
68. Jacobus,
69. Johannes Weber de Memingen.

---

41. M. A. 1517 nihil dedit. — 45. von Herteneck Obervogt in Tübingen 1546—50. — 49. M. A. 1517 hat die lectio poeticæ 1519. — 57. M. A. 1515. — 58. M. A. 1515. de Eschingen Mfa. — 62. Vischer oder Talfinger genannt M. A. 1517. Med. D. 1526. — 66. ex Ringingen. — 67. M. A. 1518. Præpositus Uracensis.

Nouembris.

70. Jacobus Faber Vlmensis 1 die.
71. Johannes Groner (Gruner) ex Vlma 3 die.
72. Mathias Buchler (Mattheus Byechler, Biechner) ex Tubingen 3 die.
73. Michael Buchler (Bicheler) de Pleningen 9 die.
74. Wendalinus Ciperer (Zipperer) ex Herrenberg 9 die.
75. D. Hainricus Vogler vicarius Herpipolensis 20.
76. Jeorius Albrecht de Memingen 12.
77. Jodocus Detzler ex Nürnberg 21.
78. Johannes Stopel ex Memingen 16.
79. Jacobus Stopel de Memingen 16.
80. Walterus Rich de Tubingen 19.
81. Johannes Fridel de Gisslingen 21.
82. Bernhardus Vagck de Vrach 1 s.
83. Johannes Hell ex Ebingen 12.
84. Mauritius Sideler ex Offtertingen 29.
85. Johannes King ex Wyssenstaig.
86. Hainricus Krietzer ex Memingen 13 Decembris.
87. Johannes Margwardus de Schellenberg 17 Sept.
88. Nicolaus Weltza (Weltz de Schorndorf) 30 Decembris.

1513.

89. Vdalricus Stadel de Esslingen 14 die Januarij.
90. Lucianus Groner ex Vlma 4 die Jan.
91. Hainricus Hetler de Ach 7 die Jan.
92. Conradus Stangèr de Hofftertingen (Oft.) 10 Jan.
93. Johannes Sigelin (Hefelin) de Nagolt 21 Jan.
94. Augustinus Scheurer ex Tubingen 18 die Jan.
95. Johannes Franck de Kuppingen 19 die Jan.
96. Johannes Steür (Stier) de Vlma 20 die Jan.
97. D. Bartholomeus Heckel de Retlingen 21 Jan.
98. Johannes Kuppel de Simeringen 26 die Jan.
99. Mathias Rieg (Rieck) de Tailfingen 28 die Jan.

---

70. Weyermann 2, 87. — 71. M. A. 1513, Schulrector und Buchdrucker in Ulm. — 72. M. A. 1507. Med. D. 1520. — 74. Kloster-Amtmann in Alpirsbach 1535. — 78. 79. Steinb. 1, 206. — 80. vom Gericht in T. 1534. Beis. des Hofgerichts. — 83. Häll ex Ebringen bacc. receptus Mfa. — 95. bacc. friburg. M. A. 1518.

100. Johannes Ebinger de Tubingen.
101. Gregorius (Güger) de Niffen 5 die Februarii.
102. Michel Hitzer de Wysenstaig 11 die Febr.
103. Oswaldus Dieterich de Lochan.
104. Bartholomeus (Locher de) Leukirch 25 Febr.
105. Johannes Siglin de Tubingen 27 Febr.
106. Petrus Gesslin de Bessicka 3 die Martii.
107. Jacobus Sorger de Ehingen 3 die Martii.
108. Conradus Holtzlin de Retenbach 7 die Martii.
109. Benedictus Vischman de Dinckelspihel 16 Martii.
110. Conradus Pfudler de Kampten 30 Martii.
111. Jacobus Haselman de Stutgardia 1 die Aprilis.
112. M. Johannes Icolumbadius de Winsperg 9.
113. Petrus Kruss de Metzingen 10 die Aprilis.
114. Nicolaus Vndergenger de Bondorff 18 Apr.
115. Theodoricus Spet prepositus Stutgardiensis 19.
116. Clemens Miller (Molitoris) de Balingen 21 Apr.
117. Martinus Schlinger ex Ebingen 21 die Apr.
118. Joseph Wygoldi 29. nil quia pedelli filius.

Sub rectoratu eximii viri Magistri et theologie D. Petri Brun a festo Phil. et Jac. a. 1513 vsque Phil. et Jac. a. 1514.

In Maio.

1. Andreas Wiler de Vrach 11.
2. Conradus Delphin de Stutgardia 21.
3. Luduicus Mayer de Plabür 23.
4. Caspar Richenbach de Gamundia 29.
5. Wolffgangus Billing de Gamundia 29.
6. Hainricus Ott (Ort) de Ophenhaim 29.
7. Michael Eberbach 30.

Junius.

8. Jacobus Ringer de Vlma 1.
9. Georgius Muller de Rutlingen 5.

---

100. M. A. 1516. Collegiatus 1520, lector Juris fuit annos 53. — 111. Kaplan an S. Leonhard in Stuttgart 1530. — 112. Oecolampadius. — 115. Sohn des bekannten Feinds des H. Ulrich. Wurde entlassen und »lief der Trommel nach.« — 118. Sohn des Dominicus Wigold. — 8. darüber gesetzt: Echinger.

10. Johannes Buchler de Tubingen 7.
11. Balthasar Stump ex Waiblingen 8.
12. Johannes Wendalini de Winada 9.
13. Georgius Röm (Rem) de Tubingen 10.
14. Michael Schwitzer de Wilperg 13.
15. Sigismundus Happ de Wyda prope Stain 13.
16. Simpertus Feldrich ex Vlma 14.
17. Martinus Vogler de Wemding 22.
18. Carolus Bangarter de Östetten 22.
19. Leonhardus Fritzinger de Lansshut 22.

Julius.

20. Johannes Schüring de Schenberg 1. 1 s.
21. Petrus Koler de Wysenstaig 2. 1 s.
22. Petrus Fritag de Vlma 5. 1 s.
23. Hainricus Ortulani de Nirnberg 10.
24. Jacobus Jecklin de Rosenfeld 11. 1 s.
25. Johannes Koler de Stutgardia 8.
26. Jeorius Dantiscus de Dantisco 8.
27. Wendalinus Tubicinatoris de Stutgardia 8.
28. Visatius Koler de Monaco 8.
29. Sigismundus Vnck de Monaco 8.
30. Johannes de Fridingen canonicus Wormaciensis 26. 1 fl.
31. Mathias Lymperius Augustianus 26.

Augustus.

32. Jeorius Kochler de Kotz 5. 1 s.
33. Andreas Grönwald de Memingen 17. 1 s.
34. Michael Widman de Vrach 18. 1 s.
35. Michael Cuder de Playchingen 22.
36. Johannes Hainricus de Vayhingen vlt.
37. Jeorius Ludouicus de Friburga vlt.
38. Hainricus Fortmüller de Walsshut vlt. 1 s.
39. Laurentius Prentzlin de Husen (bacc. Cracov.) vlt. 1 s.

September.

40. Vitus Weinlin de Vayhingen 1.

---

11. M. A. 1516 de Mülhausen. Lehrer und Notar in Stuttgart 1516. — 17. M. A. 1513. — 18. Bomgartner M. A. 1513. — 19. M. A. 1513. — 27. Trumetter M. A. 1518. — 33. Andr. Grienenwald de Wyssenhorn Mfa. — 39. M. A. 1516.

41. Franciscus Schnierlin de Vlma 12.
42. Gabriel Hass de Vlma 12.
43. Michael Bürster de Lükirch 20.
44. Jacobus Byttelmüller de Wayblingen 20.
45. Jeronimus Rot de Vlma 22.
46. Michael Spyser de Tubingen 24.
47. Pangratius Rossner de Bruneck 25.

October.

48. Jeorius Rudolffer de Pregantia 10.
49. Jeorius Bainda de Memingen 12.
50. Jeorius Stamler de Constantia 20.
51. Jacobus Law de Feldkirch 31.
52. Johannes Butelschiess de Ehingen 22.
53. Jeorius Degelin (Tegelin) de Mundelhaim 23.
54. Eustachius Dachtler de Tubingen 28.
55. Conradus Nellinger de Vrach 25.
56. Hugo Spet de Kirchen.
57. Wendalinus Saffernau (de Göppingen) 24.
58. Wolffgangus Balneatoris de Gamundia 30.
59. Leonhardus Klinger de Wending 30.
60. Caspar Beltz de Nagolt vltima.

Nouember.

61. Martinus Kiehorn de Kirchen.
62. Gabriel Offinger de Hopfficken.
63. Johannes Spet de Linda.
64. Sebastianus Grübel de S. Gallo (bacc. Cracov.)
65. Johannes Berlin de Plieningen.
66. Matheus Alber de Rutlingen.
67. Johannes Stirmlin de Biettickain.
68. Hainricus Schulmaister de Klingnar (Klingsau).
69. Caspar Kayser de Gamundia.
70. Valentinus Riser de Behlingen.

---

41. M. A. 1515. Med. D. 1520. — 44. Beutenmüller. — 45. Rathsadvocat in Ulm, Verf. mehrerer Schriften. Weyermann 2, 440. — 46. M. A. 1517. — 54. kommt 1524 wider als Mag. Parisiensis Mfa. — 55. M. A. 1518. — 56. M. A. 1516. — 64. Griebel M. A. 1516. — 65. M. A. 1517. Med. D. 1526, auch Plieninger genannt, Stadtphysicus in Stuttgart 1544—63. — 66. der Reformator M. A. 1518. — 67. M. A. 1516. nennt sich Sturm als Dec. F. A. 1527.

71. Sebastianus Waymer de Brackhhain.
72. Wilhelmus Dachs de Superiori Friburgo 26.
73. Luduicus Hirter de Rutlingen 27.
74. Johannes Dolearius de Rutlingen 27.

December.

75. (Frater) Jacobus Lutz de Schussenried 4.
76. Vdalricus Gyr de Ehingen 8. 1 s.
77. Vitus Wörn (Wern) de Raffenspurg 13.
78. Hainricus Schertlin de Brussel 15.
79. Johannes Swicker de Cantstat 19. 1 s.
80. Jeorius Styger de Pfullingen 28. 1 s.

1514.

Januarius.

81. Andreas Seb de Turego 2.
82. Vdalricus Ort de Termis 4.
83. (Joh.) Allexander Köll de Tubingen 13.
84. Michel Happ de Wayblingen 13.
85. Johannes Schantz ord. S. Spiritus Groningensis 15.
86. Benedictus Maler de Kür 26.

Februarius.

87. Johannes Staig de Plabürn 9.
88. Sebastianus Steltzlin de Vptingen 15. 1 s.
89. Vdalricus Butelschiess de Ehingen 20. 1 s.

Martius.

90. Johannes Klocker de Tubingen 5.
91. Martinus Rentz de Wilperg 2. 1 s.
92. Johannes Bachmer de Nerlingen 12.
93. Jacobus Satler de Simeringen 13.
94. Vdalricus Kauffman de Schelklingen 13. 1 s.
95. Cristannus Wideman de Mundelhaim 14.
96. Johannes Eucharicus de Brackana 15.
97. Thomas Mynderlin de Cantstat 15.
98. Simon Knol de Cantstat 15.
99. Adam Vendt de Mundelhaim 21. 1 s.

---

78. d. i. Bruchsal. — 83. M. A. 1517. Brassicanus von Erzh. Ferdinand 1524 in Wien angestellt. Th. Wiedemann, Eck 484. Liest über Poesis u. Oratoria 1520. Acta Cons. Un. 1521. — 91. im Landtag 1525. — 95. uxoratus.

100. Petrus Goltz de Boll 21.
101. Wernherus Martinus de Tutlingen 22.
102. Georgius Schwartzerd de Bretten 24.
103. Stephanus Weber de Lutkirch 25.
104. Wilhelmus Welwarter de Heckbach 25.
105. Georgius Wigel,
106. Johannes Hass fratres ord. Carm. Nerbergenses 26.

Apprilis.

107. Heinricus Sprenger de Öbingen 3.
108. M. Jeorius Bruck de Waltze 6.
109. Johannes Negelin de Bieticken 21.
110. Thomas Ysinga de Gretzingen 21.
111. Johannes Kyssling de Mösskirch 21.
112. Johannes Mayer ex Termis 23.
113. Johannes Wessler de Tubingen 25.
114. Bernhardus Kesser de Rutlingen (bacc. vienn.) 27.
115. Basilius Brecht de Tübingen.
116. Jeorius Bayer,
117. Johannes Engel de Aichrich 1 Maii.
118. Stephanus Pistoris de Gysslingen.

Sub rectoratu eximii domini D. D. JACOBI LEMP Phil. et Jac. a. 1514 sunt infrascripti intitulati.

In mense May.

1. Bernhardus Holtzapfel de Bibraco 2.
2. Eberhardus Stuber de Blapurn 5.
3. Andreas Bart, dedit 1 s.
4. Michel Bart de Rinstetten 8.
5. Vdalricus Costman Constantiensis 10.
6. Arnoldus Munch de Cliuis (Cleuis) 16.
7. Felix Jung ex Simeringen 20.
8. Johannes Hallis Pfortzensis 7.
9. Wolffgangus Ernst ex Ehingen 7.
10. Martinus Lutz de Gundelfingen.
11. Caspar Buman de Deckingen 1 s. 8.

---

100. Pe. Geppinger ex Boll uxoratus. — 113. Vessler M. A. 1517. Würt. Kanzler. — 114. Keser M. A. 1516. — 115. M. A. 1517. Jurisconsultus, zahlt erst 1540 die Gebühren für das Baccalaureat. — 4. Ochsenhusensis. — 5. Ulr. Constantiensis de Constantia Mfa. — 8. Joh. Judenhut Mfa.

12. Gregorius Ruff de Furndaw 10 Junij.
13. Martinus Pfand ex Talfingen dedit 1 s. 12.
14. Leonhardus Cokken (Katz) ex Thame 12. nihil.
15. Richardus Bird ex Fallen 12. nihil.
16. Georgius Farner de Kircheim dedit 1 s. 20.
17. Marius Merstet de Hallis 20.
18. Joannes Russ alias Lipenn dedit 1 s. 30.
19. Joannes Schabler de Schorndorff 1 Julij.
20. Joannes Metzger de Kalw dedit 1 s. 6.
21. Bartholomeus Hartman de Augusta 14. dedit 1 s.
22. Joannes Widmer de Frickingen die 20.
23. Michael Tretnack de Rüdlingen dedit 1 s. 29.
24. Paulus de Nühusen 29.
25. Martinus Nühusen dedit 1 s. 29.
26. Niclaus Gaschaf 29.
27. Joannes Graff de Hailcrustal 29.
28. Wilhelmus Wolfflin de Baselea 29.
29. Joannes Rutlich de Termis dedit 1 s. 3 Aug.
30. Anthonius Herwolt de Riette 20.
31. Adam Schmid de Mündelhaim 29.
32. Petrus Cier (Zier) ex Stutgardia 1 Sept. dedit 1 s.
33. Conradus Aurificis de Calw studens Basil. 2 Sept.
34. Joannes Winckelhoffer de Vlma 14 Sept.
35. Luduicus Berner de Rutlingen dedit 1 s. 15 Sept.
36. Hainricus Ayderbach (Auerbach) ex Stutgardia 18 Sept.
37. Vitus de Auw de Eschingen 14 Sept.
38. Erhardus de Gumppenberg can. Frisingensis dedit 1 fl.
39. Ambrosius de Gumppenberg dedit 6 s.
40. Georgius Turlinger nobilis.
41. Erhardus Vrmuler Wienensis de Monaco.
42. Paulus Altman de Saltzburg.
43. Joannes Doler de Plochingen 26 Sept.
44. Sebastianus Lang de Gretzingen.
45. Cristofferus Engelfrid de Pregantia 27 Sept. dedit 1 s.

---

16. S. 154. M. A. 1517. Dec. F. A. 1524. — 23. Michael Rettnaker Friedlingen Mfa. — 27. Heiligkreuzthal. — 30. Ant. Herwart de Ernberg Mfa. — 31. M. A. 1517. — 34. M. A. 1517. — 35. de Riedlingen. — 37. Seitenlinie genannt die Ow unter dem Berge.

46. Egidius Murmüler de Rotenburg 27. dedit 1 s.
47. Eberhardus Böss de Metzingen 27.
48. Jeorius Schnitzer de Minsingen 29. 1 s.
49. Benedictus Schlegel de Messingen 13 Oct. .
50. Philippus Winterling de Stutgardia 1 s. 18 Oct.
51. Conradus Pfister (Pistoris) Augustensis 1 s. 19 Oct.
52. Joannes Gessler de Horb 1 s. 19 Oct.
53. Melchior Volmer Rotwilensis 20 Oct.
54. Michel Gytz de Gisslingen 20 Oct. 1 s.
55. Joannes Conradi Lieberman de Gamundia 20 Oct.
56. Joannes Rüff de Oberndurcken 21 Oct. Wienensis.
57. Wendalinus Loner ex Balingen 22 Oct.
58. Jeorius Gaysser de Foringen 22 Oct.
59. Martinus Zimerman de Biberaco 29 Oct.
60. Vitus Wertwin de Esslingen,
61. Sebastianus Rotenburger Wienenses 31 Oct.
62. Joannes Nyeffer de Mensingen 2 Nouembris.
63. Joannes Pistoris Stutgardia 3 Nou.
64. Michel Sartoris de Gaylhusen dedit 1 s. 4 Nou.
65. Cristofferus Rudler Monacensis, Parisiensis 1 s. 8 Nou.
66. Bernhardus Gabler ex Kirchen (sub Teck) 8 Nou.
67. Wolffgangus Katzmer de Tiessen 8 Nou. dedit 1 s.
68. Fridericus de Nuhusen, Wienensis 8 Nou.
69. Jacobus Kysel Wormaciensis 8 Nou.
70. Laurentius Riepper de Rutlingen dedit 1 s. 9 Nou.
71. Mathias Behem de Sigelmingen, Wienensis.
72. Gallus Hass de Biberaco 12 Nou.
73. M. Andreas Wurtz M. Friburgensis 12 Nou.
74. Joannes Rasch de Pregantia 1 s. 18 Nou.
75. Simpertus Wirt de Wetenhusen 20 Nou.
76. Conradus Schlechlin (Schleli) de Tischingen 1 s. 28 Nou.
77. Gabriel Wacker de Schwaygern, Ingolst. dedit 1 s. 4 Dec.
78. Georg. Sigismundus de Emss ecclesiarum canonicus Constantiensis et Basiliensis, Friburgensis studens 1 flor. 5 Dec.
79. Joannes Heniesen ex Schaffhusen 7 Dec.

---

48. vor dem Interim ev. Geistl. in Kirchheim u. T. — 53. S. 171. — 57. M. A. 1518. — 66. M. A. 1518. Vogt in Nürtingen 1535. — 79. Könysen M. A. 1518.

80. Thomas Keppellin de Memingen bacc. Wien. 11 Dec.
81. Joannes Stier (Stur) de Gröningen 1 s. 11 Dec.
82. Jacobus Rudler de Vayhingen 1 s. 14 Dec.
83. Paulus Hubenschmid Stutgardia 1 s. 15 Dec.
84. Jeorius Rettich de Rutlingen 1 s.
85. Jeorius Kirser ex Tubingen 16 Dec. 1 s.

1515.

86. Conradus Helmschrot (ex Tubingen) 5 Januarii.
87. Joannes Priel (Brihel) de Ebingen dedit 1 s. 5 Jan.
88. Joannes Hupp de Constantia 6 Jan. 1 s.
89. Jeorius Jecklin de Ehingen 8 Jan. 1 s.
90. Martinus Schopper de Nurttingen 13 Jan.
91. Joannes Per de Wilperg 14 Jan.
92. Joannes Matheus Schad 3 Februarii.
93. Philippus Schwertfeger de Gröningen 1 s. 6 Febr.
94. Joannes Steumile de Lansberg 1 s. 22 Febr. (famulus).
95. Pangratius Viel de Bieticka 21 Febr.
96. Joannes Feltmuller de Ingolstet bacc. Ingelst. 27 Febr. 1 s.
97. Vlricus Hucker de Hayenstet 30 Febr. (sic).
98. Balth. Schumayer de Eystet famulus can. Marstaler.
99. Joannes Brotbeck de Zabernia 3 Martii.
100. Joannes Sticher de Rauenspurg 5. 1 s.
101. Michel Protbeg de Bernhusen 8.
102. Martinus Luduicus de Sulgau 1 s. 13 Martii.
103. Joannes Sigismundus de Eberbach 13.
104. Rudolffus Welsperger 13.
105. Leonhardus Richinger de Esslingen 16.
106. Bernhardus Coci de Hayingen 1 s. 8 Martii.
107. Gallus Schutz de Ytingertal (Horw) 19.
108. Martinus Tegenfeld Witenburgensis 23.
109. Gallus Mollitoris ex Rotnacker dedit 1 s. 24.
110. Fridericus Staiuehuser ex Gamundia 29.
111. Joannes Pess (Pöss) ex Tubingen 13 Aprilis.

---

80. M. A. 1516. — 82. Jac. Reder de Enzwichingen Mfa. — 86. M. A. 1518. Dec. F. A. 1529. — 97. wohl Hohenstadt bei Wiesensteig, M. A. 1518 als Ulr. Rucker de Wisensteig. — 99. übergeschrieben: Bertol. Joh. Berchtold de Zabernia Mfa. — 101. M. A. 1519. — 111. 1519 in Wittemberg.

112. Joannes Locher de Ehingen dedit 1 s.
113. Michel Muschewang de Ehingen 1 s. dedit.
114. Johannes Gutknütz ex Horb 26.
115. Conradus Sumerhart de Groningen 29.
116. Vlricus Vischer de Veltkirch 29.
117. Urbanus Wust (Wiest) de Magstat.

Sub eximio Dom. licentiato Balthasar Sellarii ex Cantstat a. 1515 sunt infra scripti intitulati a Phil. et Jac. vsque Luce.

1. Thimoteus Spet 3 Maij.
2. Joannes Schauer ex Esslingen 2 Maij.
3. Adam Mom ex Zaynbingen 6 Maij.
4. Jacobus Karcher ex Zaynbingen 6 Maij.
5. Erhardus Wyss de Dornstetten 11 Maij dedit 1 s.
6. Georgius Pistoris de Esslingen 12 Maij.
7. Bartholomeus Butzig,
8. Martinus impressores, nihil. 29 Maij.
9. Joannes Ruff de Metzingen.
10. Joachim Furderer de Stutgardia 2 Junij.
11. Balthasar Hytzer de Grubingen 6.
12. Joannes Empss 6.
13. Mauritius Ybelster 6.
14. Frater Jacobus Ingerscher de Wila ciuitate 9.
15. Joannes de Carpfen 11.
16. Conradus Ehinger 11.
17. Sebastianus Fuchs ex Vrach 11.
18. Eberhardus Fogler ex Vrach 11.
19. Joannes Friger ex Vrach dedit 1 s. 11.
20. Ernestus Spiess ex Termis dedit 1 s. 13.
21. Vdalricus Frymer ex Stutgardia.
22. Heinricus Keuss de Kalb 18.
23. Georgius Leder de Horb 1 s. 18.
24. Joannes Knobloch de Frangfordia 18.
25. Wernherus Zwyfel ex Tubingen 19.
26. Joannes Hieber ex Gunssburg bacc. iuris 6 Julij.

---

115. M. A. 1518. — 3. etwa Zöbingen. — 11. Hytzel, famulus. — 15. Obervogt in Balingen, Tuttlingen, Oberrath.

27. Valentinus Sprentz (Spreng) de Vrach 10. 1 s.
28. Joannes Wynman ex Canstat 11.
29. Fridericus Fot ex Cantstat 24.
30. Albertus Vollant ex Gröningen 25.
31. Michael Habsamer de Stutgardia dedit 1 s. 30.
32. Andreas Lut de Berckain 30.
33. Joannes Klinger de Bylstain 6 Augusti.
34. Rudolffus Hyller de Marpach 6.
35. Georgius Aichelin ex Geppingen 11.
36. Lucas Hilbrecht de Krumpach 13.
37. M. Andreas Ermitoparus de Meiningen 25.
38. Bartholomeus Walch de Ehingen 1 s. 25.
39. Joannes Muller de Vrach 5 Sept.
40. Wolffgangus Schlerffer Gamundianus 6.
41. Johannes Bosch de Constantia 10.
42. Georgius Vogler de Lukirch 11.
43. Jeorius Syfart de Rudlingen 15.
44. Allexander Pur ex Nagolt 17.
45. Caspar Stoltz de Entringen 24.
46. Bartholomeus Kayser de Nuhusen 29.
47. Joannes Werckman ex Stutgardia 1 s. 25.
48. Remigius Hutzel ex Rotenburg.
49. Joannes Bock ex Kirchen 30.
50. Jacobus Schwytzer ex Rotenburg 30.
51. Franciscus Sachsenhaymer ex Eglesen 2 Oct.
52. Felix Leonis ex Thurego 8.
53. Theobaldus Mollitoris ex Legnäboden in Schwitz 8.

---

29. Chorherr zu Stuttgart 1534. — 30. Richter und im Landtag 1525. — 31. Mich. Hebamer Mfa. — 37. Die Wittenberger Matrikel hat ad a. 1516: Andr. Ornithoparchus Meming. A. M. Tybingensis. Fuit musicus insignis, cuius musica typis expressa est. Die letztere Form ist die richtige. Er hat veröffentlicht: Micrologus musicæ activæ Lips. 1516. 1519 und Libri IV de arte cantandi Col. 1535. Diese sind von dem Musiker John Douland übersetzt und herausgegeben worden London 1609 fol. Vermuthlich zog die Absicht des Herzogs Ulrich eine Sängerkapelle zu errichten den Mann ins Land. Die Stelle des Kapellmeisters fiel jedoch dem unten 1519 N. 40 genannten Joh. Siess zu. O. ist nicht aus Memmingen sondern aus Meiningen gebürtig. — 39. M. A. 1518. — 44. M. A. 1519.

54. Martinus Westerler ex Lomerschen 17.
55. Andreas Mutschelin ex Tubingen 18.
56. Luduicus Mutschelin ex Tubingen.

Sub eximio Wendalino Staindach s. theologie professore a. 1515 sunt infrascripti intitulati, Luce.

1. Sebastianus Bosch Vracensis 19 Oct. 1 s.
2. Jacobus Kyser Vracensis 19.
3. Michael Muntz Vracensis.
4. Matheus Rieber Groningensis.
5. Wolffgangus Bryss Gepingensis 20.
6. Bartholomeus Schertlin de Brackenhaim 21.
7. Bernhardus Aichlin de Walen 22.
8. Martinus Docher (Tucher) de Rotwil die 23.
9. Leonh. Zymerman de Richenpach bacc. Ingelst. 24.
10. Paulus Fridingen (Fraűder) de Ebingen 25.
11. Bartholomeus Strohecker de Eglissen 26.
12. Martinus Mettelin Wilensis 26.
13. Dominicus Möringer 2 Nouembris.
14. Anastasius Herpst 26.
15. Martinus Nittel Stutgardianus 6 Decembris.
16. Philippus Waltz Grieningensis 21.
17. Gallus Filinger 21.
18. Conradus Veser (Fesser) 21.
19. Anthonius Klocker.
20. Luduicus Hebsacker circa omnium sanctorum.
21. Joannes Sebalt circa omnium sanctorum.

1516.

22. Pangratius Stauffen ex Wil 6 Januarii.
23. Sebastianus Harpffe ex Wil 6.
24. Joannes Oleificis (ex Novo Castro) 6.
25. Adam Bentile 2 Martii.
26. Caspar Kurrer (ex Schorndorf) 2.

---

55. M. A. 1521. — 6. M. A. 1518. — 7. Erhardus Aychyle de Wala M. A. 1518. — 13. Dom. Gryel ex Möringen Mfa. — 14. M. A. 1521. für Nagold beim Landtag 1525. — 15. Archivar, Landschreiber. Bürgerm. in Stuttgart 1534. — 21. vielleicht sva. Sebaldus Thurner Gamundianus Mfa — 26. S. 166. M. A. 1518.

27. Vrbanus Strobel Altenbusensis (ex Aletzhusen).
28. Franciscus Schmid (Fabri) Tubingen 15.
29. Joannes Studlin Tubingen 15. Ematriculatus est a. 1522 in Maio sub rectoratu Joannis Stöffler Justingensis mathematici.
30. Joannes Wesch ex Nagolt 22 Martii.
31. Bartholomeus Pur ex Nagolt 22.
32. Vitus Gall ex Nagolt.
33. Allexander Pur ex Nagolt 22.
34. Georgius Altenburg 29.
35. Joannes Goppinger.
36. Joannes Zimbret 4 Appr.
37. Hainricus Halbrun 4.
38. Michel Necker 1 Maij.
39. Paulus (Huber) Monacensis 26 Apprilis.
40. Joannes Sunentag Nurtingensis.
41. Jacobus Knechtlin (ex Gysslingen) 23 Apprilis.
42. Bernhardus Brackenhaim.
43. Joannes,
44. Andreas Muller Furstenbergenses circa Phil. et Jac. 1 Maij.
45. Symon (Sigismundus Mfa.) Barbierer ex Nurtingen.
46. Joannes Bersch (Bertsch ex Bessica).
47. Joannes Fuchs Termipolitanus.
48. Joannes Nurtinger.
49. Conradus Ehinger (Blicklin de Tüwingen).
50. Georgius Ehinger (ex Tubingen) Ascensionis.
51. Joannes Winfeld,
52. Joannes Kel,
53. Joannes Dauh Vlmenses 10 Maij.
54. Joannes Kruss.
55. Conradus Findysen ex Gamertingen circa Letare.

Sub rectoratu venerabilis M. Joannis Kreuss Philippi et Jacobi 1516.

---

39. heisst Mathias in Mfa. — 41. famulus. — 46. ex Besicka, Bietticken (beides wider gestrichen) M. A. 1521. — 47. de Urach M. A. 1519. — 48. ein Wort unleserlich. — 49. der jüngere J. U. D. M. A. 1518. — 50. M. A. 1520. Med. D. 1529. — 55. M. A. 1521.

1. M. Philippus Erer Halbrun 7 Maij.
2. Allexander Schranckel ex Marpach 7.
3. Martinus Buchner ex Tubingen 10.
4. Georius Man Elwangen 10.
5. Joannes Brackenhosen Augustensis 13.
6. Jacobus Hemer (Hämer) ex Stutgardia 15.
7. Franciscus Fritz Etlingen 16.
8. Jacobus,
9. Joanes Össler Tubingen 19.
10. Joachim Humel ex Tubingen 19.
11. Conradus Maier (May) ex Tubingen 20. nil dedit.
12. Joannes Volland ex Bessica 21.
13. Joannes Remolt (Rembolt) ex Lauffen 22.
14. Conradus Konman ex Ebingen 23.
15. Jacobus Burstjeger ex Mindelhaim 25.
16. Cristofferus Sutter (Suter) ex Campidona 25.
17. Luduicus Schmid (Fabri) ex Pfullingen 27.
18. Petrus Rot ex Geisslingen 27. nihil dedit.
19. Mart. Kartar ex Stutgardia bacc. Witenburg. 30.
20. Andreas Ritlich ex Mergethen 30.
21. Frater Michael Kempel ex Vrach 31.
22. Caspar Winter ex Mindelhaim 30.
23. Thomas Heussler (oder Henssler) de Furstenberg 7 Junij.
24. Sebastianus Gebhart ex Wolfach 7.
25. Petrus Mayer ex Ertzingen 7.
26. Petrus Krieg ex Hechingen 7.
27. Hainricus Miluius de Lucerna bacc. (colon.) 16.
28. Seboldus Nithart ex Kayssleck 19.
29. Caspar Rielin Cantaropolitanus 22.
30. Fridericus de Aw bacc. Engelstettensis 24.
31. Vitus Goldstainer de Elwangen 28.
32. Petrus Eschel ex Nurttingen 30.

---

1. Vogt in Stuttgart, Kais. Rath 1532. — 3. M. A. 1521. — 12. ex Grieningen M. A. 1521. — 16. auch Sitter. — 18. ev. Pf. in Walddorf bei Tüb. 1534. — 20. A. Ruthlich 1520 in Wittenberg. — 23. M. A. 1520. — 27. Milphus M. A. 1518. — 30. Wachendorf, M. A. circa festum Jo. Bapt. also unmittelbar nach seiner Inscription. 1541 auf dem Reichstag zu Regensburg mit dem Bischoff von Augsburg. — 31. M. A. 1521.

33. Laurentius Graff de Dantisco 2 Julij, nihil.
34. Hainricus Erbpinger 3.
35. Joannes Laterarius ex Nurttingen 22.
36. Georgius Schwab ex Geppingen 24.
37. Jeronimus Schnel ex Stutgardia 26.
38. Joannes Gobler de Stutgardia 30.
39. Joannes Trewwegner (Truwernher) de Tubingen 6 Aug.
40. Nicolaus Künlin ex Stutgardia 8.
41. Michael Bentz ex Wiler 9.
42. Gallus Schucker ex Cantstat 18.
43. Nicolaus Molitoris de Wimpina 24.
44. Theodorus Betz ex Balingen 26.
45. Petrus Burghart ex Vlma 11 Septembris.
46. Joannes Brymuller ex Vlma 11. nihil.
47. Wendalinus Nathanei (Nathei) Ettlingen 19.
48. Burghardus Meyer ex Kalb 20.
49. Mathias Müschlin (Möschlin) Constantiensis 28.
50. Georius Buwmeister Geppingensis 1 Octobris.
51. Burghardus Wyler Dillingensis 5.
52. Anthonius Hewmesser de Bubel 6.

Sub rectoratu M. Galli Muller a festo Luce anno 1516.

In mense Octobris.

1. Joannes Böck de Rotwila 20.
2. Eberhardus Burckhart de Pfullingen eod.
3. Martinus Betz de Rutlingen dedit 1 s. eod.
4. Joannes Rentz de Wyssensteig eod.
5. Caspar Lengerer de Waltenbuch eod.
6. Sebastianus Fysser de Sindelfingen 21.
7. Lutius Kannd de Cur 22.
8. Lampertus Lamparter de Kalb eod.
9. Joannes Brugel de Furbach eod.
10. Lenhardus Knab de Riedlingen 23.
11. Conradus Gwingut de Nirttingen 1 s. eod.

---

40. Vicar im Stift zu Stuttgart 1534. — 44. M. A. 1521. — 48. Erbardus Mayer de Calw M. A. 1521. — 5. ex Rorbach M. A. 1521. — 11. Quingut.

12. Mathias Bentz (Bertsch) de Wysenstaig 25.
13. Michael Widman de Wysenstaig eod.
14. Melchior Haselman de Brackana 28.
15. Petrus Eplin de Pfullingen 30.
16. Wendalinus Lutz de Syndelfingen 31.

In Nouembri.

17. Conradus Stamler de Huffingen 5.
18. Georgius Noacker de Marpach 7.
19. Georius Fabri de Pfullingen 17.
20. Georgius Harman de Metzingen 24.

In Decembri.

21. Franciscus Löer de Munderkingen 4.
22. Gregorius Mencknecht 8.
23. Conradus Margward de Sindelffingen eod.
24. Wilhelmus Vetterlin ex Cantstat 10.
25. Melchior Winer (Wynter) de Nerlingen eod.
26. Stephanus Lindenfels de Herrenberg 10.
27. Vitus Tal de Zabernia 14.
28. Luduicus Tufringer ex Tubinga 15.
29. Petrus Sartoris de Diessenhoffen eod.
30. Martinus Amsler Pfulingensis eod.

1517.

Januarius.

31. Bartholomeus Staimer de Blaburen 3.
32. Nicolaus Ezel de Groningen 4.
33. Augustinus Wurm de Constantia 10.
34. Georgius Ailinger de Margdorff 14.
35. Georgius Schmid de Lauingen eod.
36. Joannes Wendalinus de Malmsen 17.
37. JOANNES TUTSCHELIN (Tuschelin ex Kirchen) 20.
38. Petrus Melich de Cantropoli 23.
39. Hainricus Haffner de Waiblingen 26.
40. Symon Rowleder de Kornwesten eod.
41. Andreas Schwertlin de Nuhusen 28.
42. Martinus Schenck de Nurttingen.

---

18. Moacker Mfa. — 36. famulus. — 37. M. A. 1520. Collegiatus 1528, Jurisconsultus, auch Huschilin. — 42. Marcus Schlenck ex Byren Mfa.

In Februario.

43. Fridericus Agschelin de Zwingenberg 14.

In Martio.

44. Theodoricus (Theodorus) Schulthaiss ex Tubingen 10.
45. Eberhardus Tuber (oder Triber) de Mulbusen 20.
46. Georgius Faber de Aletzhusen eod.
47. Joannes Hengel de Deckenpfrundt 30.
48. Aurelius Eckhart Stutgardia 4.
49. Cristannus Sichler de Rotwila eod.
50. Joannes Decker de Gerspach 12.
51. Caspar de Lebenberg 14.
52. Petrus Andler de Herrenberg 15.
53. Conradus Coriarius ex Rotwila 15.
54. Sebastianus Hubschnider Bitelspach 15.
55. Joannes Brun de Blidelsen 15.
56. Hainricus Lutz de Groningen eod.
57. Wolffgangus Waidellich ex Groningen 26.
58. Eberhardus (Bernhardus) Morhart ex Husen 29.
59. Conradus Steur de Villingen 19.

Apprilis.

60. Allexander Richschacher de Filingen 2.
61. Sigismundus Faber de Ridlingen 15.
62. Mathias Gabler Stutgardia 16.
63. Thomas Gabler Stutgardia 16.
64. Wilhelmus Hainbain (Hanhain) de Wysenstaig 22.
65. Joannes Schlotzenbeck de Riedlingen 23.
66. Caspar Vollant de Gröningen 26.
67. Quirinus Richkemer (Reuchkemer, Rechkemer) de Zymer 29.
68. Joannes Sebastianus Esenbri de Esingen eod.

Intitulati sub M. Allexandro Rieger ex Vayhingen a festo Phil. et Jac. a. 1517.

---

44. M. A. 1521. — 57. Vogt in Güglingen 1546. — 60. Reischacher. — 62. 1518 in Wittenberg, Med. D. 1525. — 63. 1522 in Wittenberg. — 66. lect. in poesi et oratoria 1520—29, später Jurist, Stadtschreiber in Tüb. 1533. Z. 445. — 67. M. A. 1520. Med. D. 1526. Acta Cons. Un. 1521. — 68. Eusenbri.

1. Philippus Lang ex Gartdach,
2. Josephus Piscatoris Franckfordia,
3. Oswaldus Burck ex Kirchen, prima die rectoratus.
4. Eadamundus Brecht,
5. Simon Vogler ex Ellerbach,
6. Vlricus Mayer Myndelhaim,
7. Jacobus,
8. Vlricus Wintzelhuser Stutgardiani, dom. iubilate.
9. Johannes Gross de Gussenstat vicarius in Elwangen Veneris post dom. iubilate.
10. Matheus Mangolt Constantiensis 9 Maij.
11. Gallus Beck (Bock) ex Gysslingen 20.
12. Claudius Musetus 19.
13. Caspar Rott de Biettica 22.
14. Rupertus Wiest ex Magstat 30.
15. Johannes Schelpplin ex Bissingen aput Kirchen 4 Junij.
16. Jacobus Diettickhoffer Constantia 4.
17. Andreas Siff (Zyff) Geppingensis 10.
18. Onofrius Haffner Raffenspurg 6.
19. Cristanus Rösslin Eberspach 9.
20. Jeorius Trutman Tubingensis 10.
21. Blasius Michel Veltkirch 11.
22. Silvester Constetter Veltkirch 11.
23. Martinus Rorbach Tubingensis 12.
24. Wendalinus Böck (Beg) ex Herrenberg 16.
25. Philippus Halbprunner ex Husen 16.
26. Jacobus Gamundia 16.
27. Jeronimus Fabri de Bessica 16.
28. Marcus Metzger ex Kirchen 17.
29. Balthasarus Ritter de Kronsaw 19.
30. M. Petrus Neser ex Firstenberg 19.
31. Matheus frater dicti Magistri Petri 19.
32. Martinus Wegerlin de Gilstain (Bylstain) 19.
33. Martinus Lebnawer ex Elchingen 6 Julij.

---

1. M. A. 1520. Jurisconsultus et consiliarius principalis S. 173. Acta Cons. Un. 1521. — 8. M. A. 1521, Vogt in Güglingen 1540. — 20. Pf. in Affaltrach. — 25. erster ev. Pf. in Oetisheim, vor dem Interim in ORiexingen. — 30. S. 166. — 31. Jurisconsultus, Ass. des R.Kammergerichts 1537.

34. Jacobus Grober ex Ebinga 19.
35. Wolffgangus Schower de Besendorff 6 Augusti.
36. Andreas Weldelin de Orinchingen 6.
37. Bartholomeus Nifer (Nyffer) ex Munsingen 19.
38. Valentinus Fri (Sutor) ex Kirchen 20.
39. Aidemus Plochingensis eod.
40. Thomas Negelin Plochingensis 5 Septembris.
41. Wolffgangus Scriptoris 10.
42. Jeorius de Minsingen 6.
43. Joannes Schawer 10.
44. Nicolaus Ducker Kirchen eod.
45. Jeorius Laufehanns 16 Sept.
46. Bernhardus Faut ex Cantstat 19.
47. Philippus Lorman de Westernau 20.
48. Johannes Heninger Tubingensis 24.
49. Sebastianus Rist de Metzingen 16 Octobris.
50. Jacobus Wick de Wangen 16.
51. Bernhardus Faut ex Cantstat 15.
52. Caspar Wolffangel de Tubingen 23 Sept.
53. Andreas Schmid ex Thurego 24 Sept.

Sub rectoratu eximii D. D. Jacobi Lemp a festo S. Luce pro anno 1517.

1. Johannes Schelling de Maiori Ingerschen 24 Oct.
2. Joannes Bruner de Chiburg 24.
3. Johannes Choch de Wiel studens Wienensis 30.
4. Dominicus Wygolt 30.
5. Vdalr. Eehalt de Geppingen studens Erford. 8 Nou.
6. Joh. Ryffenstain de Francfordia bacc. Maguntinus.
7. Cristannus Gabler de Kauffbür 19 Nou.
8. Wilhelmus Kechler de Schwandorff 3 Dec.
9. Magnus Mayer de Fiessen 17. 1 s.

---

34. Gruer M. A. 1521, wird auch als Conradus G. aufgeführt. — 37. M. A. 1521. — 47. Phil. Laurman de Wisenstaig Mfa. — 48. Heminger M. A. 1524. — 49. erste Hand: Cristhanns. — 50. Mfa. hat Jac. Fiell de Wangen. — 4. Syndicus Univ. noch 1551, vorher Procurator Bursæ.

10. Johannes Kuder ex Tubingen 21.
11. Sebastianus Klein de Benicka 23.

1518.

12. Jacobus de Rechberg canonicus Elwangensis 3 Jan.
13. Amandus Satler de Vrach 5.
14. Ludwicus Senger de Esslingen 7.
15. Johannes Buck de Terendingen 8.
16. Petrus Rieder de Esslingen 9.
17. Johannes Blotzer de Metzingen vlt. Jan. 1 s.
18. Hainricus Nieffer de Esslingen vlt. Jan.
19. Georgius Decker de Rutlingen 10 Febr.
20. Ambrosius Widman ex Haymsen 11.
21. Johannes Sigwart de Etlingen 20.
22. Petrus Neschlin ex Nagold 26.
23. Johannes Mollitoris de Gunssburg 28. 1 s.
24. Johannes Burghardus Faber de Rauenspurg vlt.
25. Cristofferus Scriptoris de Vberlingen vlt. 1 s.
26. Johannes Ratz de Remintzsa 1 Martii.
27. Vdalricus Huser de Campidona 7 Febr.
28. Bernhardus Rüle de Moringen 8.
29. Jeorius Spet de Vberlingen 8.
30. Josephus Stratarius de Gröningen 23 Martii.
31. Gregorius Sumer de Tetingen prope Vrach 25. 1 s.
32. Anthonius Pantellionis de Rauenspurg 27.
33. Albertus Rumetsch de Herrenberg 30.
34. Wendalinus Schwendi 9 Apprilis.
35. Johannes Frye de Tettingen cis Vrach 16.
36. Nicolaus Berner de Altorff 17.
37. Allexander Mergkling de Marpach 19.
38. Johannes Sayler de Rüdlingen, Wenensis 20.
39. Petrus Rach de Altorff 21.
40. Jeorius Rentz de Wayblingen 27.
41. Dominicus Vischer de Boppenwiler 1 s.

---

10. 1522 wird baccalaureus: Fr. Joh. Kuderer ordinis (S. Pauli eremitæ) ex Rorhalden (bei Kiebingen) Prior. — 14. Sengerer M. A. 1521, beigeschrieben: Milchschupp. — 18. M. A. 1521. — 21. M. A. 1521. — 37. Pædagogarcha zu Stuttgart 1521—25. 1535—51, nennt sich Marcoleon. — 40. M. A. 1519. Med. D. — 41. M. A. 1521.

42. Johannes Osswaldus Lamparter de Wiel 29.
43. Vitus Kapp de Nagolt 29.
44. Philippus comes de Eberstain 30.
45. Johannes Stainbrecher, Maguntinus studens 29.
46. Johannes Glauberg de Francfordia 29.
47. Hainricus de Zimern 29.
48. Vrbanus Schlaffer Pfullingensis 5 Maij.
49. Jeorius Fabri de Plaburn 5 Octobris [nachgetragen].

Sub rectoratu eximii D. D. Petri Brun Phil. et Jac. a. 1518.

1. Andreas Althamer Gundelfingensis 8 Maij.
2. Marcus Krötz de Vlma 22.
3. (Michael) Pfach (Pfau) de Rutlingen 13. 1 s.

In Junio.

4. Sebastianus Essich de Kalb 1.
5. Albertus Klain de Talfingen 3.
6. Johannes Mul de Nuhusen 4. dedit 1 s.
7. Johannes Has de Tettingen 4.
8. Jacobus Husnar de Stutgardia 7.
9. Johannes Lux de Mynsingen 8.
10. Georgius Hetzer de Nurttingen 9.
11. Georgius Tinctor de Neckerhusen (Nürtingen) 9.
12. Andreas Mayer Heman de Mynsingen 10.
13. Symon Bruner de Vrach 15.
14. Johannes Sprandel de Vrach 18.
15. Caspar Obehanck de Luterbach 20.
16. Bechdoldus Frid de Gröningen 28.
17. Johannes Elmen dictus Hoss de Nuwenstatt 30.

In Julio.

18. Jacobus Dollinger de Tytzingen 9.
19. Johannes Fry de Constantia 10.
20. Jacobus Dem de Gerspach 12.
21. Frater Stephanus Opilionis Augustinianus 12.
22. Fridericus Sünten Frickenhusen 17.

---

43. M. A. 1523 s. zu 1519 N. 7. — 1. Althainer Mfa. 1525 in Wittenberg. Comm. zu Tac. Germ. DBi. Will. — 2. Mfa. liest Marcus Ken. — 18. Jac. Dotzinger M. A. 1521.

In Augusto.

23. Johannes Vber de Rutlingen 7.
24. Jeorius de Nuwenstaig.

In Septembri.

25. Benedictus Bapireus (Papirius) de Rutlingen 6.
26. M. Johannes Hilt de Rotwila 16.
27. Conradus Ambach (Ambroch) de Mulhusen 16.
28. Johannes Vberher de Argentina 16.
29. Vlricus Zwurner de Nagolt 1 s.
30. Bonauentura (Teber) de Gamundia 29.
31. Johannes Plüm (Plaim) de Geppingen 26.
32. Bartholomeus Mayer de Betzingen 27.

In Octobri.

33. Johannes Hainricus de Klingenberg 12.
34. Jeorius Murlin de Trochtelfingen A. M. 15.
35. Johannes Wernheri de Wayblingen 15.
36. Johannes Vnfrid de Bieticka 18. 1 s.
37. Hainricus Schwöninger de Villingen 24 Junii.
38. Joh. Scherlin de Yetingen Augustianus 25. nihil dedit.
39. Caspar Huc de Rauenspurg 5 Julii.
40. Joh. Melchior de Bubenhoffen can. Constant. 9.
41. Johannes Stamler de Schaffhusen 16.
42. Johannes Hafner de Ehingen vltima Julii.
43. Jacobus Boni de Lynsenhoffen 2 Sept.
44. Gregorius Fistulicen de Wysenhorn 3.
45. Martinus Geltz de Rotenburg 19.
46. Michel Coler de Rutlingen 20.
47. Jeorius Lachenman ex Rutlingen 21.
48. Conradus Staynmer de Nera 23.

Intitulati sub M. Francisco Stadiano a festo Luce a. 1518 vsque ad festum Phil. et Jac. a. 1519.

1. Johannes Rotbletz de Villingèn 21 Octobris.
2. Johannes Kast de Gerspach 21.

---

25. Ben. Gretzinger M. A. 1521. — 36. Stadtschreiber in B. 1536 — 66. — 43. M. A. 1523 assumtus in hospitium collegii 1525.

3. Cristofforus Cyr (Zyr) de Stutgardia 22.
4. Johannes Mosap (Mossbach) de Nagolt 26.
5. Jacobus Lotzer de Horb 26.
6. Conradus Schienck ex Graffenberg 26.
7. Johannes Hannssman de Kornwesten 29.
8. Jeorgius Brecht de Tubingen 29. 1 s.
9. Michael Eckart de Ettlingen 30.
10. Leonhardus Lauber de Lükirch 30.
11. Johannes Fassnacht ex Waiblingen 5 Nou.
12. Johannes Ott ex Heppach 8.
13. Johannes Foculus de Simeringen 13.
14. Johannes Schopff de Stutgardia 14.
15. Philippus Gloner de Blidelsshaim 14.
16. Martinus Säman ex Caustatt bacc. Wittenburgensis 15.
17. Bernhardus Textoris ex Wallen 18.
18. Michael Schwiepertinger 19.
19. Johannes Hoffman de Binicken 28.
20. Andreas Rischacher de Riet 3 Dec.
21. Conradus Kon de Mitelstat 11.
22. Johannes Wilhelmus de Bulach 29.
23. Georgius Rinderbach de Binicke 30.

1519.

In Januario.

24. Caspar Sybolt de Ritlingen.
25. Christophorus Truchsess bacc. de Waltpurg dedit 1 fl. et 7 s.
26. Johannes Mangolt de Walpurg.
27. Leonhardus Fabri Herpipolensis canonicus collegii S. Johannis in Hauchis.
28. Michael Romel de Vrach.

In Februario.

29. Marcus Wetzel de Herrenberg 1 s.
30. Johannes Bender ex Brackenhaim.
31. Sebastianus Hormolt de Bieticka.
32. Blasius Essich de Nagolt.

---

3. M. A. 1522. Dec. F. A. 1531. — 4. M. A. 1521 nil dedit. — 6. Schennck M. A. 1521 nil dedit. — 11. M. A. 1524. — 14. Vicar im Stift zu Stuttgart 1534. ev. Pf. in Nellingen 1537. — 30. Binder M. A. 1521. — 31. Vogt in Bietigheim, Kirchenraths Director.

In Martio.

33. Martinus Schwartz de Pfäffingen.
34. Johannes Albicus de Tübingen.
35. Martinus Schott de Wila.
36. Georgius Man de Nellingen.
37. Conradus Heffelin de Nagolt.

In Maijo.

38. Hainricus Wiglin de Kirchen dedit 1 s.
39. Conradus Bensslin de Tübingen.
40. Johannes Sicss componista principis Vdalrici.

Intitulati sub venerabili et eximio Baltasare Canstat a Phil. et Jac. vsque ad festum Luce a. 1519.

1. Jacobus Heyl de Memingen 8.
2. Job Vlin de Offingen prope Memingen 8.
3. Baltassar Fuchs ex Suppingen (Suplingen) 21.

In Junio.

4. Baltassar Quechlin de Isunwingen 5. 1 s.
5. Johannes Sattler ex Herremberg 21. 1 s.
6. Gregorius Wolfhart ex Schangaw in Bauaria 21. 1 s.
7. Vitus Kapp ex Nagolt 21.
8. Jacobus Fürst præpositus apud S. Stephanum 22.
9. Theodoricus Leeh ex Balingen bacc. Friburgensis 24.
10. Georgius Molitoris de Constantia 24.
11. Jodocus Bösch ex Constantia 24.
12. Jacobus Cosmas Rijs ex Constantia 24.
13. Joachimus Erny ex Constantia 24.
14. Ludouicus Schwicker ex Esslingen 28.

In Julio.

15. Joh. baro de Haideck eccl. cath. Bamberg. canonicus 1.
16. Juuenalis Wyss ex Dornstetten 2.
17. Caspar Neser ex Fürstenberg 10.
18. Joannes Scheblin ex Esslingen 19.
19. Bartholomeus Rieger ex Wyla 16.

---

37. Stadtpf. in Heiterbach bis 1560. — 40. Kapellmeister der herzogl. Sänger Sattler Herz. 1, 231. s. zu 1515 N. 37. — 3. M. A. 1522. Med. D. 1526. — 7. Ulricus Cap Mfa. bacc. 1520. M. A. 1523. — 17. M. A. 1523.

20. Conradus Halder de Zwifalten 20.
21. Joannes Amstain de Constantia 23.
22. Baltassar de Wernauw 21.
23. Georgius Dolinger ex Melchingen 27.
24. Ambrosius Paulin ex Langenargen 29.
25. Jacobus Fabri de Veringen 30.

In Augusto.

26. Matheus Hummel ex Ysnen 12.
27. Menradus Schuster ex Obernow 12.
28. Johannes Blanck de Wilperg 12.
29. Johannes Moll ex Kirchen 18.
30. Vrbanus Rogius ex Lindaw Magister vniu. Ingelst. 20.
31. Leonhardus Reber ex Nurtingen 16.
32. Petrus Scheiner de Altorff venit 20 Sept.
33. Johannes Hardar de Messkirch 1 s. 19 Oct.

Sub rectoratu egregij viri D. Galli Miller s. theol. D. a festo Luce 1519 usque ad festum Phil. et Jac. 1520.

In Nouembri.

1. Wolffgangus Piscatoris de Mergklingen 8.
2. Georgius Ruff de Hengen 8.
3. Sebastianus Aberlin de Hengen 11.
4. Guilelmus Thon de Gysslingen 13.
5. Balthasar Andler de Herenberg 15.
6. Michael Rohag de Geppingen 18.
7. Joannes May de Bragkana 23.
8. Simon Wissbar de Wittendorf 23.
9. Andreas Pistoris de Buren 26.
10. Wolffgangus Gronberg de Werd 30.
11. Georgius Schuff ex Stutgardia 30.

In Decembri.

12. Conradus Andree de Stogkach 2 1 s.
13. Bartholomeus Herb de Riedlingen 23.

---

30. von dem Aufenthalt des U.R. in Tübingen, welcher vor seine Anstellung in Augsburg fällt, scheinen die Biographen keine Kunde zu haben. — 32. Pe. Schnurrer M. A. 1523. — 6. wohl Brothag, Mfa. liest Mich. Brotbeck. — 7. M. A. 1521.

14. Jacobus Garbman de Rauenspurg 23.
15. Simon Fabri de Feldkirch 23.
16. Diepoldus Schwartz de Wysseuhorn 24.

1520.

In Januario.

17. Jacobus Frend (oder Freud) de Constantia 7.
18. Joannes Armbruster de Waltdorff 7.
19. Augustinus Rotenburger de Tubingen 1.

In Februario.

20. Jacobus Mollitoris de Rechdenbach 1. dedit 1 s.

In Marcio.

21. Berchtoldus Stainlin de Lauffen 8.
22. Simon Kirssman de Kalb 8.
23. Sebastianus Stainlin de Lauffen 8.
24. Balthasar Mollitoris ex Tubingen 10.
25. Georgius Gautz de Munderkingen 10.
26. Joannes Treger de Rogkenburg 10.
27. Joannes Ott de Tubingen 19.
28. Joannes Graff de Luikilch 25. 1 s.
29. Siluester Preudlin de Marchdorff 25.

Aprilis.

30. Georgius Heminger de Fahingen 11.
31. Hugo Theodorus de Ow 12.
32. Paulus Scriptoris de Kirchain 13.
33. Joannes Spindler de Messkirch 20.
34. Martinus Kugelin de Birckenfelt 22.
35. Lenhardus Feychtwegk de Leningen 23.
36. Joannes Brun de Töttingen 24.
37. Georgius Bufeld de Eschlingen ult.

Sub rectoratu egregii viri D. Balthasaris Keffelin de Wilperg s. theologie D. a festo Phil. et Jac. usque ad idem festum a. 1521.

---

16. Theobaldus, M. A. 1523. — 18. S. 165. M. A. 1523. — 24. M. A. 1524. — 26. M. A. 1523 als Joh. Rockenburger. — 34. genauer von Büchenbronn bei Bi. OA. Neuenbürg. M. A. 1523. Collegiatus 1525, geht 1531 nach Freiburg, wo er Theolog wird und grossen Einfluss gewinnt. — 37. Geo. Bophey Esslingensis Mfa., auch Bouae, M. A. 1523.

In mense Maijo.

1. Petrus Riser de Laubingen real. nil dedit 3.
2. Mattheus Heller de Gröningen 5.
3. Conradus Startzler de Horb 7.
4. Joannes Gudin de Marchtal ord. prem. 9.
5. Melchior Mayr de Marchtal ord. eiusdem 9.
6. Sigismundus Welfflin de Rotenburg 9.
7. Erhardus Stickel de Stugkardia 21.
8. Marcus Miller de Rotenburg famulus 21. 1 s.
9. Hieronimus Kuehorn (de Stutgardia) 21.
10. Philippus Mayr de Sindelfingen famulus 22. 1 s.
11. Joannes Mayr de Rotwyl famulus 16. 1 s.
12. Frater Jacobus Boleck de Wyler nil dedit pro intitulatura.
13. Crispinus Spindler de Geppingen famulus 23. 1 s.
14. Joannes Gayling Ilfeldensis feria 2 penth.
15. Melchior Jeger de Lenberg feria 3 penth.

Junii.

16. Petrus Mule (Mülin) de Stutgardia 2.
17. Wigileus Schilling de Regenspurg 4.
18. Joannes Farner de Dornstett famulus 5. 1 s.
19. Adamus Knuss de Stutgardia 6. 1 s.
20. Joannes Sellarius de Canstat 8. 6 s.
21. Diopoldus Spett de Schilssburg 11.
22. Georgius Wirt de Rotenburg 13.
23. Joannes Marquart de Altorff 15.
24. Conradus Binder de Gemrica 16.
25. Philippus Zwifel de Tubingen 18.
26. Gaspar Wirtzburg 20.
27. Georgius Stertzer de Holtzgerlingen 20.
28. Georgius Palmer de Rotenburg 25.
29. Gallus Nothelffer de Bibrach 26.

Julii.

30. Melchior Warbeck de Gamundia 1.
31. Alexander Schuele de Elmendlingen 4.

---

2. Kaplan an St. Leonhard, Consist.Rath. — 7. M. A. 1524. — 14. primus ev. in Ducatu Wirt. pastor. Fischlin 1, 1. — 15. Vogt in Urach, Neuffen. — 16. M. A. 1524.

32. Petrus Mercklin de Kirchain 14.
33. Joannes Scheck (Schöck) de Gröningen 17.
34. Matheus Hau de Rotenburg 17.
35. Joannes Rebman de Schönaych 19.
36. Conradus Ehinger de Waltzhut famulus plebani 1 s.
37. Vdalricus Buckaler Uracensis 21. 1 s.
38. Paulus Kronisse (Kronysen) de Vrach.
39. Georgius Wisshorn.
40. Joannes Fischess de Vrach.

Augusti.

41. Joannes Hagnauer de Zirch 2. nihil dedit.
42. Eustachius Kain de Ehingen 4. nihil dedit.

Intitulati Rottenburgi ob pestem hic Tubinge ingruentem:

1. Martinus Birer de Vrach famulus 2. 1 s.
2. Andreas Ritel de Rotenburg 22.
3. Thomas Haberstro de Kirchain 22.

Septembri.

4. Ludovicus Eger de Birstingen 21.
5. Vitus Leser (de Schenberg) famulus 21. 1 s.
6. Georgius Hyp (ex Tubingen) 28.

Octobri.

7. Michael Metzger de Kalb 16.
8. Valentinus Reiger Wilensis 19.
9. Joannes Dantzenbecher de villa Banff 19.
10. Joannes Bilsan de Breuckhusen 19.
11. Bernhardus Mercklin de Kirchain 19.

Nouembri.

12. Sebastianus Werner de Backenhaim famulus 4. 1 s.
13. Bartholomeus Neuhuser de Rotenburg 22.

Decembri.

14. Joachim Kegel de Neren 29.
15. Joachim de Gröningen 29.

---

35. Vogt in Sulz 1539. — 37. Buccalar. — 40. erster ev. Pf. in Gr. Bettlingen. — 2. de Stutgardia Mfa. Archivar in Stuttgart. — 6. M. A. 1524 lect. oratoriæ 1526, collegiatus. Cæs. Consiliarius factus. — 12. Seb. Schmid. — 14. S. 166. M. A. 1524. — 15. Joa. Gröninger de Rockenburg M. A. 1525.

16. Jacobus de Schorndorff famulus 29. 1 s.
17. Franciscus Beck Venetianus 29.

1521.

Januarii.

18. Joannes de Gröningen famulus 1 s.

Februarii.

19. Joannes Pfost de Rotenburg 20.
20. Conradus Husler ult.

Marcii.

21. Jacobus Hamerle de Kirchen famulus 4. 1 s.
22. Ludouicus Schertlin de Vlma 9.
23. Vitus Knup de Elwangen 9.
24. Matheus Wolfart de Wohlingen 9.
25. Jacobus Haubenschmid de Stutgardia 10.
26. Joannes Startzler de Horb famulus 1 s.

Aprili.

27. Petrus Schnitzer de Wilperg 3. 1 s.
28. Joannes Hering de Detingen 4.
29. Bernhardus Vnger (de Tuwingen) 8.
30. Conradus Felix de Nürtingen famulus 9. 1 s.
31. Joannes Daderer de Minore Saxenhaim 9.
32. Martinus Ferrarius de Kirchaim 14.
33. Joannes Henlin de Dagersshaim 19.
34. Vitus Milhuser de Wayblingen 26.
35. Simpertus Sophier Phorcensis 29. 1 s.

Maii.

36. Albertus Wildt de Magstat 6.

Sub rectoratu egregii et eximii viri D. Jacobi Lemp s. theologie D. a festo Phil. et Jac. usque ad festum Luce a. 1521.

1. Joannes Schwertlin de Hailprun 18.
2. Erasmus Viatoris (sic) vel Scriba de Gröningen 23.
3. Christophorus Lutz,
4. Georgius Lutz de Tübingen 26.
5. Georgius Muse de Nurtingen 28.

21. Haimkale. — 29. Med. D. obiit Rottenburgi ad N. 1594.

Junii.

6. Joannes Hainegker de Malmsen 2.
7. Wendalinus Hainrichman de Wilperg 4.
8. Petrus Megenhart de Canstat 10.
9. Magister Balthasar Lagnawer de Vlma 11. 5 s.
10. Jeronimus Burger de Nurtingen 12. 1 s.
11. Jacobus Byder de Tübingen 14.
12. Blasius Han de Pfullendorff 15.
13. Joannes Schenck de Memingen frater ord. herem. 20.
14. Vdalricus Rigel de Geppingen famulus 24. 1 s.
15. Marquardus de Ehingen 26.
16. Gabriel Stempffel de Memingen 27. 1 s.
17. Hainricus Ruile de Schorndorff 28.
18. Joannes Renhart de Kirchaim 29.

Julius.

19. Wolffgangus Bosch de Dinckelspühel 2.
20. Lucas Landstrasser de Saltzburg 2.
21. Sebastianus Bosch de Dinckelspühel 2.
22. Fridericus Noenarius comes 2. 1 flor.
23. Justinus Brandenburg de Colonia pedagogus 2.
24. Sebastianus Schmid de Beringen 10.
25. Christophorus Goldochs,
26. Eustachius Goldochs de Dinckelspühel 14.
27. Guilielmus Schöfflin (Schöffel), de Gintzburg 17.
28. Joannes Kessler de Wisenstayg famulus 17. 1 s.
29. Michael Schuirlin de Altenstayg 18.
30. Joachim Sigismundi de Immenstat 21. 1 s.
31. Joachim Lindtlin de Stutgardia 24.
32. Joannes Kreydenweyss de Esslingen 29.
33. Christophorus Rawenberger de Saltzburg 29.
34. Dom. Maximinus Wagner de Messingen 29.

---

6. Hænncker Sti Petri diaconus Mfa. — 8. M. A. 1524. Hofmedicus in Stuttgart. — 13. in Wittemberg 1526. — 14. erster ev. Pf. in Lotenberg. — 19. Bairischer Kanzler † 1558. — 20. Præceptor des Otto Truchsess von Waldburg unten 1524 N. 20. — 24. Seb. Beringer Uracensis, stipendiatus. — 27. Scheffel M. A. 1524. — 31. des Raths in Stuttgart 1534.

Augusti.

35. Martinus Zwifel de Tübingen 12.
36. Petrus Kirchbuler de Kutzbuler (Kitzbiel) 14.
37. Michael Rücker (Rucker), de Wisenstayg 15. 1 s.
38. Melchior Redlin de Schorndorff 16. 1 s.
39. Joannes Tischmacher de Stutgardia 21.
40. Joannes Wernlin de Magstat (stipendiatus) 23.
41. Conradus Spreter (Spreyter) de Rotweyl 25.
42. Gebhardus Brastberger de Vrach 26.
43. Pangratius Brunug de Horb 26.
44. Martinus Ridlinger de Tübingen 26. nihil dedit.
45. Henricus Egen de Gamundia 29.
46. Philippus de Lichaw ex Vrich 29.

Septembri.

47. Joannes Genglin de Dinckelspuhel 2.
48. Marcus Heminger de Backenaw 5.
49. Stephanus Faber de Nurenberga 10.
50. Joannes Althamer de Dinckelspühel 13.
51. Joannes Ernst de Nürmberg 14.
52. Georgius Heger de Bauaria Messbach 14.
53. Lenhardus Schnuerlin de Hallerschweine 15.
54. Michael Fech (Vaih) de Brackenaw 22.
55. Petrus Haim (oder Hann) de Nurtingen 23.
56. Joannes Thome de Nurtingen 23.
57. Nicolaus Gallus de Hechingen 25.
58. Daniel Wich de Hechingen 25.
59. Jeronimus Schnell de Detwang ult.
60. Joannes Riech de Bibrach ult.

Octobri.

61. Jacobus Knawr de Pfullingen 7.
62. Felix Gayler de Frawenfeld 13.
63. Bonauentura de Geysenberg ord. herem. 13. nihil.
64. Kilianus Hiess (Heys) de Ochsenhusen 13.

---

36. Kyrchpeler, famulus. wird M. A. 1533. — 37. S. 166, war zu erst famulus, wird M. A. 1525. — 40. M. A 1524. RechenbanksRath. — 41. M. A. 1524. — 42. S. 166. — 54. S. 167. — 57. M. A. 1521, steht bereits 1518 unter den bacc. verzeichnet Mfa. — 64. M. A. 1523. In dies

Intitulati sub rectoratu eximii viri D. Johannis Epp jurium licentiati a festo Luce a. 1521 usque ad festum Phil. et Jac. a. 1522.

1. Joannes Marquart,
2. Joannes Georgius,
3. Joannes Jacob fratres Barones in Alendorff de Kingsegk 19. dederunt 3 flor.
4. Matheus Wernlin de Öttingen 19. 6 s.
5. Georgius Brock de Wolffegk 19.
6. Pangratius de Lucepoli 21.
7. Mauricius Kern de Augusta 22.
8. Onoffrius Mor (Mann) de Vlma 22.
9. Erasmus Baro de Lympurg vul. des heligen Römischen reychs Erbschenck semperfrey canonicus Bambergensis 23. 1 flor.
10. Cristophorus Bron de Kirchaim 23.
11. Benedictus Neer (Neger) de Rotenburg 23. 1 s.
12. Gregorius Kütz (Kurtz Waltzensis) 24. 1 s.
13. Georgius Schrof de Onstrach (Ostach) 30.
14. Jacobus Kalt de Constantia 30.
15. Conradus Wellenberger de Pfirt 30.
16. Ludouicus Schorndorffer de Stutgardia 28.

Nouembri.

17. Othmarus Sietz de Tübingen 3.
18. Valentinus (Neukauffer) Scriba de Rotenburg 4.
19. Jeronimus Goss (Gauss) de Feltstetten 5.
20. (Joh.) Michael Rieger (Ryger) de Weyl 6.
21. Martinus Nyfer de Minsingen 6.
22. Georgius Erbesser (Erbysser) de Tubingen 6.
23. Marcus Klingler de Osterou 7. 1 s.
24. Martinus Wagner (Wegner) de Schenaich 7.
25. Jacobus (Molitoris) de Waltenbuch 7.
26. Jacobus Montanus (de Schorndorf) 7.
27. Joannes Hatt de Wayblingen 9.

Reihe scheint ausgefallen: Sebastian Könlin Stutgardianus, bacc. 1522 M. A. 1524. — 14. S. 166. Er wurde später Assessor des K. Kammergerichts. — 17. Seytz M. A. 1527. — 22. Herbisser M. A. 1527.

28. Wilibaldus Blest 9.
29. Helias Walderstain de Augusta 10.
30. Paulus Goldstainer de Elwangen 10.
31. Anthonius Fabri de Wylhain 12. 1 s.
32. Joannes Ludouicus Gayssberger (ex Schorndorf) 13.
33. Petrus Bidler Wenensis 15.
34. Johannes Lominit de Furstenberg 15. 1 s.
35. Michael Franciscus Epp de Biettigka bacc. Wenensis 18.
36. Burchardus Garb de Horb 18.
37. Bernhardus Mucg (Mye) de Riedlingen 27.

Decembri.

38. Joannes Siedenbender de Wormatia famulus Hessen 1. nil dedit.
39. Christophorus (Kuntzet) de Feldkirch 1.
40. Beatus Girttler de Helprun 2.
41. Joannes Lenglin de Bintzdorff 2.
42. Andreas Hechel de Campidona studens friburg. 3.
43. Achatius Klein Phorcensis 4.
44. Melchior Sprenger de Riedlingen studens friburg. 5.
45. Theodoricus de Wyler 10.
46. Joannes Theodoricus de Pleningen 11.
47. Joannes Faber de Pfullingen 26.
48. Nicolaus de Dornstatt 26.

1522.

Januarii.

49. Joannes Schradin de Riedlingen 7.
50. Petrus Schauber (Schaber) de Riedlingen (Reutlingen) 7.
51. Allexander Zipper de Herrenberg 18.
52. Joannes Fester de Fahingen ult. 1 s.
53. Georgius Wolff de Altmisshouen ult.

Februarii.

54. Ludouicus Ruffeg de Ginningen 7.
55. Sebastianus Stadelman conuentualis de Rot 8.

---

32. M. A. 1527. — 35. M. A. 1523. — 45. mit seinem Vater (s. oben 1481) vor Weinsberg durch die Spiesse gejagt 1525. — 46. Acta Cons. Un. 1529. in Wittenberg 1531, Hofrichter, Obervogt, Landhofmeister 1556. — 49. Ritlingensis Mfa. Heyd Ulr. 2, 307. Ein gleichnamiger ist Pf. in Frickenhausen. — 50. M. A. 1526.

Marcii.

56. Martinus Hetzel de Haytterbach 6.
57. Joannes Mertelin (Mürtelin) de Stutgardia 8.
58. Michael Architectoris de Nürtingen 11.
59. Bernhardus Notthafft 13.
60. Vdalricus Stöcklin de Tueffen 14.
61. Joannes Hetzer de Tueffa (Niffen) 14.
62. Jodocus Cultellificis de Geppingen 15. 1 s.
63. Sebastianus Yselin (Isale),
64. Georgius Herman (Erman) conuentuales Roggenburgi.
65. Joannes Siesser de Schorndorff 17.
66. Magnus Fetzer de Ockenhusen 18.
67. Ludouicus Sattler de Lenberg 21. 1 s.
68. Michael Vogel de Mittelstat 21.
69. Laurentius Bentz de Gundelfingen 21. 1 s.
70. Joannes Fabri de Maltzen 21.
71. Michael Schwygker de Canstat 22. 1 s.
72. Wolfgangus Walch de Osterberg 26.
73. Martinus Zegker (Zeucker) de Kirchain 27.
74. Leodegarius Keess (Keyss) de Gengen M. wenensis 28.
75. Joannes Settelin (Sytzeler) de Blauburen 30.

Aprilis.

76. Christophorus de Bolstatt studens Ingolst. 6.
77. Sixtus Birck de Augusta studens Erford. 19.
78. Johannes Birschlag (Byschlag) de Vlma 24.
79. Zeno Richart de Vlma 24.
80. Johannes Miller de Dettingen 24.
81. Melchior Gerst de Neyffa 26.
82. Paulus Marchdorff studens Lipsiensis 26.
83. Melchior Kigaler de Wolffach ult.

Sub rectoratu eximii viri M. Joannis Stöfflerii Justingensis mathematici a festo Phil. et Jac. usque ad festum Luce a. 1522 intitulati sunt

---

57. Rector bursæ rea. 1531. Mfa. Joh. Martinus M. A. 1526. später D. Med. — 71. S. 167. M. A. 1525. — 79. Augnstanus nach Mfa.

Mensis Maii.

1. Gallus Mülich ex Cantstat 6.
2. Michel Vetteler ex Campidona 6.
3. Johannes Hussler de Leonberg 7.
4. Georgius Bauband de Kauffburen 7.
5. Damianus Gienger Vlmanus 7.
6. Georgius Ycher Vilingensis 7.
7. Cristofferus Linde de Hechingen 9.
8. Christanus Herlin,
9. Christofferus Hirsutus Argentinenses 10.
10. Johannes Rumel de Fürstenberg 10. 1 s.
11. Johannes Linss (Lyntz) Vlmensis 11.
12. Florianus Wagenrieder Vlmensis 12.
13. Johannes Spiegler de Marchdorff 13.
14. Petrus Beler de Kauffburen 14. 1 s.
15. Jacobus Muller Bibracensis 14.
16. Nicolaus Stainhart de Stainhilben 14.
17. Anthonius Danhuser de Blydersshusen 18.
18. Johannes Wolffgang Rorbach Franckfordensis 24.
19. Fridericus Wolffgang Rorbach Franckfordensis 24.
20. Johannes Jacobus Kinser Badensis 24.
21. Jacobus Seckell Hallensis 25.
22. Seruatius Buwmayster ex Wylhau 26.
23. Michael Bayer ex Meytzen 27.
24. Jeronimus Aman Esslingensis 28.
25. Jacobus Rottenburger Tubingensis 29.
26. Leonhardus Piscator Augustanus 30.
27. Ludouicus Ebinger de Tubingen 30.
28. Johannes Syff de Geppingen 31.

Junii.

29. Nicolaus Treuerensis 2.
30. Conradus Raut (Rot) nobilis 3.
31. Jacobus Widman de Kalb 5.
32. Vitus Michten Herbipoli 6.
33. Wolffgangus Graber 6.

---

7. Syndicus Un. 1544. — 18. M. A. 1524. — 26. M. A. 1523. - 30. Herr von Oberhausen Weyermann 2, 435.

34. Georgius Gienger Vlmanus 7.
35. Anthonius de Andelaw nobilis 7.
36. Franciscus Scheubel de Andelaw A. M. 7.
37. Geronimus Geltz Blochingensis 10.
38. Sebastianus Vischelin Cantaropoli 18.
39. Jodocus de Bicken can. wetzfloriensis 1 fl. 19.
40. Wilhelmus de Bicken can. eccl. metrop. maguntinensis 1 fl. 19.
41. Johannes Ernst de Eningen 20. 1 s.
42. Leonhardus Blum de Bar 20.
43. Anthonius Degen ze Letzen 22.
44. Johannes Fürderer de Syndelfingen 27.
45. Beatus Trincklin de Gamundia 28.
46. Joannes Mouschein Esslingensis 29.

Julii.

47. Ludouicus Meiser (Meser) de Sultzmad 1.
48. Hainricus Eckelspach de Bibraco 2.
49. Gregorius Rorer de Waltdorff 6.
50. Marquardus Wagner de Messingen 6.
51. Maximinus (Ryd) Molitoris ex Eschingen 9.
52. Nicolaus Kuppinger 9.
53. Nicolaus Hornbach (Hornbachensis, famulus) 10.
54. Nicolaus baro de Fleckenstain 10.
55. Johannes Suiter de Bermadingen 11.
56. Georgius Vogelman Hallensis,
57. Philippus Buscher Hallensis studentes Haydelb. 11.
58. Johannes Wolff de Ottenburg studens Hayd. 11.
59. Bartholomeus Wier Augustanus studens Hayd. 11.
60. Jacobus Weckerlin Wurtzach 11.
61. Johannes Emsslin Wilmadingen 11. 1 s.
62. Johannes Nythart Vlmanus baccalaureus 14.
63. Martinus Con (Kain) de Pfullingen 16.
64. Georgius Wachter de Blaburn 19.
65. Christannus Mayer de Bregantia 22.
66. Daniel Mauch Vlmanus 23.

---

39. Dominus Jodocus ab Bicken ad totum temporis in completionem probe suas absoluit partes. — 40. Nobilis, in Marburg 1532. — 66. vielgereist, 1537 Rath des Bischofs in Brixen, 1540 bei K. Philipp in Spanien.

67. Johannes Gennicher Kauffpuren 24.
68. Johannes Rychss de Dulen 25.
69. Vdalricus Albrecht de Krombach 27.
70. Anthonius Kyrwang Kauffpuren 31.

Augusti.

71. Johannes Elsässer ex pago circa Stutgardiam 9.
72. Vitus Grysing de Bopffingen 14.
73. Robertus Wackasoldus (Wackefield) Hebreus 16.
74. Josephus Hehenberger de Hochenfryburg nobilis 21.
75. Johannes Ber de Wilperg 22.
76. Rudolfus Bur de Dyttenhain 26.
77. Hainricus Raut de Mülhain 26.

Septembris.

78. Conradus Bub Eschingensis 2.
79. Johannes Murer Eschingensis 3.
80. Johannes Hartlieb de Hennsen 12.
81. Lupoldus de Hornstein nobilis 15.
82. Johannes Stromayr 3.
83. Nicolaus Diemer (Demer) Halbrun 3.
84. Johannes Schwartz de Wysenhorn 4.
85. Jacobus Kernlin (Wurcensis) 15.
86. Johannes Krusslin 15.
87. Schenck Eberhardus dominus in Erpbach 18.
88. Johannes Marquardus artium magister 18.
89. Johannes Schmeltz de Memmingen 22.
90. Hainricus Faut de Cantstat 24.
91. Johannes Müserlin (Musserle) de Leukirch 25.
92. Georgius Seruulus Pfortzensis 28.
93. Johannes Gösslin ex Nyffen 23.

Octobris.

94. Valentinus Boltz Horbensis 1.
95. Johannes Ger (Her) de Symeringen 1.
96. Johannes Owingensis 7.
97. Caspar Grosselfingensis 7.

War auf mehr als 20 Universitäten immatriculiert. Matr. Marpurg. 1544 — 71. Vaihingen nach Mfa. — 73. für hebr. u. griechisch angestellt 1522 — 78. M. A. 1524. — 83. M. A. 1525. — 89. Vicar am Stift in Stuttgart 1534. — 90. M. A. 1525, hat 1531 eine Stellung bei der Univ. AS.

98. Jacobus Mirgellius Lindawensis 10.
99. Vdalricus Merlinus Feldkirchensis 10.
100. Beatus Ettlinger 14. 1 s.
101. Johannes Schwartz Waltzensis 14.

Animaduerte lector candide a principio huius alme uniuersitatis vsque in festum Luce ev. a. 1522 intitulati sunt 4889.*

Sub rectoratu eximii D. Petri Brun, a Luce a. 22 vsque Phil. et Jacobi 1523.

October.

1. Vdalricus Bantel, 5.
2. Caspar Neser,
3. Wolffgangus Hennssler,
4. Johannes Angster Fürstenbergenses 6.
5. Wolffgangus Bruning de Tubingen 20.
6. Jacobus Truchsess Her zu Walpurg 25. 1 s.
7. Johannes Schwartz ex Riegsingen 25.
8. Jeronimus Nithart Vlmensis 27.
9. Joachim Ranser (Rensser) Gamundia 29.
10. Laurentius Lutterer ex Esslingen 30.
11. Luduicus Dolmetsch ex Leonberg 30.
12. Johannes Konlin (Kenlin) de Magstat 30. 1 s.

Nouember.

13. Cristofferus Rorbach de Tubingen 11.
14. Vincentius Hartweg de Kirchen vnder Eck 19.
15. Johannes Silber de Magstat 20.
16. Petrus Spat de Bylstain 21.
17. Laurentius Motzer de Ehingen 26.

December.

18. Minsinger Wernherus Stutgardianus 3.
19. Otmarus Dytzler de Beringen 10.
20. Stephanus de Butsch 13.
21. Cirillus Nesperlin de Stein 20.
22. Sebastianus Eberhart de Merspurg 23.
23. Paulus Seberger de Hag 24.

---

5. M. A. 1526. — 9. M. A. 1527. D. Med. Anwalt 1529. — 10. Lutherer M. A. 1523. — 14. M. A. 1525. — 15. M. A. 1524. — 18. s. u. 1538 N. 27. Mfa. hat einen Joh. Myntzinger. * genau vielmehr 4969.

1523.

Januarius.

24. Valentinus Ecber de Messelbrun 2.
25. Anastasius Talinger de Gräuenhusen 3. 1 s.
26. Panthalion Hirsman de Schorndorff 9.
27. Martinus Rösslin de Schorndorff.
28. Melchior Theodoricus.
29. Mathias Plieninger de Stutgardia.
30. Matheus Henssler de Furstenberg 18.
31. Conradus Schot de Tagerschen 26. 1 s.

Februarius.

32. Stephanus Franciscus Wormacensis 7.
33. Nicolaus Cades de Memingen 8. 1 s.
34. Johannes Yssrahel de Zullhart 10.
35. Vitus de Liebenstain 21.
36. Wernherus Ainhorn de Bacharach 21.
37. Johannes Vdalricus de Warthusen 23.
38. Andreas Haberstrow de Bregantia 25.
39. Matheus Spengler de Waltsteten 26.
40. Thomas Geistler de Wyssebach 28.

Martius.

41. Johannes Zerryssen de Gundelffingen 3.
42. Johannes Gigelin 13. 1 s.
43. Wolffgangus Lutz de Geppingen 17. 1 s.
44. Conradus V̊lin de Tuwingen 19. 1 s.
45. Petrus Erenbut de Berge in Flandria 19.
46. Jeronimus Mertz de Oberndorff 22.
47. Jeronimus Martinus de Aytrang 22.
48. Mathias Vmenhuser de Rudlingen 24.
49. Jeorius Schurrer (Schnurrer) de Cantstat 24.
50. Vdalricus Klingler 29.

Apprilis.

51. Marcus Deas de Feringen 10.
52. Blasius Bensslin de Tubingen 10.
53. Johannes Frosch de Franckfordia 10.

---

26. in Wittenberg 1520. — 31. S. 168. M. A. 1520. J. U. D. 1544. — 34. Oberrath. — 37. ex Fellkirch Mfa.

54. Otto Wayhel de Franckfordia 11.
55. Johannes Fabri de Beblingen 12.
56. Vdalricus Kornwachs 13.
57. Rudolffus Baldeck de Hertneck 13.
58. Johannes Sternschatz de Schorndorff 14.
59. Michael Heneberger de Gysslingen 19.
60. Jeronimus Zeller de Constantia 20.
61. Johannes Rinck de Nagolt 26.
62. Johannes Wolff de Wimpina 27.
63. Leonhardus,
64. Vdalricus Langmantel Augustenses 27.
65. Michael Frytschen de Furstenberg 29.

Sub rectoratu eximii D. D. JOHANNIS ESCHENBACH * a Phil. et Jacobi vsque Luce a. 1523.

1. Georgius Limer de Argentina 5 Maii.
2. Georgius Mollinger de Lauphain 4.
3. Johannes Schwartzbach de Lauphain 4.
4. Johannes Ox de Gaymertingen 5. 1 s.
5. Johannes Rüdel de Frangfordia 10.
6. Joannes Bösch de Stadion 12.
7. Caspar Gleser ex Horb 12.
8. Conradus Rockenbuch de Stutgardia 19.
9. Daniel Frey de Asperg 16.
10. Joannes Fender (Pfender) de Symeringen 17.
11. Joannes Ledergerber de Munderkingen 18. 1 s.
12. Martinus Genssler de Sulgaw 4 Junii.
13. Vdalricus Vlmenss de Constantia 6.
14. Leonhardus Wolff de Knöringen 6.
15. Andre Letsch de Schwendingen 7.
16. Gallus Busch de Tutlingen 7.
17. Benedictus Mayr de Tutlingen 7.
18. Siluester Hayd de Tutlingen 7.
19. Martinus Wetzel de Göppingen 8.

---

59. Hennenberger nach Mfa. — 62. nach Mfa. Alexander Wolff. — 1. M. A. 1524. Ammeister zu Strassburg. — 8. M. A. 1526. — 9. M. A. 1524. — 10. M. A. 1524. * sonst unbekannt, falls nicht der oben S. 475 N. 48. angeführte zu verstehen ist.

20. Johannes Christofferus Widman, Friburgensis 15.
21. Balthasar Bernhardi (Bernhart) de Gamertingen 15.
22. Joannes Sibenhaller de Hoffen 8 Julii.
23. Valentinus Pistoris de Aichaim 10. 1 s.
24. Vdalricus Rütthys de Feldkirch 11.
25. Joannes Zerrweck de Vnder Thurncken 11.
26. Georgius Vincentii de Feldkirch 12.
27. Imerius Fetzel de Feldkirch 12.
28. Matheus Kayser de Kirchen 14.
29. Johannes Waybel de Tubingen 14.
30. Balthasar Burck de Leukirch 23. 1 s.
31. Johannes filius Heinrici de Stutgardia 27.
32. Joannes Cocus de V̈pptingen 28.
33. Joannes Heuberger de Rosenfeld 4 Augusti.
34. Philippus Rayss de Kirchen 6.
35. Franciscus Clenck de Berneck 11.
36. Seboldus Busch de Nornberga magister Ingolst. 19.
37. Balthasar Weber de Wysenhorn 27. 1 s.
38. Conradus Wetzel de Dornstetten 11 Septembris.
39. Valentinus Mayr de Nouo Castro 14.
40. Joannes Möck de Wilmadingen 14. 1 s.
41. Cristofferus Hört de Eningen 23.
42. Georius Fabri de Pfullingen 25. 1 s.
43. Georius Schrot de Tubingen 25.
44. Joannes Coriarius de Tubingen 27.
45. Andre Guttel de Dornsteten 5 Octobris.
46. Petrus Contius Arolonensis 6.
47. Georius Raff de Nagolt 12.
48. Cristofferus Ortlin de Messkirch 13.
49. Dom. Albertus de Landenberg can. eccl. constant. 13. 1 fl.

Sub rect. D. Jo. Eschenpach intitulati sunt seq. famulantes: Udalr. Morhart de Augusta impressor 20 Maii. Nic. Messer de Argentina fam. impr. eod. 1 s. Jeorius Lypp de Leidan fam. impr. eod. 1 s. Notiz aus Fach VI, 21.

Infrascripti sunt intitulati sub eximio domino D. Conrado

23. M. A. 1524. — 44. Jo. Mendlin S. 234. 404. ebenso auch in der Mfa. eingetragen, M. A. 1538.

Brun a festo S. Luce a. 1523 vsque ad festum SS. Phil. et Jacobi a. 1524.

October.

1. Johannes Moser de Vberlingen 19 Octobris.
2. Gotfridus de Walterdorff 21.
3. Nicolaus de Alendorff 21.
4. Anthonius Zorn de Bingen 21.
5. Jacobus Pludens 21. 1 s.
6. Petrus Hartman de Waltzen 23.
7. Albertus Binder de Brackenhaim 23.
8. Gallus Zyrer 23.
9. Luduicus Zebron (Behion) de Endelspach 25.
10. Valentinus Rossler Germerscha 27.
11. Leonhardus Schertlin de Clingenmünster 27.
12. Franciscus Sumenhardt de Kalw 27.
13. Burghardus Zymerman de Balingen 30.
14. Cristofferus Mathias Rychlin 4 Nouembris.
15. Johannes Vitmayer de Scheren 6.
16. Johannes Bender de Biberaco 6.
17. Joannes Rotenberg Constantiensis 8.
18. Joannes Anthonius Cassoniensis med. doctor dedit 1 fl. 4 Dec.
19. Conradus Eck Tubingensis 11.
20. Michael Mayer ex Memingen (bacc. ingolst.) 13 Nouembris.
21. Petrus Brunhamerius 18.
22. Joannes Landerer de Mittelberg 18.
23. Georgius March de Rotenburg 20.
24. Simon Bufler de Plaburen 27.

December.

25. Johannes Rudlingensis Erbp 10.
26. Philipus Buman magister Haidelbergensis.
27. Georgius Luduicus Gut de Sultz 15.
28. Joannes Salemarius de Friessa 17.
29. Conradus Brelin (Prelin) de Vnderuturncken 17.
30. Joannes Schechinger ex Vndernturncken.

---

20. M. A. 1524, in Wittemberg 1528, scheint dort gestorben zu sein. — 29. M. A. 1524.

31. Joannes Gaymertinger 18.
32. Balthasar Bosch Vrachensis 20.

1524.

33. Joannes Lamparter de Vrach 3 Januarii.
34. Jacobus Pellio Vrachensis 3.
35. Cristofferus Brotbeck 3.
36. Jacobus Creuel de Mynsingen 7.
37. Andreas Hurst de Dann 16.
38. Valentius Victor de Wolfach 16.
39. Caspar Fatz,
40. Michel Widman de Blochingen 19.
41. Wolffgangus Denga (Dengen) Stutgardianus 21.
42. Bernhardus Schulmayster (de Canstat) 24.
43. Thomas Mang Vlmensis.
44. Joannes Rudolffus ex Veringen (bacc. wien.) 30.

Februarius.

45. Joannes Faber de Sulgaw 2.
46. Andreas de Hepenum 7.
47. Jeronimus Welling Stutgardianus 7.
48. Jacobus Rotfelder Wilpergensis 19.
49. Joannes Reppeller de Behlingen 15.
50. Joannes Vogle Vrachensis 16.
51. Jeronimus Goldschmid de Martinskirch 6 Martii.
52. Georgius Rörlin Biberachensis.

Aprilis.

53. Vitus Pfluger Wilpergensis 2.
54. Franciscus Molitoris Pfullingensis 7.
55. Hainricus Essendorff 9.
56. Felix Hainzinger ex Ochsenhusen 13.
57. Michael Pfeffinger de Pfaffenhoffen 15.
58. Dionisius Kessel Phorzensis 15.
59. Caspar Spet 15.
60. Frater Georgius Herpst ex Nagolt 29.
61. Theodoritus Icher prima Maii.

Sub venerabili M. Friderico Schaup et eius rectoratu sunt infrascripti intitulati a festo Phil. et Jac. 1524 vsque Luce.

---

42. M. A. 1528. — 44. M. A. 1524. — 46. deutlich so geschrieben. — 47. Bürgermeister in Stuttgart 1547.

1. Conradus Schmid de Messkirch 2 Maii.
2. Johannes Berner e Saxonia nobilis 8.
3. Wolffgangus Plücklin Gretzingensis 18. famulus.
4. Georgius de Thierberg von Wildenthierberg 19.
5. Georgius Spyser Tubingensis 20.
6. Leonardus Lang ex Mur...
7. Joannes Binder de Pfulingen 22.
8. Martinus Krüss de Staynhaim 23. famulus.
9. Jodoacus Erleholtz ex Vberlingen 23.
10. Petrus Hechrat 23.
11. Joannes Rulinus de Pfullingen 30.
12. Michaël Plest de Kedershusen 2 Junii.
13. Anastasius Keufflin ex Wilperg 7.
14. Jacobus Schaller de Nüwenbürg 8.
15. Georgius Widman ex Tagerschen 18.
16. Joannes Braich Augustensis 21.
17. Marcus Renhart ex Wilperg 23.
18. Hainricus Eberlin de Cel Maria 28.
19. Bernhardus Berner Tubingensis 29.

In Julio.

20. Michel Spyser de Pfulingen 1.
21. Casparus Schenberger de Schentall 4.
22. Jacobus Laterarius ex Wayblingen.
23. Symon Kuntell Baracensis 10.
24. Andreas Delspergius 19.
25. Cristofferus Meandel ex Ochsenhusen 22.

In Septembri.

26. Magister Wilhelmus Osterrat ex Nasteten 8.
27. Jacobus Müller ex Thon Eschingen 10.
28. Sebastianus Vnger ex Isna 18.
29. Dionisius Dieterlin ex Cantstat 18.
30. Leonhardus Rumerer ex Plochingen 26 Julii.
31. Bechtdoldus Bessing ex Stutgardia 29.
32. Caspar Binger de Trochtelfingen 30.
33. Joannes Philipp de Nipenburg 4 Oct.
34. Johannes Kemper de Vberlingen 16 Oct.

8. Geistl. in Steinenberg vor dem Interim. — 14. Pf. in Neuhausen a. E. 1546. — 17. M. A. 1527. — 26. Med. D. — 32. M. A. 1529.

Sub rectoratu eximii D. D. Galli Müllers a festo S. Luce 1524 vsque Phil. et Jac. 1525.

1. M. Johanes Bender ex Rotwila 23 Octobris.
2. Joachim Rayser ex Kalb 23.
3. Adam Wesser de Kauffpuren 26.
4. Joannes Caltionarius ex Wilhain 26.
5. Sebastianus Faut ex Cantstat 27.
6. Jacobus Damianus Risch Constantiensis 28.
7. Wendalinus Ochsenbach Tubingensis vlt. Oct.

Nouember.

8. Joannes Vlricus de Rosenfeld 1.
9. Wolffgangus Mayschaff de Paupana Canonicus bombergensis 6.
10. Gregorius de Stain canonicus Augustensis 6.
11. Conradus Binding de Vlff 10.
12. Leonhardus Scheblin de Esslingen 14.
13. Joannes Lutolt Detnangensis (Leuthold ex Tettnang) 15.

December.

14. Joannes Schmid de Laich 1.
15. Joannes Gessler Detnangensis 1.
16. Hainricus Beringer Tubingensis 2.
17. Luduicus Schradin ex Schornopia (Schorndorf) 15.
18. Melchior Walter ex Terendingen.
19. Virgilius Knodeŕ ex Tubingen.
20. Otho Truchsass baro ex Walpurg 23.
21. Hainricus Mayer ex Nagolt 26.
22. Vdalricus Riter de Tubingen 27.
23. Theodoricus de Friberg 29.

1525.

Januarii.

24. Joannes Glaser de Backenhain 3.
25. Caspar Fecklin (Feckelin) de Aldingen 3.
26. Wilhelmus de Nuihusen 3.
27. Vitus Volkmayer ex Vrach 12.

---

17. M. A. 1528. Notar d. U. 1532. gibt Lambertus Schafnab. heraus Tub. 1533. Später in Nürnbergischen Diensten. — 19. Vogt in Dornstetten 1544. — 20. Bischoff von Augsburg, Cardinal. — 25. Veckelin M. A. 1527.

28. Joachim Cementarius Tubingensis 22.
29. Wolffgangus Vogelman Hallensis 17.
30. Wolffgangus Adolff ex Walenfels canonicus Bomberg. 28.
31. Joannes Zwicker Tubingensis.

Februarii.

32. Joannes Rudolfus Prasperger 1.
33. Michel Sibolt ex Yesingen, Augusti[nianus].
34. Conradus Staimlin ex Sindelfingen 8 Jan.
35. JOANNES ZING (Zink) Esslingensis 13.
36. Matheus Mosang Augustensis 20.
37. Erhardus,
38. Melchior Daw 21.
39. Laurentius Quentzler ex Giltlingen 21.
40. Balthasar Elchaintz de Stetten 22.
41. Jodocus Thietz de Stetten.
42. Jacobus Huber de Turego.

Sub rectoratu eximii D. D. JACOBI LEMP a festo Phil. et Jac. a. 1525 vsque Luce eiusdem anni sunt subscripti intitulati.

1. Cristoferus Feber ex Gretz 27 Maij.
2. Nicolaus Buchner professus monasterii Zwifaltensis vlt. Maij.
3. Joannes Vlricus a Sumeraw nobilis 29 Junii.
4. Johannes Kussman de Wila ciuitate.
5. Johannes Stickel de Stutgardia 9 Junii.
6. M. Jacobus Sculteti ex Wolffach submissarius eccl. coll. s. Thome Argentinensis presbyter 21.
7. Petrus Buchstetter ex Pfullendorff 18 Aug.
8. Cristofferus Hass ex Nesselwang 22 Julii.
9. Johannes Herman ex Kolbach 22 Aug.
10. Wolffgangus Mandatus nobilis professus monasterii Kempten 15 Sept.
11. Johannes Otto de Campidona 15 Sept.
12. Johannes Kauffmann de Renningen 16.
13. Martinus Doltinger de Trochtelfingen 16.

---

29. falsch: Mallensis. — 30. in Wittemberg 1519 als W. A. de Waldenfels. — 35. S. 170. M. A. 1528. — 40. Elenhainz, ev. Abt in Alpirsbach 1563. — 2. Abt in Zwiefalten 1538.

14. Jacobus Bambast de Stutgardia promotus wennensis M. 23.
15. Generosus Dom. Rudolffus comes de Helffenstain 12 Oct. 1 flor.

Sub rectoratu eximii D. D. Balthasar Keuffelin a festo s. Luce a. 1525 vsque Phil. et Jacobi a. 1526.

1. Georgius Reuter de Behlingen 1 s.
2. Luduicus Gremper (Gremp) de Stutgardia.
3. Conradus Schaffer de Furt.
4. Vitus Mol (Moll) de Kirchen.
5. Joannes Pur de Tubingen.
6. Hainricus Hettinger de Horb.
7. Joannes Beg ex Herenberg.
8. Jacobus Huller (Hiller) de Herenberg.
9. Bernhardus Icholl de Herenberg.
10. Vrbanus Balneatoris de Leückirch 1 s.
11. Joannes Biegysen.
12. Michel Mayer ex Binika 1 s.
13. Luduicus Candel de Eppe.
14. Anshelmus Betzinger de Reutlingen.
15. Joannes Fridericus de Rischach.
16. Michael (Helding) Molitoris Ridlingensis.
17. Ruppertus Stritter (Streyter) Etlingensis (Ötl.)
18. Sebastianus Ehinger Tubingensis.

1526.

19. Jacobus Sigliuus de Roracker 17 Febr.
20. Michael Bechtoldi de Esslingen 23.
21. Joannes Mercklin de Ketershain (Ketershausen) 26.
22. Jacobus Jana (Jonas) ex Feldkirch 26.
23. Luduicus Hussman ex Schorndorff vlt. Febr.

---

14. in Wittenberg 1522 inscr. als J. B. de Esslingen. — 15. geb. 1513. ist am Hof Karls V, † in Maulbronn 1532. — 2. Z. 444. — 4. M. A. 1528. — 7. Jurisconsultus M. A. 1528. — 8. M. A. 1528. — 14. M. A. 1528. — 16. M. A. 1528. factus est suffraganeus August. et postea Episc. Merseburg. in Misnia, eximius evangelii hostis. Mfa. Sein wirklicher Geburtsort ist nach Crusius Enslingen (Langenenslingen bei Riedlingen in Hohenzollerschem Gebiet). — 17. M. A. 1528. Med. D. — 18. Archivar in Stutgart, M. A. 1529. — 21. M. A. 1531. — 22. Schnurrer Nachr. 71, wird Jurist u. Vicekanzler des K. Ferdinand.

24. Jeronimus de Hirhaim.
25. Dom. Sigism. de Gronpach can. eccl. majoris Herbipol. 1 fl.
26. GEORGIUS KIMMERLIN (Chemerlin) de Vrach.
27. Conradus Ber de Wilperg 1 s.
28. Vitus Daniel de Wilperg 1 s.
29. Sebastianus Linck (Sutoris) de Stutgardia.
30. M. Conradus Fisch Wimpinensis.
31. Sebastianus Linck ex Vpfingen.
32. Dom. Johannes de Stain can. Augustensis 1 fl.
33. Petrus Gaysspergor Stutgardiensis.
34. Blasius Stadler,
35. Petrus Langhanns de Sulgaw 17 Apr.
36. Nicolaus de Beblingen dedit 1 s.
37. Bernhardus Schwertlin (ex Upfingen).

Sub eximio D. PETRO BRUN Phil. et Jac. anni 1526.

Maius.

1. Johann Grempe de Pfortzen 4.
2. Joann Jacob Comes de Eberstain 5. 1 flor.
3. Renhardus de Husen (ex Lauterburg) 9.
4. Johannes Hanch de Rinhingen 9.
5. Georgius Epp de Nüwenburg 14.
6. Guilhelmus Truchsäss baro de Walpurg 17. 1 fl.
7. Marsilius Preuninger de Tubingen 17.
8. GABRIEL SATLER ex Waiblingen 23.
9. Gregorius Lomerer de Stain 23.
10. Johannes Brun de Bessickan 31.

Junius.

11. Johannes Richenbach de Gamundia 8.
12. Jacobus Suntz (Syntz) de Pfullingen 20.
13. Johannes Fabricius ciuis in Pregetz 22.

Julius.

14. PHILIPPUS YMSER Argentinensis 16 die.
15. Martinus Prenysin Rotwilensis 22 die.

---

26. S. 168. M. A. 1530. M. D. 1539. — 29. M. A. 1529, 1535 nach Ingolstadt, wo er Rhetorik lehrt, † Freising 1548. — 3. M. A. 1528. J. U. D. 1535. — 6. Bruder des Otto (oben S. 636 N. 20.) — 8. S. 168. M. A. 1528. — 12. Syntz M. A. 1533. — 14. S. 167.

Augustus.

16. Johannes Karter Esslingensis 7.
17. Georgius Henninger Tubingensis.
18. Jacobus Denga (Denger, Dengen) de Stutgardia 9.
19. Jeronimus Gentner Pfortzensis 11.
20. Martinus Nedelin Stutgardia.
21. Michael Wonhart de Furn 11 Sept. 1 s.
22. Symon Maür (Morr) Tubingensis 16 Oct.

Sub eximio viro D. Jacobo Lemp sunt infrascripti intitulati a festo s. Luce a. 1526 vsque ad festum Phil. et Jac. a. 1527.

1. Jeronimus Herung de Mittelstat 18 Oct.
2. Jacobus Lauinger de Tiefenbach,
3. Bartholomeus Ehrman, ambo ex Marchdal.
4. Jacobus Manlius ex Buell 23 Oct.
5. Johannes Haneker (Hochnécker) de Stain 23.
6. Martinus Feckelin de Aldingen 24.
7. Jacobus Faut de Cantstat 25.
8. Erasmus Welschbillich Treuerensis 2 Nouembris dedit 6 s.
9. Joachim Schillerius ab Herderen 2 Nou.
10. Stephanus Schillerius studens Friburg. 2.
11. Jacobus de Schorndorff 2.
12. Jeron. Lamparter can. Const. et prepositus Mossbach. 1 fl. 3.
13. Martinus Augustinus Lamparter 3.
14. Symon Schwetzer de Pfrondorff 4.
15. Valentinus Mortin (Motter) de Spira 12.
16. Adrianus Ferrarius de Munderchingen 12.
17. Ernestus Bampff de Bidenkapp 12. 1 s.
18. Johannes Finger de Rapperswier 13.
19. Hainricus de Busaw studens Ingolst. 19.
20. Georgius Kyser de Rauenspurg 22.
21. Georgius ab Ehingen 29.
22. Joannes Lutius de Schowenstain canonicus Kurcensis 3 Dec.

---

16. in Mfa. zweimal als Stuttgarter bezeichnet. M. A. 1529, wohnt 1532 im Collegium AS., ist also wohl Collegiatus. Jurisconsultus. — 17. Joh. Hemminger Tybingensis Mfa. — 18. M. A. 1529. — 22. M. A. 1531. — 5. Haunecker M. A. 1528. Spec. Sup. in Tuttlingen unter dem Interim. 12. Sohn des Gregor. — 15. M. A. 1529. — 21. Acta Cons. Un. 1529. — 22. s. 1528. N. 13.

23. Joachim de Hewdorff 4 Dec.
24. Johannes Gaudens (Anhauser) de Reutlingen 5.
25. Johannes Wiehenliechter de Vlma 10.
26. Guilhelmus Kelleman ab Hailbrun 11.
27. Wolffg. Andrea Rem prepositus S. Mauritii August. 20. 1 fl.
28. Siluester Jeberg de Reckenberg.

1527.

29. Mathias Sindringer (Sindlinger) 2 Januarii.
30. Wendalinus Carbonarius ab Hirnlingen 6.
31. Christofferus Ryser (Reisser, Raiser, Röser ex Urach) 8 Jan.
32. Germanus de Schwalbach 16.
33. Johannes Boninger de Bieticka.
34. Johannes de Schowenberg canonicus Bombergensis 21.
35. Joannes Herler (Hertler) de Pfullendorf 24 Januarii.
36. Georius Ceuter (Currer de Schorndorff).
37. Joannes Klopffer de Schorndorff.
38. Jacobus Schöck (Scheck) de Schorndorff.
39. Blasius Molitoris (Müller) de Wilperg 11 Februarii.
40. Joannes Keller Stutgardiensis 11.
41. Conradus Kempfer de Hayingen 13 Martii 1 s.
42. Philippus Trostel (Rotenburgensis) 14 Martii.
43. Andreas Zecker de Wysenstaig 15. 1 s.
44. Thomas Beck de Buchaw 19.
45. Joannes Schulmayster de Cantstat 21.
46. Joannes Bonauentura Pier de Eschingen 29.
47. Joannes Brunner de Scto Monte 1 Appr. 1 s.
48. Paulus Treer de Trochtelfingen 1 s.
49. Egidius Steinler de Newenstein M. Basil. 9 Apprilis.
50. Vitus Hermann de Huten 10 Aprilis.
51. Matheus Bing,
52. Cristofferus,
53. Cristofferus,
54. Martinus de Schwabach fratres et studentes Ingolst. 10 Apr.
55. Nicolaus Riech, de Hora (Horen) 29 Apr. 1 s.

23. Acta Cons. 1520. — 24. S. 170. — 29. Mathias Kylar de Sindlingen M. A. 1532. — 31. auch Rosarius M. A. 1531. conventor später J. U. D. u. Prof. 1450. Einmal in Mfa. ex Plaubeuren. — 38. S. 167. M. A. 1530. — 39. M. A. 1532.

Nomina inscriptorum a Phil. et Jac. 1527 sub eximio D. GALLO [MÜLLER] vsque ad festum Luce.

1. Sigismundus Horstain.
2. Caspar Thomas (Thom, Thumm Klett) de Wolffschlugen 15.
3. Luduicus Nithart de Elwangen 16.
4. Vrbanus Brun de Laugingen M. A. 16.
5. Martinus Walter de Esslingen 21. 1 s.
6. Blasius Tresch de Eisteten 21. 1 s.
7. Sebastianus King Stutgardia 22. 1 s.
8. Johannes Schad de Biberaco 23.
9. Christopherus V̊l de Rotwila 29.
10. Dom. Philippus baro de Limpurg pincerna imperii can. Bomberg. et Herpip. 30. 1 fl. et 7 s.
11. Martinus Greber domini supradicti pedagogista de Stotzingen bacc. haidelb. 31.
12. Jacobus Bender ex Brackena.
13. Jacobus Hoffsteter de Greningen M. A. weneusis 13 Junii.
14. Jacobus Beck de Memingen 18.
15. Vincentius Schieck Augustensis 26.
16. Leonhardus Henger de Tubingen 12 Julii.
17. Georgius Holtzschucher Nerbergensis 16.
18. Hieronimus Henneberger de Biberach 24. 1 s.

Augustus.

19. Johannes Stickel ex Hechingen 1. 1 s.
20. Michael Appenzeller de Kirchen 11.
21. Johanes Winman de Schenberg 28.

September.

22. Jeronimus Besserer ex Stutgardia 4.
23. Conradus Faut ex Stutgardia 4.
24. Joh. Zecker de Wysenstaig 6.
25. Bartholomeus (Kapfer de) Gisslingen 6.
26. Joh. Ehinger ex Constantia 7.
27. Georgius Sitz ex Witingen 7.

---

2. M. A. 1530. erster ev. Pfarrer in seinem Geburtsort. — 7. Rathsherr in St. Verf. einer würt. Chronik. — 8. Domprobst in Constanz, alias Gretzinger. AS. — 13. Vogt in Canstatt 1538.

28. Josephus Leninger de Offtertingen 12.
29. Petrus Hermannus Prusella 13.
30. Valentinus Kein de Altorff 14.
31. Kilianus Fuss de Hassfurt can. Herpip. 1 flor.
32. Vlricus Hecker (Höcker) Tubingensis 25.
33. Jos Meck Rotwila.
34. Conradus Fuchss de Mergatan A. M. can. S. Joh. noui monasterii herpipol. 11 Oct.
35. Leonhardus Stecher de Wissach 12 Octobris 1 s.

Subscriptorum nomina a festo S. Luce a. 1527 sub eximio D. D. Balthasaro [Sellarii].

1. Jacobus Satler de Werdea 23 die Octobris.
2. Joannes Rinckenberger Esslingensis.
3. Marcus Ror Esslingensis 30 Oct.
4. Eberhardus Gayler Rutlingensis 4 Nou.
5. Johannes Conradus Stadianus canonicus August. 9. 1 flor.
6. Michael Werber Augustensis 12 Nou.
7. Joannes Wolfflin de Nagolt 14.
8. Luduicus Casimirus comes a Poenloa 24. 1 fl.
9. Georgius Becht Esslingensis 29.
10. Philipus Megetzer a Feldorff 3 Decembris.
11. Bernhardus Schlurinus Luodomensis 18.

1528.

12. Leonhardus Lemp (e Staina) 1 Januarii.
13. Johannes Lutius a Schowenstain can. curiensis (sic) chatedr. eccl. 1 flor. fuit prius intitulatus sed tantum pro locatione hic notatus.
14. Matheus Ror Esslingensis 15 Januarii.
15. Christianus Mayer de Tubingen 16.
16. Martinus Sturmlin de Stutgardia 20.
17. Johannes Dipfinger de Vrbach. 24.
18. Hainricus Schärtlin de Schorndorff studens Ertford.
19. Johannes Furderer de Stutgardia vlt. Jan.

---

32. M. A. 1535. — 34. nach Mfa. Tubingensis. — 3. 1531 in Wittemberg als M. Raur, Doctor † 1542. Crusius ad a. 1542. — 8. wohl ab Hohenloa. — 11. Schludin Med. D. 1532. — 13. s. S. 640. N. 22.

20. Georius Jeger Reutlingensis,
21. Issrahel . . . de Tubingen 8 Februarii.
22. Joannes Faut de Cantstat 1 Marcii.
23. Allexander Spet de Kirchen 5.
24. Johannes Jacobus a Gröningen 10.
25. Philipus Sasan can. eccl. chath. Herpipolensis 10. 1 fl.
26. Petrus Höss de Bidenkopf 13. 1 s.
27. Plasius Ber (Beck) de Wilperg vlt. Marcii.
28. Sebastianus Heusenstain 3 Aprilis (s. folg. S. N. 12).
29. Leonhardus Weltzle Augustensis, illigator.
30. Johannes Pliderhusen 26 Aprilis.
31. Richardus Hugonis,
32. Hugo Hugonis Germani (ex Gamundia) vlt. Apr.

Nomina subscriptorum sub eximio D. D. Petro Brun Phil. et Jac. a. 1528 vsque ad festum s. Luce anni eiusdem.

1. Johanes Jacobus Widman 15 Maii.
2. Lucas Söglin de Lindaw 10.
3. Sebastianus Mock de Veltkirch 10 Maii.

Junius.

4. Balthasar Koch de Hohedengen 15.
5. Johanness Schmid (Fabri) de Vberlingen.
6. Jodocus Buffler Lipsensis 16.
7. Dominus Johannes Her de Wysenstaig.
8. Dominus Jacobus Landes de Kirchen 25.

Julius.

9. Petrus Wickmar de Haylprun.
10. Jacobus Sigwart de Staineberg (Schorndorff) 10.

Augustus.

11. Jacobus de Constantia cognomine Richlin 6.
12. Laurentius Haidecker vss dem Ergew 16.
13. Josephus Zwyfel de Tubingen.
14. Johannes Lendlin ord. pred. conuentus Stutgardiensis 17. 1 s.
15. Johannes Ramminger Stutgardiensis 18.

---

31. 32. MM. A. 1532. — 6. Acta Cons. Univ. 1529. — 12. ex Muro prope Lucernam Eluetiorum Mfa. M. A. 1532. — 15. M. A. 1534, Juris. consultus.

16. Thouerus (oder Theuerer) 1 Octobris.
17. Valentinus Hagdorn Sindelfingensis 7 Oct. 1 s.

In Septembri.

18. Andreas Rayd de Backena 9.
19. Renhardus Lutz (Rotwylensis) 15.
20. Jacobus Muntbrot de Constantia 16.
21. Johannes Muntbrot de Constantia 16.
22. Nicolaus Imstainhuss de Constantia 16.
23. Cristopherus Hundt 16.

Intitulati sub eximio viro Jacobo Lemp a festo Luce a. 1528 vsque ad festum Phil. et Jac. a. 1529.

1. Melchior Fuchs de Gretzingen 2 Nou.
2. Johannes Klingelin Tubingensis 26.
3. Hubaldus de Braytenbach nobilis missnensis dioc. 1 Dec.
4. Jeorius Lieber Vlmensis 1. prius studens.
5. Christoferus de Munchingen nobilis can. Spirensis 6.
6. Nicolaus Winman studens wenensis.
7. Bartholomeus Muller Stutgardiensis 22 Decembris.
8. Otto a Mellingsenn canonicus Spirensis.

1529.

9. Jacobus Tresch nobilis filius Hoss 3 Januarii.
10. Conradus Etlinger de Blochingen 8.
11. Michael Ruff Darmsenn 13. 1 s.
12. Geor. de Husensteynn fam. Sebastiani de Husenstain.
13. Johannes Söl (Sal) de Kalw 6 Marcii.
14. Joannes Bocklin de Campidona 21.
15. Rupertus Schmidlapp de Schorndorff 14 Appr.
16. Petrus Auer de Amberg 18.
17. Wolffgangus Henger de Tubingen 19.
18. Johannes Ansshelmi de Phortzen 21.
19. Balthasar Rometsch vltimo Apprilis.
20. Melchior Mütschelin (Tubingensis) vlt. Maii.
21. Johannes Widman eodem.
22. Johannes Renhardus a Neunneck 6.
23. Joannes Missner Stutgardiensis 22.

---

1. 1536 in Wittenberg gratis inscriptus. — 20. M. A. 1538.

Sub rectoratu spectabilis viri M. Martini Kugelin a die Phil. et Jac. a. 1529 vsque ad festum Luce anni eiusdem intitulati sunt.

Mayi.

1. Johannes Gruer ex Tubingen 28.
2. Wolffgangus Stetter Rotwilensis 29.
3. Heinricus Müller ex Vrach 30.

Junii.

4. Georgius Truchses a Balderschaim nobilis 1.
5. Johannes Forstmaister ex Strimpfelbach 5.
6. Johannes Piscatoris conventualis ord. D. Bernhardi in Salm 7.
7. Augustinus Raminger eiusdem conventus 10.
8. Leonhardus de Zadeck Polonus 30.

Julii.

9. Gallus Schweller ex Metzingen 3. 1 s. famulus.
10. Sebastianus Beck ex Heckbach 3.
11. Johannes Hofmaister ex monasterio Marchtal 10.
12. Johannes Treer (Dräer) ex Leonberg 18.
13. Wolffgangus Vlrich Lypsensis 21.
14. Vitus Steiger (Steger) ex Mulbrunna 29.

Augusti.

15. Bonaventura Funk Lipsensis 4.
16. Paulus a Nydeck nobilis de Rauenspurg 8.
17. Enoch Mertz de Neckerremss 21.
18. Joannes de Heppenhaim vom Sal 22.

Septembris.

19. Conradus Haldner de Buchau 12.
20. Conradus Rudolph de Feringen 26.

Octobris.

21. Georgius Satler de Hechingen 24.
22. Franciscus Satler de Hechingen 24.

Sub rectoratu eximii viri D. Galli Müller a die Luce a. 1529 usque ad diem Phil. et Jac. a. 1530 intitulati sunt.

2. Notarius Univ. 1531. — 11. M. A. 1532. — 12. M. A. 1532, er soll 1540 die lectio des B. Amantius erhalten AS. — 14. M. A. 1533. — 16. letzter seines Geschlechts. — 22. Franc. Hugo ex Hechingen M. A. 1533.

Octobris.

1. Wilhelmus Vli canonicus regularis Adelbergensis 26.

Nouembris.

2. Marcus Rechclau de Memingen 3.
3. Valentinus Fabri de Mindelhaim 16.
4. Cornelius Wilhelmi ex Artesia 16.
5. Petrus Mayer de Vberlingen 20.

Decembris.

6. Jacobus Goltschmid Rudlingensis frater ord. S. Augustini 9.
7. Lucas Tod de Blauburen frater ord. S. Augustini 10. 1 s.
8. Hainricus Baumaister de Jetingen 10.
9. Sebastianus Egon ex Kalw 29.
10. Johannes Nicolaus Gaissberger de Schorndorf 30.
11. Caspar Ber ex Buinica 31.

1530.

Januarii.

12. Steffanus Weig (Waig) de Wyla ciuitate 5.
13. Jeorgius Preuninger de Thubingen 7.
14. Joannes Jacobi a Gemmingen canonicus Spirensis 22. 1 fl.
15. Joannes Jacobus Ketz ex Wolfach 28.
16. Ambrosius Becht ex Esslingen 31.

Februarii.

17. Jacobus Bertst ex S. Gallo professus S. Galli 8.
18. Marcus Schenck de S. Gallo professus ibidem 8.
19. Johannes Hess de S. Gallo professus ibidem 8.
20. Sebastianus Stentzing ex Rotouia 17.
21. Jacobus Regenschit de Constantia 28.

Martii.

22. Johannes Kruss ex Waiblingen 10.
23. Claudius Widman a Meringen 10.
24. Bartholomeus Kirner de Brisach 14.
25. Leonhardus Gressig de Brixen 17.
26. Jeorgius Ehinger ex Vlma 21.

---

1. Schnurrer Nachr. 88. — 4. Mfa. Authomarus und Audumarensis ex Flandria M. A. 1535. — 8. sacerdos. — 11. M. A. 1533, conventor 1535, J. U. D. 1546. Vogtsamtsverweser in Stuttgart 1546, Oberrath. — 12. M. A. 1533. Anwalt vor dem Un. Consist. 1535. — 22. in Wittemberg 1532. J. U. D. 1546, im Oberrath 1550.

27. Michel Vollanndt de Gruningen 23.
28. Matheus Hespamüller ex Kauffbura 26.

Aprilis.

29. Senesius Forster de Zella Ratolphi 12.
30. Volcardus Heber ex Neuenstain 25.
31. Dietericus Reut ex Spira 29.
32. Conradus Wyttinger de Herrenberg 30. 1 s.

Sub rectoratu eximii viri D. Baltasaris Keuflin a festo Phil. et Jac. a. 1530 intitulati sunt sequentes.

1. Cristopherus a Friberg de Eisenpurg 3 Maii.
2. Joannes Cleps de Kirchen 14.
3. Dilemannus Guntenrott Lipsensis.
4. Conradus Wegsetzer Tubingensis 3 Aug. nihil dedit.
5. Joannes Sattler de Hechingen 8 Junii.
6. Sebastianus Mürer (de S. Gallo) ord. Prem. ex Augea 8 Jun.
7. Cristophorus Knupf (Knupfer) de Hayhingen 8 Julii. 1 s.
8. Antonius Bret Tridentinus 18.
9. Vrbanus Mercklin ex Kirchen (sub Degk) 24.
10. Joannes Stillenfuss de Dettingen 1 Augusti.
11. Cristophorus Widman ab Möringen 7.
12. Petrus Villenpachius (de Bregantia) 9.
13. Andreas Kirchenperger (Kirchberger Rottenburgensis) 9.
14. Conradus Fidal de Feltkirch 13.
15. Cristophorus Engraben de Feldkirch 13.
16. Georgius de Berstain Spirensis 24.
17. Conradus de Rugneck 11 Sept.
18. Michael Spengler de Tüllingen 12. 1 s.
19. Theodorus Raissman M. Haidelb. 1 Oct.
20. Leonardus Puserus Nörlingensis 1.
21. Philippus Schenck ab Winterstetten 5 Octobris, dedit 6 s.

---

27. Geistl. Verw. in Gröningen 1538. — 29. M. A. 1534. — 9. M. A. 1534. — 12. wirft 1532 dem M. Jac. Scheck einen Feuerbrand durchs Fenster AS. — 13. Nobilis, Crusius ad a. 1480 u. 1537. — 14. M. A. 1535. — 15. Joh. Chph. Imgraben. — 16. Canonicus in Speier. — 18. de Dillingen, 1535 in Wittenberg gratis inscriptus. — 19. 1535 Lesemeister in Kl. Hirsau, Poeta laureatus. — 21. s. S. 138. — Die Einträge von 1 bis 21 sind vom Rector selbst gemacht, ebenso unter dem folgenden Rectorat.

item unum florenum pro locatione, est autem can. August. eccl. cathedralis.

Sub rectoratu eximii viri Johannis Kingsattler dicti King Öttingensis Sueui artium liberalium et J. V. D. Sexti et Clementinarum ordinarii fuit vniuersitas disgregata propter morbi epidemiæ seu pestis pericula et Bursa antiquorum siue realium in Blapeuren Bursa modernorum seu nominalium in Nouo Castro [Neuenbürg] ipse vero Rector in Offtertingen. Et tunc a festo S. Luce a. salutis restauratæ 1530 intitulati sunt sequentes vsque ad festum S. Luce 1531.

1. Georgius Pictor ex Ehingen Ludimagister in Plabeuren ibidem intitulatus est 25. Oct. per M. Mart. Kügelin.
2. Jacobus Schwindelin Tubingensis eodem die intitulatus est in Nouo Castro per M. J. Stürmlin ex Biettighain.
3. Johannes Epp ex Nouo Castro ibidem per eundem 26 Oct.
4. Cristophorus Wertwein Phortzensis per eundem in N. Castro 1 Dec.

Anno 1531.

5. Dom. Jodocus Finck de Genckingen sacerdos in Plabeuren per Kugelin 18 Jan. 1 s.
6. Melchior Erer ex Hailprun per M. Mart. Kügelin in Plabeuren 6 Martii.
7. Hainricus Giltz ex Diettlingen per M. J. Stirmlin in Nouo Castro 15 Apr.

Sub rectore supra scripto Tubinge.

1. Joannes Altweger Constantiensis 1 Maii.
2. Sebastianus Haller ex Sülge 16.
3. Conradus Haller ex Sülge 19.
4. Matheus Biler Herrenbergensis 16.
5. Conradus Krenner de Esslingen 22.
6. Nicolaus Schaid ex Hagnau (bacc. heidelb.) 30.
7. Albertus Rotenpurger Thübingensis 30.
8. Michael Friess ex Backana 1 Junii.
9. Jacobus Stehelin de Studtgardia 26.

---

6. M. A. 1534.

10. Georgius Ramsperger 1 Julii.
11. Benedictus Aigen (Aygner ex Bermadingen) 1 Julii.
12. Bonifacius Wiglin ex Messkirch 2.
13. Joannes Jacobus Haug Constantiensis 5.
14. Philippus Melchior de Binnicka 15.
15. Lazarus Berner Argentinensis 28.
16. Adam Effner de Wingarten 1 Augusti.
17. Claus Scherer de Ridissen ligator librorum 4. dedit 1 s.
18. Sebastianus Waibel Tubingensis 28.
19. Heinricus de Habern 4 Sept.
20. Dom. Joannes Dietz premissarius in Oftertingen 13 die Sept.
21. Joannes Premminger dictus Vranius Thubingensis 16 Sept.

Sub rectoratu uiri spectatissimi D. Jacobi Lempen s. theol. professoris egregii, a diui Lucae festo a. 31 ad 2 Aprilis diem usque (quo uita functus est) anni 32 scripti sunt illi, qui sequuntur.

Mensis Octobris.

1. Nicolaus,
2. Sebastianus Esslinger, fratres (Tubingenses) 22.
3. Friderichus ab Wirsberg stud. Ingoltst. can. Aistatensis 23.
4. Joannes Held de Bamberg bacc. Ingoltst. 23.

Nouembris.

5. Michael Scherb de Murr studens Freiburgensis 21.
6. Joannes Gros 28.

Decembris.

7. Joannes Friderici bacc. Haidelb. 2.
8. Hainrichus Maier de Ebingen 8.
9. Christof. à Westerstetten stud. Ingoltst. can. Elwang. 18.
10. Joannes Georgius à Westernach stud. Ingoltst. can. Elwang. 18.
11. Joannes Fabri de Enstetten 1 s. 18.

1532.

Januarii.

12. Philippus Halbaicher de Hechingen 2.
13. Jacobus Kubel (Kibell) de Stuggardia 2.
14. Sebastianus Nittel de Waiblingen 11.

---

11. J. U. D. 1546. — 16. Oefner Not. Univ. 1540. — 12 M. A. 1535. — 13. Jurisconsultus. M. A. 1535.

15. Jacobus Stain (Staym) de Rotenburg, pauper nihil dedit 17.
16. Joannes Hildbrant de Rotweil 28.

Februarii.

17. Joannes Grienss de Stuggardia 21.

Martii.

18. Hainrichus Plüklin filius D. Cunr. Ebingeri ordinarii etc. 1.
19. Georgius Vetter de Thetnang studens Ingoldst. 16.
20. Bernhartus Röser de Beblingen 28.

Sub rectoratu præstantissimi uiri D. Joannis Kunigsatler dicti Kunig J. V. D. nouorum iurium canonicorum ordinarii a 2 Aprilis usque ad 1 Maii a. 1532 intitulati sunt sequentes.

Aprilis.

1. Conradus Maug Hailprunnensis 8.
2. Georgius Grieter ex Neuenthann 18.
3. Joannes Gemmel ex Fiessen stud. Ertford. et Ingoldst. 28.

Horum nomina qui a festo SS. Phil. et Jac. ad usque festum Lucæ diem egregio s. theologiæ D. Petro Brun rectore intitulati sunt, atque iam in hunc album referri debebant, interciderunt a. 1532.

Von den hier verloren gegangenen Namen lassen sich mit Hilfe der Mfa. folgende fünfzehen ergänzen:

1. D. Joh. Anthraceus ex Rayn in Bauaria.
2. Damian Beham (später M. D. Physicus in Augsburg).
3. Alexander Breunlin Uracensis.
4. Joh. Jacobus Hugo ex Constancia.
5. Joachim Keller Stutgardianus.
6. Apollinaris Kirsser ex Pforzheim (Medicus).
7. Stephanus Marcianus de Stutgart.
8. Johannes Mecker ex Rotwyla.
9. Martinus Pfäfflin Nürtingensis.
10. Christophorus Nusskern ex Dornstetten.
11. Udalricus Ruotland Bretheimensis.
12. Johannes Staubeckh (Stepeckh) Areatunus bacc. ingolst. M. A. 1535.
13. Valentinus Viel (Viola) Gamundianus bacc. ing. M. A. 1534.

---

15. M. A. 1540 als Jac. Staym. — 18. M. A. 1540.

14. Joh. Wilhelmus Villenbach Argentinus.
15. Michael Schütz (Toxites) ex Dillingen zum baccalaureus promoviert 27 Sept. 1532.

---

15. Toxites, ein späterhin als Schulmann bekannter Gelehrter, kommt zwar aus der Dillinger Schule, wo er die Unterstützung des Augsburger Bischofs Christoph von Stadion (s. S. 513 N. 49) und seines Bruders Johannes v. St. genoss, nennt sich aber Rhætus und Rhæticus und soll aus Störzing gebürtig sein. Er magistriert nicht in Tübingen, soll nach Italien gereist sein, erscheint aber vor 1540 wider im Land als ludimagister in Urach. Aus einem Brief des Toxites an Bullinger d. d. Basel 29 Aug. 1540 (handschr. im Züricher Kirchenarchiv) erfahren wir, dass ihn Herzog Ulrich ins Gefängniss werfen und durch fünfmalige Folterung das Geständniss eines Vergehens erpressen liess, das T. gegen B. nicht schriftlich zu besprechen wagt, aber läugnet. Non tanti fore rem istam putabam, propter quam in me Dux ita incandesceret. Es hat sich wohl um einen politischen Verdacht gehandelt, denn S. Grynæus und J. Bedrotus in Strassburg nehmen sich des Verstossenen an. Später ist er in Joh. Sturms Schule thätig und Schriftsteller. Anfangs 1549 aber hat er wegen Zerwürfniss in Religionssachen Str. verlassen und bekommt eine Schulstelle in dem damals bernischen Städtchen Brugg. Dort scheint er einige Zeit ausgehalten zu haben bis er von Zürich aus am 1 Mai 1556 eine kurze Reise nach Italien antritt. Im September ist er wider in Strassburg und wird noch im Lauf des Jahrs 1556 als Lehrer der Poetik und Rhetorik sowie insbesondere für die Einrichtung des Pædagogiums durch H. Christoph nach Tübingen berufen, nachdem er schon vorher als Sachverständiger darüber gehört war (Brief s. d. in Reg. des ev. Consistoriums Stuttgart). Mit dem Pædagogium will es ihm nicht glücken und auch zu Facultät und Senat weiss er sich nicht recht zu stellen. Doch wird er im Oct. 1558 in den Senat aufgenommen, im folgenden Jahr Dekan der Facultät. Er hatte sich zwar ein Haus in T. erworben, will aber nicht aushalten und nimmt am 5. Sept. 1560 Abschied, nachdem er auf seine Bitte noch ein Honorarium von 20 Thalern erhalten.

Von da an legt er die Philologie beiseite (1566 ist er in Basel) und tritt bald als Stadtarzt in Hagenau, nachher in Strassburg auf und besorgt die Herausgabe mehrerer Schriften des Philippus Theophrastus Paracelsus.

Toxites ist poëta laureatus und comes palatinus, kann aber diese Titel nicht, wie seine Biographen angeben, schon 1529 bei Gelegenheit des Speirer Reichstags und zwar durch einen Panegyricus auf den Cardinal Otto erlangt haben. Otto Truchsess von Waldburg (s. S. 636) wird erst 1543 Bischof von Augsburg und empfängt im folgenden Jahr, während eines anderen Speirer Reichstags, den Cardinalshut. Damals mag Toxites der ja mit den Augsburger Bischöfen durch seine Erziehung zusammenhieng, die Gelegenheit zu Erwerbung des Lorbeers benützt haben.

Dieser kaiserlichen Auszeichnung ungeachtet hat er beim Antritt der Stelle in Tübingen den Nachweis zu führen, dass er, was man bezweifeln wollte, rite promoviert habe.

Sub celeberrimo theologiæ s. professoris officio, nimirum rectoris D. D. Galli Müller Furstenbergensis a S. Lucae festo a. 1532 ad usque Phil. et Jac. diem 1533.

1. Hainrichus Mielich ex Lantsperg A. M. 24.
2. Joannes Öttinger ex Chollenstain 24.
3. Joannes Joachimus Kürsser ex Baden 25.
4. Petrus Echter à Messelbrun 27.

Nouembris.

5. Sebastianus im Graben à Felchkirchen 2.
6. Joannes Vogler ex Vnderuturken 4.
7. Stephanus Sax ex Esslingen 11.
8. Bernhardus Kösing ex Vnderntürken 12.
9. Vitus Lung de Planek 20.
10. Wilhelmus Rot ex Vlma 21.
11. Petrus Jodocus ex superiori Engendina 21. 1 s.
12. Hainricus Shedel de Stuggardia 18.
13. Cunratus Thum ex Neuburg 18.
14. Vitus Mutzel (Mütschelin) ex Herrenberg 26.

Decembris.

15. Sebastianus a Leonrod can. Eistettensis stud. Ingolst.
16. Christoferus Lemberger à Tryphstain stud. Ingolst. 16.
17. Jacobus Spangerus ex Winenda 1 s. 20.
18. Georgius Rasoris (Scherer) ex Hiuingen (Hyfungen) 1 s. 26.

1533.

Januarii.

19. Joannes Fuchs a Bimbach etc. (Nobilis) 3.

Februarii.

20. Eberhartus Hainlin de Pfullingen 14.

Martii.

21. Geo. Ritter de Ötingen Capellanus hosp. Tubing. 25.
22. Vitus Tholl ex Wetenhusen 25.
23. Lutouicus Tholmetsch de Gröningen 28.
24. Wernherus de Munchingen 29.
25. Joannes Wilhelmus de Wernau 29.

---

9. s. S. 138. — 15. trotz des Canonicats ein wilder Student S. 138 und AS. 1534. — 18. Hüfingen. — 19. über seine Streiche s. AS. 1534 u. oben S. 138. — 24. OVogt in Leonberg 1552.

26. Jacobus de Ehingen 29.
27. Christoferus de Hohenstain can. S. Albani extra muros Moguntiæ ciuitatis 29.

April.

28. Sebastianus Rind ex Apfeldorf 1 s. 5.
29. Georgius Bappus ex Feldkirch 5.
30. Joannes Kepp ex Bakenna 25.
31. Joannes Klopfer ex Dillingen 1 s. 25.
32. Sebaldus Wisenstain (Bichsenstain) ex Kalb 26.
33. Caspar Hieber de Achach 28.
34. Hugo de Münchingen 30.

Maii.

35. Jacobus Hol de Ertingen 5.
36. Joach. Minsinger de Stuggardia. Nihil quia condonatum. 7.
37. Christoferus Spar ex Biettighaim 8.
38. Joannes Renhartus Bub de Horb 10.
39. Rochius Birer de Vrach 15.
40. Cunratus König de Brunswig 20.
41. Franciscus Dietenhaimer ex Wisenstaig 24.

Sub rectoratu præstantissimi viri D. Joannis Königsatler Ötingensis, dicti König J. V. D., nouorum jurium canonicorum ordinarii post Phil. et Jac. festum a. 1533 electi, hi qui sequuntur attitulati sunt, ad festum Lucæ anni eiusdem.

1. Josephus Minsinger ex Stuggardia. Nihil dedit quia condonatum 28 Maii.
2. Mathias Pleiel ex Ehingen 1 s. 28.
3. Christophorus Bomgarter filius Francisci Augustanus ult.

Junii.

4. Hezechiel Zechel (Sechel) Tubingensis 4.
5. Christophorus Erbin Tubingensis 7.
6. Joannes Dietter ex Brakana 16.

---

26. s. Crusius ad. a. 1520. 1536 in Wittenberg ebenfalls gratis inscriptus. — 32. M. A. 1541. — 36. von Frondeck, Sohn des Kanzlers, Canonist in Freiburg, Kanzler in Braunschweig. — 37. Christ. Passer ex Stuttgardia Mfa. — 1. Sohn des Kanzlers Joseph M.

Julii.

7. Joannes Bart ex Monachio ceu München stud. Ingolst. 2.
8. Franciscus Aierimschmaltz ex Monacho s. Munchen stud. Ingolst. 2.
9. Joannes Bart ex Monachio, hoc est Munchen 2.
10. Joannes Philippus ex Feltkirch 5. 1 s.
11. Andreas Vetter ex Feltkirch 5. 1 s.
12. Bernhardus Retromontanus ex Feldkirch 13.
13. Joannes Urricus Krel ex Felkirch 13.
14. Christophorus Steheliun à Stokburg 14.
15. Michael Wern ex Stuggardia 20.

Augusti.

16. Joannes Sigismundus à Reitshach 1.
17. Stephanus Marcianus Stuggardiensis 10.

Septembris.

18. Joannes Fabricius Dillingensis 1.
19. Georgius Maier (Marius) Nörlingensis (bacc. heidelb.) 9.
20. Rabanus Eisenhut ex Öringen 9.
21. Joannes Schwartzdorffer 16.
22. Joannes Rotenburger Tubingensis 21.
23. Jacobus Müller de Philingen 21.
24. Joannes ex Grauenekk canonicus Frisingensis 24.
25. Christophorus Pfister Memmingensis 24.
26. Baltassar Rantz Rauenspurgensis 1 s. 24.

Octobris.

27. Sebastianus Widmaier Cupingensis 13.
28. Dionysius Reuchlin Waiblingensis bacc. Wittemb. 16.
29. Joannes Reuchlin Waiblingensis 16.

Præstantissimo uiro D. Baltassare Kefelin s. theologiæ D. ac rectore a S. Lucæ festo die a. 1533 ad usque Phil. et Jac. diem a. 1534 hi qui sequuntur huc asscripti sunt.

Octobris.

1. Michaël Satler de Sindelfingen 28.

---

11. in Wittenberg 1540 gratis inscr. pauper omnino. — 15. wird in das Stip. Mart. aufgenommen 1533, qui abductus a flagitiosissimo Turca toto triennio durissimæ seruitutis jugum pertulit. — 18. Stadtpf. in Schorndorf 1544. — 19. M. A. 1434. — 28. in Wittenberg 1531. — 1. Mich. Satler Waiblingensis wird M. A. 1541.

2. Joannes Georgius Megetzer Nobilis 31.

Novembris.

3. Joannes Rosa Ertfordensis (bacc.) famulus 1 s. 2.
4. Wilhelmus Bletzger Stuggardianus 7.
5. Basilides Resslin (Rösslin) Schorndorfensis 7.
6. Mathias Comber de Würtzen 9.
7. Jacobus Peurlen de Dornstet 9.
8. Sebastianus Meichnerus (Meichsner) Stuggartianus 9.
9. Christoferus Gebfurt de Herrenberg 9.
10. Georgius Nittel ex Stuggartia 16.
11. Michael Gokkeler e uilla Boll 19.
12. Vitus Seger Herrenbergensis 19.
13. Joannes Carrarius (Kercher) Stuggartianus 21.

Decembris.

14. Joannes Pronorius dominus de Laiter Herr zu Bern vnd Vicents 1 flor. 1.
15. Valentinus Lantfaut ex Ingershaim 4.
16. Wolfgangus Theodoricus à Shaimberg 28.

1534.

Januarii.

17. Martinus Greiph de Neuhusen 7.
18. Rodolfus Andler ex Herenberg 14.
19. Sigism. Ephipiarius (Satler) de Brakkenhaim 21.

Februarii.

20. Nicolaus Plankenhorn de Vrach 23.

Martii.

21. Martinus Hos de Ginningen 4.
22. Joannes Melber Tubingensis 5.
23. Georgius Bart de Sulgau 6.
24. Joannes Murer de Tubingen 30.

Aprilis.

25. Mauritius Kletberger de Rauenspurg 1.
26. Franciscus Ricius dominus à Sprintzenstain præpositus Tridentinus 1 flor. 6.

---

3. Bacc. Erdfordiensis. — 5. M. A. 1541. — 7. Bacc. erst 1537. M. A. 1541, Theol. D. Canc. Univ. Parisiis peste moritur circa Sim. et Judæ 1561. — 8. J. U. D. 1544. — 9. Gepphort. — 14. Bruniori, soll 1544 in der Schlacht bei Carignan gefallen sein.

27. Joannes Creber Nurmberger de Shorndorf 8.
28. Magister Ägidius Rösslin ex Laugingen 16.

Sub rectoratu D. Petri Bronn a Phil. et Jac. festo vsque Luce a. 1534 intitulati.

Maii mense.

1. Jacobus Bronn de Kalb 14.

Junii mense.

2. Johannes Carbonarius ex Neuwburg 20.

Augusti mense.

3. Casparus Sengell de Herpipoli 1.
4. Georgius Scharer de Vlma 1.
5. Lucas Musolt de Geppingen 1 s. 2.
6. Christophorus Erer ex Haylbronn 28.
7. Conradus de Schellenberg 21.
8. Berchtholdus de Schellenberg 21.

Septembris.

9. Johannes Wilhelmus Krus de Leonberg 15.
10. Johannes Rodolphus ab Oschenhausen (Ochsenhausen) 15.
11. Sebastianus Schraut de Tubinngen 16.

Octobris.

12. Johannes Epp de Nagollt 10.

Sub rectoratu M. Joannis Armbroster theol. lic. a festo Luce a. 34 vsque Phil. et Jac. a. 35 intitulati ut sequuntur.

Octobris.

1. Laurentius Widmann ex Kirchen 1 s. 21.
2. Kilianus Vogler ex Canstat 24.
3. Petrus Memler ex Herrenberg 1 s. 30.

Nouembris.

4. Conradus Weller de Bunicka 1 s. 1.
5. Balthasar Vischer de Blawbyrren 1 s. 1.
6. Martinus Hartbrunner de Vlma 18.
7. Joachimus Furbringer de Justingen 18.
8. Johannes Rylich de Rothenburg a. d. Tauber 18.

---

12. M. A. 1538. Jurisconsultus. — 2. M. A. 1538. J. U. D. 1546. Z. 447. — 6. Jurisconsultus M. A. 1540.

9. Ludouicus Oschenbach (Ochsenbach) ex Tübingen 20.
10. Josephus Maier a Lychtenfells 29.
11. Johannes Sebastianus a Westernach 29.

Decembris.

12. Alexander Blessing de Kirchen 1 s. 11.
13. Kilianus Vessler ex Tubingen 11.
14. Caspar Sommer de Thillingen 20.
15. Cristoferus Binnder de Gretzingen 20.

1535.

Januarii.

16. Christianus Bierer de Pfullingen 21.

Februarii.

17. Jacobus Hartman ex Durlach 9.
18. Nicolaus Marius ex Nörlingen 23.

Martii.

19. Gregorius à Stetten Augustanus 8.
20. Johannes Scheybel ex Kirchen sub Theckh 8.
21. Johannes Schraut ex Thübingen 1 s. 8.
22. Nicolaus Promius Franckfordanus 11.
23. Johanes Jacobus Varnbiller ex Lindouw 11.
24. Vlricus Varnbieller Wormacensis 11.
25. Franciscus Varnbiller Wormacensis 11.

Aprilis.

26. Albertus Arbogastus dom. Baro de Hebenn (Hewen) 1 flor. 18.

Sub rectore D. Balthasare Köffelin a Phil. et Jac. app. festo vsque Luce a. 1535 intitulati.

Mensis Maii.

1. Georgius Pistor de Genga (Giengen) 4.
2. Ludouicus Knyesser de Zwaybricken 4.
3. Bartolomeus Amantius jurium doctor nihil dedit 10.
4. Joannes Speckmesser Bipontanus 18.

---

15. M. A. 1541, ev. Abt in Adelberg 1565. — 18. Pf. in Meimsheim. — 20. S. 236. Scheible, Scheubelius. — 23. Farrenbiller, 152[?] in Wittenberg, J. U. D. 1535 Oct. — 26. Statth. zu Mömpelgard Crus. ad 1561. Der letzte des Stamms. — 1. M. A. 1538. Med. D. — 2. wird erst 1542 bacc. — 3. S. 171.

5. Eberardus Hinder (oder Hirder) de Halprun impressor librorum 23. 1 s.
6. Richardus de Colonia etiam impressor 23. 1 s.
7. Joannes Sechel Tubingensis 24.
8. Andreas Dotzinnger de Calb 24. 1 s.
9. Wilelmus Bigocius Lauauensis 27. 1 s.

Mensis Junii.

10. Joannes Augustinus Pricher Vlmensis 2.
11. Hieremias Meglin Tubingensis 10.
12. Vitus Frantz Kirchensis (iuxta Neccarum) 10.
13. Ambrosius Faber de Dintzlingen 15.
14. Conradus Schertlin Rotenburgensis 18.
15. Joannes Sichardus Doctor et Ordinarius 28. 1 s.

Mensis Julii.

16. Raphael Maier 1 s. 15.
17. Joannes Monterus Gandauensis 17.
18. Jacobus Gutgesell Friburgensis 19.
19. Joannes Hiltenbrant (Argentinensis) 19.
20. Bernardus Stöcklin ex Gyslingen 24.
21. Joannes Balinger de Husen 28.
22. Conradus Dupps de Hausen eod.
23. Joannes Steub de Herrenberg eod.
24. Joannes Mayer de Callb eod.
25. Dionisius Keller Beblingensis eod.

Mensis Augusti.

26. Jacobus Schwimmer (Schwemmer) de Schorndorff 13.
27. Leonardus Fuchsius Doctor 14 nihil dedit.
28. Michael Ritter de Schertting 19 nihil dedit.
29. Stephanus Ross ex Landau 19.
30. Benedictus Liber ex Ginsburga 19.
31. Hieronimus Wolff ex Öttingen 20.
32. Bernardus Ber de Calw 1 s. 28.
33. Felix Reutter de Buchhorn 31.

---

7. S. 233. M. A. 1540. — 9. S. 171. Er ist Juli 1532 in Marburg. — 19. hier fehlt Joh. Benignus, der als Wittemberger Magister am 1 Juli in die Fac. A. recipiert wird. — 12. M. A. 1543. — 15. S. 171. — 19. Schnurrer Nachr. 92. Not. Univ. 1556. M. A. 1540. — 27. S. 171. — 31. der bekannte Philolog, 1538 in Wittenberg. — 33. J. U. D. Oct. 1535. —

Septembris.

34. Martinus Hisinger (oder Bisinger) ex Pfullinga 4.
35. Jeorius Balinger de Bretten 8.
36. Joachimus Bartenschlag ex Stutgardia 9.
37. Joannes Grauner Vlmensis 14.
38. Joannes Lutz Spirensis 16 nihil dedit.
39. Beatus Frey ex Basilea 23.
40. PAULUS CONSTANTINUS PHRYGIO Doctor nihil dedit 23.
41. Jeorius Varnbiller Lindauiensis 24.
42. M. SEBALDUS HAUVENREITER Niernbergensis 27.
43. Laurentius Engler a Parhisiis 27.
44. Crystopherus Bomgart 27.
45. Carolus Holtzschuher Neurbergensis 27.
46. Joachimus Spengler Neurbergensis 27.
47. Jodocus Baier Neurbergensis 27.
48. Gregorius Lachner Mayenburgensis 27. 1 s.

Mensis Octobris.

49. Sebastianus Gerbot Argentinensis 2.
50. Hieronimus Hoffman Nurbergensis 7.
51. Heinricus Wickersriter de Schwabach 7.
52. Paulus Reubacher (Reypacher) Saltzburgensis 7.
53. Joannes Aichhorn Neurbergensis 7.
54. Hieronimus Schnöd Neurbergensis 7.
55. Ludouicus Schnöd Neurbergensis 7.
56. Cristopherus Koler Neurbergensis 7.
57. Wolphgangus Andreas Linck Schwabachensis 7.
58. Albertus Römer,
59. Leonardus Grundher Neurbergenses 7.
60. Jacobus Schraudoltz Wilpergensis 10 nihil dedit.

Nomina intitulatorum sub D. JOAN. SICHARDO Franco rectore a festo Luce a. 35 vsque ad festum Phil. et Jac. a. 36.

35. Procurator Stipendii Princ. 1547. — 36. M. A. 1541. Med. D. 1551. — 41. J. U. D. 1544. — 42. Hohenreuter M. A. Wittenbergensis M. D. 1539. — 43. aus Nürnberg, Præceptor der folgenden Nürnberger. Lehrt später in Strassburg. — 45. kommt von Wittenberg. — 46. ebenso. — 51. M. A. 1538. D. theol. Abbas in Hirsau 1560. — 52. Reytpacher M. A. 1540. — 54. s. Nopitsch s. v. — 56. in Wittenberg 1539. — 57. in Wittenberg 1532.

Mensis Octobris.

1. M. Bartolomeus Zeubelriedt Kutzingensis 29.

Mensis Nouembris.

2. Jacobus Rabus Memingensis 2.
3. Magnus Zangmeyster Memingensis 2.
4. Joannes Funck Memingensis 2.
5. Georgius Laupin Memingensis 2.
6. Michael Mendler Memingensis 2.
7. Carolus Eheym Augustensis 2.
8. Joannes Kleberus ludimagister 4 nihil dedit.
9. Cyprianus Teuber Memingensis 4.
10. Joan. Schilling Brigantinus nobilis 8.
11. Georgius Munck Argentinensis 9.
12. Paulus Herbart Argentinensis 12.
13. Valentinus Moser ex Kirchaim sub Teck 14.
14. Nicolaus Schleycher Norinbergensis 14.
15. Lazarus Lochinger Norinbergensis 14.
16. Jo. Schwartz Augustensis 14.

Mensis Decembris.

17. Cristopherus Stehelin Balingensis 3.
18. Marcus Krus Nürtingensis.
19. Sixtus Marckart Rottenburg. in Tubero 6.
20. Wilelmus Wager de Dutlingen professus Alpirspach.
21. Joan. Walcker Nurting. professus Alpirspach 11.
22. Petrus Antuerpianus Sturio 18. nihil dedit.
23. Matheus Vogell Norinbergensis 20.
24. Joannes à Stotzingen nobilis 27.

1536.

Mensis Januarii.

25. Joan. Schrib ex Dalfingen 3.

---

2. 1540 M. A. 1544 in Wittenberg inscr. als Mag. Tubingensis. — 4. in Wittenberg 1541. — 8. zur Zeit des Interims Rector in Memmingen Crus. ad a. 1552, vorher Præc. der Schola anatolica in Tübingen. — 13. Geistl. Verwalter in Herrenberg 1565. — 14. kommt von Wittenberg. — 16. ein Joh. Schwarz Nürtingensis wird M. A. 1544, nachmals Med. D. et Ducis Wirt. Archiatrus. — 18. Denckendorffensis M. A. 1542. — 23. geht nach Wittenberg. Pf. in Lauf, Nürnberg, Prof. Theol. in Königsberg † 1591 als Abt in Alpirsbach.

26. Vlricus Buchner Lipsensis 10.
27. Sebastianus à Vesenberg nobilis 11.
28. JOACHIMUS CAMERARIUS 9 nihil dedit.

Mensis Martii.

29. Albertus Brun ex Kalb 1 s. 4.
30. Conradus Hecht Stutgardianus 21.
31. Joan. Reyschacher ex Wasserburgo 3.

Mensis Aprilis.

32. Mauritius Zoch Hallensis Saxo 1.
33. JACOBUS CAPPELBECK Aug.
34. Joan. Hospinianus Tigur. (Stainanus).
35. Eustachius Burguner Eychensis.
36. Ambros. Jung August.
37. Timotheus Jung August. fratres 1.
38. Joan. Langnauer August. 1.

Mensis Maii.

39. Hieronymus Binder ex Schorndorff 3.
40. Osualdus Gabelcofer 3.

Mensis Aprilis.

41. Cristophorus Schick ex Kirchaim 4.
42. Hieronimus Plato Hyrsen ex Stein 7.
43. Joan. Chrisostomus Hyrsen ex Stein.
44. Cristophorus Pfannius (oder Pfanmus) Norinberg. 13.
45. Conradus Cristophorus à Buhel nobilis.
46. Bernardus ab Emersbosk nobilis 16.
47. Joannes Hutter Lipsensis 19.
48. Joannes Schehelin ex Balingen 25.
49. Joannes Vilelmus Stutgardianus 26.

Nomina intitulatorum sub D. BALTHASARE KEUFFELIN rectore a festo Phil. et Jac. vsque festum diui Luce a. 36.

Mensis Maii.

1. Gaspar Nutzel Neurnbergensis 4.
2. Volfgangus Theodericus de Saxaua 31.

---

34. Prof. in Basel † 1576. — 36. Arzt in Augsburg. — 37. Reichshofrath, Söhne des Ambrosius S. 500. — 40. wohl der Arzt, Vater des Geschichtschreibers, aus Leoben, Physicus zu Göppingen. — 41. vor dem Interim Pf. in Beuren.

Mensis Junii.

3. Volfgangus Schuartznauer 6.
4. Vendelinus Laung ex Gartach 7.
5. Heinricus Woluius ex Ottingen 15.
6. Kilianus Lilgenfien (Gilgenfeyn ex Carlenstatt) 22.
7. Gregorius Bretzger ex Kirchen 27.

Mensis Julii.

8. Andreas Brantell ex Reichenhall 1.
9. Cristophorus Schöblin ex Jesingen 1 s. 2.
10. Joannes Flaschnerus Nornberg. 6.
11. M. Jo. Lipparius Brantcharensis 10.
12. Christianus Hospinianus ex Stain 11.
13. Barnabas Voreus à Fossa Gallus,
14. Heluinus a Lino Petreius Gallus 17. 7 bacios dederunt.
15. Thomas Teboldus de See Anglus 18.
16. Antonius a Madiis Bernensis.
17. Thomas Allman Mattenburgensis.
18. Blasius Rillerius Aurelianensis Gallus famulus Volmari 1 s.

Mensis Augusti.

19. Bernardus Schlager (Schlaher) ex Waiblinga 7.
20. Fabianus Egen ex Sultz 9.
21. Jeorius Sailer de Geislingen 1 s.
22. Laurentius Hug ex Gernspach 17.
23. Jacobus Hesch ex Sultz 26.
24. Matheus de Rotenhan ex Reutwinsdorff 28.
25. Joannes ex Sambam Bomberg. 28.

Mensis Septembri.

26. Georgius,
27. Joannes,
28. Matheus Schoder Herpipolitani 21.

Mensis Octobris.

29. Laurentius Leu ex Feldkirch 2 nihil dedit.
30. Joan. Conradus Walkirch Schaffhusensis 14.

---

4. M. A. 1540. — 5. Bruder des Hieronymus, Physicus in Nürnberg. M. A. 1542. — 6. Superint. in Fellbach u. auf anderen Pfarren. Studiert 1533 in Marburg, wo er als Carolostadianus inscr. ist. — 7. Acta Cons. Univ. 1538. — 18. des Melchior Volmar Rot s. S. 171. — 20. Stadtschreiber in Reutlingen, KammerProcurator. — 23. M. A. 1543.

31. Paulus Pfintzing Nornbergensis 17.
32. Maximilianus Bromhart de Basilea 18 nihil dedit.
33. Gasparus Bruschio Egranus 25.
34. Georius Volcamerus Nornbergensis 25.

Nomina intitulatorum sub rectoratu Leon. Fuchsii Med. D. a diui Luce festo a. 36 vsque Phil. et Jac. app. festum a. 37.

Mense Octobri.

1. Joann. Jacobus Mendleschofferus Constantiensis 30.
2. Joann. Vdalricus Ehingerus Constantiensis.
3. Vuolfgangus Rösle Logingensis.

Nouembri.

4. Venerandus Gablerus Nurtingensis 2.
5. Hieronymus Hyrus Constantiensis 8.
6. Nicolaus Ross ex Landau 25.
7. Heinricus à Neineck nobilis.

Decembri.

8. Joann. Grabisgaden Stutgardiensis 28.

1537.

Januarii die.

9. Anastasius Deimler Marpachensis 6.
10. Bernardus König Tubingensis 15.
11. Joannes Freschlen Stutgardiensis 16.

Februario.

12. Joannes Sebastianus Schertlin Augustanus 3.
13. Joannes (Paulus) Metzger Tubingensis 8.
14. Nicolaus Locher Ebingensis 19.
15. Sebastianus Philenus (Lieb) Auensis 19.
16. Absalon Brunfelsius Gundelfingensis 20.

---

31. Sohn des Kriegsobersten Martin P., Rath Karls V u. Philipps II, † 1570 zu Madrid. — 33. der bekannte Schriftsteller und Poet. — 34. Septemvir zu Nürnberg. — 1. M. D. fällt bei dem Angriff der Spanier auf Constanz 1548. — 4. Med. D. 1544. Z. 464. Sohn des Bernhard würt. Pflegers zu Esslingen. — 8. unter den ersten Stip. Princ. M. A. 1542, soll aber später sich als Augenarzt einen Namen gemacht haben. — 9. J. U. D. 1553. M. A. 1541. — 13. M. A. 1542. — 15. Philoenus Aurgensis, Augiensis M. A. 1543. — 16. erster ev. Pf. in Warmbronn.

Martio.

17. Andreas Fridericus de Gemingen 3.
18. Martinus Greniger Winadensis 15. nihil dedit.
19. Sigmannus Gailing Stutgardiensis 21.
20. Joann. Wackerus Stutgardiensis 21.

Aprili.

21. Bernardus Bocemus Badensis 5.
22. Georgius Hausser Kopfstainus 13.
23. Jacobus Gretterus (Græter) Hallensis 14.
24. M. JOANNES BRENTIUS 15. nihil dedit.
25. Sigismundus Haisentaler Frandenhausensis, 24.
26. Sigismundus Krafft Vlmensis 28.
27. Christophorus Zengkle Vuendingensis 28. nihil dedit.

Nomina intitulatorum sub rectoratu M. GEBHARDI BRASTPERGER Vracensis à festo SS. Phil. et Jac. a. 37 vsque ad diui Lucæ diem a. 37.

Maio mense.

1. Joannes Banmayer Vlmensis, coquus adeoque famulus contubernii, nihil ob paupertatem dedit 13.
2. Friderichus Jacobus à Schenow,
3. Joannes Ludouicus à Schenow nobiles fratres 22.
4. Balthassar Bruch Gamundianus 22.
5. Christophorus Bamfus Tubingensis 28.

Junio.

6. M. GASPAR VOLLANDIUS indicauit se rursus sub vniversitate futurum. Nihil dedit, quia prius inscriptus et pecuniam soluit. 5.
7. Ludouicus Mundtprot Constantiensis 12.
8. Joachimus Agricola Schaffhussensis, nihil quia famulus doctoris. 14.
9. Bernhardus Brentius Wylensis (bacc. Wittenb.) 18.
10. HIERONYMUS GERHARDUS Haydelshaimensis (bacc. Wittenb.) 18.
11. Aegidius Broll Wylensis 25.

---

19. Sigismundus M. A. 1541. — 20. Pædagogarcha in Stuttgart † 1587. — 21. nach Mfa. Bern. Bom Calwensis M. A. 1541. — 23. M. A. 1542, ev. Abt in Murrhardt. — 4. Brauch D. Med. — 6. J. U. D. 1540. — 9. in Wittenberg 1532. M. A. 1538. — 10. M. A. A. 1538. Würt. Vicecanzler. J. U. D. 1546. Schnurrer Erl. 435.

12. Joannes Wingartner è Wembdingen 28.
13. Jacobus Riep è Riedlingen 28.
14. Joannes Baptista Winman, .
15. Michaël Winman Tubingenses fratres 28.
16. Eustachius Pictor Spirensis 28.
17. Joannes Getz ex Baliugen, Nihil ob paupertatem 29.
18. Wilhelmus in Harena ex Schorndorff 30.

Julio.

19. Laurentius Bentz ex Horren 4.
20. Ludouicus Deicker (Däcker, Teucker) Tubingensis 5.
21. Wolfgangus Forster ex Strubinga 6.
22. Joannes Burger ex Vrach 10.
23. Marcus Wild,
24. Gaspar Wild, Fayengenses (quoad patrem) fratres 13.
25. Joannes Hessler Friburgensis. Nihil quia famulus doctoris, sed pedello 1 s. 13.
26. Wilhelmus Fabri Winspergensis 15.
27. Jacobus Epp ex Bietiken 17.
28. Joannes Wyckersryter de Schwabach 21.
29. Christophorus Hafenberg Stutgardianus 26.

Augusto.

30. Michaël Hainckin Kirchensis 1.
31. Vitus Sacellius Kirchensis 1.
32. Michaël Biechner Spirensis 6.
33. Vergilius Walher Saltzburgensis 8. 6 kritzer, reliquum ob paupertatem ei remissum est.
34. Georgius Liebler ex Tintzlingen 6 kritzer, reliquum ob paupertatem ei est remissum 9.
35. Jacobus Dalhaimerus ex Brackenhaim 11.
36. Paulus Olinger Argentinensis 13.
37. Burckhardus Stattman ex Halla sueuica (bacc. wittemb.) 14.

---

18. M. A. 1542. — 20. M. A. 1544. UVogt in Tübingen 1574. — 22. Geistl. in Neuffen, Feldstetten. — 23. Geistl. Verwalter und Vogt in Güglingen 1565. — 24. M. A. 1544. Kirchenraths Dir. moritur Tubingæ apoplexia 6 Febr. 84, cum mandato principis visitaret scholam. Verf. der grossen Kirchenordnung. In Mfa. auch als Spirensis bezeichnet. — 25. Bacc. 1543. M. A. 1546. — 27. M. A. 1543. — 34. vor dem Interim zugleich Pf. in Derendingen. — 35. Thalhamer. — 37. M. A. 1538.

38. Joannes Palmakeros vel Palmacker ex Stocken 14.
39. Bartholomeus Fabricius seu Felyssen ex Obern Ensingen 15.
40. Christannus Rocker Vlmensis 19.
41. Kilianus Sinapius Schwinfortensis 21.
42. Jacobus Kingspach Stutgardiensis 31.

Septembri.

43. Johannes Fischer Wembdingensis 17.

Octobri.

44. Wolfgangus Kirchberger ex Burckhusen 15. Nihil quia pauper et famulus doctoris 15.
45. Michaël Hefer de Werthaim

Sub celeberrimo uiro D. Paulo Constantino Phrygione s. theol. D. ac rectore a S. Lucæ festo die a. 1537 ad usque Phil. et Jac. diem a. 1538 hi qui sequuntur studiosorum albo asscripti sunt.

Mense Octobri.

1. Joachimus Plattenhart Esslingensis 20.
2. Ludouicus Hafenbergius ex Stuetgart 23.
3. Barptholomeus Neiffer Tubingensis 25.
4. Huldenrichus Naterus Gundelfingensis 26.
5. Barptholomeus Rem Vlmensis 27.

Nouembri.

6. Vitus Kaisersperger de Wembdingen 10.
7. Vitus Rittelhuet de Kreilsheim 15.
8. Laurentius Öesterlin de Cantstat 20.
9. Georgius Kleiber (Claiber) ex Gretzingen.
10. M. Mathias [Garbitius] Illyricus ordinarius græcæ linguæ, quia ordinarius huc uocatus nihil. 21.
11. Albertus Waltstromayr Nornbergensis 24.

Decembri.

12. Hieronymus Stud Annæmontensis ex Mysnia 5.
13. Petrus Illinger ex Illingen (Vaihingensis) 5.

---

38. Balmacker Stoccamensis Mfa. M. A. 1542. — 42. Gel. Oberrath. — 43. in Wittenberg 1542. Z. 464. — 1. Consul. Essl. — 2. Pfleger in U. Öwisheim 1549. — 3. Barth. Hagen Mfa. — 8. M. A. 1542. — 9. Cleuwer M. A. 1542. Pf. in Wolfschlugen vor dem Interim. — 10. in Wittenberg inscr. 1534. S. 174.

14. Leoboldus Trincklin Augustanus 15.
15. Joannes Baptista Trincklin Augustanus 15. ambo 6 batzen 2 cr.
16. Joannes Specker de Wels Austriacus 18.
17. Jacobus Bern de Rotemburg am Necker 18.
18. Joannes Ludouicus Scheller ex Feltkirch 21.

1538.

Mense Januario.

19. Laurentius Dyrr (Dur) Nornbergensis 2.
20. Sebastianus Wagner de Balingen 16.
21. Christophorus Wiest,
22. Achatius Wiest, Bombergenses fratres 17.
23. Thomas Leer Bambergensis.
24. Marcus Zot de Rauris Saltzburgensis 31.

Februario.

25. Joannes Netzely ex Nyrtingen 8.
26. Wilhelmus Dyrrenbacher de Rostat 13.
27. Thomas Thilianus Boleslauiensis 16.
28. Michael Kilianus Nurenbergensis, quia pauper et famulus D. Ludouici Gremp, nihil 17.
29. Joannes Waltenburger de Kachershausen 27.

Martio.

30. Christophorus Reiniger Tubingensis 3.
31. Georgius Lessota à Liegnitz 10.
32. Georgius Piscator (Fischer) de Talfingen 23.
33. Ludouicus Rabus Memmingensis 27.
34. Balthasar Krafft,
35. Melchior Krafft de Metingen 29.
36. Mathias Epple de Wemdingen.
37. Bernhardus Kress de Lochen.

Aprili.

38. Sebastianus à Rheno de Jagspurg 5.
39. Gualterus Senfft ex Halla Sueuorum 6.
40. Ludouicus Schöffheusser de Sindelfingen 9.
41. Mathias Hacus Danus 12.
42. Georgius Honestus Nornbergensis 15.

---

17. Pf. in Eningen 1543. — 19. s. Nopitsch s. v. — 21. J. U. D. 1544. — 22. M. A. 1546. — 33. M. A. 1540. Prediger in Strassburg, Ulm.

43. Ludouicus Plaphart Strubingensis 17.
44. Joannes Hauenbaur de Phreimd 17.
45. Stephanus Vmhouer Strubingensis 17.
46. M. Balthasar Cellarius Hallensis 17.
47. Burghardus Coquus de Stetten juxta Hegerloch: quia pauper et famulus Bursæ dedit nihil 23.
48. Casparus Hammer Franckfordianus 25.

Istis, dum gestat Camerariades Joachimus
Sceptra, Tubingensis ciuibus aucta scola est.
Annorum minimus tunc post te Christe creatum
Ibat bis quatuor terque decem numerus,
Atque ætatis idem spacium ipsius, sed et annus
Tunc æstatifero tempore lætus erat.

Mensis Maii.

1. Georgius Holtzschueher Norinbergensis petiit se sub ditionem Rectoris recipi, idque factum est reuocato illi in memoriam sacramento dato 5.
2. Christophorus Meychsnerus,
3. Thomas Lœfelholtz,
4. Bernardus Nutzelius,
5. Paulus Nutzelius fratres, Norinbergenses 8.
6. Joannes Gunge,
7. Jacobus Funckle, Constantienses 14.
8. Georgius Bemberlin Tubingensis nihil dedit affirmata paupertate 15.
9. Matthias Stehelin Alberspachensis.
10. Gabriel Telu Columbariensis 20.
11. Joannes Truchet Trecensis Gallus 31.
12. Abraam Spengler Tubingensis.

Mense Junii.

13. Joannes Suno Hechingensis, nihil dedit affirmata paupertate 5.
14. Wolfgangus Muntzerus Noricus 6.
15. Bernardus Gablerus 7.
16. Joannes Haberberger Noricus, nihil dedit, quia manifestam esse diceret egestatem suam 7.

---

56. in Wittenberg 1543. — 12. M. A. 1543. — 14. vermuthlich der Reisebeschreiber † 1577 s. Will s. v.

17. Alexander Huno (Hunn) Marpacensis 15.
18. Paulus Baiac (Bayagk) Styrius, nihil dedit excusatus famulitio Illyrici.
19. Lucas Bregitzer Tubingensis 17.
20. Bartholomeus Hago (Hagen) Tubingensis, dedit numulos 8, reliquum ob paupertatem remissum 18.
21. Jacobus Meßser Confluentinus, nihil dedit excusatus famulitio D. Amantii 30.

Mense Julii.

22. Joannes Gabelcoferus Styrius 5.
23. Vitus Pölandus Bauarus 8.
24. Sebastianus Röschel Suabacensis.
25. Sigismundus Fuchs Bauarus.
26. Joannes Walteperger 15.
27. Wernherus Minsinger receptus est in ditionem Rectoris 18.
28. Valentinus Summer 1 patzen, reliquum propter tenuitatem remissum 20.
29. Jacobus Schultes Constantiensis 30.

Mensis Augusti.

30. Ludouicus Horn Gemundensis 2.
31. Georgius Herlin Justingensis 7.
32. Lucas Stengle (Stengling) Augustanus 9.
33. Vrsus Camblinus Tigurensis.
34. Zimbertus Hollerbusch Hallensis 10.
35. Wolfgangus Dürr Noricus 18.
36. Jacobus Grais Phorcensis 26.
37. Gangolfus Gruninger Esslingensis 27.
38. Samuel Held Augustanus nihil dedit excusatus famulitio D. Pauli 29.
39. Petrus Villenbachius admonitus ante dati sacramenti receptus fuit in ditionem Rectoris.

Mensis Septembris.

40. Petrus Suns Zabernensis, nihil dedit affirmata paupertate 7.
41. Georgius Doener Bischoueshainensis 11.

---

17. M. A. 1543. — 20. M. A. 1546. — 23. Frohendrahensis. — 27. s. oben S. 629, wohl der Sohn des Kanzlers (in obsidione Metensi pesti absumtus). — 34. erster ev. Pfarrer in Löchgau. — 15. 1545 in Wittenberg.

42. Sebastianus Widman Norlingensis 14.
43. Wendelinus Cipperus Tubingensis 11 cr. 17.
44. Joannes Vogt Althusensis quia tenuior 8 cr. 19.
45. Ludouicus Irnisch Augustanus 25.

Mensis Octobris.

46. Christophorus Linge Salisburgensis D. J. receptus sub ditionem Rectoris 1.
47. Antonius Reuchlin Isnensis.
48. Joannes Hantzelius Augustanus 4.
49. Emeranus Schrötle Wendingensis propter tenuitatem 8 cr. 11.
50. Christophorus Stabel Lembergensis.
51. Joannes Forsterus Augustanus, cui merces inscriptionis honoris causa remissa est 17.
52. Jacobus Degenhart Francofurdianus 18.

Sub rectoratu clariss. viri D. Ludouici Gremp J. V. D. a festo diui Lucæ a. 1538 ad usque Phil. et Jac. diem a. 1539 sequentium nomina recepta sunt.

Mense Octobri.

1. Balthasarus Bestlin de Kalb 14.
2. Jacobus Mosserus Tubingensis.
3. Jheremias Kurtz de Rotenburg.

Mense Nouembri.

4. Maximilianus Scharrar (Scharrer) de Wasserburg Bauariæ oppido, cui propter inopiam pecunia est remissa 9.
5. Leonhardus Breunlin Hailbrunnensis 11.
6. Laurentius Vlbach Schorndorffensis stipendiatus principis est, sicut literæ testantur 30.

Mense Decembri.

7. Stephanus Lepus Augustanus 3.
8. Christophorus Breulin de Stockaw ob paupertatem numerauit tantum 10 cr. 13.

---

42. in Wittenberg 1540. — 47. in Wittenberg 1540, vor dem Interim Stadtpf. in Gröningen. — 49. Schrettlin M. A. 1544. Pf. in Wolfschlugen vor dem Interim; Abt in Maulbronn. — 50. Leonbergensis M. A. 1544. — 51. in Ingolst. promoviert, inscr. in Wittemberg 1. Juni 1530, s. S. 427. — 1. M. A. 1544. Præc. in Wildberg 1547. — 2. Moser M. A. 1546. J. U. D. Comitum Oettingensium Cancellarius.

9. Valentinus Tilius Rubiaquensis Alsaticus 24.

1539.

Mense Januario.

10. Johannes Plattenhard J. V. licenciatus Esslingensis, cui honoris caussa pecunia inscripcionis remissa est.
11. Caspar Stecher Bibracensis 21.
12. Hainricus Alman Madenburgensis 24.
13. Martinus Hillar (de Herrenberg).

Mense Fębruario.

14. Joannes Dirr de Schorndorff 5.
15. Joannes Metzger de Dornstett, est stipendiatus Licentiati Farners, cui pecunia est remissa ob paupertatem 10.
16. Jacobus Zeir (Cyrus) de Herrenberg 14.
17. Jheronimus Minsinger 26.
18. Sebastianus Möglin,
19. Sixtus Marggraf, Tubingenses 17.

Mense Marcio.

20. Christophorus Breuning Tubingensis 25.

Mense Aprili.

21. Joannes Chrisostomus Heustetter (Hochstetter) 15.
22. Thomas Walter,
23. Joannes Muscat,
24. Joannes Kunig,
25. Joannes Karg, Augustani.
26. Mich. Haidecker de Wisenstaig, qui ob inopiam nihil dedit 23.
27. Joannes Frauentraut 28.
28. Florianus Frauentraut 28.
29. Nicolaus Gugler Noricus 28.
30. M. Conradus Braun senior, theologiæ baccalaureus et præpositus in Schonbuch, nomen suum antea inscriptum rursus professus est 29.
31. Joannes Kraus Waiblingensis suum nomen prius inscriptum rursus indicauit 30.

---

13. Beis. des Hofgerichts, Kammer Procurator. — 14. M. A. 1544. — 16. M. A. 1544. — 17. Sohn des Kanzlers, Regi Philippo contra Belgas militavit. — 18. M. A. 1544, wird geisteskrank in Bebenhausen aufgenommen 1557. — 25. in Wittenberg 1543, ev. Abt in Hirsau. Fischlin 1, 87. — 31. Kammer Procurator, Rath des H. Ulrich.

Sub rectoratu eximii viri D. MICHAELIS RUCKERI medicinæ doctoris, a die festo SS. Phil. et Jac. a. 1539 usque ad festum diui. Lucæ eiusdem anni, in studiosorum numerum recepti sunt infra scripti.

Mense Maio.

1. Anthonius Sibenbürger ex Braunaw Bauariæ oppidulo 12.
2. Jacobus Vlsumer Minsingensis 16.
3. Joannes Veyel Herbertingensis.
4. Crispinus Simell (Semel) ex Backnang 19.
5. Marcus Stebenhaber Augustanus.

Mense Junio.

6. Michael Bechtoldt ex Buechen diocesis wurtzburgensis, sub ditione tamen episcopi Moguntini 3.
7. Georgius Eyschinger ex Deckendorf Bauariæ oppido, promisit bona fide se esse pauperem atque id posse testari cum D. Leon. Fuchsio et D. Wolfgango Thalhusero, dedit pedello 1 s. 3.
8. Michael,
9. Gallus Piscator fratres Blaubeurenses 5.
10. Jacobus Muller (Miller) ex Waltdorff 7.
11. Alexander Blessing de Kurchain abfuit hinc triennium reuersus eodem die se indicauit.
12. Joannes David Weyler Phorcensis 8.
13. Petrus Süsslin (Gässlin) Stutgardianus, cuius nomine D. Erhardus Schnepfius rogauit, vt pecunia inscripcionis ob paupertatem donetur, persoluit duntaxat pedello 2 s. 9.
14. Joannes Oefnerus cognom. Saltzeggerus prope Rauenspurgum 9.
15. Dauid Kochhaf ex Mentzingen 22.
16. Remigius Herman ex Bondorff 25.
17. Georgius à Neuneck 26.

Mense Julio.

18. Hieronymus,
19. Lazarus Zoch fratres ex Hala Saxonum 13.

---

2. Vltzhamer M. A. 1544. — 4. Backenheimensis M. A. 1544. — 10. Altorfensis Mfa. — 15. Chytræus, M. A. 1544. D. et prof. theol. valde celebris et doctus in Acad. Rostochiana. Mfa. DBi.

20. Joannes Kung Tubingensis, quia pauper et petiit assumi in stipendiatum, soluit pedello 2 s. 16.
21. Jacobus Wetzel ex Margdorff diocesis constantiensis (famulus) D. Leon. Fuchsii, conquestus inopiam nihil dedit 20.
22. Jacobus Dachtler ex Balingen 21.
23. Joannes Salicetus ex Neuburg 22.
24. Barptholomaus Negelin,
25. Abrahamus Schenckius,
26. Joannes Volfgangus Grieninger Esslingenses 23.
27. Christophorus Hack ex Dinckelspühel 25.
28. Melchior Tornetes ex Dinckelspühel 28.
29. Jacobus Schweickhart ex Kandtstatt bibliopola 30.

Mense Augusto.

30. Petrus Werner ex Calw, famulus contubernii, dedit pedello 2 s. 3.
31. Michaël Wigman ex Illerrhieden pago prope Vlmam 5.
32. Joannes Rentius Vlmensis.
33. Hainricus Mechler Esslingensis 20.
34. Paulus Oettingerus Reutlingensis 26.

Mense Septembri.

35. Sebastianus Dieffenbeckh ex Landtshut, quia summopere conquestus est paupertatem, soluit tantum 6 cr. 1.
36. Lazarus Hürsch ex Hainbach, ducatus palatini, pauper famulus Sibenbürgeri, dedit pedello 2 s. 1.
37. Lampertus Gernreich, athleta, Noricus 10.
38. Joannes Jacobus Letzellter Vlmensis 16.
39. Lodouicus Hoss Reutlingensis.
40. Wernh. Mieser Reutlingensis, stipendiati Reutlingensium 25.
41. Andreas Schmid ex Hertzog Vrach diocesis Bombergensis, contubernii famulus, soluit pedello 2 s. ult.

Mense Octobri.

42. Joannes Pflomeren de Vberlingen, futurus famulus, soluit duntaxat pedello 2 s. 5.

---

20. M. A. 1544. Syndicus Univ. † 9 März 1590. — 22. M. A. 1544. — 23. Joh. Widman Lauingensis Mfa. — 25. M. A. 1542. Jurisconsultus. — 32. M. A. 1544. — 34. M. A. 1545. — 39. M. A. 1544. vor dem Interim Pf. in Aidlingen.

43. Christophorus Sinckmoser ex Hala comitatus Thyrolici 8.
44. Anthonius Muller Schafhusensis 18.

Sub rectoratu celeberrimi s. theol. D. D. Balthazaris Koeffelini, a festo diui Lucæ a. 1539 usque ad festum diuorum Phil. et Jac. a. 1540 infrascriptorum nomina in album scholæ Tubingensis recepta sunt.

Mense Octobri.

1. Theobaldus Reus à Neuburga 23.
2. Sebastianus Schedel Norinbergensis 28.
3. Gregorius Denschertz de nidern Ahach 30.
4. Martinus Reitbacher Saltzburgensis.
5. Joannes Schulthais ab Hal Sueuorum 31.

Mense Nouembri.

6. Andreas Daucher Norinbergensis 1.
7. Conradus Geupel à Schelkripen nobilis 4.
8. Sebastianus Beger de Westernhusen.
9. Philippus de Harten,
10. Wolphgangus de Harten fratres nobiles 4.
11. Michaël Wiest ex Esslingen 4.
12. Theodoricus Schnepf nihil dedit, ob patrem enim donatum 5,
13. Albertus Scheenstul à Rosenhaim 6.
14. Johannes Koler ex Rotenburgo 8.
15. Barptholomæus Wolphhardus Memmingensis 22.
16. Henricus Klainman Bæsighaimensis 22.
17. Joannes Welling Stuetgardianus 28.
18. Joannes Buschius Stuetgardianus 29.
19. Martinus Heubergius Rosenfeldensis 29.

Mense Decembri.

20. Magnus Brunner,
21. Vdalricus Neidthart,
22. Martinus Graf,
23. Conradus Frelich Laugingenses 1.
24. Henricus Hellerus ex Wilpergia 2.

---

43. Marcus Sinkmoser Oenipontanus wird Bacc. im Juni 1540 und M. A. 1542. — 2. in Wittenberg 1532, Arzt, von Marodeurs erschossen 1547. — 12. M. A. 1544. — 14. M. A. 1544. — 15. in Wittenberg 1542. — 19. Heuberger. — 20. M. A. 1541. — 21. Pfarrer in Geisslingen.

25. Wolphgangus Zeitlos Schwinfurtensis 3.
26. Michaël Has Herrenbergensis 9.
27. Philippus Grosschlack de Diepurg 22.

1540.

Mense Januario

28. Wolphgangus Knaus Norinbergensis 10.
29. Jacobus Plan de Deutelbach, dedit pedello 2 s. reliquum allegata paupertate donatum est 13.
30. Erasmus Lyrer filius Erasmi Deligatoris nihil dedit 14.
31. Albertus Thum à Neuburg.
32. Joannes Conradus Thum à Neuburg.
33. Joannes Gulielmus Volmarus Rotwilensis 14.
34. Mauritius Breyser Lypsensis 24.
35. Sebastianus Finckius ex Anispachio 31.

Mense Februario.

36. Nicolaus Bomhauer Norinbergensis 12.
37. Michaël Solleder ex Stainach prope Steurmarckht 14.
38. Joannes Bidenbach Brachenhaimensis 16.
39. Gaspar Rumpus Vracensis 17.

Mense Marcio.

40. Martinus Hormoldt è Butice.
41. Job Sacellius ex Kirchen 8.
42. Joannes Wolphius,
43. Joannes Hallerus,
44. Joannes Jacobus Weckius (Wick) Tigurini 25.
45. Joannes Venator Reutlingensis 26.
46. Joannes Bircklin de Wila im Schainbuch, dedit pedello 1 batzium 30.
47. Joannes Apel Craelsamensis 30.

Mense Aprili.

48. Joannes Ludouicus Castnar 1.
49. Michael Besch Tubingensis 6.

28. 1537 in Wittenberg. — 31. Beis. d. Hofgerichts. — 42. Briefe von ihm u. Haller aus Tüb. an Bullinger sind im KirchenArchiv zu Zürich. Sie finden alles zu theuer, ausser dem Wein. Invidum et rusticum genus hominum. Jeder der drei bezieht von Zürich ein Stipendium von 34 Gulden. Prof. in Zürich. — 43. Pfarrer in Zürich und Bern. Die drei Schweizer inscr. in Marburg im Sept. 1540.

50. Sebastianus Schenkindt Rainensis 14.
51. Joannes Theodoricus Esslingensis 18.
52. Michaël Haug (Hugo) ex Leoberga 24.
53. Christoph. Schiffer ex Herrenkemser oppido Bauariæ nihil dedit.
54. Gaspar Vberreiter ex Schorndorf 26.
55. Joannes Eytel Herbolshaymer Franco ex Vffenhaim 28.

Sub rectoratu eximii uiri D. Casparis Vollandii J. V. D. à festo Phil. et Jac. app. a. 1540 ad usque Lucæ ev. anni eiusdem sequentium nomina in album academiæ huius sunt relata.

Mensis Maii.

1. Petrus Koetzman Nurnbergensis 8.
2. Itellus Schnellus Ochsenfurtensis.
3. Guolfgangus Bühler ex Straubingen Bauariæ oppido 12.
4. Sigismundus von Kreut zu Strass Nobilis 14.
5. Matthias Lilgenfein ex Carlostadio 18.
6. Caspar Schmol ex Dinckelspühel 19.
7. Ludouicus Berchtold ex Nellingen (Ulmensis) 20.
8. Joannes Schollenberger famulus Typographi dedit pedello 1 s.
9. Joannes Schlisselfelder Forchemius baccalaureus Lypsensis 24.
10. Georgius Pherdtsfelderus de Wyterspach Nobilis 24.
11. Joannes Broller Forchemius studens Lypsensis 24.
12. Henricus de Egolphstain Lypsensis studens Nobilis 24.
13. Jacobus Felber de Biberaco.

Mensis Junii.

14. Foelix Soell Athesinus studens Vitenbergensis 1.
15. Burchardus Eberhardus Onolspachius studens Ingolst. 3.
16. Vergilius Rauchenberger Saltzburgensis 5.
17. Bartholomeus Welsperger Nobilis 7.
18. Lodouicus Gerhardt a Brixen Nobilis 7.
19. Henricus Eltz Lucenburgensis Nobilis 8.
20. Petrus Schnierlin ex Hala Sueuorum 12.
21. Christoph. Rotenbuecher iun. Wulsiannensis stud. Bonon. 16.
22. Vitus From ex Holtzgerlingen bacc. Friburg. 22.
23. Jacobus Kreser Esselingensis 28.

Mensis Julii.

24. Joannes Feuchtwoeck Laugingensis stud. Lypsensis 3.

---

14. dort inscr. 1539 als F. Sell ex Brauneck Athesinus.

25. Joannes Beringer Nordlingensis Ingolst. studens 3.
26. Sebastianus Kysius à Gienga 5.
27. Henricus Schwartz Vracensis 8.
28. Vlricus Clingeler Canstadiensis.
29. Wendelinus Schmid ex Byhingen parochus Höfingensis 20.
30. Georgius Schantz de Werthayn 24.
31. Jacobus Herder Wissenlochensis Haydelbergensis studens 30

Augusti.

32. Matthæus Irenæus Würtzburgensis Vitebergensis M. 4.
33. Joannes Oelhafen Nurnbergensis Viteberg. studens.
34. Hugo à Fridingen Nobilis studens Friburgensis 10.
35. Paulus Frantz Nurnbergensis 11.
36. Jacobus Opilio ex Kornwesten 15.
37. Sebastianus Bohemus Dissingensis 21.
38. Hartmannus Hartmanni a Nevumarck stud. Ingolst. 28.

Septembris.

39. Jo. Jac. Halbmaier ex Rotenburgo bacc. Friburg. 1.
40. Wendelinus Beg Herrenbergensis 3.
41. Joannes Kunberger Nurnbergensis 5.
42. Jo. Jac. Brasperger filius D. Gebhardi Braspergeri. Ab eo, quia pater publicus scholæ professor, nihil exegi 6.
43. Fridericus Fuchsius filius D. Leon. Fuchsii. Ab eo inscripcionis nomine, quia pater professor publicus, nihil est exactum 7.
44. Leonhardus Cuppler Saltzburgensis Lypsensis studens 8.
45. Christannus Gros Saltzburgensis 8.
46. Vitalis Melichius Saltzburgensis 8.
47. Magnus Gros Noricus famulus propter paupertatem persoluit pedello 2 s. 9.
48. Gregorius Zoppel ex Oeniponto 13.
49. Christophorus Mellinger ex Oeniponto 13.
50. Martinus Hercules Rhätinger (Rötfinger) Saltzburgensis 13.
51. Conradus Mayer ex Remmingshaym stip. ill. princ. 14.

---

33. Hat in W. bei D. Luther gewohnt, inscr. 1535. Rath und Richter in Nürnberg. — 38. der zweite des Namens J. U. D. Consistorii Palatini Præses. — 39. Acta Cons. Un. 1540. M. A. 1543 — 42. M. A. 1550. — 50. kommt als baccalaureus. — 51. M. A. 1545. Kl.Verwalter in Alpirsbach.

52. D. Guolffgangus Thalhauser, professor medicus, eique ideo inscriptionis pecunia remissa 15.
53. Joannes Mülstetter ex Bruneck comitatus Tyrolensis 15.
54. Vuolffg. Eberhardt ex Dinckelspühel stud. Vitenberg. 20.

Octobris.

55. Andreas Junius Altenburgensis studens Vitenberg. 4.
56. Nicolaus Hilenius (Hillenius) Bubenshaymensis 9.
57. Joannes Bengel Wimpinensis 9.
58. Georgius Maier ex Rockenburg M. Haydelberg. 11.
59. Paulus Tetzel Noricus 13.
60. Jacobus Welser Noricus 13.
61. Leonhard Has Aichstettensis dedit pedello 2 s.
62. Petrus Feirabendt ex Hala Sueuorum.

Sub rectoratu clarissimi viri D. Leonardi Fuchsii M. D. a festo diui Lucæ a. 1540 ad usque divorum Phil. et Jac. app. a. 1541 sequentes nomina sua scholæ hinc dederunt.

Mense Octobri.

1. Stephanus Herman Neuburgensis 19.
2. Christophorus Haute (Haudte) Tubingensis 20.
3. Isaac Lochinger Bretthaimensis 30.

Nouembri.

4. Dauid Maier Liechtenfeldensis 1.
5. Conradus Ottinger Marpachensis 3.
6. Michaël Schueicker Wisenstaigensis.
7. Petrus Lidius Gallus.
8. Jacobus Gerenius Gallus.
9. Joannes Stahel Kornwestensis.
10. Gallus Mack Erlingensis 4.
11. Cyprianus Eckart Beielstainensis 6.
12. Joannes Den,
13. Christophorus Den Saltzburgenses 8.
14. Mathias Stürmlin Stutgardiensis 12.
15. Michaël Aichler Norimbergensis 14.
16. Georgius Schibel Werdensis pauper nihil dedit.

---

52. früher Leibarzt des Herzogs, von der Univ. widerstrebend angenommen. Freund des Theophrastus Paracelsus. — 2. Huntinus M. A. 1546. — 5. Mfa. Ulmensis.

17. Vlrichus Morhart Tubingensis 16.
18. Chilianus Perschig Pregentinus 29.

Decembrī.

19. Cyriacus Kener Schaffhaussensis 7.
20. Hieronymus Berlen Pleningensis 13.
21. Joannes Hofman Phaingensis 17.
22. Joannes Jeger Esslingensis 29.
23. Christophorus Albertus à Conhaim 30.

1541.

Mense Januario.

24. Nicolaus Schechin (Scheihing) Schnebertingensis 7.
25. Sigismundus Lupulus Rotenburgensis 13.
26. Michaël Schnurrer Altorffensis famulus contub. nihil 14.
27. Wilielmus Aman Viscernensis 18.
28. Hieronymus Logenhomer Birchaimensis.
29. Wilielmus Meglin Tubingensis 19.
30. Conradus Albich Tubingensis 27.

Martio.

31. Ortholffus Eysenhamer Burchaimensis (de Burkhausen) famulus contub. nihil 9.
32. Jacobus Frischlen Balingensis famulus meus dedit nihil 18.
'33. Joannes Betzius Bietenchamensis.
34. Judocus Petrus Neithart Constantiensis 21.
35. Georgius Widman Wembdingensis 27.
36. Joannes de Melem Francofurtensis 28.
37. Adamus Konler Noricus 30.

Aprili.

38. Martinus Weiss Kürchaimensis 3.
39. Casparus Herman Ablingensis 9.
40. Joannes Hofman Braunensis (Brunoviensis).
41. Joannes Walckerus Anglus 18.

---

18. Kil. Bertzsch Mfa. — 20. M. A. 1545. Med. D. nach Mfa. Tubingensis. — 25. Verf. der Erotemata octo partium orationis. Tub. 1538. nach Crusius Prof. grammatices. zuletzt Pf. in Remmingsheim 1525. — 29. M. A. 1546. M. D. 1552. Arzt in Rottenburg a. T., Tübingen. — 32. Vater des Nikodemus, zuerst Kräutersammler bei Fuchs, später Theolog. — 34 inscr. 1538 in Marburg als bacc. heidelb., ist 1541 in Basel, wo er Instit. Justiniani herausgibt, 1546 in Wittenberg als Ulmensis.

42. Jacobus Fels Guntzenhausensis 19.
43. Conradus Edelman Tubingensis 21.
44. Leonhardus Agricola (Baur) Entzuaingensis 23.
45. Joannes Arnoldus Vogel Oberndorffensis 26.
46. Joannes Faber lignarius Nürtingensis 29.

Sub rectoratu generosi D. D. Alberti Arbogasti baronis ab Hewen, à festo SS. Phil. et Jac. usque ad festum S. Lucæ anni 1541.

Mense Maii.

1. Augustinus Volmarus Frisius 1.
2. Joannes Wegkerlin Cantaropolitanus.
3. Conradus Hofer Vlmensis 4.
4. Henricus Schechius Vlmensis 4.
5. Hieremias Weiss Rotwilensis 10.
6. Joannes Huldereich Cantaropolitanus 16.
7. Joannes Friderichus Sessler Argentoratensis.
8. Joannes Heusler Leonbergensis 17.
9. Michaël Muller Wassertriegendingensis dedit 6 cr. et 7 cr. ob paupertatem ei remissi sunt 18.
10. Wolphgangus Hofman Wassertriegendingensis dedit 6 cr. reliqui 7 cr. sunt ei ob paupertatem remissi 18.
11. Joannes Dragoicuus Illyricus ex oppido Stinigcknack 20.
12. Conradus Baier Noricus 20.
13. Joannes Vlstetter Noricus 20.
14. Philippus Seublin Vahingensis 21.
15. Georgius Seublin Vahingensis 21.
16. Christophorus Lindenfelsius Hechingensis 23.
17. Joannes Schenleben Thubingensis 3 Kal. Junii.

Mense Junio.

18. Jacobus Faber Waiblingensis 1.
19. Joannes Maier Plattenhartensis 1.
20. Christophorus Schneider (Sartor) Stutgardianus 1.
21. Joannes Henlin Wemdingensis 7.
22. Leonardus Koerer (Oberer Newenstatt. ad Aischam) 9.

---

46. hat sich auch Schwarz genannt M. D. 1549. Ducis Christoph. medicus. Mfa. — 4. M. A. 1544. — 11. Stinichnak, M. A. 1544. — 18. Jacobus Andreas Fabri M. A. 3. Cal. Aug. 1545, nennt sich später Jacob Andreæ Canc. Un. — 19. M. A. 1545. — 21. Joh. Gallicus Fünfstettensis Mfa.

23. Georgius V̊del Buthickamensis 14.
24. Sebastianus Leo Balingensis 18.
25. Augustinus Leo Balingensis 18.
26. Andreas Kauffman Mansfeldensis 22.
27. Paulus Grentz Stutgardianus 22.
28. Beatus Faber Illingensis 22.
29. Michaël Ludouicus à Friburg 22.
30. Ferdinandus a Friburg 22.
31. Laurentius Chilianus Noricus 22.
32. Josephus Sattler Waiblingensis 24.
33. Dionisius Wolfstrigel Esslingensis 25.
34. Joannes Waltherus à Laubemberg 27.
35. Conradus Strobel Rotenburgensis 28.
36. Christophorus Vetter (de Mauren).

Mense Julio.

37. Melchior Maier Prembachensis 4.
38. Dauid Capito Argentoratensis 9.
39. Wolphgangus Vogt Oetingensis 14.
40. Joannes Halbaicher Hechingensis dedit 10 cr. reliqui 3 cr. ob paupertatem ei remissi sunt.
41. Christophorus (Herger) Munchsdenckingensis 26.

Mense Augusto.

42. Joannes Schnetzer Schiltachensis 6.
43. Isaac Schoenthaler Dornstettensis 8.
44. Joannes Hofman Halensis 11.
45. Petrus Lutz ex Kürchen ab der Halden 12.
46. Matthæus Maier de Grumpach 15.
47. Jo. Anthonius Thetingerus (Rotwilensis bacc. frib.) 13.
48. Christophorus Mathias nihil dedit, quia ante aliquot annos etiam inscriptus fuit cum esset præceptor Baronum de Zimbern 20.
49. Joannes Christophorus Eerlin Rotwilensis 31.
50. Valentinus Moserus petiit se rursum inscribi in album vniu.

---

23. Hudel M. A. 1546. Abt zu Lorch 1563. — 28. M. A. 1547. Jurisconsultus, Kanzleiadvocat. — 48. der frühere Eintrag fehlt, ebenso die Namen von Johann Christoph und Froben Christoph von Zimmern. Ruckgaber 230. — 49. Joh. Chrysost. Erndlin auch Ernlin M. A. 1545.

et nihil dedit eo quod ante aliquot annos etiam hic studiosus inscriptus fuerit 6 Sept.

51. Andreas Sunderreuter Wasserburgensis 8.
52. Andreas Jüngling Bæsickaimensis 8.
53. Vitus Testherus (Descher) Oenipontensis 13.
54. Joannes Kriegiuger Hallensis nihil dedit, cui ob summam paupertatem quam allegabat ea pecunia remissa est 17.
55. Georgius à Rotenhan 19.
56. Georgius Detzel Noricus 19.
57. Joannes Stetter Rotwilensis 21.
58. Martinus Albrecht Weissenhornensis 25.
59. Martinus Hornung Lipsensis.
60. Conradus Suterus Tigurensis 27.
61. Georgius Prugkbeck Monachensis 30.
62. Joannes Wernherus Rotwilensis 8 Oct.
63. Ludouicus Bebelius Bibrachensis 17.

Sub rectoratu ornatissimi viri Balthazaris Käffelin theol. D. a festo diui Lucæ a. 1541 usque ad festum Lucæ a. 1542, quousque ei magistratus propter pestem prorogatus est, sequentes in album accademiæ huius nostræ inscripti et recepti sunt.

Mense Decembri.

1. Bartholomeus Blaurerus Constantiensis 1.
2. Bartholomeus Lyster (Laister) Geppingensis 2.
3. Wernherus Weisbrot Geppingensis 2.
4. Michaël Schol Geppingensis 2.
5. Sebastianus Reckelin de Grossen Bodtmar 8.
6. Joannes Koch (Magirus) de Bodtmar 8.
7. Joannes Steck de Stuetgarten 8.
8. Caspar Leyserus de Wynada 13.
9. Joannes Scherer de Balingen 15.
10. Balthasar Lauserus (Loser) Biningensis 19.

---

52. Præc. in Besigheim 1560. — 62. M. A. 1546. — 63. Tubingensis M. A. 1550. D. Med. — 1. 1542 in Wittenberg, Prof. jur. in Jena. DBi. — 5. Stadpf. in Backnang 1556. — 8. M. A. 1546. — 9. M. A. 1547. — 10. Doctor medicus.

1542.

Mense Januario.

11. Abrahamus Schwickler Augustanus, nihil dedit, moratur enim cum D. Wolphgango 9.

Mense Februario.

12. Joannes Henricus Keiss Thubingensis 13.
13. Joannes Vollandius Thubingensis 24.
14. Joannes Wilhelmus Benslin Thubingensis 24.
15. Chasparus Balghammer Herrenbergensis 25.

Mense Martio.

16. Eberhardus Bidenbach de Grunberg in Hassia 19.

Mense Aprili.

17. Helias Thalfinger Vlmensis 13.
18. Joannes Gschwenter de Abling in Bauaria 25.
19. Martinus Geyss Hebbachensis 29.

Mense Maio.

20. Chasparus Herter de Weisach 8.
21. Wernherus Hamm (Haim) de Krahelsheim 12.

Mense Junio.

22. Georgius Schweikhard de Sultz 6.
23. Joannes Hafenperger Stuetgardianus 17.
24. Gallus Eberlin de Grüningen 28.
25. Joannes Mettner de Saxenheim 28.
26. Vrbanus Keller (Cellarius) de Stuetgardia 28.
27. Jacobus Eckhard de Kantstat 28.
28. Joannes Schladerus Kirchensis 28.

Mense Julio.

29. Georgius Beringer Vlmensis 13.
30. Johannes Marquardus de Pfortzheim 13.

Mense Augusto.

31. Nicolaus Rentz Stuetgardianus 26.

Mense Septembri.

32. Joannes Sattler de Hewpach 2.

Sub rectoratu clariss. viri D. Joannis Sichardi J. V. D. à

---

16. Braccaheimensis Mfa. M. A. 1550. D. Th. ev. Abt in Bebenhausen 1560. — 21. Keitzhaimensis. — 26. M. A. 1549. Pf. in Uhlbach 1555. — 28. Symon Schlader Mfa. — 29. M. A. 1545.

festo diui Lucæ a. 1542 usque ad festum SS. Phil. et Jac. a. 1543 intitulati sunt sequentes.

Mense Nouembri.

1. Joannes Georgius Lempius de Wolfach nihil dedit, cui propter inopiam remissum est pretium inscriptionis 6.
2. Conradus Beringer de Buttenfeld 7.

1543.

Mense Martio.

3. Joannes Lydhorn Waiblingensis 21.

Mense Aprili.

4. Jacobus Volcamerarius Illyricus 3.
5. Nicolaus Wren Treuirensis, famulus D. Pauli, propter paupertatem nihil soluit 4.
6. Jo. Mundschius Curiensis famulus bursæ 4.
7. Christophorus Janelius Curiensis famulus bursæ 4.
8. Georgius Faber ex Winshym dedit pedello 1 batzen 14.
9. Lucas Jepler ex Wildperg fam. D. Balthasaris pedello 2 s. 14.
10. Hermannus Soldow Hamburgensis patritius 18.
11. Samuel Protagius Grüningensis filius parochi 30.
12. Israël Bulfinger Butikaimensis 30.

Sub rectoratu eximii viri D. Michaelis Rucker[1] M. D. à festo Phil. et Jac. a. 1543 usque ad festum Lucæ anni eiusdem intitulati sunt sequentes.

Mense Maio.

1. Conradus Hegen (Hega) Geppingensis 2.
2. Thomas Farner ex Hendersingen prope Münsingen 8.
3. Rodolphus Riep Tubingensis 11.
4. Jodocus Riep Tubingensis 11.
5. Hermannus Ochsenbach Tubingensis 14.
6. Arbogastus Rechburger ex Zaberna Alsatiæ 21.
7. Christophorus de Hausen ex Dürmendingen prope Reutlingen 22.
8. Benedictus Clewer (Kleber) Tubingensis.
9. Jacobus Leblin Wilpergensis 22.
10. Joannes Kürner Hechingensis 29.

---

2. Bidenfeld. — 11. Geppingensis M. A. 1547. Jurisc. Prof. in Ac. Jenensi. Mfa. Sohn des Michael. — 3. Keller in Tübingen. — 4. M. A. 1550. — 7. vielmehr bei Riedlingen.

Mense Junio.

11. Gasparus Sattler Waiblingensis 1.
12. Ludouicus Schönläben ex Schwüebertingen 4.
13. Blasius Plaustrarius (Wegner) ex Schwüebertingen 13.
14. Bartholomeus Scheut diaconus Tubingensis nomen suum antea inscriptum rursus est professus, nihil dedit 6.
15. Casparus Vlrich ex Kandtstatt 9.
16. Casparus Krusenbach famulus contubernii, ob paupertatem pecunia inscriptionis remissa est 16.
17. Eustachius Nedelin Stutgardianus 19.
18. Georgius Rentz Phorcensis 20.
19. Nicolaus Lomüller Vracensis 22.
20. Georgius Schönläber Vracensis 22.
21. Albertus Augulinus (Aubulinus) Vlmensis 25.
22. Joannes Hainricus Fülmaur Herenbergensis 25.
23. Lodouicus Laugnoferus Augustanus 27.
24. Melchior Linck Augustanus.
25. Michaël Zegeiner Illyricus ex Widpauia (Vipachiensis) 6 s.

Mense Julio.

26. Wolphgangus Habeck Straubingensis Bauarus 3.
27. Georgius Dorner Relamensis.
28. Sebastianus Leysner Ratisbonensis.
29. Josephus Bentz ex Nürttingen 5.
30. Thomas Locher Bombergensis nomen suum antea inscriptum rursus indicauit, nihil dedit 8.
31. Christianus Latomus Argentinus 11.
32. Eucharius Weyckhersreutter ex Schwabach 16.
33. Joannes Schitwein Thübingensis 21.
34. Quirinus Schiestell ex Bittelbrun prope Bappenheim, famulus D. D. Sichardi, ob paupertatem nihil dedit 23.

Mense Augusto.

35. Gabriel Blech Ombergensis 5.
36. Joannes Magenbuch Norinbergensis.
37. Philippus Schertlin à Burtenbach 6.

---

15. Rotenburgensis cis Tuberum Mfa. — 17. M. A. 1550. — 19. Nic. Gerstnecker Mfa. M. A. 1550. — 25. Mich. Sigarus. M. A. 1545. — 36. Will s. v. S. 531.

38. Jopst Bufler Lypsensis antea inscriptus nomen suum rursus indicauit, nihil dedit 11.
39. Joannes Albertus à Machwitz nobilis 13.
40. 41. Michaël Lodouicus, Ferdinandus de Freyberg, fratres germani antea inscripti denuo nomina sua sunt professi 21.
42. Laurentius Kilianus Norinbergensis se rursus indicauit, eorum præceptor, nihil dederunt.
43. Joannes Wey ex Jachimi valle 21.
44. Siphrydus Obergius Saxo 29.

Mense Septembri.

45. D. D. Jacobus Kapelbeckius Augustanus ante aliquot annos inscriptus nomen suum rursus dedit 1.
46. Lodouicus Conradt ex Hala Sueuiæ 6.
47. Valentinus Michaël ex Lancia pago vicino Curiæ Heluetiorum, famulus stipendii principis; propter paupertatem pecunia inscriptionis remissa est 12.
48. Joannes Krapner ex Frundtenhusen Bauariæ inferioris oppido 12.
49. Joannes Schertlin ex Canstat 18.
50. Fridericus Krafft Vlmensis 19.
51. Laurentius Grill ex Allthaim Bauariæ pago non procul a Landtshutt 22.

Mense Octobri.

52. Joannes Gödler ex Diettenheim oppido Marchionis Georgii Brandenburgensis 8.
53. Josias Sesselius Phorcensis 8.
54. Joannes Geslinus Phorcensis 8.
55. Bernhardus Bocœmus Badensis ante inscriptus se rursus indicauit, nihil dedit 13.
56. Joannes Conradus Bocœmus Offenburgensis.
57. Balthasar Bocœmus Confluentinus.
58. Nicolaus Varenbülerus Lindauiensis.
59. Lodouicus Varenbülerus Lindauiensis.
60. M. Jacobus Hœrbrandus Tubingensis ecclesiæ diaconus 17.

---

48. S. 237. M. A. 1547. ist auch lateinischer Schulmeister bis 1577. — 51. M. A. 1545. — 58. J. U. D. 1544. — 60. Jac. Herbrand Gengensis inscr. in Wittenberg 1537. Th. D. et Cancellarius Tub.

61. Conradus Daner Göppingensis 19.
62. Stephanus Geyger Rotenburgensis.

Sub rectoratu clarissimi viri domini GEBHARDI BRASTPERGERI J. V. D. à festo diui Lucæ a. 1543 usque ad festum SS. Phil. et Jac. app. sequentes in album huius scholæ inscripti et recepti sunt.

Mense Octobri Anni 1543.

1. Albertus Kessler ex Kirchen pago apud Neccharum circa oppidum Lauffen 29.
2. Valentinus à Rodenstein nobilis.
3. Joannes Bul Spirensis 30.
4. Sixtus Widman ex Neuburga oppido Bauariæ 31.

Mense Nouembri.

5. Matheus Alber Reutlingensis filius D. Mathei Albers ibidem 8.
6. Ludouicus Genisch Augustanus olim intitulatus, nomen suum rursus professus est.
7. Georgius Varnbülerus Lindauiensis prius intitulatus, nomen suum rursus dedit Alho 12.
8. Joannes Spreter (Sprötter), Rotwilensis (bacc. haidelb.) 15.
9. Gregorius Craterus ex Landaw Bauariæ oppido 16.
10. Joannes Thomas ex Rosenfeld Syluæ Herciniæ 16.
11. Wolphgangus Zechner ex Althaim oppido Bauariæ, famulus bursæ, nihil dedit propter paupertatem 27.

Mense Decembri.

12. Henricus Künig Tübingensis filius domini D. Joannis Künig foelicis memoriæ 2.
13. Joannes Ludouicus Reninger Tubingensis filius domini D. Joannis Reningers f. memoriæ 14.
14. Martinus Guldenn ex Oberndorf circa Rotwyl 22.
15. Henricus Wildpergensis antea intitulatus, nomen suum rursus indicauit 27.

1544.

Mense Januario.

16 Conradus Sch ertlin ex Caustatt 8.

---

5. M. A. 1550. Advocat in Stuttgart. — 8. M. A. 1546. Jurisconsulte Mfa. nach Weyermann 2, 524 Geistl. zuletzt in Trossingen, Verf. theol. Schriften.

17. Melchior Haintzelman ex Memminga 11.
18. Constantinus Schlech Rotwilensis 13.
19. Joannes Steudlin ex Reutlinga 15.
20. Jacobus Künigspach ex Stutgardia olim intitulatus (1537) nomen suum iterum referri in album curauit 15.
21. Marcus Zimmerman Augustanus 30.

Mense Februario.

22. Mag. Erhardus Schnepfius ex oppido Hailprunna. Nihil dedit quia in professorem theologiæ a schola conductus sit 1.
23. Jacobus Gusman ex Geppingen 3.
24. Carolus Schlecht ex oppido Rotwyl 5.
25. Ciriacus Wernlin ex Stutgardia 6.
26. Adamus Gyr ex Issentzhaim pago seu foro diocesis Herbipolensis 13.
27. Joannes Vlricus Halbmaier ex Rotenpurgo (ad Tub.) 15.
28. Seuerinus à Massapach nobilis.
29. Melchior Volmarius Rotwylensis.
30. Wilibaldus a Neuneck nobilis 16.
31. Joannes Conradus a Neuneck nobilis.
32. Joannes Erhardus Schnepfius Stutgardianus 26.
33. Raymundus Voglerus Hailprunnensis 26.
34. Petrus Hefner ex Muda pago circa Franckfordiam Oderæ 26.
35. Matthias Schnepfius Hailprunnensis 26.

Mense Martio.

36. Martinus Gautz ex Boppenweyler 3.
37. Caspar Ortlieb Wildpergensis 3.
38. Wolphgangus Ruf ex oppido Wassertruhendig ducatus Brandenburgensis 8.
39. Joannes Emich ex Hechingen 9.
40. Chilianus Schönbichler ex Oberleom pago Austriæ 10.
41. Dauid Nebelius ex Altenpurg oppido Mysiæ 26.
42. Vlricus Ruch ex Gochshaim oppido prope Bretten 27.

Mense Aprili.

43. Paulus Koch de Beytelspach pago in Rammsthal 2.
44. Conradus Spreter Rotwylensis 2.

---

23. Keller in G. 1560. — 29. s. S. 171. — 35. M. A. 1549. Præc. in Laufen. — 43. M. A. 1549.

45. Martinus Spreter Rotwylensis 2.
46. Berchtoldus Muschgew (Musca) ex oppido Ehingen 2.
47. Georgius Berchtoldus Nitelius Stutgardianus 8.
48. Georgius Ganbachus Hallensis 12.
49. Caspar Buwhof Cantaropolitanus 18.
50. Joannes Clingler Cantaropolitanus.
51. Christophorus in Harena Schorndorffensis 19.
52. Joannes Conradus Truchsäs ab Helingen nobilis 23.
53. M. Joannes Epp ex Nagolt prius intitulatus nomen suum rursus professus est 23.
54. Joannes Stickelius Stutgardianus 28.

1544.

Sub rectoratu clarissimi viri domini Jacobi Scheckii M. D. à festo diuorum Phil. et Jac. a. 1544 ad usque Lucæ ev. anni eiusdem sequentes nomina sua huic scholæ dederunt.

Mense Maio.

1. Joachimus Moutzbeck à Rosenfeld 6.
2. Bernhardus Schlaer (Schlaher) cum aliquot menses à schola abfuisset se rursus indicauit, nihil dedit.
3. Joannes Hafenberger se iterum indicauit cum aliquandiu abfuisset à schola.
4. Christophorus Bemer Budissenus Silesius M. A. 22. 13 cr.
5. Ottomarus Moll Geppingensis 22.
6. Joannes Artzt Craielyheimensis 23.
7. Vlricus Stuolmüller de Reytern prope Augustam 24.
8. Dauid Godler Wassertridingensis 24.
9. Michaël Volland Gröningensis 27.

Mense Junio.

10. Josias Hornolt Pieticamensis 6.
11. Thomas Beschorn Vracensis 7.
12. Joannes Jacobus Eheim Vracensis 8.
13. Martinus Riserus Reitlingensis 9.
14. Daniel Maler Reitlingensis.
15. M. Benedictus Ayger iterum se ostendit, nihil dedit 11.

---

2. M. A. 1544. — 9. M. A. 1549. Procurator des RK. Gerichts. — 10. Geistl. Verwalter in Bietigheim 1554. DB.

16. Georgius Drogoieuus Schinsnacus 12.
17. Joannes Trælius Spirensis 12.
18. Vlricus Denninger ex Herwatingen 20.
19. Balthasar Eyslinger Spirensis.
20. Joannes Crafft Vlmensis 22.
21. Joannes Leninger Wormaciensis 22.
22. Chasparus Altuatter Winadensis 28.

Mense Julio.

23. Josephus Hipp Tubingensis 2.
24. Conradus Kläber (Cleber) Tubingensis.
25. Joannes Schweitzer Tubingensis 5.
26. Ludouicus Storck Reitlingensis, cui prætium inscriptionis ob summam paupertatem condonaui 8.
27. Stephanus Koch de Aistorff 8.
28. Wolphgangus Mummi Cellerbadensis 9.
29. Ludouicus Fentzer à Mergamtain.
30. Augustinus Glieg Horbensis 15.
31. Conradus Stor Vracensis 25.
32. Wilhelmus Welling Stutgardiensis 28.
33. Joannes Rodolphus Ehinger Eyslingensis.

Mense Augusto.

34. Joannes Georgius Lemlin de Horckain 3.
35. Vlricus Müller Nürtingensis 5.
36. Bernardus Sarctor Göppingensis 9.
37. Joannes Piscator Bautwarensis 13.
38. Augustinus Rösslin de Winsperg 15.
39. Joannes Matthias Nellingus sub ditione Vlmensium 18.
40. D. Aegidius Rösslin se rursus indicauit, his tamen receptus est conditionibus, ut in negotiis præteritis ipsius noluerit implicari vniversitas 30.
41. Georgius Heckal de Aicha, condonaui inscriptionis prætium ob summam paupertatem.

Mense Septembri.

42. M. Philippus Vangio 5.
43. M. Conradus Buschlerus Hallensis 11.

---

22. M. A. 1549. — 28. Mummius M. A. 1550. — 35. M. A. 1549. — 36. M. A. 1549.

44. Nicolaus Hecker Schorndorffensis 22.
45. Hieremias Godelmann Gartachensis 25.
46. M. Georgius Forsterus Hambergensis.
47. Adolphus Occo Augustanus 26.

Sub rectoratu clarissimi viri D. Erardi Schnepfii Th. D., à festo Lucæ ev. a. 1544 usque ad festum diuorum Phil. et Jac. ap. a. 1545 sequentes inscripti sunt.

Mense Octobri.

1. Carolus Hecker ex Hagenoia 24.
2. Lucas Fullo (Tinctor) Marpachius.

Mense Nouembri.

3. Germannus Voltz à Schweigern 9.
4. Joannes Zimmerman à Schweigern 9.
5. Leonardus Kreber Stutgardianus 16.
6. Joannes Widman Heilprunnensis 23.
7. D. Albertus Baro à Limpurg 1 flor. 29.
8. Georgius Bürich à Weickersheim pedagogus Baronis.
9. Georgius Mercklin à Brackenheim.

Mense Decembri.

10. Joannes Leonardus Mumprot Constantiensis 1.
11. Simeon Lentz à Kirchen iuxta Necharum 4.
12. Joannes Kürsner à Bünigken 13.
13. Wendelinus Ceplerus Böblingensis 10.
14. Jacobus Reinhardi à Steinawe.

1545.

Mense Januario.

15. Eusebius Schnepff Stutgardianus 2.
16. Philippus Irenicus Badensis 7.
17. Andreas Faus Tubingensis 9.
18. Paul. Feringer à Rotemburgo Nechari famulus chalcographi 11.
19. Samuel Halbmeyer à Brackenheim 30.

Mense Februario.

20. Joannes Reinardus à Ranckueyl 9.

---

45. M. A. 1547, der Pfleger auf Roseck, mit welchem N. Frischlin [illegible] Händel bekommt. Heisst Güglingensis Mfa. — 46. Med. D. 1544. — [illegible] Arzt in Augsburg, Herzogl. Leibmedicus. — 2. M. A. 1549. — 9. M. [illegible] 1550. — 10. Montprat 1542 in Wittenberg.

21. Bartholomeus Gantz à Boppenweyler 21.

Mense Martio.

22. Andreas Scholl Stutgardianus 2.
23. Adamus Zürdanen Haganoensis 13.
24. Matheus Nägelin Vlmensis 28.
25. Petrus Leulin Vlmensis.

Mense Aprili.

26. Georgius Beuther Tubingensis 15.
27. Jacobus Trostell Tubingensis 15.
28. Mathias Kreber aliâs Baldreich à Murrha 17.
29. Clemens Pfeffle à Nürtingen 23.
30. Gualtherus Münchberger ab Hechingen 27.
31. Joannes Gans à Nürtingen 27.
32. Joannes Enslinus à Ditzingen 28.

---

24. Mit Bucer u. Fagius in England 1549, Can. in Strassburg. — 26. M. A. 1551. Ictus, Ep. Augustani consiliarius. — 31. Jo. Anserinus Neckarhusensis. — 32. M. A. 1550. Kanzleidadvocat.

Abelin Jo. Paul *
Abell Conr. 1500.
Äber Jo.
Aberlin Seb.
Äblin Jo.
Abstang Ulr.
Achtsinit Jo.
Adalman Casp. Conr.
Adam Jo.
Adler Jac. Jo. s. Aquila.
Adlica Rud. de
Aduocati Wilh.
Agricola Joach. Leonh.
Agschelin Frid.
Aichelin, Aichlin Bernh. Ge. Jo
Aichhorn Jo.
Aichler Mich.
Aichman Henr. Mart.
Aierimschmaltz Franc.
Aierman Jo
Aigen Bened.
Ailinger Ge.
Ainhorn Wernh.
Ainkorn Greg. Jero.
Albavilla Jo. de
Alber Casp. Marc. Matth. Mich. Udalr.
Alberstat Ant.
Alberstorff Sigism.
Alberti Jo. Wolfg.
Albich Conr.
Albicus Jo.
Albrecht Ge. Jo. Mart. Udalr.
Alendorff de Kingsegk Jo. Ge. Jo. Jac. Jo. Marq. Nic.
Allman Thom. Heinr.
Altenburg Ge.
Altenstaig Conr. de Jo.
Althamer Andr. Jo.
Althanns Jo.
Altingen Mart. de
Altinger Phil. Sim.
Altman Paul
Altmulsturner Alex.
Alts Henr.
Altuatter Casp.
Altweg Mart.
Altweger Jo.
Altzinger Jo.
Alwig Seb.
Aman, Amman Andr. Jer. Jo. Matth.
Amantius Barth.
Ambach Conr.
Ambrosius Organista
Amlung Heinr. Mart.
Ammweck Casp.
Amsler Mart.
Amstain Jo.
Anbend Jo.
Andelaw Ant. de Franc. Scheubel de Jac. de
Andler Balth. Petr. Rod.
Andree Casp. Conr. Jo.
Anfang Jeron.
Angelberg Egelolf
Angelsberg Mich. ex
Angster Jo.
Angwil Burkh. de
Anhofer Steph.
Anshelmi Jo. Thomas Valer.
Anthonius Jo.
Antuerpianus Petr.

* die Zahlen bezeichnen das Jahr der Intitulatur.

Euclid...

& 1536 Statutes 387

& Scheubel 236/237

Mathematics ... 180, 187, 190

'Librari' 197

Bibliotekh 242

'Kirchaim sub Teck' [V. Moser] 661; 662

'Parhisiis' 660

←

Grynaeus 231
[see index p. 451]
... departs Tübingen 171

H. Wolff 659 : matriculates (20 August 1535)
[+brother] 663 —〃— 1536

Schenbel 236
[453 : index]
658 : matriculates (8 March 1535)

Imser 167, 236, 240

Crusius 381

Toxites 652

M. Volmar 663
G. Liesler 666

Lightning Source UK Ltd.
Milton Keynes UK
UKHW022023140119
335570UK00012B/741/P

9 780666 394606